7일에 완성하는
Keyshot & V-Ray & Rhino 3D

주얼리디자인 현장실무를 위한 Keyshot & V-Ray & Rhino 3D

7일 완성

남상원 지음

Preface

현재 디자인 분야는 체계적이고 효율적인 디자인작업을 위해 CAD(Computer Aided Design)와 CAM(Computer Aided Manufacturing)을 이용한 모델링과 렌더링작업을 진행하고 있습니다. 이것은 3D 모델링 및 렌더링 프로그램들의 꾸준한 개발로 이어지고 있으며, 국내 디자인 대학과 교육학원 그리고 기업에서는 3D프로그램을 필수적인 디자인 Tool로 인식하고 있습니다.

Rhino는 Window용으로 개발된 3D NURBS Curve, Surface, Solid 모델러로서 다양한 물체의 형태를 정확하게 모델링 할 수 있으며, 쉬운 인터페이스와 신속한 음영처리, 그 외의 많은 모델링 기능을 사용하여 직감적이고, 자연스럽게 3D모델링 작업을 할 수 있습니다. Rhino의 많은 장점들 중 가장 큰 장점은 호환성입니다. Rhino 개발자인 Robert Mcneel & Associates사의 Robert Mcneel 사장은 "이상적인 Rhino 프로그램의 사용은 다른 프로그램과의 효율적인 연계성"이라 말하고 있습니다. 이것은 디자인 문제 해결을 위해 Rhino 프로그램과 다른 프로그램들 사이에서 서로 간의 도움이 중요하다는 의미입니다.

Keyshot은 Luxion 회사에서 개발한 Raytracing GI 방식의 렌더링 전용 프로그램으로 각종 3D 프로그램 파일과 Rhino 3D 프로그램에서 생성된 파일로 렌더링을 빠르고 쉽게 해결하는 프로그램입니다. 다른 렌더링 프로그램에 비해 가장 빠르게 렌더링 작업을 해결할 수 있는 장점 때문에 현재 주얼리디자인 분야에서 가장 많이 사용되고 있습니다.

V-Ray는 최신 Raytracing기술을 갖춘 진보적인 렌더링 시스템으로 디자인 표현에 많은 영향을 주며, 시각적으로 실사의 고품질 이미지를 제공해주고 있습니다. 이 책에서 소개하는 V-Ray는 Rhino 전용 프로그램입니다. 많은 독자들께서는 V-Ray가 3DS MAX 전용 프로그램으로만 알고 계시지만, V-Ray 프로그램을 개발한 ASGVIS 회사는 Rhino 3D 프로그램을 위한 V-Ray 렌더링 전용 프로그램을 제작 발표했습니다. 또한 V-Ray는 다른 3D프로그램을 사용하지 않고 Rhino 3D 안에서 실사 이미지 결과물을 생성시킬 수 있습니다. 지금까지 Rhino 3D 프로그램에서 모델링 작업한 결과물을 3DS MAX나 다른 렌더링 프로그램으로 전송하여 작업하는 불필요한 과정을 생략할 수 있게 해주었습니다.

이러한 Rhino 3D 프로그램을 디자인 및 모델링 필수 Tool로 인식되고 있는 가운데 2007년 「Rhinoceros 3D Bible 4.0 for Jewelry Modeling」, 「Flamingo Bible 1.1 for Jewelry Rendering」 모델링 및 렌더링 지침서와 2009년 「주얼리디자이너를 위한 Rhinoceros 3D Bible 16일완성」 이라는 3번째 지침서에 이어 2011년 「주얼리디자인 현장실무를 위한 Keyshot & V-Ray & Rhino 3D 7일 완성」 이라는 4번째 지침서를 내놓게 되었습니다.

이 책은 전 단계에 나온 모든 지침서가 Rhino 3D 프로그램에서 다루는 많은 매뉴얼 중 필수적이고 핵심적인 매뉴얼만을 선별하여 정리하였다면, 이것은 현재 국내에서 출판된 주얼리 서적들이 아직까지는 다루지 않은 것으로 현장실무 모델링 방법을 중점적으로 소개하였습니다. 또한, 초급부터 고급 이상 사용자들이 꼭 알아야할 실사 렌더링 방법을 체계적으로 정리하여 국내 최초로 요일별로 정리하였습니다. Rhino 3D 프로그램과 Keyshot, V-Ray렌더링 프로그램을 접하는 독자님들에게 최대한 빠른 시간에 현장실무 작업을 소개하고 적응할 수 있도록 하였으므로, 필수적인 지침서가 될 것이라 기대하고 있습니다.

7일은 월요일부터 일요일까지 7개 원본 작업 모델링 방법과 2개 렌더링 프로그램을 난이도별로 소개한 기간입니다. 소개되는 예시 주얼리 품목은 기존 주얼리 업계에서 그동안 많이 사용되어 유행이 지나간 품목이지만 교육학습과 현장실무작업 적응목적을 위해서는 필수적인 품목임을 알려드립니다. 독자님들은 각 요일별로 소개되는 모델링 수치와 방법을 꼭 숙지할 수 있도록 하며, 난이도별로 소개되는 렌더링 방법 또한 그대로 따라하고 응용할 수 있도록 충분히 반복 연습을 해주시길 진심으로 바랍니다. 이 책은 그동안 많은 교육기관에서 강의한 내용을 경험과 분석을 통해 집필한 책으로써 Rhino 3D 프로그램과 Keyshot, V-Ray렌더링 프로그램을 접하는 많은 이들에게 조금이나마 도움이 되길 희망합니다.

Acknowledgement

이 책을 집필할 수 있게 능(能)을 주신 주 여호와 하느님께 감사기도 드립니다.

"네가 큰일을 행하겠고 반드시 승리를 얻으리라" (사무엘上 26장25절) 성경말씀을 신조로 항상 부족하지만 그저 열심히 살아가고자 하는 저에게 희망과 도움을 주신 많은 분들께 조금이나마 감사의 마음을 전하고자 합니다.

먼저, 10년 전만 해도 독수리 타법으로 자판을 눌러 이름 석 자 겨우 쓸 수 있었고 파일과 폴더의 개념을 도저히 이해를 못했던 저를 지금까지 넘치도록 항상 채워주시고 학문적 연구 틀을 잡아주시는 국민대학교 조형대학 정용진 교수님께 깊은 감사드립니다. 또한 보석감정 공부를 시작으로 주얼리디자인 분야에 열정을 갖게 해주셨고 지금은 주얼리디자인반과 Rhino 3D CAD반을 전적으로 맡겨주시고 항상 아낌없는 지원을 해주시는 한국보석학원 공학박사 배상덕 원장님께 큰 감사드립니다.

대학부터 현재 박사과정 수업까지 너무나 큰 가르침을 주시고 계신 국민대학교 김승희 교수님과 금누리 교수님, 전용일 교수님, 이동춘 교수님, 강연미 교수님, 배상계 교수님께 감사드립니다. 또한 열심히 박사논문 작업 중이신 한국공예산업연구소 소장 최연수 선생님, 디자이너 박은선 선생님, 국민대학교 조소과 겸임교수 이상길 선생님 그리고 부산 경상대학 겸임교수 홍지영 선생님께 감사드립니다.

국민대학교 주얼리디자인센터에 계신 박정관 선생님, 윤석철 선생님, 강희정 선생님, 박수연 선생님, 정순희 선생님께 감사드립니다. 건국대학교 예술문화대학 공예학과 박성현 교수님, 동서울대학 시계주얼리학과 조선형 교수님, 정선영 교수님, 여은구 교수님, 단국대학교 예술대학 공예과 이상태 교수님, 한양대학교 디자인대학 금속디자인학과 이형규 교수님, 고보형 교수님, 협성대학교 예술대학 가구디자인학과 김광렬 교수님, 위한림 교수님, 김영주 교수님, 동양대학교 보석귀금속학과 김태완 교수님, Robert Mcneel & Associates 한국지사 기술지원 및 교육담당 윤상훈 선생님, 한국어담당 이희영 선생님, 서찬경 사장님, 세중정보기술 양진홍 과장님, 모두 감사드립니다.

그리고 출간될 수 있도록 기회를 주신 태학원의 이무형사장님께 진심으로 감사를 드리며 무사히 편집을 마칠 수 있도록 도움을 주신 윤일영 실장님께 감사드립니다.

마지막으로 4년이라는 오랜 시간동안 병상에 누워 힘든 시간을 보내시고 계신 나의 가장 소중한 아버님과 어머님께 그리고 항상 가장 큰 힘이 되는 사랑하는 동생 남상우 박사와 제수씨, 어려울 때마다 큰 도움을 주시는 할머님과 친지들, 그리고 사랑하는 장모님과 나의 동반자 영경이에게 이 책을 바칩니다.

2011년 3월

남상원

홈페이지 www.ncadjewelry.com

e-mail nsangwon@naver.com

CD Download

부록 CD 내에 파일들을 올바르게 사용하기 위해서는 부록CD를 CD-Rom 드라이브에 삽입하면 다음 이미지와 같이 자동으로 폴더가 열립니다. 만약 자동으로 인식되지 않을 경우 [내 컴퓨터]에서 CD-Rom 드라이브를 더블 클릭하여 해당 예제 파일들을 열 수 있습니다.

부록 CD 구성

▪ 교육용 평가판 프로그램

교육용 평가판 프로그램 폴더 안에는 Rhino 3D(한국어&영어)와 Keyshot, V-Ray 교육용 평가판 프로그램이 수록되어 있습니다.

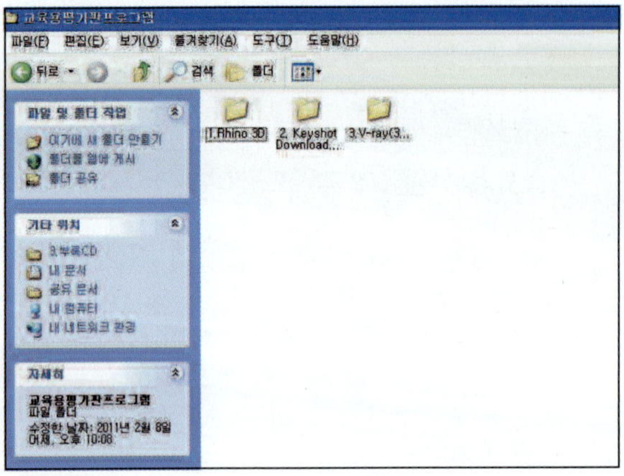

▪ 다운로드 파일

다운로드파일 폴더 안에는 V-Ray 홈페이지에서 다운로드 된 재질파일과 스튜디오 설정이 된 라이노 예제 파일들이 수록되어 있습니다.

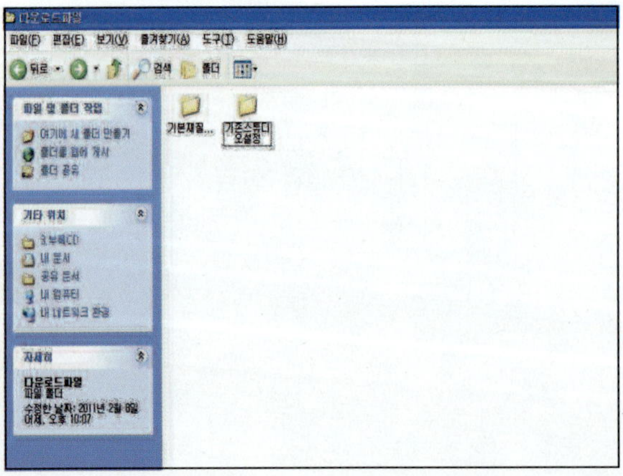

▪ 보석 샘플

보석 샘플 폴더 안에는 요일 별로 사용되는 보석샘플 파일이 수록되어 있습니다. 또한 디자인 작업 또는 보석을 이용한 모델링 작업을 할 때 효율적인 자료가 될 것입니다. 여기에 있는 보석 샘플 자료는 현재 가장 각광을 받고 있는 Rhino 3D 전용 플러그 인 프로그램인 「RhinoGold V2.0」에 있는 보석 개체를 참고로 직접 모델링하여 제작한 것입니다.

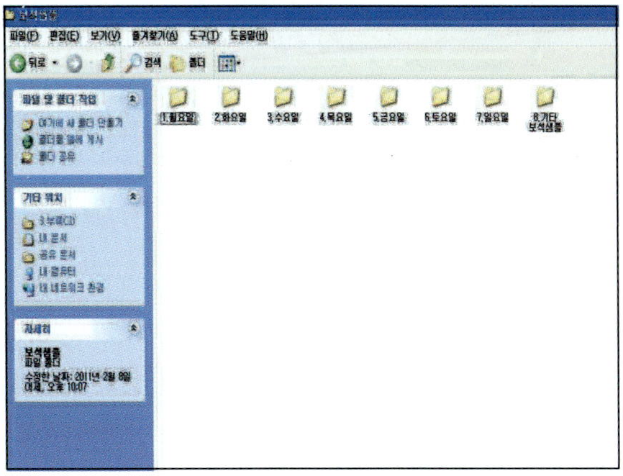

▪ 예제 파일

예제파일 폴더 안에는 각 요일별로 폴더가 있으며, 각 요일별 폴더 안에는 렌더링 작업을 위해 설정된 라이노 예제파일들이 수록되어 있습니다.

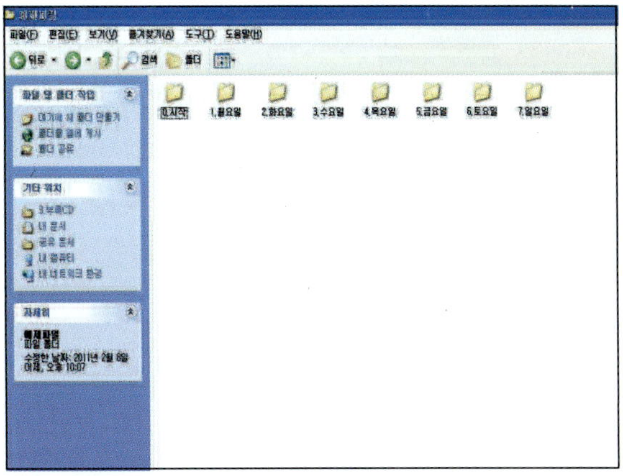

▪ 이미지

각 요일별로 렌더링 작업을 위해 사용되는 HDRI 이미지와 각종 맵핑 이미지 자료가 폴더 안에 수록되어 있습니다.

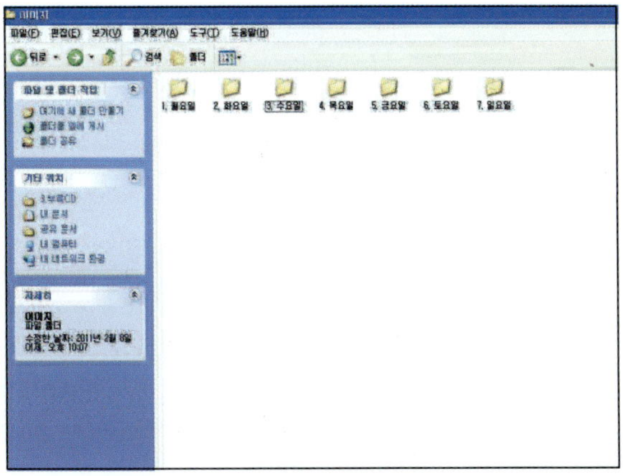

▪ 책 렌더링 이미지

각 요일별로 완성된 렌더링 이미지가 수록되어 있습니다.

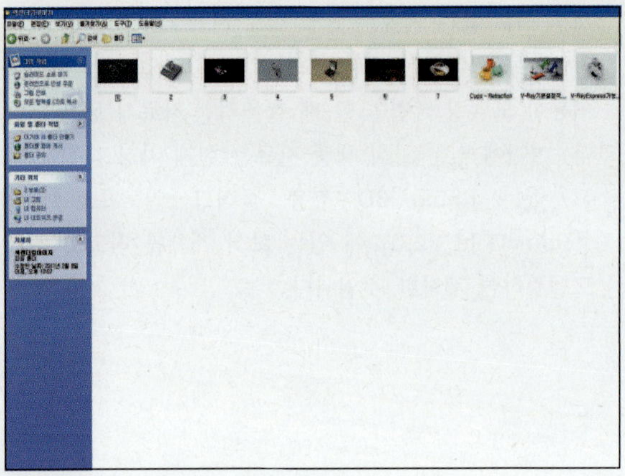

▪ Squish

Squish 폴더는 7일 일요일차 모델링을 위한 Plug-In 파일이 수록되어 있는 폴더이다.

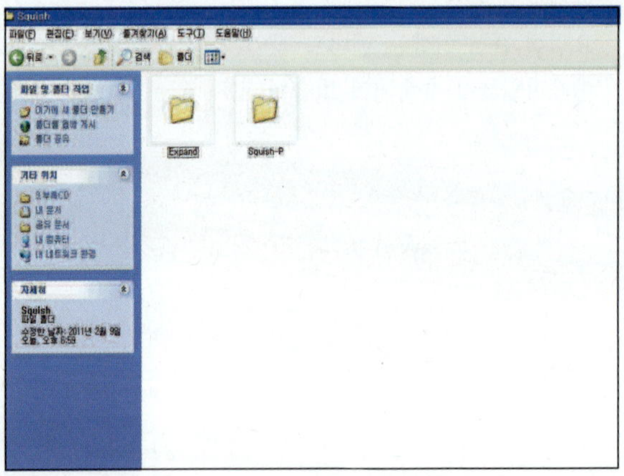

Information

이 책은 먼저 Rhinoceros 3D 기본 매뉴얼 소개와 Keyshot 프로그램, V-Ray 프로그램 설치 및 기본 사용방법을 시작으로 주얼리디자인 현장실무 작업에 필요한 모델링 따라하기와 렌더링 적용방법을 따라하는 방식으로 구성되어 있습니다. 원본 제작을 하는 과정을 7일차로 자세히 소개하였으며, 각 요일별로 Keyshot 프로그램과 V-Ray 프로그램 난이도별로 맞춰 구성되어 있습니다.

Rhino 3D 프로그램에 대한 기초적인 지식이 있는 디자이너와 학생들 그리고 모델러들에게 현재 현장에서 사용되는 작업 방식을 소개하며, 실사 렌더링 프로그램을 사용함으로써 포트폴리오 제작 및 프리젠테이션 작업에 지침서가 될 수 있도록 알차게 구성하였습니다.

이 책에 수록된 내용들을 간략히 요일별로 요약한다면 다음과 같습니다.

시작에서는 「Rhino 3D & Keyshot & V-Ray 소개」로써, Rhino 3D & Keyshot & V-Ray 3가지 프로그램에 대한 개요와 소개 그리고 중요성을 서술하고 있습니다. 또한 프로그램 평가판을 공식 홈페이지를 통해 다운받아 설치하는 과정과 프로그램을 처음 사용할 때 익혀야 할 기본 환경설정을 소개하고 있습니다. 처음으로 프로그램들을 접하는 사용자들에게 이 프로그램들을 이해하는데 큰 도움이 될 것입니다.

월요일에서는 「Rhino 3D 모델링 따라하기 & Keyshot 렌더링 따라하기 1」로써, Rhino 3D 프로그램을 통해 난이도별로 선정한 반지 원본 제작 방법을 소개하였습니다. 또한 설정된 구도에 맞춰 Keyshot 프로그램으로 재질 적용방법과 Depth of Field 기능을 중심으로 소개하고 있습니다.

화요일에서는 「Rhino 3D 모델링 따라하기 & Keyshot 렌더링 따라하기 2」로써, Rhino 3D 프로그램을 통해 난이도별로 선정한 반지 원본 제작 방법을 소개하였습니다. 또한 설정된 구도에 맞춰 Keyshot 프로그램으로 맵핑 작업과정과 Label 적용 방법을 중심으로 소개하고 있습니다.

수요일에서는 「Rhino 3D 모델링 따라하기 & Keyshot 렌더링 따라하기 3」으로써, Rhino 3D 프로그램을 통해 난이도별로 선정한 반지 원본 제작 방법을 소개하였습니다. 또한 설정된 구도에 맞춰 Keyshot 프로그램으로 자체발광 효과를 표현하는 렌더링 작업을 중심으로 소개하고 있습니다.

목요일에서는 「Rhino 3D 모델링 따라하기 & V-Ray 렌더링 따라하기 1」으로써, Rhino 3D 프로그램을 통해 난이도별로 선정한 반지 원본 제작 방법을 소개하였습니다. 또한 설정된 구도에 맞춰 V-Ray 프로그램으로 기본재질 적용방법과 Depth of Field 기능을 표현하는 렌더링 방법을 중심으로 소개하고 있습니다.

금요일에서는 「Rhino 3D 모델링 따라하기 & V-Ray 렌더링 따라하기 2」으로써, Rhino 3D 프로그램을 통해 난이도별로 선정한 반지 원본 제작 방법을 소개하였습니다. 또한 설정된 구도에 맞춰 V-Ray 프로그램으로 맵핑 적용방법을 소개하고 있습니다.

토요일에서는 「Rhino 3D 모델링 따라하기 & V-Ray 렌더링 따라하기 3」으로써, Rhino 3D 프로그램을 통해 난이도별로 선정한 반지 원본 제작 방법을 소개하였습니다. 또한 설정된 구도에 맞춰 V-Ray 프로그램으로 자체발광 효과와 Depth of Field 기능을 소개하고 있습니다.

일요일에서는 「Rhino 3D 모델링 따라하기 & V-Ray 렌더링 따라하기 4」으로써, Rhino 3D 프로그램을 통해 난이도별로 선정한 펜던트 원본 제작 방법을 소개하였습니다. 또한 설정된 구도에 맞춰 V-Ray 프로그램으로 유리재질에서 나오는 빛의 산란 효과를 표현하는 방법을 소개하고 있습니다.

Rhino 3D & Keyshot & V-Ray 프로그램은 다른 모델링과 렌더링 프로그램에 비해 활용 범위가 넓고 다양합니다. 이 책 한권으로 여러 분야의 모델링과 렌더링을 충족시킬 수 없기 때문에 라이노 공식 홈페이지와 Keyshot, V-Ray 공식 홈페이지에 나오는 여러 가지 Tip 자료들과 동영상 그리고 서점에 나와 있는 모델링과 렌더링 관련 서적들을 같이 병행해 공부해 나간다면 실력을 쌓는데 많은 도움이 될 것입니다. 무엇보다 필자가 7년 기간 동안 많은 시간과 많은 장소에서 강의를 통해 얻은 결론은 바로 꾸준함과 열정입니다. 무슨 방법으로 공부하시든 간에 가장 중요한 것은 꾸준함과 열정을 갖고 공부를 하신다면 그리 길지 않은 시간에 자신도 모르게 능숙한 실력을 갖게 될 것입니다. 이 책 또한 그러한 꾸준함과 열정을 갖게 조금이나마 도움이 되길 간절히 바랍니다.

▶ 부록CD 사용시 유의사항

❶ 부록CD에 포함된 본문 예제 파일들은 하드드라이브(C: 또는 D:)에 복사해서 사용하세요.

❷ 경로상 한글이 포함된 경우 제대로 작동되지 않을 수 있으니 폴더 또는 파일 이름 지정 시 한글을 사용하지 마세요.

* 이 책을 가지고 공부하다가 이해가 되지 않거나 궁금한 사항이 있으면 필자의 홈페이지(www.ncadjewelry.com)에서 "Freeboard" 게시판을 적극 활용해 주시길 바랍니다.

Contents

Ⅰ. 이것부터 알고 갈까? / 13

1. Rhino 3D 소개 / 15
   ① Rhino 3D 개요-1 Rhino 활용 / 15
   ② Rhino 3D 개요-2 Rhino 설치 / 25
   ③ 환경설정 / 33
2. Keyshot 소개 / 54
   ① Keyshot 개요-1 Keyshot 소개 / 54
   ② Keyshot 개요-2 Keyshot 설치 / 56
3. V-ray 소개 / 62
   ① V-Ray 개요-1 V-Ray 소개 / 62
   ② V-Ray 개요-2 V-Ray 설치 / 64
   ③ V-Ray 개요-3 V-Ray 기본 사용 / 69
4. Rhino 3D & Keyshot & V-ray 사용 범위 / 102

Ⅱ. 그럼 일주일동안 무조건 따라해 볼까? / 117

1. 월요일 / 119
   Keyshot으로 반지에 여러 가지 색을 입혀보자! / 119
   ① 반지 모델링 따라하기 / 119
   ② 예제 렌더링 따라하기 / 134
2. 화요일 / 149
   실장님! 뒤에 반지는 날려주세요! / 149
   ① 반지 모델링 따라하기 / 149
   ② 예제 렌더링 따라하기 / 176

3. 수요일 / 187

스마트폰에 비춰진 그녀의 반지 / 187

① 반지 모델링 따라하기 / 187

② 예제 렌더링 따라하기 / 210

4. 목요일 / 223

V-Ray? 이게 Rhino에서도 사용할 수 있어요? / 223

① 반지 모델링 따라하기 / 223

② 예제 렌더링 따라하기 / 245

5. 금요일 / 262

이번 발렌타인 데이 선물은 반지로 해야지! / 262

① 반지 모델링 따라하기 / 262

② 예제 렌더링 따라하기 / 293

6. 토요일 / 313

조명에 비춰진 그녀의 반지... / 313

① 반지 모델링 따라하기 / 313

② 예제 렌더링 따라하기 / 344

7. 일요일 / 363

영경아! 컵 밑에 있는 목걸이 좀 줄래? / 363

① 목걸이 모델링 따라하기 / 363

② 예제 렌더링 따라하기 / 380

Ⅲ. 참고문헌 / 397

I.

이것부터 알고 갈까?

1. Rhino 3D 소개
2. Keyshot 소개
3. V-ray 소개
4. Rhino 3D & Keyshot & V-Ray 사용 범위

1. Rhino 3D 소개

(1) Rhino 3D 개요-1 Rhino 활용

1) Rhino 전설

Rhino 3D CAD 소프트웨어의 개발자들이 개발과정 초기에 Prototype의 이름을 "Rhino"라고 이 프로그램을 부르기 시작했다. Rhinoceros 즉, 코뿔소에 관한 소품들과 사진들이 조금씩 사무실에 쌓이기 시작했고 제품의 베타 시험 시기에 이르러서는 그 이름이 굳어지게 되었다.

2) Rhino 3D에 대하여

- Rhino는 Window용으로 개발된 3D NURBS Curve, Surface, Solid Modeler이다.
  Rhino를 사용하여 다양한 형태를 정확하게 모델링 할 수 있으며 Rhino의 사용하기 쉬운 Interface와 신속한 음영처리, 그 외의 많은 모델링 기능을 사용하여 직감적이고, 자연스럽게 3D모델링 작업을 할 수 있다.
- Rhino는 디자인, 설계, CAM, 엔지니어링, 쾌속조형(Rapid Prototyping)분석, 랜더링, 애니메이션, 일러스트레이션 소프트웨어의 파일을 읽어오고 쓸 수 있다. Rhino는 또한 3D디지타이저를 직접 지원한다.
- Rhino는 매개 변수적 특징 기반의 Solid Modeler, 설계 소프트웨어, 랜더링과 애니메이션 소프트웨어, CAM소프트웨어, 분석 소프트웨어는 아니지만 이러한 모든 제품들과 함께 사용할 수 있는 Modeler이다.
- Rhino는 인간의 경험을 구현하는 것이 목적인 자유 형식 형상을 디자인하는 디자이너를 위한 주요 모델링 도구이다. 현재 CAD/CAM기술로는 어려운 제품의 최종적인 외형을 Rhino를 사용하여 모두 구현할 수 있다.
- 그래픽 디자이너와 일러스트레이터를 위하여 Rhino에는 .ai파일의 지원 및 스플라인의 작성, 편집 도

구등과 같은 다양한 도구가 있다.

캐릭터 애니메이터와 가상현실 디자이너가 Rhino를 사용하여 유용하게 NURBS 모델링을 할 수 있다.

- Rhino를 사용하여 스케치, 이미지, 일러스트레이션 파일, CAD파일, 멀티미디어 파일, 실제 모델로부터 디자인을 전개 할 수 있다.
- 현재 CAD와 매개 변수적 모델링 소프트웨어를 사용한 제품 모델링 작업에 Rhino를 보조적인 도구로 병용하면 작업 공정을 향상 시킬 수 있다. 자유 형식을 만드는 기술과 이러한 소프트웨어와의 데이터의 호환이 가능하여, 이제까지 PC에서는 불가능했던 폭넓은 디자인 옵션을 사용할 수 있다. Rhino는 누구나 쉽게 이용할 수 있으며 가격대도 다른 유사한 프로그램에 비하여 부담이 없다.

(1) 산업 디자인 분야을 위한 Rhino

- 3차원에서의 아이디어 구현, 디자인에 대해 좀더 나은 느낌을 얻기 위한 랜더링, 세부작업 및 치수 작성을 위해 데이터를 사용자의 CAD시스템으로 전송하거나, 데이터를 직접 CAM으로 이동시키는 등, Rhino는 자유롭고, 제어가 가능하며, 정확한 모델링 작업 환경을 제공한다. 또한 같은 모델을 사용하여 바로 제품을 제작할 수 있다.
- Rhino의 사용하기 쉬운 CAD인터페이스와 기능, 명령을 사용하여 복잡한 3D디자인의 문제를 쉽게 해결할 수 있다. 2D에서는 놓치기 쉬운 세부적인 부분을 3D에서는 보다 쉽게 발견할 수 있다.

⇨ 쾌속조형(Rapid Prototyping)

오늘날의 쾌속 조형 기술과 Rhino의 모델링 도구를 사용하여 상상하는 바를 현실에서 구현 할 수 있다. Rhino는 3D프린터와 쾌속 조형 시스템 언어인 STL로 직접 출력할 수 있으며 많은 모델링 제품과 달리 Rhino는 완벽하게 정밀한 모델을 만드는 도구를 갖추고 있다.

(2) 그래픽 디자인과 애니메이션분야를 위한 Rhino

Rhino를 사용하여 그래픽 디자인을 3D로 표현할 수 있다. 시점이 다른 화면을 고객이 원하거나, 제품 디자인과 애니메이션 작업 시, 매번 변경할 때마다 다시 시작해야 하는 부담감 없이 Rhino의 3D도구를 사용하여 신속하게 디자인을 개발할 수 있다.

⇨ 모델링이 손쉽다

Rhino에서 모델링은 한번이다. Rhino의 모델은 2차원의 그래픽 프린트만이 아니라 캐릭터, 로고, 제품을 3차원으로 표현하는데 사용할 수 있다. Rhino의 모델은 폴리머와 합성수지 프로토타이프, 또는 몰드 제조된 부품 등을 만드는데 사용할 수 있다.

⇨ 신속한 모델링이 가능하다

멀티미디어 디자인에 있어 Rhino에서의 모델링에는 독특한 이점이 많이 있다.

- 신속한 자유형식

- Mesh 모델링보다 빠른 모델링 기술
- Rhino 모델을 사용하여 모든 해상도의 Mesh 작성 기능
- 대부분의 이미지 형식 가져오기
- 대부분의 애니메이션 제품으로 내보내기
- 3DS Max와 Soft Image용의 플러그 인
- 2D와 3D CAD소프트웨어로부터 가져오기
- 2D 일러스트레이션 소프트웨어로부터 가져오기

⇨ 실제 개체의 디지타이징이 가능하다.

특별한 명령을 사용하여 실제 모델로부터 직접 3D점을 Capture하고 3D커브를 스케치하며 3D Surface를 생성한다. 기존 제품을 역설계(Reverse Engineering)한다. 대부분의 디자인은 기존의 제품을 바탕으로 한 재디자인과 성능 개선으로 이루어진다. Rhino는 기존 제품을 크기에 상관없이 모델로 Capture할 수 있다. Rhino에서는 정확한 모델을 가지고 작업을 시작할 수 있다. 또한 Rhino는 DXF, DWG, IGES를 지원하므로 사용하는 CAD소프트웨어와 도면을 교환할 수 있다.

(3) 교육 분야를 위한 Rhino

- Rhino를 사용하여 3D디자인과 그래픽 디자인의 커뮤니케이션을 빨리 배울 수 있다.
  강사는 소프트웨어의 명령이 아닌 디자인을 가르치는데 집중할 수 있으며, 무엇보다 학생들이 아이디어, 해결방법, 정보, 느낌을 탐색, 개발, 전달하는데 3D 기술이 필요하다는 것을 이해할 수 있다.
- Rhino를 사용하여 심장 판막이에서 배의 선체, 그리고 생쥐에서 괴물에 이르기까지 무엇이든 모델링 할 수 있으며 유연하고, 정확하고, 빠른 작업 환경을 제공한다.
  이전에는 몇 배로 값비싼 소프트웨어와 하드웨어만을 사용해야 만들 수 있었던 개체를 모델링하고 랜더링 할 수 있으며 Rhino는 쉽게 배우고 사용할 수 있다.

3) Rhino 3D NURBS Modeling

- NURBS(Non-Uniform Rational B-Splines: 비균일 유리 B 스플라인)는 간단한 2D의 선, 원, 호, 상자에서 복잡한 3D자유 형식의 유기적 Surface와 Solid에 이르기까지 어떠한 형태도 정확하게 모델링 할 수 있는 수학적 표현 방법이다. NURBS모델은 그 유연성과 정확성으로 인해 일러스트레이션과 애니메이션에서 제조에 이르기까지, 어떠한 과정에도 사용할 수 있다.
- NURBS지오메트리는 형태가 자유롭고 흐르는 듯 하며, 기능과 형태가 모두 중요한 3D에서 작업하는 디자이너들이 사용하는 업계 표준이다. Rhino는 선박, 항공 우주, 자동차의 인테리어 및 외부 디자인에 사용되며 가정용품과, 사무용품, 가구, 의료기기 및 스포츠 장비, 신발, 보석류의 제작자가 자유 형

식의 형태를 만들기 위해 Rhino를 사용한다.

- NURBS모델링은 또한 전문 애니메이터와 그래픽 아티스트들이 많이 사용한다. NURBS Modeler의 이점은 다각형 Modeler와 달리 면(Facet)이 없다는 것이다. 모든 해상도에서 모델을 랜더링 할 수 있으며 모든 해상도에서 언제든지 Mesh를 생성할 수 있다.

(1) Rhino의 정확성

자유 형식 Modeler의 대부분은 제조 분석과 엔지니어링 분석에 사용할 수 있을 만큼 정확도가 높지 않다. Rhino도 자유 형식 Modeler이므로 많은 사람들이 Rhino는 각각의 용도에 적합한 정도로 정확도가 높지 않다고 생각하기 쉽다. 실제로 Rhino는 대부분의 CAD와 동일하거나, 경우에 따라 그 이상으로 정확한 모델링 가능하다.

(2) 모델 보관 방법

3D 모델을 컴퓨터에 보관하는 방법에는 일반적으로 두 가지가 있다.
첫 번째 방법은 Mesh를 사용하는 것이다. Mesh는 Facet이라고 불리기도 하며, 일반적으로는 랜더링, 애니메이션, 개념 설계에 사용된다. Mesh Modeler는 구, 상자, 스플라인, 또한 NURBS와 같은 모델을 만드는 데 있어 정확한 기술을 갖춘 듯이 보인다. 이러한 Modeler는 결국은 보이지 않는 곳에서 모든 것을 Mesh로 변환시킨다. Mesh는 단순히 평평한 삼각형의 집합이므로 본질적으로 정확하지 않다. Surface가 Curve가 있는 형태라도 Mesh Modeler는 평평한 삼각형을 사용하여 그것을 표현한다. 이것은 대부분의 랜더링, 애니메이션, 게임에는 충분하지만 제조를 목적으로 하는 디자인으로는 적합하지 않다. 실제로, 많은 제조 공정에서 Mesh를 사용하고 있으나, 필요한 정밀도를 달성하기 위해서는 제조 응용 프로그램에 의해 Mesh의 밀도가 제어되어야 한다. Rhino는 모델링에 Mesh를 사용하지 않으나, 파일의 내보내기와 랜더링에 필요한 경우에는 NURBS를 어떤 밀도의 Mesh로도 변환시킬 수 있다.
두 번째 방법은 NURBS이다. Rhino를 포함한 대부분의 CAD, CAM, CAE, CAID Modeler는 자유 형식으로 된 형상을 NURBS로 표현한다. NURBS를 사용하는 응용 프로그램들이 NURBS의 실행을 성실히 수행한다면 높은 수준의 복잡하고 어려운 용도로도 충분히 사용 할 수 있는 매우 정밀한 자유 형식의 형상을 표시할 수 있다. 응용 프로그램의 주요 초점이 기계 설계이며, 자유 형식의 형상이 아닌 경우에 NURBS실행의 정도는 복잡하고 어려운 자유 형식의 모델링에 충분하지 않을 가능성이 크다.

(3) NURBS란 무엇인가?

NURBS는 Non-Uniform Rational B-Splines(비균일 유리 B 스플라인)의 머리글자이다.
Non-Uniform Rational B-Splines은 3D지오메트리를 표현할 수 있다.

- NURBS 지오메트리가 컴퓨터 지원 모델링에 최적인 이유로는 다음의 5가지를 들 수 있다.
① NURBS 지오메트리를 교환하는 방법으로는 몇몇의 업계 표준이 있다. 이것은 사용자의 중요한 기

하학 모델을 여러 가지 모델링, 랜더링, 애니메이션, 또한 공학 분석 소프트웨어간에 이동할 수 있으며 또한 이동이 가능하다는 전제를 두고 작업할 수 있어야 한다. 이러한 소프트웨어는 사용자의 기하학 정보를 20년 후에라도 사용할 수 있는 방법으로 저장할 수 있다.

② NURBS에는 정확한 의미가 있으며 그 정의 방법은 많이 알려져 있다. NURBS지오메트리의 수학과 이에 대한 컴퓨터 과학은 대부분의 주요한 대학에서 가르치고 있다. 이것은 사용자 지정 응용 프로그램을 만들 필요가 있는 사용자 지정 소프트웨어의 판매자, 공학팀, 산업 디자인 연구소, 애니메이션 제작 회사 등은 NURBS지오메트리에 정통한 프로그래머를 쉽게 발견할 수 있다.

③ NURBS는 선, 원, 타원, 구, 원환 등의 표준 기하학 개체로부터 차체와 인체와 같은 자유 형식 지오메트리까지 정확하게 표현할 수 있다.

④ 패시트로 개체의 근사치를 표현하는 일반적인 방법보다 NURBS로 표현하는 방법이 훨씬 소량의 정보로 1개 분량의 지오메트리를 표현할 수 있다.

⑤ 다음의 NURBS평가 공식은 컴퓨터에서 효율적이며 정확하게 실행될 수 있다.

(4) NURBS지오메트리는 무엇인가?

Rhino는 NURBS를 사용하여 Curve와 Surface를 표현한다. NURBS Curve와 Surface는 조작이 유사하고, 공용의 용어가 사용된다. Curve가 가장 설명하기 쉬우므로, 여기에서는 Curve로 예를 들어 본다. Rhino에는 Surface 도구가 있으며, 이것은 다음에 설명하는 Curve 도구와 매우 유사하다. NURBS커브는 차수, 제어점, 매듭점, 평가공식, 이 4가지로 정의된다.

⇨ 차수

차수(Degree)는 양의 정수로 나타낸다. 이것은 Curve나 Surface 형태를 결정하는 정수이다. 이 숫자는 보통 1, 2, 3 또는 5이다. Rhino의 선과 폴리라인은 차수 1, Rhino의 원은 차수 2, 그리고 Rhino의 자유 형식 커브의 대부분은 차수 3 또는 5이다. Rhino는 차수 1에서 32까지의 NURBS를 다룬다. 차수 1~5를 각각 1차(linear), 2차(quadratic), 3차(cubic), 5차(quintic)라고 한다. NURBS Curve의 계수는 양의 정수로, '차수+1'과 같다. 마찬가지로 차수는 '계수–1'이다.
NURBS Curve의 형태 변화 없이 차수를 올릴 수 있으나, 차수를 내리면 NURBS커브의 형태 또한 반드시 변한다. Rhino에는 Curve와 Surface의 차수를 변경할 수 있는 도구가 있다.

⇨ 제어점

제어점(Control Point)은 적어도 '차수+1'이 개수의 점들을 나타낸다.
NURBS커브의 지오메트리를 변경하는 가장 간단한 방법 중 하나는 제어점을 움직이는 것이며, Rhino에서 제어점을 이동하는 방법으로는 여러 가지가 있다. NURBS Curve를 자유롭게 조정하려면 마우스로 제어점을 하나씩 끌어 이동한다. Rhino에는 정확하고 세밀한 조정을 위한 도구가 있으며 제어점에는 무게(Weight)라고 불리는 수치가 붙어 있다. 몇몇의 예외를 제외하면 무게는 양의 정수이다. Curve 제어점의 무게가 모두 같은 경우(보통 1), 커브는 비유리(Non-Rational)로 불린다. 그렇지 않은 경우에는 유리(Rational)라고 한다. 이때 유리는 닫힌곡선의 형식을 의미한다. NURBS의 R은 Rational(유리)을 뜻하며 NURBS커브가 유리화 될 가능성이 있음을 뜻한다. 실제로 대부분의 NURBS

Curve는 비유리 커브이다. 원 또는 타원과 같은 몇몇 경우의 NURBS Curve는 언제나 유리 커브이다. Rhino에는 제어점의 무게를 변경하고 검사하는 도구가 있다.

⇨ 매듭점

매듭점(Knots)은 숫자가 '차수+N-1' 인 목록이다. 이때 N은 제어점의 개수이다. 이 숫자의 목록은 매듭점 벡터(Knot Vector)라고 하는 경우도 있으나, 이 경우의 벡터는 3차원 공간 안의 방향과는 무관하다.

매듭점 숫자의 목록은 몇몇의 기술적인 조건을 만족시켜야 한다. 이 기술적인 조건을 만족시키는 표준적인 방법은 매듭점의 목록에서 아래로 내려갈수록 각 숫자가 전의 숫자와 동일하거나 커지도록 하는 것이며, 그리고 중복된 매듭점의 수가 차수의 수를 넘지 않도록 하는 것이다. 예를 들면 차수 3으로 11제어점이 있는 NURBS커브의 경우에 0,0,0,1,2,2, 2,3,7,7,9,9,9 는 매듭점의 만족할만한 목록이다. 그러나 0,0,0,1,2,2,2,2,7,7,9,9,9의 목록에는 2가 4개 있어서, 4의 숫자가 차수보다 크므로 매듭점의 목록으로 볼 수 없다.

매듭점 값이 여러 차례 중복되어 있는 것을 매듭점의 다중도(Multiplicity)라고 한다. 앞의 만족할만한 목록의 예에서는 매듭점 값 0은 다중도가 3, 매듭점 값 1은 다중도가 1, 매듭점 값 2는 다중도 3, 매듭점 값 7은 다중도가 2, 그리고 매듭점 값 9는 다중도가 3이다.

매듭점이 차수의 수만큼만 중복되어 있는 예에서는 매듭점 값은 완전 다중도 매듭점(a full-multiplicity knot)이라고 한다. 앞의 예에서 매듭점 값은 0,2,9는 완전 다중이다.

중복되지 않은 매듭점 값은 단순 매듭점(simple knot)이라고 한다. 앞의 예에서는 매듭점 값 1과 3은 단순 매듭점이다.

매듭점 목록이 완전 다중 매듭점으로 시작하여 그 후 단순 매듭점이 계속되고 다시 완전 다중 매듭점으로 끝나고, 또한 이러한 매듭점 값의 증가치가 일정한 경우에 이러한 매듭점을 균일하다고 한다. 예를 들면, 차수 3으로 7개의 제어점이 있는 NURBS커브에 0,0,0,1,2,3,4,4,4의 매듭점이 있다고 한다면, 이 경우의 매듭점은 균일하다. 목록이 0,0,0,1,2,5,6,6,6의 경우는 그 매듭점은 균일하지 않다. 균일하지 않은 매듭점은 비균일(Non-Uniform)이라고 한다.

NURBS의 NU는 Non-Uniform(비균일)을 말하는 것으로 NURBS커브의 매듭점은 비균일이 될 수 있는 것을 의미한다.

매듭점 목록 안의 매듭점 값이 중복된 경우에 NURBS커브는 매끄럽지 않게 된다. 극단적인 경우에는 매듭점 목록 안에 완전 다중도 매듭점이 있다는 것은 NURBS커브의 한 부분이 구부러져 뾰족한 꼬임이 생길 수도 있다는 것을 의미한다. 이 성질을 이용하여 디자이너 중에는 매듭점을 추가 또는 삭제하여 제어점을 조정하여, 커브를 보다 매끄럽게 또는 더욱 날카롭게 솟은 형태로 만드는 사람도 있다. Rhino에는 매듭점의 추가와 삭제를 실행하는 도구가 있다. N을 제어점의 수라고 하면, 매듭점의 수는 'N+차수-1'이므로, 매듭점을 추가하면 제어점도 추가되며, 매듭점을 삭제하면 제어점도 삭제된다.

NURBS커브의 형태를 변경하지 않고 매듭점을 추가 할수 있다. 일반적으로 매듭점을 삭제하면 커브의 형태도 변한다. Rhino에서는 고도의 매듭점 삭제 인터페이스가 있어, 제어점을 삭제하면 자동적으로 적절한 매듭점의 삭제도 실행된다.

4) Rhino 3D Web Site

Rhino Web Site는 이미지 갤러리, 다양한 자습서, 기술적인 문제에 대한 보고서, Rhino와 관련된 사이트로의 링크, 플러그 인과 Rhino에 대한 기타 참고 자료와 뉴스를 볼 수 있다. Rhino의 영어 웹 사이트의 주소는 www.rhino3d.com이며, 한국어 웹 사이트는 www.kr. rhino3d.com 이다.

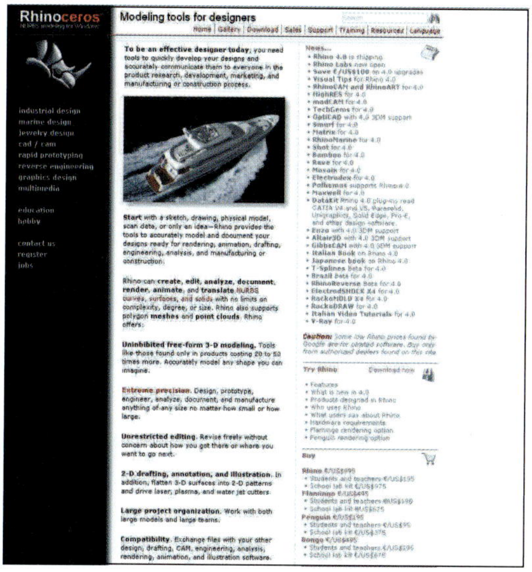

라이노에서 직접 Rhino 웹 사이트로 접속하려면 도움말 메뉴에서, 웹 도움말을 클릭한 후, Rhino 웹 사이트를 클릭 한다.

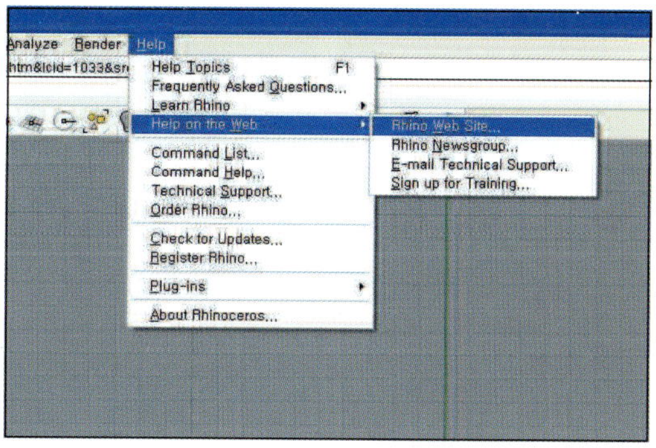

5) Rhino 3D 하드웨어 요구 사항

Rhino는 아래와 같은 구성을 가진 일반적인 Window 데스크탑과 노트북 컴퓨터에서 실행된다.

- Pentium, Celeron, 또는 그 이상의 프로세서
- Intel 또는 AMD를 탑재한 Window98/NT/ME/2000/XP/Vista

Rhino는 Window를 제외한 다른 어떤 운영 체제에서는 일절 전송/설치/실행되지 않는다.
예외적으로 Virtual PC 나 Boot Camp를 탑재한 Apple Macs에서는 실행이 된다.

- 200MB디스크 공간
- 512MB RAM. (1GB 이상을 권장)
- IntelliMouse를 권장
- 3D 디지타이저는 선택사양
- OpenGL 그래픽 카드 권장

6) Rhino 3D를 활용한 Jewelry Design Basic Process 소개

⇨ 〈과정 1〉 Design Concept & Design Motif Image선정

디자인 또는 자신의 디자인 아이디어를 자유롭게 발상하여 디자인 컨셉 및 모티브를 선정하여 이미지를 찾아본다. 예제로 보고 있는 디자인 모티브는 창살 문양에서 보여주는 나눔과 분할에 관한 모티브 이미지이다.

⇨ 〈과정 2〉 Idea Sketch

이렇게 선정된 모티브를 기준으로 반지 형태의 다양한 각도 및 방향으로 아이디어 스케치작업을 한다.

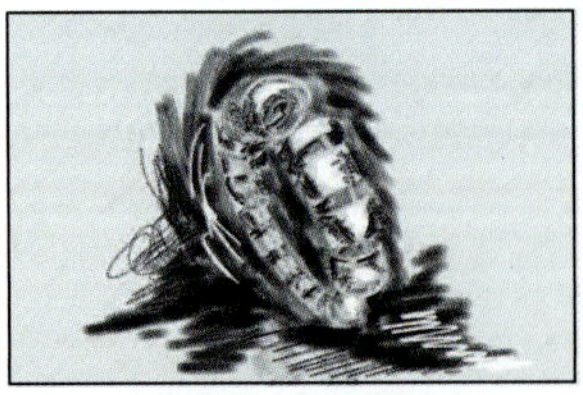

⇨ 〈과정 3〉 Modeling

아이디어 스케치 과정을 통해 완성된 스케치를 기준으로 캐드 상에서 정확한 치수와 물리적 크기 등을 입력하여 모델링하여 본다.

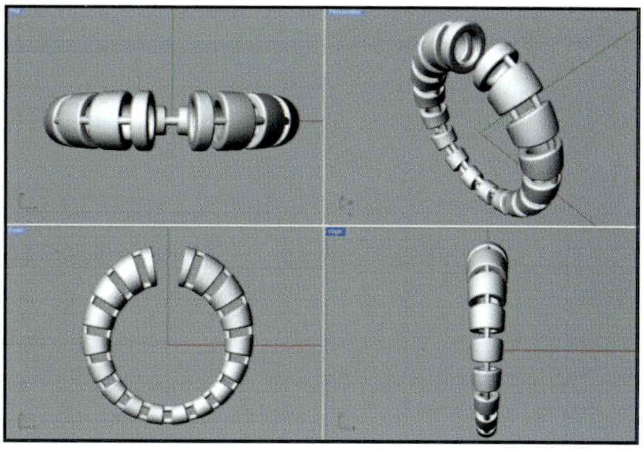

⇨ 〈과정 4〉 Rendering

완성된 모델링을 가지고 자신이 원하는 재료와 가공방법을 고려하고 라이노의 기본 랜더러나 플라밍고 랜더러를 이용하여 실사 이미지로 랜더링하여 본다

⇨ 〈과정 5〉 Layout 작업

디자인 모티브와 아이디어 스케치 그리고 완성된 모델링과 랜더링을 통해 레이아웃 작업을 하여 포트폴리오화 시켜본다.

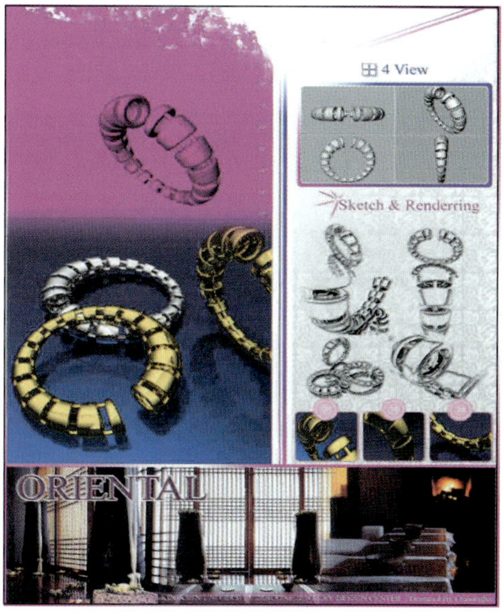

⇨ 〈과정 6〉 STL 변환과 에러 체크

실물로 제작을 위해 RP장비에 문제가 없는지 확인 작업을 한다. 모델링 데이터를 가지고 RP제작을 위해 STL형식의 파일 변환을 수행하게 되는데 STL은 RP용 데이터 포맷을 의미한다. STL은 Mesh값을 조정하는 옵션을 가지며 변환 하게 될 때 Mesh값이 크면 데이터 용량이 증가하게 된다. 만약 STL파일 제작을 하기 전에 라이노 3D모델링 데이터 상에서 에러체크를 통해 문제 있는 곳을 수정 작업한다. 이러한 과정을 통해 기계적인 에러확률을 줄여준다.

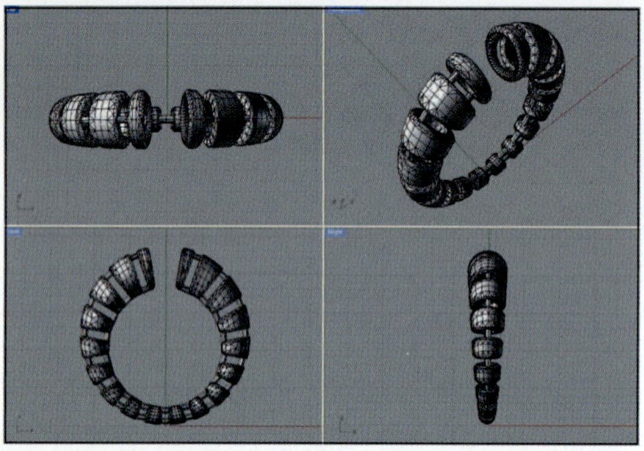

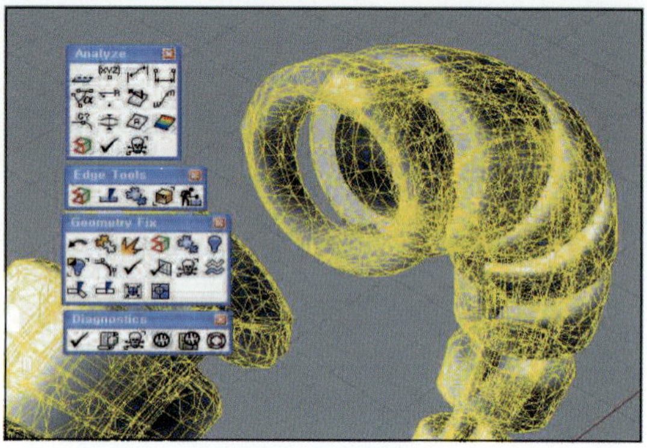

⇨ 〈과정 7〉 RP장비를 통한 3차원 가공

캐드 상에서 완성된 모델링을 고속모형제작기 작업을 위해 데이터를 보낸다.

RP장비를 통해서 STL파일로 된 데이터를 3차원 형상의 원형을 가공하게 된다. 레이어의 적층 두께나 정밀도에 따라 결과물의 해상도가 달라지며, 결과물은 작업물의 크기와 정밀도 설정에 따라 수시간에서 수십 시간이 소요될 수 있다.

위의 이미지에 나오는 재료는 최근 가장 각광을 받고 있는 광경화성 수지 재료인데 그 재료로 나온 원본이다.

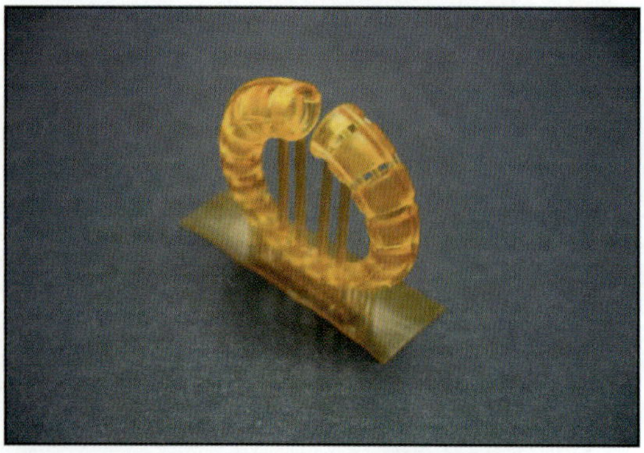

⇨ 〈과정 8〉 실물 완성

18K금과 백금으로 주물가공하여 완성한 것이다. RP에서 완성한 모델을 이용하여 주물가공을 한다. 원하는 재료를 선택하여 주물이 완료되면 마무리 가공을 하면 모든 공정이 끝난다. 18K금과 백금으로 완성된 이미지이다.

2. Rhino 3D 개요-2 Rhino 설치

1) Rhino 3D Version 4.0 설치

01 Rhinoceros 4.0 CD를 실행시키면 다음과 같은 화면이 나타난다. 여기서 Rhinoceros 4.0 설치를 선택한다.

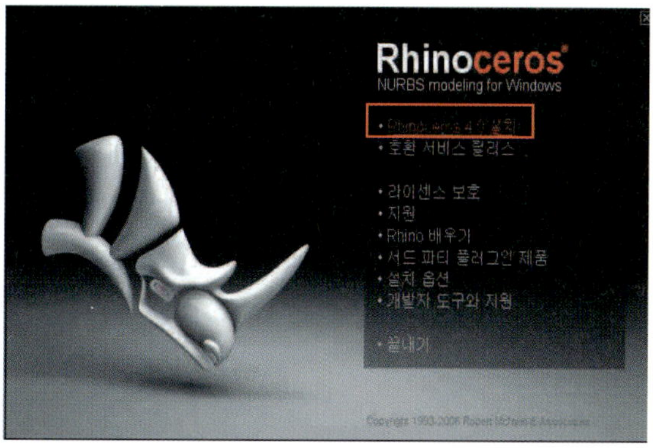

02 '설치 마법사 시작' 대화창이 나타나면 '다음' 버튼을 클릭 한다.

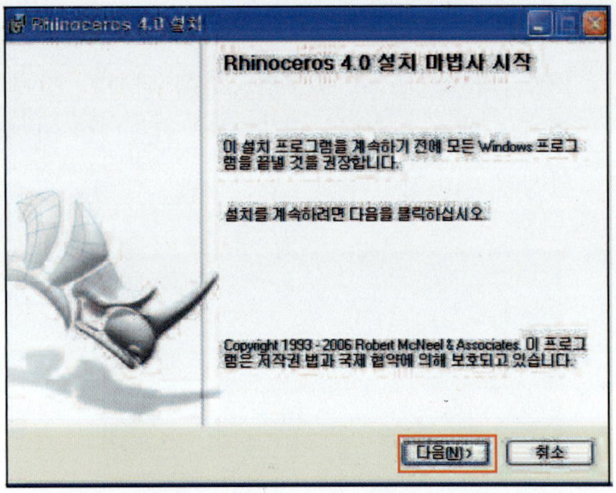

03 '사용권계약서' 대화창이 나타나면 '동의' 버튼을 클릭 한다.

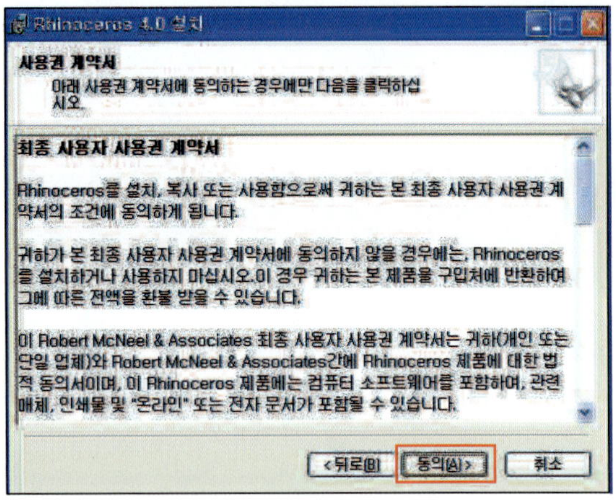

04 '사용자정보' 대화창에서 전체 이름과 조직 이름을 기재하고 CD키를 입력한다. 입력을 마친 후 '다음' 버튼을 클릭한다.

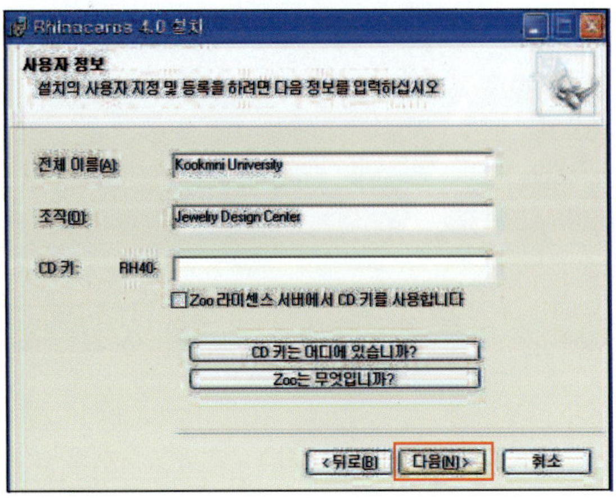

05 '대상폴더' 대화창이 나타나면 설치할 폴더 경로를 지정한 후 '다음' 버튼 클릭한다.

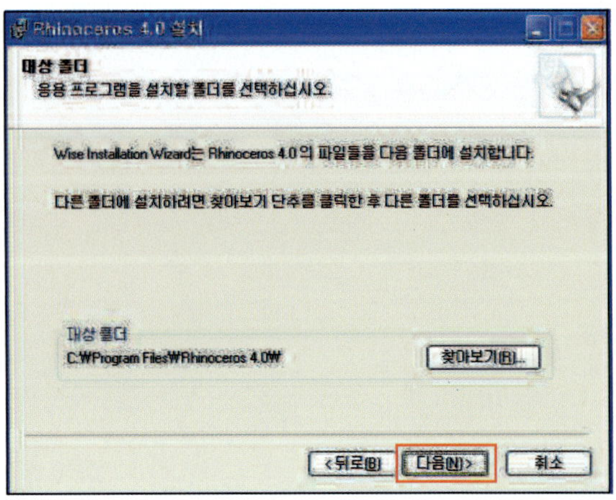

06 프로그램을 한글로만 사용을 원한다면 '일반'을 체크한 다음 설치를 진행하여도 무방하지만 영어와 한글 두 가지를 모두 사용을 하고자 한다면 '사용자 지정'을 클릭 한다. '다음' 버튼을 클릭 한다.

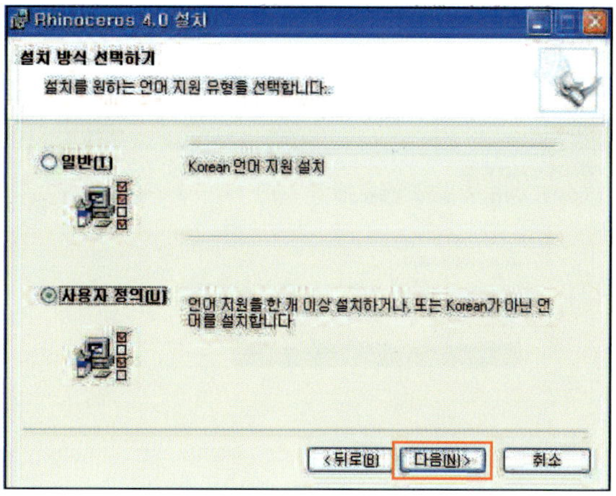

07 왼쪽 창에 있는 언어 지원 파일에서 영어 지원 파일에 X 표시가 난 곳을 클릭 하여 '모든 기능이 로컬 하드 드라이브에 설치'를 선택한 후 '다음' 버튼을 클릭 한다.

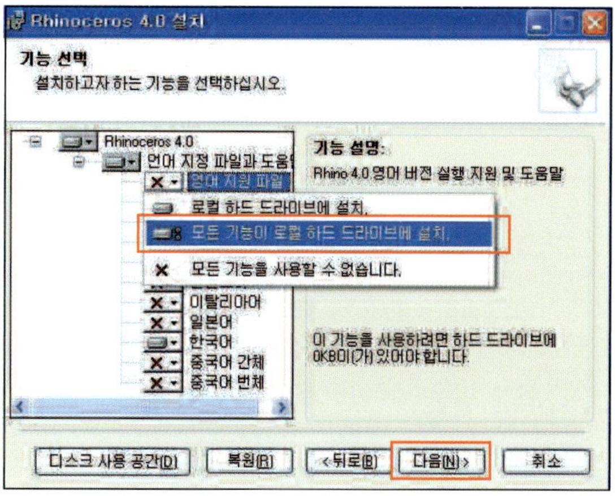

08 다음과 같은 화면이 나타나면 '다음' 버튼을 클릭 한다.

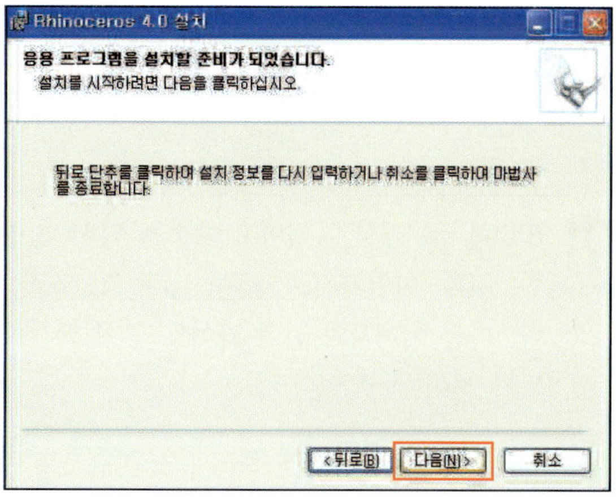

09 프로그램이 설치 진행이 되고 있는 것을 볼 수 있다.

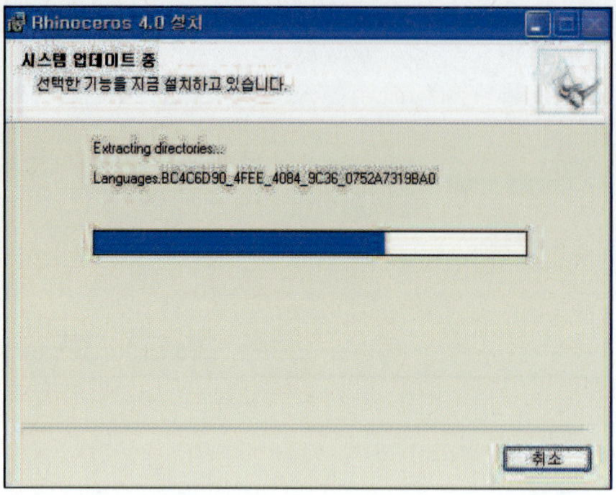

10 프로그램 설치가 성공적으로 이루어진 화면이 나타난다. '마침' 버튼을 클릭 한다.

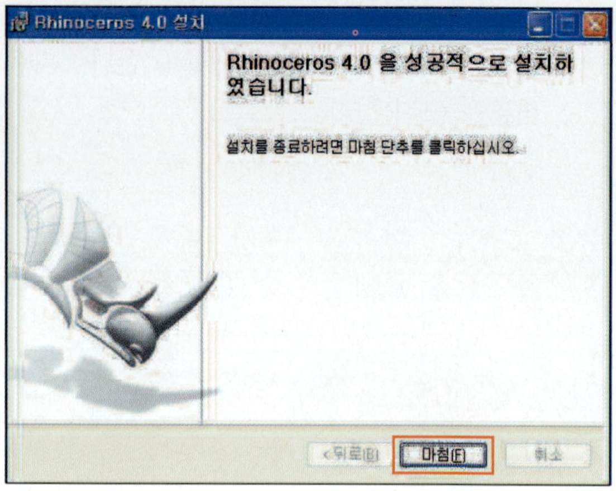

2) Rhino 3D CAD 4.0 Evaluation Program(평가판) Download 및 Set UpVersion 4.0 설치

Rhino 3D CAD 4.0 평가판은 Rhino 3D 공식 홈페이지에서 다운로드 작업을 통해 프로그램 파일을 손쉽게 얻을 수 있다. 이러한 다운로드 작업을 하게 될 때 큰 장점은 정식 프로그램과 마찬가지로 실시간 Update 작업이 가능하다는 것이다. 사이트에서 Rhino 3D 4.0 프로그램뿐만 아니라 실사 이미지 랜더링을 위한 Flamingo, Penguin, Bongo 프로그램 평가판 또한 손쉽게 구해 정식 프로그램을 구입하기 전까지 충분히 연습을 할 수 있다. 평가판은 정식 프로그램에 있는 모든 기능을 갖추어져 있으나 저장이 25회로 제한되어 있다. 그 이후에는 모든 기능을 사용할 수 있으나 저장이 되지 않는다. 평가판은 정식 버전과 마찬가지로 Plug-In을 지원한다.
공식 홈페이지를 방문부터 다운로드하여 설치까지 과정을 살펴보도록 하겠다.

01 Rhino 3D 공식 홈페이지 주소는 앞서 설명한 것과 마찬가지로 www.rhino3d.com이다. 다음 이미지와 같이 라이노 공식 웹사이트가 보여 지고 있다.

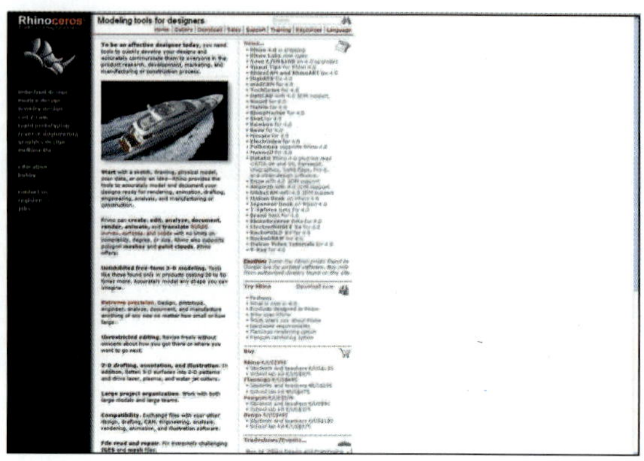

02 상단 Tab중에 'Language'를 선택한다. '한국어'를 체크한다.

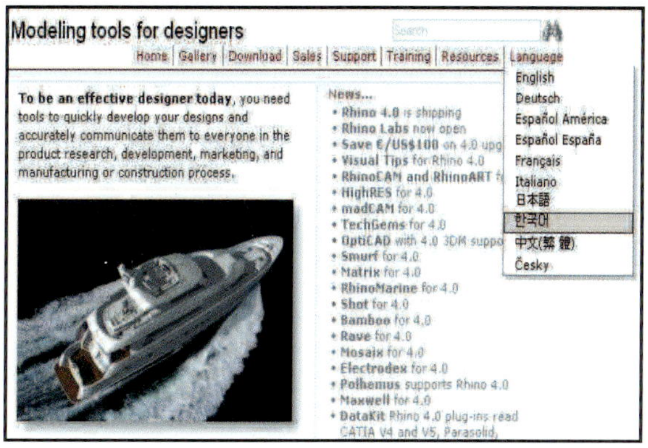

03 한글로 번역된 라이노 공식 홈페이지로 바뀐 것을 알 수 있다. 다운로드 Tab을 누른 다음 'Rhino 평가판'을 선택한다.

04 다음 화면이 나타나면 e-mail을 기재한 다음 국가를 설정한다.

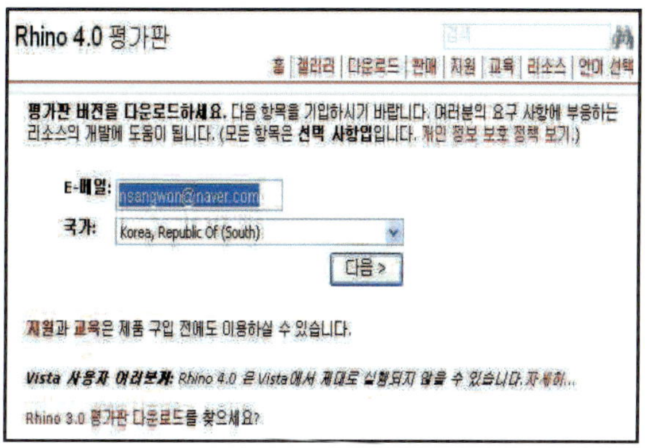

05 직업란과 관심 있는 분야에 체크한다.

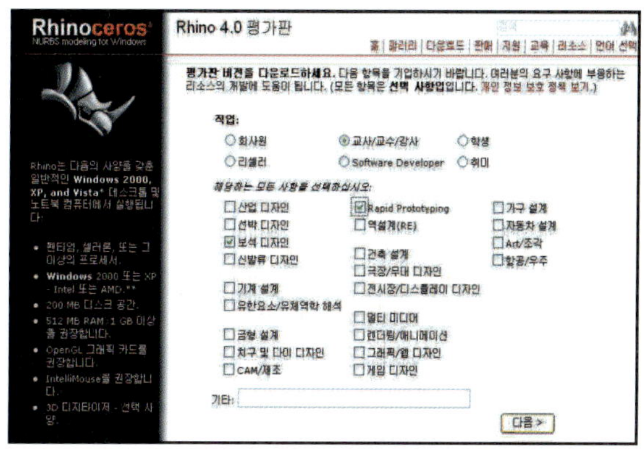

06 사용하는 소프트웨어들을 체크한다.

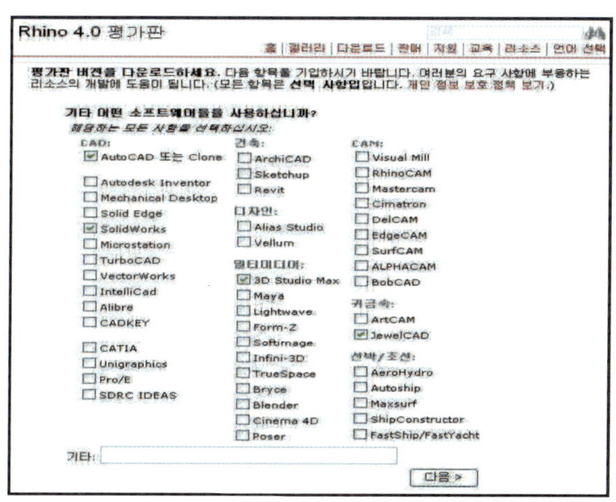

07 Rhino 3D 평가판 프로그램이 실행될 때 운영되는 언어 설정을 해준다.

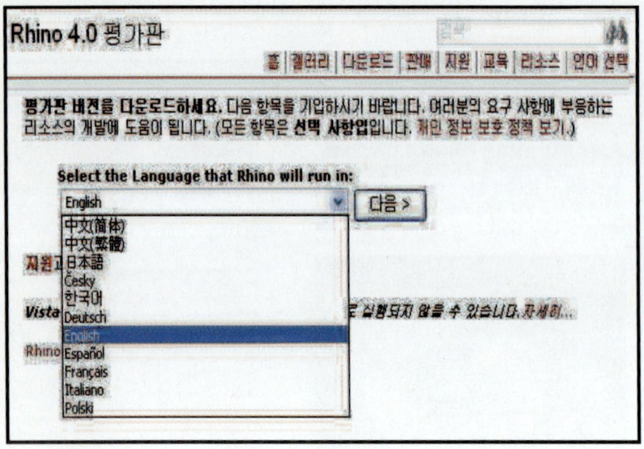

08 다운로드 할 수 있는 실행파일이 보여지고 있다. 실행파일을 선택한다.

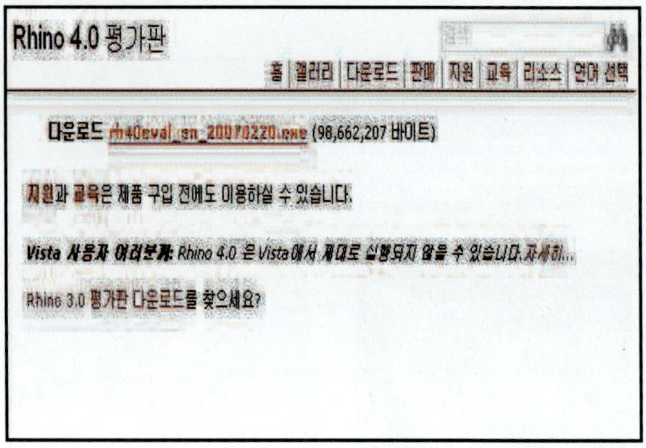

09 다음과 같은 대화상자가 나타나면 '저장' 버튼을 클릭 한다.

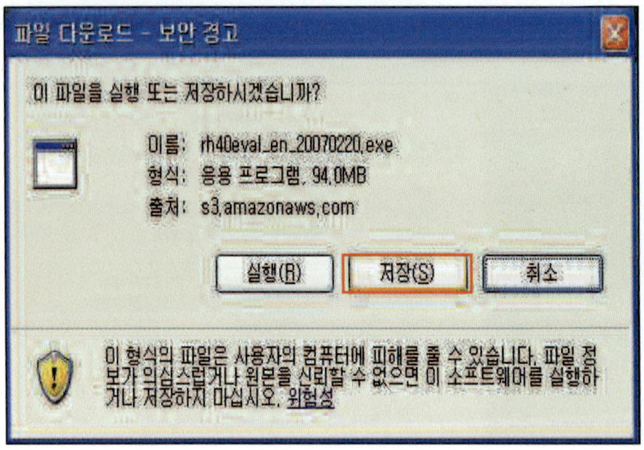

10 실행파일을 저장 시킬 경로를 지정한다. '저장' 버튼을 클릭 한다.

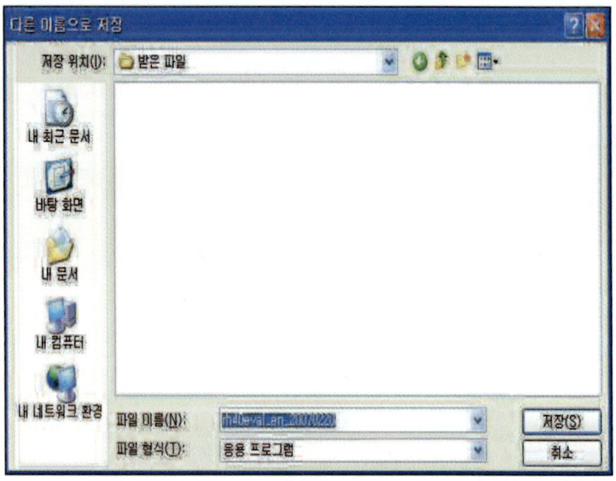

11 실행파일이 다운로드 되어지고 있는 것을 확인 할 수 있다.

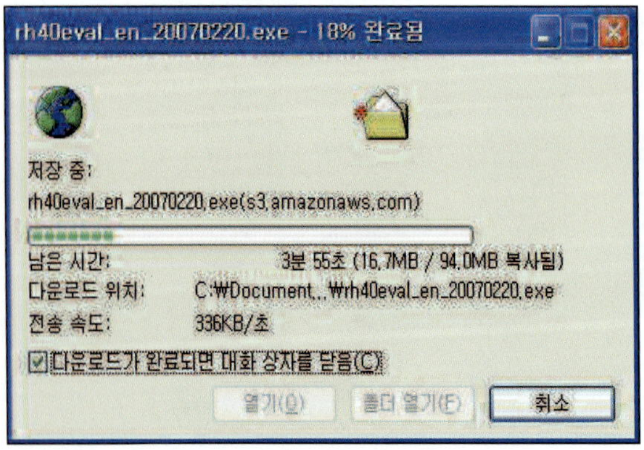

12 실행 파일이 지정된 경로를 통해 저장되어진 것을 알 수 있다.

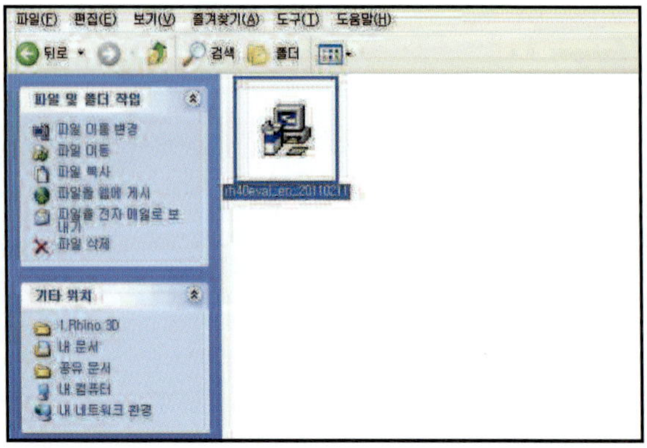

3) Rhino 3D CAD 4.0 평가판 설치 과정

01 저장된 실행파일을 더블 클릭 한다. 다음과 같은 대화상자가 나타나면 '실행' 버튼을 클릭 한다.

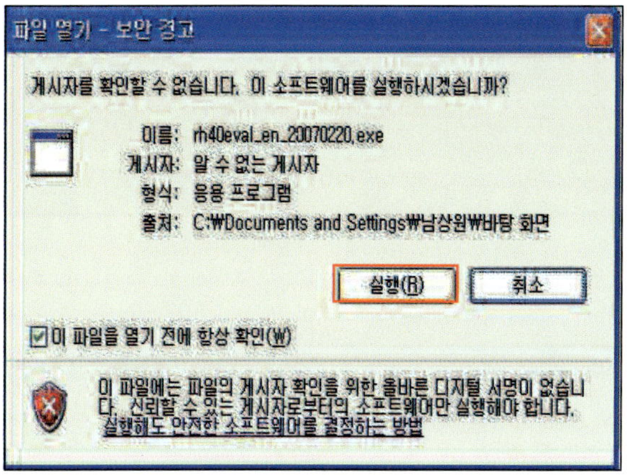

02 사용되는 언어선택을 한다. OK버튼을 클릭한다.

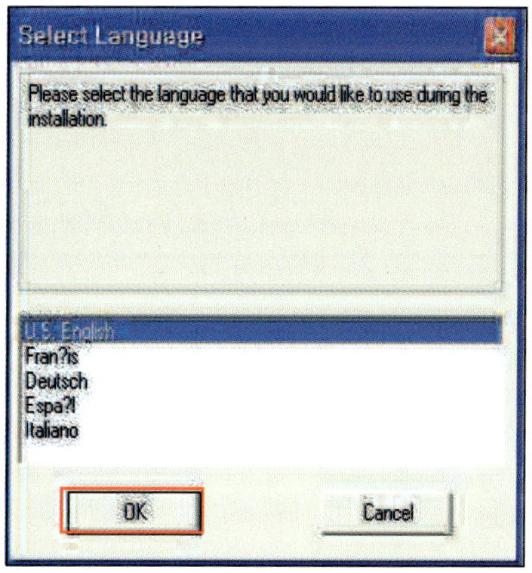

03 다음과 같은 대화상자가 나타나면 'Next'버튼을 클릭한다.

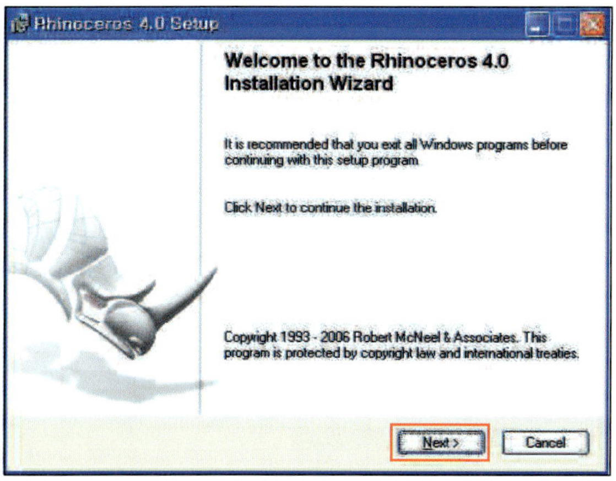

04 'Agree' 버튼을 클릭 한다.

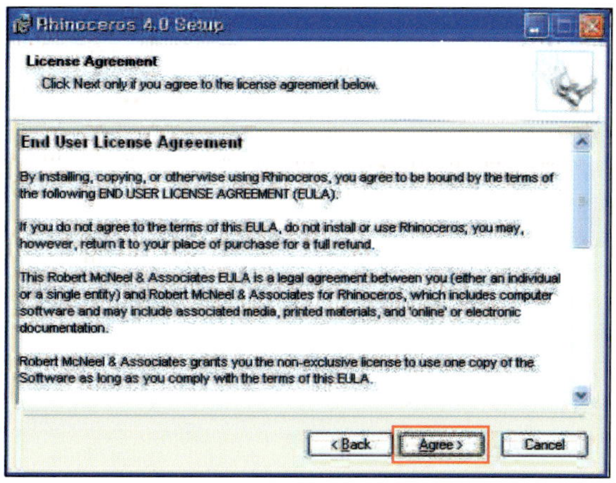

05 이름과 조직을 기재한 후 Next버튼을 클릭 한다.

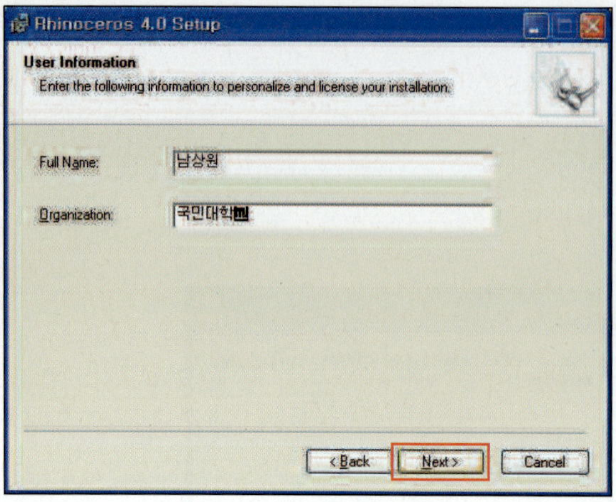

06 설치될 지정 경로를 설정한 다음 Next버튼을 클릭 한다.

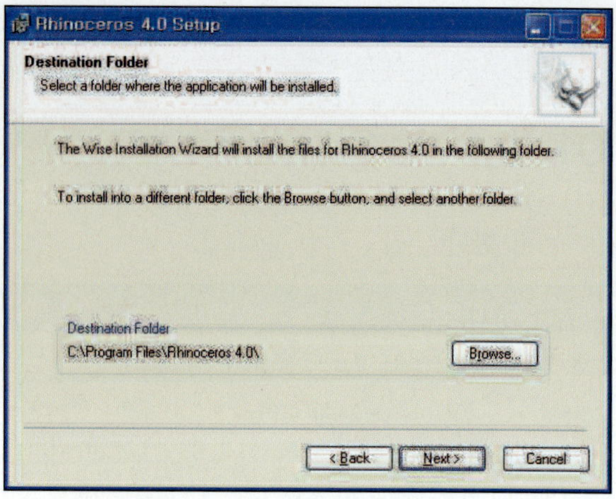

07 Next버튼을 클릭 한다.

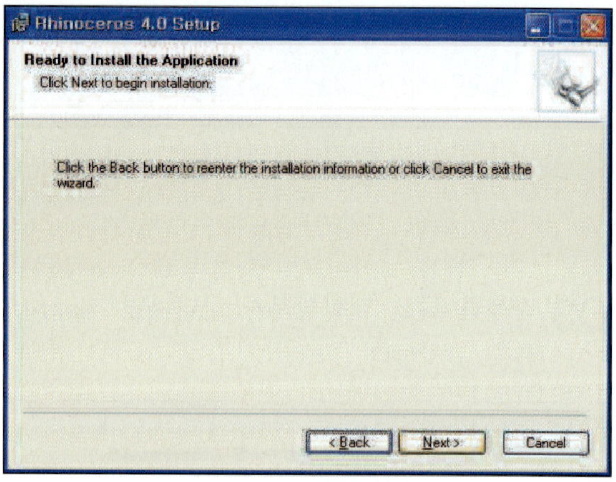

08 설치가 되고 있는 상태를 확인 할 수 있다. 설치가 완료되고 프로그램이 실행되는지를 확인 한다.

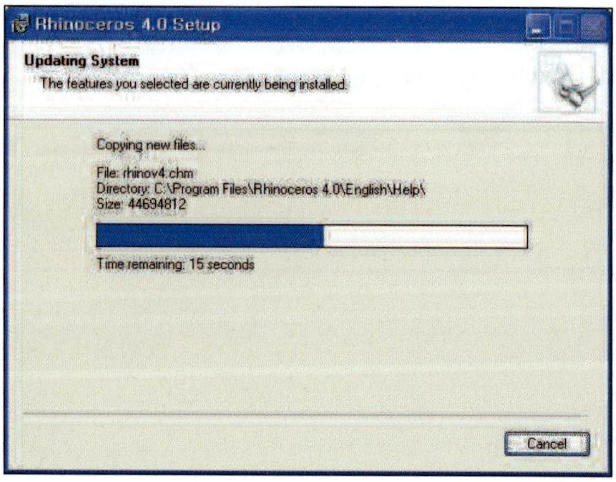

3. 환경설정

1) 사용자를 위한 인터페이스 소개

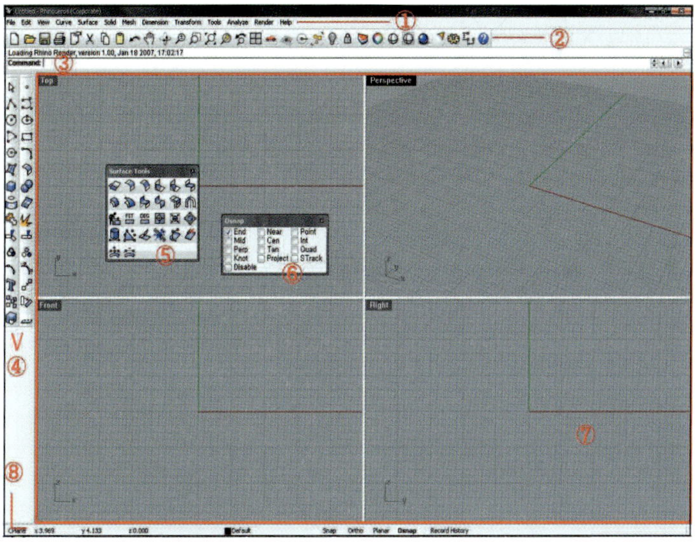

❶ 메뉴바(Menu Bar) 메뉴가 표시되는 영역이며 명령어를 선택하여 실행한다.

❷ 스탠다드 툴바(Standard Toolbar) Standard Toolbar는 Zoom, Pan, Render 등의 모델링 작업에 필요한 보조 명령어 버튼을 모아 놓은 곳이다.

❸ 명령 사용 내역창(Command Area), 명령 프롬프트(Command Prompt) Command Area는 작업진행시 각종 명령어와 진행과정을 보여주는 공간이며, Command Prompt는 키보드로 명령어나 명령어의 옵션 설정사항을 입력하는 공간이다. 명령어의 첫 글자를 입력하면 그 글자로 시작되는 명령어의 리스트가 표시되며, 사용할 명령어를 마우스로 클릭 하여 사용하기도 한다.

❹ 메인 툴바(Main Toolbar 1,2) Point, Curve, Surface, Solid를 만들고 편집하는 명령어 버튼들을 모아 놓은 공간이며 모델링 작업 시에 가장 많이 사용한다. 왼쪽이 Main Toolbar1 이고, 오른쪽이 Main Toolbar 2이다.

❺ 플로팅 툴바(Floting Toolbar) 메인 툴바나 스텐다드 툴바의 하유 메뉴를 뷰포트 상에 빼놓은 메뉴 툴바로 아이콘 중 오른쪽 하단 모서리 부분에 흰색 삼각형 부분을 클릭하면 나타난다.

❻ 오브젝트 스냅(Osnap Dialog Box) Object에 대하여 스냅을 지정하거나 제어하는 곳이다.

❼ 뷰포트(Viewport) Graphics Area안에 3개의 평행투상도(Top, Front, Right)와 1개의 투시투상도(Perspective)를 표시하는 영역을 말한다.

❽ 상태표시줄(Status Bar) 마우스 포인트의 좌표 값, 작업 레이어, Grid Snap, Ortho, Object Snap Recors History 등의 상태를 보여주거나 제어 하는 곳이다.

2) 사용자를 위한 기본 조작 방법

(1) Rhino 3D 프로그램 실행 시

Main Toolbar 1,2가 없을 경우와 Standard Toolbar가 없는 경우 Tools > Toolbar Layout > default 에서 Main 1과 2와 Standard를 알파벳 순서로 찾아 체크 해준다. 화면상에 해당 Toolbar가 나타난 것을 확인 할 수 있다. 원하는 위치에 드래그하여 배치할 수 있다.

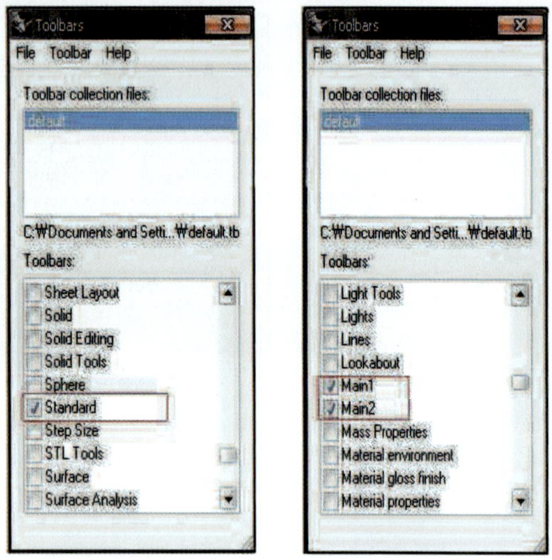

(2) Pan기능

4개의 Viewport 상에서 화면을 움직이는 기능이다.

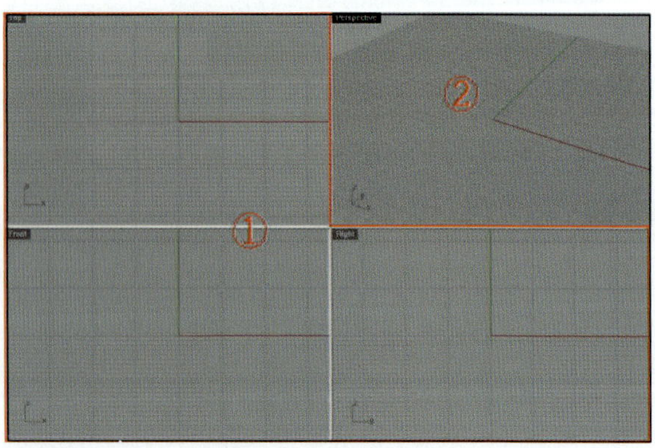

❶ Top, Front, Right Viewport에서는 마우스 우측 버튼을 누른 상태에서 드래그하면 된다.

❷ Perspective Viewport에서는 마우스 우측 버튼을 누르면 Rotate기능이 적용되므로, 여기서는 Shift 키와 마우스 오른쪽 버튼을 같이 누른 상태에서 드래그해야 한다.

❸ 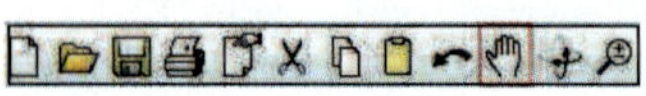 Standard 툴바에 있는 Pan 기능을 사용해도 된다.

(3) Pop-Up Menu를 이용한 Display방법

작업 시 Popup 창을 이용하면 효율적인 Display작업을 진행할 수 있다.

❶ Popup창은 4개의 Viewport상에 마우스 커서를 가져다 놓고 마우스 가운데 버튼을 눌러 Pop-up창을 생성시켜 설정하는 방법.

❷ Menu bar에서 Pull Down하여 설정하는 방법.

❸ 각 Viewport Name부분에 마우스 커서를 가져다 놓고 마우스 우측 버튼을 눌러 Display를 설정하는 방법.

방법 1)

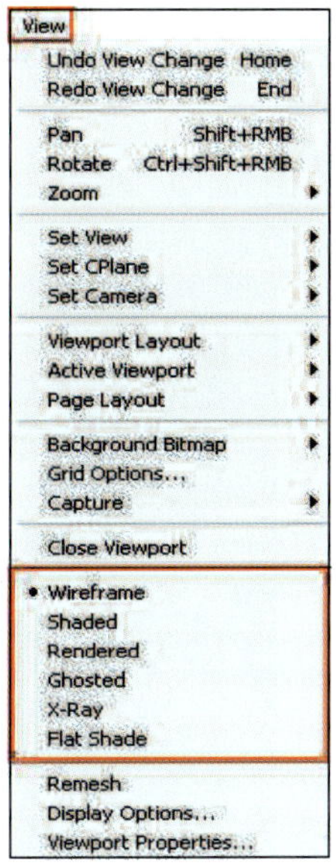

방법 2)

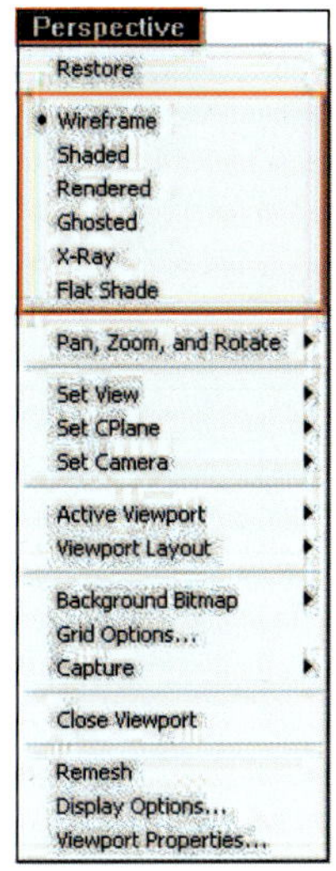

방법 3)

각 Viewport Name부분에 마우스 커서를 가져다 놓고 마우스 우측 버튼을 눌러 Display를 설정하는 방법을 사용하여 모델링된 예제를 가지고 각 Display 설정 결과를 다음과 같이 볼 수 있다.

Wireframe Display 설정 상태

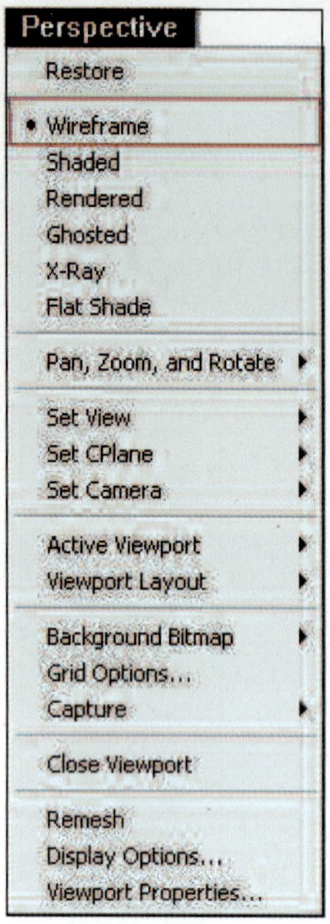

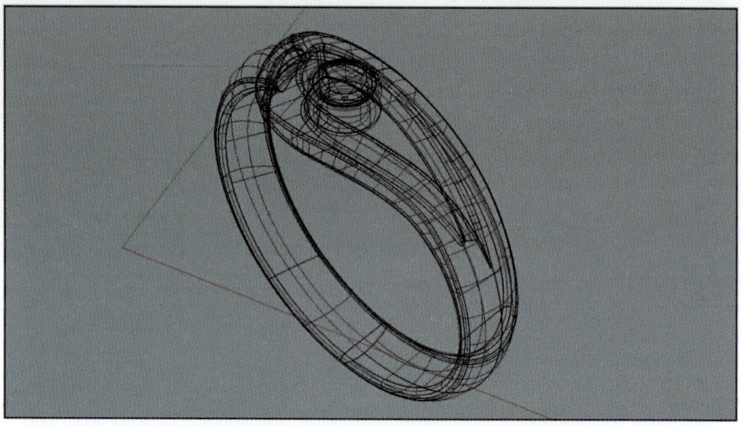

Shaded Display 설정 상태

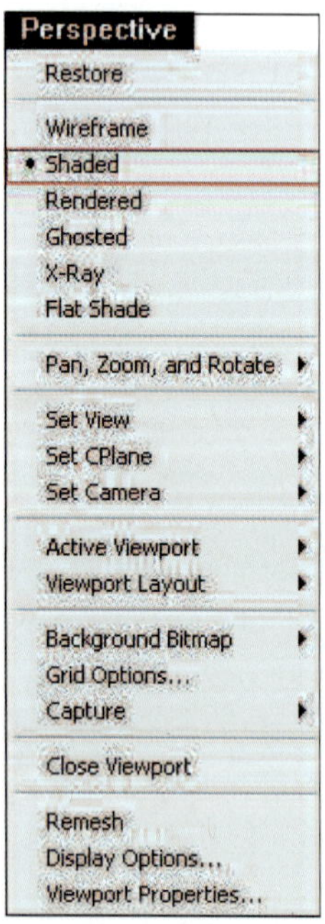

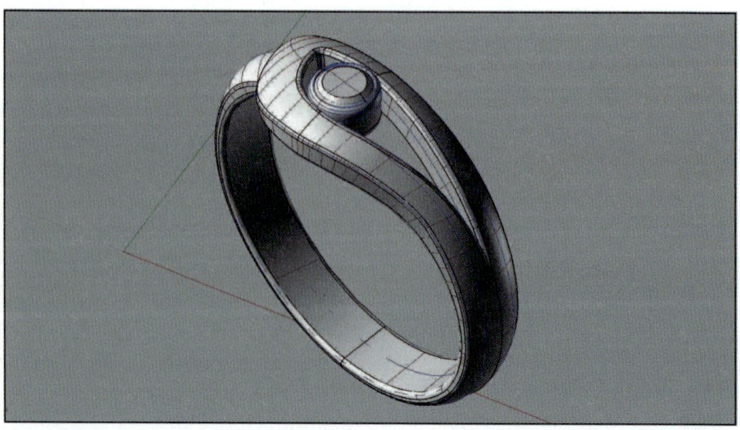

Rendered Display 설정 상태

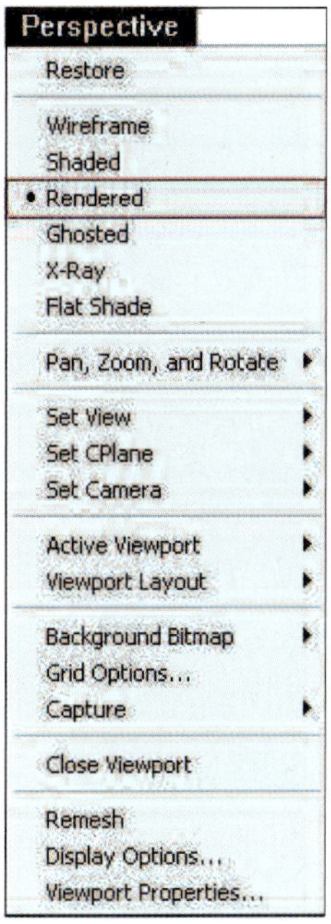

Ghosted Display 설정 상태

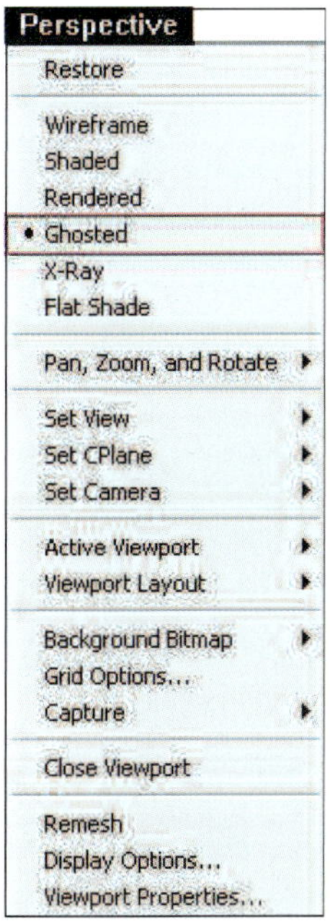

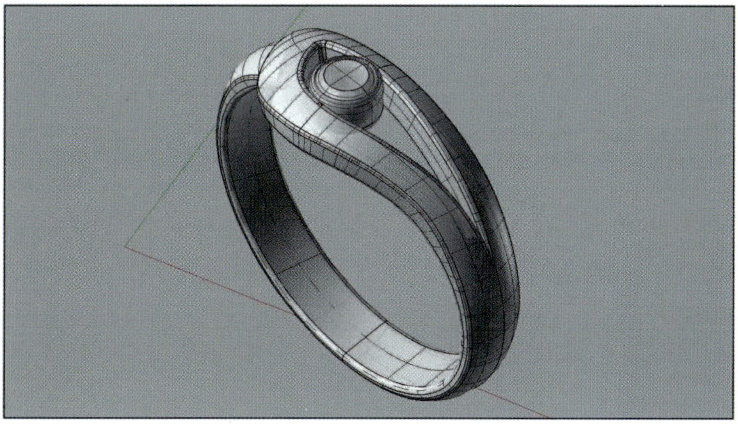

X-Ray Display 설정 상태

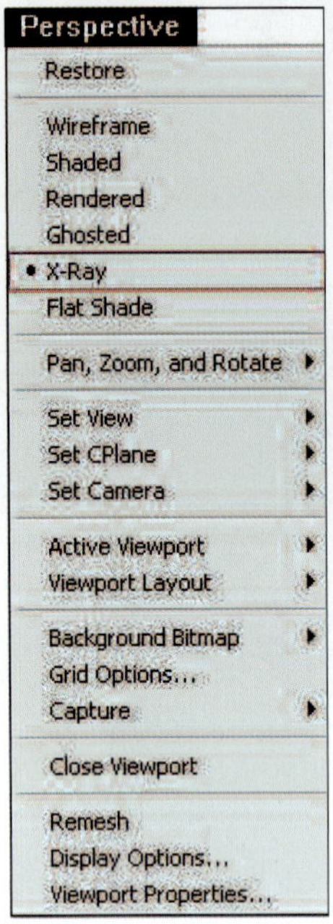

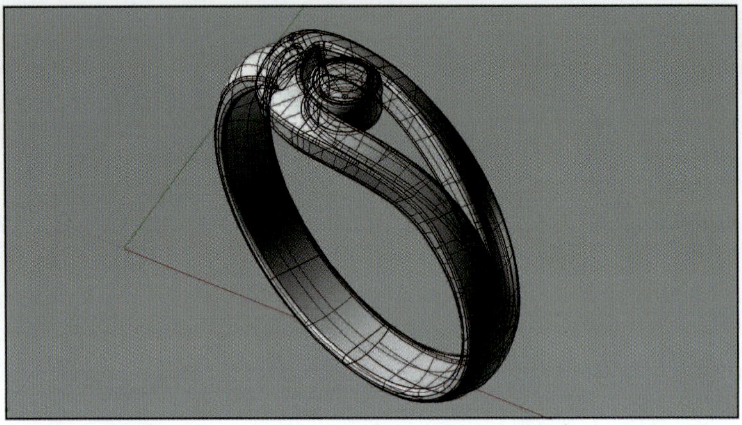

Flat Shade Display (Rendered Display로 설정된 상태에서) 설정 상태

(4) Zoom 기능

Undo View Change (화면보기 변경 실행 취소) Home

이 기능은 메뉴 작업 적용한 것을 Undo(전 단계 실행취소기능)하는 것이 아니라, 화면의 구도나 줌 기능 작업 한 것을 실행 취소하는 기능이다.

Redo View Change (실행 취소한 화면보기 다시 실행) End

이 기능은 실행 취소한 화면 보기를 다시 원상태의 화면으로 되돌리는 기능이다.

Zoom Dynamic (확대 / 축소 하기) (Ctrl + 마우스 왼쪽 버튼)

따라하기 02 Zoom Dynamic 기능 실행하기 〈부록CD〉 예제파일 〉 0.시작〉 Intro-Ex-002〉

마우스로 드래그 하여 확대/축소 할 수 있는 기능이다. Zoom Dynamic버튼을 누르고 왼쪽 버튼을 누른 상태에서 드래그하면 다음 이미지처럼 확대 / 축소되는 것을 볼 수 있다.

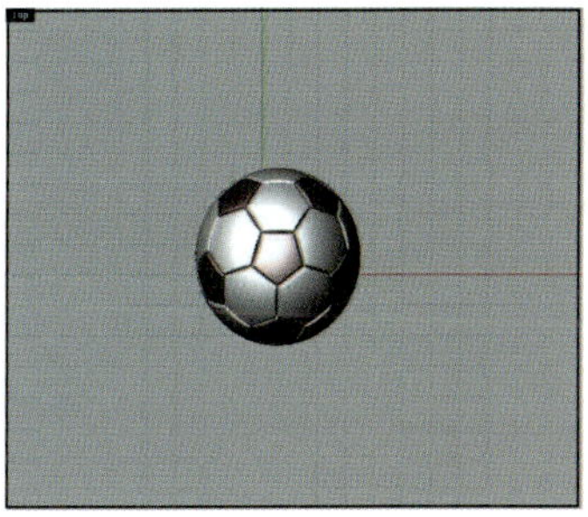
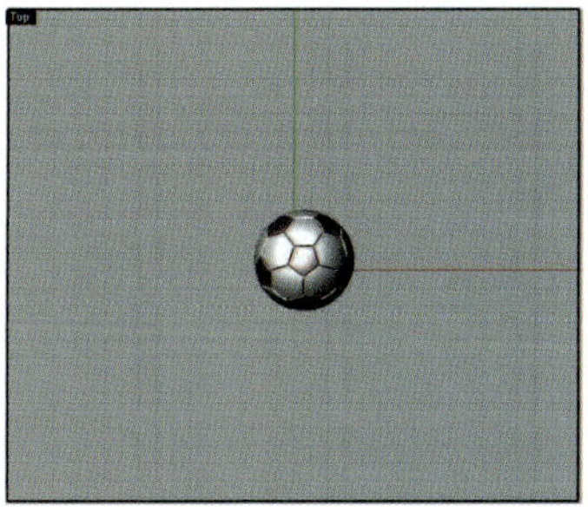

TIP ▸••

마우스 가운데 버튼을 위아래로 드래그하면 Zoom기능을 쉽게 사용할 수 있다. 마우스 가운데 버튼으로 드래그하는 것은 Zoom기능을 큰 폭으로 사용하고 빠르게 사용하는 특징을 가지고 있어 가장 일반적으로 많이 사용하는 방법이다. 또한 Ctrl키를 누른 상태에서 마우스 우측 버튼을 누르고 드래그 하면 Zoom기능을 미세하게 사용할 수 있다. 섬세하게 Zoom기능을 사용해야 할 때 사용하면 효율적이다.

Zoom Window (구역설정 해서 확대하기) Ctrl + W

따라하기 03 Zoom Window 기능 실행하기 (부록CD > 라이노예제파일 > Day 1 > Day1-Ex-003)

다음 이미지에 나타난 순서로 마우스 왼쪽버튼을 클릭한 상태에서 드래그해준다. 드래그 되어진 구역을 중심으로 확대되어진 것을 확인할 수 있다.

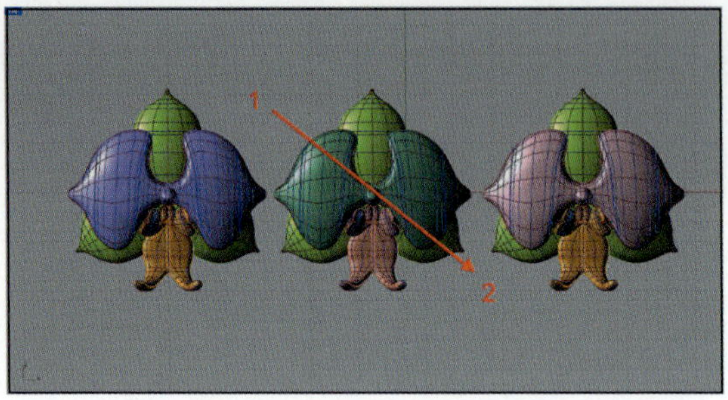

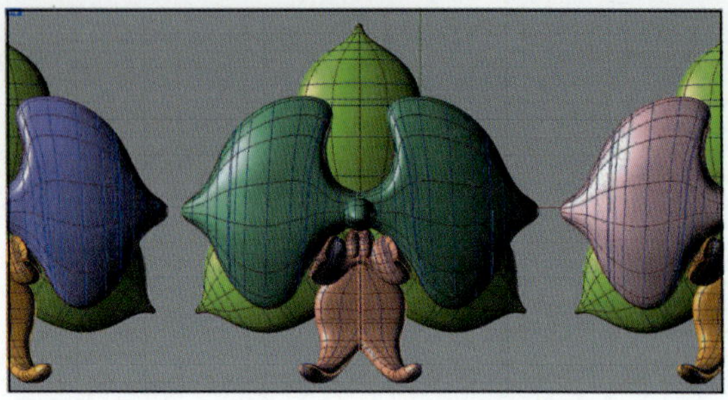

Zoom Extents (활성화면에 개체를 가득 채워 보기) Ctrl + E

활성화 되어진 Viewport에 있는 개체를 중심으로 화면을 알맞게 맞추어 주는 기능이다.

Zoom Extents All (4면도에 모든 개체 가득 채워 보기) Alt + Ctrl + E

모든 Viewport에 있는 개체를 중심으로 화면을 알맞게 맞추어 주는 기능이다.
이 기능은 4 Default Viewports 메뉴와 같은 기능을 가지고 있다.

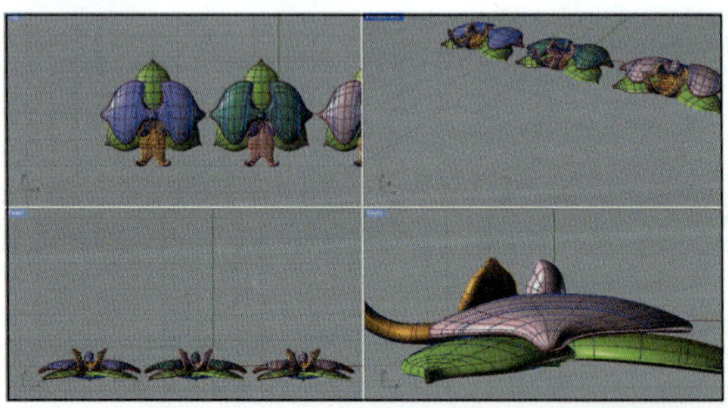

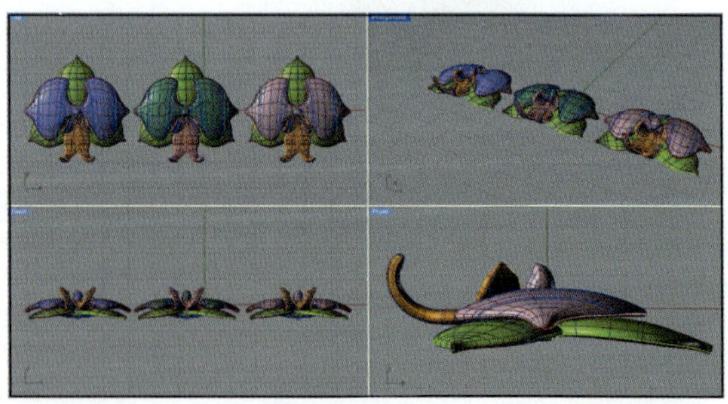

Zoom Selected (선택한 개체만 화면에 가득 채워 보기)

현재 선택되어 있는 개체만 화면에 가득 채워 보는 기능이다.

Zoom Selected All (선택한 개체만 4면도에 가득 채워 보기)

현재 선택 되어 있는 개체를 4면도에 가득 채워 보는 기능이다.

Zoom 1:1 (1:1확대/축소 화면보기)

화면에서 개체가 실물 크기로 보이도록 현재 화면을 확대 / 축소하는 기능이다.

Zoom 1:1 Calibrate (1:1 확대/축소 비율 조정)

1:1 확대/축소하기를 실제 길이로 정확히 하기 위해 1:1비율을 설정 하는 기능이다.

따라하기 04 Zoom 1:1 Calibrate 기능 적용하기 〈부록CD〉예제파일〉0.시작〉Intro-Ex-004〉

다음 이미지와 같은 순서로 Zoom 1:1 Calibrate (1:1 확대/축소 비율 조정)기능을 실행해본다.

01 Main 1 toolbar에 있는 Circle:Center, Radius 기능을 실행하여 지름 10mm 원형 커브를 생성한다.

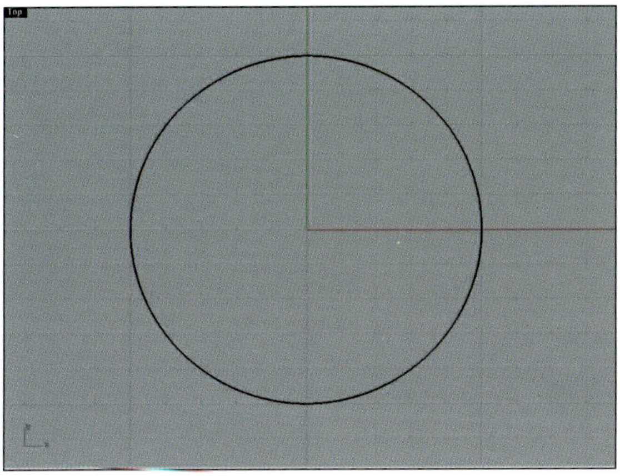

02 Zoom 1:1 Calibrate를 실행하면 다음과 같은 대화상자가 나타난다.

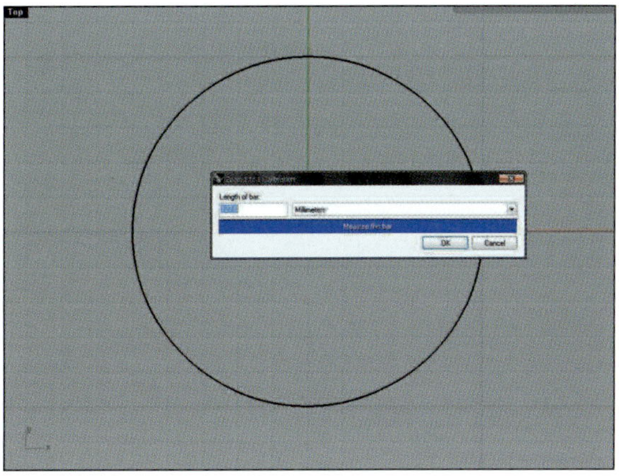

03 Zoom 1 to 1 Calibration 대화상자에 있는 파란색 직사각형을 맨 좌측부터 우측까지 모니터 상에서 자로 직접 측정한다. 측정된 수치를 입력하고 측정한 단위 설정을 한 다음 OK 버튼을 누른다.

04 Zoom 1:1기능을 실행하면 개체 실사이즈로 화면이 설정되는 것을 확인할 수 있다.

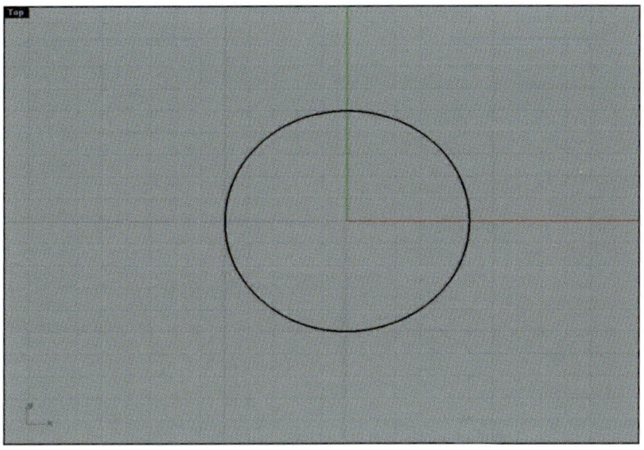

Turntable (턴테이블과 같이 화면을 회전하여 보기)

따라하기 05 Turntable 기능 적용하기 (부록CD > 예제파일 > 0.시작 > Intro-Ex-005)

화면의 주시점을 중심으로 하여 계속해서 화면을 회전 시키는 기능이다. 턴테이블 대화상자에서 속도와 방향을 제어할 수 있다. '+' 값으로 가면 시계반대 방향으로 회전하며, '-' 값으로 가면 시계 방향으로 회전한다. 또한 입력한 수치에 따라 회전의 속도가 증가한다. 0에 가까우면 느리고, 100에 가까울수록 빠르다. 다음 이미지와 같이 화면이 회전되는 것을 볼 수 있다.

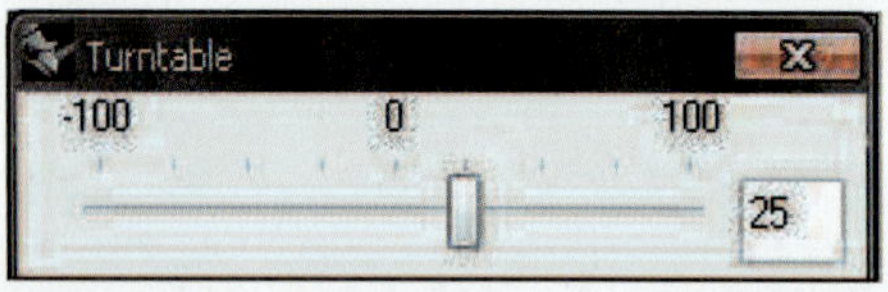

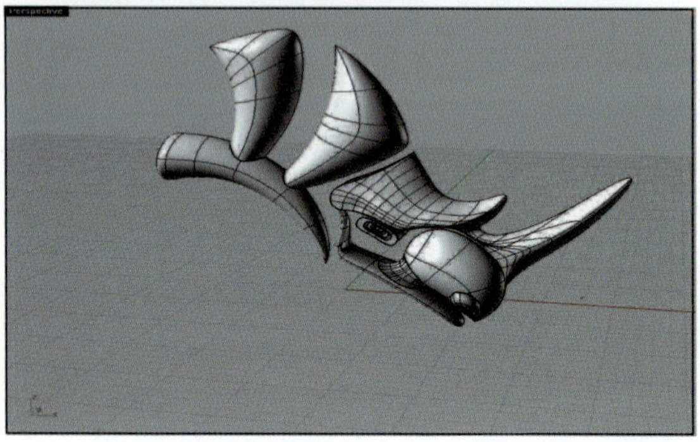

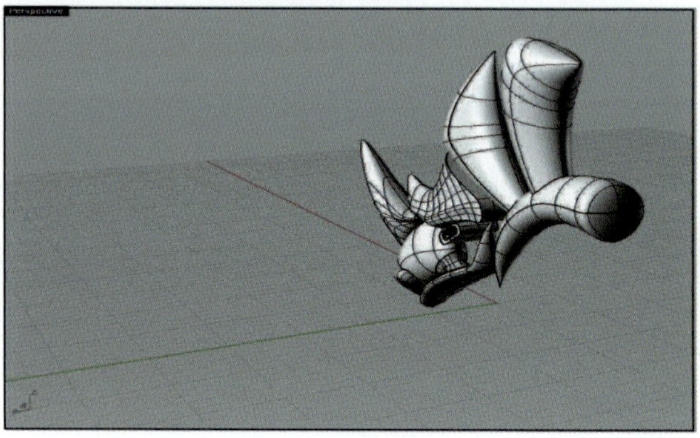

(5) 화면의 최대화

01 Top, Perspective, Front, Right View중 최대화 시키고 싶은 화면 이름 칸을 더블클릭하면 그 화면이 최대화된다.

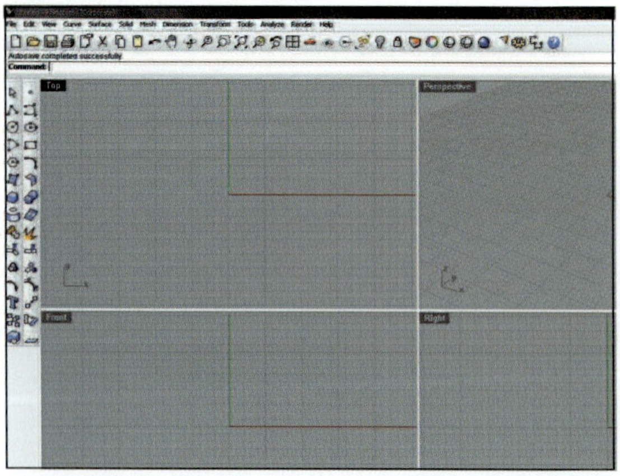

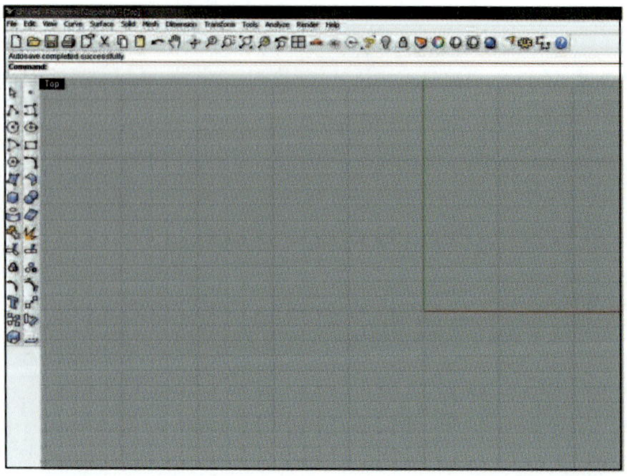

02 화면 이름 칸에 마우스 커서를 가져간 후 우측 버튼을 클릭한다. Pop-Up메뉴가 나타나면 Maximize를 선택한다. 해당 화면이 최대화되는 것을 볼 수 있다.

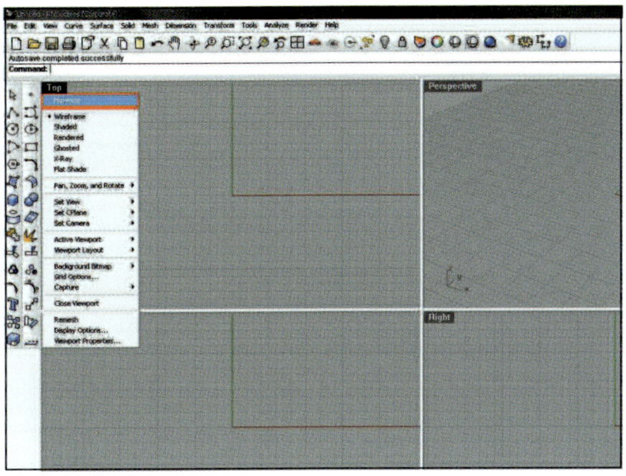

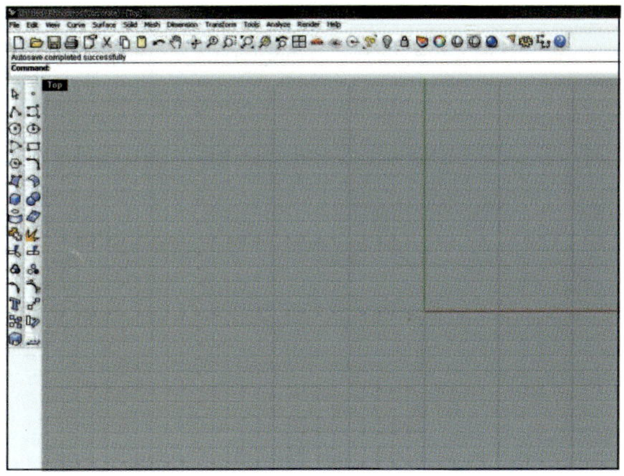

(6) 나만의 작업환경을 만들기 위한 환경설정하기

1) 언어 설정하기 Tools > Options > Appearance > Language used for display

Rhino Interface에서 사용할 언어를 설정하는 기능이다. 일반적으로 한국어와 영어로 구분되어 있으며, 설정을 바꾼 후 프로그램을 종료한 다음 다시 실행하면 설정된 언어로 변경된다.

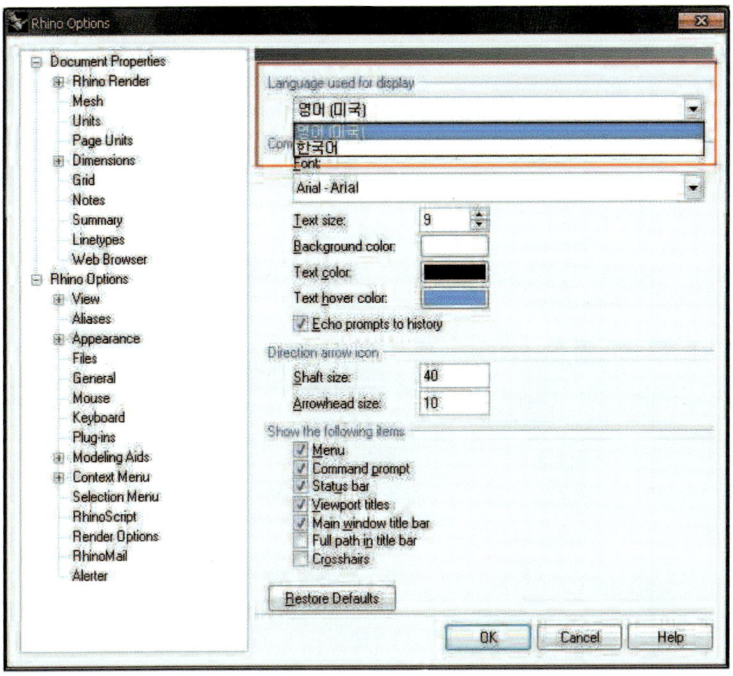

2) 자동 저장 기능 Tools > Options > Files > Autosave

Autosave 기능은 작업을 진행하는 도중에 컴퓨터 전원이 나가는 경우, 컴퓨터 시스템 오류, 프로그램 오류등 작업이 뜻하지 않게 멈추게 되는 경우 정해진 시간마다 작업을 자동 저장시켜 주는 기능이다. 오류가 난 후 다시 프로그램을 실행하면 멈춘 시간대까지 작업한 내용을 복원시켜준다. 일반적으로 10분으로 설정한다.

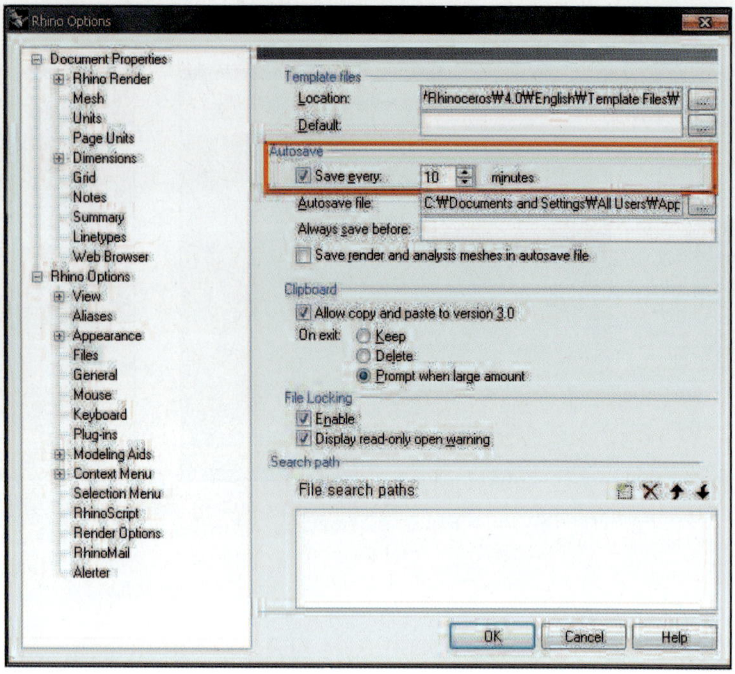

3) Undo 횟수 지정하기 Tools > Options > General > Undo

작업도중 실수를 하거나 전 단계로 돌아 갈 경우 Undo 기능을 사용하게 되는데, 여기서 Undo의 수를 설정해 주면 된다. 메모리의 양에 크게 관계없이 설정된 수만큼 Undo기능을 실행 할 수 있으며, 일반적으로 50~100으로 설정한다.

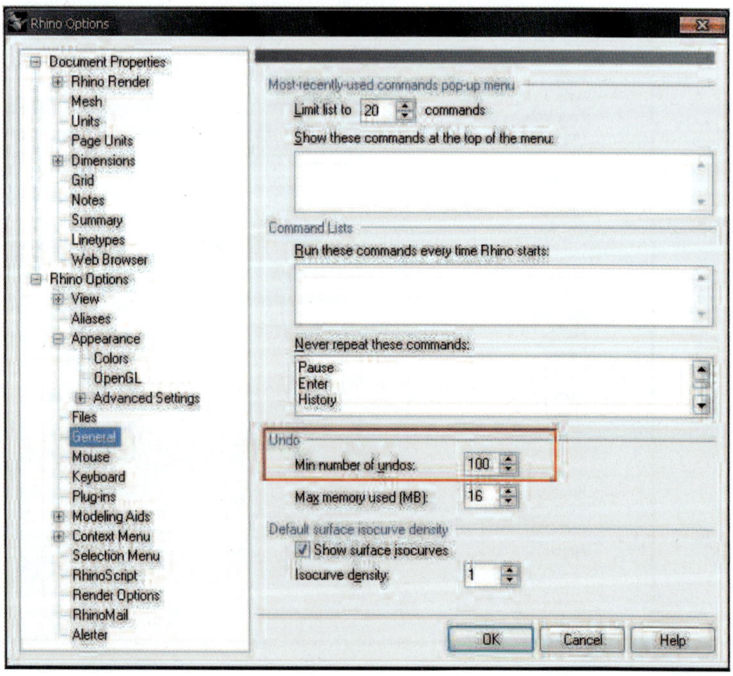

4) Grid 크기 조절하기 Tools > Options > Grid

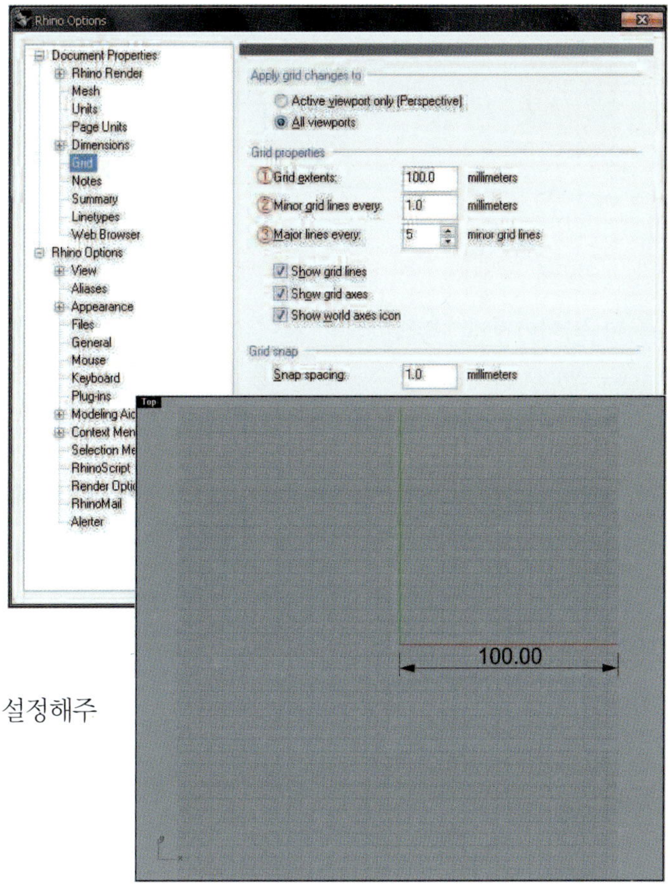

Grid의 설정은 Grid선의 간격과 절대 좌표축 아이콘의 표시 상태를 설정할 수 있다.

❶ Grid extents

화면 안에 있는 CPlane 전체 범위를 설정해주는 기능이다.

오른쪽 이미지와 같이 CPlane 원점을 기준으로 반지름 값을 설정하는 것으로 만약 100mm로 설정하게 되면 전체 200mmx200mm 크기의 CPlane 공간을 만들어 주는 것이다.

❷ Minor grid lines every 가는 Grid 간격을 설정해주는 기능이다.

❸ Major lines every 굵은 Grid 간격을 설정해주는 기능이다.

5) Color 지정해주기 Tools > Options > Colors

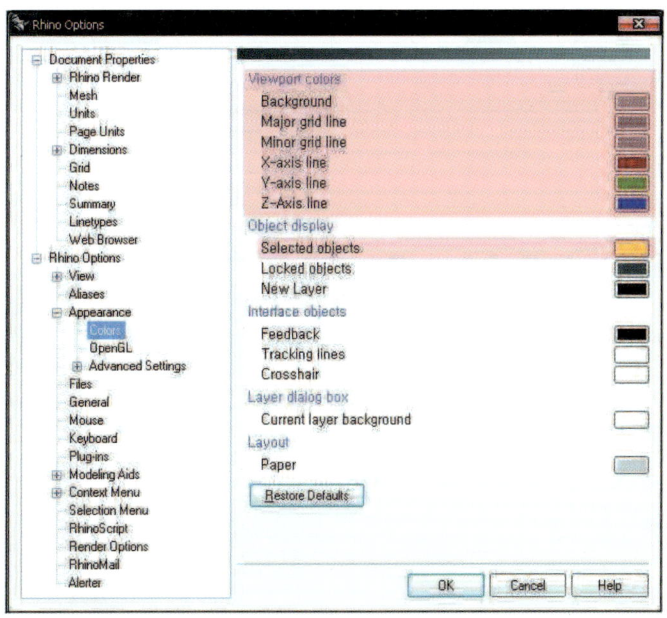

- Viewport colors 4면도에 있는 배경색이나 Grid, X, Y, Z축등의 Color를 변경 해주는 기능이다.
- Selected objects 선택된 개체(물체가 활성화 되는 것)의 Color를 변경해주는 기능이다.

TIP ▸●▸ Colors 환경설정은 초기 설정된 값을 사용하는 것이 일반적이다. 하지만 자신만의 환경설정을 위해 색상을 변경해도 무관하다. 변경시킨 후 다시 초기 사용된 색상으로 원위치하고자 한다면 대화상자 우측 하단에 있는 Restore Defaults 버튼을 클릭해 주면 초기값으로 설정된다

(7) 직전에 실행한 명령 반복하는 방법

다음 이미지에 나타난 것과 같이 Command 단어만 표시된 상황 즉, 명령이 초기화 상태인 경우 Viewport상에서 마우스 우측 버튼 클릭하기, Enter↵ Key 버튼 그리고 Space Bar 를 누르면 직전에 실행한 명령을 다시 반복해 사용할 수 있다.

(8) Esc

명령 실행 중에 Esc키를 누르면 명령을 취소할 수 있다. 또한 개체를 선택한 상태에서 Esc키를 누르면 선택취소가 된다.

(9) 개체 선택하기

개체를 선택하는 방법에는 다음과 같다.

따라하기 06 Rhino 3D의 개체 선택 방법 (부록CD 〉 예제파일 〉 0.시작 〉 Intro-Ex-006)

01 선택하고자 하는 개체에 마우스 커서를 가져다두고 마우스 왼쪽 버튼을 클릭한다. 개체가 선택되어지는 것을 확인할 수 있다.

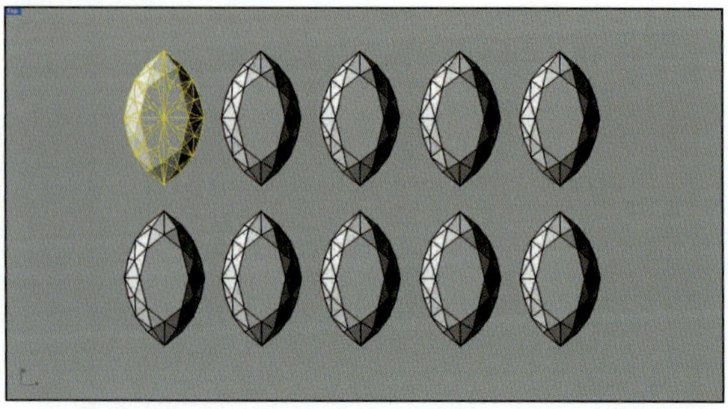

02 다중 선택 작업을 하기 위해서는 Shift 키를 누른 상태에서 선택하고자 하는 개체를 마우스 좌측 버튼으로 선택한다. 다중으로 선택되어지는 것을 확인할 수 있다.

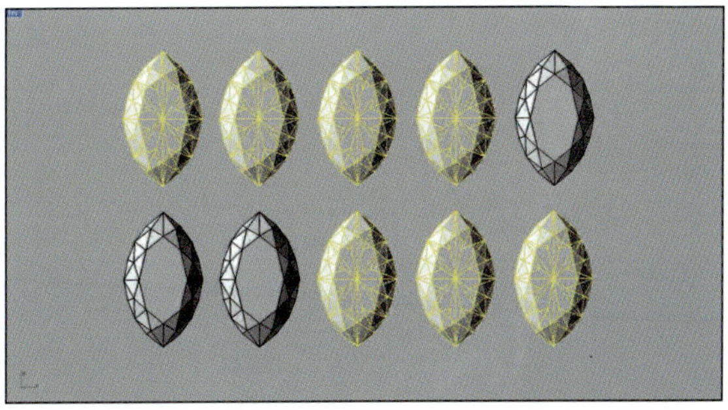

03 다중 선택된 상태에서 선택 취소하려는 개체는 Ctrl 키를 누른 상태에서 선택 취소하고자 하는 개체를 마우스 좌측버튼으로 클릭한다. 이미지에 나타난 것과 같이 다중 선택된 상태에서 선택 취소되는 것을 확인 할 수 있다.

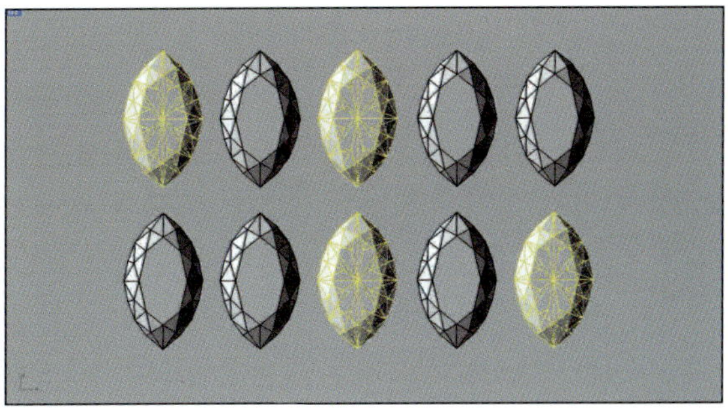

04 Ctrl + A 단축키를 사용하여 화면상에 있는 모든 개체를 선택할 수 있다.

05 다음 이미지와 같이 마우스 왼쪽 버튼을 클릭한 상태에서 드래그 해준다. 방향은 왼쪽 상단에서 시작하여 우측 하단쪽으로 드래그해준다. 이 개체선택방법은 드래그되어진 Window 범위 안에 완전히 포함되는 개체만 선택되어진다. 다음 이미지와 같이 선택되어진 것을 볼 수 있다.

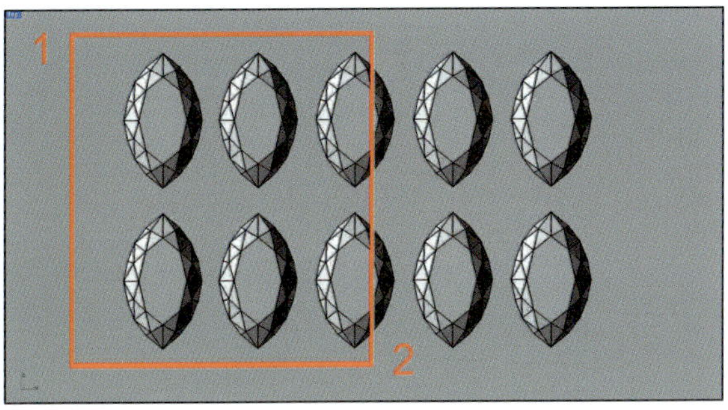

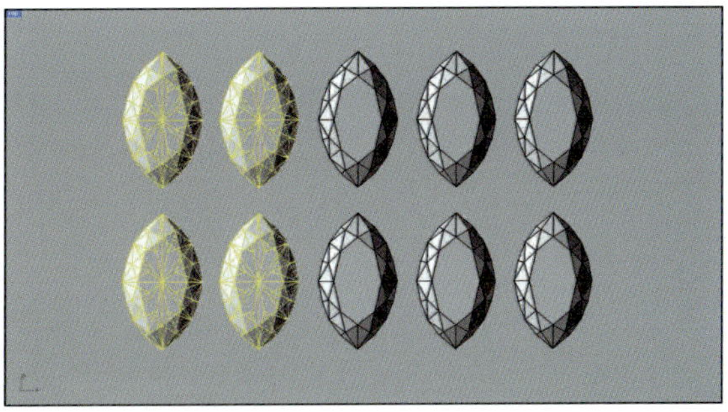

06 다음 이미지와 같이 마우스 왼쪽 버튼을 클릭한 상태에서 드래그 해준다. 방향은 우측하단에서 시작하여 왼쪽 상단쪽으로 드래그해준다. 이 개체선택방법은 드래그되어진 Window 범위에 완전히 포함되는 개체와 지나가는 개체는 모두 선택되어진다. Window가 지나간 모든 개체가 선택되어진 것을 확인 할 수 있다.

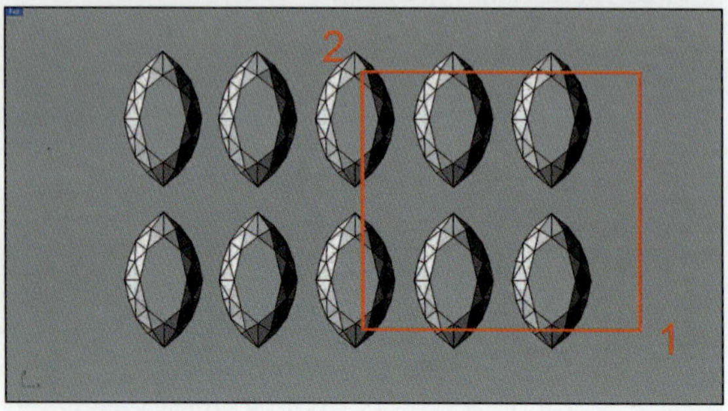

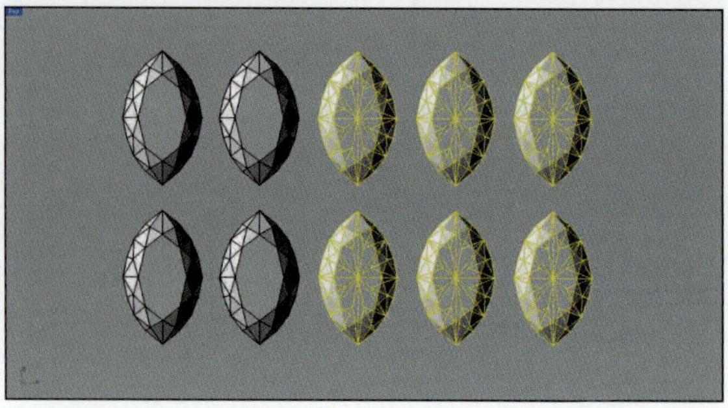

07 Edit > Select Objects 기능을 이용하여 개체를 선택하는 방법이 있다. 이 방법은 개체 유형에 따라 선택되어지는 방법으로 복잡한 모델링 작업을 진행할수록 효율적인 작업을 하는데 도움을 준다.

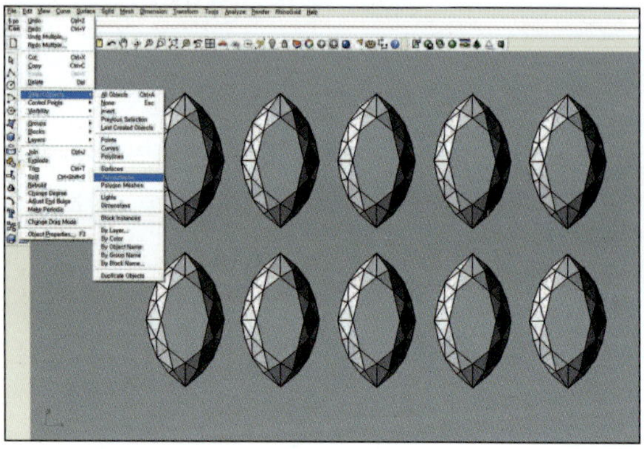

(10) Grid On/Off하기

단축키는 F7로써 X, Y축을 포함한 Grid 선을 동시에 보여주거나 숨겨준다.

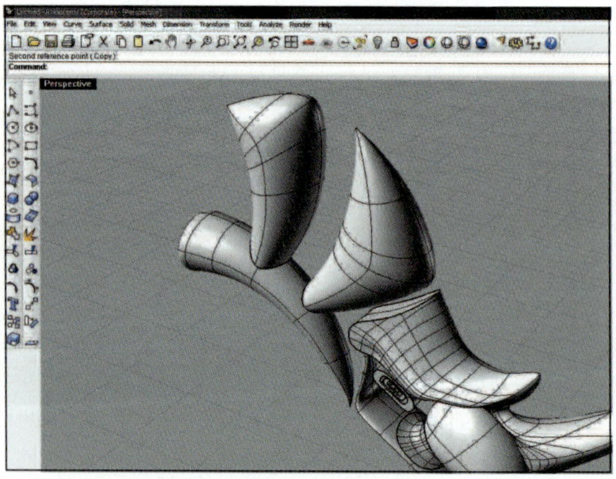

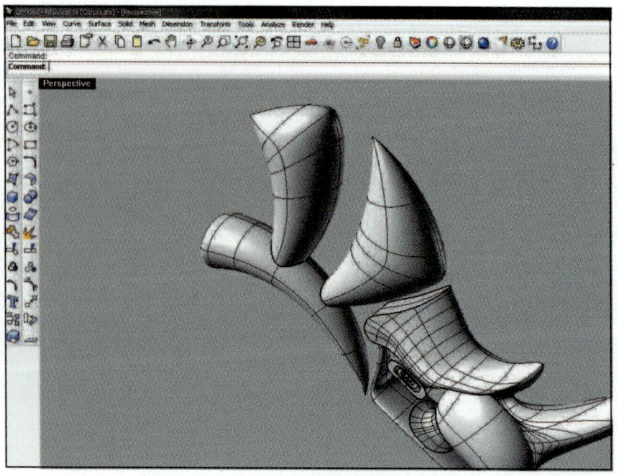

또한, 다음 이미지와 같이 Tools > Options > Grid 경로를 통해 Show grid lines과 Show grid axes기능을 통해 Viewports상의 Grid On/Off 할 수 있다.

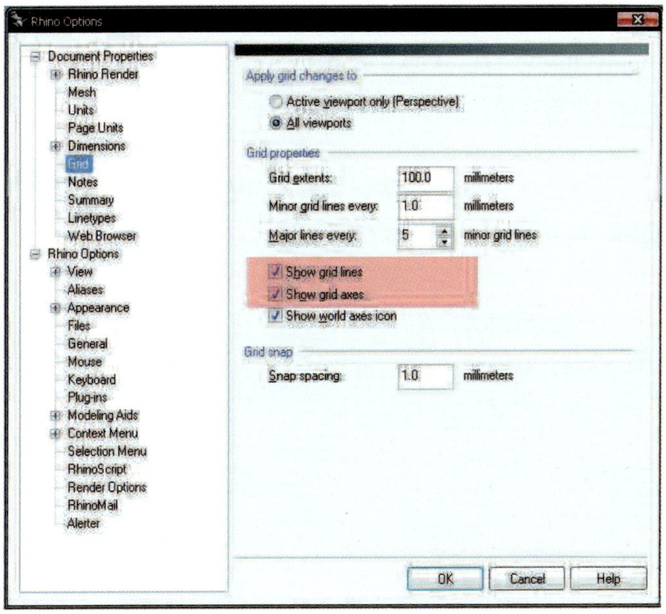

(11) Snap기능

Rhinoceros 프로그램에 있는 Snap기능은 Grid Snap과 Object Snap 기능으로 나눌 수 있다.

• Grid Snap

Grid Snap은 화면상의 snap으로 단축키는 F9 키이다. 설정된 간격으로 Grid Line에 정확히 달라붙는 기능이다. Status bar의 Snap단추를 클릭하면 Grid Snap을 On/Off시킬 수 있다. Marker가 Grid의 눈금을 일정한 간격으로 Snap하도록 제한하며, 이것을 사용하면 일일이 치수를 입력하지 않아도 Viewport에 표시된 Grid Line을 보면서 정확하게 모델링 작업을 진행할 수 있다.

⇨ Snap이 Off일 경우

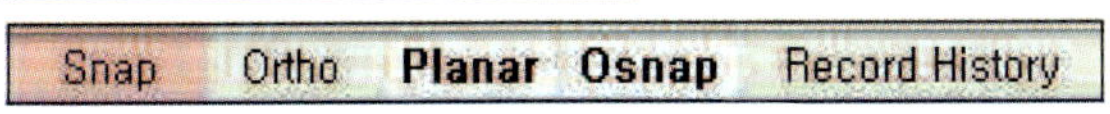

⇨ Snap이 On일 경우

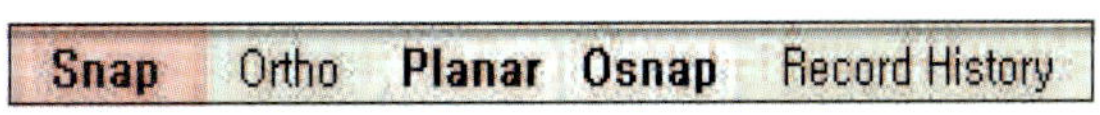

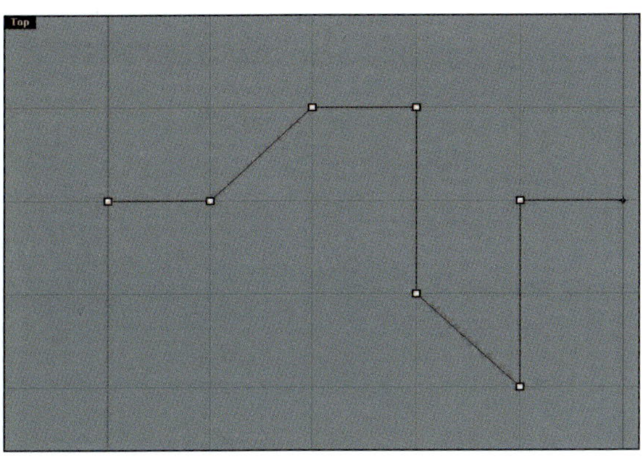

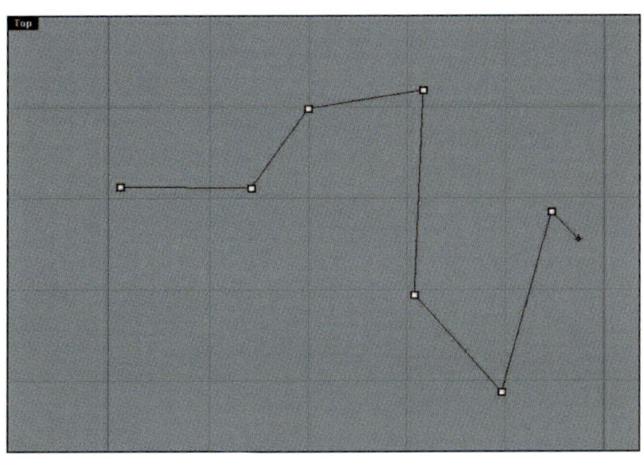

Snap 간격은 Tools> Options > Grid > Grid Snap 에서 지정을 하여 사용할 수가 있다.
Snap 간격을 1로 할 경우와 0.5로 할 경우의 예이다. 상황에 따라 사용하는 연습이 필요하다.

Grid Snap > Snap spacing **값을 1 mm로 지정한 경우** (Minor grid lines every값을 1mm로 지정한 상태)

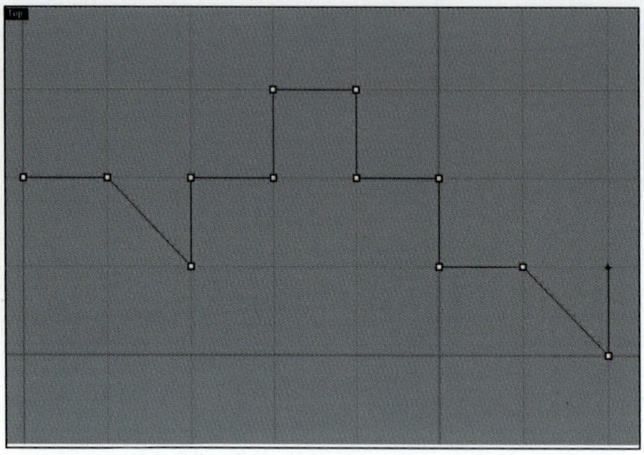

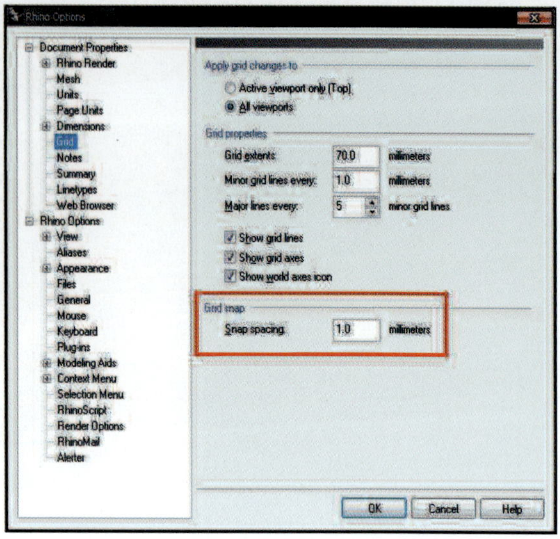

Grid Snap > Snap spacing **값을 0.5 mm로 지정한 경우**(Minor grid lines every값을 1mm로 지정한 상태)

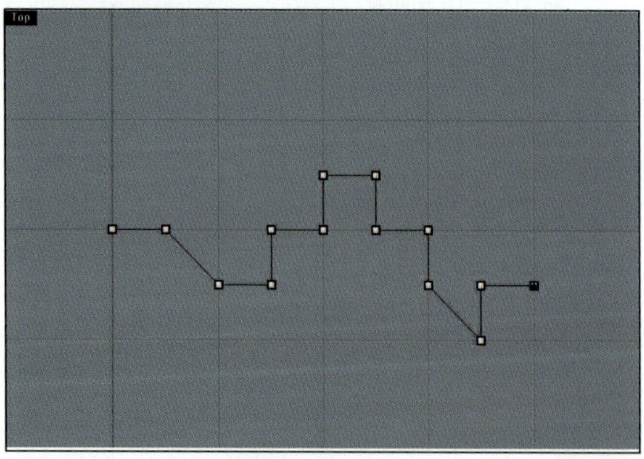

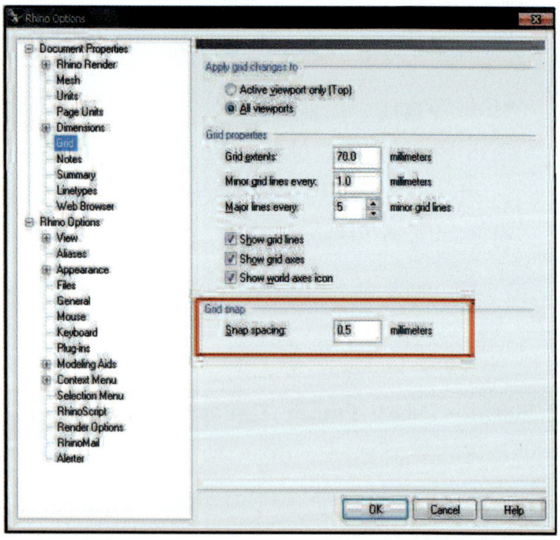

• Object Snap

Object Snap은 물체상의 Snap으로 점의 입력이 필요할 때 사용한다. Object Snap은 Marker 움직임을 끝점, 교차점 등과 같은 Object의 특별한 점으로 제한시킨다.

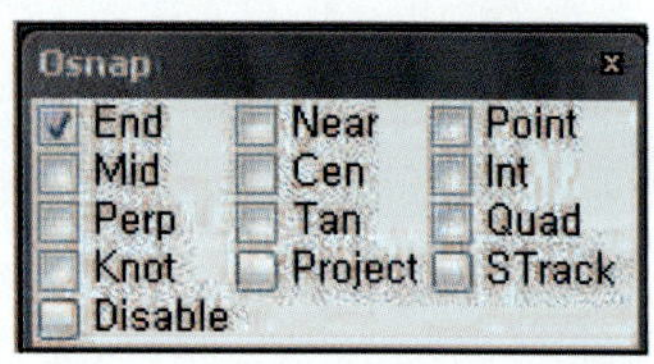

(12) Undo & Redo 기능

- 작업을 하다 실수를 할 경우 Undo 명령을 사용하여 바로 전단계로 돌아 갈 수 있으며, 단축키로는 Ctrl + Z이다.
- Redo 명령은 Undo명령으로 취소된 실행을 순서대로 다시 실행 할 수 있으며, 단축키로는 Ctrl + Y 이다.

(13) Note 기능

모델링 파일과 함께 저장할 정보를 입력 한다. 작업한 파일에 꼭 남겨놓고 싶은 모델링 작업과정을 남겨놓고 싶거나 e-mail로 첨부하여 상대방에게 파일을 보낼 때 유용하게 쓰일 수 있는 기능이다. 명령으로 열어 볼 수 있다.

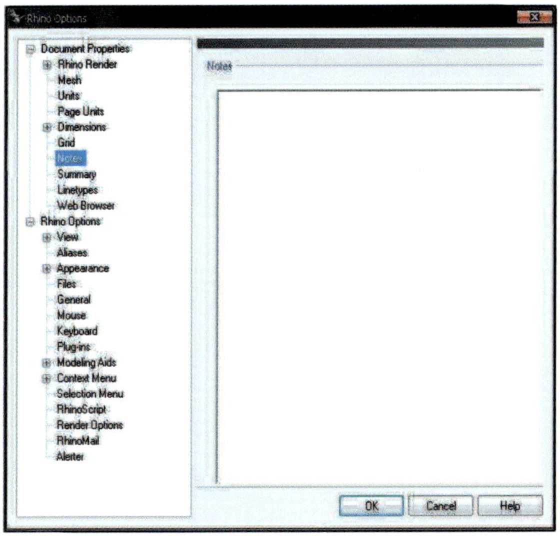

Tools> Options > Notes 설정 방법

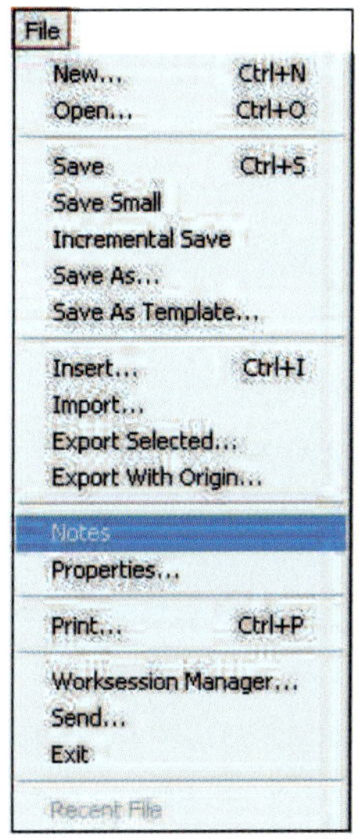

File Menu > Notes

3) Rhino 3D CAD 기본 지오메트리 유형

점 (Point)

점은 이론적으로 크기는 없지만 위치 값을 가지고 있는 개체를 말한다. 점 개체는 3D 공간상에서 하나의 점을 나타내며 Rhino에서 가장 단순한 개체이다. 점은 공간의 어느 곳에나 배치할 수 있으며, 커브를 따라 균일한 간격, 또는 지정된 거리를 두고 배치할 수 있다. 일반적으로 라이노에서 점은 다른 개체의 위치를 정하거나 기준을 지정할 때 많이 사용한다.

다음은 중요한 기하학적 특성 점들이다. Object Snap기능과 연계하여 기억하도록 한다.

- End Poin 끝점이라 정의하며 직선, 곡선의 가장 끝에 있는 점을 말한다.
- Mid Point 중간점이라 정의 하며 직선, 곡선을 이등분하는 점을 말한다.
- Center Point 중심점이라 정의하며 원, 타원의 중심인 점을 말한다.
- Intersection Point 교차점이라 정의하며 직선, 곡선이 서로 만나는 점을 말한다.
- Perpendicular Point 직교점이라 정의하며 서로 직각으로 교차하여 만나는 점을 말한다.
- Tangent Point 접점이라 정의하며 직선, 곡선이 접선을 이루는 점을 말한다.
- Quadrant Point 사등분 점이라 정의 하며 원, 타원의 사등분 하는 점을 말한다.

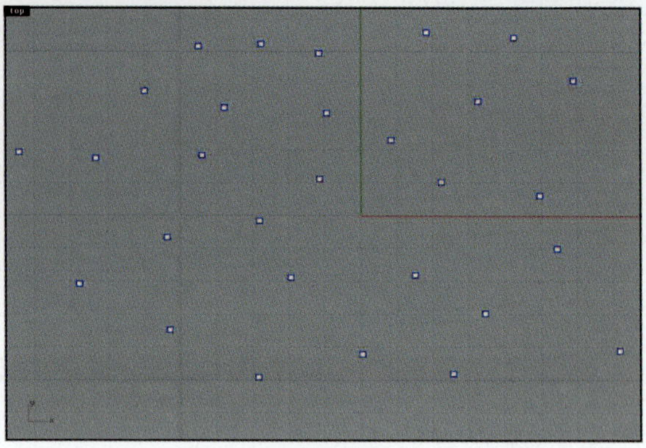

커브(Curve)

커브는 기하학적으로 길이와 방향을 가지고 있지만, 두께는 없는 개체를 말한다. 일반적으로 Rhino 3D 모델링 방식에서는 커브라는 상위개념 속에 직선과 곡선 등 모든 선을 포함하고 있으며, 원, 호, 타원 등과 같은 곡선을 단순곡선이라 하며, 한 개의 곡선 안에 곡률이 변하는 곡선을 자유 곡선이라 한다.

자유 곡선은 제어점을 이용하는 방식에 따라 다음과 같이 두 가지로 구분 할 수 있다.

- 보간 곡선(Interpolation Curves) 곡선이 모든 제어점을 자연스럽게 전부 통과하는 곡선으로써, 스플라인(Spline) 곡선이 대표적이다.
- 근사 곡선(Approximation Curves) 곡선이 제어점에 가깝게 접근하지만, 제어 점을 통과하지 않는 곡선을 말한다.
  근사 곡선에는 NURBS(Non-Uniform RationalB-Spine)곡선, B-Spine, Bezier곡선이 대표적이다. 라이노에서는 NURBS(Non-Uniform Rational B-Spine)커브를 사용한다.

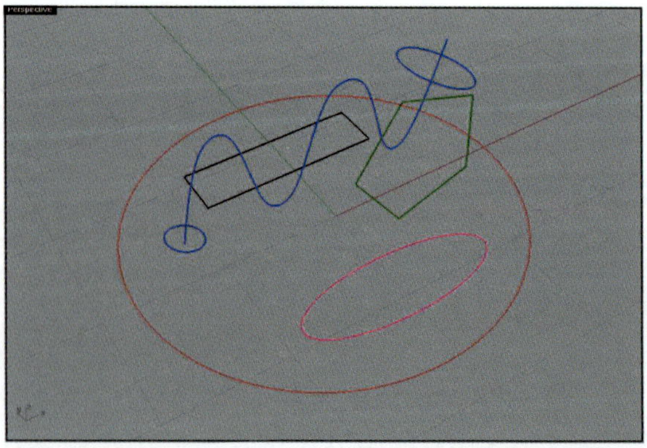

서페이스 (Surface)

일반적으로 Surface는 Edge로 이루어진 면을 의미하며 이론적으로 면적을 가지고 있지만 두께가 없는 개체를 말한다. 3차원 모델링 프로그램에서의 Surface는 크게 2차원 평면상에 표현되는 평면(Plane)과 3차원 공간상에 표현되는 곡면 모두를 정의한다. Rhino 에서는 Surface라 하면 1개의 단일 Surface를 의미한다. 여러 개 Surface를 폴리 서페이스 (Polysurface)라 한다. Surface나 Polysurface가 완벽하게 닫혀 있으면 솔리드(Solid)라 정의한다. 또한 Rhino에서 모든 Surface는 3DNURBS Surface이며 평면, 원통과 같은 간단한 형상만이 아니라, 자유 형식, 조각된 Surface도 단일 Surface표현을 사용하여 표현할 수 있으며 Edge가 같이 만나는 부분을 Seam 이라고 한다. Surface가 직사각형형태가 아닌 경우에는 이것은 잘렸거나, Edge와 Edge에 있는 제어점이 서로 가까워진 것을 말한다.

솔리드 (Solid)

Solid는 Surface가 완벽하게 결합된 3차원 개체를 의미한다. Solid개체는 폭과 높이, 깊이를 가지고 있으며, Surface가 두께를 갖게 되면 Solid가 되는 것이다. Rhino에서 Solid의 의미는 Surface가 어느 한 곳도 구멍이 나지 않게 닫혀 결합된 3차원 개체를 의미하며 하나의 Surface로 이루어지 Solid와 Poly-surface로 이루어진 Solid가 있다. 구, 원환, 타원체와 같이 하나의 Surface가 결합된 경우와 상자, 원뿔 , 원뿔대, 원통과 같이 2개 이상의 Surface가 결합된 경우가 있다. 하나의 Surface로 이루어진 경우는 제어점을 켜서 형태 변형 작업이 가능하며 2개 이상의 Poly-surface로 이루어진 경우는 조절점을 켤 수 없다. 이와 같은 경우는 Poly-surface를 분해한 다음 조절점을 켜 작업 한 후 재결합 하면 된다.

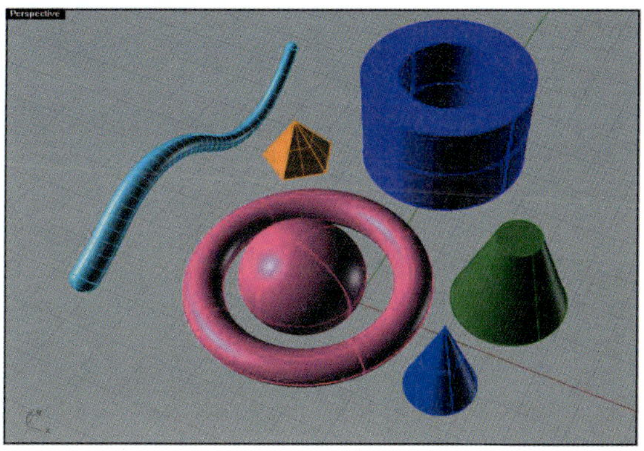

2. Keyshot 소개

1. Keyshot 개요-1 Keyshot 소개

Keyshot 프로그램은 Luxion 회사에서 개발한 Raytracing GI 방식의 렌더링 전용 프로그램이다. 2006년부터 2009년까지 'HyperShot'이라는 프로그램명으로 개발되어 Bunkspeed 회사에서 판매했으나, 두 회사 간의 라이센스 문제로 인해 결별하게 되었다. 이러한 문제 뒤로 Luxion 회사에서는 'Keyshot'이라는 프로그램명으로 변경하여 출시하게 되었다. Bunkspeed 회사에서는 'Shot'이라는 이름으로 바꾸고 다른 프로그램명으로 개발하기 시작했다. 2010년 6월 HyperShot 1.9버전을 이름만 바꾼 'Keyshot'에서 정식으로 업그레이드 된 'Keyshot 2.0'이 발표되었다. 이전 HyperShot V1.9와 Keyshot V1.9에 비해 여러 가지 성능이 개선되었으며, Luxion 회사에서는 50%이상의 성능향상이 있다고 밝히고 있는 중이다.

Keyshot 2.0 프로그램은 항상 인터페이스 상단에 메뉴 바를 보이게 하고 있으며, 하단에는 각 주요 메뉴를 아이콘으로 보이게 하고 있다. Hypershot 프로그램에서 메뉴 창을 보이게 하기 위해 'Space Key'를 항상 누르지 않아도 작업할 수 있게 인터페이스가 정리되었다.

1) Keyshot 2.0 특징

1. 장면, 환경, 재질, 배경, 카메라 메뉴 등 많은 구성요소를 옵션 창에서 해결할 수 있다.
2. 2D이미지와 Turntable 기능을 동영상 형태로 출력을 지원한다.
3. 부분 렌더링 지원과 등록된 렌더링 작업을 한 번에 실행 가능하다.
4. Label 기능과 자체발광 재질이 추가되었다.
5. 바닥면에 개체 색상과 효과를 반영시킬 수 있다.

2) 성능 개선 사항

1. Import과정 속도가 향상되었으며, 장면을 불러오는 속도가 향상되었다.
   이것은 새로운 Import 기능을 개발했기 때문이다. 또한 OBJ 형식의 파일포맷을 불러오는 속도가 매우 향상되어 3DS MAX 사용자에게 편리성을 갖게 했다.
2. HDRI(High Dynamic Range Image)를 불러오는 속도가 향상되어 카메라 또는 개체를 이동할 때 바닥의 그림자 계산이 상당히 향상되었다.

TIP ▶●▶ 여기에서 나오는 HDRI(High Dynamic Range Image)과 이것과 반대인 LDRI(Low Dynamic Range Image)에 대해 알아보도록 한다.
LDRI는 표준 24비트와 픽셀당 8비트인 RGB 색을 표현할 수 있는데, 흰 색상과 밝기는 최대 R255와 G255, B255이다. 이것은 태양이 생성해 내는 광선보다 낮은 수준이며, 우리가 일반적으로 사용하는 BMP, JPEG, TIFF같은 이미지를 말하는 것이다. HDRI는 256색보다 훨씬 많은 색상들을 표현할 수 있다. 이것은 각 픽셀에서 나타나는 색상들은 빛의 양에 비례하는 것으로, 일반 LDRI가 단순히 색상을 저장하는 것이라면 HDRI는 각 픽셀들이 광선의 양을 저장한다고 이해하면 되겠다.

3. 최종 렌더링 이미지 결과물도 설정 값에 따라 향상된 속도로 계산된다.
4. 대용량의 HDRI 파일도 더욱 빠르게 불러올 수 있게 되었다.

3) 시스템 요구사항

PC requirements

- Window XP 32/64bit
- Window Vista 32/64bit
- Window 7 32/64bit
- AMD or Pentium 4 processor or better

Mac requirements

- Intel-based Mac
- Mac OS X 10.5 or later
- 3 button mouse, inci, Masic Mouse plus MasicPrefs

General system requirements

General system requirements

- Minimum 1 GB of RAM
- Minimum 500MB hard disk space
- 3 button mouse
- Monitor resolution of 1024 × 768 or greater
- Any graphics card (nothing special required)
- Internet connection for product activation

2. Keyshot 개요-2 Keyshot 설치

1) Keyshot Demo Program(평가판) Download

Keyshot 평가판은 Keyshot 공식 홈페이지에서 다운로드 작업을 통해 프로그램 파일을 손쉽게 얻을 수 있다. 평가판은 정식 프로그램에 있는 모든 기능을 갖추어져 있으나 설치한 다음부터 15일 동안만 사용할 수 있게 제한되어 있다. 공식 홈페이지를 방문부터 다운로드하여 설치까지 과정을 살펴보도록 하겠다.

01 Keyshot 공식 홈페이지 주소는 앞서 설명한 것과 마찬가지로 www.keyshot.com이다. 다음 이미지와 같이 Keyshot 공식 웹사이트가 보여 지면 'Download' 칸을 클릭한다.

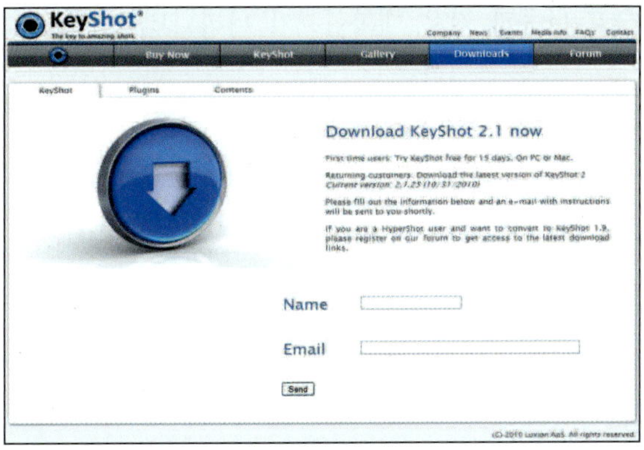

02 'Name' 과 'Email' 란에 사용자의 이름과 이메일 주소를 입력한다.

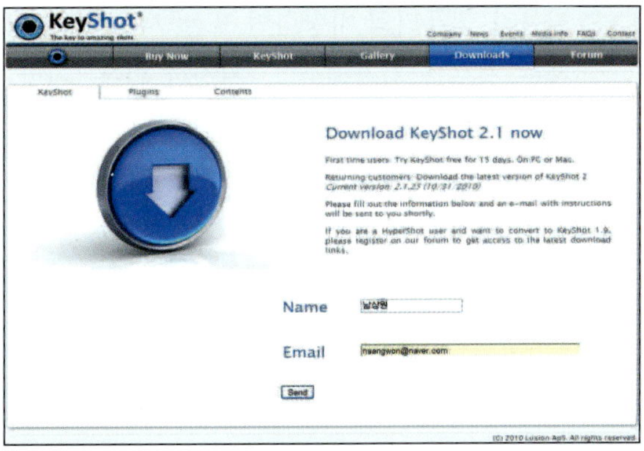

03 다음 이미지와 같이 입력한 이메일 주소로 평가판이 전송되어진 것을 확인할 수 있다.

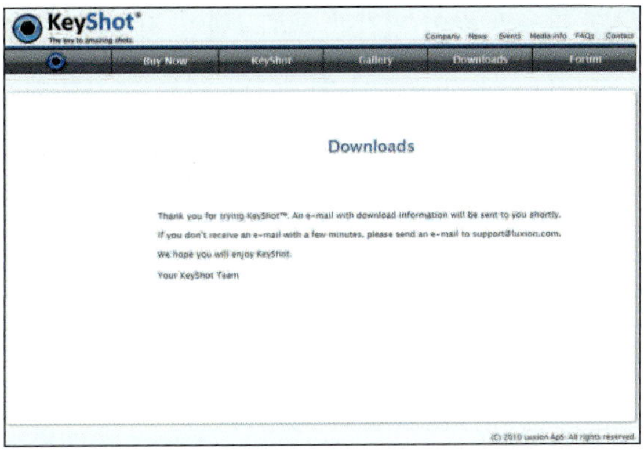

04 입력한 이메일 주소에 로그인 한 다음 전송된 메일을 클릭하여 평가판을 다운 받는다

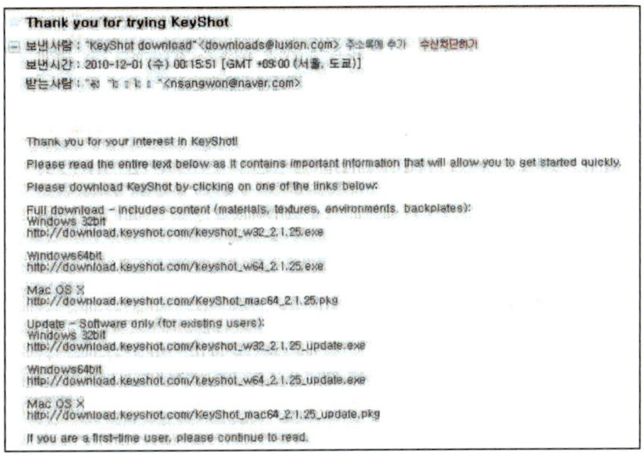

05 다음과 같은 대화상자가 나타나면 '저장' 버튼을 클릭한다

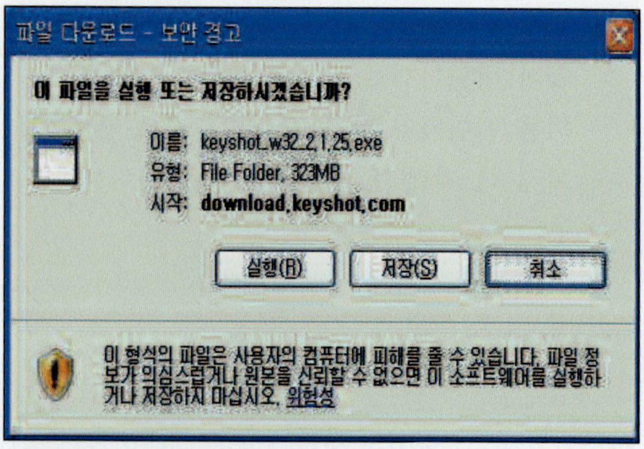

06 사용자 컴퓨터의 바탕화면 또는 사용자가 원하는 경로를 지정해준다. 지정한 다음 '저장' 버튼을 클릭한다.

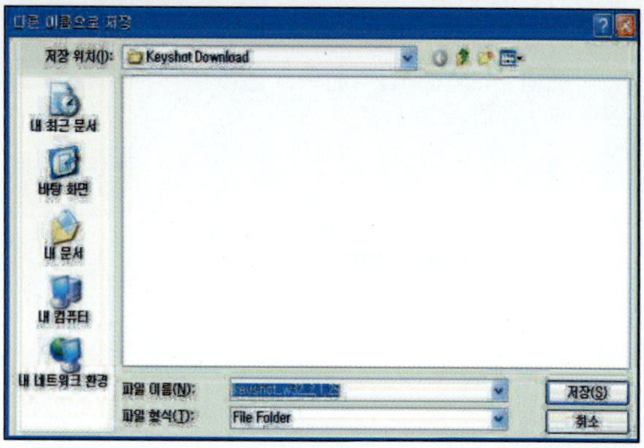

07 다음과 같이 평가판 프로그램이 지정한 경로를 통해 다운로드 되어지는 것을 확인할 수 있다.

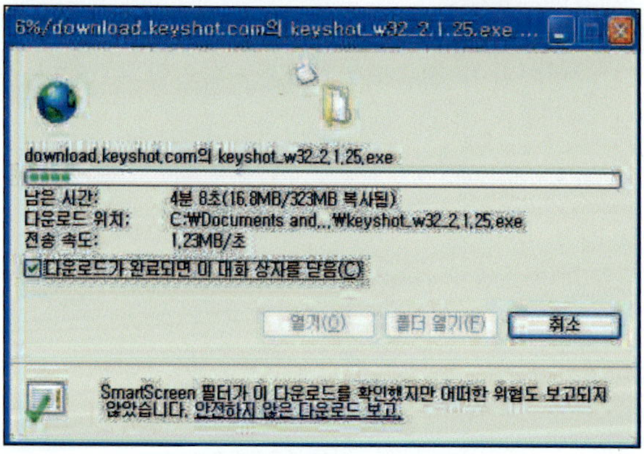

08 지정한 경로로 평가판 프로그램이 다운로드 되어진 것을 확인할 수 있다.

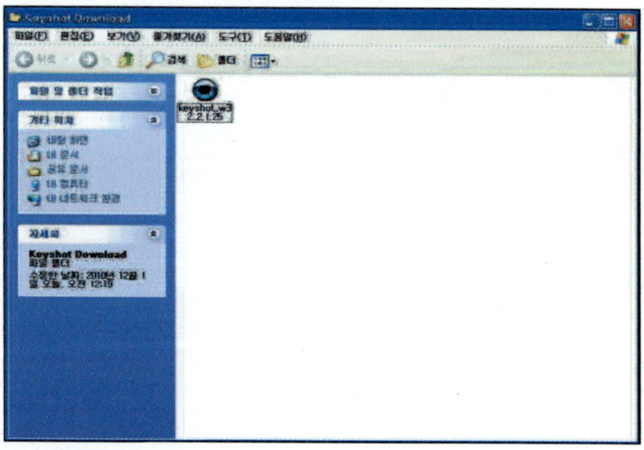

2) Keyshot 정품 및 Demo Program(평가판) 설치

01 다운로드 된 설치파일을 더블클릭하면 다음과 같은 대화상자가 나타난다.

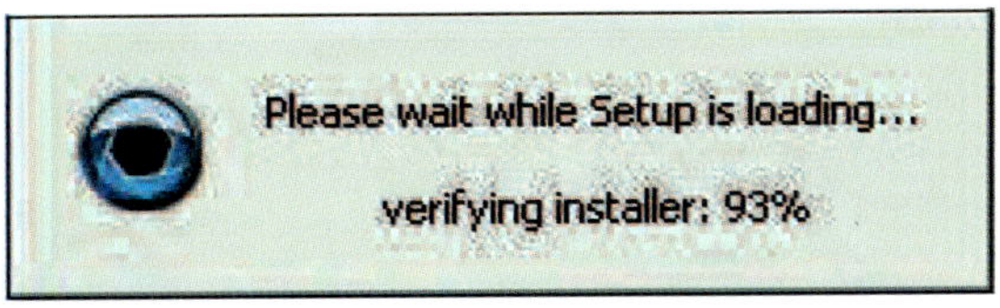

02 다음과 같은 대화상자가 나타나면 'Next' 버튼을 클릭한다

03 다음과 같은 대화상자가 나타나면 'I Agree' 버튼을 클릭한다.

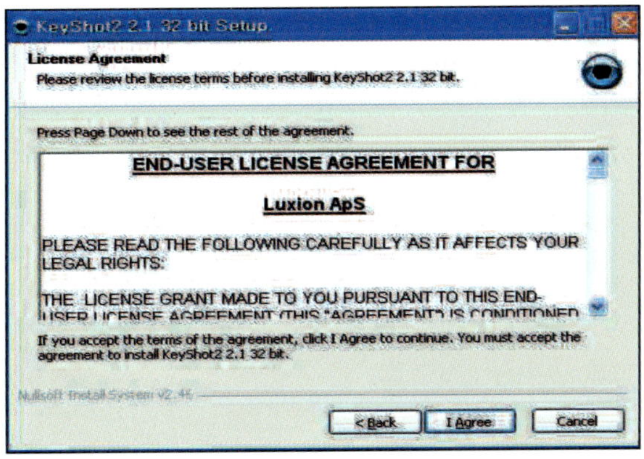

04 다음 대화상자가 나타나면 'Next'버튼을 클릭한다..

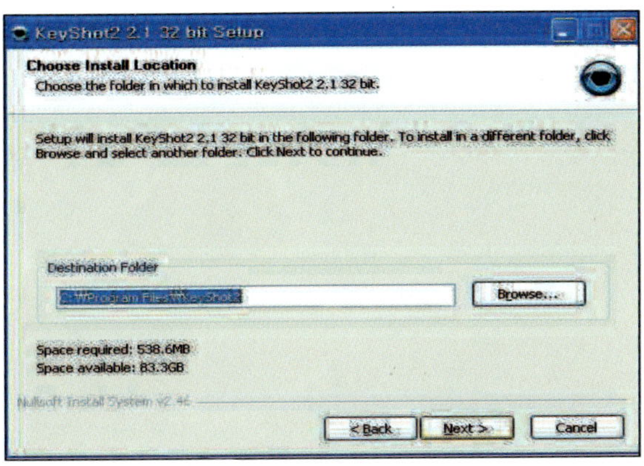

05 다음 대화상자가 나타나면 'Install'버튼을 클릭한다.

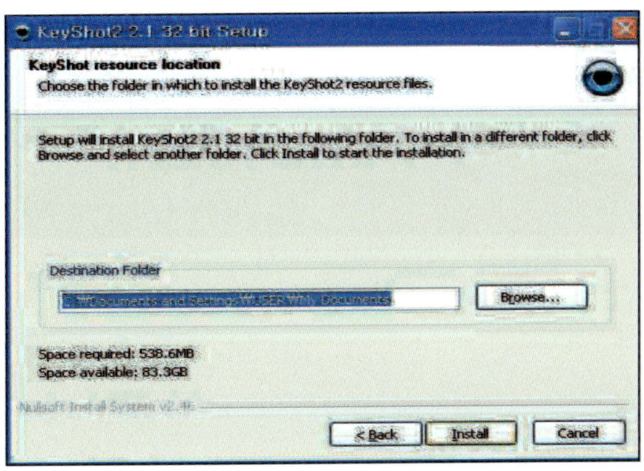

06 다음과 같이 설치가 진행 중인 것을 확인할 수 있다.

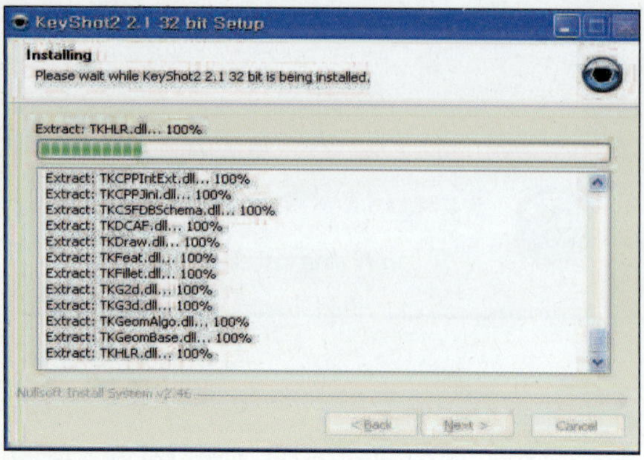

07 다음과 같은 대화상자가 나타나면 'Finish'버튼을 클릭한다.

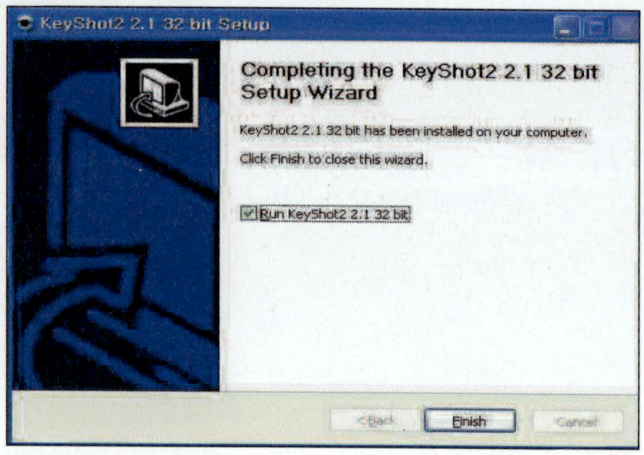

08 다음과 같은 대화상자가 나타나면 'Try' 버튼을 클릭한다.

09 다음과 같은 대화상자가 나타나면 각 항목별로 요구사항을 기재한다. 'Activate'버튼을 클릭한다.

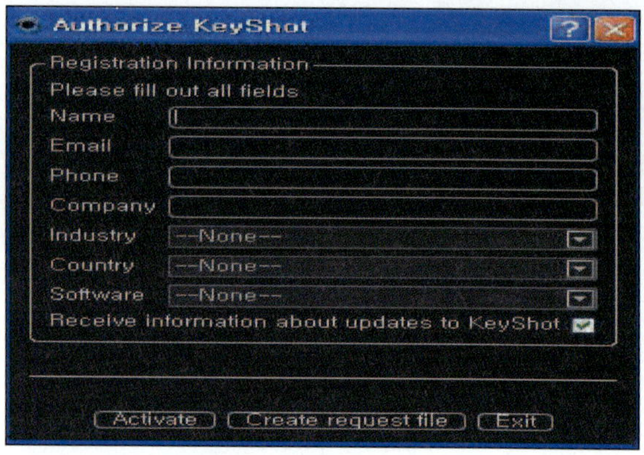

10 다음과 같은 대화상자가 나타나면 'OK' 버튼을 클릭한다.

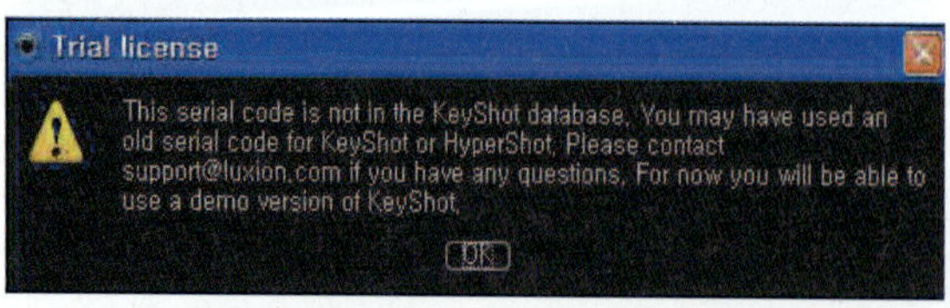

11 다음과 같은 대화상자가 나타나면 'Continue trial' 버튼을 클릭한다.

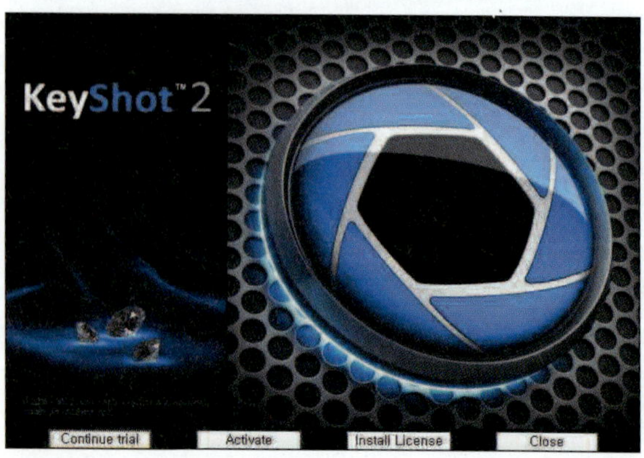

12 다음 이미지와 같이 Keyshot 평가판 프로그램이 실행되어지는 것을 확인할 수 있다.

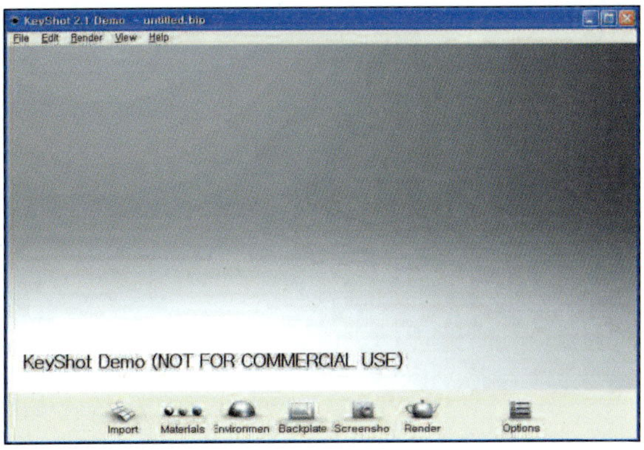

13 화면 하단에 배치된 'Import' 버튼을 클릭하여 기존에 저장된 라이노 파일을 불러와 본다.

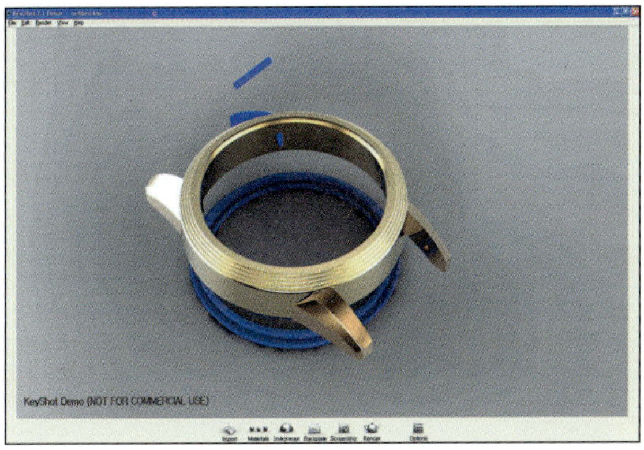

TIP ▸●▸ 라이노 파일을 불러올 때는 바탕화면에 설치된 'KeyShot Resources' 폴더에 라이노 파일을 저장해두어야 한다. 또한 불러오는 라이노 파일은 파일명이 숫자나 영문으로 꼭 표기해야만 한다. 그 이유는 한글로 파일명을 저장할 때는 불러오는 파일 경로에서 인식을 못하는 에러가 발생하기 때문이다.

3. V-Ray 소개

1. V-Ray 개요-1 V-Ray 소개

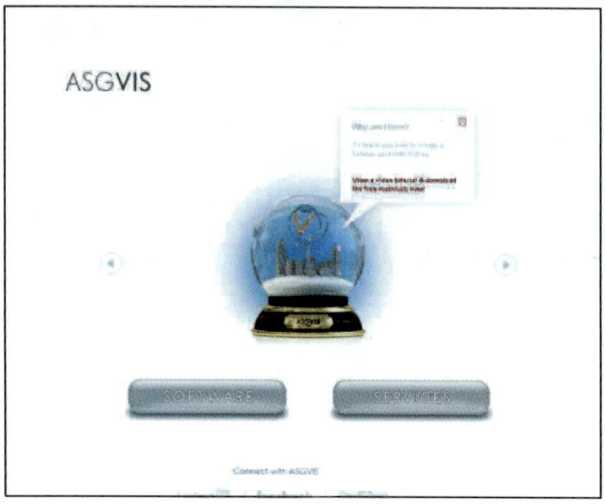

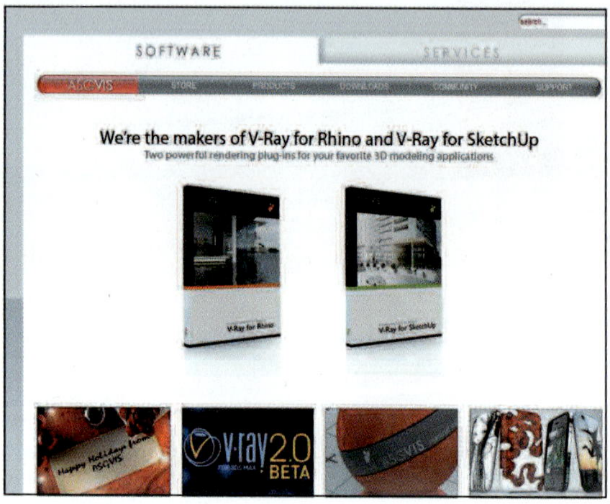

ASGVIS 회사는 Rhino 3D 프로그램을 위한 V-Ray 렌더링 전용 프로그램을 제작 발표했다. V-Ray 프로그램은 최신 Raytracing기술을 갖춘 진보적인 렌더링 시스템으로 디자인 표현에 많은 영향을 주며, 시각적으로 실사의 고품질 이미지를 제공해주고 있다. 또한 다른 3D프로그램을 사용하지 않고 Rhino 3D 안에서 실사 이미지 결과물을 생성시킬 수 있다. Rhino 3D 프로그램으로 어떠한 형상의 뼈대를 만드는 모델링 프로그램이라면, V-Ray프로그램은 살을 붙여주는 렌더링 전용프로그램으로 이해하면 된다.

또한, 지금까지 Rhino 3D 프로그램에서 모델링 작업한 결과물을 3DS MAX나 다른 렌더링 프로그램으로 전송하여 작업하는 불필요한 과정을 생략할 수 있게 해주었다.

V-Ray 프로그램은 다중 처리 Raytracing엔진(Multithreaded Raytracing Engine)을 갖추고 있으며, 네트워크에 연결된 컴퓨터를 연결하여 분산 렌더링 작업을 가능케 한다. 정확한 반사 값과 사실적

인 개체의 굴절 값(IOR)을 계산하여 선명하거나 흐릿하게 사물이나 환경을 표현할 수 있으며, 카메라 피사계 심도(Depth of Field)를 통해 실제적 표현이 가능하다. 그리고, 지역 렌더링(Global Illumination)방법과 Caustic계산 방법을 이용해 보다 실사같은 렌더링 이미지 결과물을 얻을 수 있다.

V-Ray프로그램은 Rhino 3D프로그램을 설치할 때 에 기본적으로 설치되지 않은 플러그인 프로그램이다. 이 프로그램은 상업용으로 판매가 되므로 사용자는 별도로 구입하여 설치해야 한다. 또한, 데모버전의 V-Ray프로그램을 사용한다면 30일 동안 사용할 수 있는 평가 버전을 홈페이지 또는 책 부록 CD에서 사용할 수 있다.

V-Ray 프로그램을 이용하여 렌더링 작업을 진행할 때 사용자는 Lighting(조명), Material(재질), Mapping(매핑)인 3가지를 늘 고려해야한다.

V-Ray프로그램은 Globall Illumination(GI)과 HDRI(High Dynamic Range Image)를 제공하여 사용자에게 보다 쉽게 전체 장면을 사실적으로 표현할 수 있도록 하고 있다.

1) V-Ray for Rhino 주요특징

1. Indirect Illumination(Global Illumination, Global lighting)
2. G-Buffer를 기반으로 하는 Antialiasing
3. 완벽하게 지원되는 광추적 엔진
4. 사실적인 Raytrace reflection / refraction
5. Direct Computation(직접계산식) / Irradiance maps(발광 맵)
6. Depth of Field (카메라 피사계 심도 효과) & Physical Camera
7. Glossy reflection / refraction
8. Caustics(광학적인 산란)효과
9. Soft shadows & Sun and Sky
10. Irradiance maps(발광 맵)의 재사용(저장 및 로딩 제공)
11. Global photon maps의 재사용(저장 및 로딩 제공)
12. HDRI(High Dynamic Range Image)제공
13. 물리학적으로 정확한 광원의 순수 Area Light
14. 서로 다른 카메라 형식 : Fish-Eye, Spherical, Cylinderical, Cubic
15. G-buffer(Z-Value, RGBA, Material/Object ID, Z-buffer, Velocity)

2) 시스템 요구사항

PC requirements

- Window XP 32/64bit
- Window Vista 32/64bit
- Window 7 32/64bit
- AMD or Pentium 4 processor or better

Mac requirements

- Intel-based Mac
- Mac OS X 10.5 or later
- 3 button mouse, inci, Masic Mouse plus MasicPrefs

General system requirements

- Minimum 1 GB of RAM
- Minimum 500MB hard disk space
- 3 button mouse
- Monitor resolution of 1024 × 768 or greater
- Any graphics card (nothing special required)
- Internet connection for product activation

2. V-Ray 개요-2 V-Ray 설치

1) V-Ray Demo Program(평가판) Download

01 다음 이미지와 같이 http://software.asgvis.com 웹사이트를 방문하여 'V-Ray' 30일 평가판을 Download 하도록 한다.

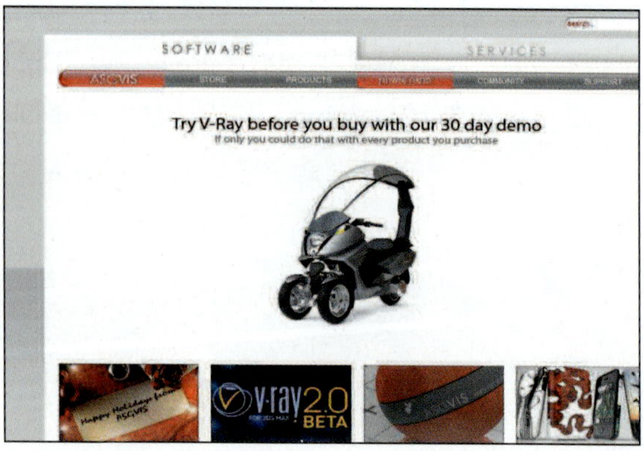

> **TIP ▸●▸** 홈페이지 화면 또는 다운로드 및 각 메뉴 위치는 홈페이지 개편에 의해 화면과 다를 수도 있다.

02 다음 이미지와 같이 'Download' 란을 클릭한 다음 왼쪽에 '30 Day DEMO' 란이 체크된 것을 확인한 다음 화면 중앙에 있는 이미지 중 'CLICK FOR 30 DAY DEMO'라 적힌 이미지를 클릭한다.

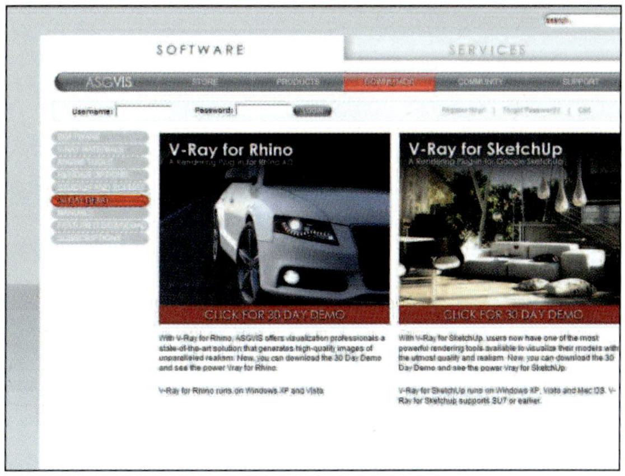

03 다음 이미지와 같이 사용자의 이름과 이메일 주소 그리고 기타 정보사항을 입력한다

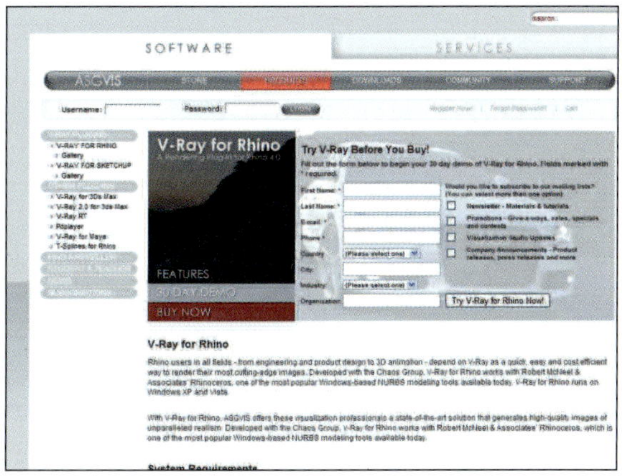

04 다음 이미지와 같이 'Download V-Ray for Rhino NOW' 문구가 나타나면 클릭해준다..

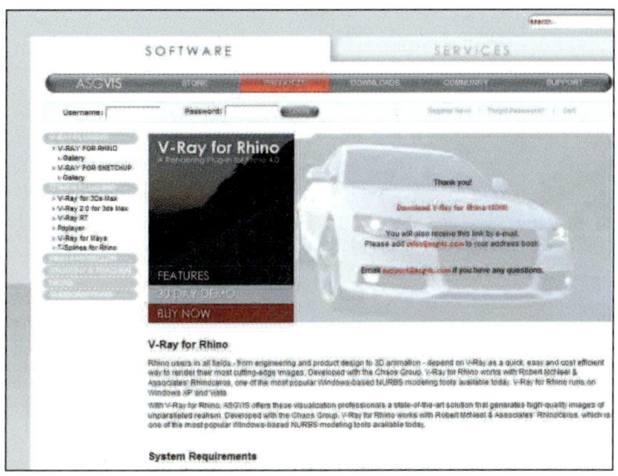

05 다음 이미지와 같은 대화상자가 나타나면 '저장' 버튼을 클릭한다

06 다음 이미지와 같이 다운로드 시킬 파일의 경로를 지정 및 폴더를 생성해준다. 지정한 다음 '저장' 버튼을 클릭한다

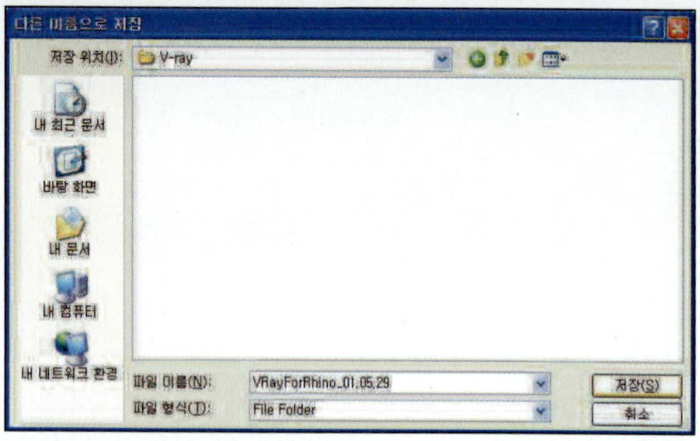

07 다음 이미지와 같이 파일이 다운로드 되고 있는 것을 확인 할 수 있다.

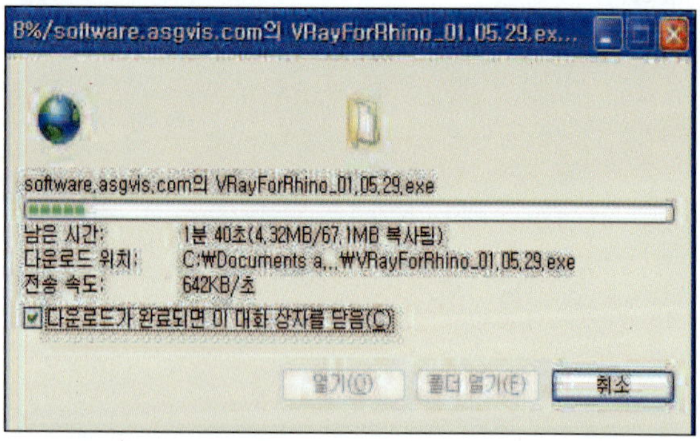

08 지정한 경로 및 폴더에 이미지와 같이 파일이 저장된 것을 확인할 수 있다

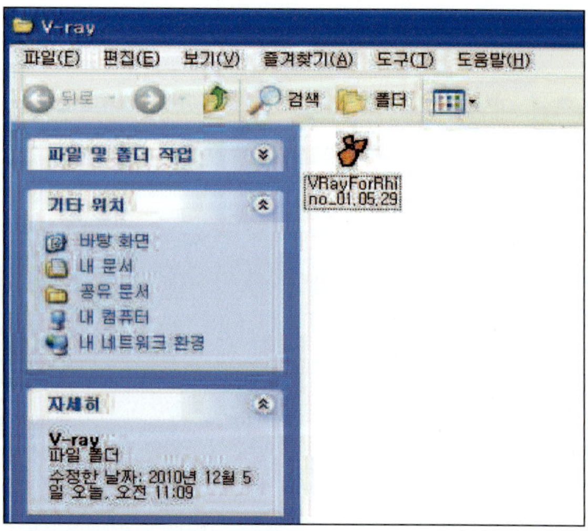

2) V-Ray 정품 및 Demo Program(평가판) 설치

01 저장된 파일을 클릭하여 '실행' 버튼을 클릭한다.

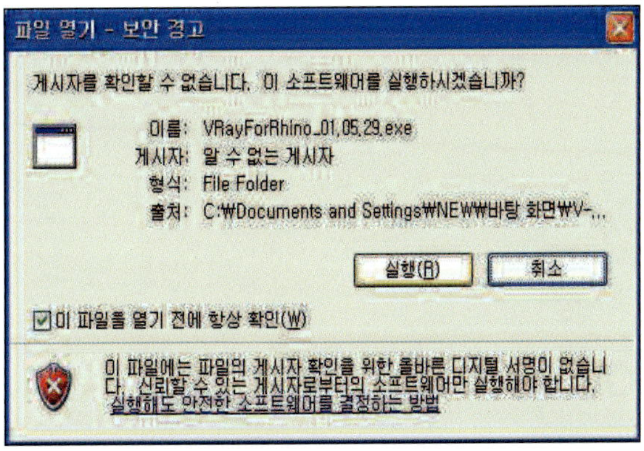

02 다음 이미지와 같이 파일이 설치되는 것을 확인할 수 있다.

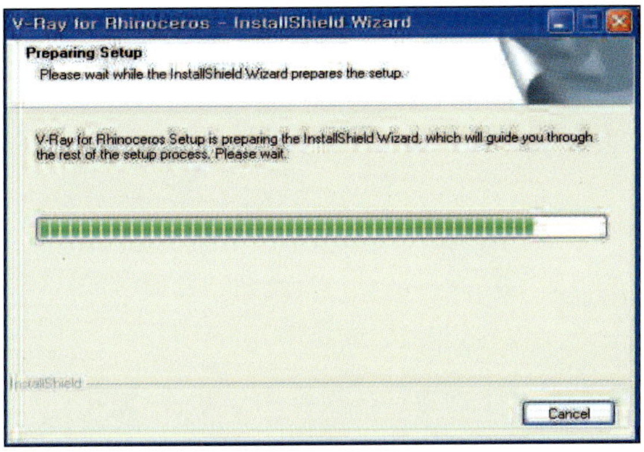

03 다음과 같은 대화상자가 나타나면 'Next' 버튼을 클릭한다.

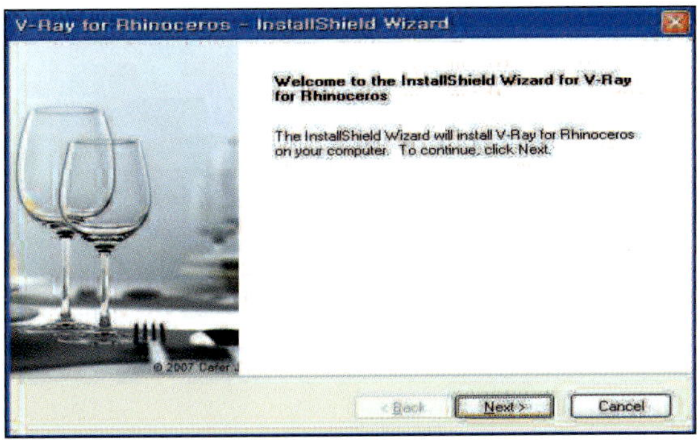

04 다음 이미지와 같이 'I accept the terms of the license agreement' 버튼을 클릭한 다음 'Next' 버튼을 클릭한다.

05 'Complete'을 체크한 다음 'Next' 버튼을 클릭한다.

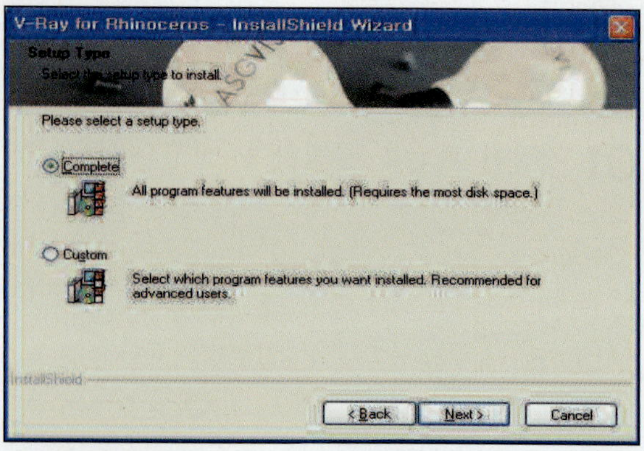

06 'Install' 버튼을 클릭한다.

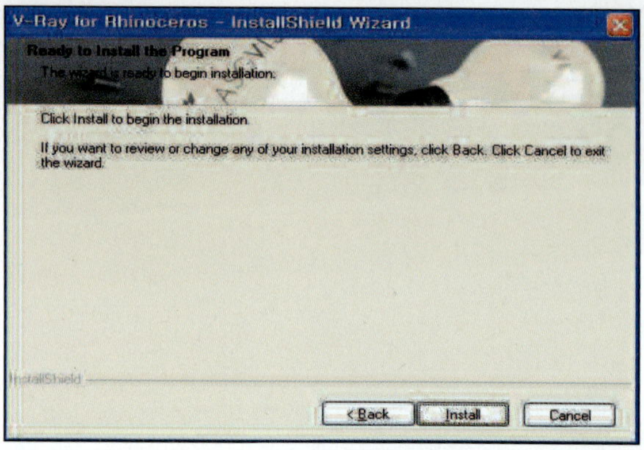

07 설치가 진행되는 것을 확인할 수 있다.

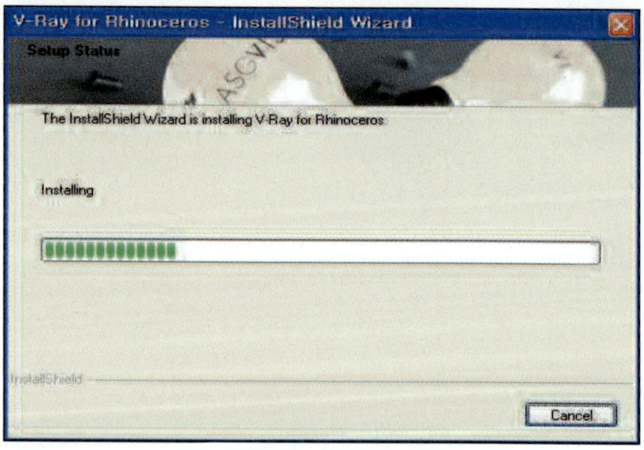

08 다음 이미지와 같이 대화상자가 나타나면 'Finish' 버튼을 클릭한다.

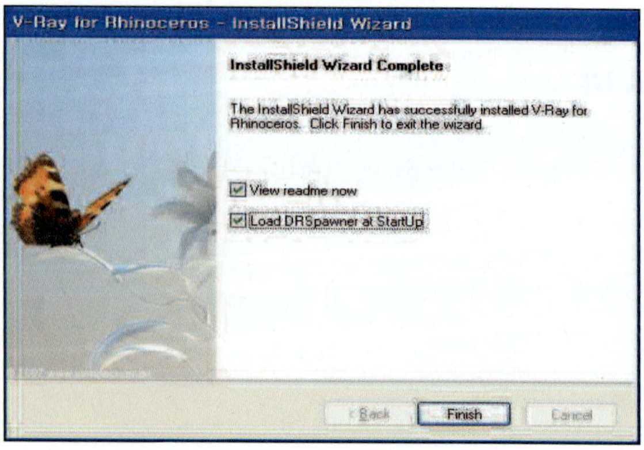

3. V-Ray 개요-3 V-Ray 기본 사용

1) V-Ray 각종 스튜디오 장면 다운로드 및 사용방법

라이노용 V-Ray 개발사 홈페이지에는 사용자를 위해 무료로 사용할 수 있는 스튜디오 장면 파일을 다운로드 할 수 있다. 이러한 파일을 이용하여 처음 입문하는 사용자도 무난한 렌더링 장면을 연출할 수 있다. 정기적으로 업데이트 되고 있으므로 적극적으로 활용하도록 한다.

01 다음 이미지와 같이 http://software.asgvis.com 홈페이지를 방문하여 'Download'를 체크한 다음 왼쪽에 배치된 'STUDIOS AND SCENES' 란을 클릭한다.

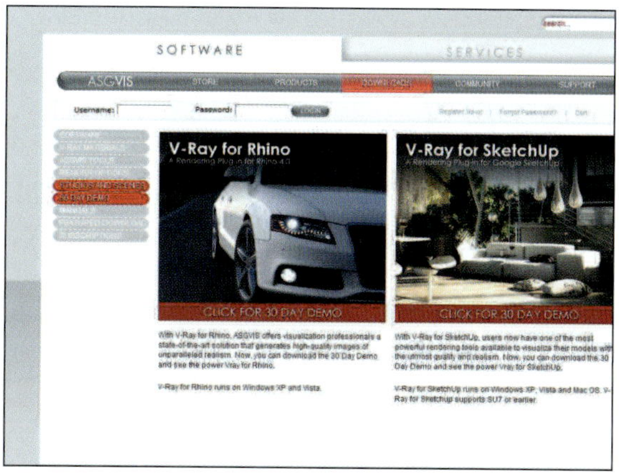

02 다음 이미지와 같이 각 상황에 적용하는 장면 파일들이 보여지고 있다.

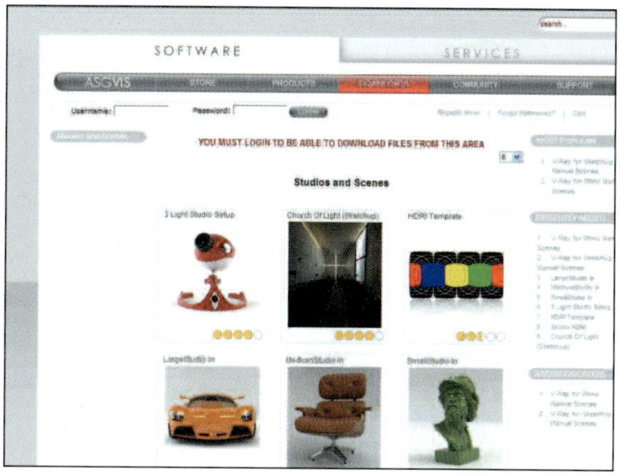

03 다음 이미지와 같이 '3 Light Studio Setup' 이미지를 클릭한다. 'Downlod' 버튼을 클릭한다.

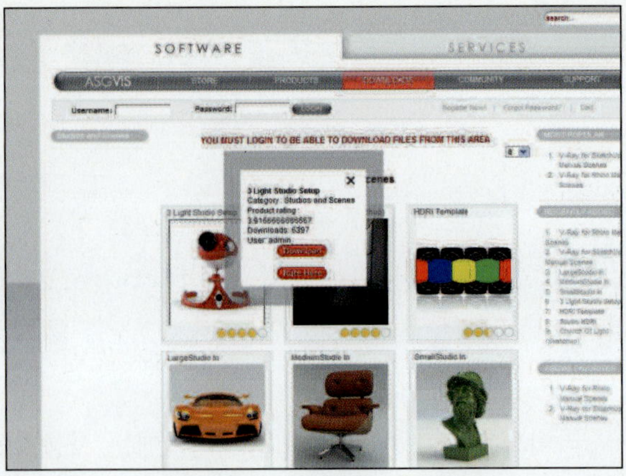

04 다음 화면이 나타나면 컵 렌더링 된 이미지에 있는 'V-Ray for Rhino Manual Scenes'을 클릭한다

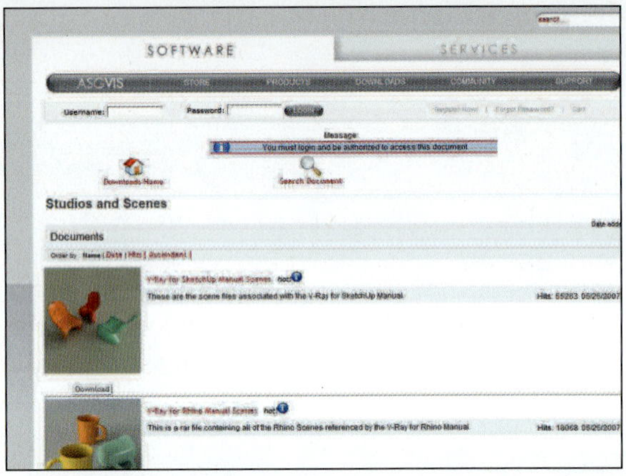

05 다음과 같은 대화상자가 나타나면 '저장' 버튼을 클릭한다.

06 사용자가 원하는 경로를 지정하여 '저장' 버튼을 클릭한다

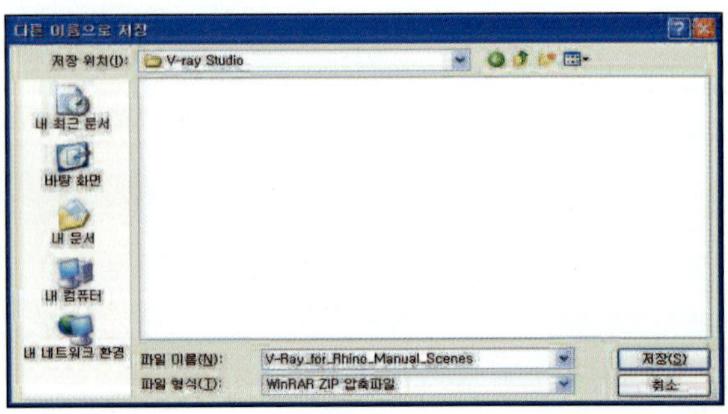

07 파일이 저장되면 지정된 경로 및 폴더에 다음 이미지와 같이 Rhino 파일들이 저장된다.

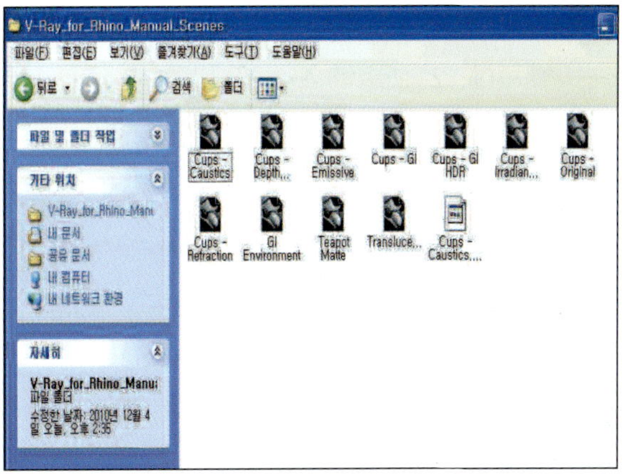

TIP ▸●▸ 저장된 Rhino 3D 파일명을 보면 알수있듯이 Rhino 3D프로그램에서 렌더링을 위한 파일을 저장할 때는 파일 이름을 영문 및 숫자로만 저장하도록 한다. 파일이 보관되는 경로 상 한글이 포함되면 인식되는 부분에서 에러가 발생하여 제대로 작동되지 않을 수 있으므로 주의해야한다.

08 저장된 파일 중에 'Cups – Refraction' 파일명을 가진 파일을 열어본다.
(부록CD 〉 예제파일 〉 0.시작 〉 Intro-Ex-007)

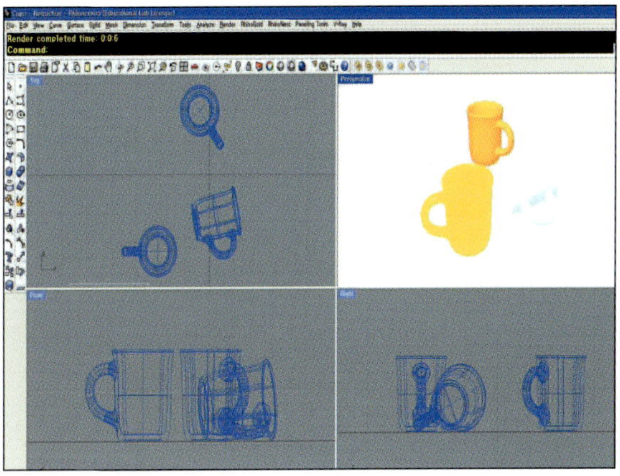

08-1 다음과 같이 V-Ray Toolbar에서  버튼을 클릭한다.

09 다음 이미지와 같이 렌더링 작업이 진행되고 있는 것을 확인할 수 있다.

10 다음 이미지와 같이 장면이 설정된 상태로 렌더링 된 것을 확인할 수 있다.

2) V-Ray 재질 다운로드 및 사용방법

라이노용 V-Ray 개발사 홈페이지에는 사용자를 위해 무료로 사용할 수 있는 각종 재질 적용 파일을 다운로드 할 수 있다. 이러한 파일을 이용하여 처음 입문하는 사용자도 훌륭한 재질을 표현할 수 있다. 정기적으로 업데이트 되고 있으므로 적극적으로 활용하도록 한다.

01 다음 이미지와 같이 http://software.asgvis.com 홈페이지를 방문하여 'Download'를 체크한 다음 왼쪽에 배치된 'V-RAY MATERIALS' 란을 클릭한다.

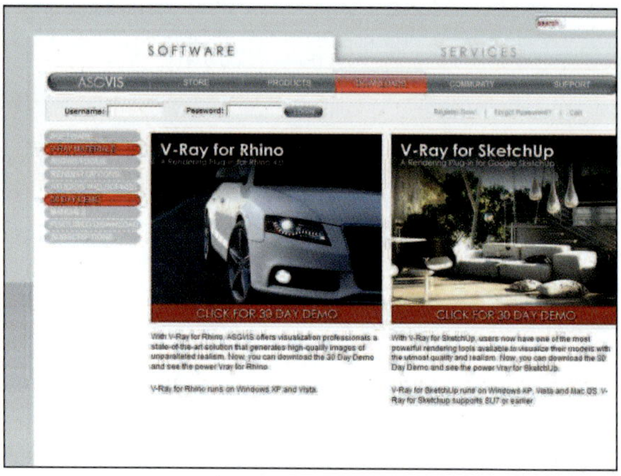

02 다음 이미지와 같이 각 재질별로 파일들이 등록되어진 것을 확인할 수 있다.

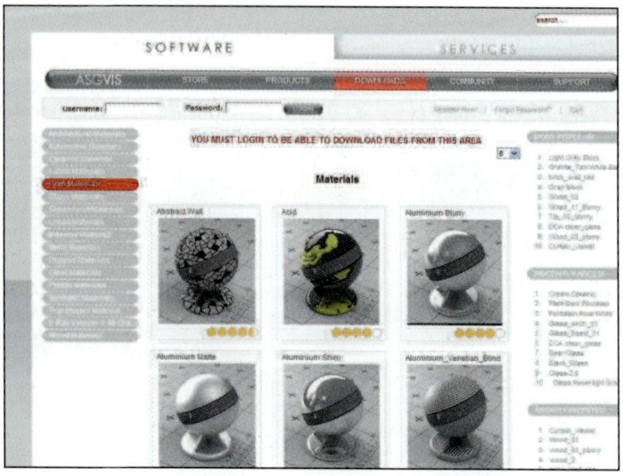

03 왼쪽에 배치된 'Gem Materials'을 클릭한 다음 푸른색의 투명보석이 있는 이미지 'Diamond Blue' 를 클릭한다.

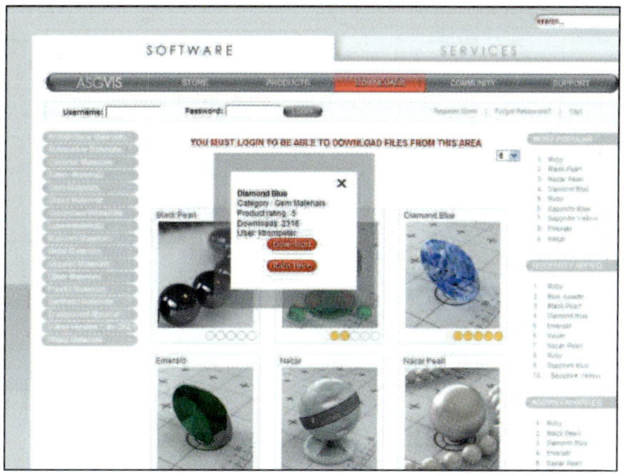

04 다음 이미지와 같이 대화상자가 나타나면 '저장' 버튼을 클릭한다.

05 파일을 저장시킬 경로 및 폴더를 지정한 다음 '저장' 버튼을 누른다.

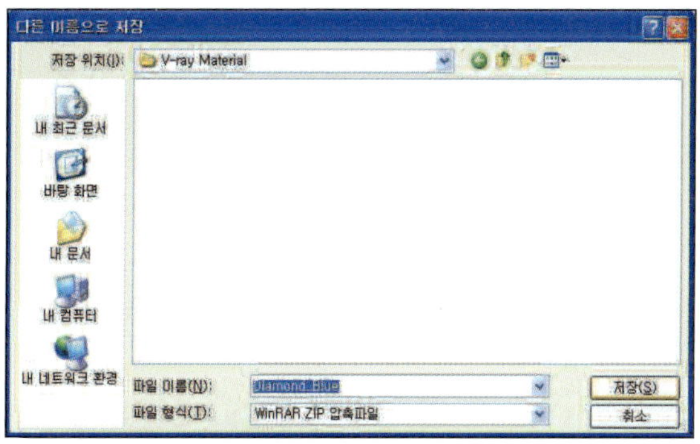

06 다음 이미지와 같이 지정한 경로 및 폴더에 재질 파일들이 저장된 것을 확인할 수 있다.

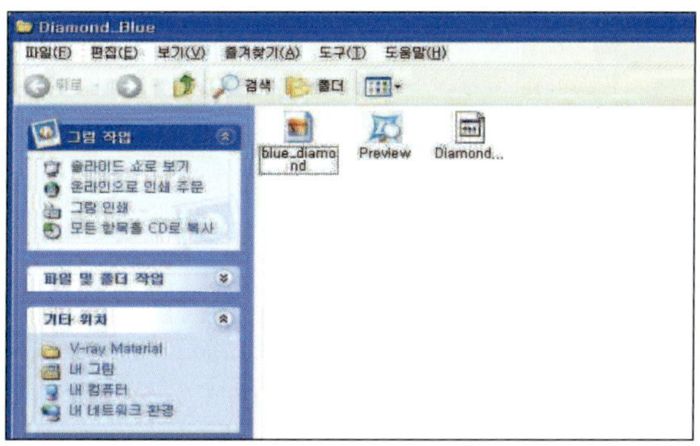

07 저장된 재질 파일인 'Diamond_Blue.vismat'를 선택하여 복사(Ctrl+C)한다. 다음 '내 컴퓨터 > 로컬 디스크 (C:) > Program Files 폴더 > ASGvis 폴더 > Materials 폴더 > Gem 폴더명 생성' 순서를 통해 복사한 'Diamond_Blue.vismat' 재질 파일을 붙혀넣기(Ctrl+V)해준다.

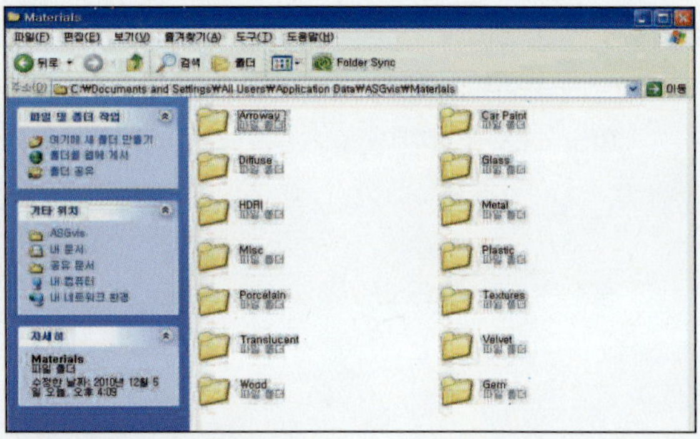

TIP ▸•▸ 사용자의 컴퓨터 사양에 따라 이 경로는 바뀔 수 있으므로, 위에 설명에 맞춰 진행되지 않을 때는 '내 컴퓨터 > 로컬 디스크 (C:) > Documents and Settings 폴더 > All Users 폴더 > Application Data 폴더 > ASGvis 폴더 > Materials 폴더 > Gem 폴더명 생성' 순서를 통해 복사한 'Diamond_Blue.vismat' 재질 파일을 붙혀넣기(Ctrl+V)해준다.
만약, 이러한 경로를 모두 찾을 수 없는 작업자는 바탕화면이나 원하는 경로를 지정한 다음 지정한 공간에 저장해서 사용해도 무관하다. 대신 지정한 경로는 메모를 통해 정확히 기억한다. 다음에 재질을 적용할 때 정확한 경로를 통해 저장시킨 재질을 가져올 수 있도록 해 효율적인 작업이 이루어지도록 한다.

3) V-Ray Express 기능과 다운로드 재질 적용 방법

V-Ray는 멀티스레드 렌더링 엔진을 갖고 있으며, 다양한 옵션과 설정 값들을 가지고 있다. 이것들은 처음 사용하는 사용자에게 상당히 부담되는 부분이다. 이것을 해결하기 위해 V-Ray는 Express기능을 추가하였다. Express기능은 자체적으로 알맞은 렌더링 설정 값과 렌더링 배경을 제공함으로써 처음 입문하는 사용자에게 알맞은 렌더링 환경을 제공해주고 있다. 처음 입문하는 사용자들은 이 Express기능을 적절하게 활용하도록 한다.

01 Express기능을 실행하기 위해 다음 이미지와 같이 Rhino 3D 프로그램을 실행하여 Tools 메뉴를 클릭한다. 다음 'Toolbar Layout' 기능을 선택해준다.

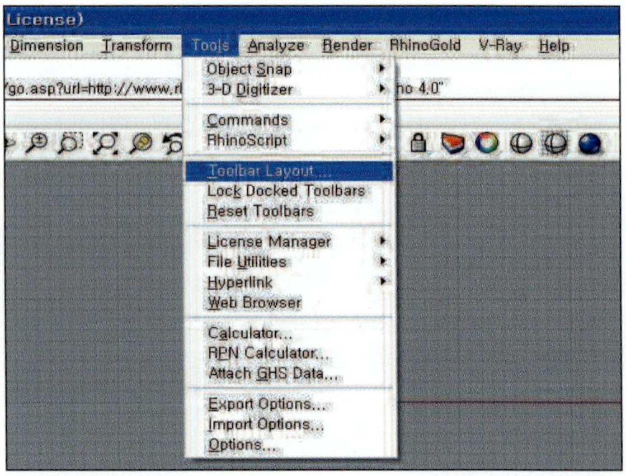

02 다음 이미지와 같이 Toolbars 대화상자가 나타나면 Toolbar 메뉴에서 'Import' 기능을 선택한다.

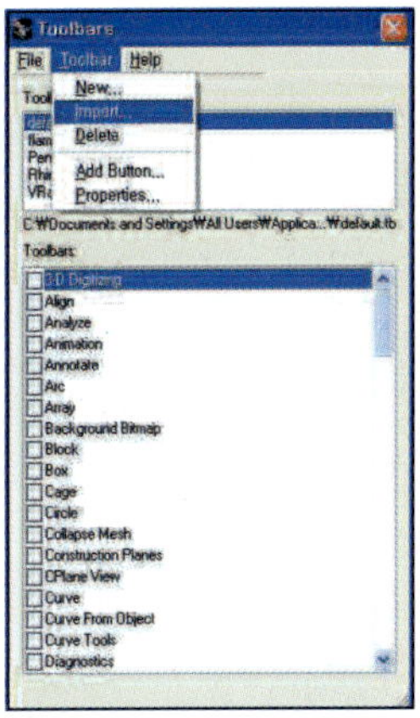

03 다음 이미지와 같이 '내 컴퓨터 〉 로컬 디스크 (C:) 〉 Program Files 폴더 〉 Rhinoceros 4.0 폴더 〉 Plug-ins 폴더 〉 VRayForRhino 폴더 〉 Misc 폴더' 인 경로를 통해 들어가면 'VRay Express.tb' 파일이 보여진다. 이 파일을 선택한 다음 '열기' 버튼을 누른다.

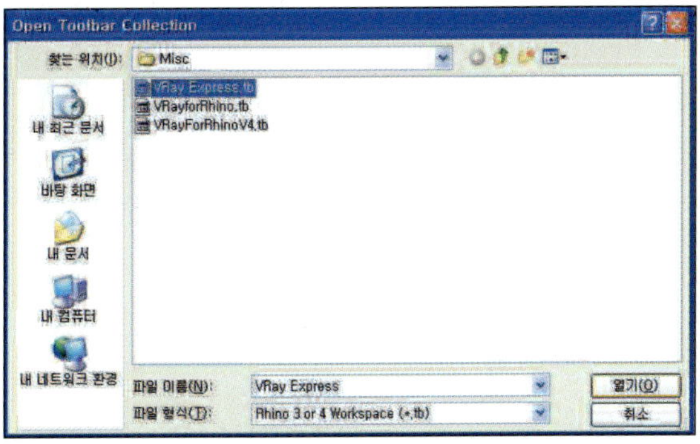

04 다음 이미지와 같은 Import Toolbars 대화상자가 나타나면 각 옵션별로 체크해준다. 모두 체크한 다음 'Import' 버튼을 클릭한다.

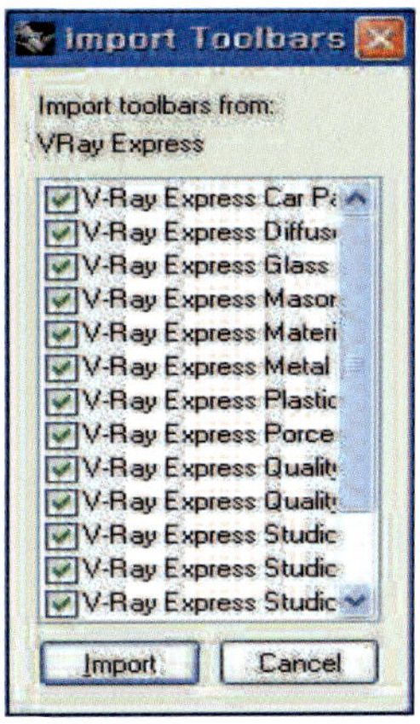

05 다음 이미지와 같이 Rhino 3D 프로그램 인터페이스에 V-Ray Express 기능의 Toolbar들이 모두 나타나는 것을 확인할 수 있다.

06 다음 이미지와 같이 나타난 각 Toolbar들 중 'V-Ray Express Materials', 'V-Ray Express Quality Option', 'V-Ray Express Studio Scenes 100' 3개 Toolbar들을 제외한 나머지 Toolbar 들은 모두 닫아준다.

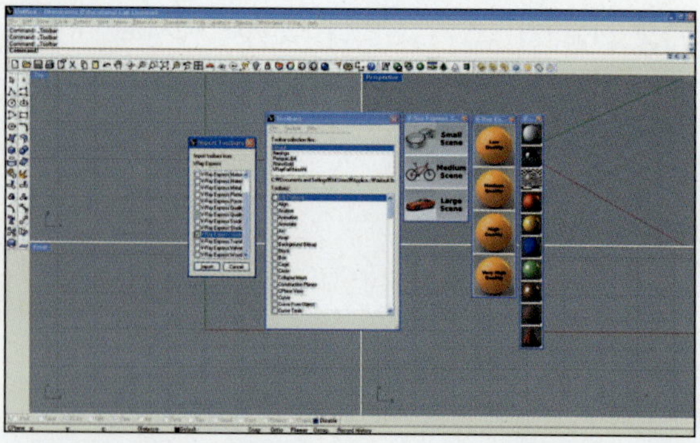

TIP ▸●▸ 이러한 가져오기 기능은 1회만 실행해주면 된다. 모든 Toolbar를 닫고 다시 가져오기 기능을 실행할 때는 'Tools Menu 〉 Toolbar Layout'에서 해당하는 패널들만 선택해주면 된다

07 다음 이미지와 같이 'File Menu 〉 Insert' 기능을 실행한다

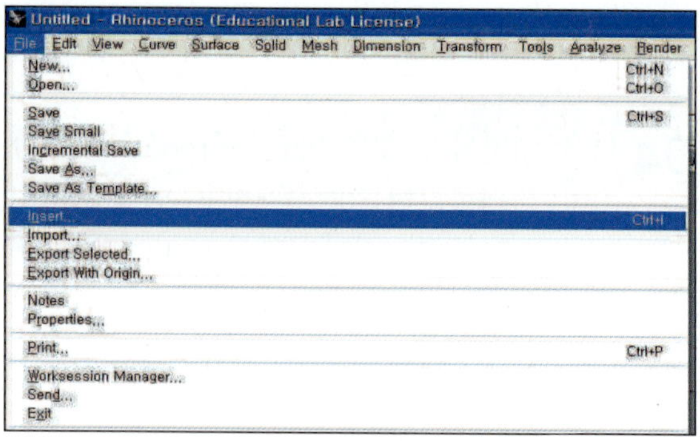

08 다음 대화상자가 나타나면 예제를 불러온 다음 'Insert as' 란에 있는 'Individual Objects' 기능을 체크한다. 'OK' 버튼을 클릭한다.
(부록CD 〉 예제파일 〉 0.시작 〉 Intro-Ex-008)

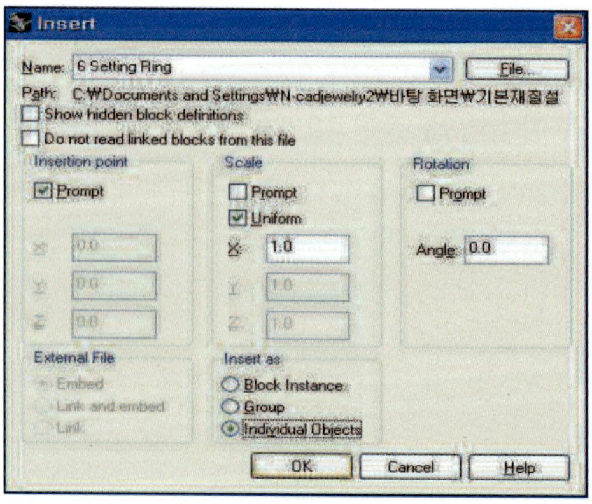

09 다음 이미지와 같이 지정한 파일이 삽입된 것을 확인할 수 있다

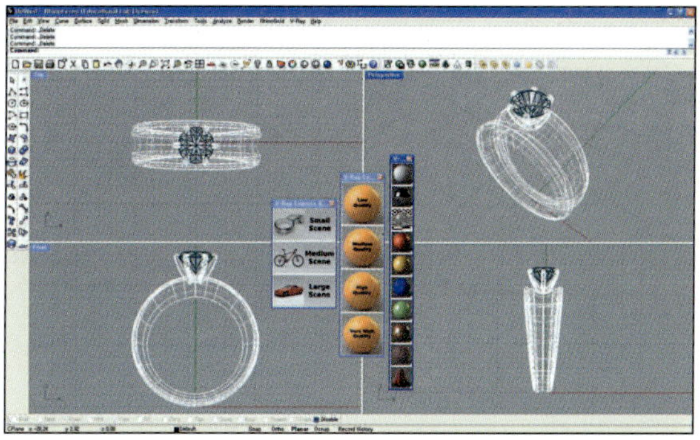

10 'V-Ray Express Studio Scenes 100' Toolbar에서 'Small Scene'를 체크하면 다음 이미지와 같이 스튜디오 설정이 이루어진다.

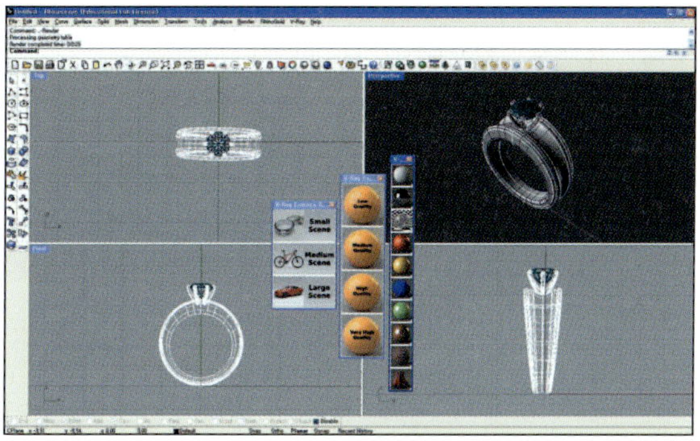

11 스튜디오 설정을 한 다음 이미지와 같이 반지 몸체만 선택한 후 'V-Ray Express Materials' Toolbar에서 'V-Ray Express Metal Materials' Toolbar를 불러온다.
다음 'Chrome' 재질을 선택해준다.

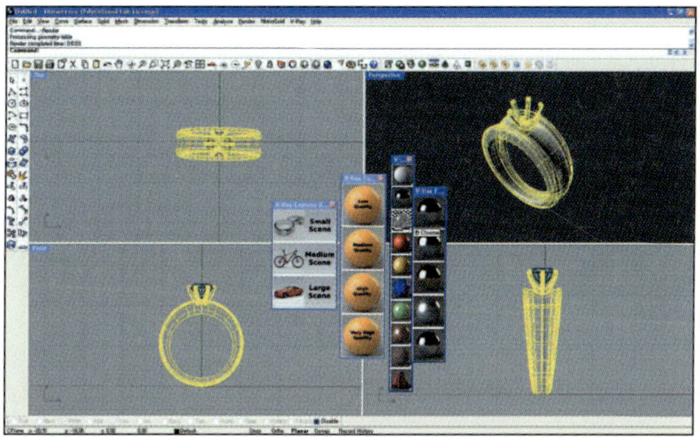

12 다음 이미지와 같이 V-Ray Toolbar에서 V-Ray Material Editor기능을 실행한다.

13 다음 이미지와 같이 Material Editor 대화상자가 나타난다. 왼쪽에 있는 메뉴 중 'Chrome'을 선택한 다음 마우스 우측버튼을 클릭한 다음 'Apply material to object(s)' 기능을 선택한다. 지정한 재질이 선택한 개체에 적용되는 것을 알 수 있다.

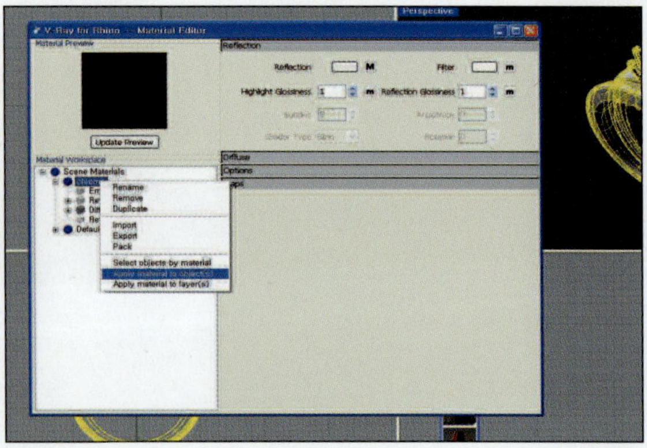

14 다음은 다운로드 된 재질파일을 이용하여 개체에 적용하는 방법을 알아보도록 한다. 'Scene Materials'을 클릭한 다음 마우스 우측 버튼을 클릭하여 'Import new material'을 선택한다.

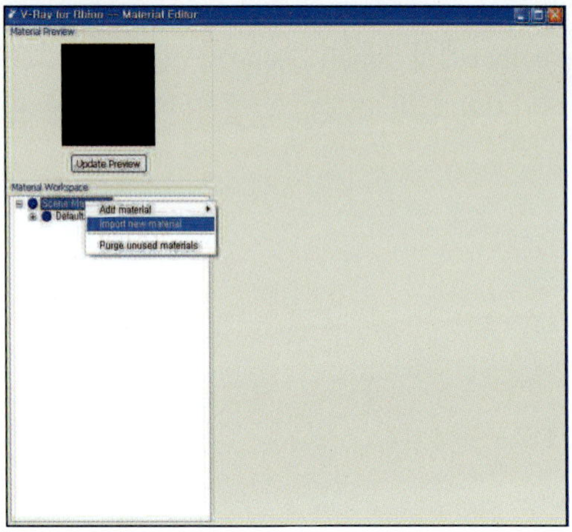

15 이미지와 같이 전 단계에서 재질파일이 저장된 경로를 찾아간다. 재질파일이 저장된 Gem 폴더를 선택한다.

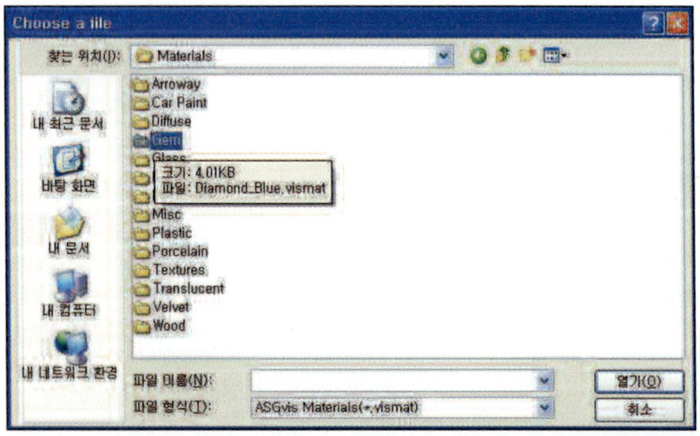

TIP 이미지와 같은 경로가 아닌 작업자가 저장시킨 경로를 통해 가져와도 무관하다.

16 다음 이미지와 같이 저장된 재질파일을 선택한다.

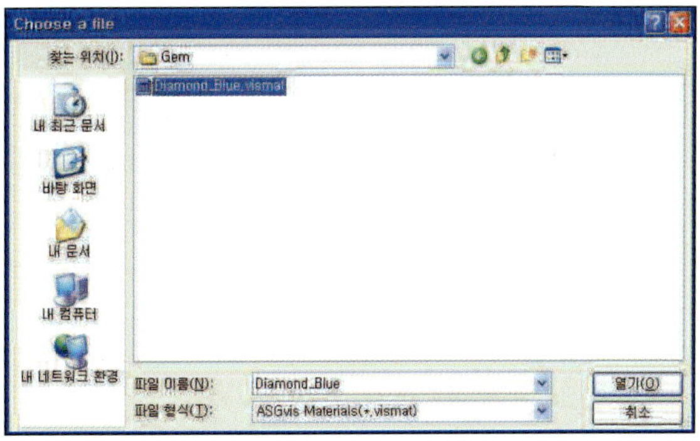

17 다음 이미지와 같이 대화상자에 저장된 재질파일이 불러온 것을 확인할 수 있다.
각 옵션별로 설정 값들이 지정된 것을 또한 확인할 수 있다.

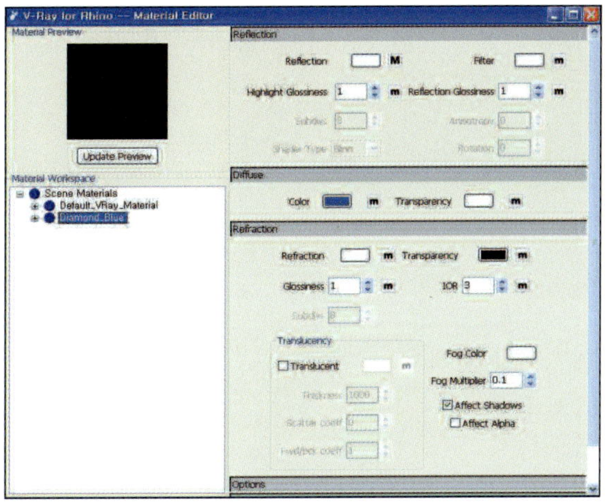

> **TIP ▸●▸** 이러한 재질들에 설정된 각 옵션 값들을 숙지하여 개별적으로 연습을 하는 것도 또한 좋은 방법이 될 수 있다.

18 다음 이미지와 같이 대화상자에서 불러온 재질파일을 선택한 다음 마우스 우측 버튼을 클릭한다. 'Apply material to object(s)' 기능을 선택한다. 지정한 재질이 선택한 개체에 적용되는 것을 알 수 있다.

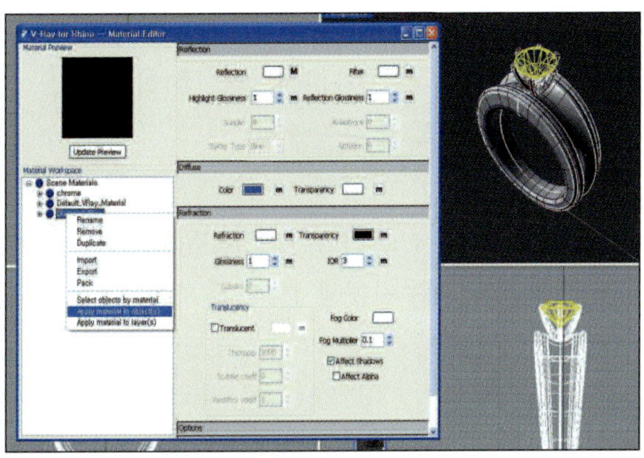

19 V-Ray Toolbar에서 Render 기능을 실행한다. 다음 이미지와 같이 렌더링 작업이 진행되는 것을 확인할 수 있다.

20 최종 렌더링 이미지를 확인할 수 있다.

4) V-Ray 기본 설정 작업

V-Ray 렌더링 작업을 위한 기본 설정은 보통 Skylight기능과 Environment기능만을 사용하여 훌륭한 렌더링 작업을 진행할 수 있다. 거기에 Light기능 중 Rectangular Light기능을 같이 활용하여 보다 최적의 렌더링 작업을 진행해 본다.

01 Open 기능을 실행하여 다음 이미지와 같이 예제 파일을 불러온다.
불러오는 이 파일에 V-Ray 옵션 설정하는 방법과 재질 그리고, 조명등을 설정하여 렌더링 작업을 진행해 본다.(부록CD 〉 예제파일 〉 0.시작 〉 Intro-Ex-009)

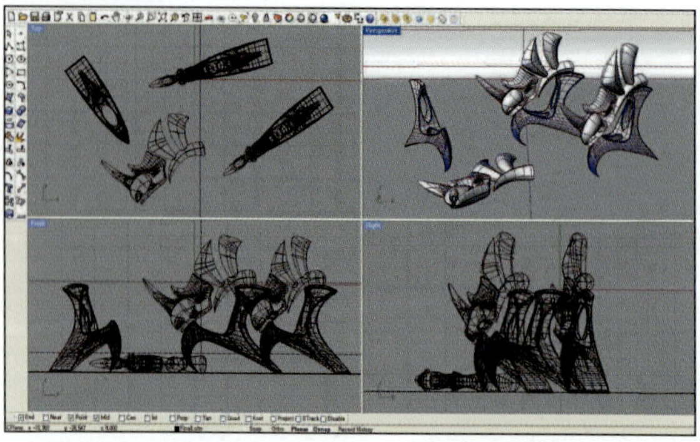

02 Render Menu 〉 Current Renderer 〉 V-Ray for Rhino 순서로 클릭해준다.

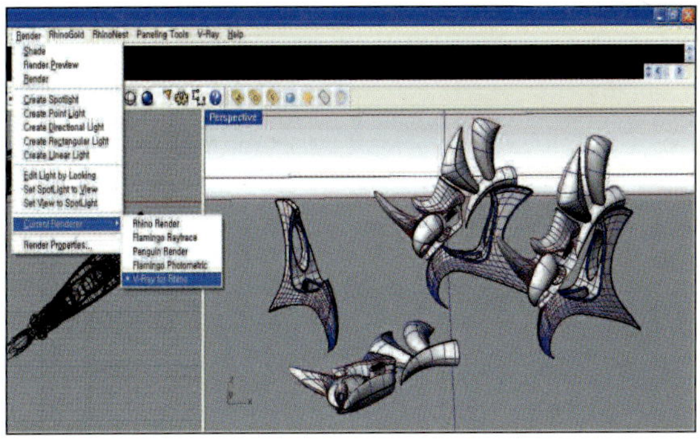

03 Perspective View를 최대화 한 다음 이미지와 같이 화면 구도를 설정해준다.

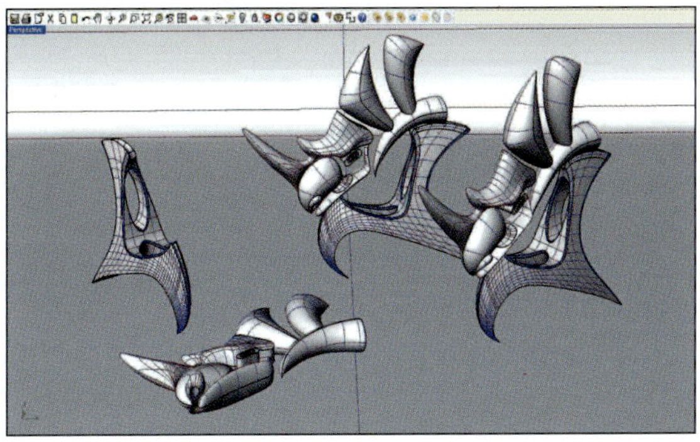

04 기본 설정 값 작업을 위해 다음 이미지와 같이 V-Ray Toolbar에서 V-Ray Options 기능을 실행한다. V-Ray Options 대화상자가 나타나는 것을 확인할 수 있다.

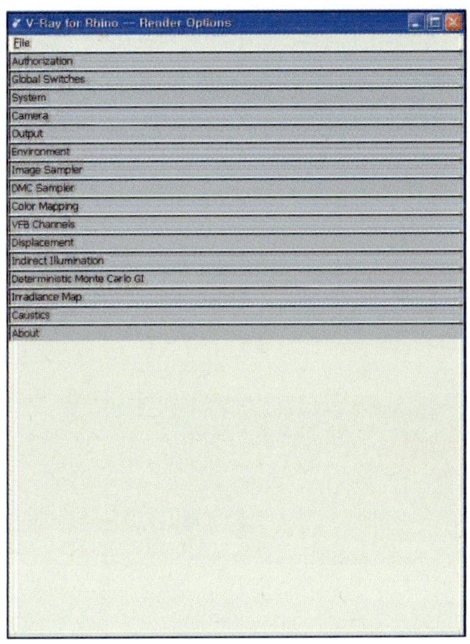

05 'Authorization' 기능은 V-Ray 프로그램의 라이센스 서버와 관련된 기능이다.

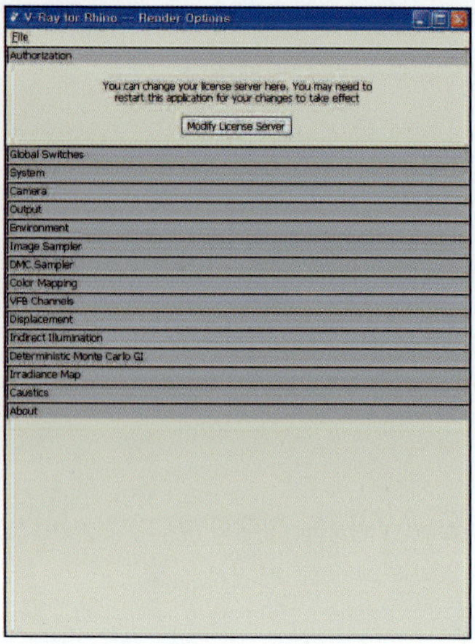

06 'Global Switches' 기능은 렌더링 되는 장면에 사용되는 다수의 개체들과 관련된 옵션을 일괄적으로 관리하는 기능이다. 이미지와 같이 Global Switches 메뉴를 확장시켜 주고, Render, Lighting, Gamma Correction 옵션 값을 조정해준다. 여기에서 중요한 것은 Skylight기능을 적용하기 위해서는 기본적으로 설정되어 있는 'Default Lights'기능을 체크 해제하고, Gamma Correction 설정 값을 조정한다.

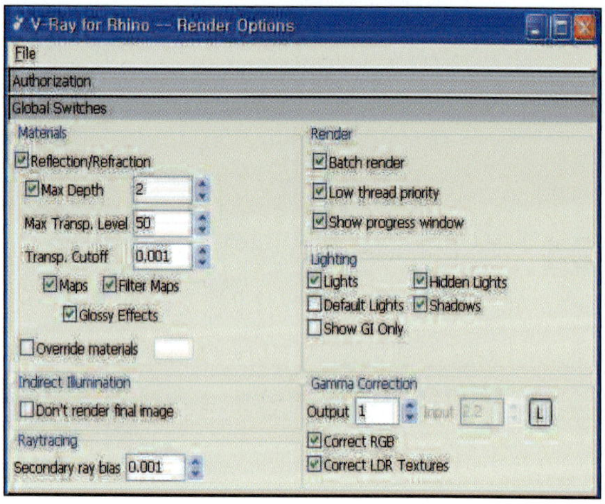

TIP

Light 〉 Show GI Only 기능이 켜져 있게되면, 직접적인 조명은 최종 랜더 결과물에 포함되지 않는다. 그러나 그 설정된 직접 조명은 GI 계산에 계속해서 계산되고 있다는 것을 주의해야한다.

07 'System' 기능은 다양한 종류의 V-Ray의 변수 값을 제어할 수 있다.
System 기능을 확장시켜 주고 Region Division 기능에서 렌더링 버킷(Bucket) 사이즈를 조절해준다. 이 버킷(Bucket)은 렌더링 작업 시 움직이며 렌더링 작업을 진행하는 것이다. 너무 크거나 작게 설정되면 계산시간이 늘어날 수 있으므로 유의해준다.
여기에서는 기본적으로 이미지와 같은 값으로 설정해준다.

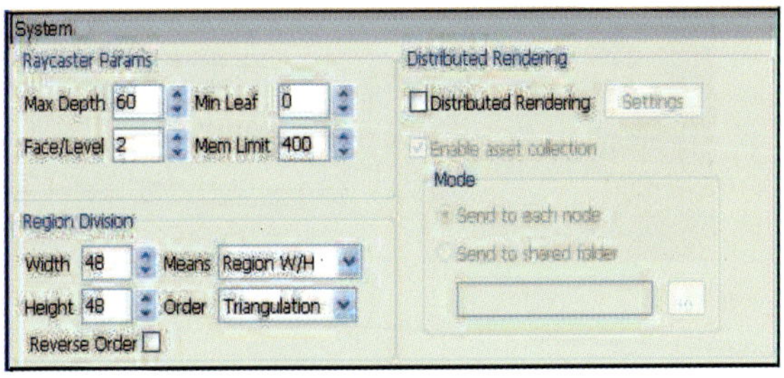

08 'Camera' 기능은 장면을 카메라로 비추는 방식과 실제 카메라에서 나타나는 효과들을 실현시킬 수 있는 기능이다. 기본적으로 렌더링 작업할 때 화면이 어둡게 보이는 경우 Physical Camera 항목에서 'On'의 체크를 해제해준다. 체크를 해줌으로써 Default Camera가 설정되도록 해준다. Physical Camera기능은 실제 조명의 광원처럼 사용하는 것을 보다 더 쉽게 설정할 수 있도록 해주는 기능이다. 카메라에 대한 기본적인 상식이 있는 사용자는 일반 SLR급 카메라와 같이 셔터스피드, 조리개, ISO 값 등을 조정하여 보다 차별화된 렌더링 작업을 진행할 수 있다.

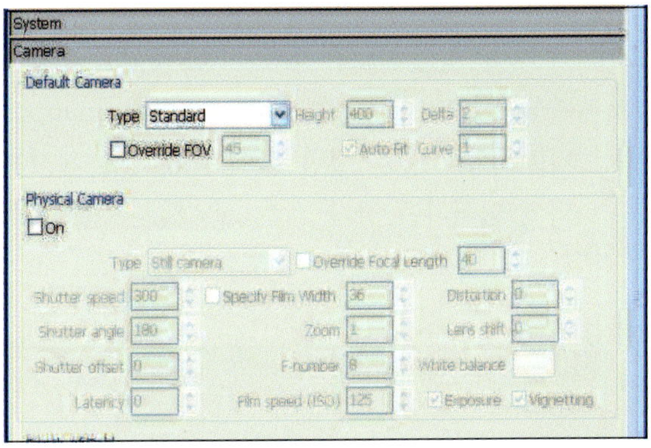

09 'Output' 기능은 최종 출력될 렌더링 이미지 크기와 애니메이션 프레임을 조절하는 기능이다.
이미지를 확장시켜 주고 1번 이미지와 같이 Output Size값을 6'40×480'사이즈로 변경해 준다. 이렇게 설정된 렌더링 이미지 사이즈는 '640×480'으로 되는 것이다. 공모전이나 포트폴리오 작업을 위해 고품질의 결과물을 얻고자 한다면 이미지를 사이즈를 최대한 크게 설정해주도록 한다. 이때는 사용자 컴퓨터 성능에 따라 장시간의 작업이 소요될 수 있음을 유의한다.

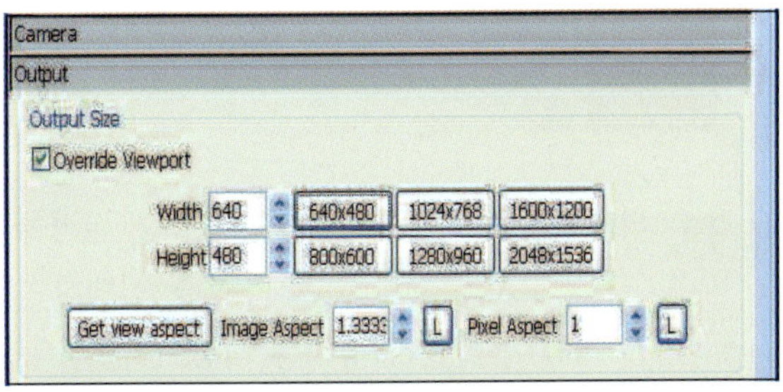

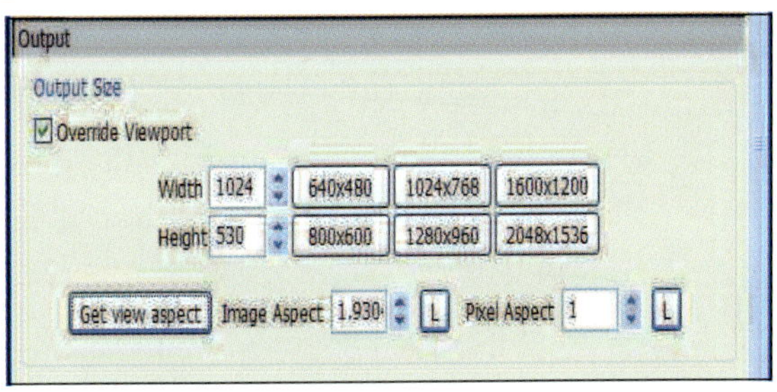

TIP ▸●▸ 사용자 컴퓨터 모니터에서 보여지는 화면 비율과 같게 할 때는 넓이와 높이 값 중 가장 크게 얻고자 하는 값을 지정한 다음 'Get view aspect' 버튼을 클릭해준다. 사용자 모니터에 설정된 비율에 맞추어 2번 이미지와 같이 설정된 값이 바뀌는 것을 알 수 있고, 또한 결과물을 얻을 수 있다.

10 'Environment' 기능은 전체 화면에 환경 기능을 설정하고, Skylight 기능과 반사 및 굴절 기능을 설정할 수 있다. 여기에는 크게 2가지로 GI 환경 기능과 Reflection 및 Refraction 환경 기능을 설정할 수 있다. 이 기능을 확장시켜 준 다음 GI(Skylight)의 색상은 'White', Background의 색상은 'Light Gray'로 변경해준다.
옆에 배치된 'm' 버튼을 클릭한 후 Type을 'None'으로 설정한다. 또한 GI(Skylight) 기능을 활성화시키기 위해서는 'Indirect Illumination' 기능의 GI 기능 설정 값이 'On'으로 체크가 되어 있어야만 한다.

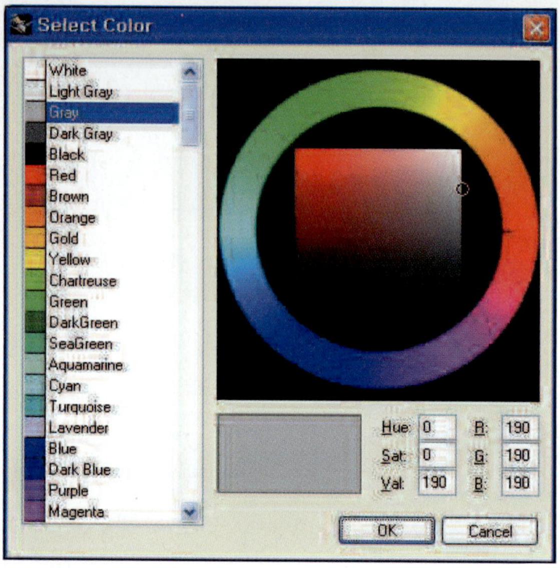

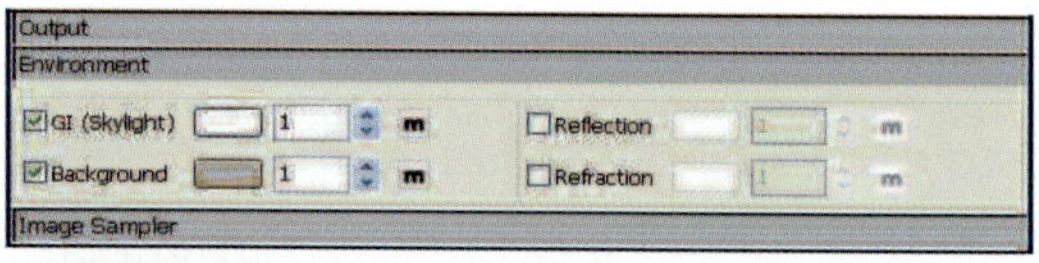

TIP ▸●▸ 이 기능에서는 기본적인 색상을 설정하여 사용할 수 있고, Map을 이용할 수도 있다.
여기에서 가장 핵심은 HDRI(High Dynamic Range Image) 사용이다. HDRI는 RGB 255단계의 이미지 자체를 조도로 변환하여 조명환경과 이미지 환경을 동시에 제공함으로써 보다 실사 같은 렌더링 결과물을 생성할 수 있다. 사용자는 이 HDRI 이미지를 적극적으로 활용하도록 한다.

11 'Image Sampler' 기능은 렌더링 결과물 이미지의 Anti-Aliasing 방법을 선택하여 이미지의 품질을 결정하는 기능이다.
이 기능을 확장시켜 주고 Image Sampler와 Anti-Aliasing filter기능을 설정한다. 약간의 모서리 부분을 향상 시킬 수 있는 'Catmull Rom'기능으로 Anti-Aliasing filter 값을 조정하면 선명한 이미지 결과물을 얻을 수 있다. 또한, 부드러운 이미지를 원하는 사용자는 'Area'기능을 설정하여 사용하도록 한다.

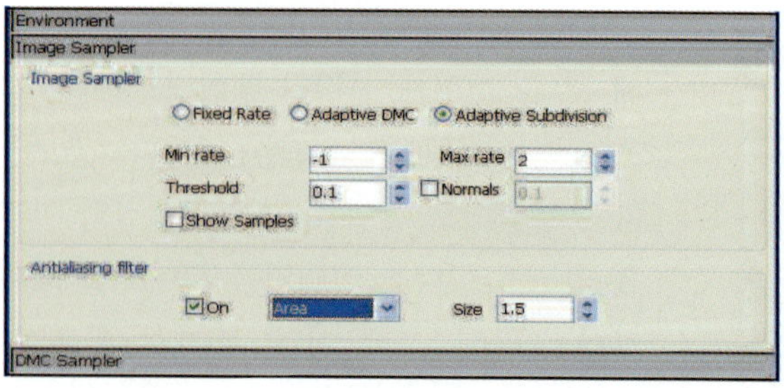

12 Monte Carlo방식의 옵션을 설정하는 기능으로 피사계 심도, 간접조명, 반사, 굴절, 반투명, Anti-Aliasing등 전반적인 수치에 영향을 주는 기능이다. Adaptive Amount값을 '1.0'에서 '0.85'로 변경해준다. Adaptive Amount 기능은 0~1까지의 수치로 0의 값은 밝은 곳과 어두운 곳의 차이를 두지 않는 방법이고 1의 값은 밝은 곳은 많은 샘플링을 어두운 곳은 적은 샘플을 채취하여 블러 효과를 제어하는 기능이다.

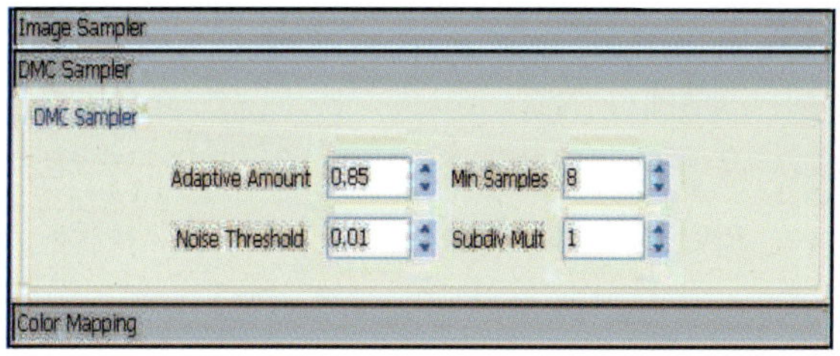

13 'Color Mapping'은 실내 또는 빛이 없어도 좋은 이미지를 얻기 위해 효과적으로 쓰이며, 이미지 색상에 영향을 주는 기능이다. 또한 이 기능은 이미지의 밝기에도 영향을 준다. 이 기능을 확장시켜 채도가 강한 이미지 결과물을 얻기 위해 'Linear Multiply' 기능으로 설정해준다.

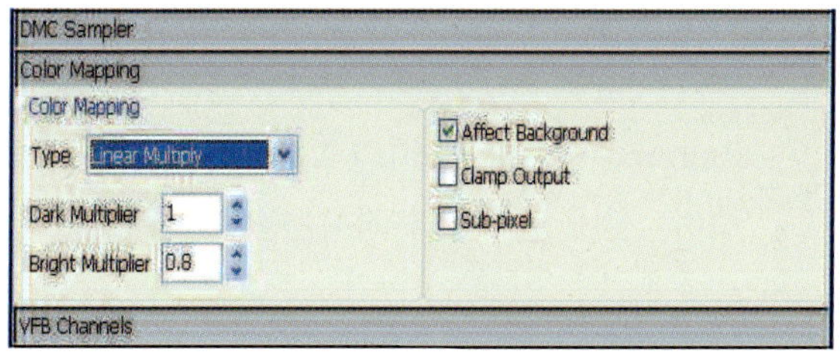

14 'VFB Channels' 기능은 V-Ray Frame Buffer
에 영향을 주는 기능이다. 다음 이미지와 같게 값을 설정해준다.

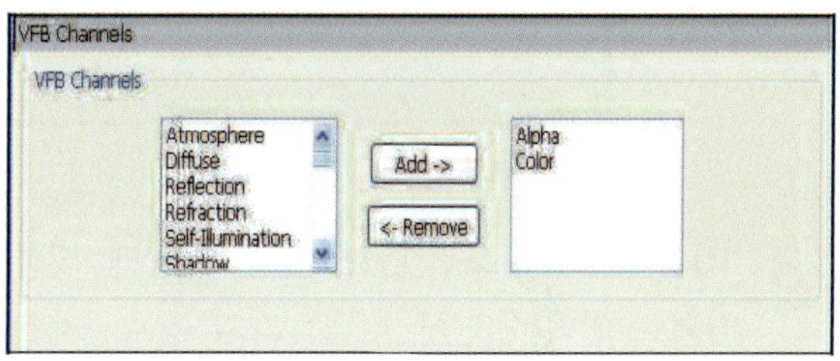

15 'Displacement' 기능은 반복적인 렌더링 작업시 사용되는 기능이다. 이미지와 같게 값들을 설정해준다.

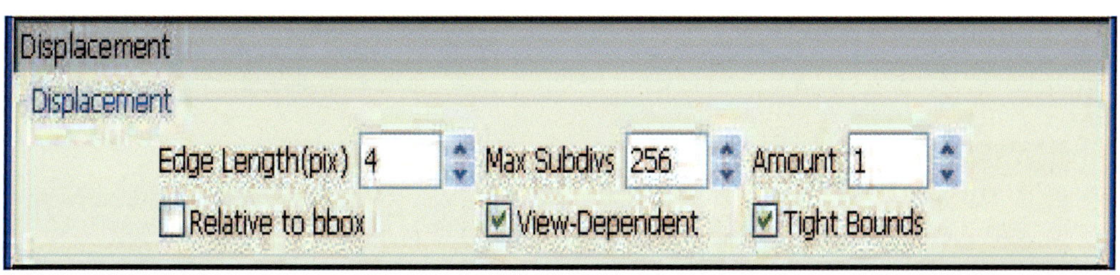

16 'Indirect Illumination' 기능은 V-Ray 프로그램에서 가장 중요한 기능인 GI 효과의 사용여부를 결정하고 GI 엔진을 조합하는 기능이다. V-Ray는 첫 번째 엔진에서 카메라에 직접 보이는 정반사와 굴절, 그리고 Caustics 기능 값들을 계산하고, 두 번째 엔진에서 GI 기능만 계산하여 렌더링 작업을 진행한다.

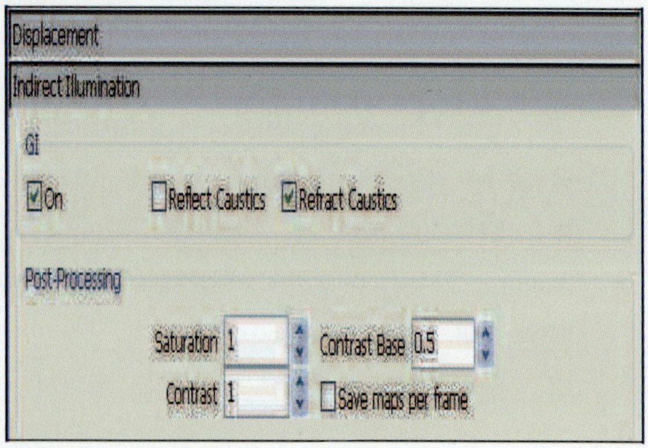

또한 V-Ray는 Global Illumination 작업에 4가지 'Irradiance Map, Photon Map, Quasi Monte-Carlo, Light Cache' 방법을 제시한다.
이 기능을 확장시켜 Primary Engine(첫 번째 엔진)기능을 'Irradiance Map'기능으로 설정하고 Secondary Engine(두 번째 엔진)기능은 'Quasi Monte-Carlo'기능으로 설정한다. Secondary Engine(두 번째 엔진)의 Multiplier값은 보통 제품 렌더링의 경우 '0.4~0.9'사이의 값을 적용시켜 주며, 실내 렌더링의 경우는 '1.0'의 값을 사용하면 효율적이다.

17 Monte Carlo엔진 기능에 대한 옵션 기능으로 사용자가 렌더링 엔진 조합을 어떻게 하느냐에 따라 설정 값들을 변경할 수 있다.

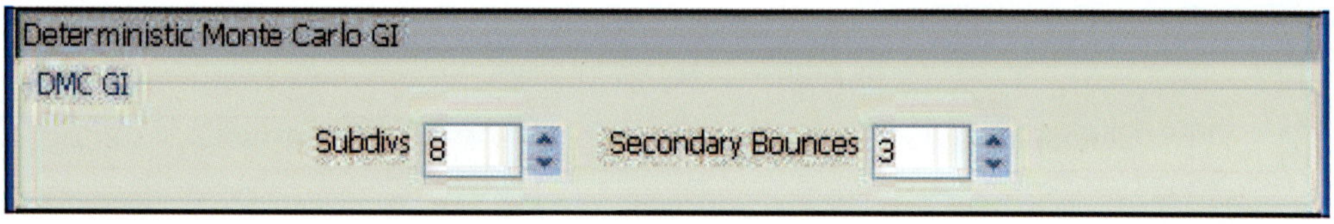

18 'Irradiance Map' 기능은 장면에서 각 빛을 점으로 인식하고 다른 점들과의 상호관계를 따져 계산하는 방식을 가진 기능이다. 이 기능을 확장시켜 주고 Basic Parameters 항목에서 Max Rate값을 '-2'로 조정한다. 하지만 사용자의 컴퓨터에서 렌더링 속도가 매우 느려진다면 'Min Rate:-4', 'Max Rate:-3'값으로 다시 조정해준다.

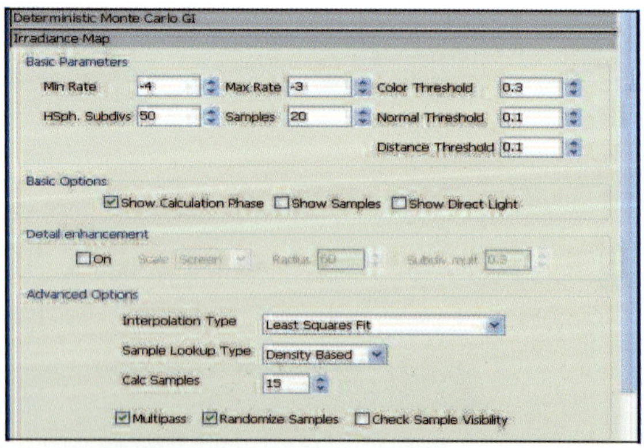

TIP ▸●▸ Photon Map기능이 광원으로부터 카메라로 추적하는 방식이라면, Irradiance Map 기능은 역으로 카메라에서 광원으로 추적하면서 계산하는 방식이다. 때문에 렌더링 작업 시간이 보다 더 단축된다.

19 'Caustics' 기능은 유리 같은 물체에 반사되는 굴절된 빛을 표현해주는 기능이다. 주얼리 제품 중 보석이 세팅된 상황을 작업할 때 효율적이다.

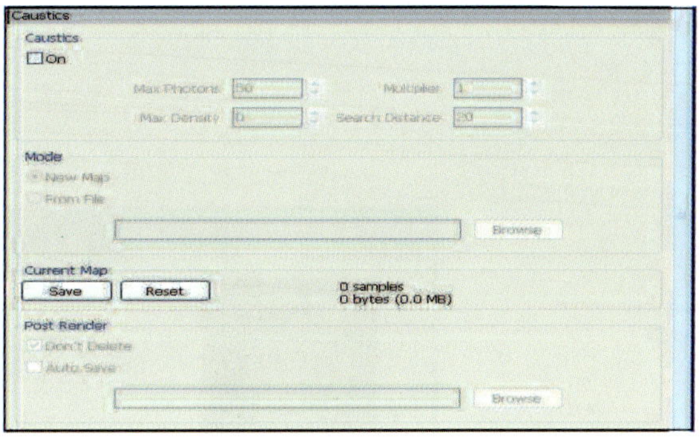

20 V-Ray Toolbar에서 Render기능을 실행한다. 다음 이미지와 같이 렌더링 작업이 진행되는 것을 확인할 수 있다.

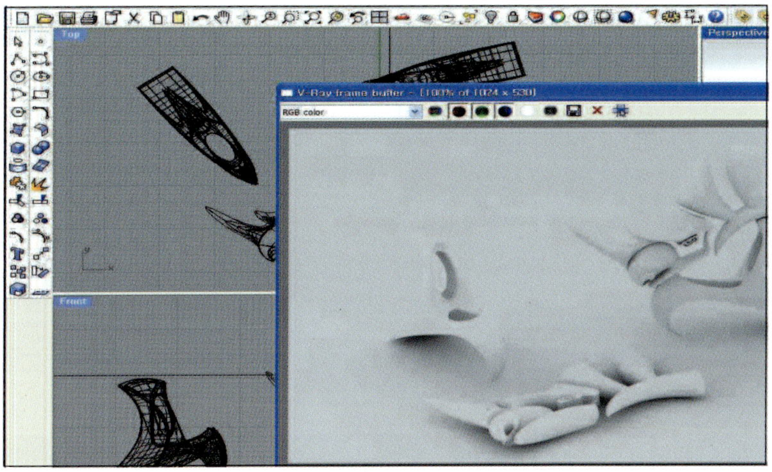

5) V-Ray Material Editor 설정

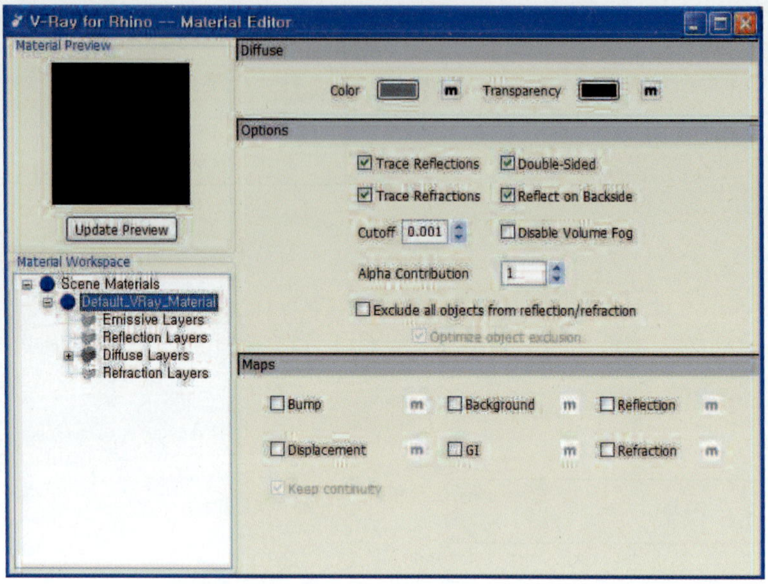

Rhino 3D V-Ray의 Material Editor 대화상자는 3DS MAX 프로그램의 V-Ray 대화상자보다 간단하게 설정되어 있다. 간단하게 설정되어 있는 것에 비해 많은 재질을 표현할 수 있으나 접고 펼치는 형식으로 이루어져 사용자가 직접 명령들을 확장 및 추가해야 하는 번거로운 부분이 있다. 반복적인 연습과 작업을 통해 익숙해지도록 한다.

여기에서는 V-Ray 재질을 적용시키는 기본적인 방법과 몇 가지 재질 사용법에 대해 알아보도록 한다.

01 V-Ray Toolbar에서 V-Ray Material Editor기능을 실행한다. 다음 이미지와 같이 Material Editor 대화상자가 나타나면 'Default_VRay_Material' 옵션을 선택한다.

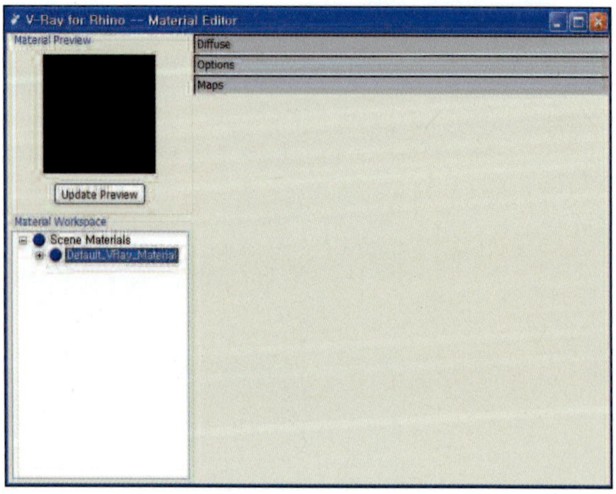

02 선택한 상태에서 마우스 우측을 클릭한다. 다음 이미지와 같이 'Rename' 기능을 선택한다.

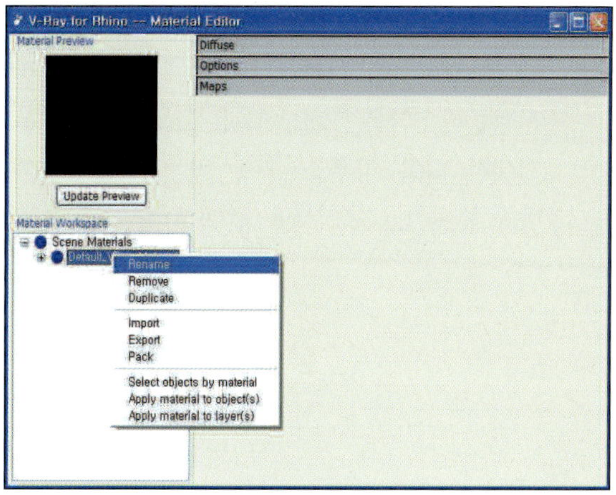

03 받침대 역할을 하는 개체에 재질을 설정하기 위해 이름을 'Pedestal' 로 지정해준다. 물론 여기에서 이름을 사용자가 원하는 이름으로 지정해도 무관하다.

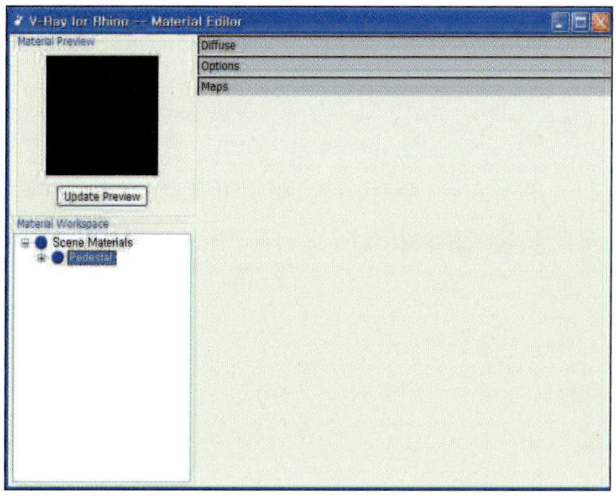

04 우측에 있는 'Diffuse' 기능을 체크하여 'Color'에 색상을 'White'로 설정해준다.

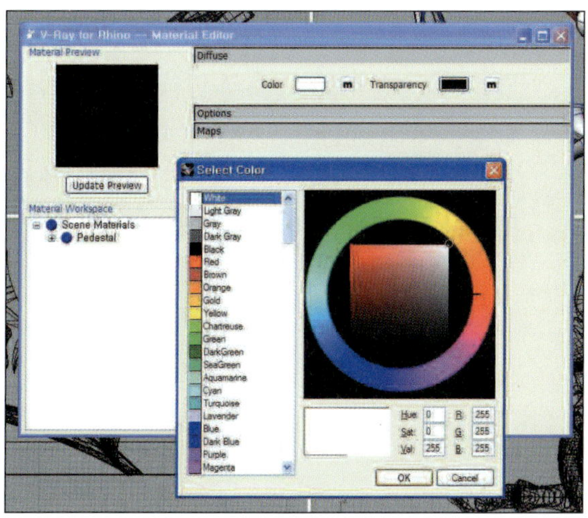

05 다시 왼쪽에 있는 메뉴 중에 'Pedestal'을 더블 클릭하여 이미지와 같이 각 Layer로 확장시켜준다. 다음 'Reflection Layers' 기능을 선택한 다음 마우스 우측 버튼을 클릭하여 'Add new layer'기능을 선택한다.

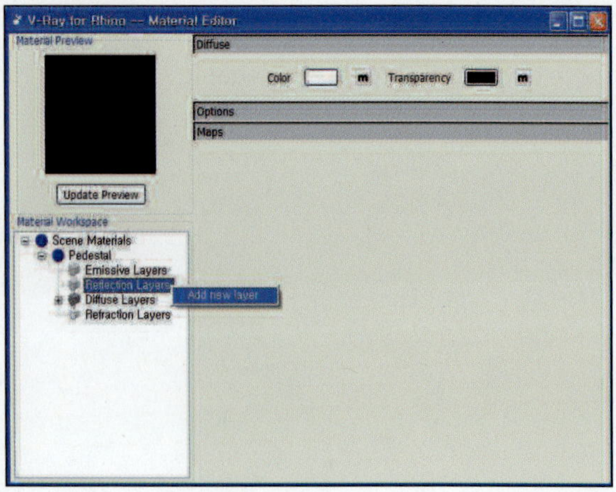

06 우측에 Reflection Layers가 추가되어진 것을 확인할 수 있다. 'Reflection'에서 White 색상 버튼 옆에 있는 'M'을 클릭하여 다음 이미지와 같이 'Fresnel Color' 색상을 'White' 색상으로 수정한다. 마지막으로 'Apply' 버튼을 클릭해준다.

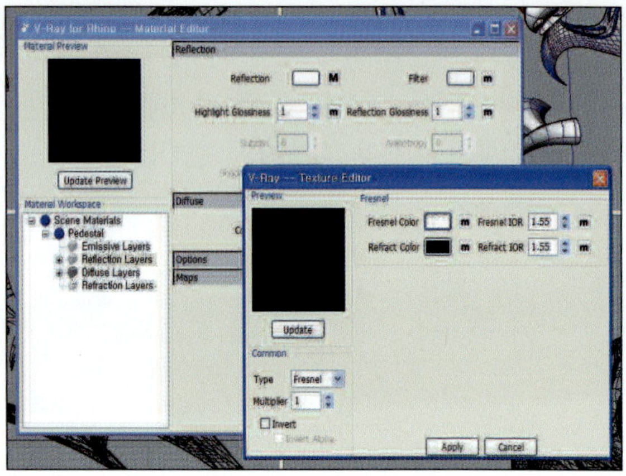

07 라이노 화면을 선택하여 다음 이미지와 같이 라이노 로고 받침대 개체들을 모두 선택한다. 다음 'Pedestal'를 선택하여 마우스 우측 버튼을 클릭한다. 'Apply material to object(s)' 기능을 선택하여 설정한 재질이 선택한 개체에 적용되게 한다.

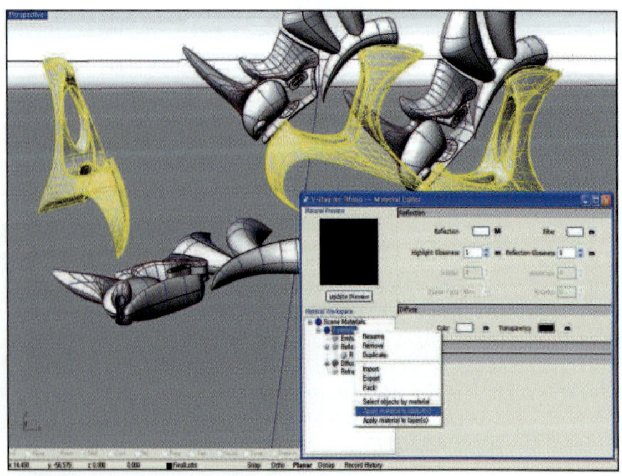

08 다음으로 라이노 로고에 재질을 적용하도록 한다. 이미지와 같이 'Scene Materials'를 선택한 다음 마우스 우측버튼을 클릭한다. 'Add material 〉 Add VRayMtl' 순서로 선택해준다. 다른 재질을 추가할 수 있는 Layer가 추가되는 것을 확인할 수 있다.

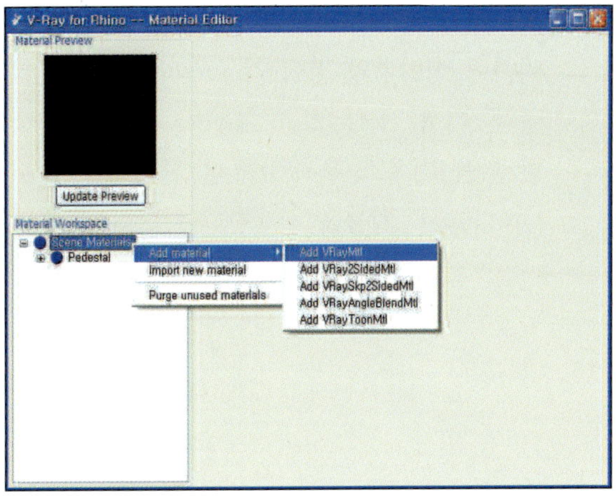

09 추가된 Layer를 선택하여 마우스 우측버튼을 클릭하여 'Rename'을 클릭한다. 'Rhino-1'로 이름을 변경해준다. 전 단계에서 설명한 것처럼 이 부분에서는 사용자가 원하는 이름으로 변경해도 무관하다

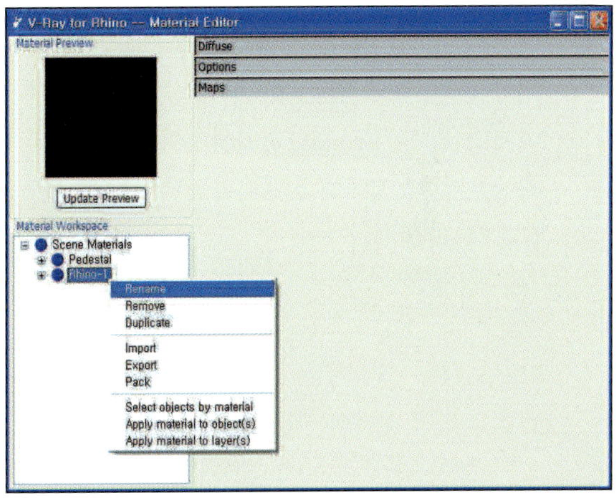

10 'Diffuse' 기능에서 'Color'를 'Orange' 색상으로 변경한다.

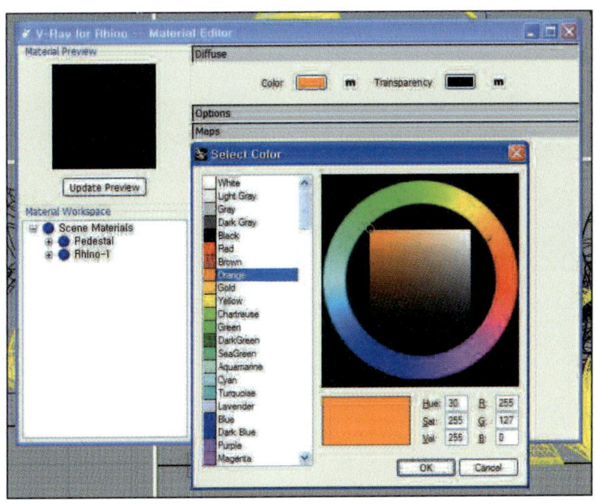

11 왼쪽에 있는 메뉴 중에 'Rhino-1'을 더블 클릭하여 이미지와 같이 각 Layer로 확장시켜 준다. 다음 'Reflection Layers' 기능을 선택한 다음 마우스 우측 버튼을 클릭하여 'Add new layer' 기능을 선택한다.

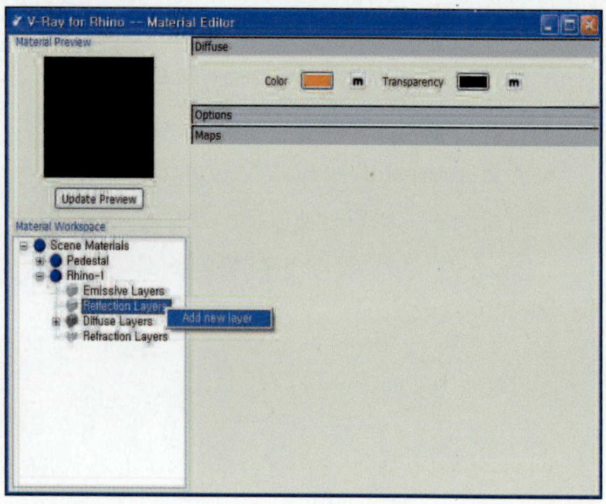

12 우측에 'Reflection Layers'가 추가되어진 것을 확인할 수 있다. 'Reflection'에서 White 색상 버튼 옆에 있는 'M'을 클릭하여 다음 이미지와 같이 'Fresnel Color' 색상을 'White' 색상으로 수정한다. 마지막으로 'Apply' 버튼을 클릭해준다.

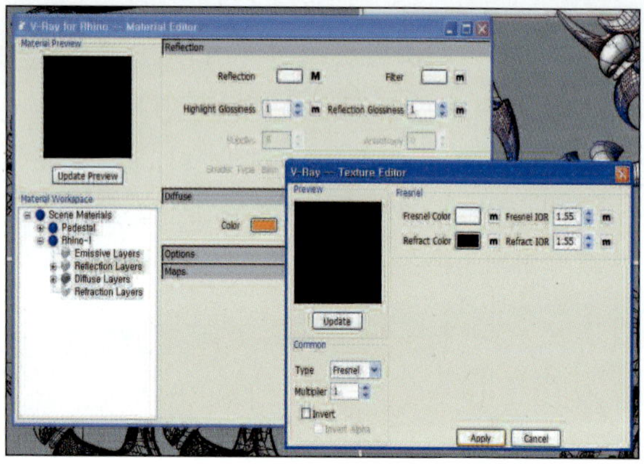

13 라이노 화면을 선택한 다음 가장 왼쪽에 있는 라이노 로고 개체를 선택한다.
다음 'Rhino-1'를 선택하여 마우스 우측 버튼을 클릭한다. 'Apply material to object(s)' 기능을 선택하여 설정한 재질이 선택한 개체에 적용되게 한다.

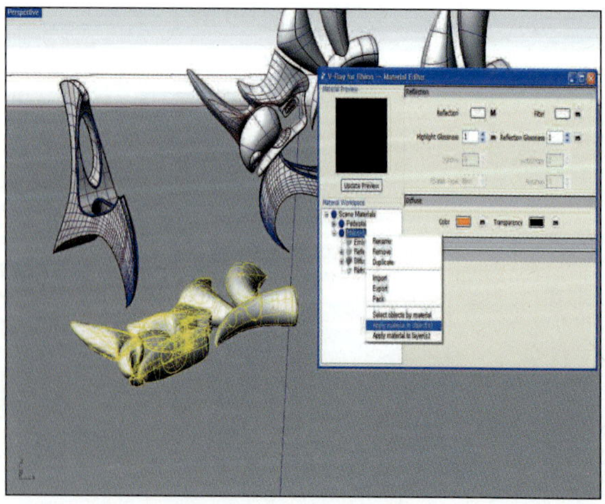

14 다음 이미지와 같이 'Rhino-1' Layer를 선택한 다음 마우스 우측버튼을 클릭한다. 'Duplicate' 기능을 선택한다. 전 단계에서 작업된 'Rhino-1' Layer에 설정된 값을 복제하는 과정이다.

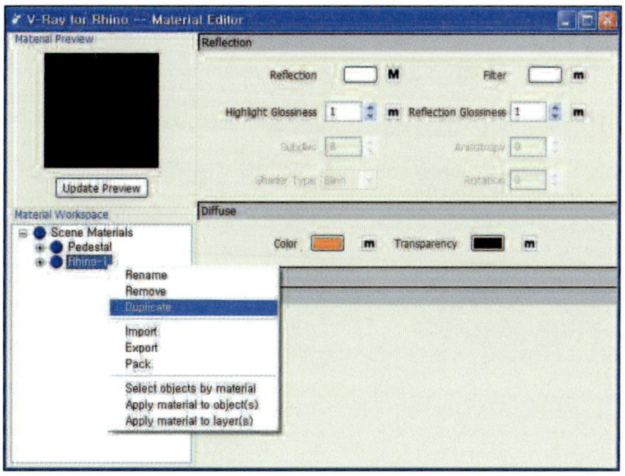

15 다음 이미지와 같이 복제된 Layer에 이름을 'Rhino-2'로 바꾼 다음 'Diffuse'에 있는 'Color' 버튼을 클릭하여 'Chartreuse' 색상으로 변경해준다.

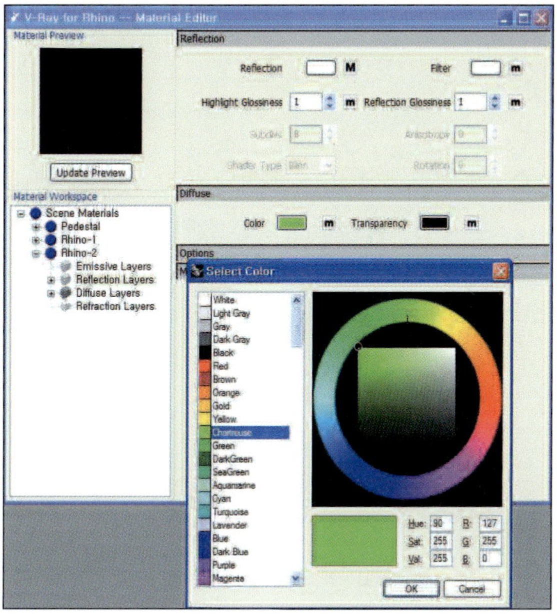

16 라이노 화면을 선택한 다음 중간에 있는 라이노 로고 개체를 선택한다.
다음 'Rhino-2'를 선택하여 마우스 우측 버튼을 클릭한다. 'Apply material to object(s)' 기능을 선택하여 설정한 재질이 선택한 개체에 적용되게 한다.

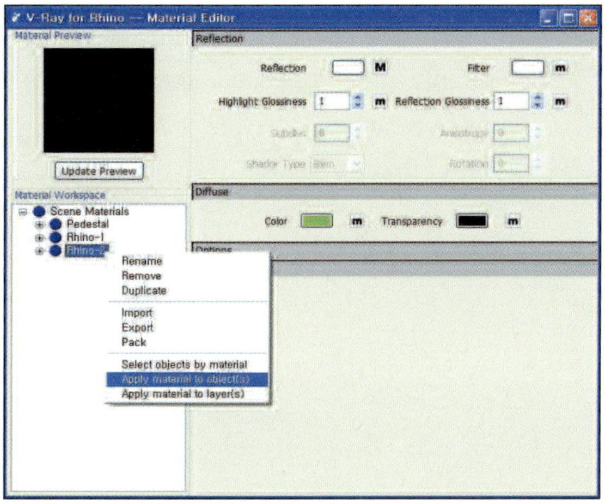

17 다시 반복적인 작업을 통해 'Rhino-2' Layer를 복제한다.
복제한 Layer에 이름을 'Rhino-3' 을 변경해 준 다음 색상을 'Lavender'로 색상을 바꿔주도록 한다.

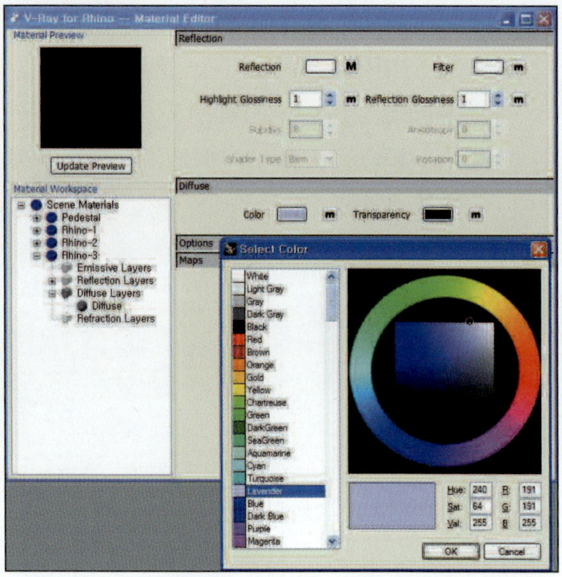

18 가장 우측에 있는 라이노 로고 개체를 선택한다. 다음 'Rhino-3'를 선택하여 마우스 우측 버튼을 클릭한다. 'Apply material to object(s)' 기능을 선택하여 설정한 재질이 선택한 개체에 적용되게 한다.

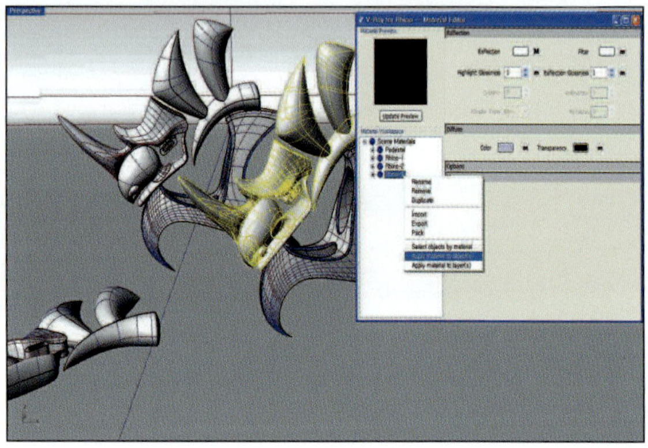

19 다음으로 바닥에 재질을 적용하도록 한다. 이미지와 같이 'Scene Materials'를 선택한 다음 마우스 우측버튼을 클릭한다. 'Add material > Add VRayMtl' 순서로 선택해준다. 다른 재질을 추가할 수 있는 Layer가 추가되는 것을 확인할 수 있다.

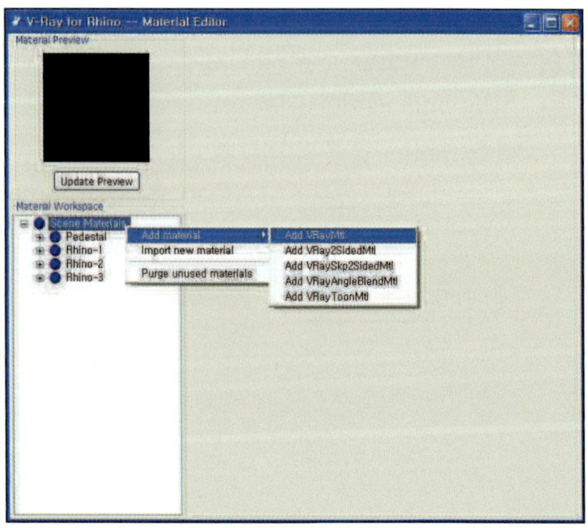

20 추가된 Layer를 선택하여 마우스 우측버튼을 클릭하여 'Rename'을 선택하여 'Plane'으로 이름을 변경한다.

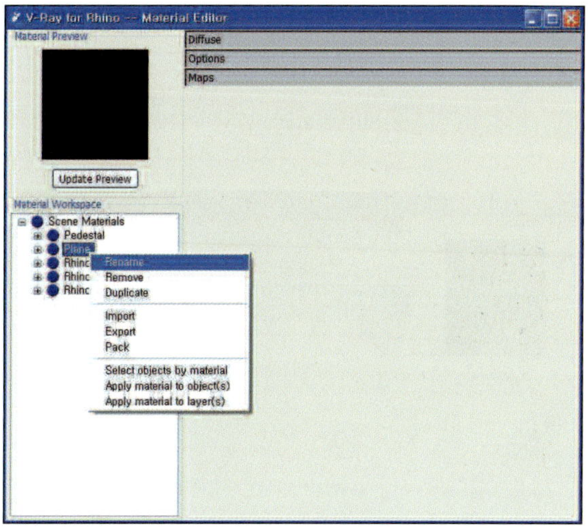

21 'Diffuse' 색상을 'Gray'로 설정해준다.

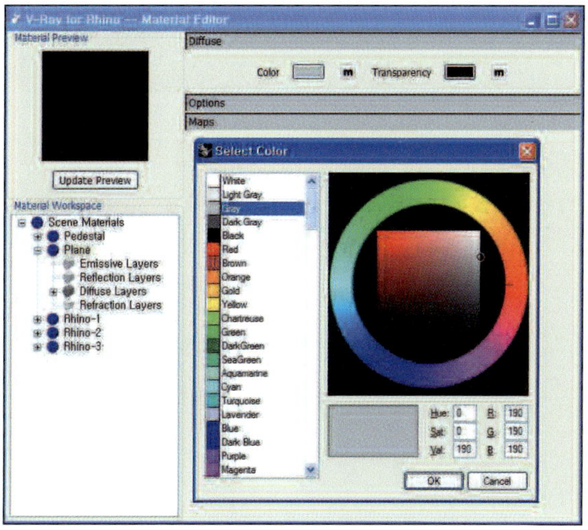

22 바닥 개체를 선택한 다음 'Plane' Layer를 선택하여 마우스 우측 버튼을 클릭한다. 'Apply material to object(s)' 기능을 선택하여 설정한 재질이 선택한 개체에 적용되게 한다. 또한 이미지와 같이 'Update Preview' 버튼을 누르면 설정된 값을 미리보기 할 수 있다.

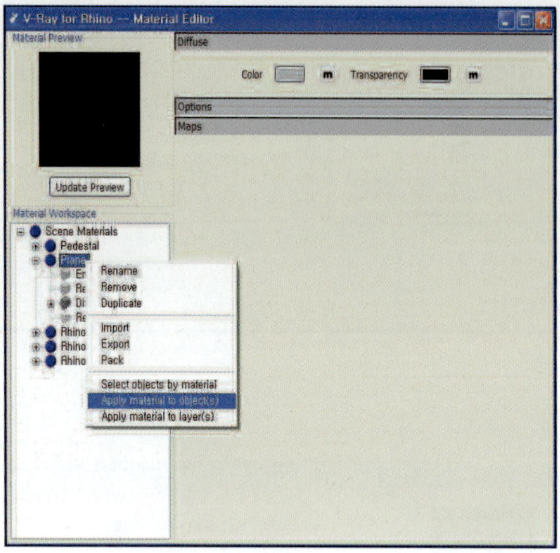

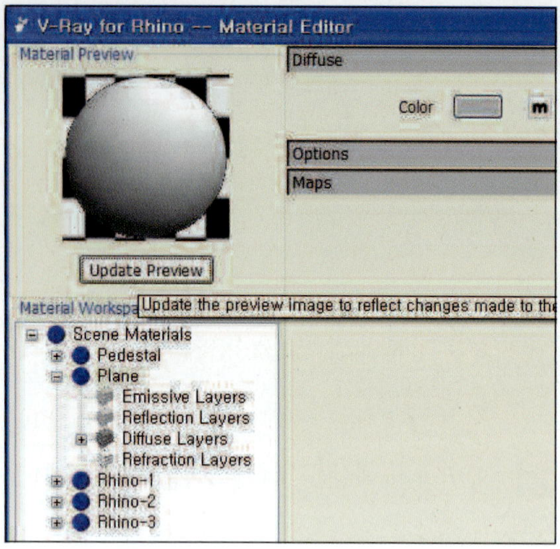

23 라이노 화면을 선택한 다음 'Perspective' 탭을 선택한 다음 마우스 우측 버튼을 클릭한다. 이미지와 같이 'Rendered' 디스플레이 기능으로 전환해준다. 적용된 기본 색상이 보여지는 것을 확인할 수 있다.

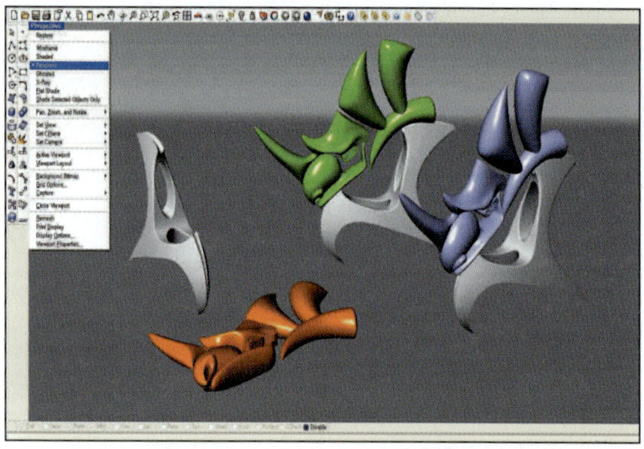

24 V-Ray Toolbar에서 Render기능을 실행한다. 다음 이미지와 같이 렌더링 작업이 진행되는 것을 확인할 수 있다.

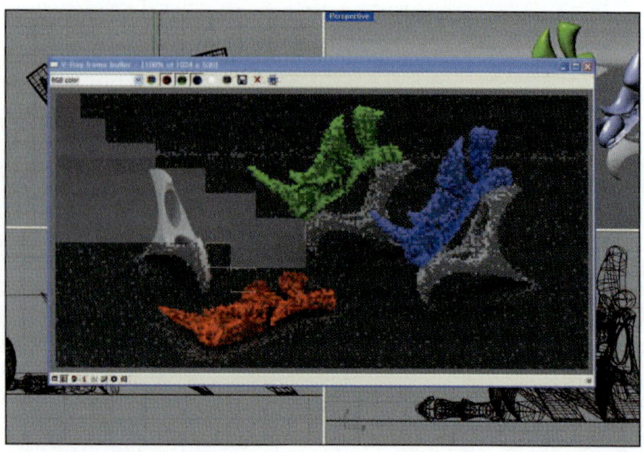

25 최종 렌더링 된 결과물을 확인할 수 있다.

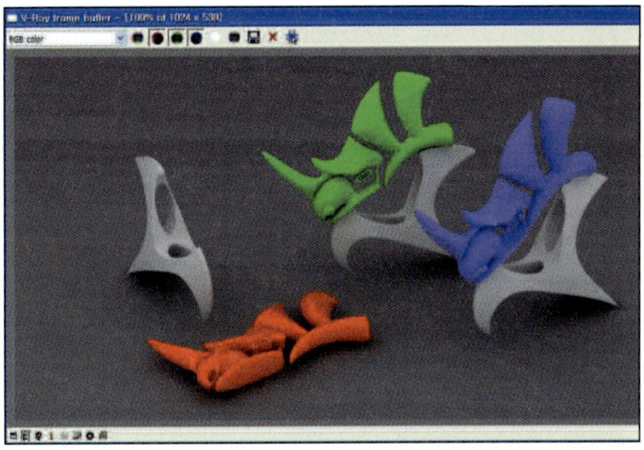

6) V-Ray 조명을 활용한 장면 연출

지금까지 V-Ray의 기본적인 옵션 설정 방법과 반사 재질을 생성해 보고, 해당되는 개체별로 생성된 재질을 적용시키는 방법을 알아보았다. 하지만, 반사 재질을 가지고 있는 라이노 로고 개체와 받침대 개체에 가장 밝은 부분 즉, 하이라이트가 약하게 표현된 것을 알 수 있다. V-Ray 프로그램에서는 개체 표면에 하이라이트를 추가하는 방법이 2가지가 있다.

환경 맵에 HDRI를 사용하는 방법과 조명 개체를 직접 생성시켜 조명개체에 적용된 설정 값에 의해 하이라이트를 표현하는 방법이다. 여기에서는 기본적으로 조명개체 중 가장 일반적으로 사용하는 Rectangular Light 개체를 이용하여 개체에 하이라이트를 적용하는 방법을 알아보도록 한다.

TIP ▸●▸ V-Ray에서는 Skylight기능만을 적용해도 무난한 렌더링 작업을 연출할 수 있다. 하지만 조명 개체를 활용하면 앞서 설명했던 것과 같이 자연스러운 그림자 표현과 하이라이트를 모두 표현할 수 있다. 또한 완성된 랜더링 결과물에 공간감과 입체감을 효율적으로 만들어 낼 수 있기 때문에 사용자는 최대한 조명 개체를 활용하도록 한다.

01 라이노 3D 프로그램에 있는 Standard Toolbar에 위치한 Lights Toolbar를 클릭하여 이미지와 같이 ▢ Create Rectangular Light 기능을 실행한다.

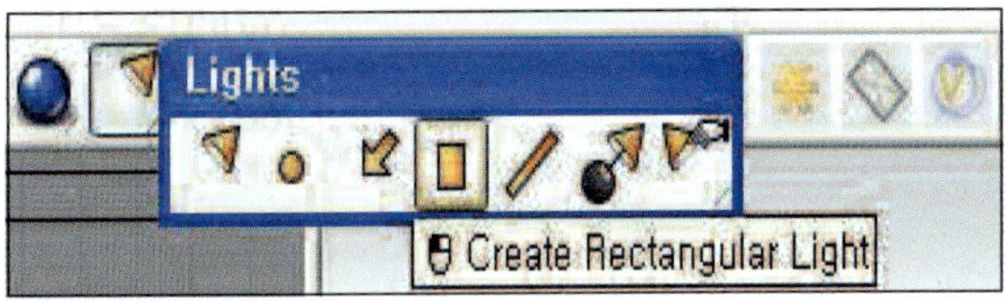

02 Top View를 기준으로 왼쪽 부근에서 클릭한 다음 우측으로 드래그하여 클릭한다. 마지막으로 하단 방향으로 드래그하여 이미지와 같은 크기로 Rectangular Light 개체를 생성한다.

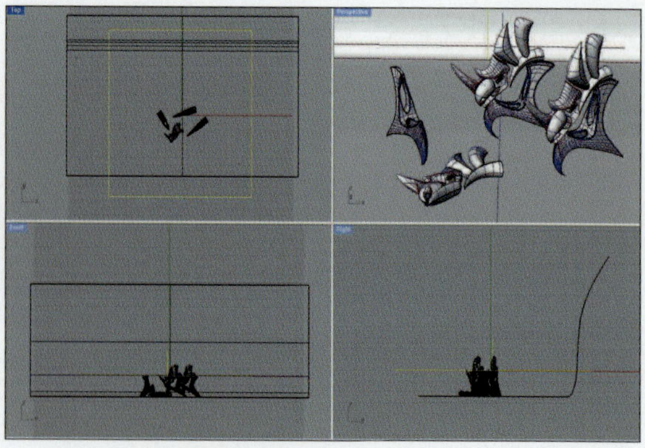

03 Rotate-2D 기능과 Move기능을 실행하여 Rectangular Light개체를 이미지와 같은 방향으로 이동과 회전 작업을 진행한다.

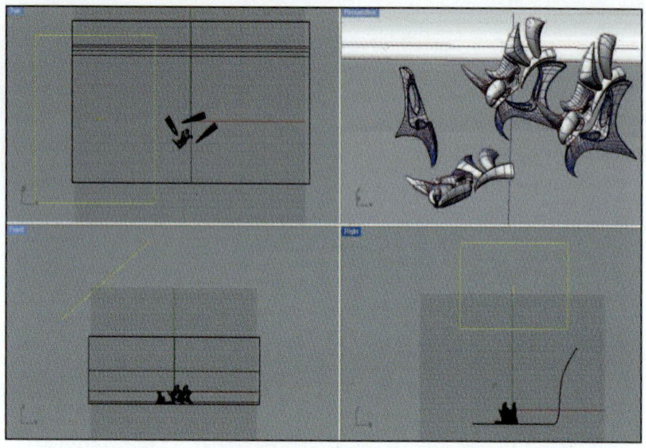

04 방향을 잡은 다음 Rectangular Light개체를 선택한 상태에서 F3 버튼을 클릭한다.
다음 이미지와 같은 대화상자가 나타나면 'Object'에서 'Light'로 변환시킨다.

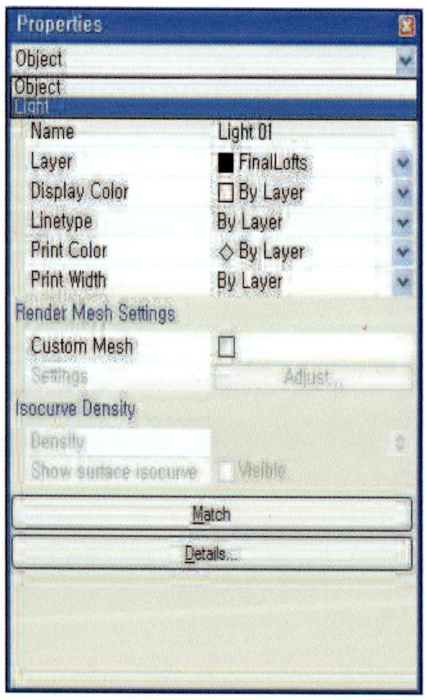

05 다음 이미지와 같이 선택한 조명개체에 대한 각 옵션 기능들이 나타난다. 대화상자에 나타난 것과 같이 각 옵션 값들을 이미지와 같이 조정한다. 여기에서 'Options 〉 No Decay' 기능은 체크 해제한다. 'No Decay' 기능을 체크하면 조명 개체와 대상과의 거리에 관계없이 빛의 세기가 거의 일정해진다.

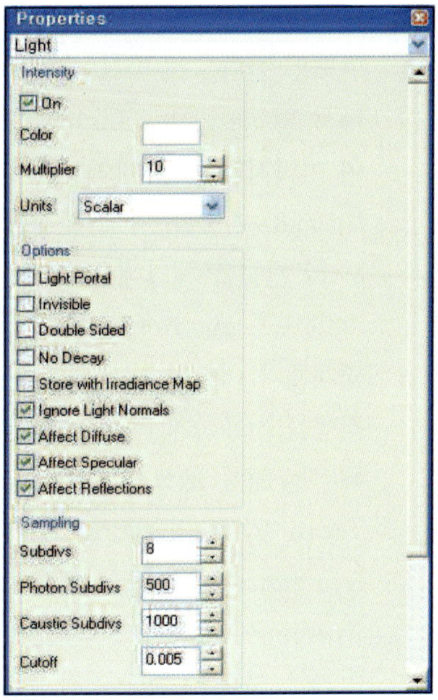

TIP ▸●▸ 실외나 전체적으로 은은한 분위기를 연출하고자 할 때는 체크해서 사용하면 효과적이다.

06 V-Ray Toolbar에서 Render기능을 실행한다. 다음 이미지와 같이 렌더링 작업이 완성된 것을 확인할 수 있다.

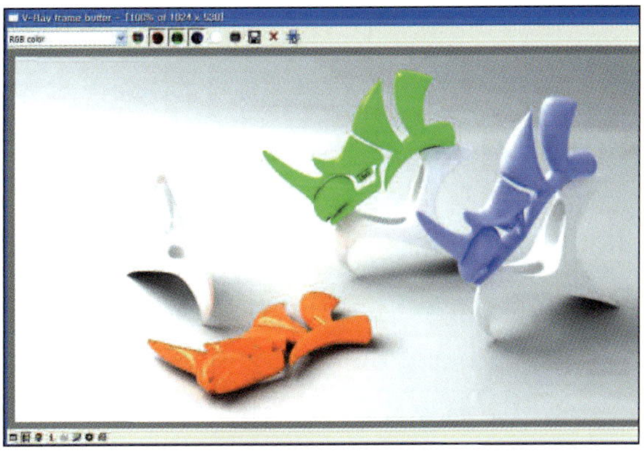

07 완성된 렌더링 결과보다 좀 더 대비가 강한 이미지 결과물을 얻도록 한다.

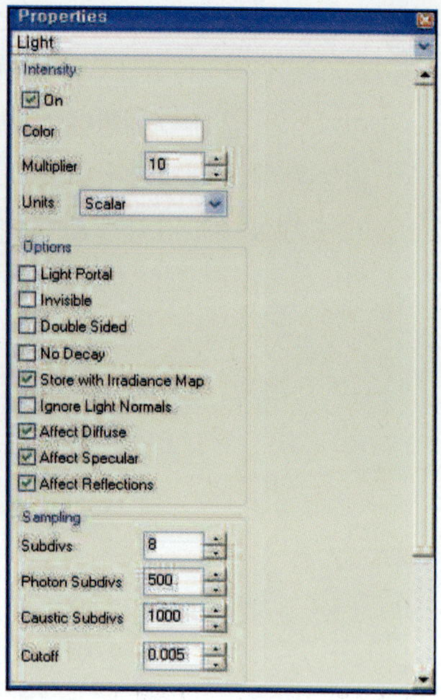

다시 Rectangular Light개체를 선택하여 F3버튼을 체크하여 이미지와 같은 대화상자가 나타나게 한다. 'Ignore Light Normal' 기능을 체크 해제한 다음 'Store with Irradiance Map' 기능을 체크해준다.

'Ignore Light Normal' 기능은 렌더링 작업을 진행할 때 조명개체가 어떠한 대상을 비출 때 간단한 방식으로 계산하는 작업을 허용하게 하는 기능이다. 사실적인 렌더링 작업을 위해서는 보통 체크를 하지 않는다.

'Store with Irradiance Map' 기능을 체크하게 되면 Irradiance Map 작업 계산시에 조명 효과를 다시 계산하여 Irradiance Map에 포함시킨다. 즉, Irradiance Map 계산은 약간 느려질 수 있겠지만 렌더링 작업 시 조명 개체를 계산하지 않아 렌더링 작업속도는 보다 더 빨라 질수 있다. 처음 입문하는 사용자들은 이러한 설정을 유념하여 작업할 수 있도록 한다.

08 V-Ray에서 대비가 강한 렌더링 결과물을 얻기 위해서는 일반적으로 2가지 방법으로 작업을 진행한다. 조명 개체의 'Multiplier' 기능을 이용하는 방법과 'Environment 〉 GI(Skylight)' 기능을 이용하는 방법이 있다. 이러한 방법들은 사용자마다 다를 수 있음을 유의하고 여기에서는 'Environment 〉 GI(Skylight)'기능의 설정값을 조절하여 작업을 진행하도록 한다. 이미지와 같이 'GI(Skylight)'값을 '1'에서 '0.3'으로 조정한다.

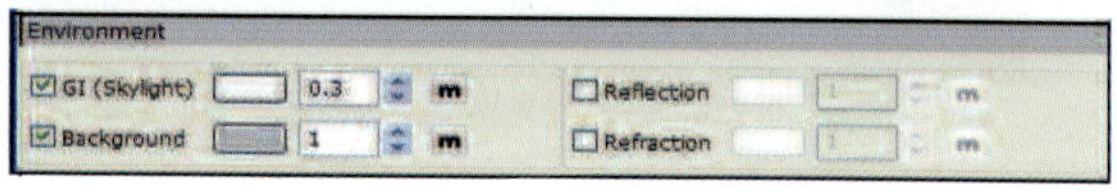

09 V-Ray Toolbar에서 Render기능을 실행한다. 다음 이미지와 같이 렌더링 작업이 완성된 것을 확인할 수 있다. 보다 대비가 강한 결과물이 생성된 것을 확인할 수 있다.

10 마지막으로 렌더링 결과물에 있는 그림자 부분을 보다 더 자연스럽게 처리해보도록 한다. 다시 Rectangular Light개체를 선택하여 F3버튼을 체크하여 이미지와 같은 대화상자가 나타나게 한다. 다음으로 'Sampling' 기능에서 'Subdivs' 기능 설정 값을 '8'에서 '30'으로 조정한다.

'Subdivs' 기능은 조명 개체가 빛을 계산할 때 사용하는 Sample 수를 지정한다. 각 Sample 수는 Noise를 포함하므로 설정 값이 클수록 그림자 부분이 자연스러운 결과물을 얻을 수 있다. 하지만 그 만큼 렌더링 작업 시간은 느려질 수 있으므로 사용자의 컴퓨터 성능에 따라 이 값을 '10'나 '50' 정도로 조정하도록 한다.

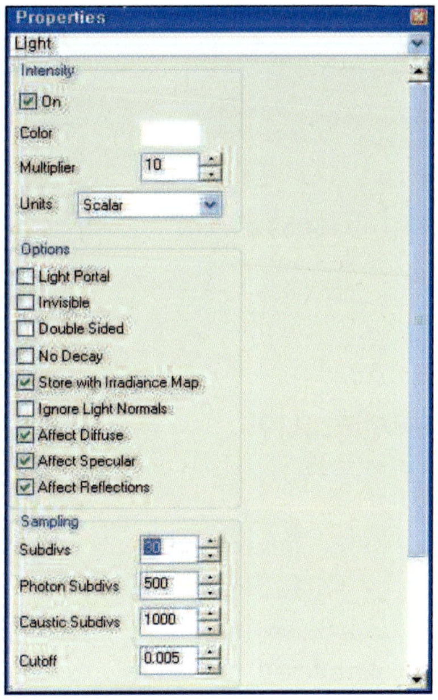

11 완성된 이미지는 렌더링 창의 좌측 하단에 있는 각종 기능들 또는 Photoshop 프로그램을 활용하여 이미지 밝기 및 색 조정 작업을 진행해주도록 한다.

12 최종 완성된 이미지 결과물을 확인할 수 있다. 최종 완성된 이미지는 예제파일을 불러와 렌더링 작업을 통해 결과물을 생성시킬 수 있다. (부록CD 〉 예제파일 〉 0. 시작 〉 Intro-Ex-009(완성))

4. Rhino 3D & Keyshot & V-Ray 사용범위

제품디자인

▶ Gafas Conceptuales by Fabio Rios
-Modeled in Rhino, Rendered in V-Ray

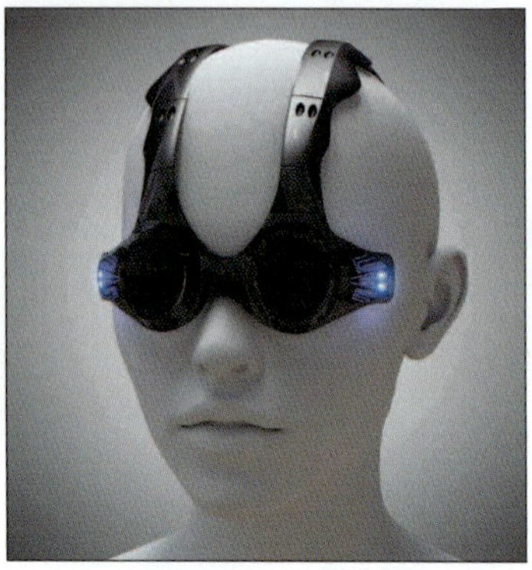

▶ 임선모
-Modeled in Rhino, Rendered in Hypershot

▶ Giocattoli in vinile lucido con chiusura portaoggetti
-Modeled in Rhino, Rendered in V-Ray

▶ 박창한
-Modeled in Rhino, Rendered in Keyshot

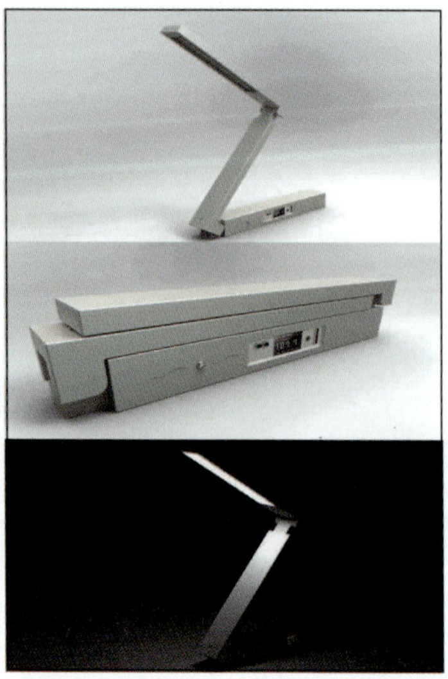

▶ Modeled Rhino rendered V-Ray
-Casco para moto cromado

▶ Modeled Rhino rendered V-Ray Casco para moto cromado

▶ 김영곤
-Modeled in Rhino,
Rendered in Hypershot

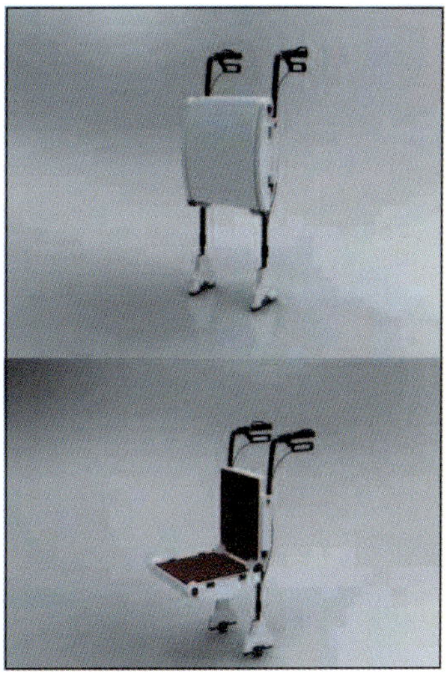

▶ xTn- MP3 MuVo TX FM by Carlos Salamanca
-Modeled in Rhino,
Rendered in Flamingo

▶ Allen Home Decor Design by Allen, China Modeled in Rhino, Rendered in 3DS MAX

주얼리 · 시계 디자인

▶ 남상원
-Modeled in Rhino,
Rendered in V-Ray

▶ 정령재
-Modeled in Rhino,
Rendered in V-Ray

▶ 정령재
-Modeled in Rhino,
Rendered in Hypershot

▶ 정령재
-Modeled in Rhino,
Rendered in Hypershot

▶ 남상원
-Modeled in Rhino,
Rendered in V-Ray

▶ 남상원
-Modeled in Rhino,
Rendered in Hypershot

▶ 남상원
-Modeled in Rhino,
Rendered in Flamingo

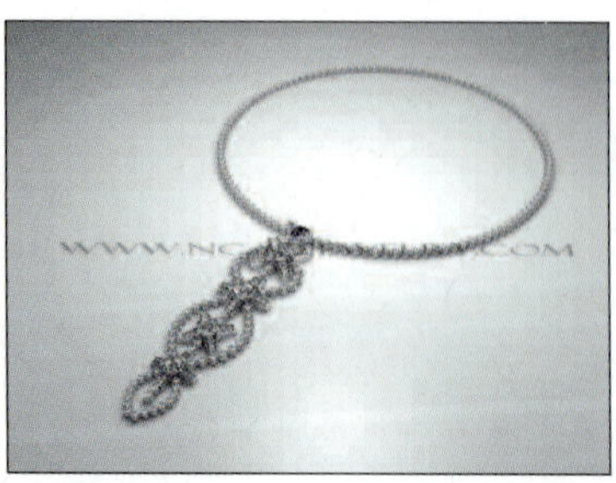

▶ Bracelet with Emeralds by Igor Saleyko
-Modeled in Rhino,
Rendered in (Other

Nazar by Halil Sahin Modeled in Rhino, Rendered in Flamingo

Ring Bird's Nest by Paulo Alampe, Freelance –Modeled in Rhino, Rendered in mental ray

Ballerina Band by José Hadad, Hadad Designs –Modeled in Rhino, Rendered in Maxwell

가구디자인

Modern Bathroom by Cenk Kara –Modeled in Rhino, Rendered in V-Ray

윤지훈 –Modeled in Rhino, Rendered in V-Ray

김미희 –Modeled in Rhino, Rendered in Hypershot

Jiang Junping, shenyang –Modeled in Rhino, Rendered in V-Ray

박창한 Modeled in Rhino, Rendered in V-Ray

정창화 –Modeled in Rhino, Rendered in Hypershot

▶ 백종학
-Modeled in Rhino,
Rendered in Hypershot

▶ 임선모
-Modeled in Rhino,
Rendered in V-Ray

▶ Weird Chair by Mario Delgado, Instituto Tecnologico de Chihuahua
-Modeled in Rhino, Rendered in Cinema4D

▶ AC by Jhonnathan Rodriguez
-Modeled in Rhino,
Rendered in V-Ray

▶ 윤형선
-Modeled in Rhino,
Rendered in Keyshot

선박디자인

▶ S.P.A.C.E by Manfredi Conforzi, Filippo Biagi, Francesco Marini, marpipman
-Modeled in Rhino,
Rendered in Cinema4D

▶ Nordhavn 75 Yacht Fisher by Ali Motevaselani, Nordhavn Yachts
-Modeled in Rhino,
Rendered in Rhino

▶ Symmetry by Un-real,
-Modeled in Rhino,
Rendered in Maxwell

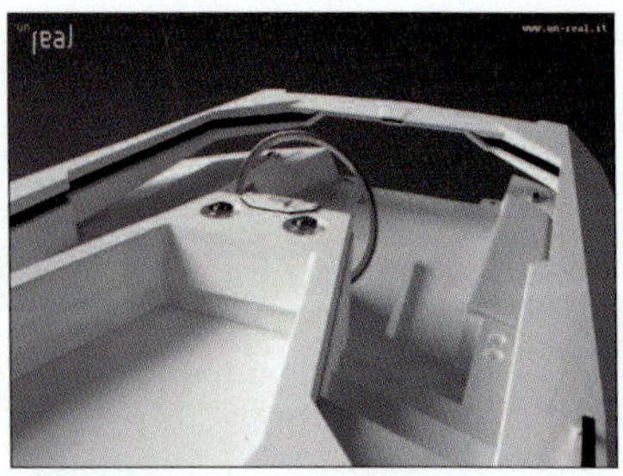

▶ Symmetry by Un-real, -Modeled in Rhino, Rendered in Maxwell

▶ Triton by Delta Marine, -Modeled in Rhino, Rendered in Maxwell

▶ Navy Ships by Mr Summers, Hazlehead Academy -Modeled in Rhino, Rendered in Flamingo

자동차디자인

▶ BMW 3-Series by Mpavlos, Mpavlos.Biz -Modeled in Rhino, Rendered in Brazil

▶ Aston Martin D89 by Mark -Modeled in Rhino, Rendered in V-Ray

▶ Opel Astra2 by Gabriel, GCP -Modeled in Rhino, Rendered in V-Ray

▶ Hot Rod by POMdesign Academy -Modeled in Rhino, Rendered in V-Ray

▶ Lambor Concept EV by Flavio Adriani -Modeled in Rhino, Rendered in (Other

▶ Countach Concept EV by Flavio Adriani -Modeled in Rhino, Rendered in (Other)

▶ maruti by pedro, chile
–Modeled in Rhino,
Rendered in Rhino

▶ Muscle Car Concept by XIIID
–Modeled in Rhino,
Rendered in mental ray

▶ Car by Yoshihiro Nakamura
–Modeled in Rhino,
Rendered in (Other)

▶ Ferrari by Yoshihiro Nakamura
–Modeled in Rhino,
Rendered in (Other)

▶ Ferrari by Yoshihiro Nakamura
–Modeled in Rhino,
Rendered in (Other)

신발디자인

▶ Casual Shoe 1 by Gustavo, –
–Modeled in Rhino,
Rendered in (Other)

▶ Boot by Sandro G. Buck
–Modeled in Rhino,
Rendered in Rhino

▶ Feminino by Victor Hugo
–Modeled in Rhino,
Rendered in (Other)

▶ Borcego de Dama by Damian Lobos
-Modeled in Rhino,
Rendered in V-Ray

▶ adidas by junior asj
-Modeled in Rhino,
Rendered in Rhino

▶ Sapatenis by junior asj, asj design
-Modeled in Rhino,
Rendered in V-Ray

▶ Sapatilha by Maico Thiesen de Souza
-Modeled in Rhino,
Rendered in Flamingo

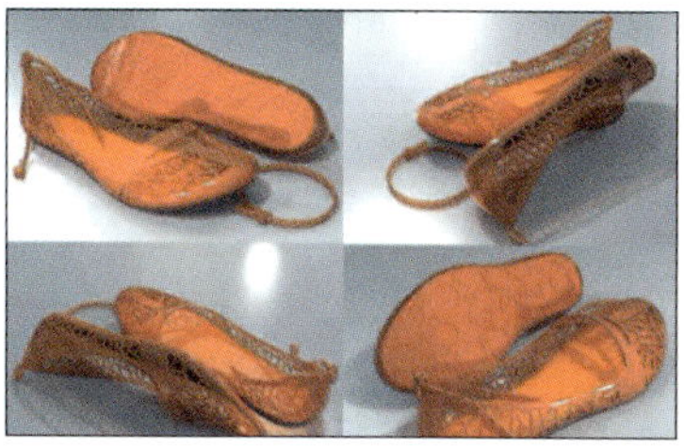

▶ HairShoe by Osvali Jr., Franca SP
-Modeled in Rhino,
Rendered in (Other)

▶ SPT Esportivo by junior asj
-Modeled in Rhino,
Rendered in V-Ray

▶ Sandal by Edson B. Souza, Freelance
-Modeled in Rhino,
Rendered in (Other)

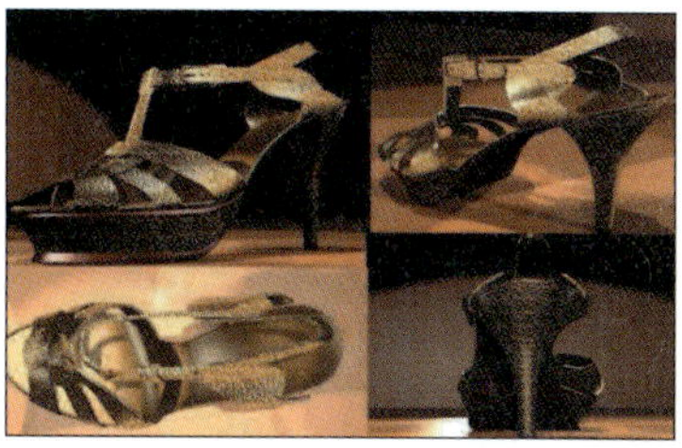

기계·설비디자인

▶ Kuka kr 100 ha by Liam woolley, Pivot
-Modeled in Rhino, Rendered in Brazil for Rhino

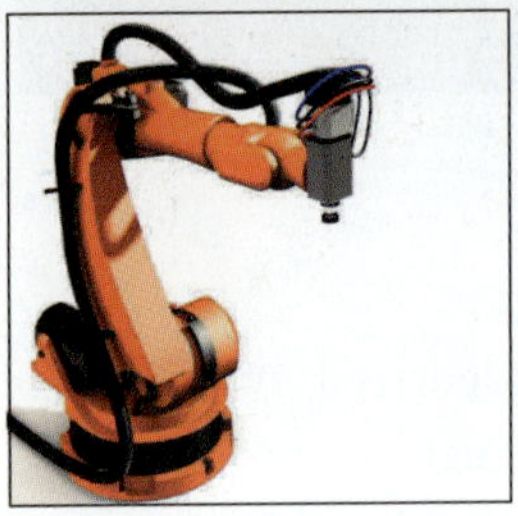

▶ Tub Valve by C. Schramm, iAD
-Modeled in Rhino, Rendered in Maxwell

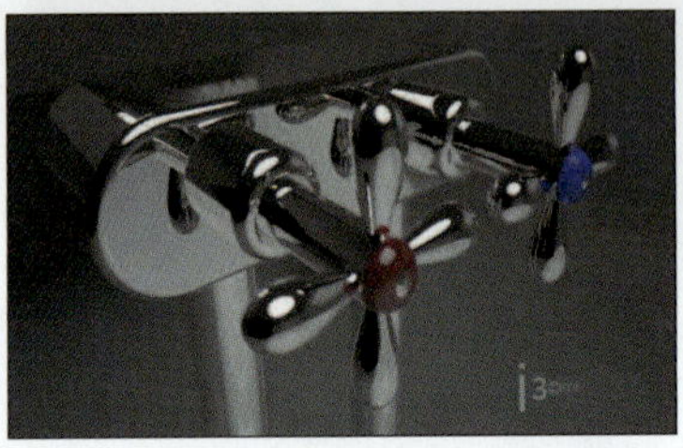

▶ Gamepad Shell by Michael Baczynski,
-Modeled in Rhino, Rendered in V-Ray

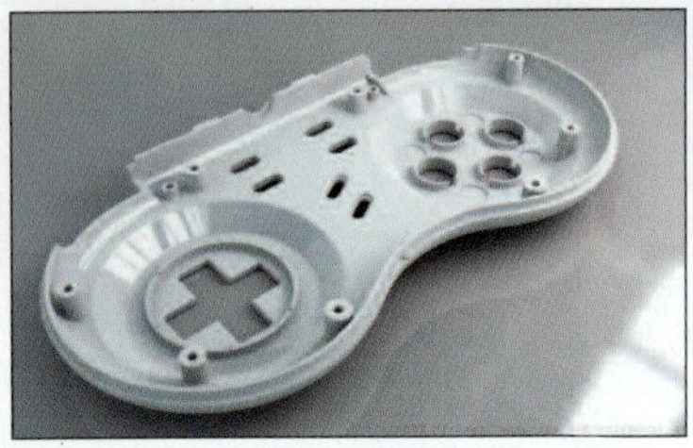

▶ Hydrostatic Motor by Thomas Anagnostou, Rayflectar Graphics
-Modeled in Rhino, Rendered in Maxwell

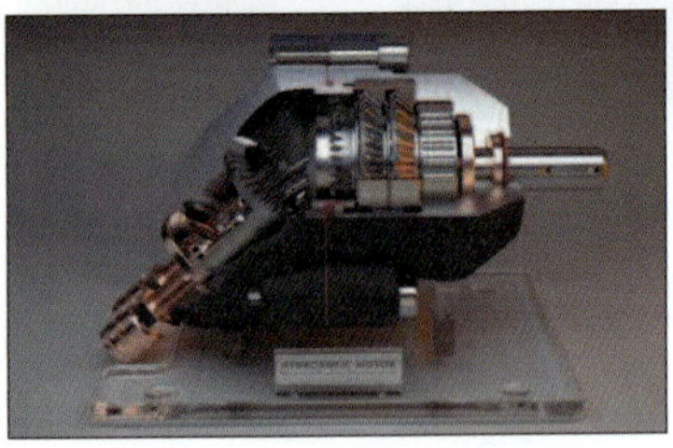

▶ Materials for Exhibition Industry by Prasanth Retnakaran, projex event services
-Modeled in AutoCAD, Rendered in Rhino

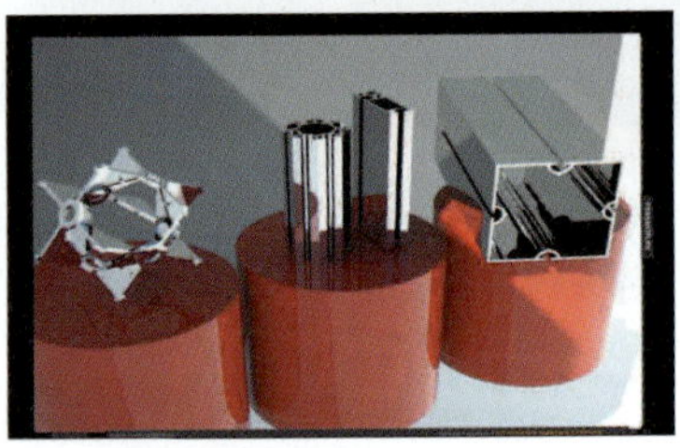

▶ Rim Truck by Eder
-Modeled in Rhino, Rendered in VRay

▶ V8 Engine by
-Modeled in Rhino, Rendered in Rhino

▶ 12AX7A by J.D. Hill
-Modeled in Rhino, Rendered in Maxwell

▶ Ancillotti Frame by Un-real, Un-ral
-Modeled in Rhino, Rendered in Maxwell

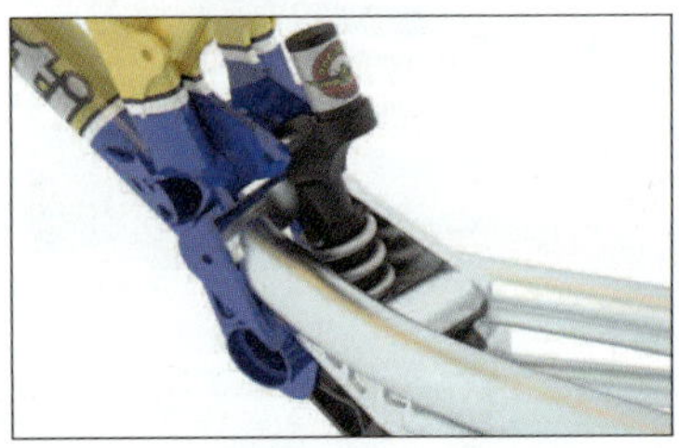

▶ Fitting_1 by Rene Novak
-Modeled in Rhino,
Rendered in PovRAY

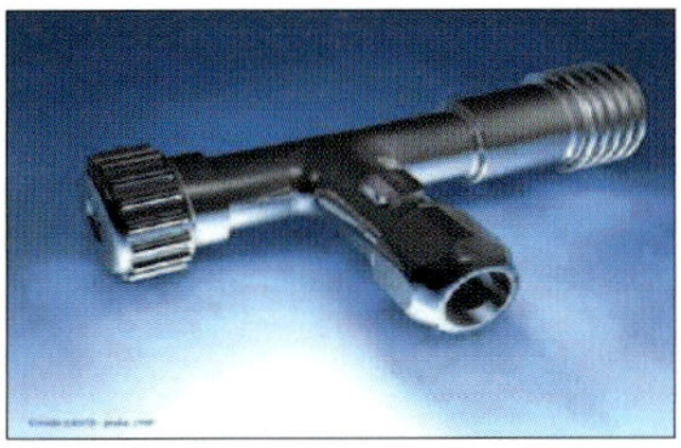

▶ Nut Bolt by Umar Mughal, Triton Designs
-Modeled in Rhino,
Rendered in C

비행기디자인

▶ Huey by Ben McNeilage
-Modeled in Rhino,
Rendered in Maya

▶ Savoia S.21 by Yoshihiro Nakamura
-Modeled in Rhino,
Rendered in Flamingo

▶ Sukhoi 30MKi by Rajan Pradhan, 〉〉ARROW〉
-Modeled in Rhino,
Rendered in V-Ray

▶ Hawker Sea Fury (RAF) by Maximiliano Torres Sagardoy, M.T.S. Design
-Modeled in Rhino,
Rendered in V-Ray

▶ ME-262 V056 by Jozef Gatial
-Modeled in Rhino,
Rendered in PovRAY

▶ Ah 64 Apache by Slobodan Dakic
-Modeled in Rhino,
Rendered in Maxwell

▶ Besouro by Daniel Uhr, D.Uhr aviation art
-Modeled in Rhino,
Rendered in (Other)

▶ F-4 by Yoshihiro Nakamura
-Modeled in Rhino,
Rendered in (Other)

▶ FW 802 Fly Test by Gery, GERY
-Modeled in Rhino,
Rendered in Lightwave

▶ Plane by Shane
-Modeled in Rhino,
Rendered in Rhino

캐릭터디자인

▶ Face by Bruce
-Modeled in Rhino,
Rendered in Flamingo

▶ Femalien by Brian Nestor
-Modeled in Rhino,
Rendered in 3DS MAX

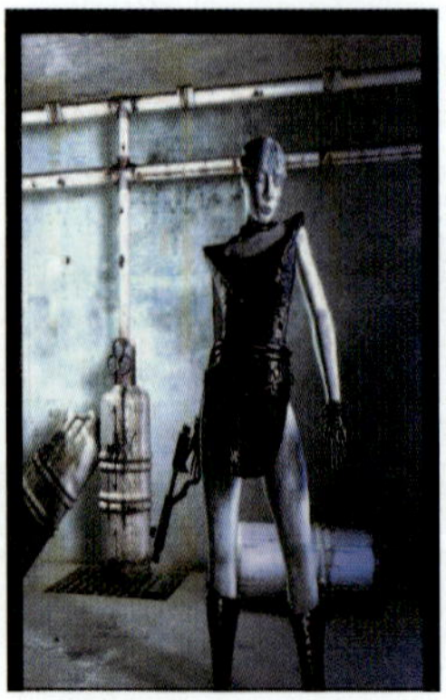

▶ Old Man by Robb Keyser, Konvicted Studio
-Modeled in Rhino,
Rendered in 3DS MAX

▶ Clown by DDI (Raúl Magdaleno)
-Modeled in Rhino,
Rendered in 3DS MAX

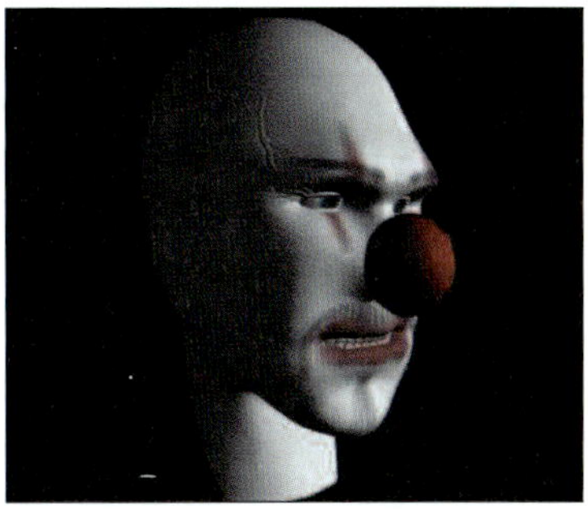

▶ Totem by Peter Brunet
-Modeled in Rhino,
Rendered in Rhino

▶ M+ by Mauricio Garcia
-Modeled in Rhino,
Rendered in V-Ray

▶ Toy Story by Santiago Rojas
-Modeled in Rhino,
Rendered in V-Ray

▶ hebus by
-Modeled in Rhino,
Rendered in Rhino

▶ Rhinologo by gery
-Modeled in Rhino,
Rendered in Rhino

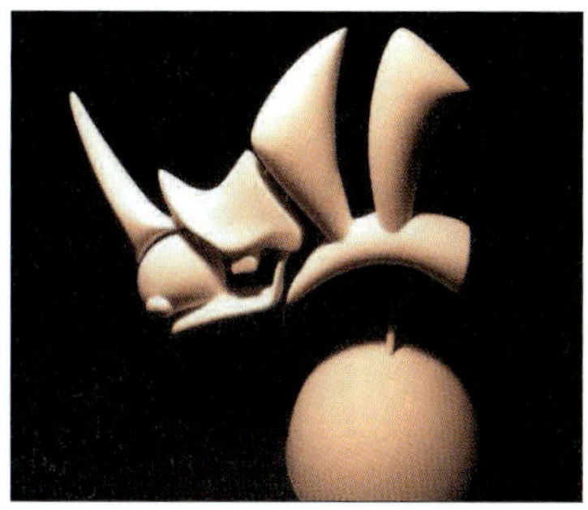

▶ Japanese NURBS girl by Atsushi Ooka
-Modeled in Rhino,
Rendered in Rhino

카툰디자인

▶ Pooh Baby & Friends by Roberto Yoshida, Coltoys
-Modeled in Rhino,
Rendered in (Other)

▶ Buzz by Roberto Yoshida, Coltoys
-Modeled in Rhino,
Rendered in (Other)

▶ Hello Kitty Heart by Roberto Yoshida, Coltoys
-Modeled in Rhino,
Rendered in (Other)

▶ Pantuff Crab by Tolga Toykoc, Genpa
-Modeled in Rhino,
Rendered in VRay

▶ Leopardtronics by Stefano Galli
-Modeled in Rhino,
Rendered in 3DS MAX

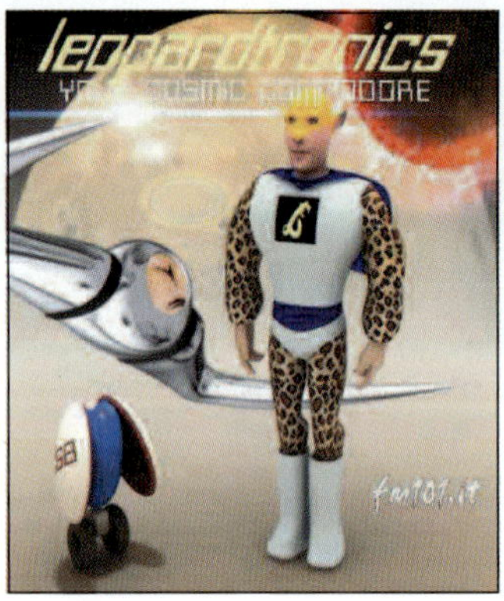

▶ AH-79A FlitterDart by Sava Toufexis
-Modeled in Rhino,
Rendered in Flamingo

▶ NinjaBots by Roberto Yoshida, Coltoys
-Modeled in Rhino,
Rendered in (Other)

▶ TS3 by Roberto Yoshida, Coltoys
-Modeled in Rhino,
Rendered in (Other)

▶ Homers by Anonimo
-Modeled in Rhino,
Rendered in V-Ray

▶ Chico Verde by Omega
–Modeled in Rhino,
Rendered in Rhino

건축디자인

▶ My First Experience! by Soroush, Yamini
–Modeled in Rhino,
Rendered in 3DS MAX

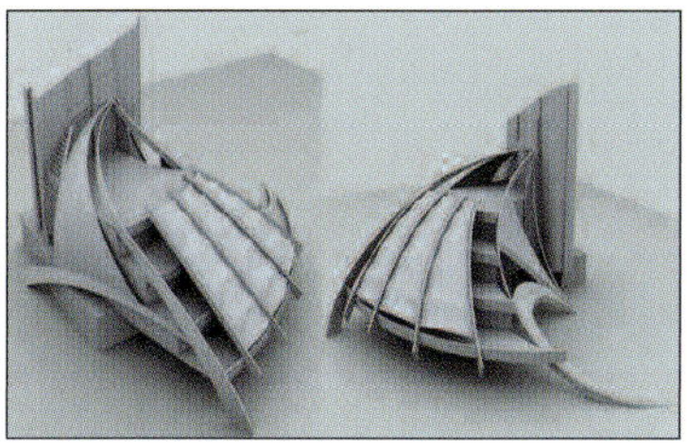

▶ Door by blend
–Modeled in Rhino,
Rendered in V–Ray

▶ The house–bridge by Maxim Alexandrov, Russian International Academy for Tourism
–Modeled in Rhino,
Rendered in 3DS MAX

▶ WoL Project by Lewis Wadsworth, LW4
–Modeled in Rhino,
Rendered in Rhino

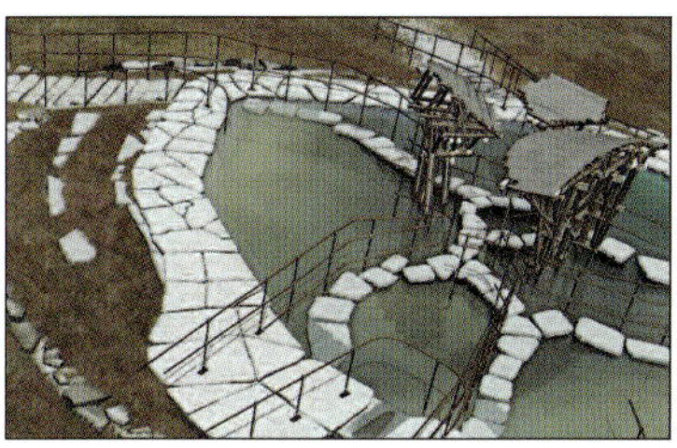

▶ Kitchen by Mark O'Hanlon
–Modeled in Rhino,
Rendered in V–Ray

▶ Mesa by Rodrigo Godoy Letelier
–Modeled in Rhino,
Rendered in Cinema4D

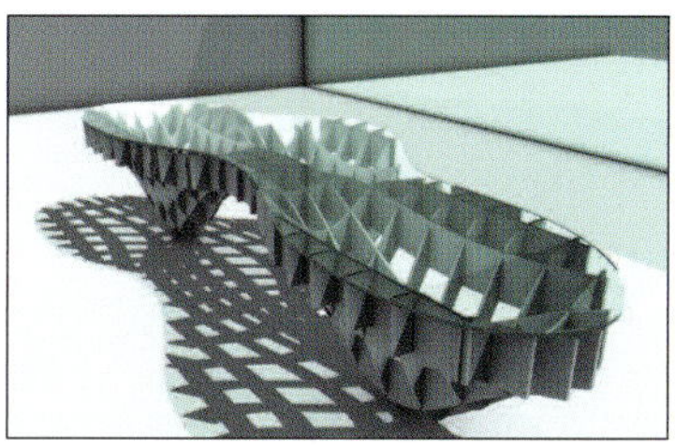

▶ Lake House Model by Luca Biselli, Reid Jubb Brown Architecture
–Modeled in Rhino,
Rendered in V–Ray

▶ Ark of Extinction by Ahmet Korfali
–Modeled in Rhino,
Rendered in Rhino

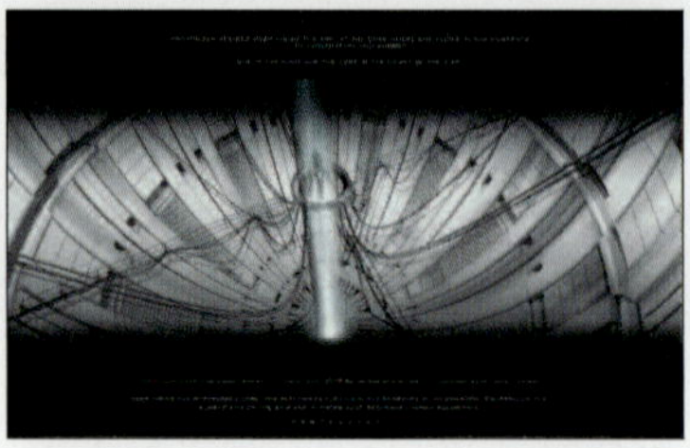

▶ Bookshop by Huy Duong
–Modeled in Rhino,
Rendered in Rhino

▶ Space Station by Yonatan Aminetzach, Student
–Modeled in Rhino,
Rendered in V–Ray

Ⅱ.

그럼 일주일동안 무조건 따라해볼까?

1. 월요일
2. 화요일
3. 수요일
4. 목요일
5. 금요일
6. 토요일
7. 일요일

Day

01 월요일

Keyshot으로 반지에 여러 가지 색을 입혀보자!

1. 반지 모델링 따라하기

01 Front View를 기준으로 Circle:Center, Radius 기능을 실행한다. 원점을 기준으로 하는 내경 16.52mm(12호), 외경이 20.52mm인 원형커브 2개를 생성한다.

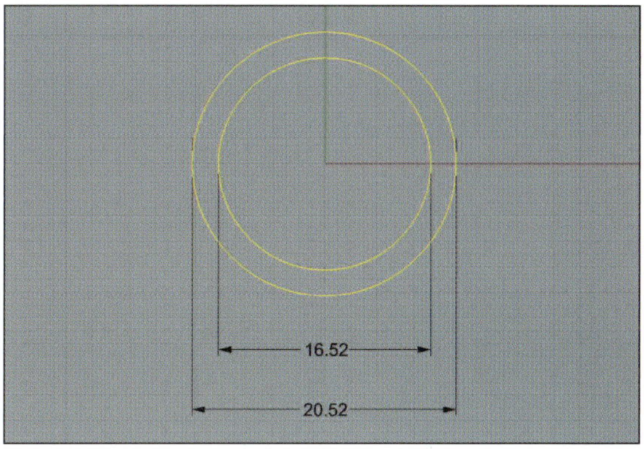

02 Front View에서 Move 기능을 실행한다. 바깥쪽 원형커브 하단 Quad점을 선택하여, 위쪽으로 0.5mm 이동시켜준다. 명령을 진행할 때 Osnap에 있는 Quad기능을 체크해준다. 그럼 이미지와 같이 하단 쪽 폭이 1.5mm, 상단 쪽 폭이 2.5mm가 되는 것을 확인할 수 있다.

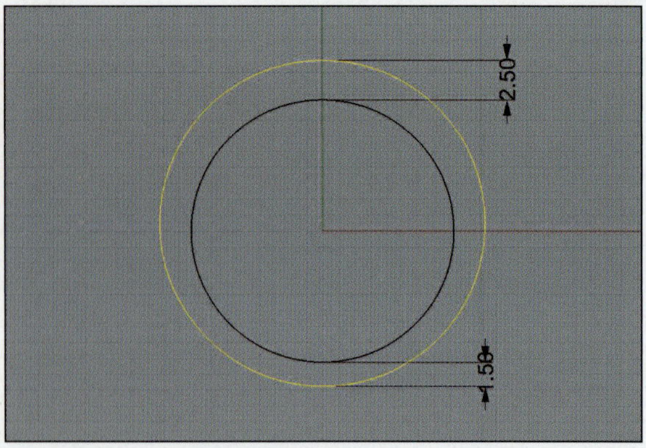

03 이미지와 같이 외경이 20.52mm 원형커브만을 선택한다. Sale1-D 기능을 실행하여 하단에 있는 Quad점을 기준으로 위쪽방향으로 1mm늘려주도록 한다. 기능을 실행하면 먼저 하단 Quad점을 선택한 다음 명령표시줄에 '21.52/20.52'를 입력하고 Enter키를 누른다. 다음 Shift 키를 누른 다음 방향을 수직방향으로 정한 다음 마우스 좌측 버튼을 누른다. 이미지와 같이 외경이 21.52mm로 1mm가 한쪽 방향으로 커진 것을 확인할 수 있다.

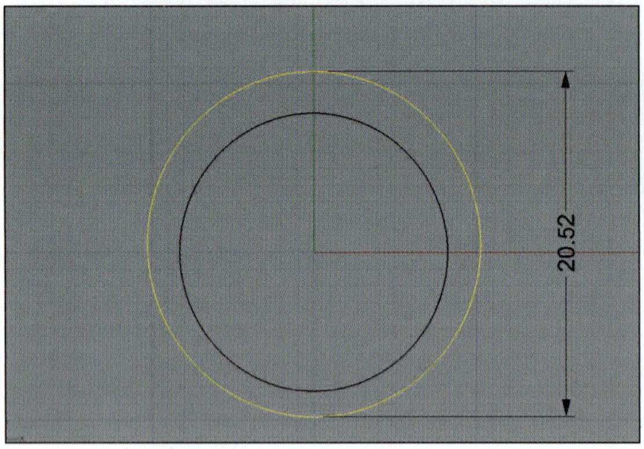

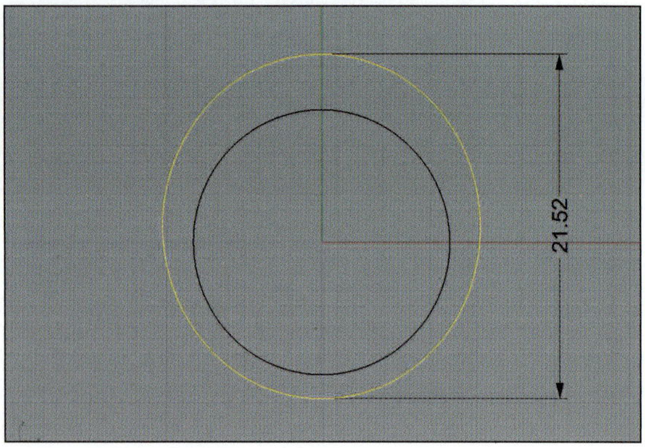

04 Front View에서 Offset curve 기능을 실행한다. 이미지와 같이 외경 원형커브를 선택하여 안쪽 방향으로 0.7mm Offset 시킨다.

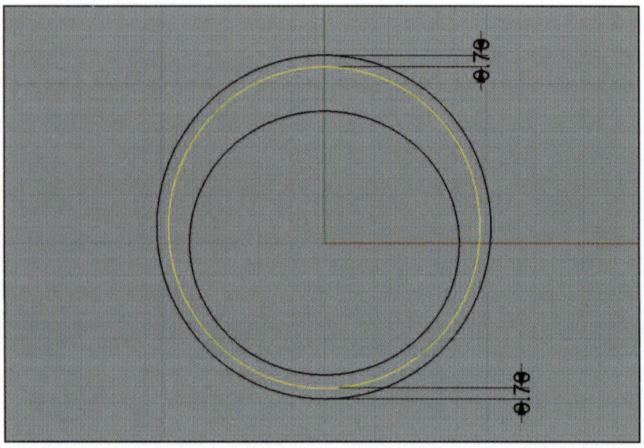

05 Right View에서 Control Point Curve 기능을 실행한다. 이미지와 같은 형태의 곡선 개체를 생성한다.

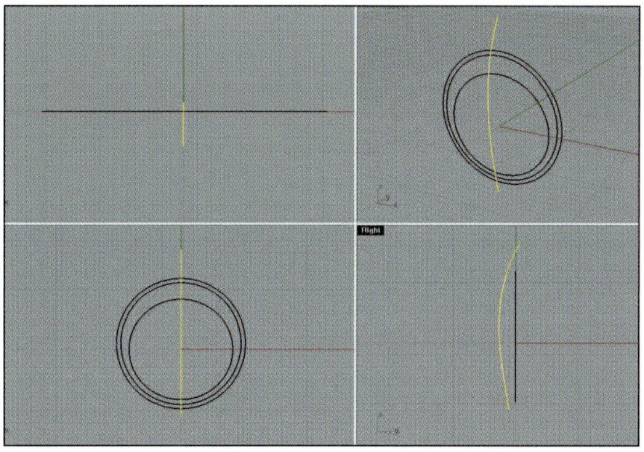

06 Perspective View를 기준으로 Curve from 2views 기능을 실행한다. 1번 곡선개체를 선택하고 2번 원형커브를 선택한다. 다시 기능을 재실행하여 1번 곡선커브를 클릭하고 3번 원형커브(Offset개체)를 선택한다.

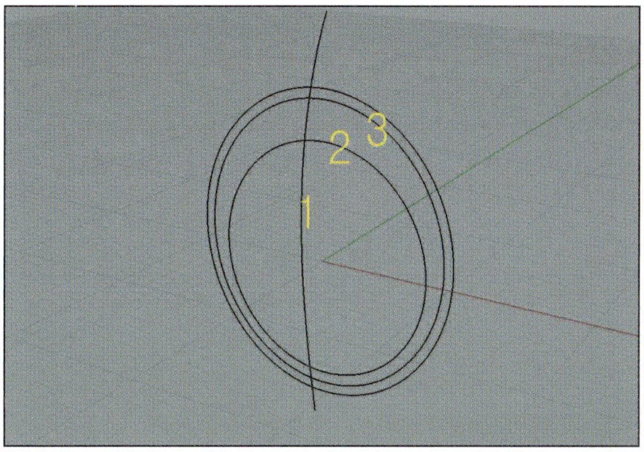

07 이미지와 같이 원형커브 개체들이 곡선 개체 형태에 맞게 2개 원형커브가 생성된 것을 확인할 수 있다.

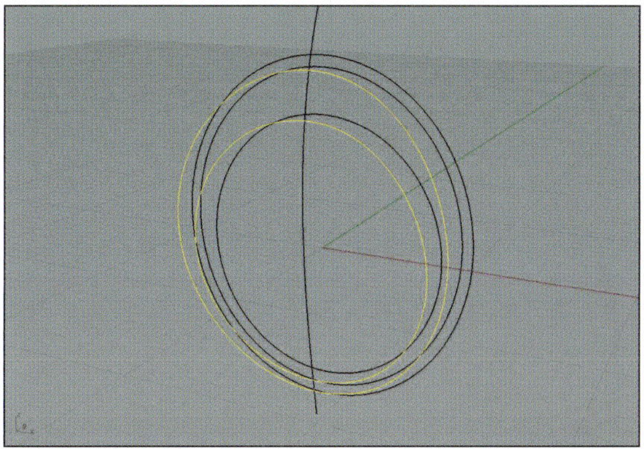

08 Curve from 2Views 기능으로 생성된 원형커브 2개와 21.52mm 원형커브를 제외한 나머지 커브 개체들은 삭제한다.

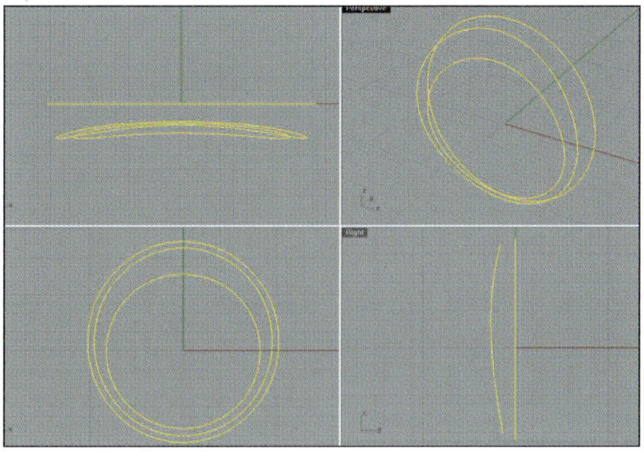

09 Right View에서 왼쪽에 있는 원형커브 2개를 선택하고 Mirror 기능을 실행한다. 이미지와 같이 수직방향으로 대칭복사 한다.

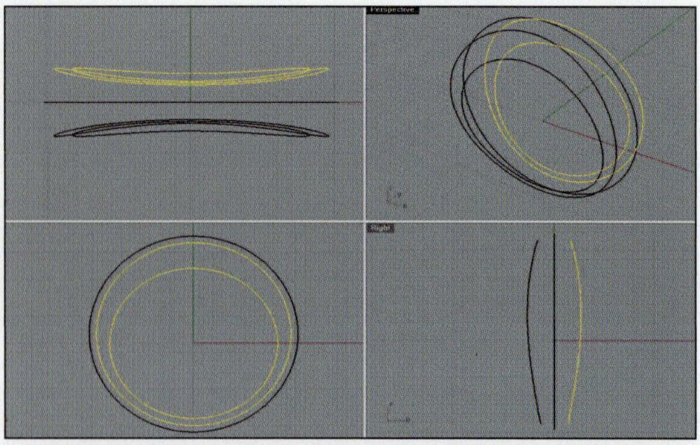

10 Line 기능을 실행한다. 이미지와 같이 원형커브 Quad점을 기준으로 2개 직선개체를 생성한다.

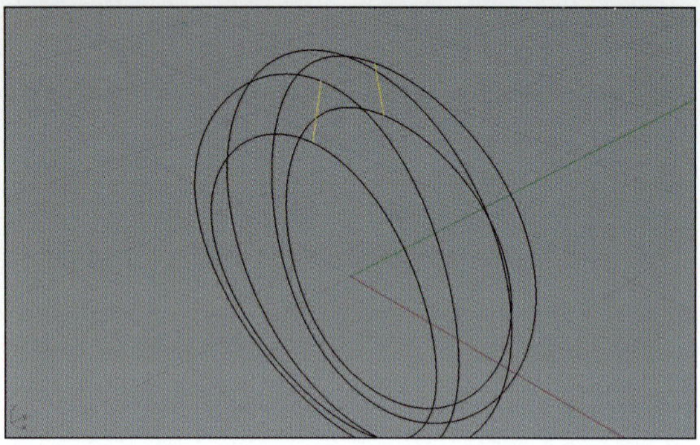

11 Perspective View에서 Sweep 2 Rails 기능을 실행한다. 이미지와 같은 순서대로 선택하여 면개체를 생성한다. 이때 명령 실행 중 나타나는 Sweep 2 Rail Options 설정은 이미지와 같이 설정해준다.

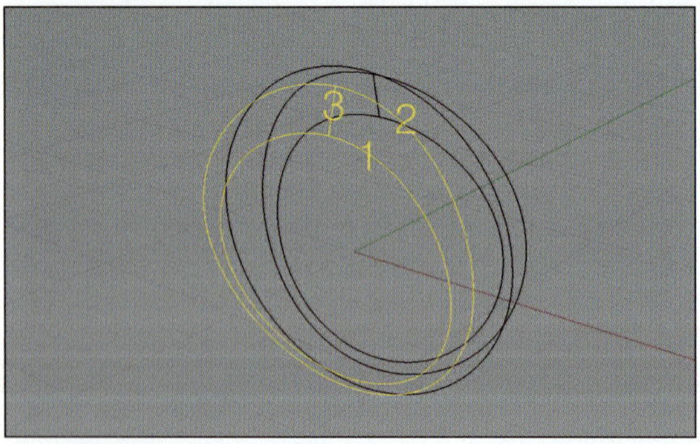

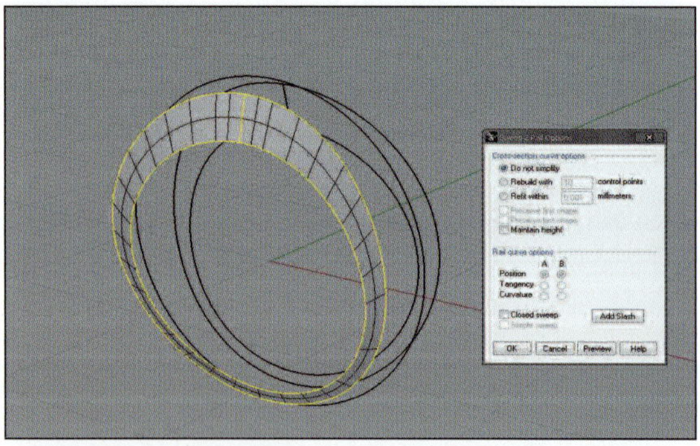

12 이미지와 같이 면 개체가 생성된 것을 확인할 수 있다.

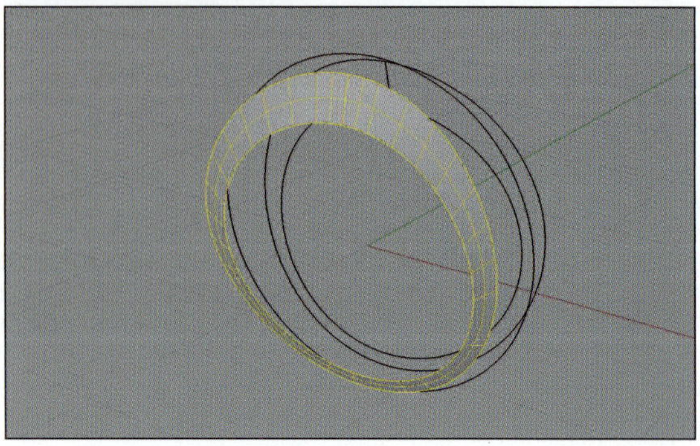

13 생성된 면 개체를 Right View에서 Mirror 기능을 실행한다. 이미지와 같이 수직방향으로 대칭복사 한다.

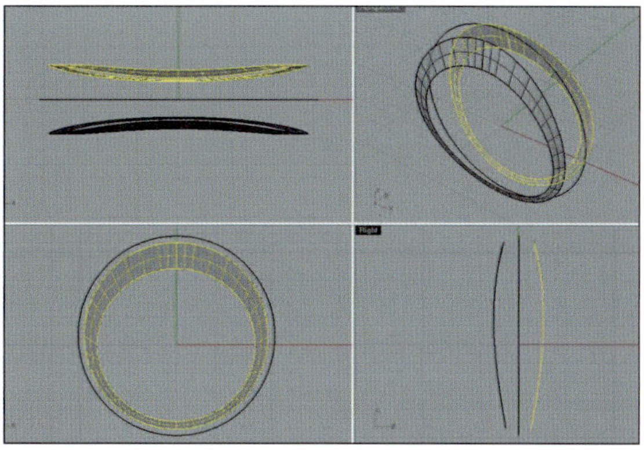

14 Right View에서 Arc:Start, End Point on Arc 기능을 실행한다. 이미지와 같이 각각의 Quad점을 선택하여 2개 호 개체를 생성한다.

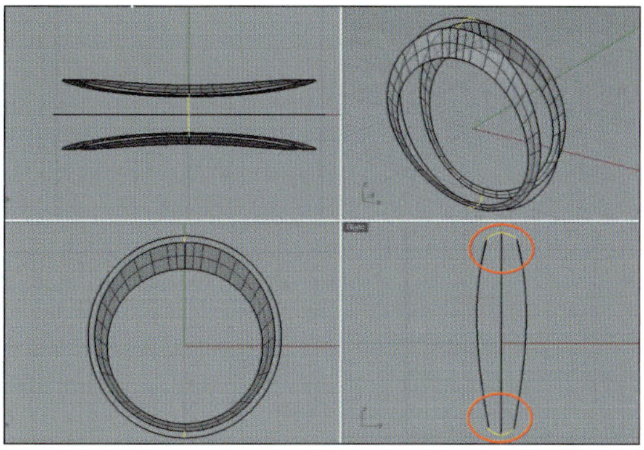

15 다시 Arc:Start, End Point on Arc 기능을 실행한다. 이미지와 같이 각각의 Quad점을 선택하여 호 개체를 생성한다. 이때, Osnap에 Quad기능을 체크해준다.

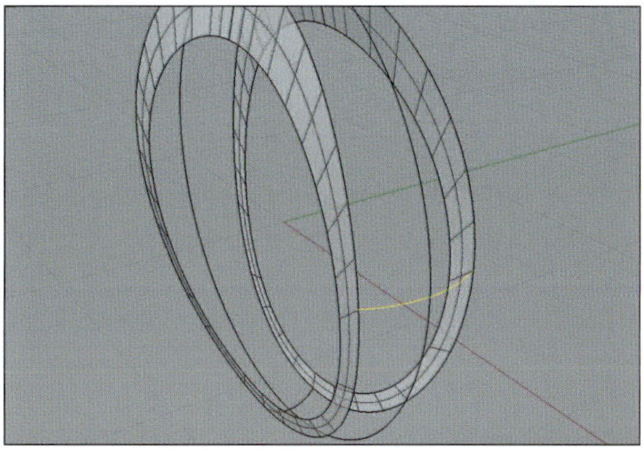

16 생성된 호 개체를 선택한 다음 Front View에서 Mirror 기능을 실행한다. 이미지와 같이 수평방향으로 대칭복사 한다.

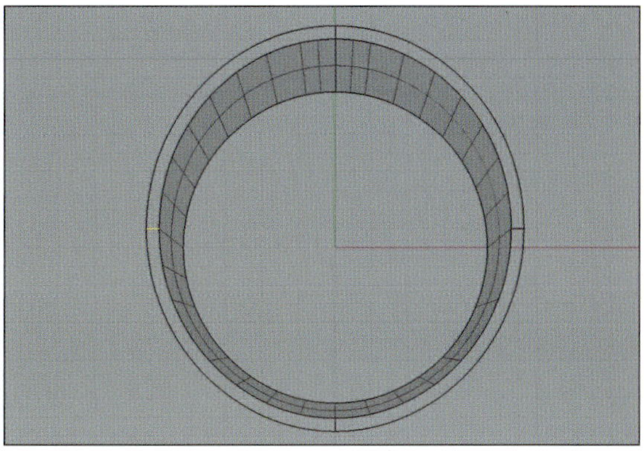

17 Invert Selection and Hide Objects 기능을 실행한다. 이미지와 같이 선택한 개체들만 제외하고 나머지는 Hide 시킨다.

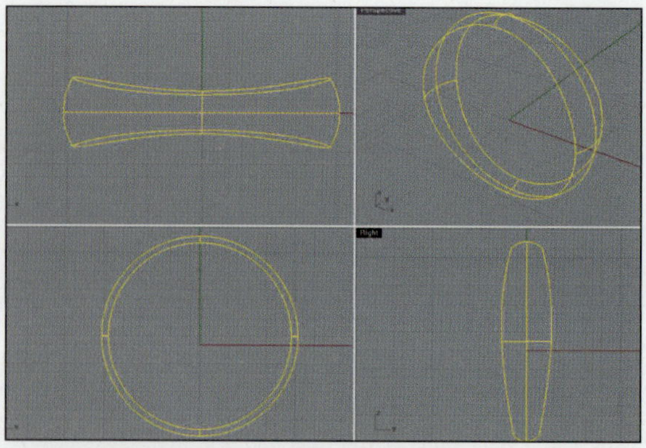

18 모든 커브개체를 선택하고 Surface from Network of Curves 기능을 실행한다. 이때 옵션대화상자에 있는 기능은 이미지와 같이 설정해준다.

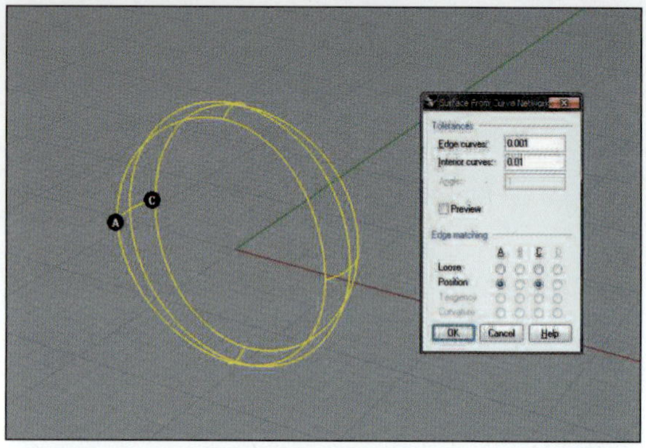

19 이미지와 같이 면 개체가 생성된 것을 확인할 수 있다.

이때 Select Curves 기능을 실행하여 불필요한 커브개체들은 모두 지워준다.

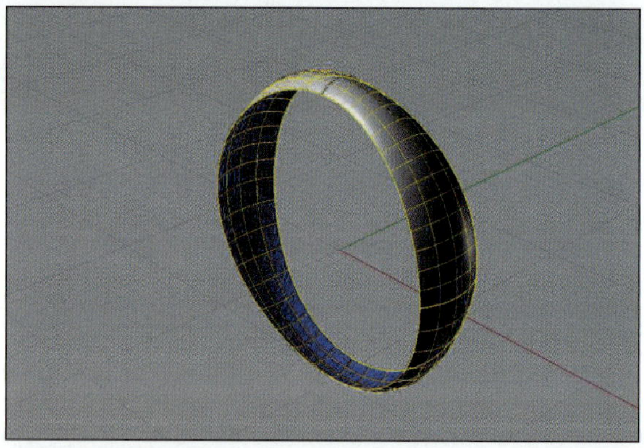

20 Show Objects 기능을 실행하여 이미지와 같이 Hide된 개체를 모두 불러온다.

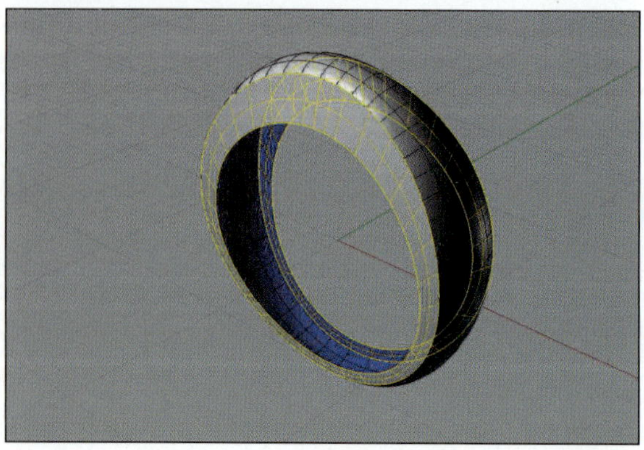

21 Show Objects 기능으로 불러온 원형 커브개체들을 선택하여 Loft 기능을 실행한다

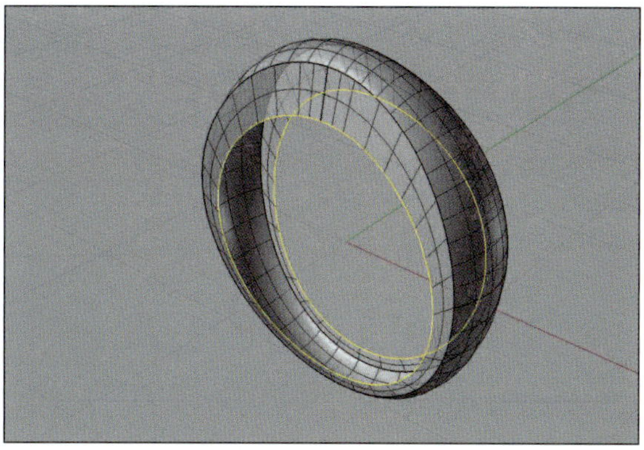

22 이미지와 같이 면 개체가 생성된 것을 확인할 수 있다.

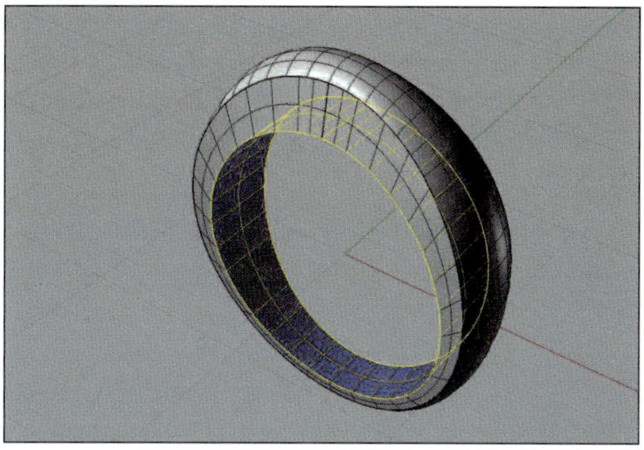

23 Ctrl+A키를 눌러 모든 개체를 선택한다. 다음 Join 기능을 실행하여 모든 면 개체들을 합쳐줌으로써 Solid 개체가 되게 해준다. 이때 Select Curves 기능을 실행하여 화면상에 남아있는 커브개체들을 모두 지워준다.

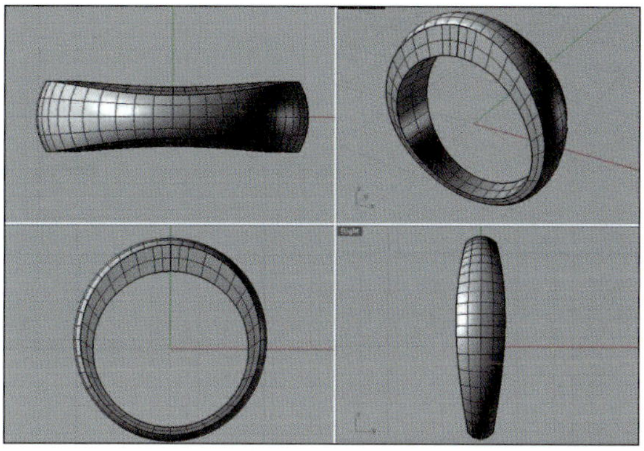

24 다음 이미지와 같이 부록CD 〉 보석샘플 〉 1. 월요일 〉 Gem-001 File을 Insert기능으로 삽입시킨다.

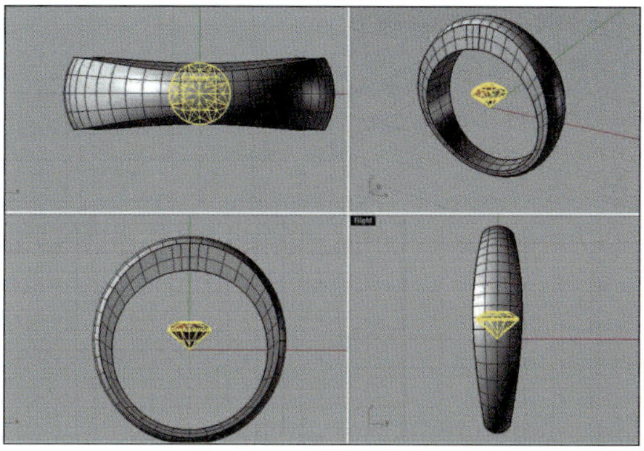

> **TIP ▸●▸** Insert 대화상자가 나타나면 파일을 경로를 통해 지정한 다음 'Insert as' 기능에서 'Individual Objects' 기능을 체크해준다.

25 보석개체를 선택한 다음 Move 기능을 실행한다. 보석 개체 가장 하단 쪽을 기준으로 이미지와 같이 위쪽 방향으로 8.55mm 이동시킨다.

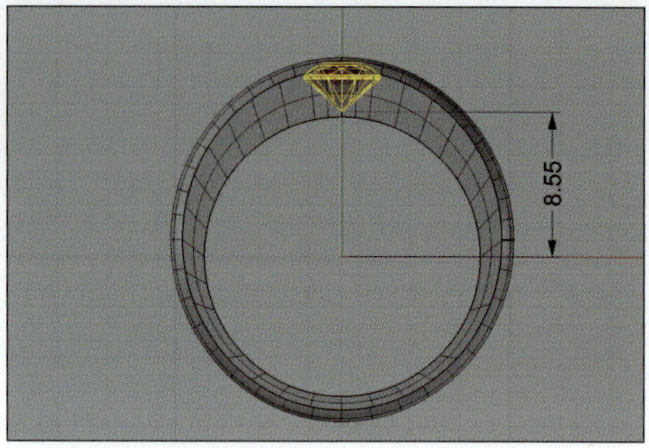

26 Invert Selection and Hide Objects 기능을 실행한다. 이미지와 같이 보석개체를 제외한 나머지 개체는 모두 Hide시킨다.

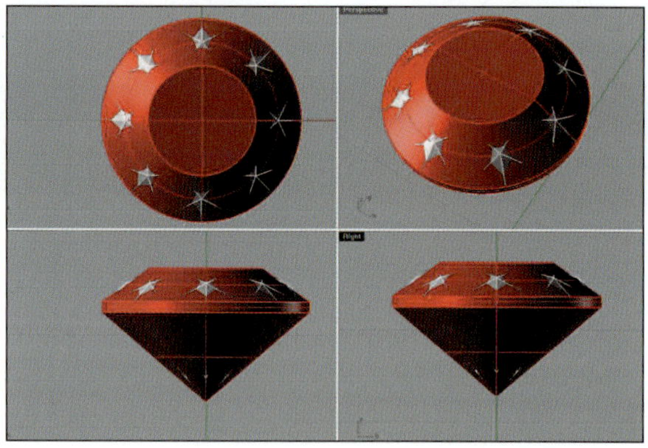

27 Duplicate Edge 기능을 실행하여 빨간색 Layer 개체 거들 부분 중 하단에 위치한 부분을 선택한다. 이미지와 같이 원형커브를 추출한다.

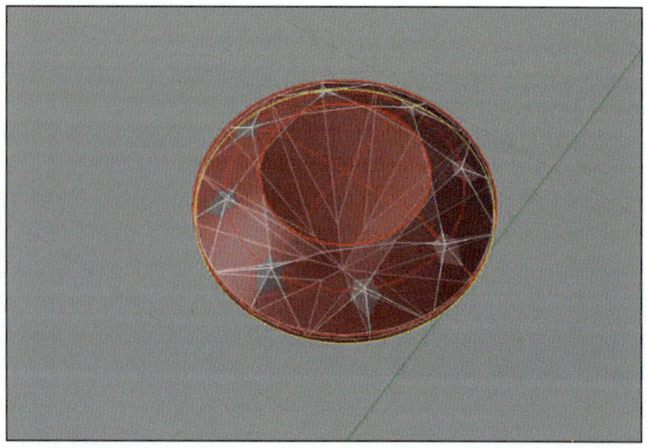

28 Invert Selection and Hide Objects 기능을 실행한다. 선택한 커브개체를 제외하고 나머지는 Hide시킨다.

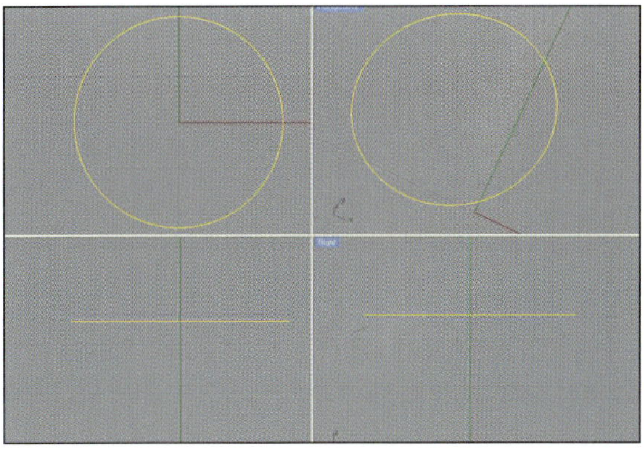

29 남아있는 원형커브를 선택한 다음 Offset Curve 기능을 실행한다. 이미지와 같이 안쪽방향으로 0.7mm Offset 시킨다.

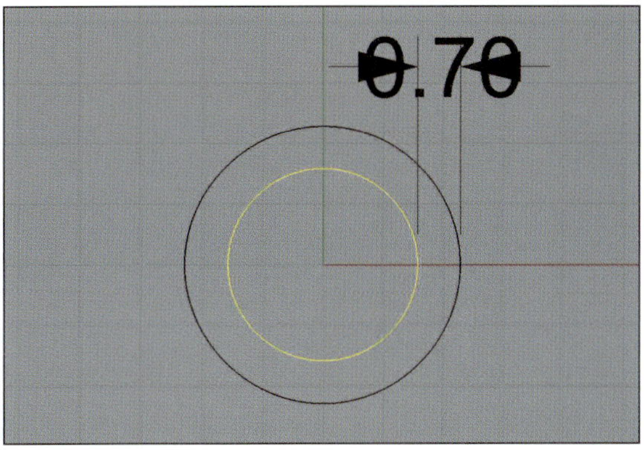

30 이미지와 같이 1,2번 원형커브들을 이용하여 다시 Offset Curve 기능을 실행한다. 안쪽방향으로 0.3mm Offset 시킨다.

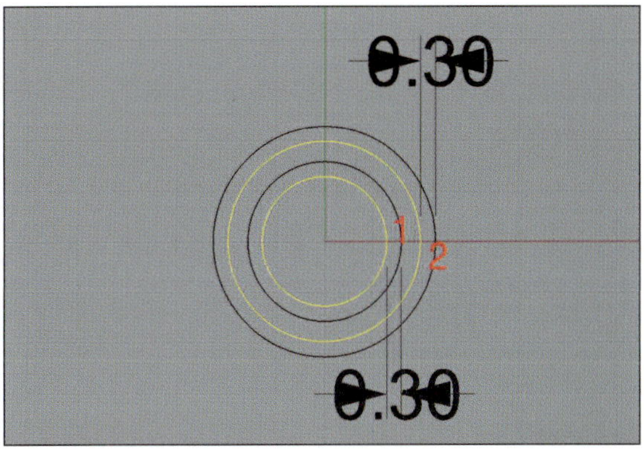

31 생성된 커브개체들만 선택한 다음 Move 기능을 실행한다. 아래쪽 방향으로 3mm 이동시킨다.

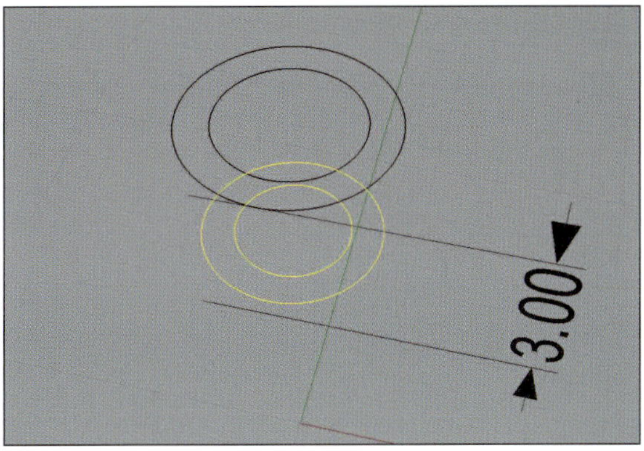

32 이미지와 같이 1, 2번 커브개체들을 선택하여 Surface from Planer Curves 기능을 실행한다. 다시 기능을 재실행하여 3, 4번 커브개체들을 선택하여 면 개체로 생성시킨다.

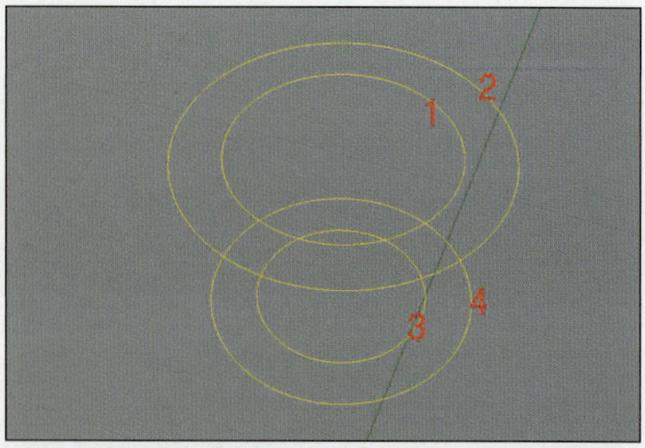

33 이미지와 같이 2개 면 개체가 생성된 것을 확인할 수 있다.

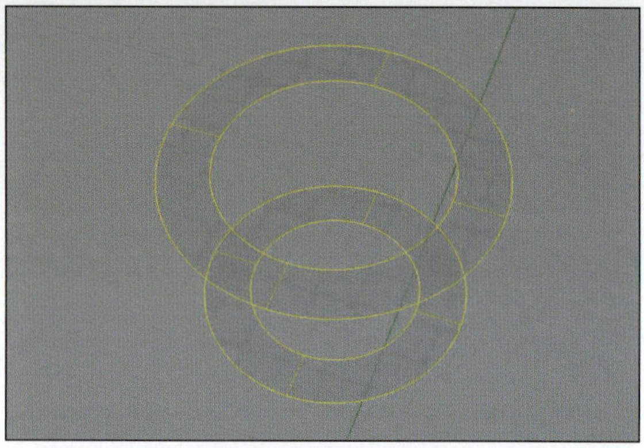

34 각 안쪽 원형커브 2개를 선택하여 Loft 기능을 실행한다. 이미지와 같이 면 개체를 생성한다.

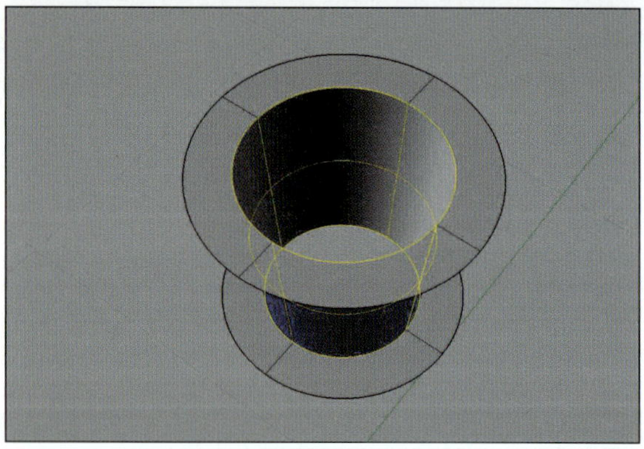

35 다시 외곽에 있는 각 원형커브 2개를 선택한 다음 Loft 기능을 실행한다. 이미지와 같이 면 개체를 생성한다.

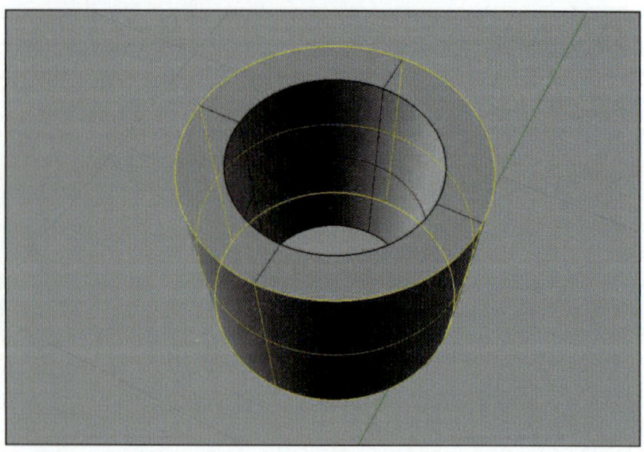

36 Ctrl+A키를 눌러 모든 개체를 선택한다. Join 기능을 실행하여 모든 면 개체들을 합쳐준다. 다음 Select Curves 기능을 실행하여 화면상에 남아있는 커브개체들을 모두 지워준다.

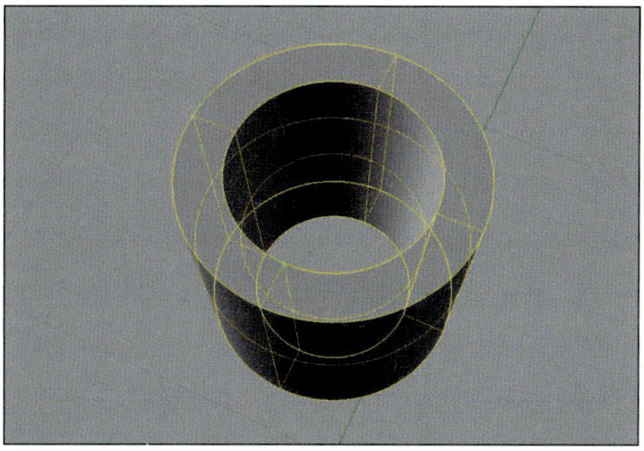

37 Show Objects 기능을 실행하여 이미지와 같이 Hide된 개체를 불러온다.

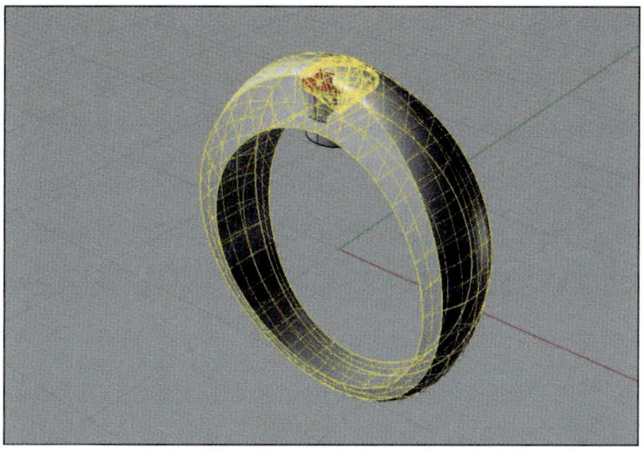

38 Front View에서 Move 기능을 실행한다. 생성시킨 원형난집 개체를 선택하여 아래쪽 방향으로 0.2mm 이동 시킨다.

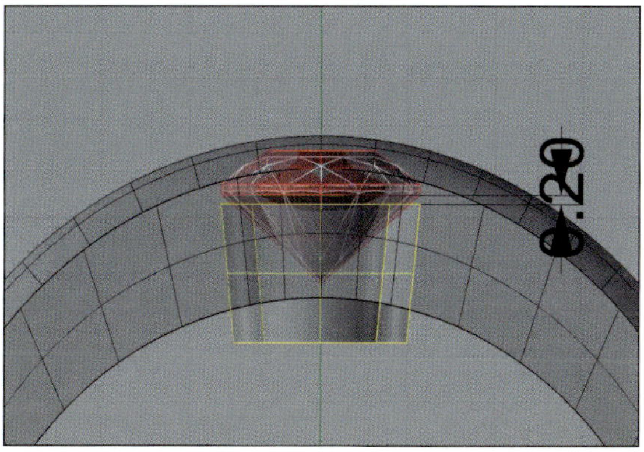

39 Front View를 기준으로 Circle:Center, Radius 기능을 실행한다. 이미지와 같이 16.52mm인 원형커브 개체를 생성한다.

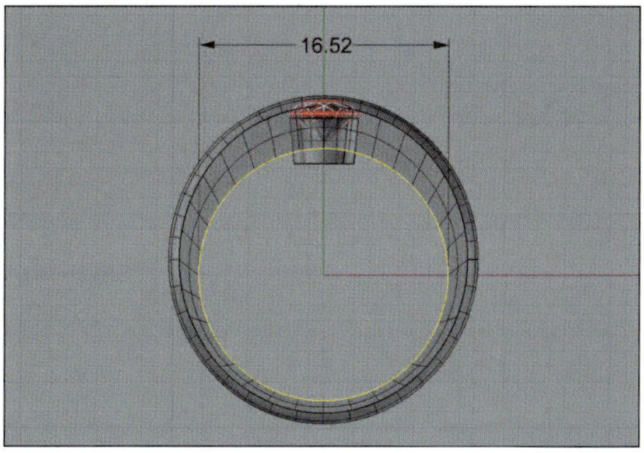

40 생성된 원형커브를 선택한 다음 Extrude closed planar curve 기능을 실행한다. 이미지와 같이 Solid개체를 생성한다. 명령을 진행할 때 명령표시줄에 있는 옵션은 'Bothsides=Yes, Cap=Yes, DeleteInput =Yes'로 설정해준다.

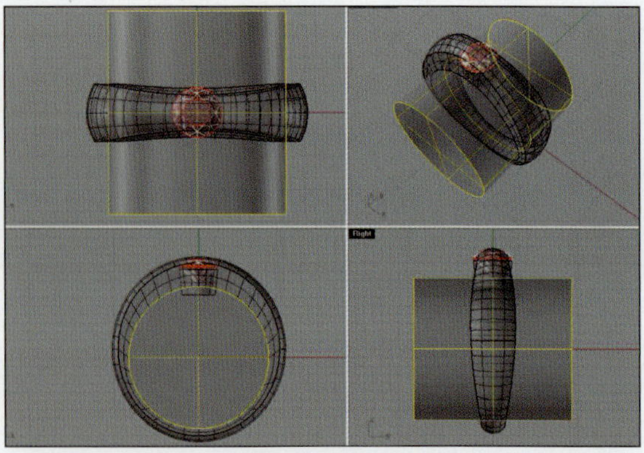

41 Boolean Difference 기능을 실행한다. 1번 원형난집 개체를 선택한 다음 Enter키를 누르고, 2번 원형기둥을 선택하고 Enter키를 누른다.

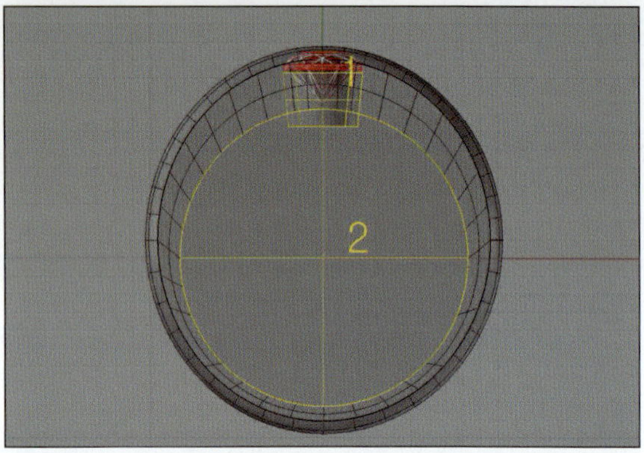

42 이미지와 같이 반지 내경에 맞춰 원형난집 개체가 생성된 것을 확인할 수 있다.

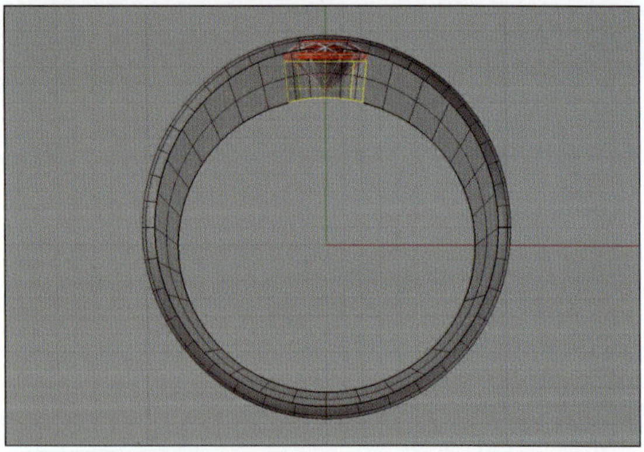

43 Front View에서 Line 기능을 실행하여 이미지와 같은 형태의 직선개체를 생성한다.

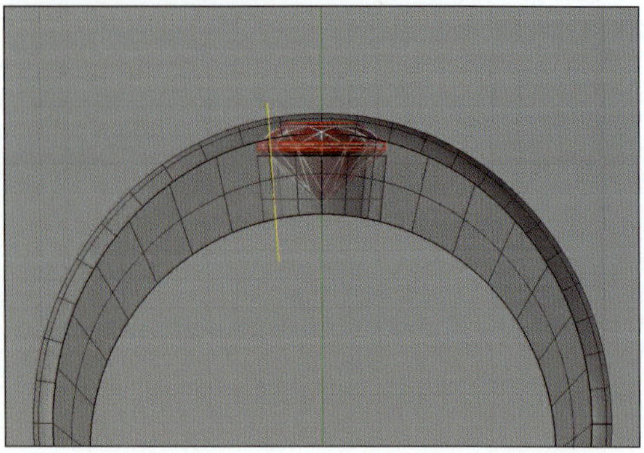

44 생성된 직선개체를 선택한 다음 Mirror 기능을 실행한다. 이미지와 같이 수직방향을 기준으로 대칭복사를 한다.

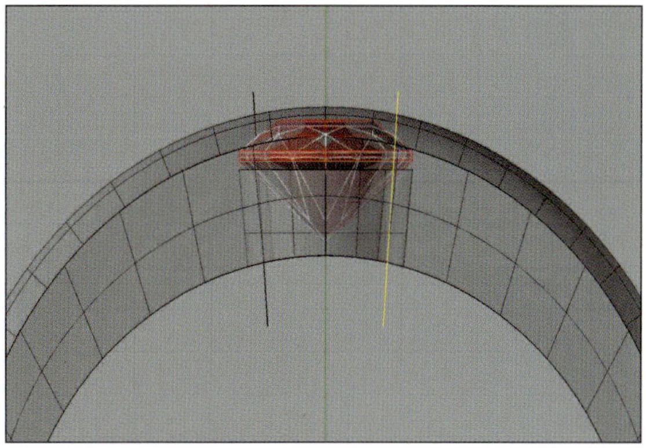

45 Split 기능을 실행한다. 1번 반지 몸통개체를 선택하고 Enter키를 누른다. 다음 2번과 3번 직선개체를 선택한 다음 Enter키를 누른다.

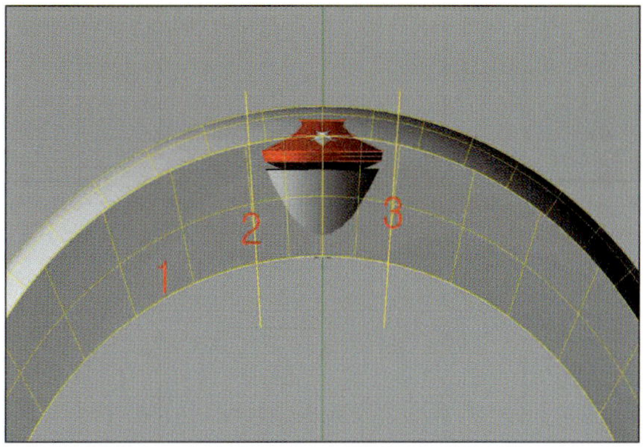

46 이미지와 같이 반지 몸통개체 중간 부분이 나누어지는 것을 확인할 수 있다.

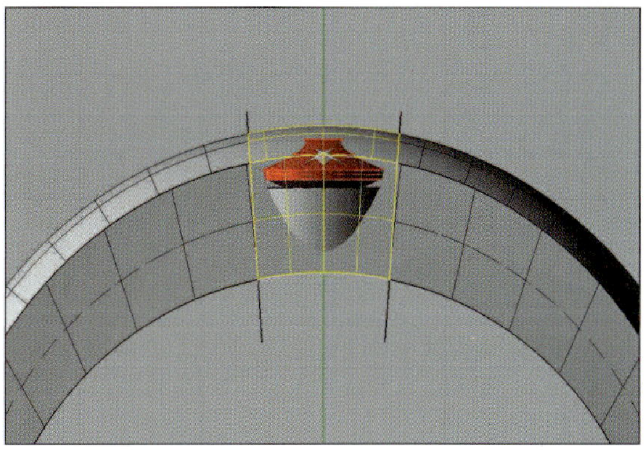

47 Split 기능으로 나누어진 부분과 직선개체들을 선택한 다음 삭제한다. 다음 Cap Planar Holes 기능을 실행한다. 이미지와 같이 남아있는 반지 몸통개체 안쪽에 열린 부분을 면 개체를 생성해 막아준다.

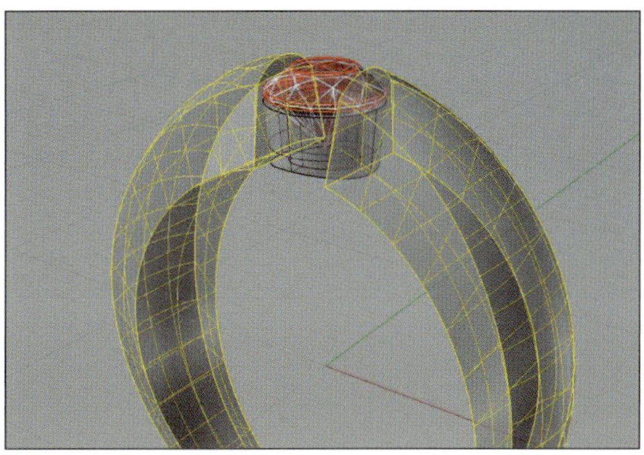

48 Variable Radius Fillet 기능을 실행한다. 이미지와 같이 가장자리를 선택하여 0.5mm 값으로 Fillet 시킨다.

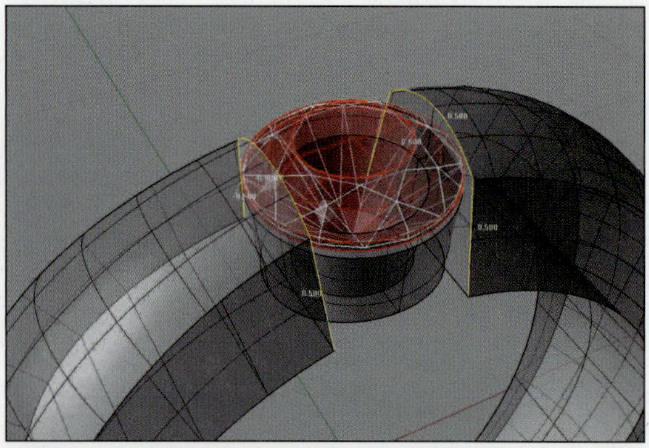

49 이미지와 같이 Fillet기능을 적용한 가장자리가 0.5mm 값으로 깎인 것을 확인할 수 있다.

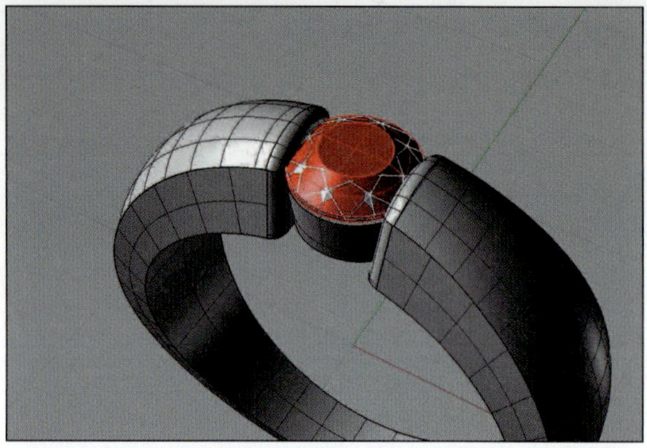

50 다시 Variable Radius Fillet 기능을 실행한다. 이미지와 같이 가장자리를 선택하여 0.3mm 값으로 Fillet 시킨다.

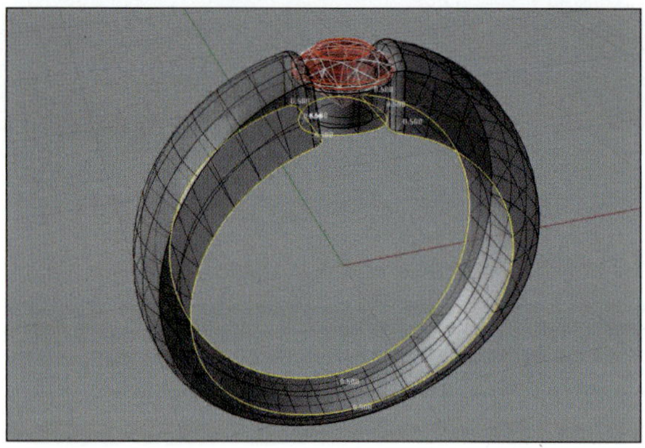

51 이미지와 같이 Fillet기능을 적용한 가장자리가 0.3mm 값으로 깎인 것을 확인할 수 있다.

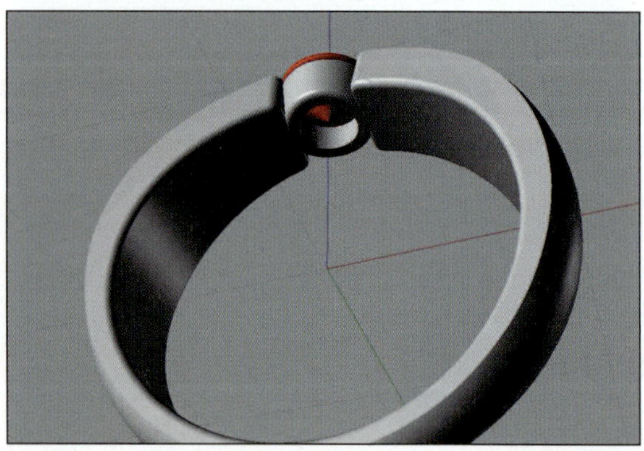

52 Boolean Difference 기능을 실행한다. 이미지와 같이 1번, 2번에 해당하는 개체를 선택하고 Enter키를 누른 다음, 3번 빨간색 Layer개체를 선택하고 Enter키를 누른다.

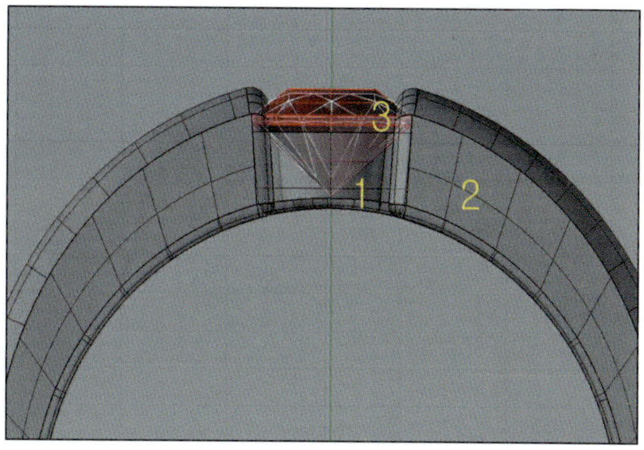

53 이미지와 같이 완성된 반지형태를 4면도로 확인할 수 있다.

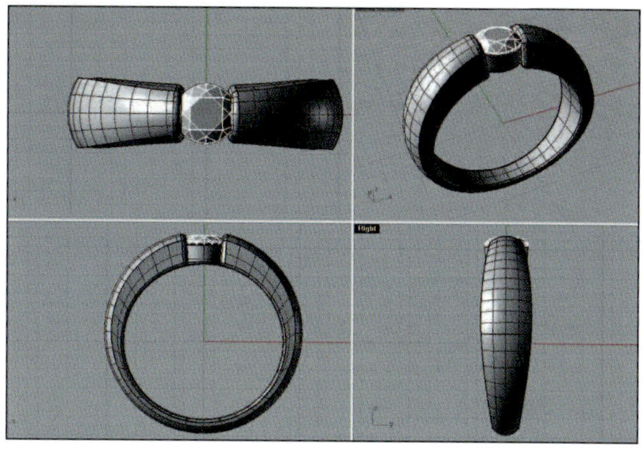

2. 예제 렌더링 따라하기

월요일 "Keyshot으로 반지에 여러 가지 색을 입혀보자!" 렌더링 과정에서는 현재 제품 및 주얼리디자인 분야에서 가장 많이 사용되고 있는 Keyshot 프로그램을 이용한 렌더링 기능을 알아보도록 한다. 여기에서는 Keyshot프로그램으로 색을 입히는 기본적인 방법과 환경 설정, 그리고 작품 사진 촬영과 같이 카메라 심도 기능을 가진 Depth of Field기능을 알아보도록 한다.

부록CD > 예제파일 > 1.월요일 > Ring-Start

01 다음 이미지와 같이 완성된 파일에서 반지개체를 복사하여 배치작업을 진행한다. 또는 부록CD 〉 예제파일 〉 1.월요일 〉 Ring-Start 경로를 통해 Insert기능으로 파일을 불러온다.

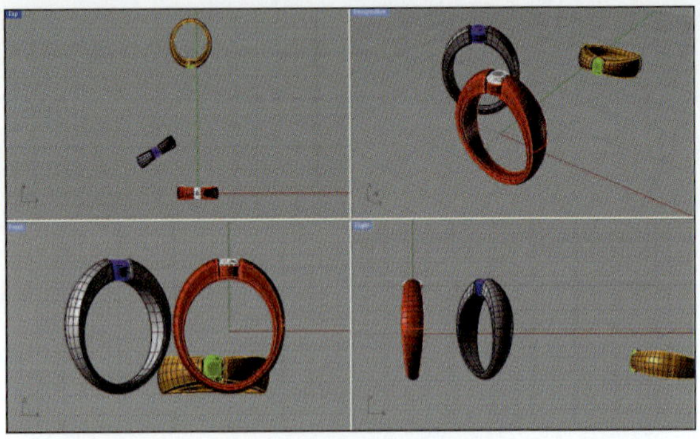

> **TIP ▸●▸** 라이노 프로그램에서 작업을 마친 다음 Keyshot 프로그램을 이용하여 재질을 적용하기 위해서는 각 개체에 레이어를 다르게 적용시켜야만 한다. 그렇지 않으면 같은 레이어별로 같은 재질이 적용되기 때문이다. 작업자가 원하는 다른 재질들을 적용하기 위해서는 개체별로 레이어를 다르게 적용하도록 한다.

02 'Save As' 기능을 이용하여 바탕화면에 있는 'Keyshot Resources' 폴더에 저장한다. 이때 'Keyshot Resources' 폴더 안에 사용자가 원하는 폴더를 다시 생성하고, 생성한 폴더에 해당 파일을 저장하여도 무관하다.

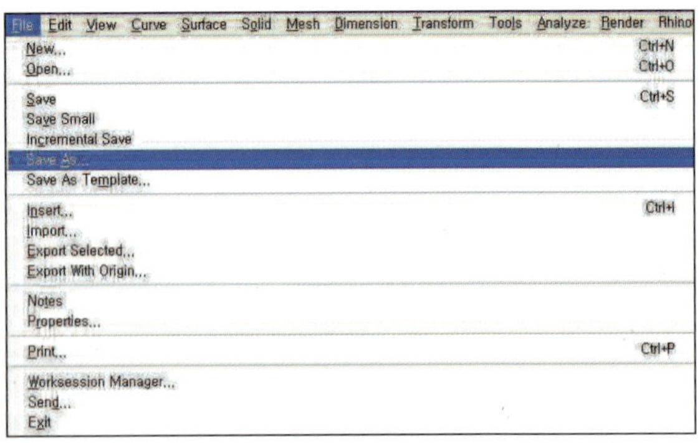

> **TIP ▸●▸** 'Keyshot Resources' 폴더에 저장을 할때는 반드시 파일명을 영문 또는 숫자로 저장하도록 한다. 한글로 저장할때는 데이터를 불러오는 과정에서 한글을 인식하지 못해 오류가 발생할 수 있기 때문이다.

03 Keyshot 렌더링 프로그램을 실행시킨다. 다음 화면 하단에 배치된 'Import' 기능을 실행하면 다음 이미지와 같이 'Keyshot Resources' 폴더 경로를 가진 대화상자가 나타난다. 저장시킨 라이노 파일을 선택한 다음 '열기' 버튼을 클릭한다.

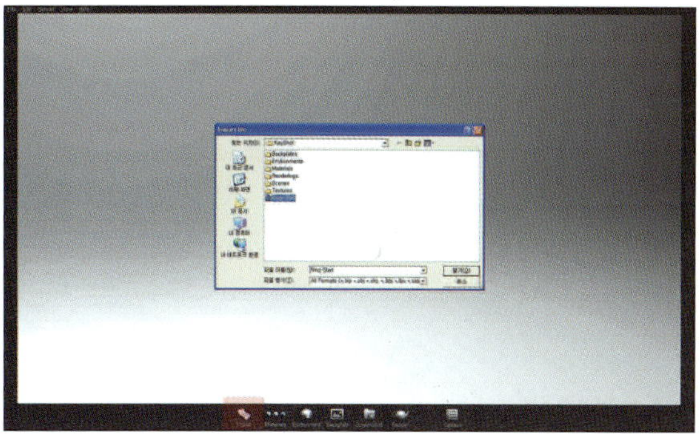

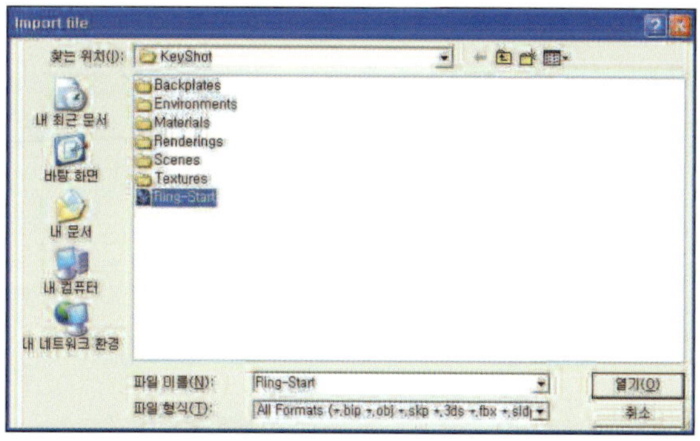

04 다음과 같은 대화상자가 나타나면 'OK'버튼을 클릭한다. 이때 대화상자에 있는 각 옵션은 체크하지 않아도 된다.

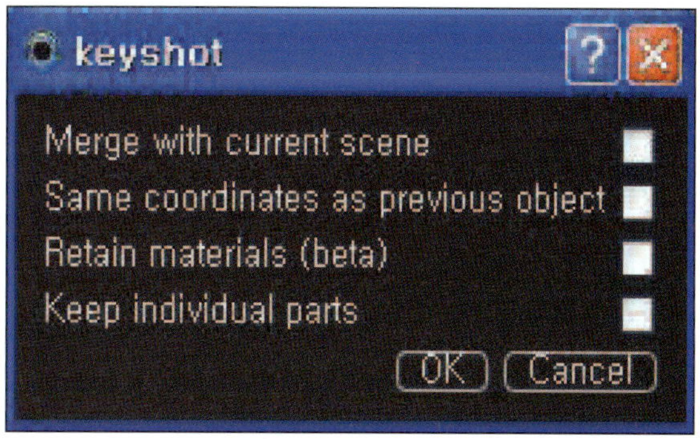

TIP ▸●▸ Import 기능

① Merge with current Scene

이 기능은 현재 진행되고 장면에 다시 불러올 개체를 합치는 기능이다.

하나의 개체를 불러온 다음 개체를 추가하고 싶을 때 Import기능으로 합치고자 하는 개체파일을 선택하고 이 기능을 사용하면 한 장면에 두 개 개체를 합쳐 사용할 수 있다.

만약 이 기능을 체크하지 않고 다른 개체를 불러오면 현재 파일작업을 저장할 것이냐를 물어보고 지정한 새로운 파일에 있는 개체만 불러오게된다.

② Same Coordinates as previous object

이 기능을 체크해 사용하면 전 단계에 불러온 개체와 같은 크기에 맞춰 다음 개체를 불러 오는 기능이다. 여기에서 주의할 점은 전 단계 불러와 파일형식과 다음에 불러오는 파일 형식이 같은 파일 형식이여야만 한다. 같은 파일 형식일 때 이 기능을 사용하면 서로의 크기를 비교해서 비율에 맞춰 불러와지는데 만약 다른 파일형식을 혼합해서 불러온다면 이 기능을 사용하는데 의미가 없게 된다.

③ Keep individual Parts

이 기능은 재질이 구분되는 개체 또는 떨어진 개체 불러 올 때 부품별 재질을 어떻게 처리할 것인가를 물어보는 기능이다.

05 다음과 같이 파일을 불러오는 과정을 볼 수 있다.

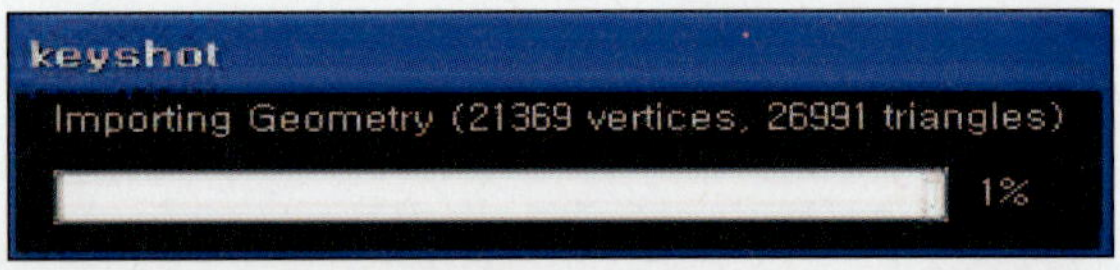

06 라이노 파일에서 적용한 레이어 색상과 개체별로 배치한 상태로 장면을 불러온 것을 확인할 수 있다.

07 Alt 키와 마우스 중간 버튼을 누른 상태로 마우스를 드래그하면 Pan기능을 적용하여 화면을 이동시킬 수 있다. 다음으로 Alt 키를 누른 상태에서 마우스 중간 버튼을 밀고 당기면 Zoom 기능을 사용할 수 있다. 마우스 중간 버튼을 당기면 확대기능이 되며 밀게 되면 축소기능이 적용된다. 다음으로 마우스 왼쪽버튼을 누른 상태에서 마우스를 움직이면 화면을 회전시킬 수 있는 Rotate기능을 적용할 수 있다. 이 3가지 화면 기본제어방법을 통해 다음 이미지와 같이 구도를 맞춰보도록 한다.

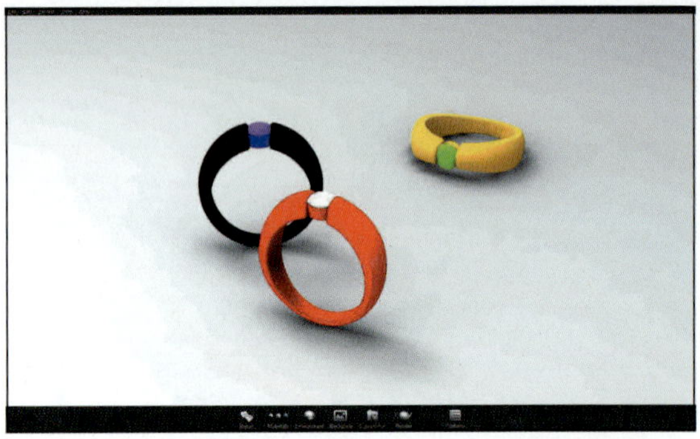

TIP ▸•• 단축키 'K' 버튼을 누르면 다음 이미지와 같이 Keyshot 프로그램에서 사용하는 기본 매뉴얼에 대하 단축키 설명서 대화상자가 나타난다. 작업자는 나타나는 매뉴얼을 숙지하여 작업할 수 있도록 한다.

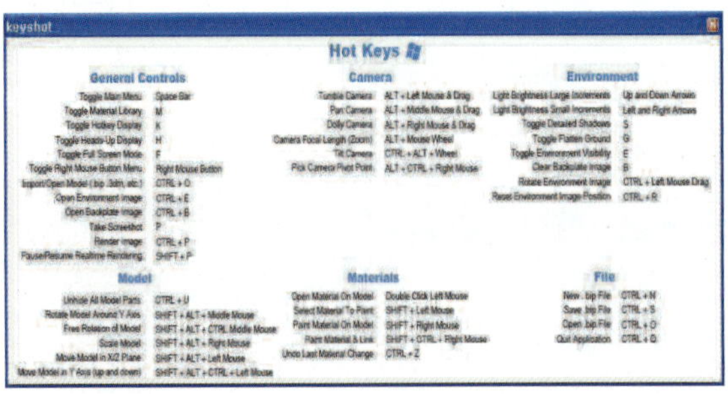

08 다음 이미지와 같이 'Material' 기능을 클릭한다.

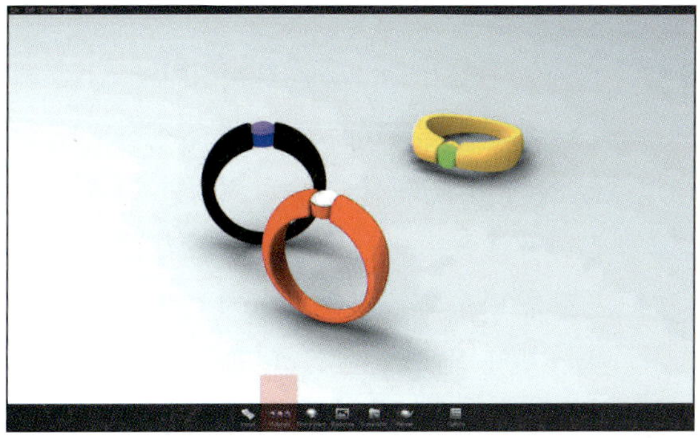

09 다음 이미지와 같이 재질별로 적용할 수 있는 'Library' 대화상자가 나타난다.

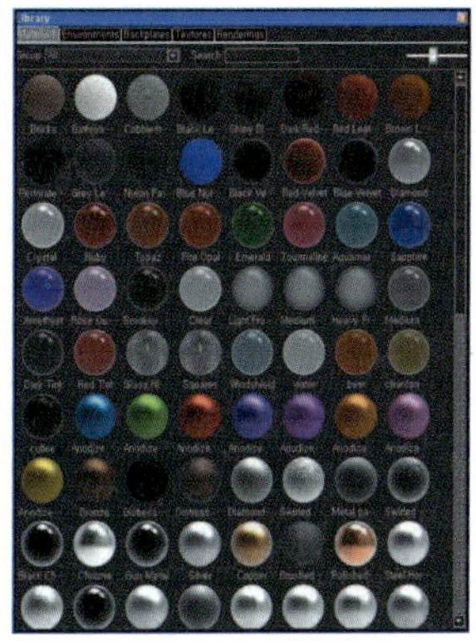

10 'Library' 대화상자 우측 상단에 배치된 Bar 기능을 통해 이미지와 같이 재질 샘플 크기를 조절할 수 있다. 작업자가 원하는 크기로 정해보도록 한다.

11 다음 이미지와 같이 'Library' 대화상자에 있는 'Group' 칸을 통해 그룹별로 재질을 보이게 한 다음 재질적용 작업을 진행할 수 있다.

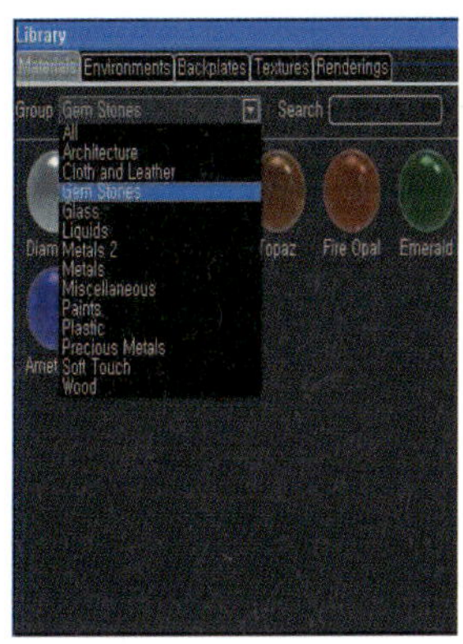

12 다음은 나타난 'Library' 대화상자에 있는 재질을 개체에 적용하는 작업을 진행하도록 한다. 'Group' 칸에서 'All'로 지정한 다음 하단에 배치된 노란색인 'Gold - 18K' 재질을 찾은 다음 마우스 커서를 적용하고자 하는 재질 샘플 위에 올려놓는다. 다음 'Shift+마우스 왼쪽버튼'을 클릭한다. 다음으로 선택한 재질을 적용하고 하는 개체에 마우스 커서를 올려 놓고 'Shift+마우스 오른쪽버튼'을 클릭한다. 이미지와 같이 선택한 재질이 개체에 적용된 것을 확인할 수 있다.

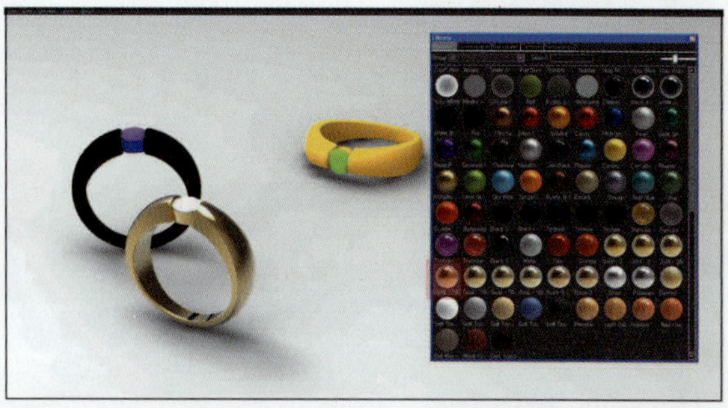

TIP ▸●▸ Keyshot 프로그램에서는 재질을 적용하는 방법이 2가지가 있다. 위에 설명한 것과 같이 Shift Key와 마우스 버튼을 이용하는 방법과 재질을 직접 드래그하여 적용하는 방법이 있다. 적용하고자 하는 재질을 마우스 왼쪽버튼으로 선택한 다음 마우스 왼쪽버튼을 계속해서 누른다. 계속해서 왼쪽 버튼을 누른 다음 마우스를 드래그하여 적용하고자 하는 개체에 올려놓게 되면 재질이 적용되는 것을 확인할 수 있다. 마우스 왼쪽버튼을 계속해서 누른 상태로 해당 재질이 아닌 다른 곳으로 드래그하면 적용된 재질이 취소가 된다. 필자는 재질을 적용할 때 이 직접 드래그하여 재질을 적용하는 방법을 선호한다. 작업자는 이 2가지 방법을 모두 숙지하여 작업하도록 한다.

13 위와 같은 방법으로 각각의 반지개체에 금속재질을 적용한다.
다음 이미지와 같이 반지개체에 금속재질이 적용된 것을 확인할 수 있다.

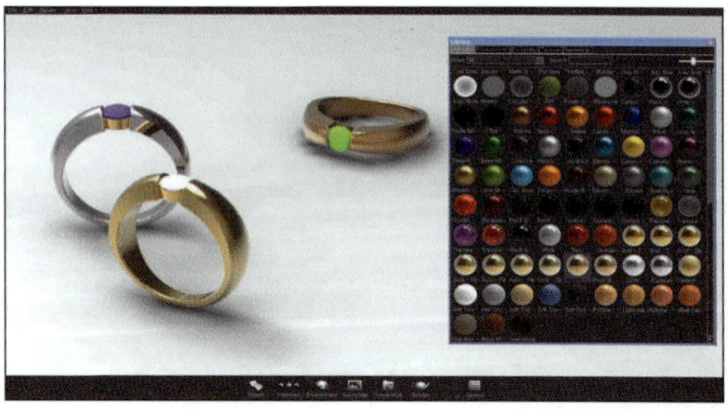

14 다음은 보석개체에 다이아몬드 재질을 적용하도록 한다. 'Library' 대화상자에 있는 'Diamond' 재질을 적용해 이미지와 같이 무색 다이아몬드 재질이 적용될 수 있게 한다.

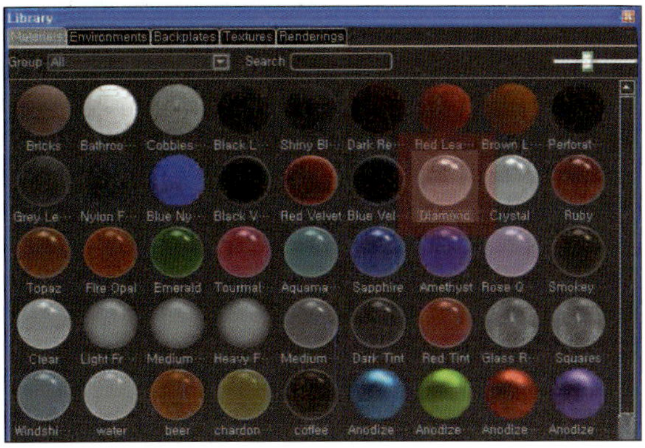

15 다음은 적용된 무색 다이아몬드에 있는 색상을 조정하여 색상이 있는 보석재질을 생성하도록 한다. 중간에 위치한 반지개체에서 다이아몬드 재질이 적용된 개체 위에 마우스 커서를 올려놓고 마우스 오른쪽 버튼을 클릭한다. 이미지와 같이 옵션 창이 나타나는 것을 확인할 수 있다. 'Edit material' 옵션을 클릭한다.

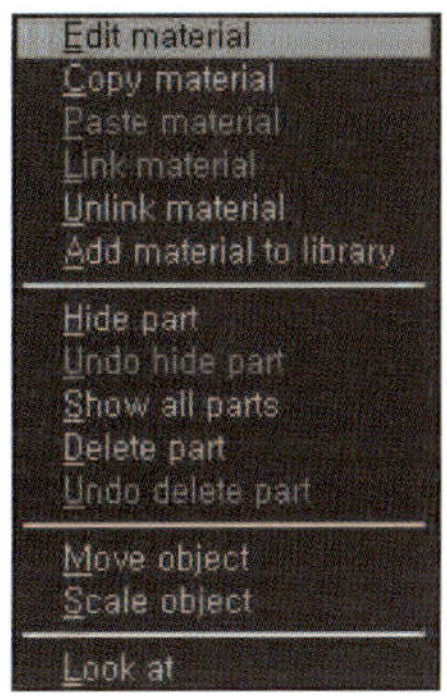

16 이미지와 같이 'Options'대화상자가 나타난다.
여기에서 'Material type'을 'Solid Glass'에서 'Glass'로 바꿔준다.

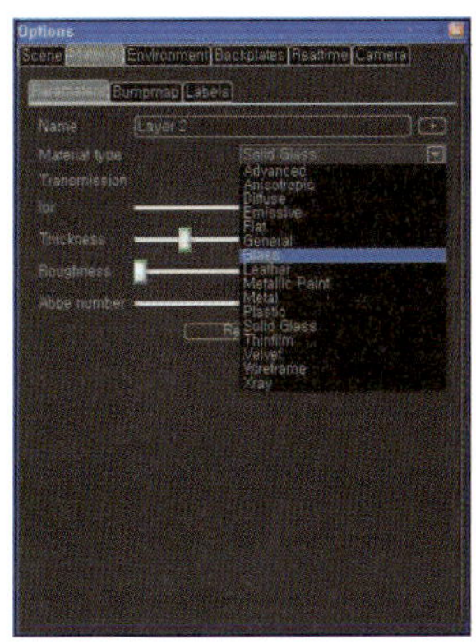

17 다음 'Ior'(굴절율 값)을 '2.14'로 바꿔 준 다음 'Two sided'기능을 체크해준다.

다음 'Transmission' 에 있는 색상버튼을 클릭해준다.

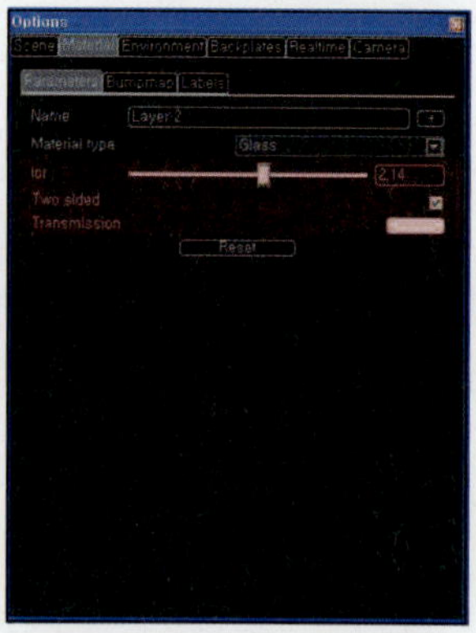

18 다음 이미지와 같이 'Transmission' 대화상자가 나타난다. 우측에 있는 RGB 입력 칸에 R:255, G:0, B:0 같이 입력해준다. 보석 색상이 빨간 색상으로 바뀐 것을 확인할 수 있다.

Keyshot 프로그램은 이렇게 적용된 재질 색상을 바꿀 수 있는 기능이 있으며, 작업자는 이러한 방법을 통해 적용된 재질 색상을 바꿀 수 있도록 한다

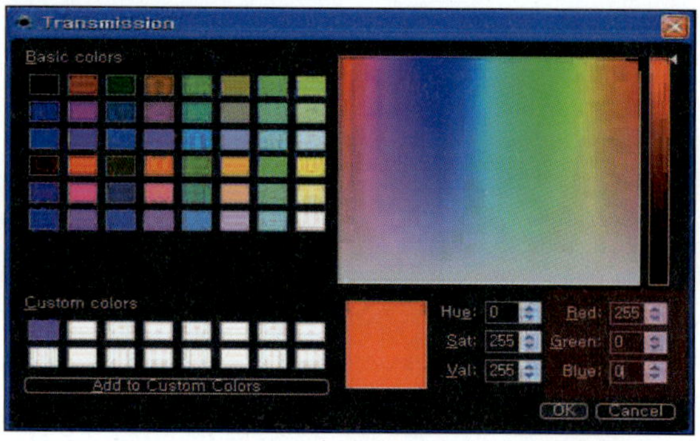

19 보석 재질 색상까지 적용된 최종 이미지를 확인할 수 있다

20 다음은 환경 설정을 통해 보다 사실감 있는 렌더링 이미지를 표현하도록 한다.
이미지와 같이 하단에 배치된 메인 메뉴에서 'Environment'(환경 맵) 기능을 클릭해준다.

21 다음 이미지와 같이 'Environment'(환경 맵) 대화상자가 나타나다. 몇 개 HDRI(High Dynamic Range Image)가 나타나는 것을 확인할 수 있다.

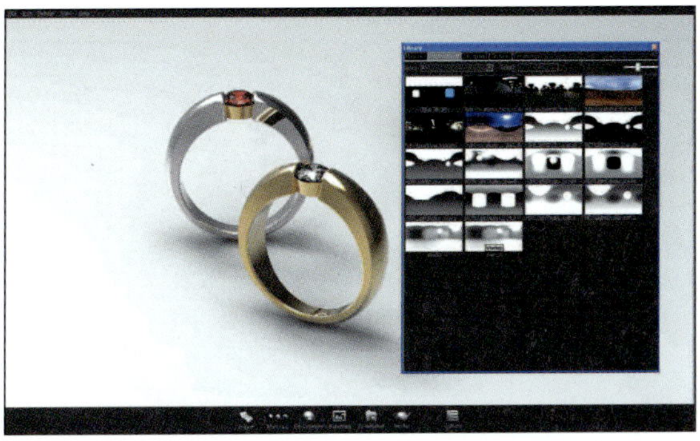

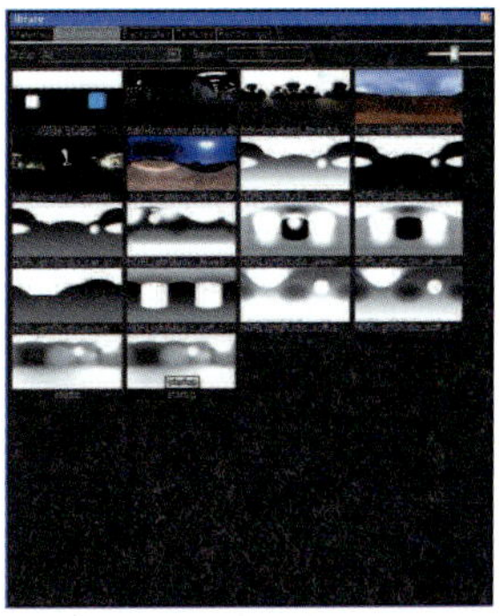

TIP ▸●▸ Keyshot 프로그램은 다른 렌더링 프로그램과 다르게 이 'Environment'(환경 맵)기능으로 조명 역할을 한다. 'Environment'(환경 맵)에서는 일반적으로 사용하는 Jpeg와 같은 Low Dynamic Image가 아니라 HDRI(High Dynamic Range Image)를 사용한다.
Keyshot 프로그램에서는 이 HDRI(High Dynamic Range Image)를 기본적으로 제공하고 있다. Environment 옵션기능을 이용하여 환경 맵의 크기, 방향, 높이, 밝기 등을 조절할 수 있다. 하지만 새로운 조명개체를 추가한다거나 특정 부분을 밝게 한다거나 하는 기능은 많은 어려움이 있다. 하나의 환경 맵만을 사용할 수 있고 다른 맵을 적용하면 전 단계에 적용한 맵은 사용할 수 없게 된다. 기본적으로 제공하는 HDRI 외에 작업자가 별도로 구입하거나 생성시킨 HDRI가 있다면 Library 대화상자에서 마우스 오른쪽 버튼을 클릭하여 새로운 Group을 추가로 생성한 다음 'Add files to library' 기능을 선택하면 된다. 이 HDRI는 렌더링 작업에 있어 사실감 있게 표현하는데 가장 중요한 역할을 하게되므로, 현재 실무에 종사하는 디자이너 및 제품디자인 분야에서 공부하는 학생들은 이 HDRI를 웹 사이트를 통해 많이 구입하고 있다. 작업자들은 이러한 부분을 인식하고 이 HDRI를 잘 활용할 수 있도록 한다. 참고로 필자는 다음과 같은 웹사이트를 이용한다.
http://projects.ict.usc.edu/graphics/HDRShop/

22 'HDRLightStudio_jewellery_soft_spots' 이미지를 마우스 왼쪽 버튼으로 선택한 다음 누른 채로 렌더링 화면 여백으로 드래그 시킨다.
주위 밝기와 개체에 비춰지는 하이라이트 위치가 바뀌는 것을 확인할 수 있다.

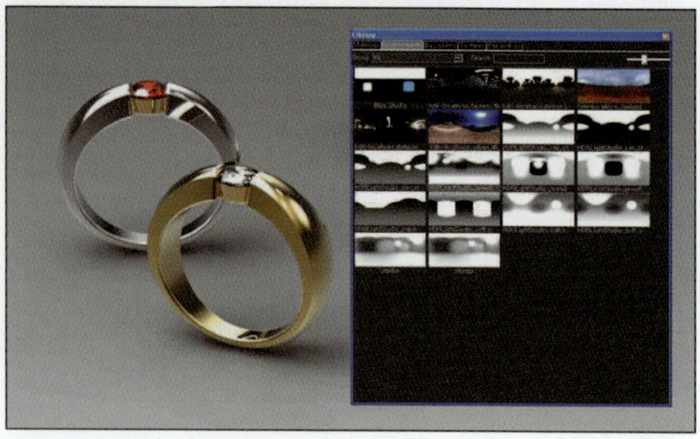

23 Ctrl 키를 누르고 마우스 왼쪽 버튼을 누른 채로 마우스를 드래그하면 HDR 이미지를 회전시킬 수 있다. 이때 Ctrl 키를 누르지 않고 마우스 왼쪽 버튼을 누른 채로 드래그하면 화면이 회전되므로 꼭 Ctrl 키를 누르도록 한다. 이렇게 이미지를 회전시키면 렌더링 화면에서 조명 위치가 바뀌고 개체에 비춰지는 하이라이트 및 그림자 위치가 바뀌게 된다.

작업자는 이런 작업을 통해 가장 적절한 렌더링 장면을 정하도록 한다.

24 Space Bar 를 클릭한다. 클릭하게 되면 다음 이미지와 같이 'Options' 대화상자가 나타나는데 'Environment' 탭을 선택한다.

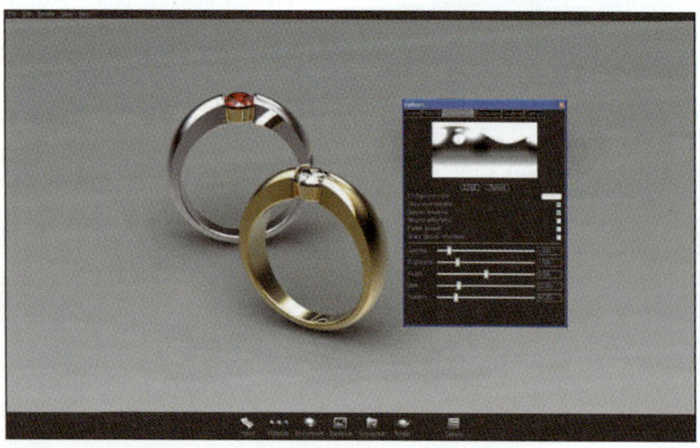

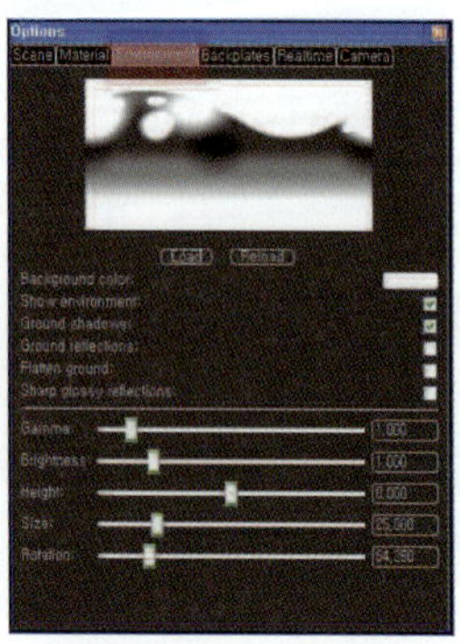

25 옵션 기능 중에 'Ground reflections' 기능을 체크한다. 화면 바닥 상에 개체 반사가 생성되는 것을 확인할 수 있다.

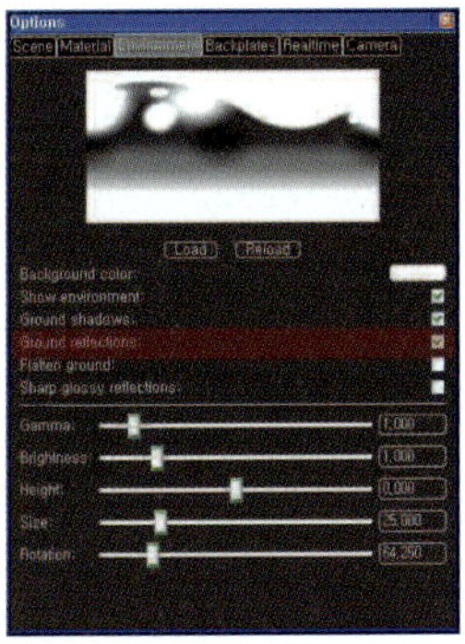
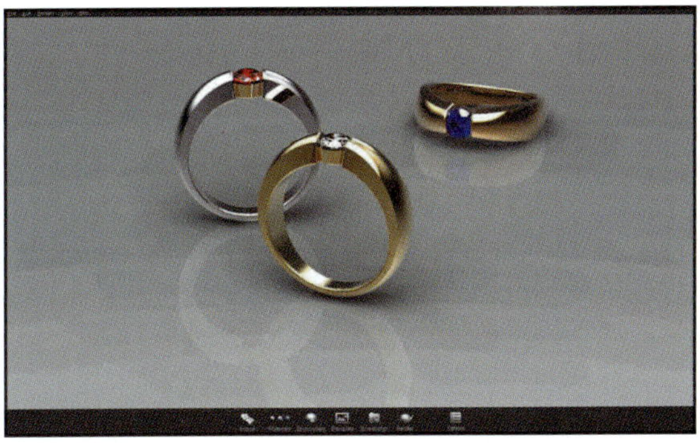

TIP ▸●▸ Options 대화상자에 있는 'Environment' 탭은 환경 맵을 조절하는 기능이다.

- Background color

이 기능은 화면 바닥 또는 배경 색상을 말한다. 하지만 'Show environment' 기능이 체크되어 있으면 색상을 바꿔도 표현이 되지 않는다. 'Show environment' 기능은 환경 맵 이미지를 화면에 보이게 또는 보이지 않게 정하는 기능이므로 체크가 되어 있으면 환경 맵 이미지가 보여지게 된다.

- Show environment

이 기능을 체크하면 지정한 환경 맵 이미지가 화면상에 나타나며, 체크를 해제하게 되면 화면상에 보이지 않게 된다. 하지만 체크를 해제해도 바닥 또는 배경에 이미지가 보이지 않아도 개체에는 영향을 주게 된다. 예를 들어 반사 재질을 적용한 개체에 환경 맵 이미지에 있는 것들이 개체에 표현되며 하이라이트 또한 표현된다.

- Ground shadows

이 기능을 체크하게 되면 화면에 위치한 바닥에 개체 그림자를 표현하며 체크하지 않을 때는 표현되지 않는다.

- Ground reflections

이 기능을 체크하게 되면 화면에 위치한 바닥에 개체가 반사되어 표현된다.

- Flatten Ground

이 기능을 체크하면 화면에 위치한 바닥이 평탄하게 바뀌게 된다. 일반적으로 잘 사용하지 않지만 움직임이나 역동적인 이미지를 나타내고자 할때 종종 사용하기도 한다.

- Gamma

이 기능은 대개 입력되는 값과 출력되는 값의 비율이다. 쉽게 포토샵에 Level 기능과 유사함으로 색상 대비를 표현할 때 사용하는 기능이다. 일반적으로 '1'로 지정하여 사용한다.

- Bright

이 기능은 적용시킨 환경 맵 이미지 밝기를 조절하는 기능이다.

- Height

환경 맵 이미지 크기를 조절하는 기능이다. 값의 변화에 따라 이미지의 밝기와 하이라이트 위치 변화, 그림자 변화가 생기게 된다.

- Rotation

환경 맵 이미지를 회전시키는 기능이다. 앞서 설명한 것과 같이 'Ctrl + 마우스 왼쪽 버튼' 누른 채 마우스를 드래그하는 기능과 같은 기능이다.

26 다른 환경 맵 이미지를 적용시키도록 한다. 'Library' 대화상자에서 'Environment' 탭을 클릭한다. 'hdri_locations_factory_4k' 이미지를 마우스 왼쪽 버튼으로 클릭하여 누른 채 화면 여백으로 드래그하여 다음 이미지와 같이 환경 맵이 다르게 적용되게 한다.
반지나 보석 개체에 보다 사실감있게 표현되는 것을 확인할 수 있다.

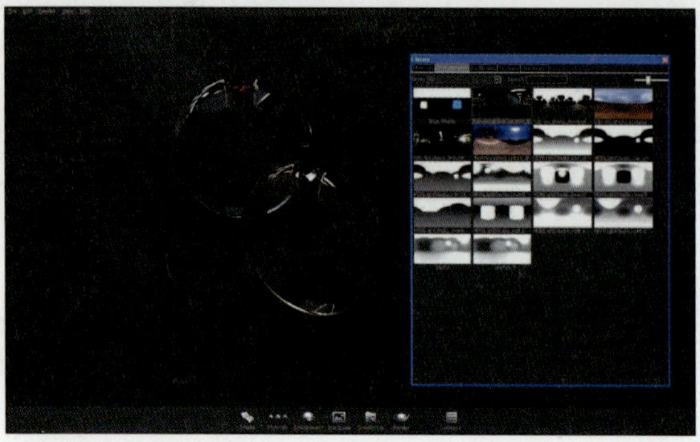

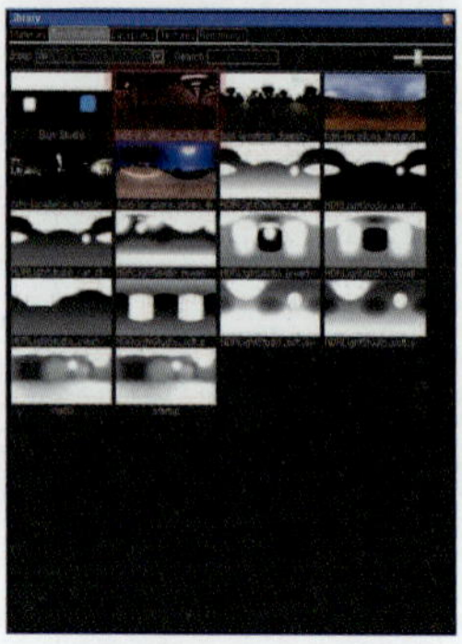

27 'Show environment' 기능을 체크해제 한다. 다음 이미지와 같이 화면 배경에는 환경 맵 이미지가 보이지 않게 된다. 하지만 반지나 보석개체에는 계속해서 환경 맵 이미지에 영향을 받고 있는 것을 확인할 수 있다.

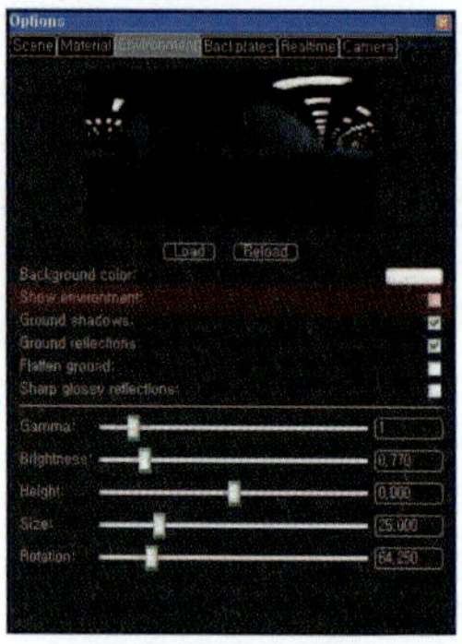

28 'Background color'에 있는 색상버튼을 클릭한 다음 이미지와 같이 'R:49, G:49, B:49'로 입력시킨다.

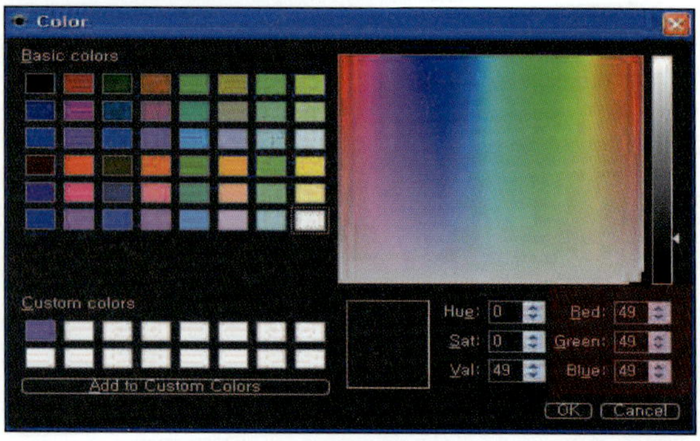

29 다음 이미지와 같이 배경 색상이 입력한 수치대로 바뀌게 되는 것을 확인할 수 있다.

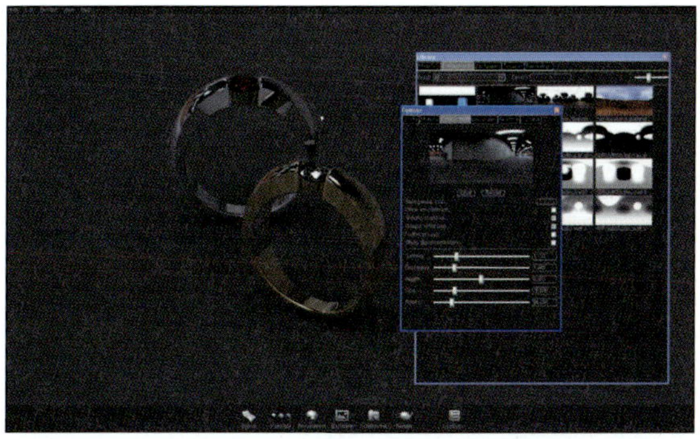

30 다음 이미지와 같이 'Gamma:1.270', 'Brig-ht:1.870' 값으로 조절해준다.

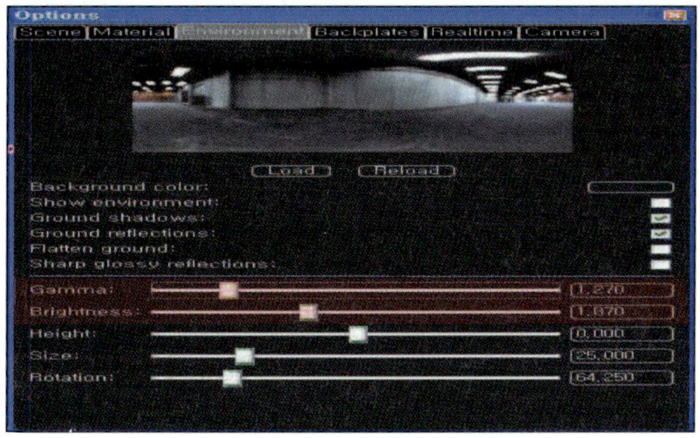

31 다음 이미지와 같이 적용시킨 수치에 맞춰 렌더링 된 것을 확인할 수 있다.

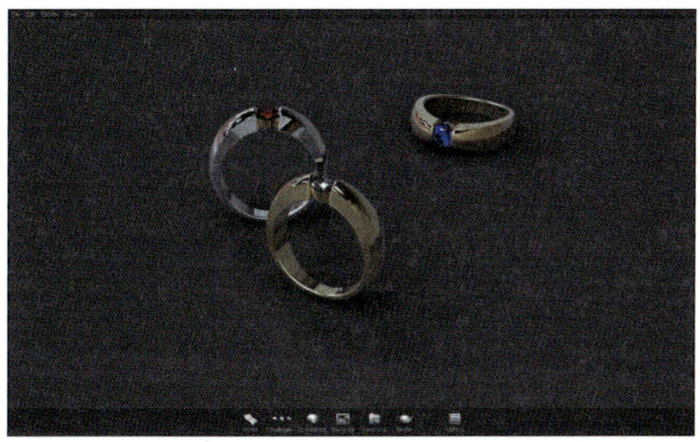

32 다음은 카메라 피사계 심도 값을 조절하여 초점을 적용시키는 효과와 같은 기능을 알아보도록 한다. Keyshot 프로그램에서는 심도 효과를 'Depth of Field' 기능을 통해 표현하게 되어 있다. 'Space bar'를 클릭하여 다음 이미지와 같이 'Options' 대화상자가 나타나게 한다. 'Camera' 탭을 클릭한다.

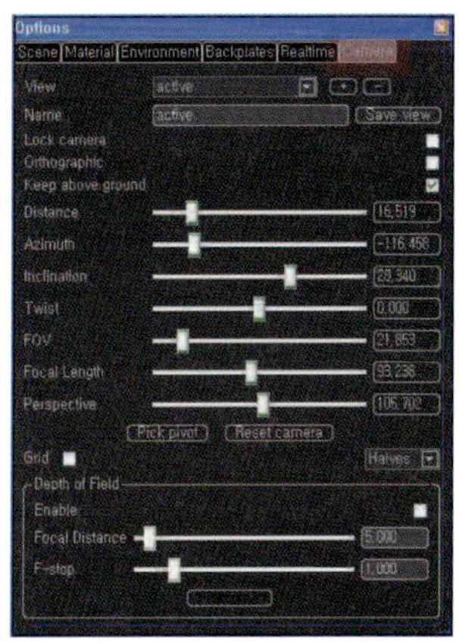

33 하단에 위치한 'Depth of Field' 기능에서 'Enable'를 체크한다. 다음 이미지와 같이 화면에 위치한 개체들이 모두 뿌옇게 보이게 되는 것을 확인할 수 있다. 이 기능을 체크하면 기본적으로 초점 위치를 정하지 못해 모두 흐릿하게 보이는 것이다.

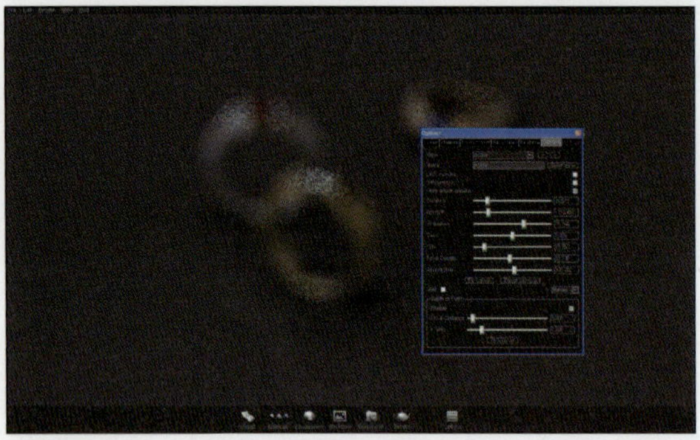

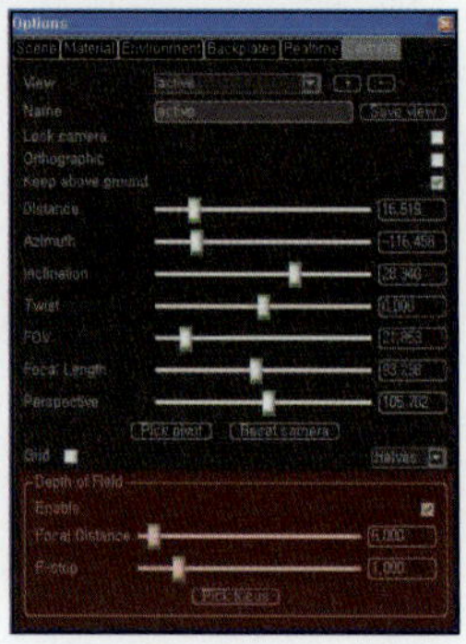

34 하단에 위치한 'Pick focus' 버튼을 클릭한다.

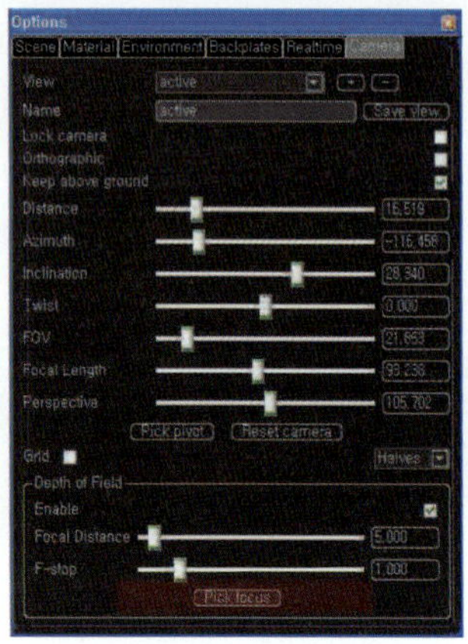

35 'Pick focus' 버튼을 클릭한 다음 가장 앞쪽에 위치한 반지개체 보석 세팅 부근을 마우스 왼쪽 버튼으로 클릭한다. 클릭한 지점을 기준으로 초점이 생기게 되면서 뒤에 있는 개체들이 희미하게 보이게 되는 것을 확인할 수 있다.

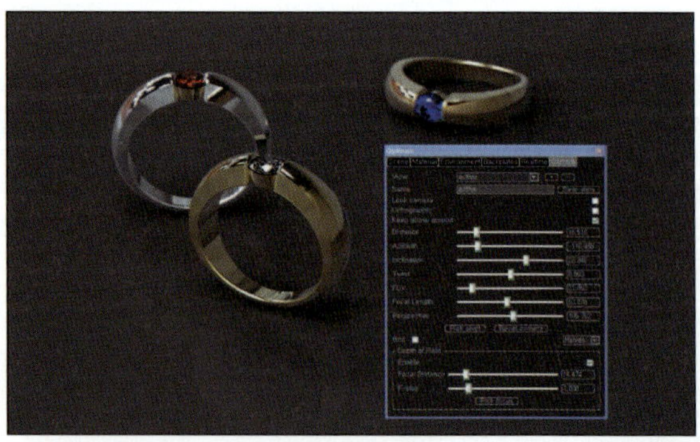

36 다음 이미지와 같이 'F-stop' 기능 값을 '0.270 ' 으로 입력한다. 이 기능은 값이 낮아질수록 희미해지는 정도가 더 심해진다. 작업자는 이 기능을 이용하여 원하는 초점 위치와 희미해지는 정도를 조절하도록 한다.

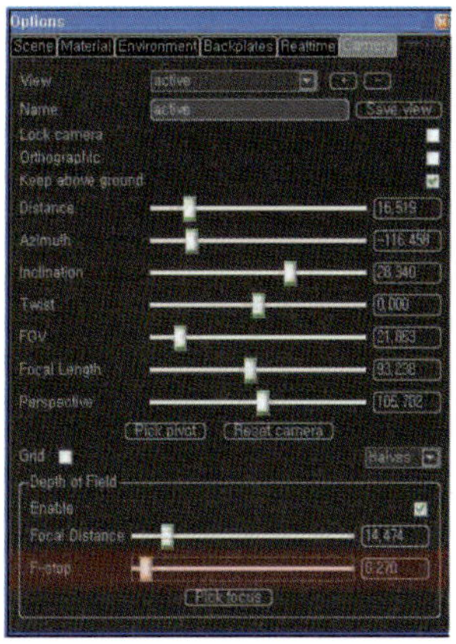

37 'Depth of Field' 기능이 적용된 렌더링 상태를 확인할 수 있다.

38 다음 이미지와 같이 하단에 위치한 'Render' 메뉴를 클릭한다. 'Render options' 대화상자가 나타나는 것을 확인할 수 있다.

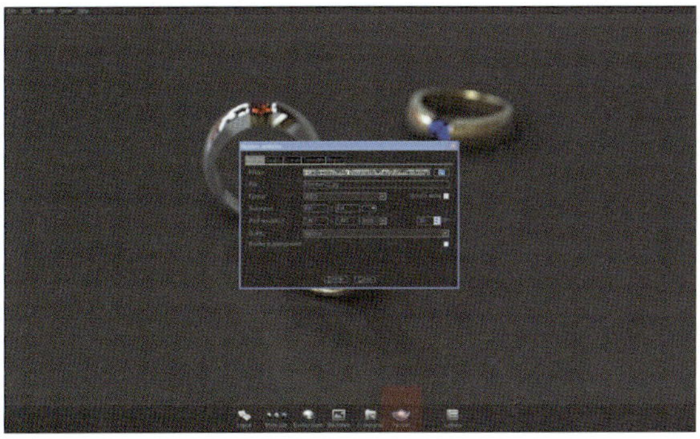

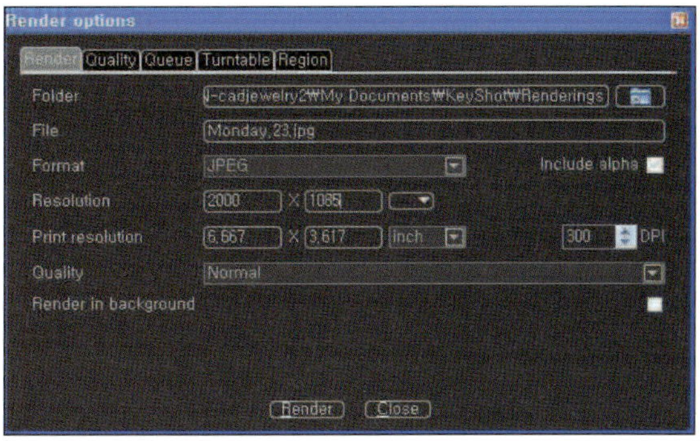

39 다음 이미지와 같이 'Resolution' 값을 '2000 ×1085' 입력을 한다. 작업자가 원하는 값을 입력해도 무관하다. 마지막으로 'Render' 버튼을 클릭한다.

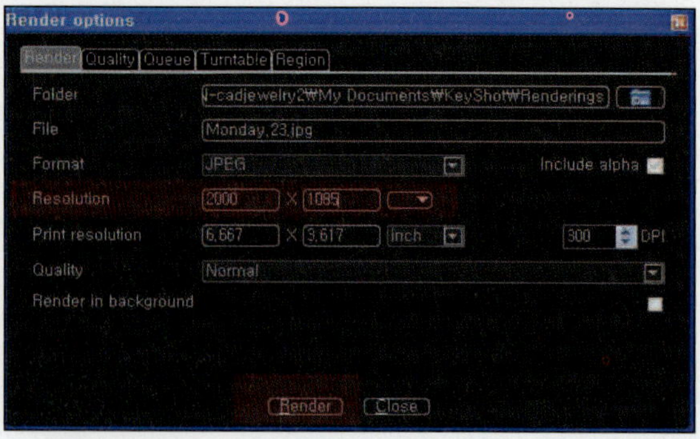

40 다음 이미지와 같이 렌더링 작업이 진행되는 것을 확인할 수 있다.

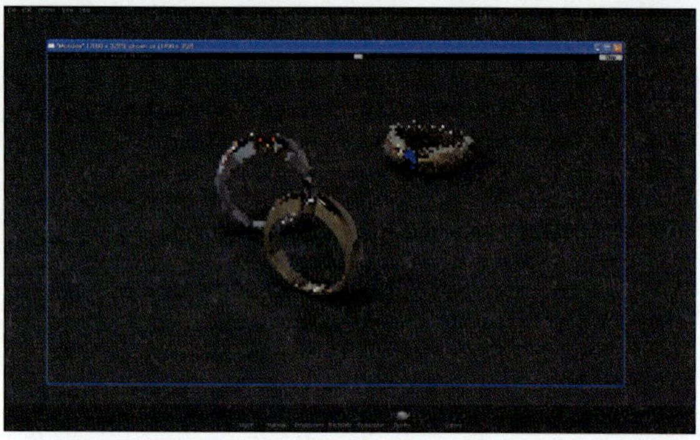

41 최종 완성된 렌더링 이미지이다. 최종 완성된 이미지는 작업자가 프로그램을 설치를 어떻게 하느냐에 다를 수 있지만 보통 ' 바탕화면 〉 KeyShot Resources 폴더 〉 Renderings 폴더 ' 경로를 통해 저장된다. 작업자는 저장된 최종 이미지를 확인하도록 한다.

Day

02 화요일

실장님! 뒤에 반지는 날려주세요!

1. 반지 모델링 따라하기

01 Front View를 기준으로 Circle:Center, Radius 기능을 실행한다. CPlane 원점을 기준으로 하는 내경 16.52mm(12호), 외경이 19.52mm인 원형커브 2개를 생성한다.

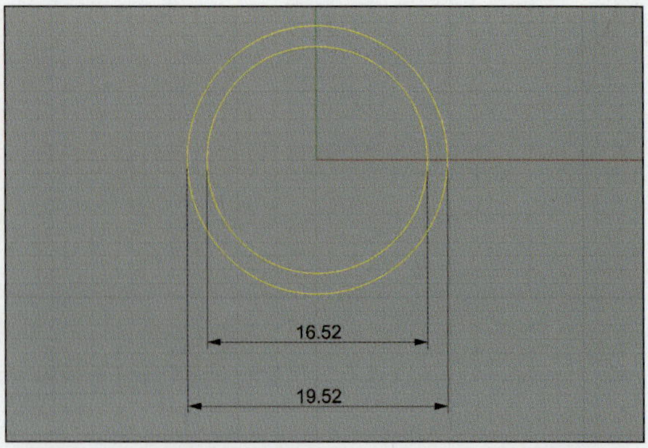

02 Front View에서 Move 기능을 실행한다. 외곽 원형커브의 하단 Quad점을 클릭, 위쪽으로 0.4mm 이동시켜준다. 명령을 진행할 때 Osnap에 Quad기능을 체크해준다. 이미지와 같이 하단 폭이 1.10mm, 상단 폭이 1.90mm로 되는 것을 확인할 수 있다.

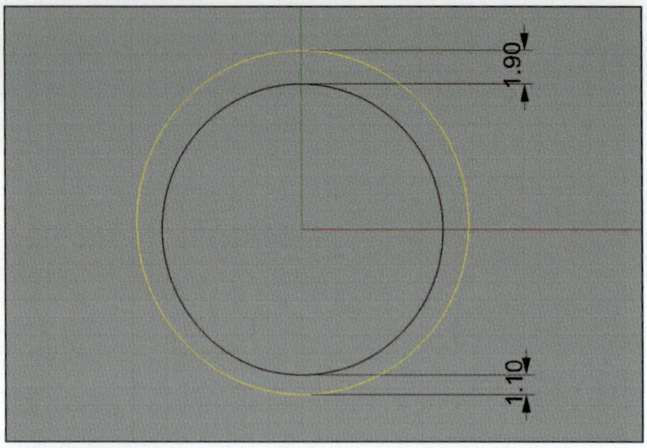

03 Right View에서 Line: from Midpoint 기능을 실행한다. 외경 원형커브 상단과 하단에 위치한 Quad점을 기준으로 이미지와 같이 수평 방향으로 뻗어나가는 직선 개체 2개를 생성한다. 이때, 상단에 있는 직선개체는 총 길이가 4mm, 하단에 있는 직선개체는 총 길이가 2.6mm로 생성시킨다.

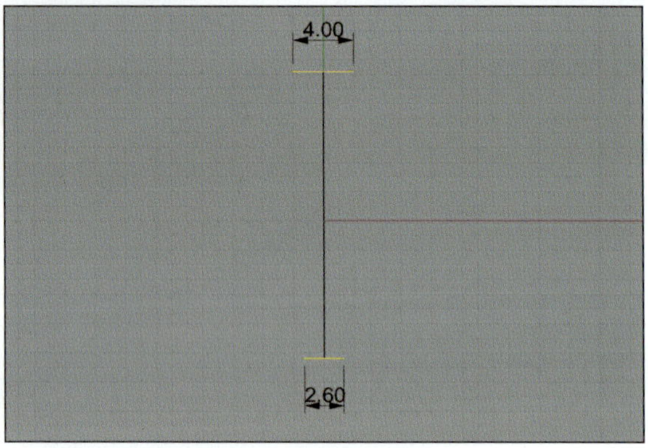

04 Right View에서 Line 기능을 실행한다. 수평 방향으로 생성된 직선개체들의 End점과 End점을 기준으로 직선개체를 이미지와 같이 생성시킨다.

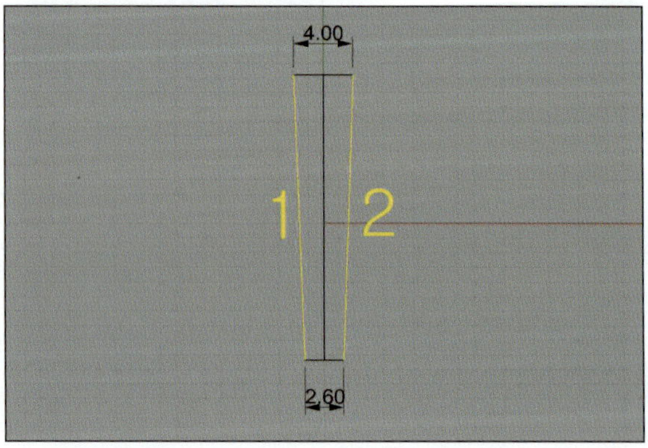

05 Perspective View를 기준으로 Curve from 2views 기능을 실행한다.

1번 직선개체를 선택하고, 3번 원형커브 개체를 선택한다. 다시 기능을 재실행한다. 다음 1번 직선개체를 선택하고, 4번 원형커브 개체를 선택한다.

다시 기능을 재실행한다. 2번 직선개체를 선택하고, 3번 원형커브 개체를 선택한다. 마지막으로 기능을 다시 재실행한 다음 2번 직선개체를 선택하고, 4번 원형커브 개체를 선택한다. 이미지와 같이 원형커브 개체들이 가 1번과 2번으로 표시된 직선개체와 일치되게 기울여지면서 생성된다.

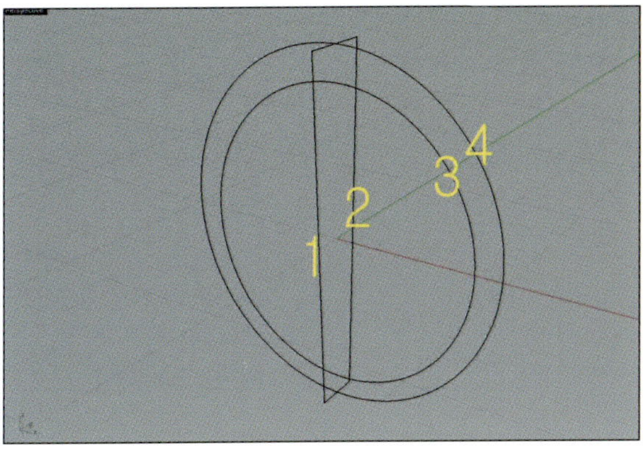

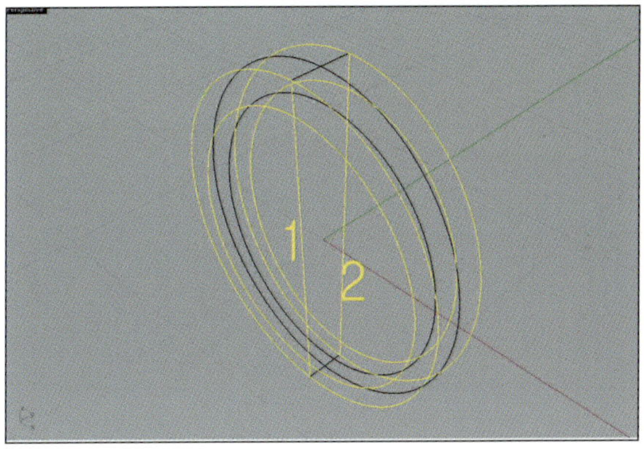

06 Right View에서 Arc: Start, End Point on Arc 기능을 실행한다. 이미지와 같이 상부높이가 1.4mm, 하부높이가 0.64mm인 호 개체를 생성한다. 명령을 진행하기 전에 상태표시줄에 있는 Snap기능을 활성화시킨 다음 Osnap에 End기능을 체크해준다.

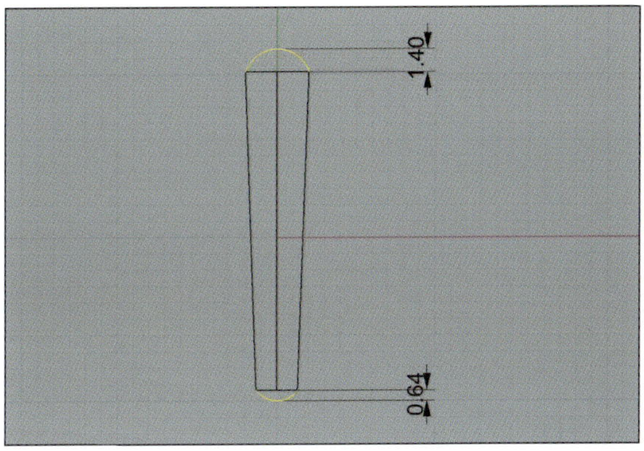

07 작업 효율성을 위해 이미지와 같이 커브개체 6개를 제외한 나머지 개체들은 모두 삭제한다.

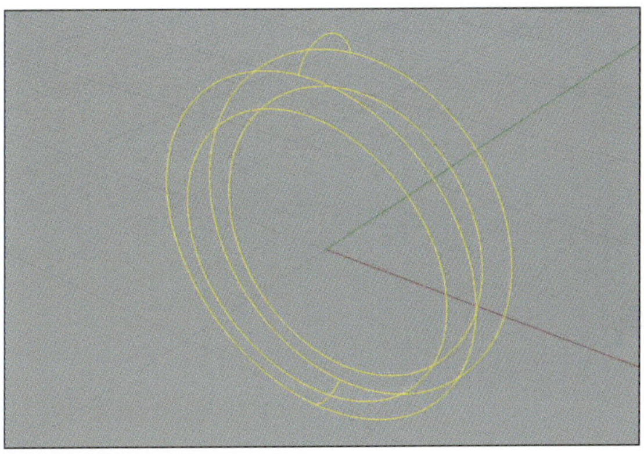

08 이미지와 같이 지름이 19.52mm인 외곽 원형커브 2개 개체를 선택한다. Sale1-D 기능을 실행하면서 원점을 중심으로 지름이 19.52mm인 원형커브 개체를 좌·우측 방향으로 축소시킨다. 기능을 실행하면 먼저 원점을 클릭한 다음 명령표시줄에 18.9/19.52를 입력하고 Enter키를 누른다. 다음 Shift 키를 누른 다음 방향을 수평방향으로 정한 다음 마우스 좌측 버튼을 누른다. 이미지와 같이 외경이 18.9mm로 축소된 것을 확인할 수 있다.

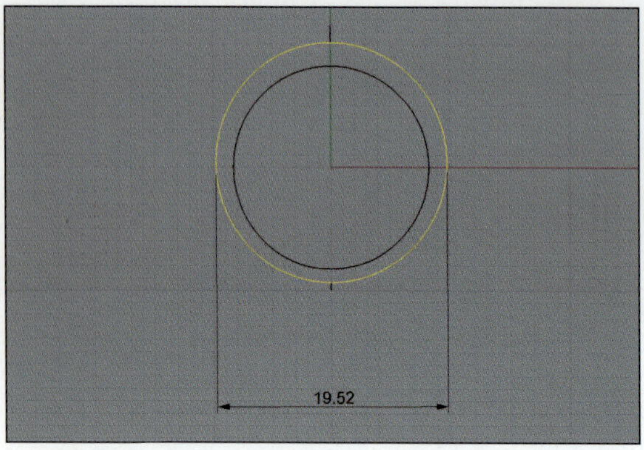

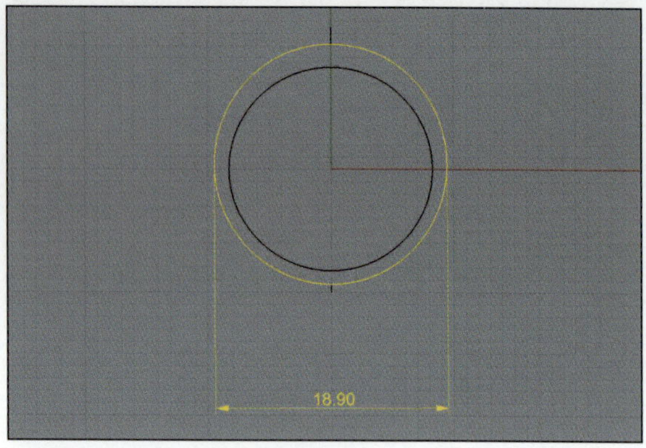

09 Perspective View에서 Sweep 2 Rails기능을 실행한다. 이미지와 같은 순서대로 선택하여 면 개체를 생성한다. 명령을 실행 중 나타나는 Sweep 2 Rail Options 대화상자 설정은 이미지와 같이 설정해준다.

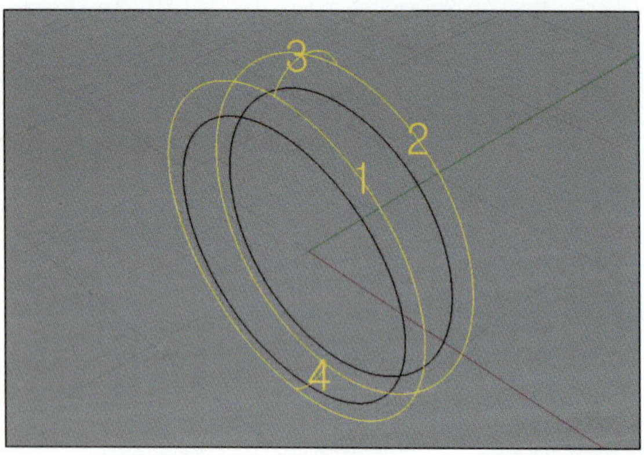

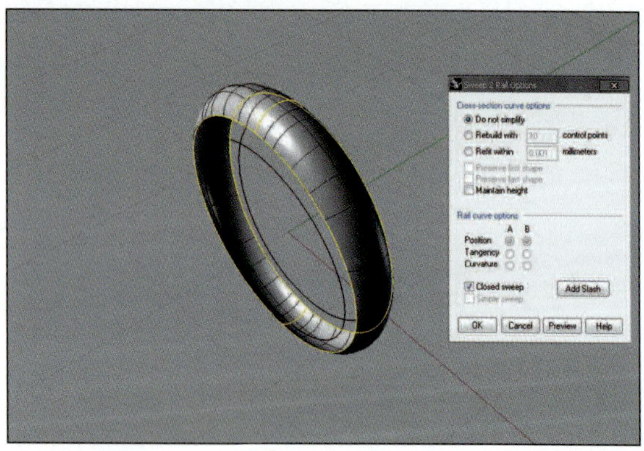

10 Surface from planer curves 기능을 실행한다. 이미지와 같이 원형커브 개체들을 선택하여 반지 옆면을 모두 생성해 준다.

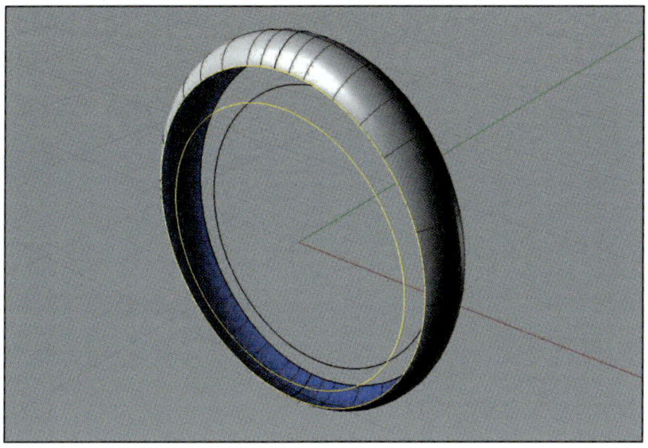

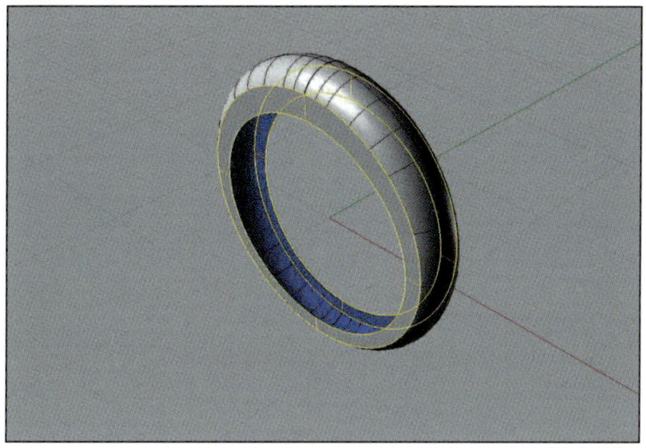

11 Loft 기능을 실행한다. 생성된 옆면 하단에 위치한 커브개체들을 선택하여 반지 내경을 막아주는 면 개체를 생성한다. 명령을 진행한 다음 나타나는 Loft Options 대화상자에 있는 각 옵션기능은 이미지와 같이 설정해준다.

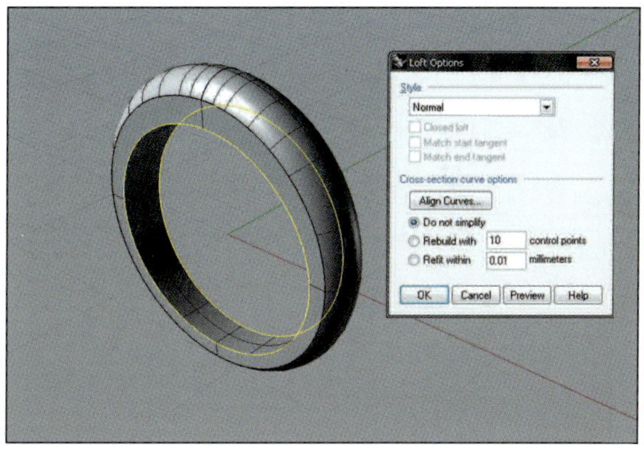

12 Join 기능을 실행하여 모든 면 개체들을 합쳐준다. 이때 Select Curves 기능을 실행하여 나머지 커브개체들은 모두 지워준다.

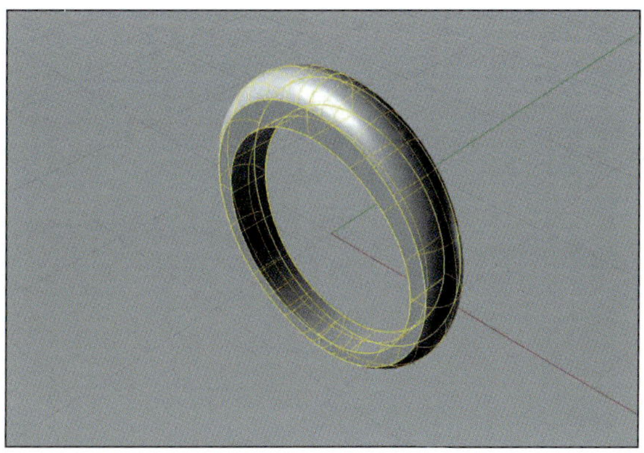

13 다음 이미지와 같이 부록CD > 보석샘플 > 2. 화요일 > Gem-002 File을 Insert기능으로 삽입시킨다.

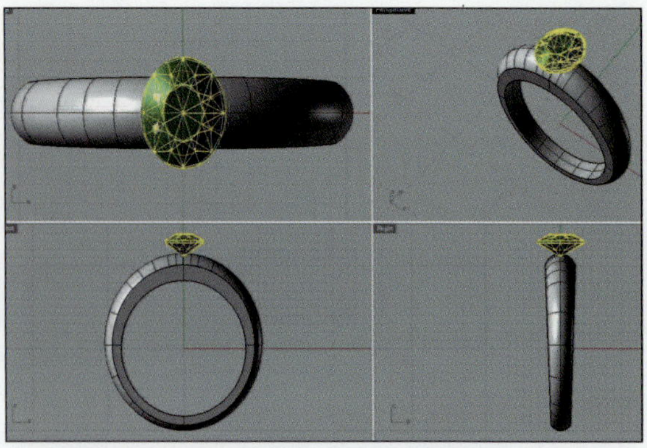

TIP ▶●▶ Insetet 대화상자가 나타나면 파일을 경로를 통해 지정한 다음 'Insert as' 기능에서 'Individual Objects' 기능을 체크해 준다.

14 Duplicate edge 기능을 실행한다. 이미지와 같이 초록색 Layer 개체에서 거들형태 아래 가장자리 모두를 선택하여 커브개체를 추출시킨다. 추출된 커브개체들을 모두 선택하여 Join 기능으로 결합시킨다.

15 생성된 커브개체를 선택하여 Invert Selection and Hide Objects 기능을 실행한다. 선택한 커브개체만 제외하고 나머지 개체들은 모두 Hide시킨다.

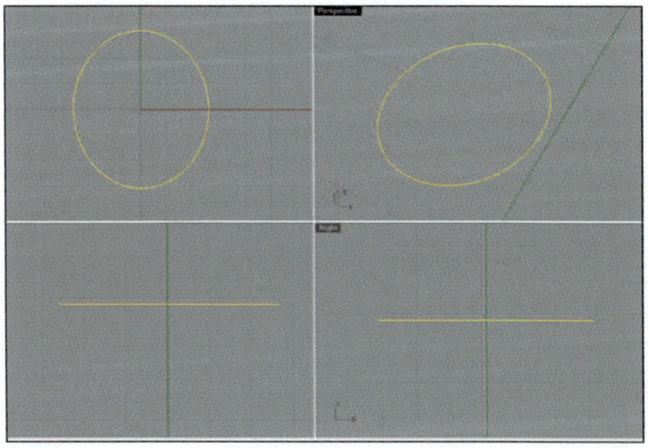

16 남아있는 커브개체를 선택한 다음 Offset curve 기능을 실행한다. 이미지와 같이 안쪽 방향으로 1.0mm Offset 시킨다.

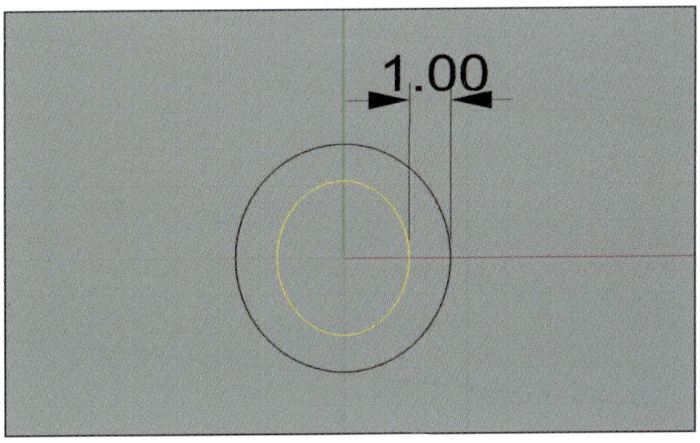

17 이미지와 같이 1, 2번 커브개체들을 선택한 다음 다시 Offset curve 기능을 실행한다. 안쪽 방향으로 0.3mm Offset 시킨다.

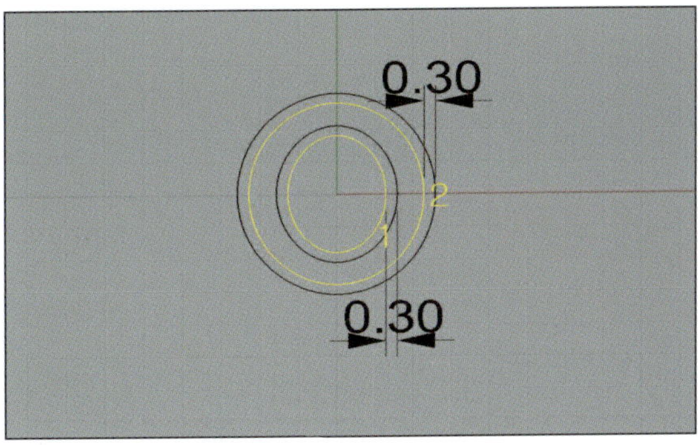

18 생성된 커브개체들을 선택한 다음 Move 기능을 실행한다. 아래쪽 방향으로 1.5mm 이동시킨다.

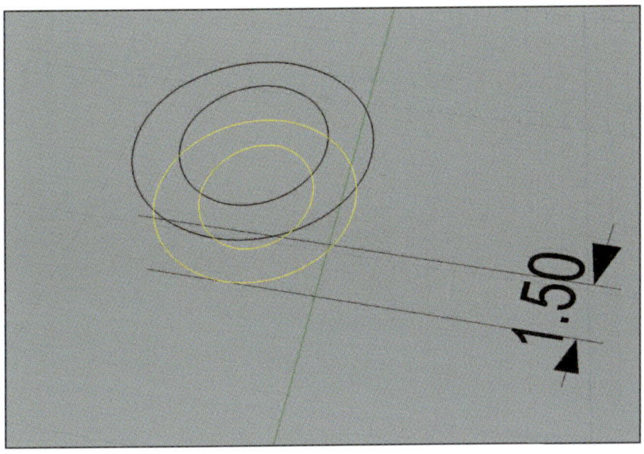

19 이미지와 같이 1, 2번 커브개체들을 선택하여 Surface from Planer Curves 기능을 실행한다. 다시 기능을 재실행하여 3, 4번 커브개체들을 선택하여 면 개체로 생성시킨다.

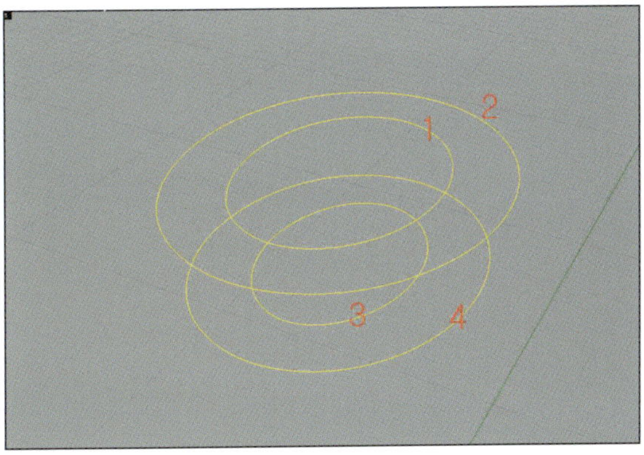

20 이미지와 같이 2개 면 개체가 생성된 것을 확인할 수 있다.

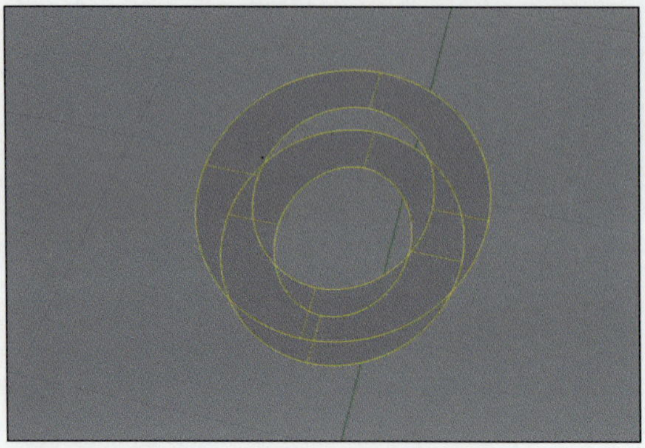

21 각 안쪽 원형커브 2개를 선택하여 Loft 기능을 실행한다. 이미지와 같이 면 개체를 생성한다.

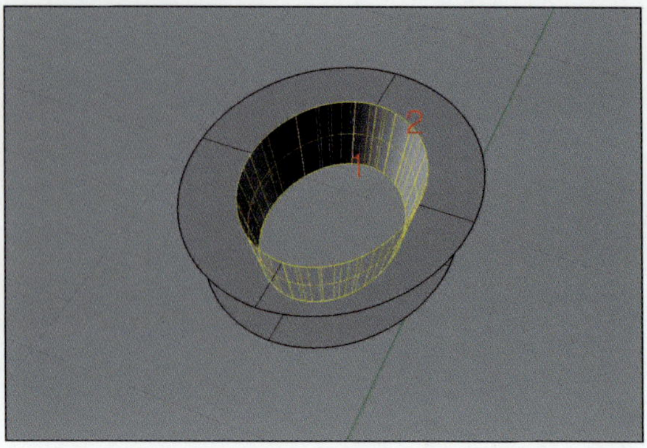

22 다시 외곽에 있는 각 원형커브 2개를 선택한 다음 Loft 기능(또는 직선커브를 이용한 단면을 생성 후 Sweep 2 Rails 기능)을 실행한다. 이미지와 같이 면 개체를 생성한다.

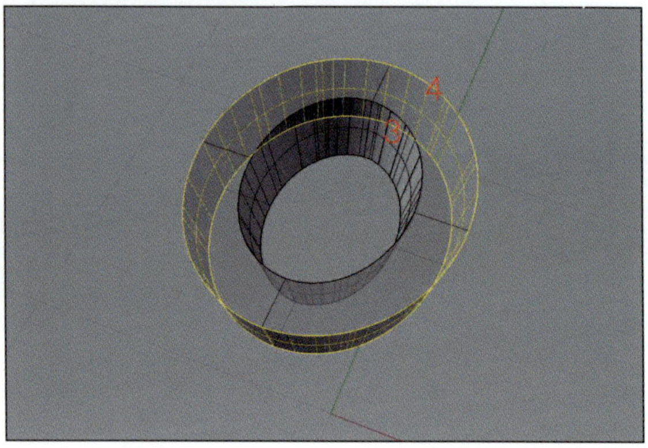

23 Ctrl+A키를 눌러 모든 개체를 선택한다. Join 기능을 실행하여 모든 면 개체들을 합쳐준다. 다음 Select Curves 기능을 실행하여 화면상에 남아있는 커브개체들을 모두 지워준다.

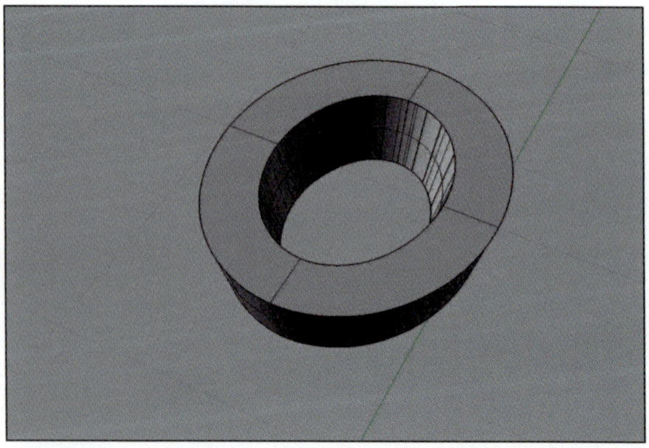

24 Show Objects 기능을 실행하여 이미지와 같이 Hide된 개체를 불러온다.

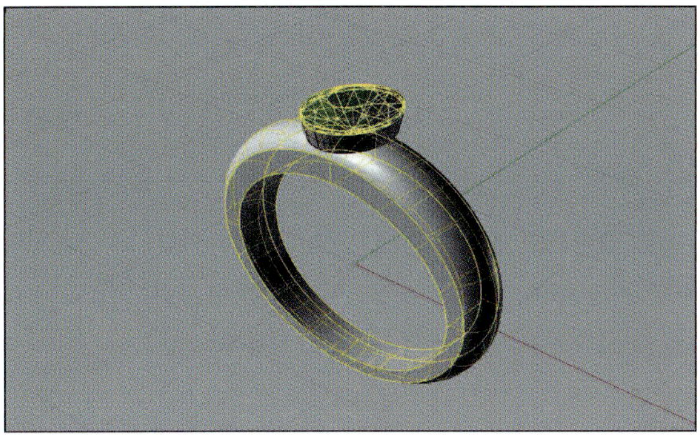

25 Front View에서 Move 기능을 실행한다. 오벌형태 난집개체를 아래쪽 방향으로 0.2mm 이동 시킨다.

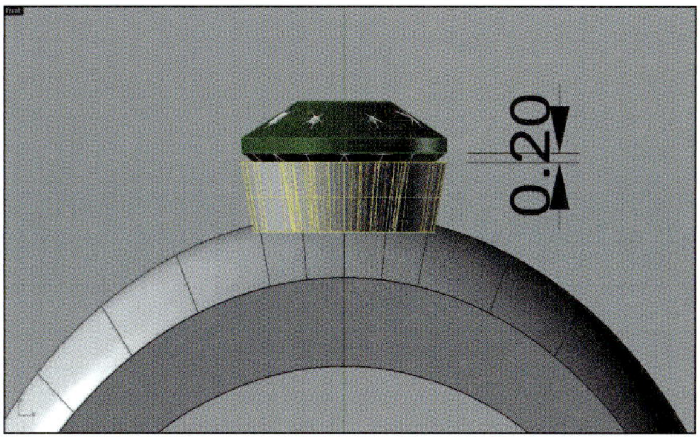

26 Front View에서 Control Point Curve 기능을 실행한다. 이미지와 같은 형태의 곡선개체를 생성한다.

이때, 오벌형태 난집개체와 커브 간격이 0.45~0.46mm정도 떨어지게 생성한다.

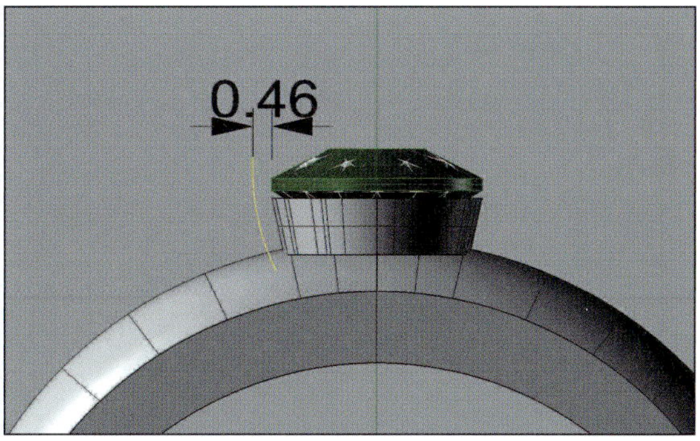

27 생성된 곡선개체를 선택한 다음 Pipe, Round Caps기능을 실행한다. 오벌형태 난집개체의 난발을 생성시킨다. 명령 진행시 Start radius 값은 0.5(Diameter값은 1), End radius 값은 0.425(Diameter 값은 0.85)로 설정해준다. 이미지와 같이 난발 개체 상단 지름 값은 크고, 하단 지름 값은 작게 되어 생성된 것을 확인할 수 있다.

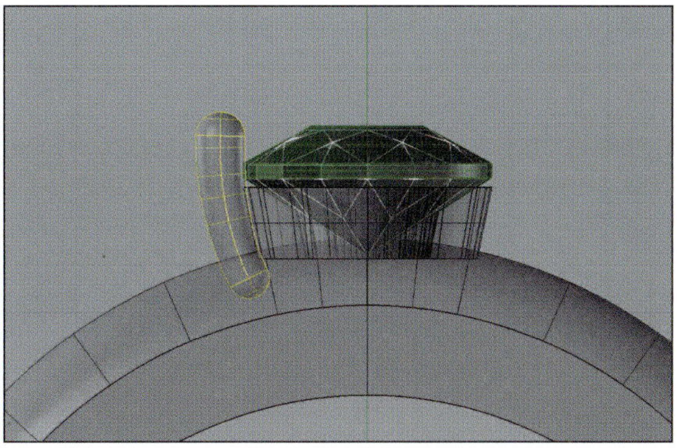

28 Top View를 기준으로 생성된 난발개체를 선택한다. Rotate2-D 기능을 실행하여 이미지와 같이 38도 회전시켜준다.

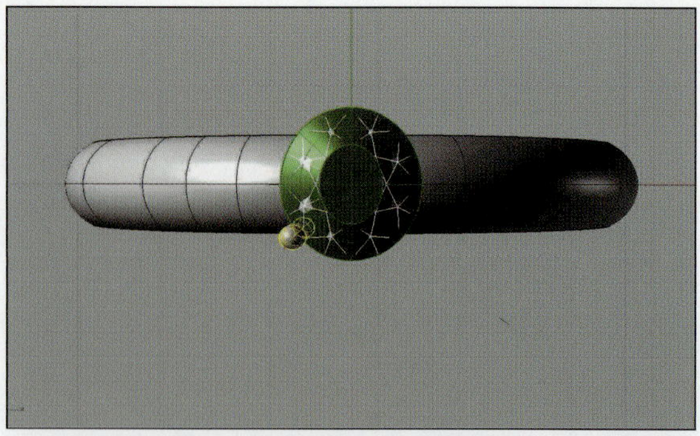

29 기울어진 난발을 선택한 다음 Mirror 기능을 실행한다. 이미지와 같이 수평방향으로 대칭복사 한다.

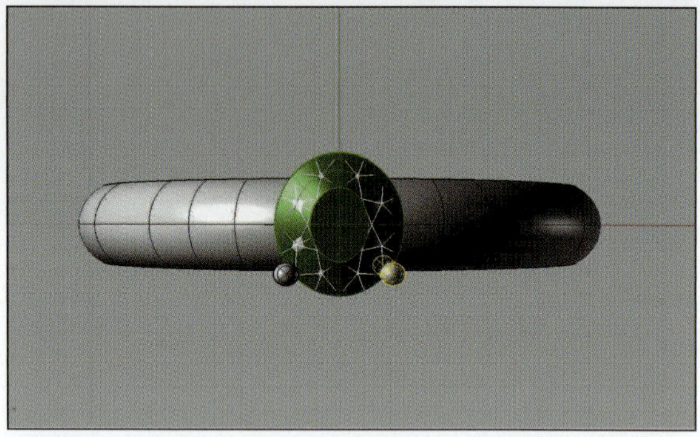

30 대칭복사된 난발개체를 포함하여 2개 난발개체를 선택한다. 다시 Mirror 기능을 실행하여 수직방향으로 대칭복사를 한다.

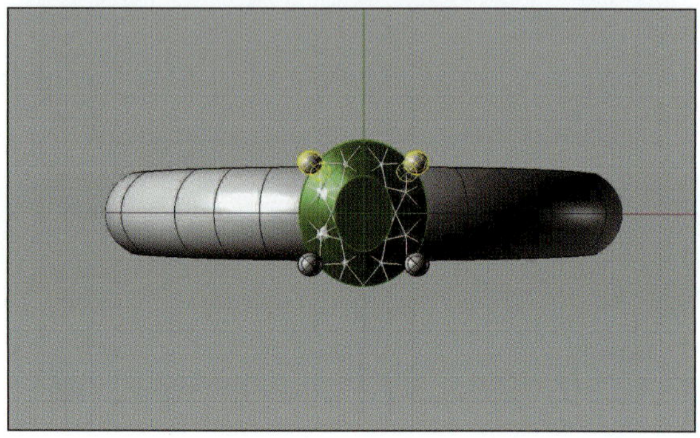

31 다음 이미지와 같이 오벌형태 난집개체가 완성된 것을 확인할 수 있다.

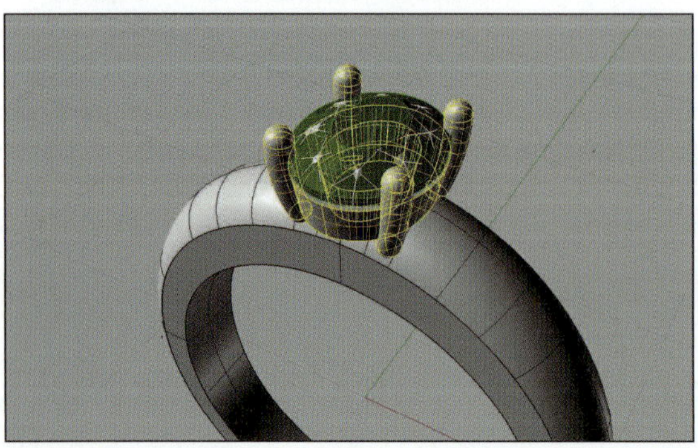

32 Hide Objects 기능을 실행하여 반지 몸통개체를 Hide시킨다.

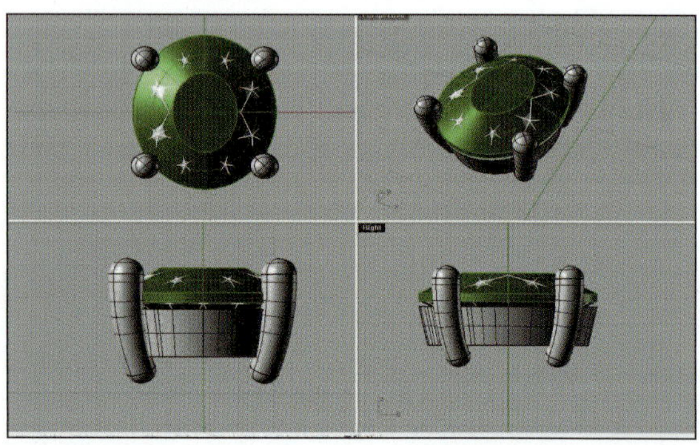

33 Top View에서 Box:Corner to Corner, Height 기능을 실행한다.
먼저 Corner와 Corner방향은 Top view에서 지정하고, Height는 Front View에서 지정하여 상자개체를 생성한다. 상자개체 높이는 생성시킨 오벌형태 난집개체에서 난집 아래 End 부분을 선택해 높이를 일치시킨다.

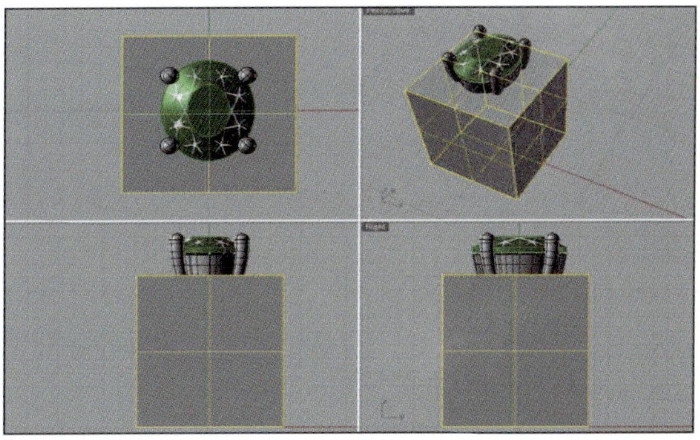

34 Boolean Difference 기능을 실행한다.
오벌형태 난발개체를 선택한 다음 Enter키를 누르고, 다음 상자개체를 선택하고 Enter키를 누른다. 이미지와 같이 난발 밑에 부분이 난집 밑부분과 같은 높이로 잘린 것을 확인할 수 있다.

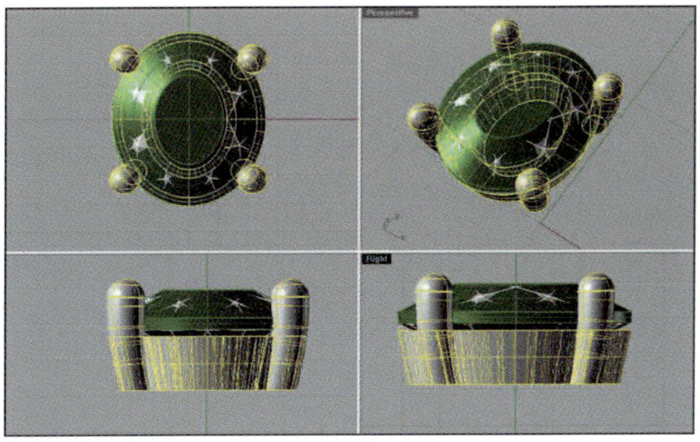

35 다음 이미지와 같이 부록CD 〉 보석샘플 〉 2. 화요일 〉 Gem-003 File을 Insert기능으로 삽입시킨다.

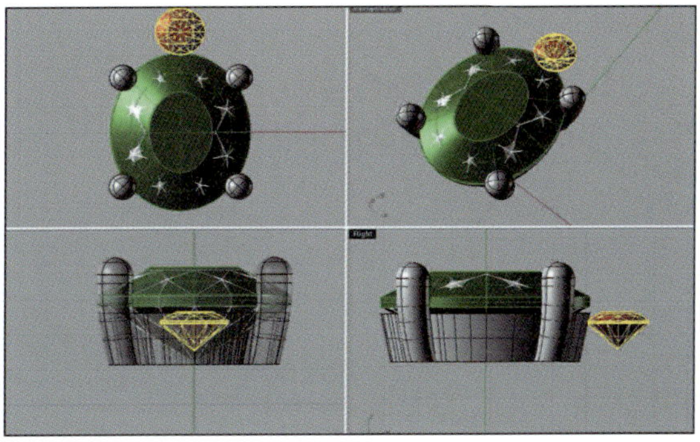

TIP Insert 대화상자가 나타나면 파일을 경로를 통해 지정한 다음 'Insert as' 기능에서 'Individual Objects' 기능을 체크해준다.

36 삽입시킨 보석개체를 선택한 다음 Invert Selection and Hide Objects기능을 실행한다. 선택한 보석개체만 제외하고 나머지는 개체들은 모두 Hide시킨다.

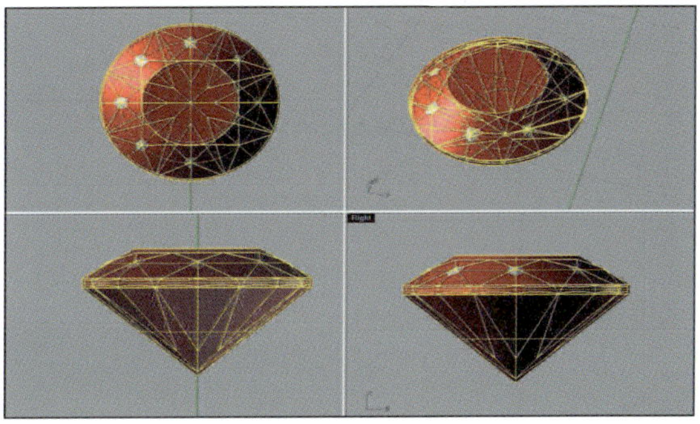

37 Duplicate Edge 기능을 실행하여 빨간색 Layer 개체 거들 부분 중 하단에 위치한 부분을 선택한다. 이미지와 같이 원형커브를 추출한다.

38 Invert Selection and Hide Objects 기능을 실행한다. 선택한 커브개체를 제외하고 나머지는 Hide시킨다.

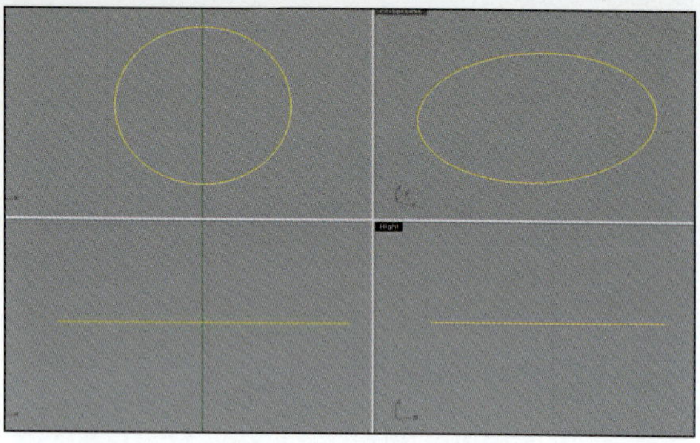

39 남아있는 원형커브를 선택한 다음 Offset Curve 기능을 실행한다. 이미지와 같이 안쪽 방향으로 0.5mm Offset 시킨다.

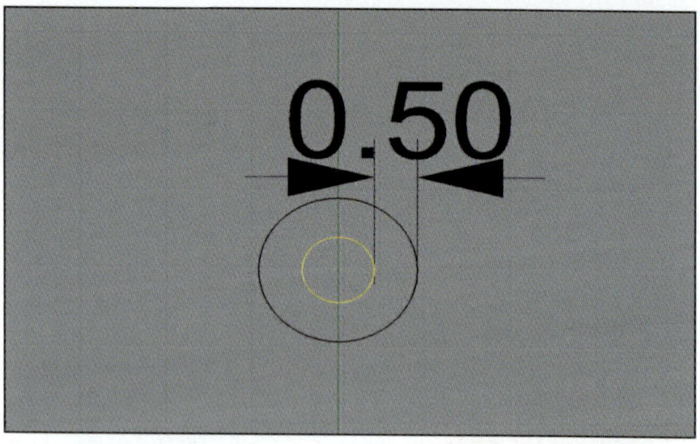

40 이미지와 같이 1,2번 원형커브들을 이용하여 다시 Offset Curve 기능을 실행한다. 안쪽방향으로 0.1mm Offset 시킨다.

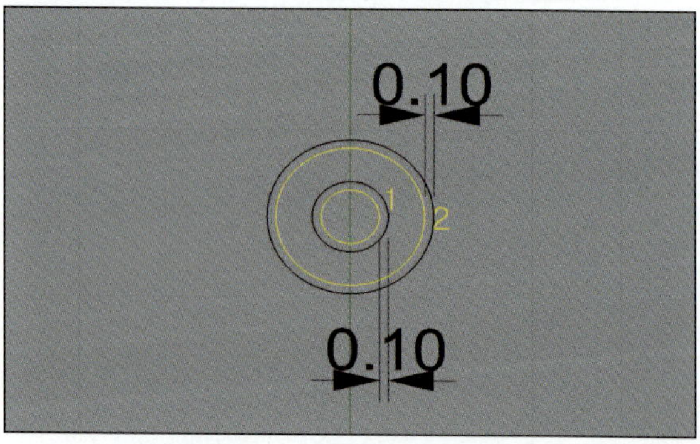

41 생성된 원형커브개체들을 선택한 다음 Move 기능을 실행하여 아래쪽 방향으로 1.1mm 이동 시킨다.

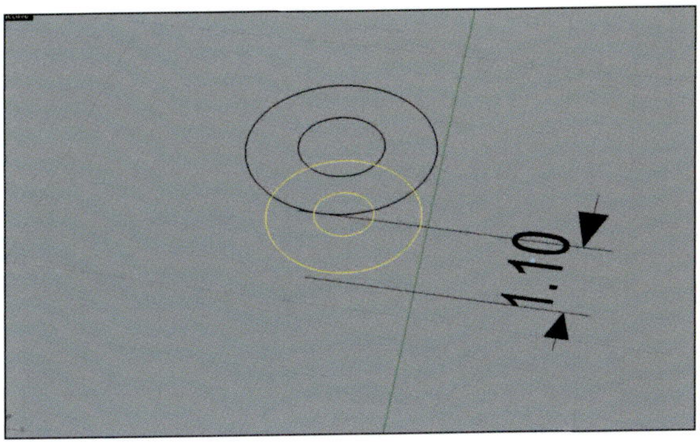

42 이미지와 같이 1, 2번 커브개체들을 선택하여 Surface from Planer Curves 기능을 실행한다. 다시 기능을 재실행하여 3, 4번 커브개체들을 선택하여 면 개체로 생성시킨다.

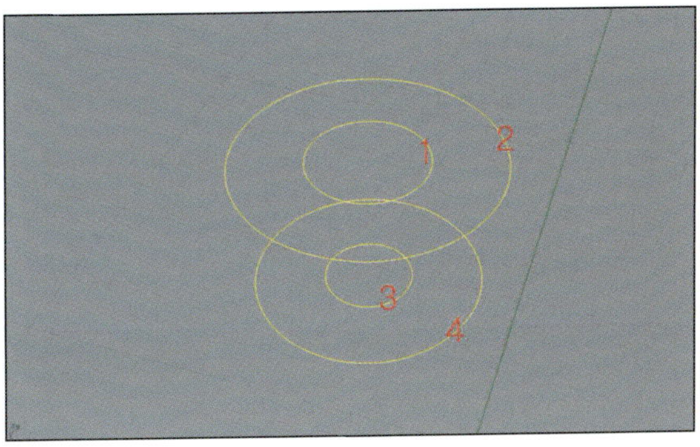

43 이미지와 같이 2개 면 개체가 생성된 것을 확인할 수 있다.

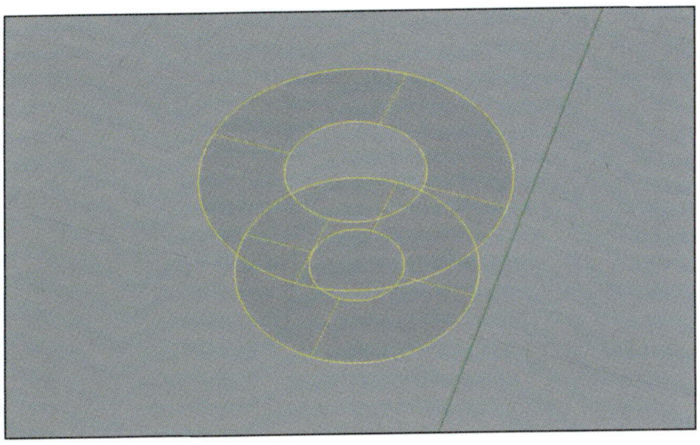

44 각 안쪽 원형커브 2개를 선택하여 Loft 기능을 실행한다. 이미지와 같이 면 개체를 생성한다.

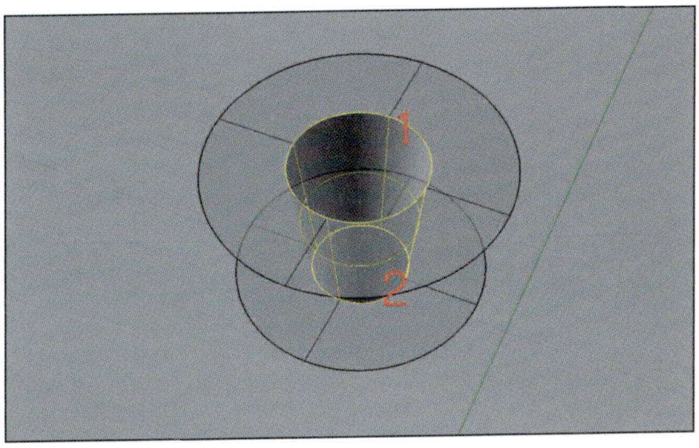

45 다시 외곽에 있는 각 원형커브 2개를 선택한 다음 Loft 기능을 실행한다. 이미지와 같이 면 개체를 생성한다.

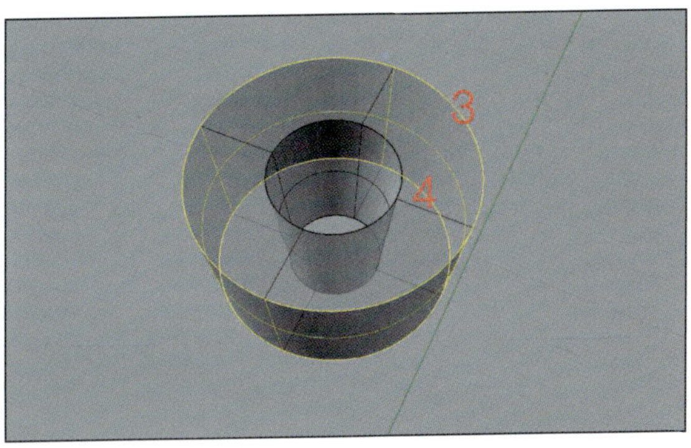

46 Ctrl+A키를 눌러 모든 개체를 선택한다. Join 기능을 실행하여 모든 면 개체들을 합쳐준다. 다음 Select Curves 기능을 실행하여 화면상에 남아있는 커브개체들을 모두 지워준다.

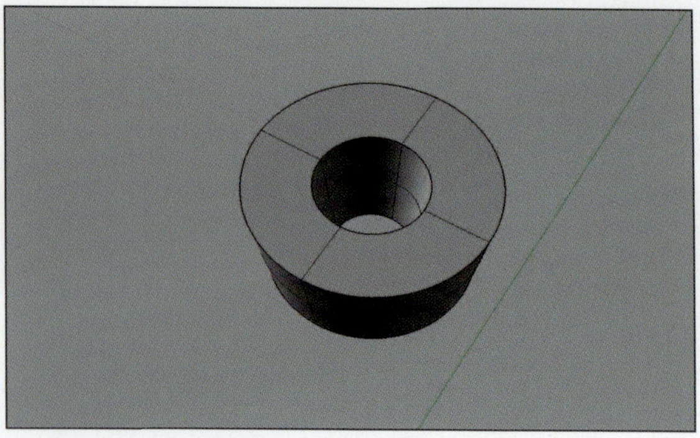

47 Show Objects 기능을 실행하여 이미지와 같이 Hide된 개체를 불러온다.

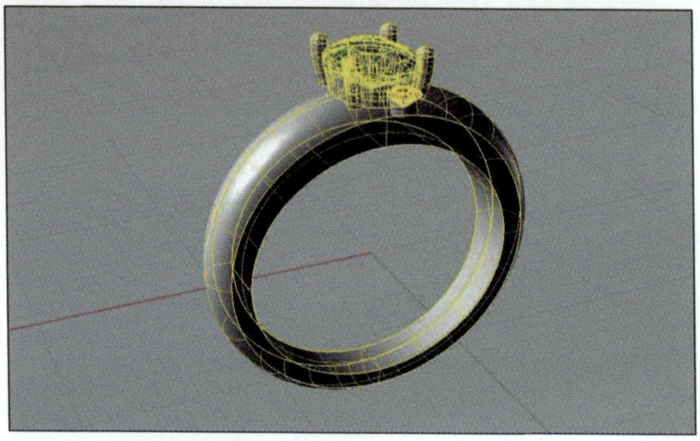

48 Right View에서 Move 기능을 실행한다. 이미지와 같이 아래쪽 방향으로 원형형태 난집개체를 0.1mm 이동 시킨다.

49 Right View에서 이미지와 같이 보석개체와 원형형태 난집개체를 선택한다.

Rotate2-D 기능을 실행하여 명령표시줄에 'Center of rotation' 문구가 나타날 때 원형형태 난집개체 왼쪽 위 Quad점을 선택하고 다음 'Angle or first reference point' 문구가 나타나면 바로 아래 Quad점을 선택한다. 그 뒤 'Second reference point' 문구가 나타나면 '-15'를 입력하고 Enter키를 누른다.

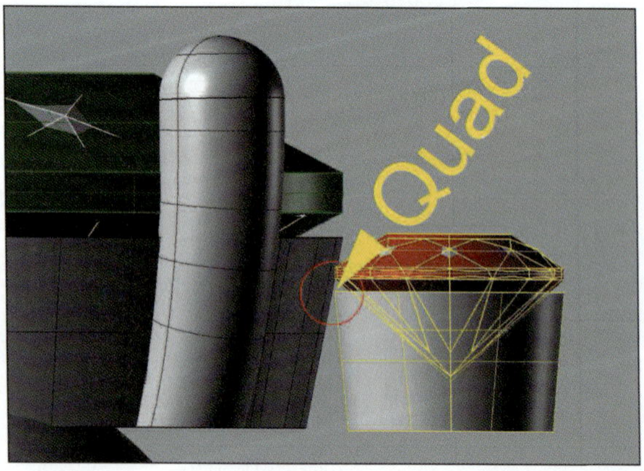

50 이미지와 같이 보석개체와 원형형태 난집개체가 -15도로 기울어진 것을 확인할 수 있다.

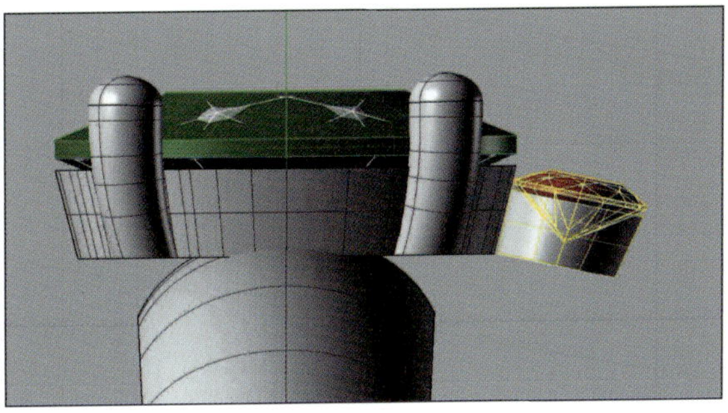

51 Top View에서 Rotate2-D 기능을 실행한다. 이미지와 같이 보석개체와 원형형태 난집개체를 우측으로 회전시킴과 동시에 복사기능을 진행한다. 명령을 진행하면서 명령표시줄에 'Copy' 기능을 체크한 상태로 명령을 실행하면 된다.

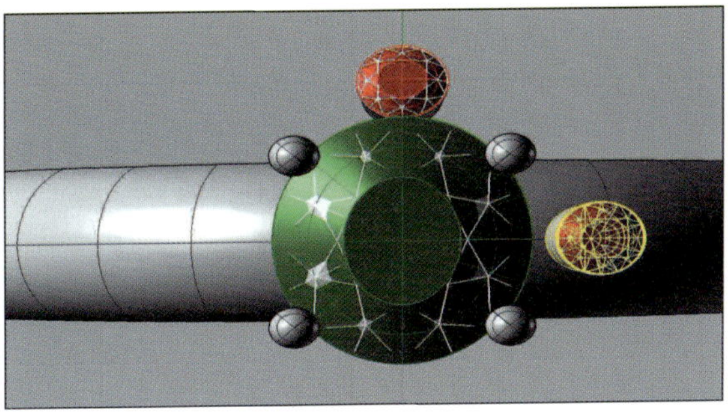

52 복사된 개체를 선택하여 Move 기능을 실행한다. 이미지와 같이 오벌형태 난집에 있는 난발 방향으로 0.5mm이동 시킨다.

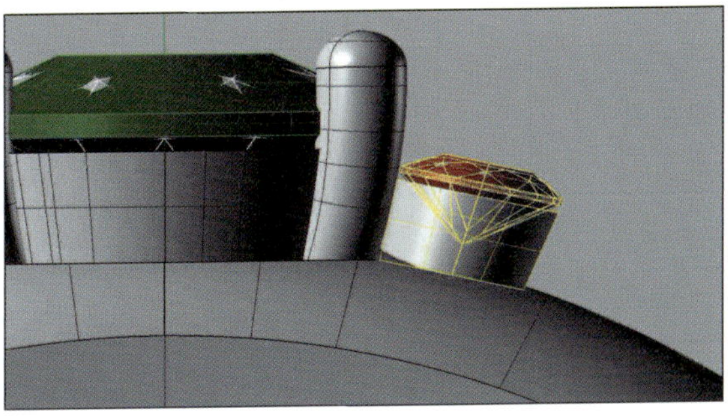

53 Top View에서 이미지와 같이 개체를 선택하고 Rotate2-D 기능을 실행한다.
보석개체와 원형형태 난집개체를 회전시킴과 동시에 복사기능을 진행한다.
명령을 진행할 때 명령표시줄에 'Copy'기능을 체크한 상태로 명령을 실행하고, 'Angle or first reference point' 문구가 나타날 때 값을 '-28'로 설정한다.

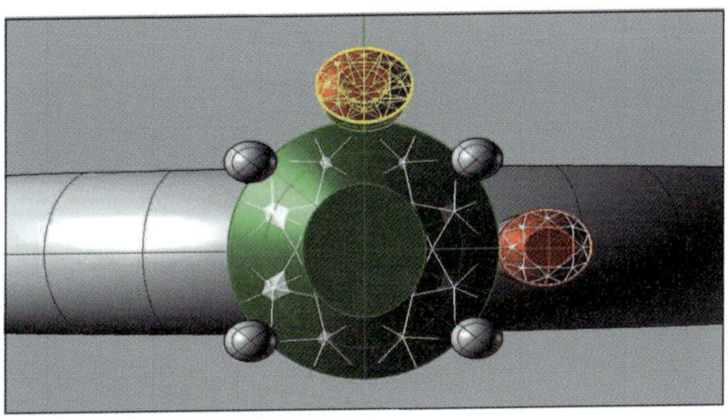

54 이미지와 같은 형태로 보석개체와 원형형태 난집개체가 -28도로 회전되면서 복사된 것을 확인할 수 있다.

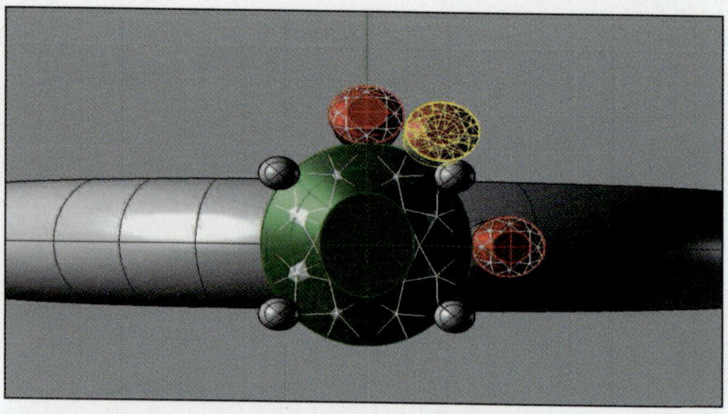

55 다시 Top View에서 이미지와 같이 개체를 선택하고 Rotate2-D 기능을 실행한다. 보석개체와 원형형태 난집개체를 회전시킴과 동시에 복사기능을 진행한다. 명령을 진행할 때 명령표시줄에 'Copy'기능을 체크한 상태로 명령을 실행하고, 'Angle or first reference point' 문구가 나타날 때 값을 '32.5'로 설정한다.

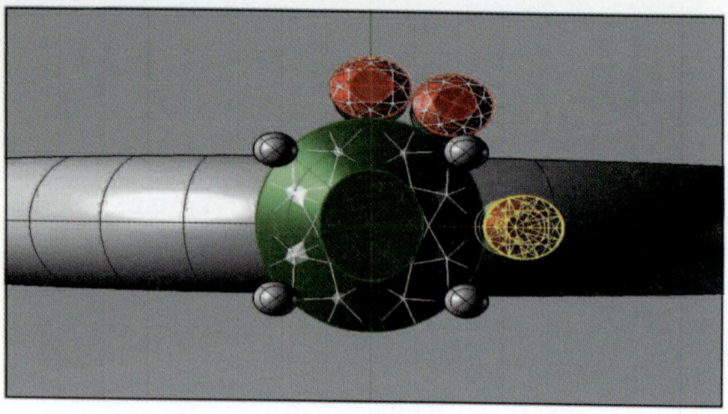

56 이미지와 같은 형태로 보석개체와 원형형태 난집개체가 32.5도로 회전되면서 복사된 것을 확인할 수 있다.

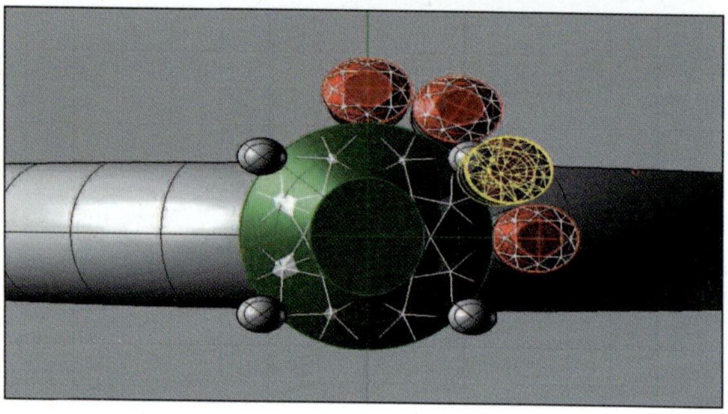

57 이미지와 같이 복사된 개체를 선택하고 Mirror 기능을 실행한다. 수평방향으로 대칭복사 한다.

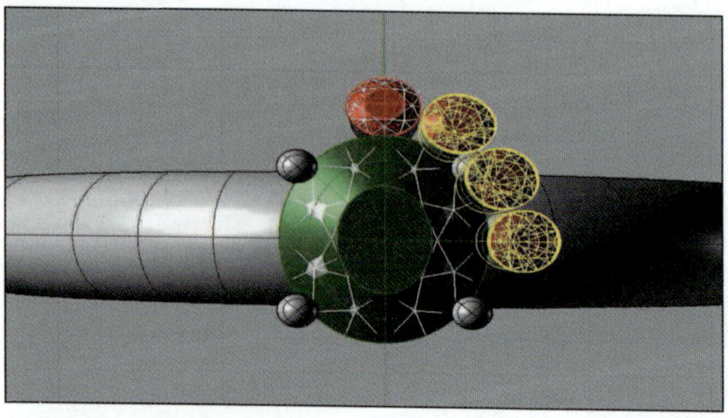

58 다음과 같이 보석개체와 원형형태 난집개체가 복사된 것을 확인할 수 있다.

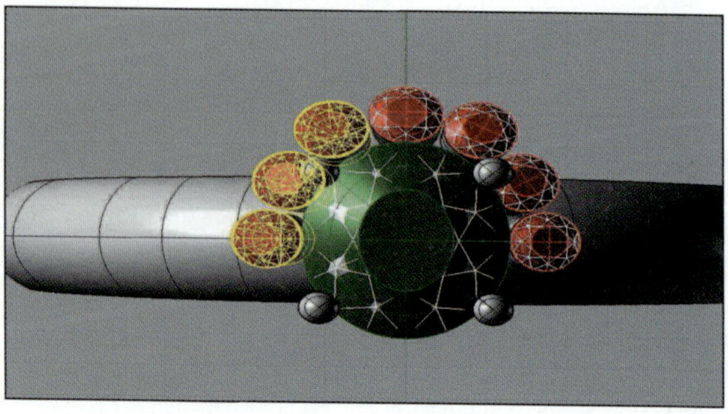

59 다시 이미지와 같이 복사된 개체들을 선택하고 Mirror 기능을 실행한다. 수직방향으로 대칭 복사 한다.

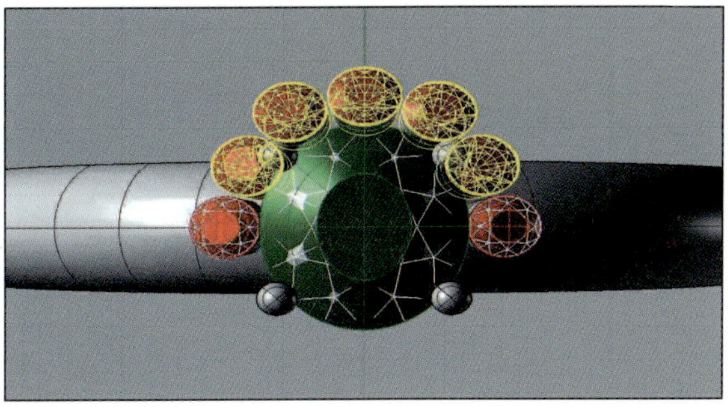

60 다음과 같이 보석개체와 원형형태 난집개체가 복사된 것을 확인할 수 있다.

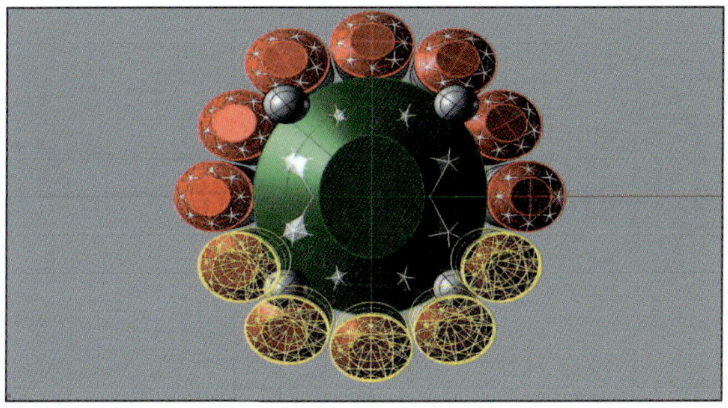

61 Invert Selection and Hide Objects 기능을 실행하여 이미지와 같은 개체들을 제외하고 모두 Hide시킨다.

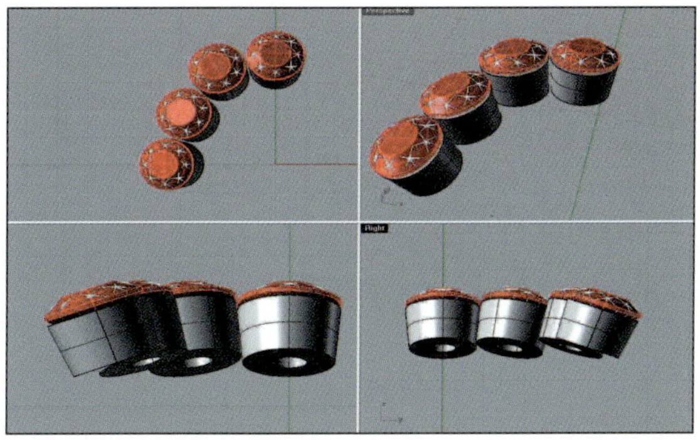

62 Right View에서 Line 기능을 실행한다. 원형난집 하단에 위치한 Quad점을 기준으로 이미지와 같이 1.9mm 길이를 가진 직선개체를 생성한다.

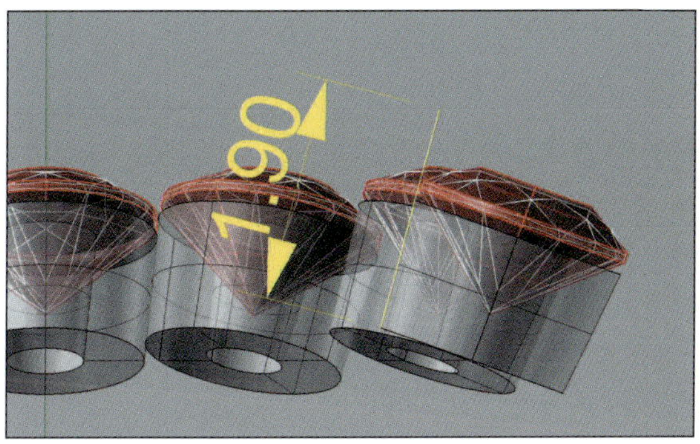

63 생성된 직선개체를 선택한 다음 Pipe, Flat Caps 기능을 실행한다. 지름이 0.7mm 인 파이프 개체를 생성한다. 생성한 다음 직선커브개체는 삭제한다.

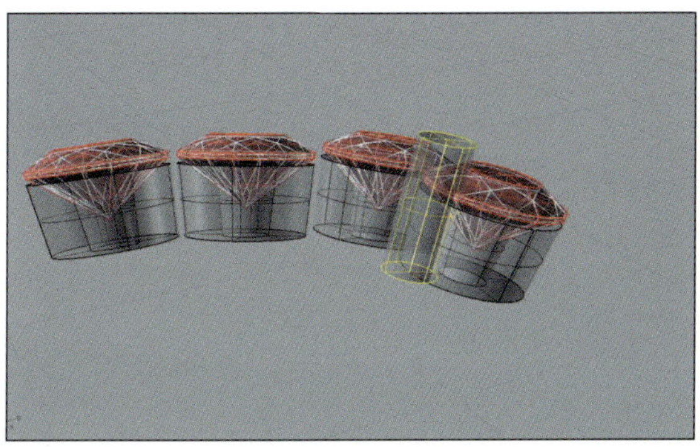

64 생성된 파이프개체를 선택한 다음 Variable Radius Fillet 기능을 실행한다. 생성된 파이프 개체 상단 가장자리를 선택하여 0.34mm 값으로 Fillet 시킨다.

65 Fillet 시킨 파이프 개체를 선택하여 Top View에서 Move 기능을 실행한다. 이미지와 같이 Top View를 기준으로 보았을 때 위쪽방향으로 0.2mm 이동시켜준다.

66 Top View에서 Rotate 2-D 기능을 실행하여 파이프 개체를 원점을 기준으로 14도 회전시킨다.

67 회전시킨 파이프 개체를 선택한 다음 다시 Rotate 2-D 기능을 실행한다. 원점을 기준으로 60도 값으로 회전시킴과 동시에 복사기능을 실행한다. 명령을 진행할 때 명령 표시줄에 'Copy' 기능을 체크한 상태로 명령을 진행한다.

68 회전시킨 파이프개체를 선택한 다음 Move 기능을 실행하여 이미지와 같이 우측 방향으로 0.2~0.5mm이동 시킨다. 이동할 때 파이프 개체 중심위치를 기준으로 이동시켜 준다.

69 생성된 파이프 개체 2개를 선택한 다음 Mirror 기능을 실행하여 수평방향으로 대칭 복사 한다.

70 다시 모든 파이프개체를 선택한 다음 Mirror 기능을 실행하여 수직방향으로 대칭 복사 한다.

71 Show Objects 기능을 실행하여 이미지와 같이 Hide된 개체를 불러온다.

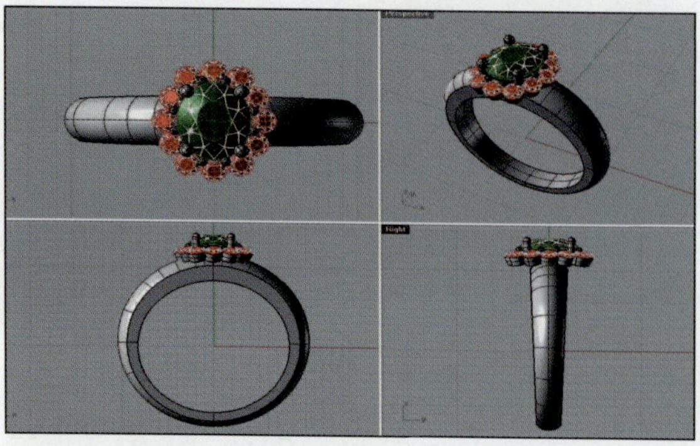

72 Front View에서 Line 기능을 실행하여 이미지와 같이 직선개체를 생성한다.

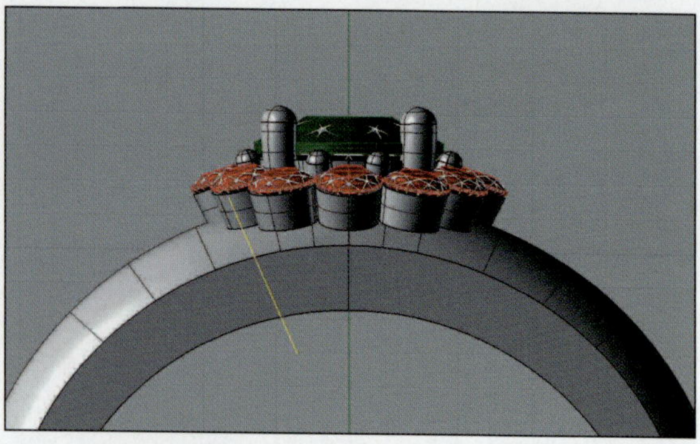

73 생성된 직선개체를 선택한 다음 Mirror 기능을 실행하여 수평방향으로 대칭 복사 한다.

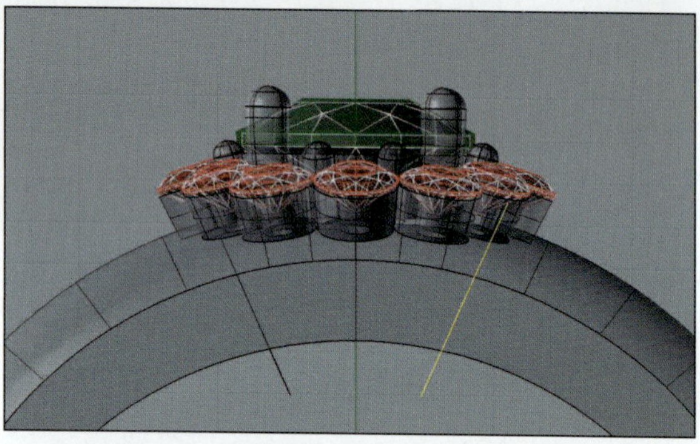

74 Split 기능을 실행한다. 1번 반지 몸통개체를 선택하고 Enter키를 누른다. 다음 2번과 3번 직선개체를 선택한 다음 Enter키를 누른다.

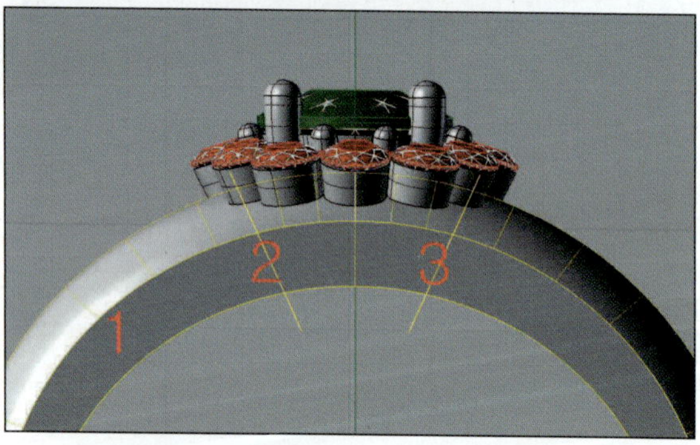

75 이미지와 같이 반지 몸통개체 중간 부분이 나누어지는 것을 확인할 수 있다.

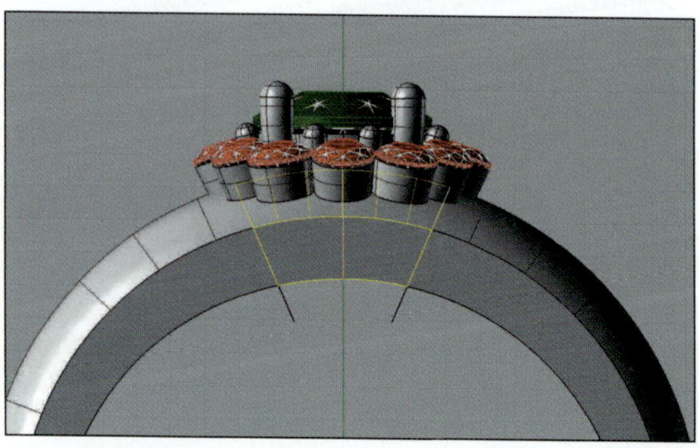

76 Split 기능으로 나누어진 부분과 직선개체들을 선택한 다음 삭제한다. 다음 Cap Planar Holes 기능을 실행한다. 이미지와 같이 남아있는 반지 몸통개체 안쪽에 열린 부분을 면 개체를 생성해 막아준다.

77 Front View에서 Circle:Center, Radius 기능을 실행한다. 원점을 기준으로 16.52mm인 원형커브를 이미지와 같이 생성한다.

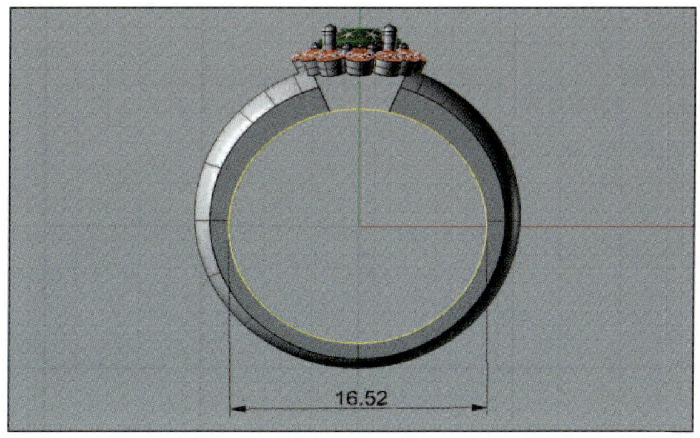

78 생성된 원형커브를 선택한 다음 Extrude closed planar curve 기능을 실행한다.
이미지와 같이 면 개체를 생성한다. 명령을 진행할 때 명령표시줄에 있는 옵션기능 중 'Bothsides=Yes, Cap=No, DeleteInput=Yes'로 설정해준다.

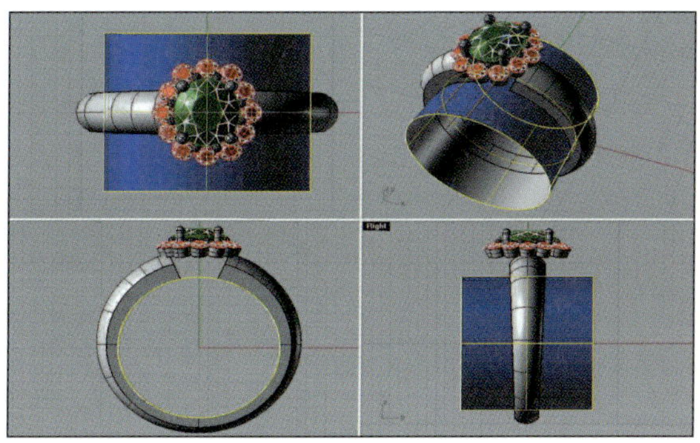

79 Invert Selection and Hide Objects 기능을 실행한다. 이미지와 같이 반지몸통 개체와 생성된 면 개체를 제외한 나머지개체들을 모두 Hide 시킨다.

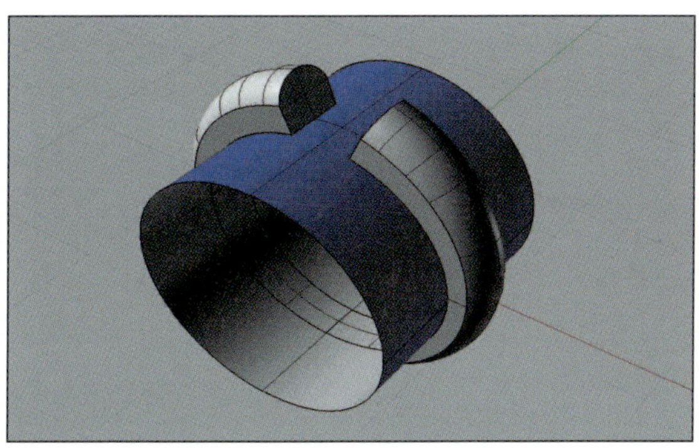

80 Top View에서 Ellipse: From Center 기능을 실행한다. 가로4.6mm, 세로 5.6mm인 타원개체를 생성한다.

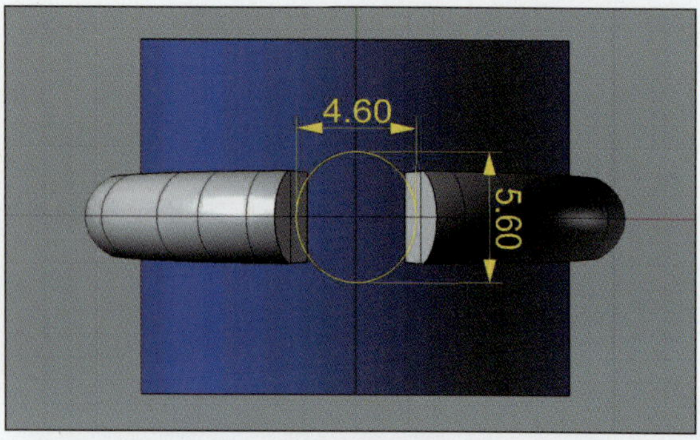

81 Top View에서 Offset Curve 기능을 실행한다. 이미지와 같이 안쪽방향으로 0.7mm Offset 시킨다.

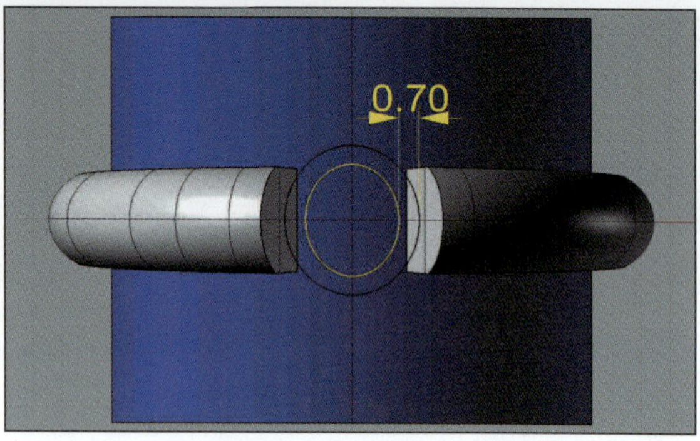

82 Split 기능을 실행하여 1번 면 개체를 선택하고 Enter키를 누른다. 다음 2번과 3번 타원커브를 선택하여 Enter키를 누른다.

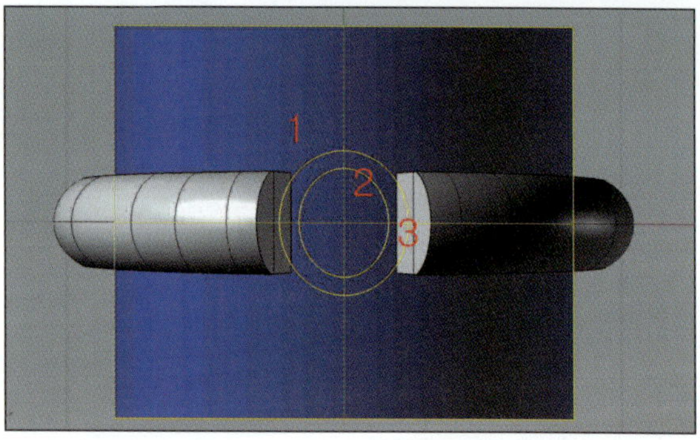

83 이미지와 같이 Split 기능으로 잘려진 면 개체와 반지몸통 개체만 제외하고 모든 개체는 삭제한다.

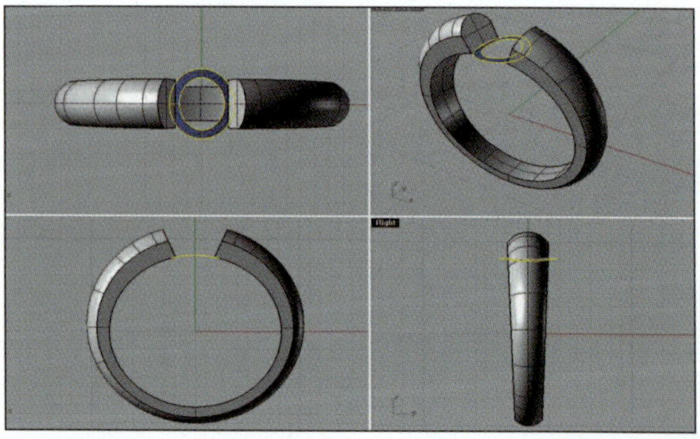

84 남아있는 면 개체를 선택한 다음 Offset Surface 기능을 실행한다. Offset 방향을 위쪽 방향으로 설정한 다음 0.8mm 간격으로 Offset 시킨다. 이때 명령표시줄에 옵션기능 중 'Solid', 'Loose' 기능을 체크하여 이미지와 같이 Solid 개체를 생성시킨다.

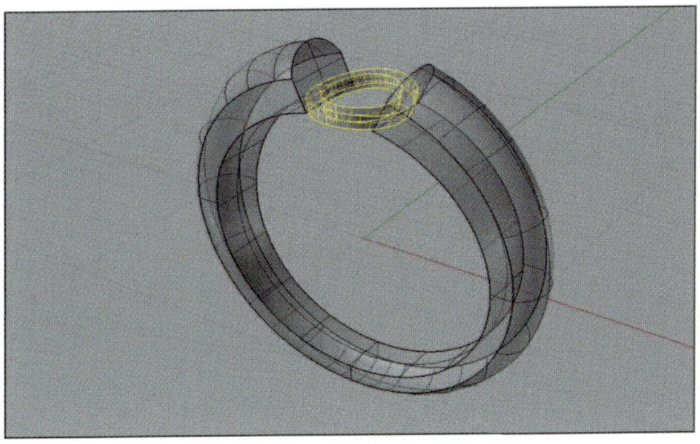

85 Variable Radius Fillet 기능을 실행하여 이미지와 같이 가장자리를 0.7mm Fillet 시킨다.

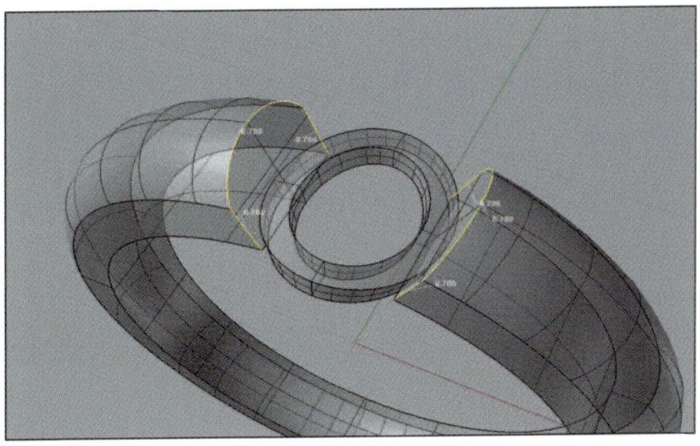

86 이미지와 같이 Fillet 시킨 가장자리가 0.7mm로 Fillet 된 것을 확인할 수 있다.

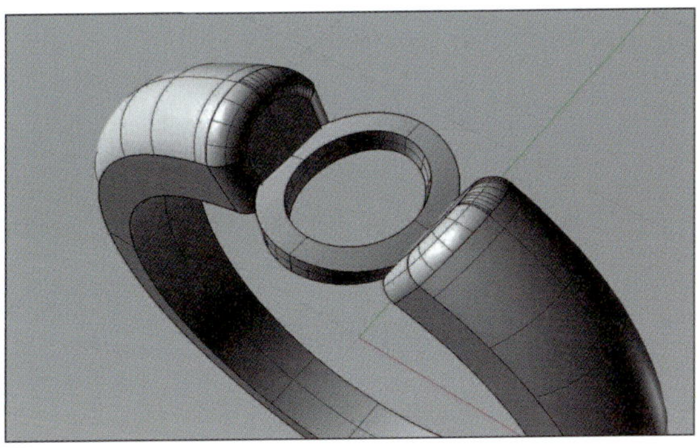

87 Show Objects 기능을 실행하여 이미지와 같이 Hide된 개체를 모두 불러온다.

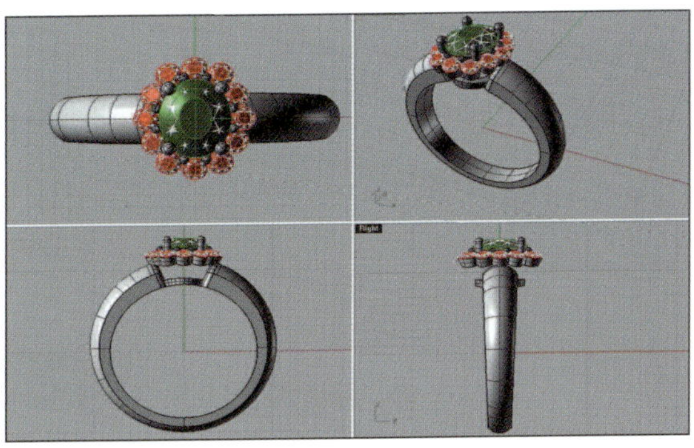

88 Right View에서 Control Point Curve 기능을 실행하여 이미지와 같은 형태의 곡선 개체를 생성한다.

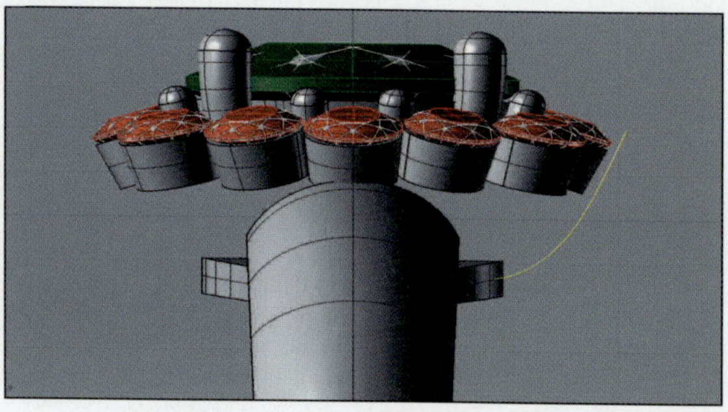

89 생성된 곡선개체를 선택한 다음 Pipe, Round Caps 기능을 실행한다. 이미지와 같이 지름이 0.75mm인 파이프개체를 생성한다. 생성한 다음 곡선형태 커브개체는 삭제한다.

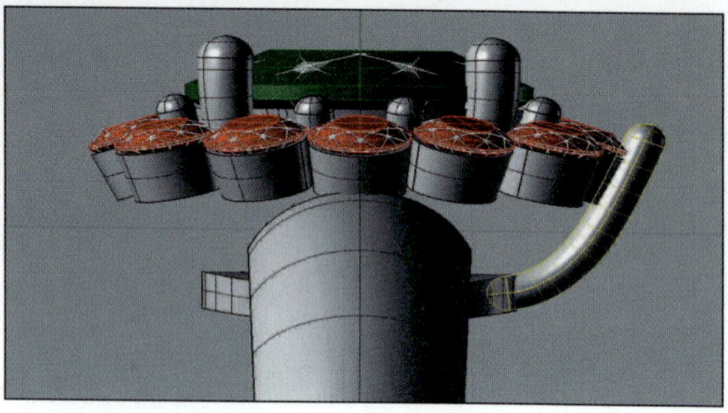

90 0.75mm 파이프개체를 선택한 다음 Top View에서 Rotate 2-D 기능을 실행한다. 회전 값을 -28도 로 입력하여 원점을 기준으로 회전시킴과 동시에 복사기능을 진행한다. 명령을 진행할 때 명령표시줄에 'Copy' 기능을 체크한 상태로 명령을 진행한다.

91 기울어진 파이프 개체를 선택한 다음 다시 Rotate 2-D 기능을 실행한다. -30도로 회전시킴과 동시에 복사기능을 진행한다.

92 복사된 파이프 개체를 선택한 다음 Move 기능을 실행한다.

이미지와 같이 빨간색 Layer로 지정된 보석 개체 안쪽 대각선 방향으로 파이프 개체가 보석개체를 고정시킬 수 있게 이동 시킨다. 그리고 중앙에 위치한 녹색 Layer로 지정된 오벌형태 보석개체를 선택하여 Layer 색을 원형난집 보석개체와 같은 빨간색 Layer 색으로 변환시킨다.

TIP ▸•• Layer를 변환시키는 이유는 다음 진행하는 작업을 효율적으로 진행하기 위해서다.

93 Top View에서 Rotate 2-D 기능을 실행한다. 이미지와 같이 1번 파이프 개체를 선택해 -90도 방향으로 회전시킴과 동시에 복사 기능을 진행한다. 선택한 파이프 개체가 회전되면서 복사된 것을 확인할 수 있다.

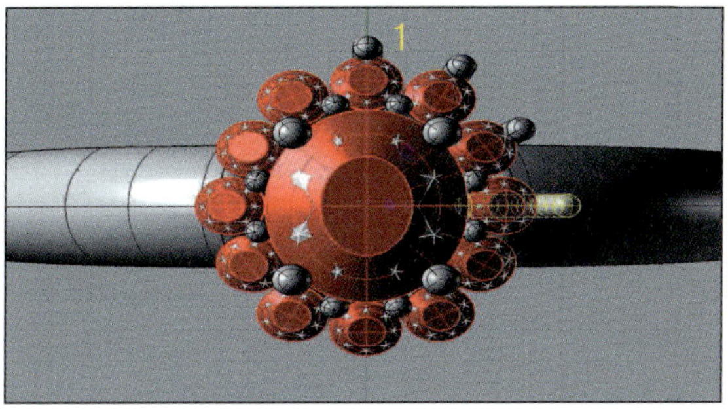

94 복사된 파이프 개체를 선택한 다음 Front View에서 Move 기능을 실행한다. 이미지와 같이 보석 안쪽(좌측 방향)으로 0.5mm 이동 시킨다.

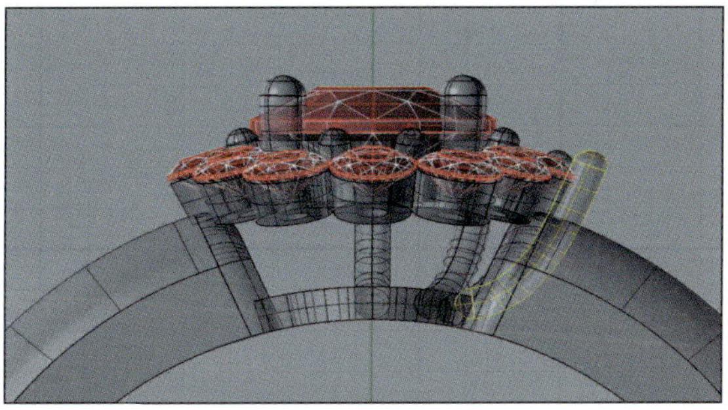

95 Front View에서 이미지와 같이 파이프 개체 3개를 선택하고 Mirror 기능을 실행한다. 수평방향으로 대칭복사 한다.

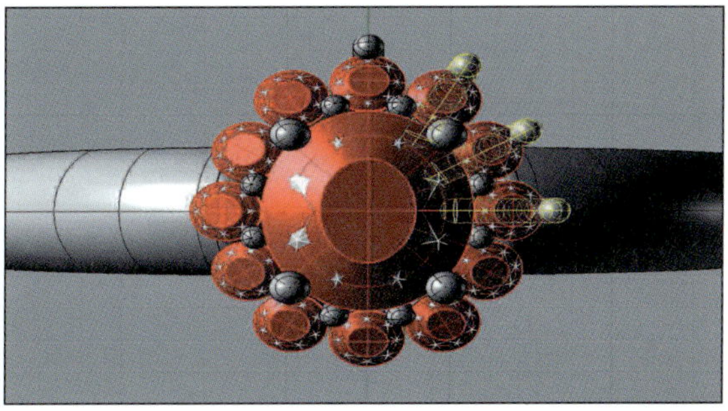

96 이미지와 같이 파이프 개체들이 수평방향으로 대칭 복사된 것을 확인할 수 있다.

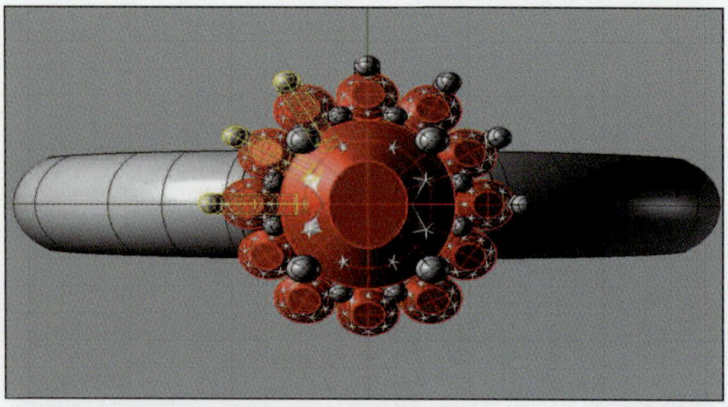

97 Front View에서 이미지와 같이 파이프 개체 5개를 선택하고 Mirror 기능을 실행한다. 수직방향으로 대칭복사 한다.

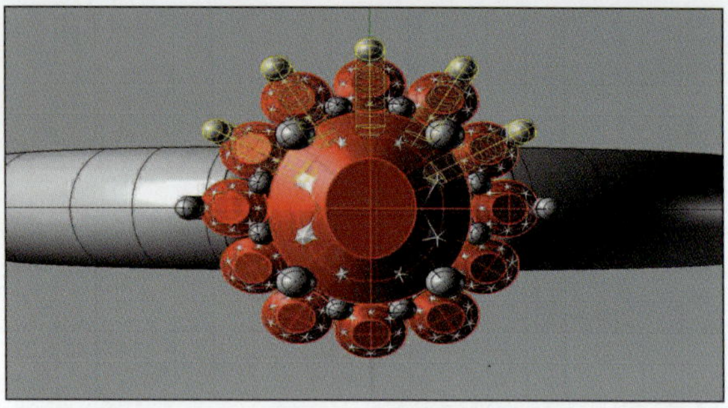

98 이미지와 같이 파이프 개체들이 수평방향으로 대칭 복사된 것을 확인할 수 있다.

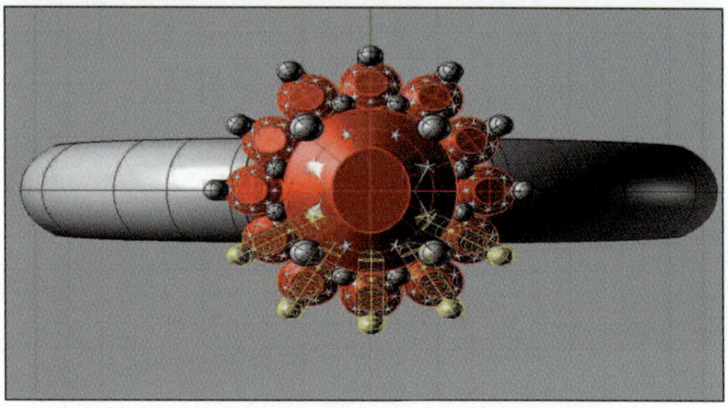

99 Hide Objects 기능을 실행한다. 빨간색 Layer로 지정된 개체들 안쪽에 숨어 있는 하얀색 Layer 보석개체들을 모두 선택하여 Hide 시킨다.

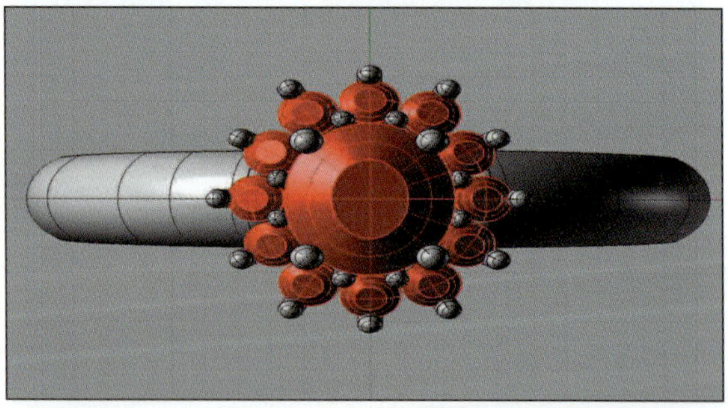

100 빨간색 Layer만 선택하여 Group 기능을 실행한다. 이미지와 같이 하나의 Group 개체로 지정되게 한다.

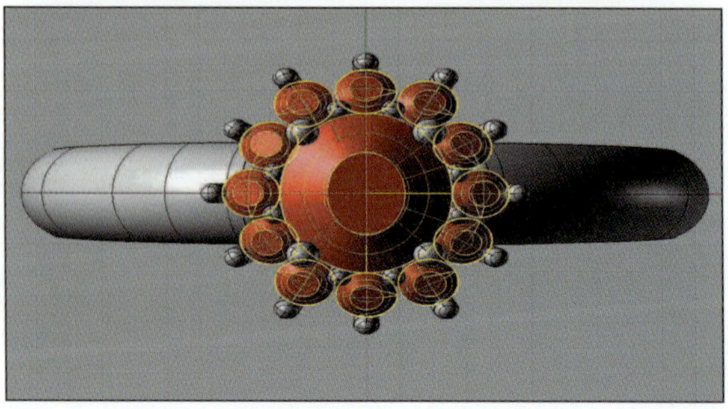

101 다시 Default Layer(검정색)으로 지정된 개체들을 모두 선택해 Group 기능을 실행한다. 이미지와 같이 하나의 Group 개체로 지정되게 한다.

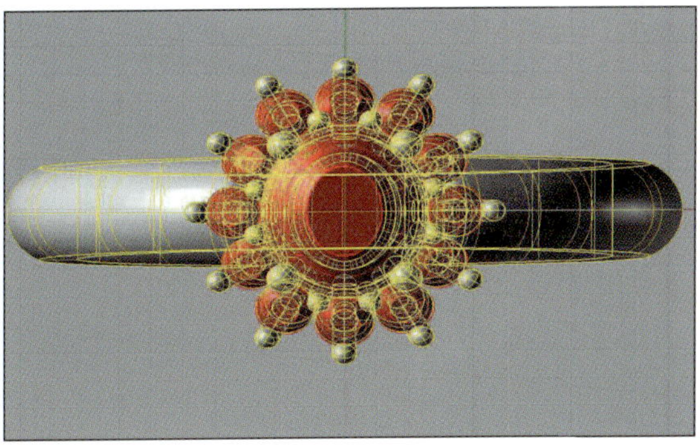

102 Boolean Difference 기능을 실행한다. 2번 검정색 Default Layer 개체를 선택하고 Enter키를 누른다. 다음 1번 빨간색 Layer 개체를 선택하고 Enter키를 누른다.

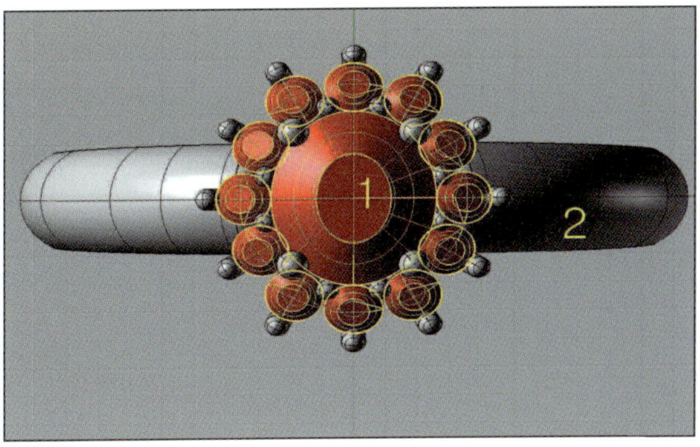

103 이미지와 같이 보석개체들이 물려질 수 있게 반지몸통 개체에 홈이 생성되는 것을 확인할 수 있다.

104 Show Objects 기능을 실행하여 Hide된 보석개체들 불러온다. 이미지와 같이 완성된 반지형태를 4면도로 확인할 수 있다.

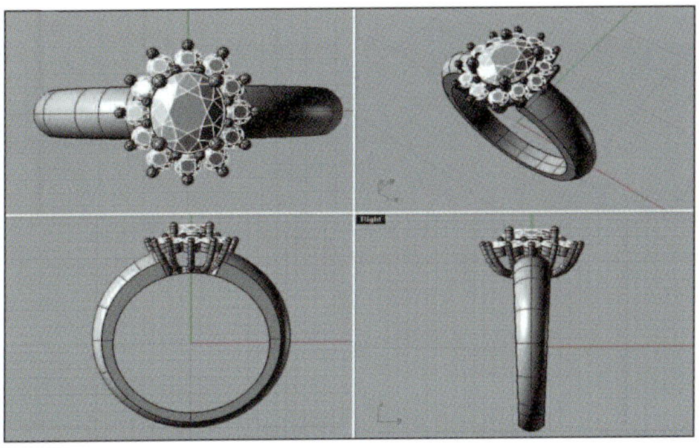

2. 예제 렌더링 따라하기

화요일 "실장님! 뒤에 반지는 날려주세요!" 렌더링 과정에서는 월요일 "Keyshot으로 반지에 여러 가지 색을 입혀보자!" 렌더링 과정과 같이 Keyshot 프로그램을 이용한 렌더링 기능을 알아본다. 여기에서는 스티커 효과를 주는 Label 기능과 원하는 질감을 표현하는 Texture와 Bump기능, 그리고 작품 사진 촬영과 같이 카메라 심도 기능을 가진 Depth of Field기능을 알아보도록 한다.

부록CD > 예제파일 > 2.화요일 > Ring-Holder+Ring

01 예제를 불러와 다음 이미지와 같이 완성된 모델링 개체가 나타난 것을 확인할 수 있다.

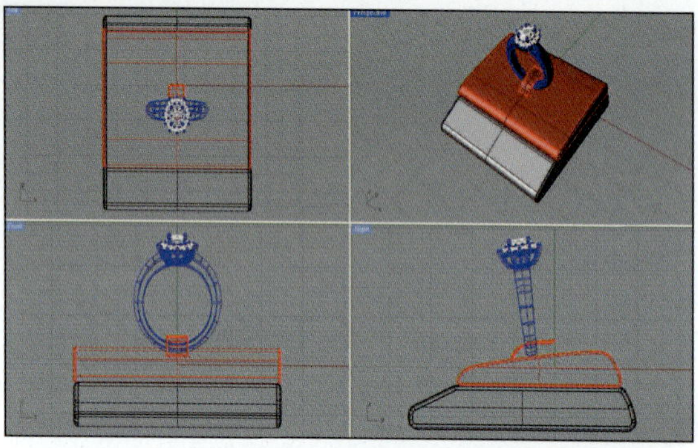

02 'Save As' 기능을 이용하여 바탕화면에 있는 'Keyshot Resources' 폴더에 저장한다. 이때 폴더 안에 사용자가 원하는 폴더를 따로 생성하여 생성한 폴더에 파일을 저장하여도 무관하다.

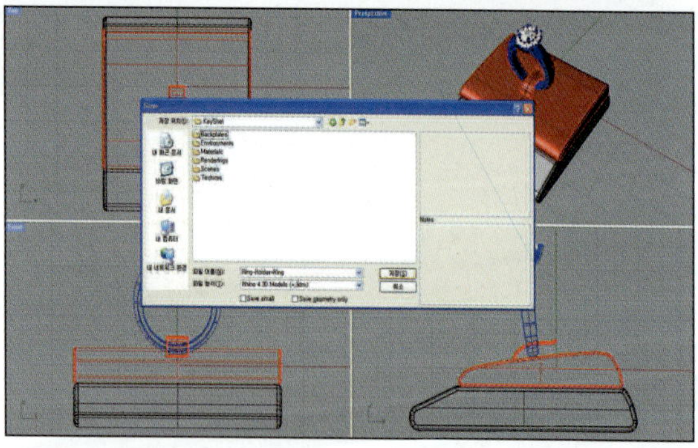

03 Keyshot 렌더링 프로그램을 실행시킨다. 다음 화면 하단에 배치된 'Import' 기능을 실행하면 다음 이미지와 같이 'Keyshot Resources' 폴더 경로를 가진 대화상자가 나타난다. 저장시킨 라이노 파일을 선택한 다음 '열기' 버튼을 클릭한다.

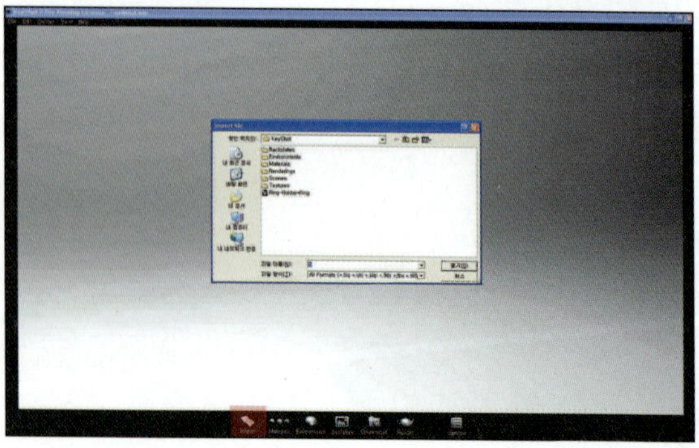

04 다음과 같은 대화상자가 나타나면 'OK' 버튼을 클릭한다. 이때 대화상자에 있는 각 옵션은 체크하지 않아도 된다.

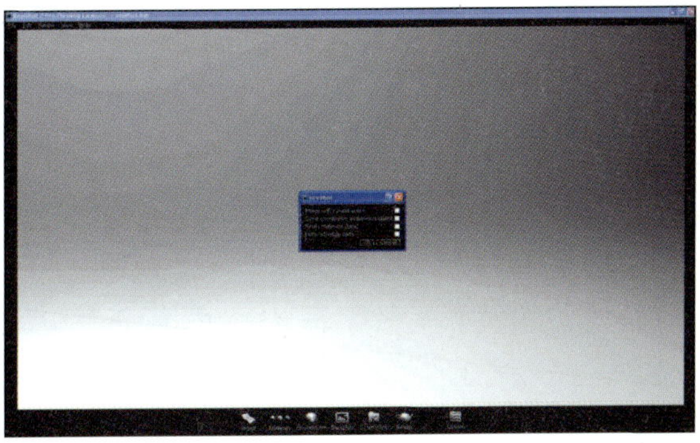

05 다음과 같이 파일을 불러오는 과정을 볼 수 있다.

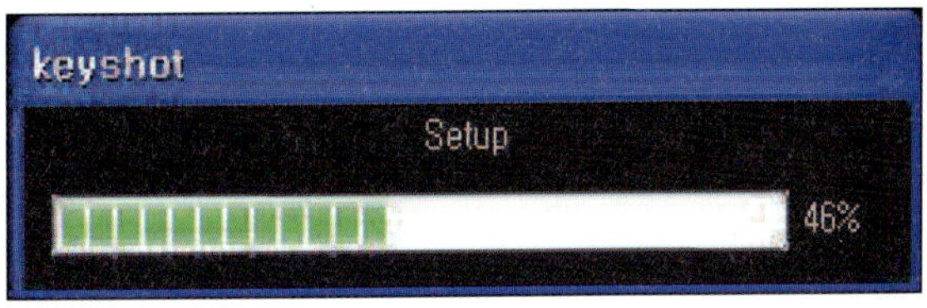

06 마우스 왼쪽 버튼을 누르면서 화면을 회전시킨다. Alt+MMB(마우스중간버튼)를 누른 상태로 화면을 이동시키고, Alt+MMB(마우스중간버튼)를 움직여 화면을 확대/축소하여 다음이미지와 같이 개체를 배치시켜준다.

07 화면 하단에 배치된 'Materials' 기능을 실행한다. 다음 이미지와 같이 재질 대화상자가 나타난 것을 확인할 수 있다.

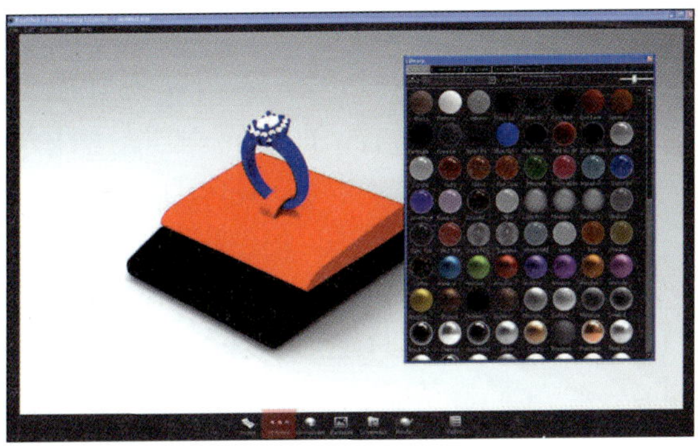

08 화면을 확대시킨 다음 재질 대화상자에서 'Diamond' 재질을 선택한 다음 마우스 왼쪽 버튼을 누른 상태에서 드래그하여 보석개체에 가져다 놓은 후 누르고 있는 마우스 왼쪽 버튼을 해제한다. 이미지와 같이 다이아몬드 재질이 적용된 것을 확인할 수 있다.

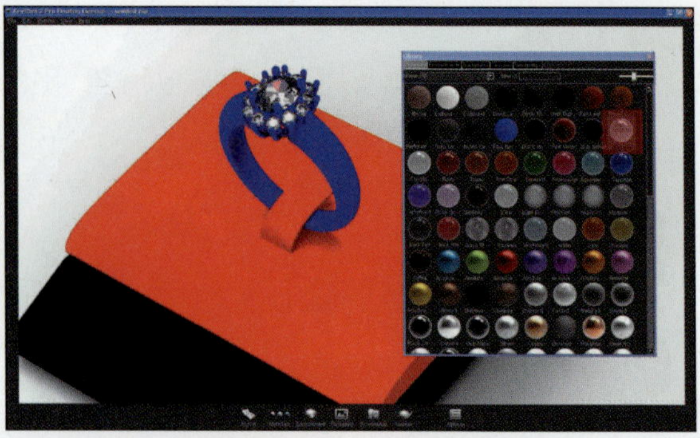

09 다음으로 같은 방법으로 재질 대화상자에서 'Platinum' 재질을 선택하여 반지 몸체에 적용시킨다. 이미지와 같이 반지개체에 재질이 적용된 것을 확인할 수 있다.

10 이번에는 반지를 고정시키고 있는 개체에 'Clear' 재질을 적용시킨다. 다음 이미지와 같이 반지를 고정시키기고 있는 개체에 유리 재질이 적용된 것을 확인할 수 있다.

11 마지막으로 배치된 개체 중 가장 하단에 있는 개체에 'Soft Touch Blue' 재질을 적용시킨다. 다음 이미지와 같이 하단 부위에 있는 개체에 재질이 적용된 것을 확인할 수 있다.

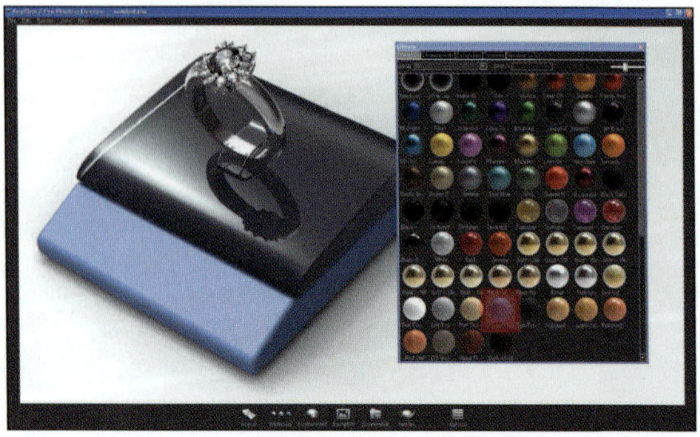

Label기능 알아보기

지금부터 Label 기능을 통해 적용된 유리재질에 로고를 부착한 스티커 효과를 내보도록 한다. 이 기능과 같은 효과를 내기 위해서 대다수 작업자들은 Rhino CAD 프로그램에서 모델링을 한 다음 로고 또는 텍스트를 Curve로 생성하여 Surface화 시켰다. 다음으로 각 개체에 레이어를 다르게 적용하여 Keyshot에서 재질을 개별적으로 적용하여 효과를 만들어 냈다. 하지만 이러한 작업을 하게 되면 크기 변화와 각도 변화 그리고 위치 변화를 실시간 줄 수가 없기 때문에 작업에 많은 시간을 소요하게 된다. 하지만 이 Label기능을 사용하면 보다 편리하고 효율적으로 스티커 효과를 낼 수가 있다.

12 유리 재질을 적용시킨 반지 고정 개체에 마우스 커서를 가져간 다음 마우스 우측 버튼을 클릭한다. 다음 이미지와 같은 옵션기능 대화상자가 나타나는 것을 확인할 수 있다. 여기에서 'Edit material' 기능을 선택한다.

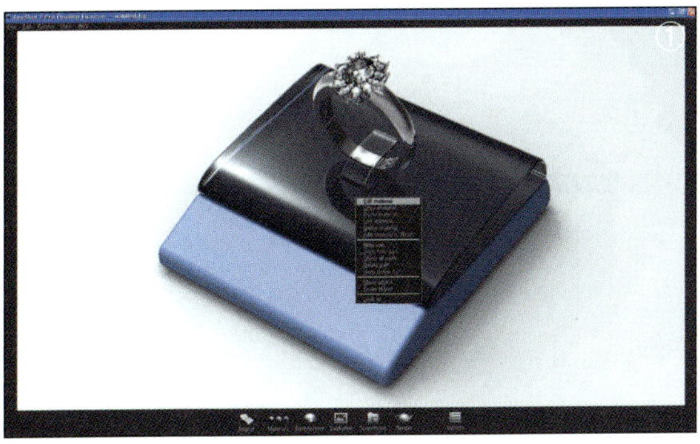

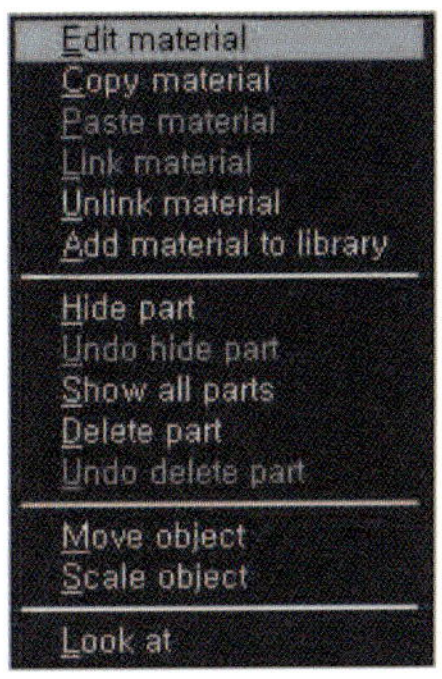

13 다음 이미지와 같이 옵션 대화상자가 나타난 것을 확인할 수 있다.

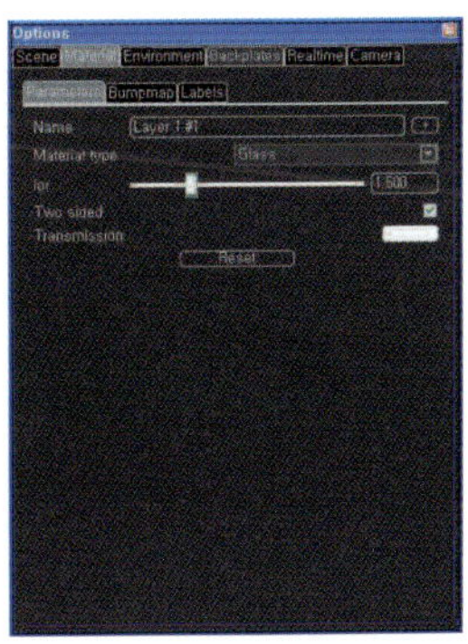

14 다음 옵션 대화상자에서 'Label'기능을 선택 한다.

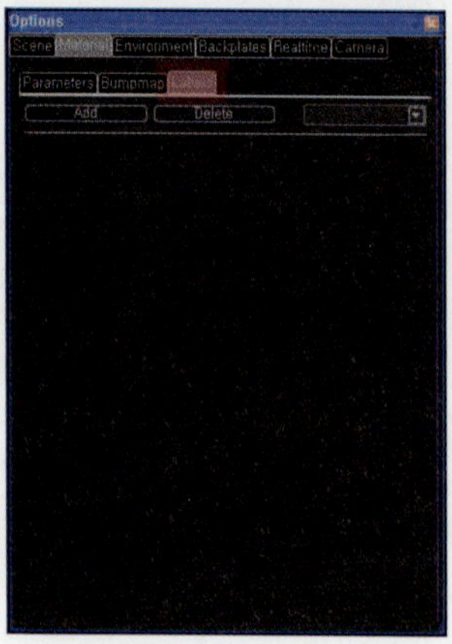

15 'Add' 버튼을 클릭한다.

16 다음 이미지와 같이 KeyShot Resources 폴더 〈 Texture 폴더 경로를 통해 'Label_Ncadjewelry-white' 포토샵 파일을 선택한다. 대화상자 하단에 있는 파일이름 란에 알파벳 'L'을 치게 되면 다음 이미지와 같이 파일명을 인식하게 된다. 파일을 지정한 다음 열기 버튼을 클릭 한다. 우측 옵션 대화상자에 있는 'Load' 칸 안에 하얀색의 텍스트이미지가 보이는 것을 확인할 수 있다.

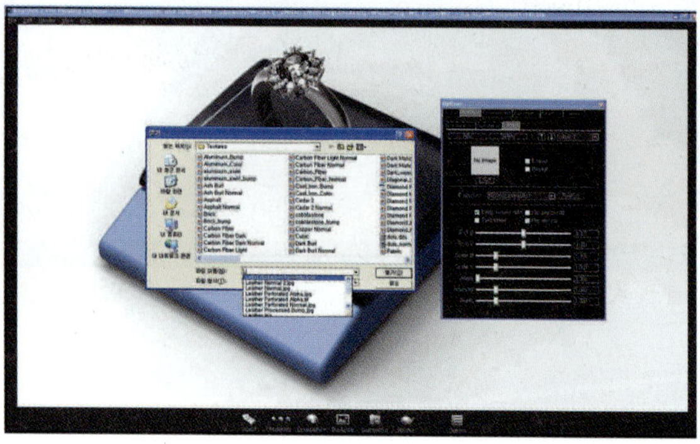

TIP ▶●▶ 이 작업을 진행하기 전에 부록CD 〈 이미지 〈 2.화요일 〉Label_Ncadjewelry-white 포토샵 파일을 복사(Ctrl+C)하여 바탕화면에 있는 KeyShot Resources 폴더 〈 Texture 폴더안에 붙혀넣기(Ctrl+V) 한다. 그리고 만약 바탕화면에 있는 KeyShot Resources 폴더 〈 Texture 폴더 경로를 통해 재질을 선택할 수 없다면 내 문서 〉 KeyShot Resources 폴더 〈 Texture 폴더 경로를 통해 재질을 적용하면 된다. 또한 이 과정에서도 파일이 보이지 않거나 인식을 못하게 되면 내 문서 〉 KeyShot Resources 폴더 〈 Texture 폴더 경로에서 파일명 입력 칸에 직접 'Label_Ncadjewelry-white' 파일명을 입력한다. 다음 작업과정에서도 이와같이 파일이 나타나지 않을때는 불러오고자 하는 파일명을 직접 입력하도록 한다.

17 다음 옵션 대화상자에 있는 값과 같이 설정된 상태에서 'Position' 버튼을 클릭한다.

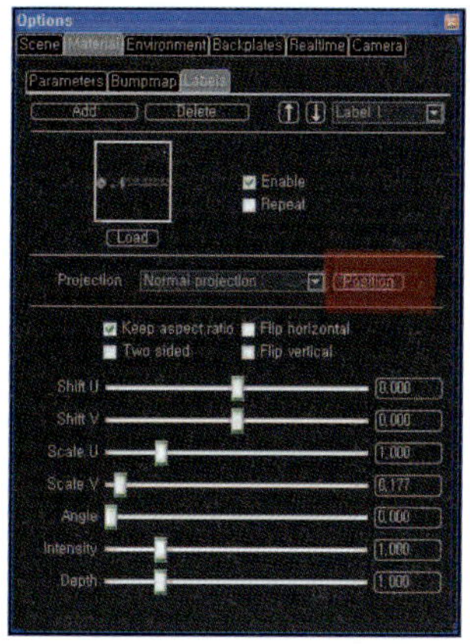

18 다음 이미지와 같이 원하는 위치를 정하고 마우스 왼쪽 버튼을 클릭한다. 클릭한 위치에 로고가 스티커가 부착되는 효과처럼 생성되는 것을 확인할 수 있다.

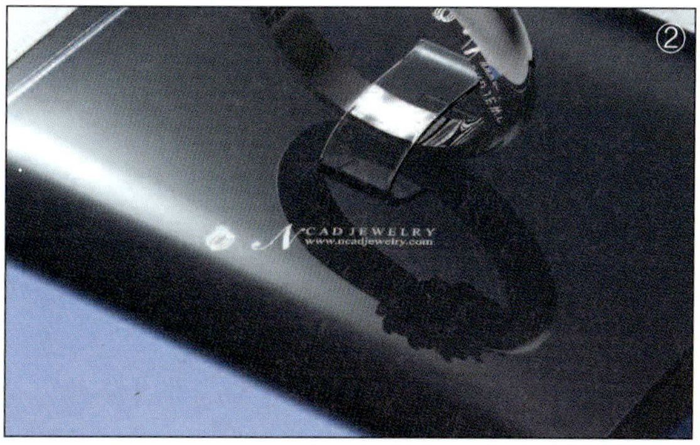

19 옵션 대화상자에 있는 'Angle' 값을 31도로 조정해준다. 이미지와 같이 위치되어진 로고 개체가 회전되는 것을 확인할 수 있다. 이렇게 작업자가 값을 입력하여 원하는 각도로 로고 개체를 회전 시킬 수 있다.

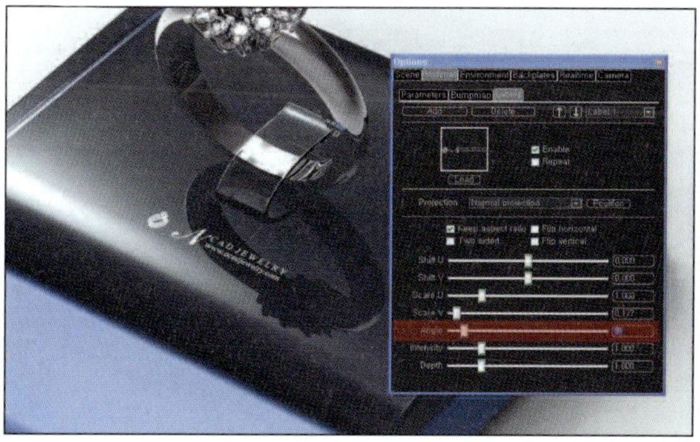

20 다음으로 'Scale U'와 'Scale V' 기능을 이용하여 이미지와 같이 로고 크기를 조절한다. 이 기능을 통해 불러온 Label 개체 크기를 조절할 수 있으므로 작업자는 원하는 크기로 조절해 본다.

TIP ▸●▸ 원하는 위치로 이동하고자 할 때는 'Shift U, Shift V' 기능을 통해 원하는 위치로 이동시킬 수 있다.

21 Label 기능을 적용하여 완성된 상태를 볼 수 있다.

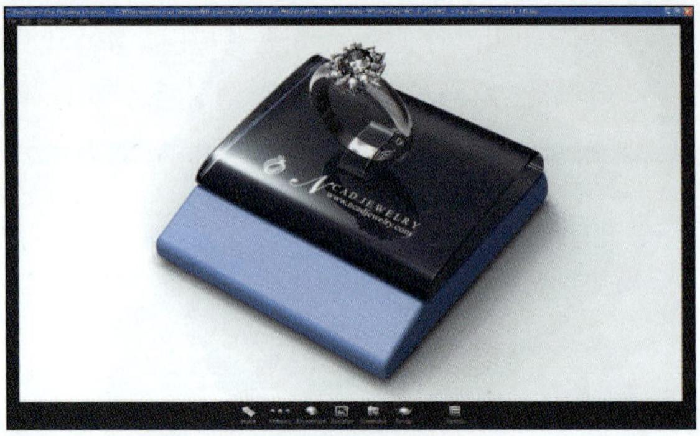

Texture & Bumpmap기능 알아보기

지금부터 Texture & Bumpmap기능을 알아보도록 한다. 개체에 원하는 이미지를 적용하고자 할 때 Texture기능을 이용하여 맵핑 효과를 낼 수가 있으며, Bumpmap기능을 이용하여 질감 효과를 적용시킬 수 있다. 특히 Bumpmap기능은 크게 2가지로 적용시킬 수가 있다. Bump이미지를 통해 효과를 적용시키는 것과 Normal map 이미지를 통해 효과를 낼 수 있는 방법 2가지가 있다. 여기에서는 Bump 이미지를 이용하여 질감을 나타내는 방법을 알아보도록 한다.

22 가장 하단에 있는 개체에 마우스 커서를 가져가서 마우스 우측버튼을 클릭한다. 다음 이미지와 같이 옵션 창이 나타나면 'Edit material' 기능을 선택한다.

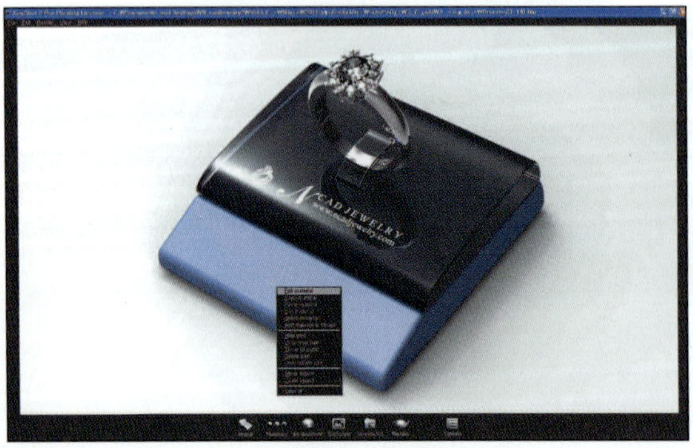

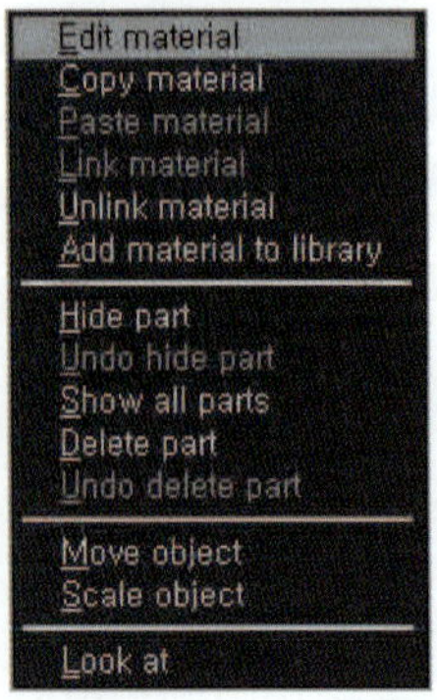

23 다음과 같은 대화상자가 나타나면 'Texture' 옵션 기능을 선택한다.

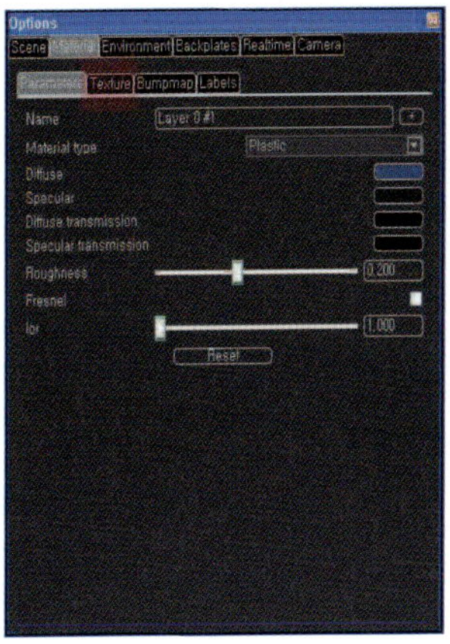

24 다음 이미지와 같이 'Load' 버튼을 클릭한다.

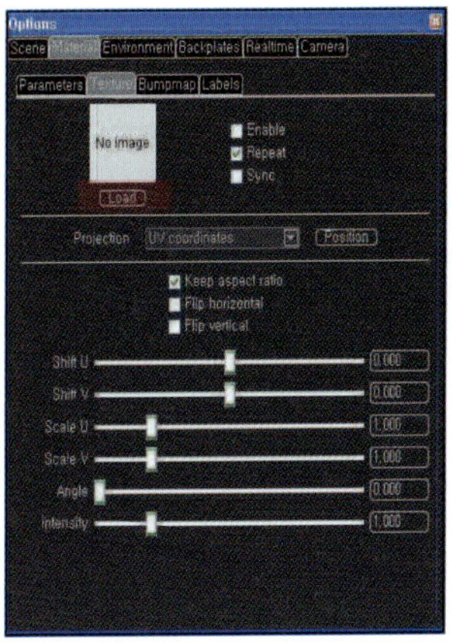

25 다음 이미지와 같이 KeyShot Resources 폴더 〈 Texture 폴더 경로를 통해 'Potato_Sack.jpg' 파일을 선택한다. 대화상자 하단에 있는 파일이름 란에 알파벳 'P'를 치게 되면 다음 이미지와 같이 파일명을 인식하게 된다. 파일을 지정한 다음 열기 버튼을 클릭한다.

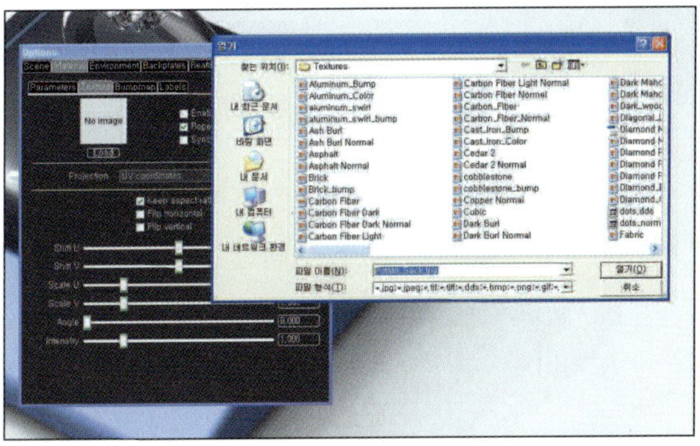

TIP ▸•• 만약 작업자 컴퓨터 Texture 폴더 안에 이 파일이 없을 경우에는 이 작업을 진행하기 전에 부록CD 〈 이미지 〈 2.화요일 〈 Potato_Sack.jpg 파일을 복사(Ctrl+C)하여 비탕화면에 있는 KeyShot Resources 폴더 〈 Texture 폴더안에 붙혀넣기(Ctrl+V) 한다.
그리고 만약 비탕화면에 있는 KeyShot Resources 폴더 〈 Texture 폴더 경로를 통해 재질을 선택할 수 없다면 내 문서 〉 KeyShot Resources 폴더 〈 Texture 폴더 경로를 통해 재질을 적용하면 된다.

26 다음 이미지와 같이 지정된 이미지가 하단에 위치한 개체에 맵핑되는 것을 확인할 수 있다.

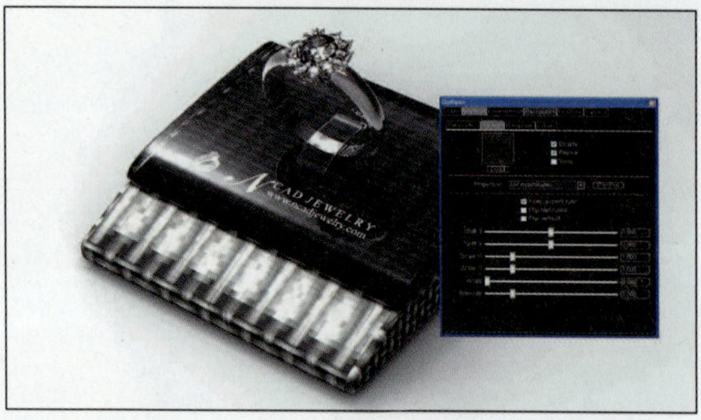

27 다음 이미지와 같이 Projection 기능에서 'Box map' 기능을 선택해준다.

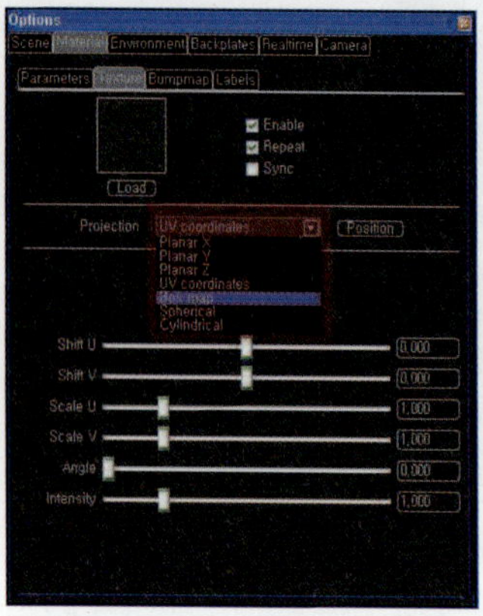

TIP ▸●▸ 일반적으로 곡면을 가진 개체들은 'UV Coordinates' 기능을 사용하여 맵핑하지만 지금과 같은 상자 개체들은 이 'Box map' 기능을 사용해준다. 작업자가 개체별로 각 옵션을 이용해 적절한 맵핑효과를 볼 수 있도록 한다.

28 다음 이미지와 같이 선택한 이미지가 상자 형태에 맞춰 맵핑되어지는 것을 확인할 수 있다.

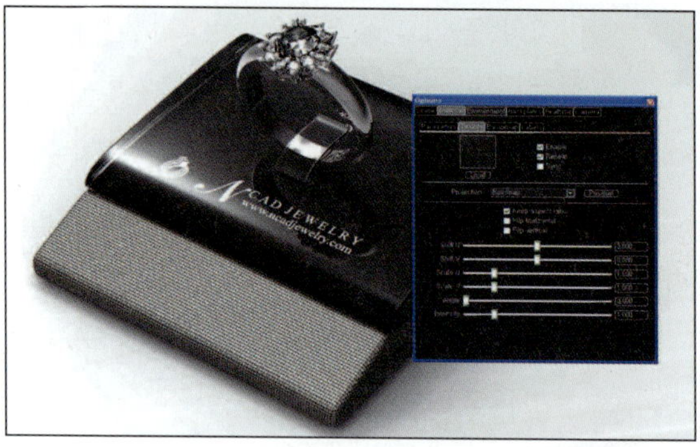

29 옵션 대화상자에 있는 'Scale U, V' 기능을 이용하여 맵핑된 이미지 크기를 조절한다. 여기에서는 '3.150' 값을 조절하였다. 작업자가 원하는 크기로 조절하여도 무관하다.

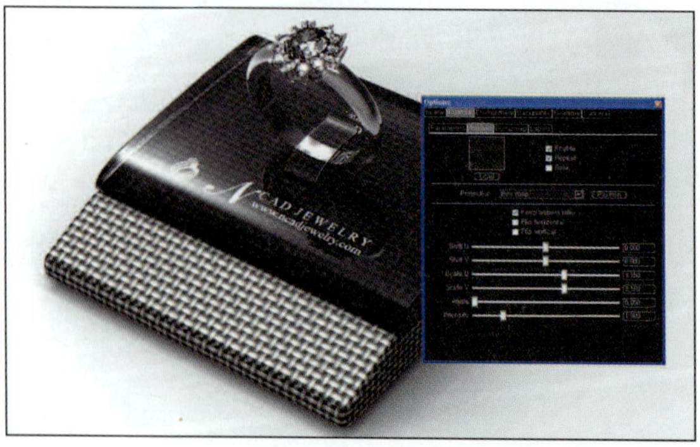

30 다음 옵션 대화상자에서 'Bumpmap' 기능을 선택한다

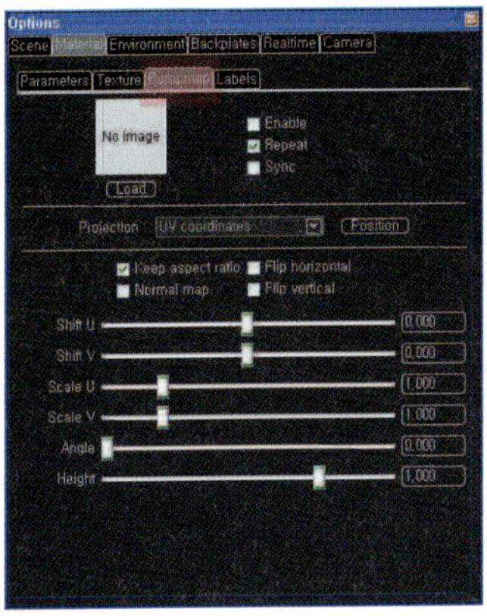

31 'Load' 버튼을 클릭한다. 다음 Texture 폴더 대화상자가 나타나면 'P'버튼을 입력한다. 다음 이미지와 같이 'Potato_Sack_Bump.jpg' 파일을 선택한 다음 '열기' 버튼을 클릭한다.

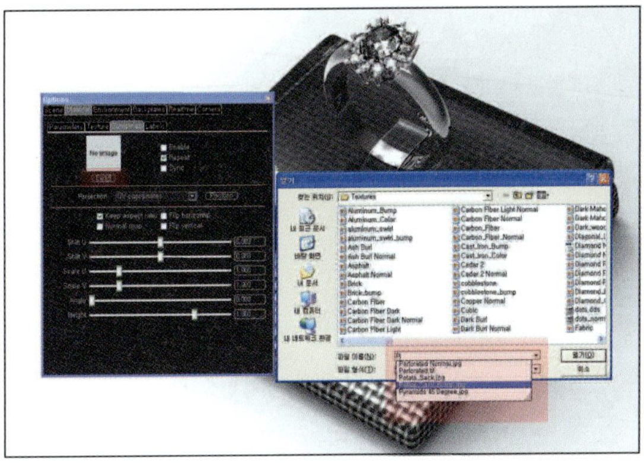

TIP ▸●▸ 만약 작업자 컴퓨터 Texture 폴더 안에 이 파일이 없을 경우에는 이 작업을 진행하기 전에 부록CD < 이미지 < 2.화요일 < Potato_Sack_Bump.jpg 파일을 복사(Ctrl+C)하여 바탕화면에 있는 KeyShot Resources 폴더 < Texture 폴더안에 붙혀넣기(Ctrl+V) 한다.
그리고 만약 바탕화면에 있는 KeyShot Resources 폴더 < Texture 폴더 경로를 통해 재질을 선택할 수 없다면 내 문서 > KeyShot Resources 폴더 < Texture 폴더 경로를 통해 재질을 적용하면 된다.

32 다음 옵션 대화상자에서 'Sync' 기능을 체크해준다. 다음으로 'Texture' 기능에서 적용한 것과 같이 'Projection' 기능에서 'Box map'기능을 선택해준다. 'Sync' 기능을 체크해줌으로써 Texture이미지와 Bumpmap이미지를 같이 동일화시켜 맵핑과 질감 표현을 동시에 구현할 수 있다.

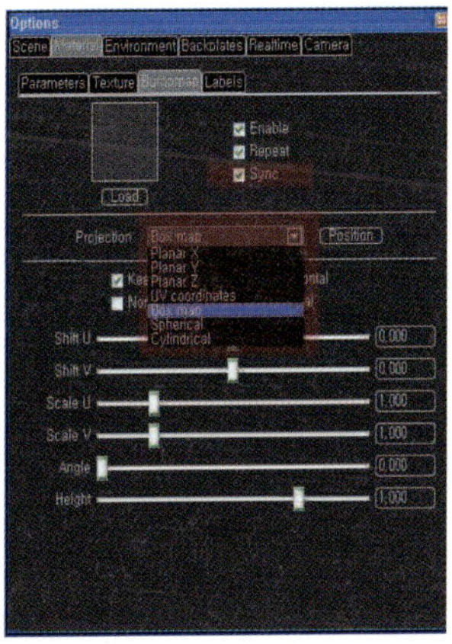

33 다시 'Scale U,V' 기능 값을 조절하여 크기를 재조정해준다.

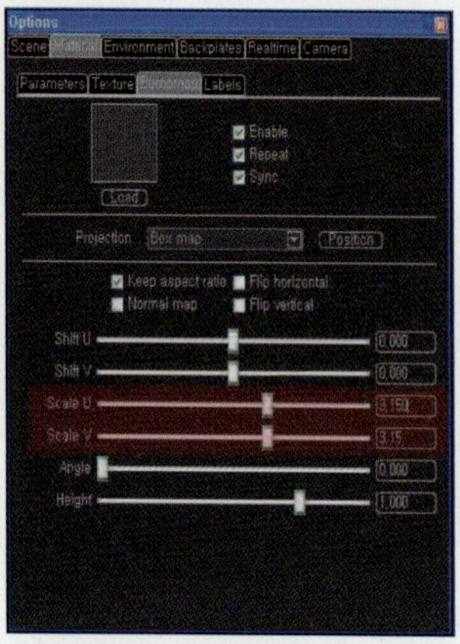

34 마지막으로 'Height' 기능 값을 조절하여 Bump 강도를 높여준다

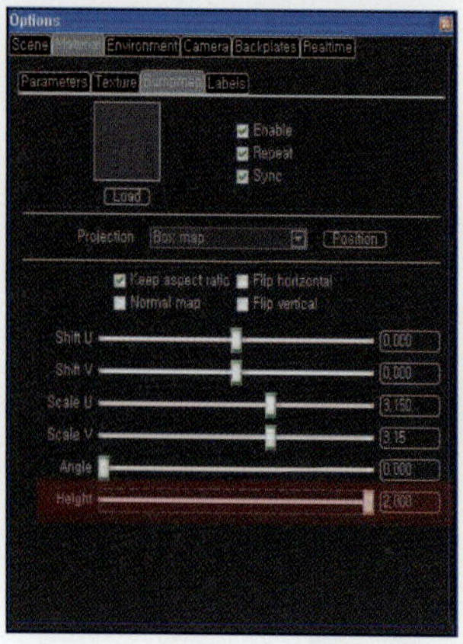

35 다음 이미지와 같이 맵핑된 이미지가 돌출된 상황으로 표현이 되는 것을 확인할 수 있다. 하단에 배치된 'Render' 기능을 클릭한다.

36 다음과 같은 대화상자가 나타나면 해상도 및 기타 옵션을 조절한 다음 'Render' 버튼을 클릭한다.

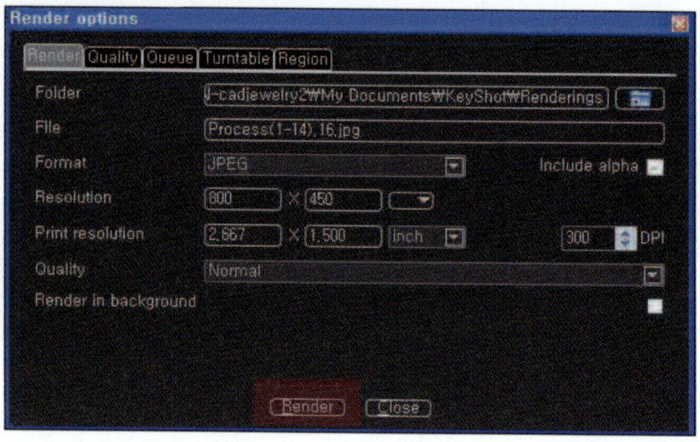

37 다음 이미지와 같이 렌더링 작업이 진행되는 것을 확인할 수 있다.
지정된 해상도 및 기타 옵션과 작업자 컴퓨터 성능에 따라 렌더링 속도에 영향을 줄 수 있음을 유의하면서 작업 진행을 지켜본다.

38 Keyshot Resources 폴더 〉 Renderings 폴더에서 완성된 이미지 파일을 확인할 수 있다.

Day

03 수요일

스마트폰에 비춰진 그녀의 반지

1. 반지 모델링 따라하기

01 Front View를 기준으로 Circle:Center, Radius 기능을 실행한다. 이미지와 같이 원점을 기준으로 하는 17.37mm 지름 값을 가진 원형커브를 생성한다.

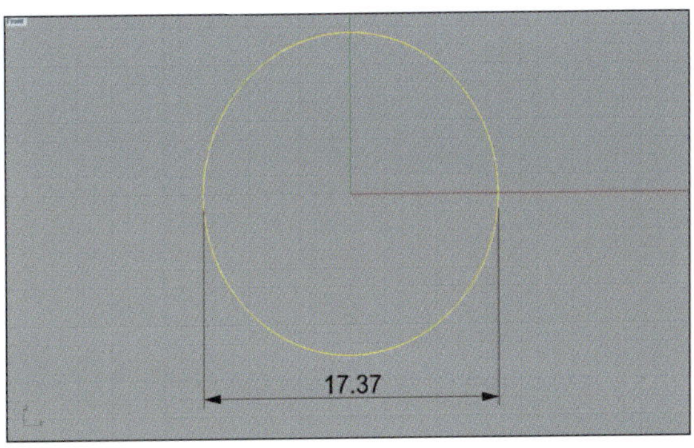

02 다음 이미지와 같이 부록CD > 보석샘플 > 2. 수요일 > Gem-004 File을 Insert기능으로 삽입시킨다.

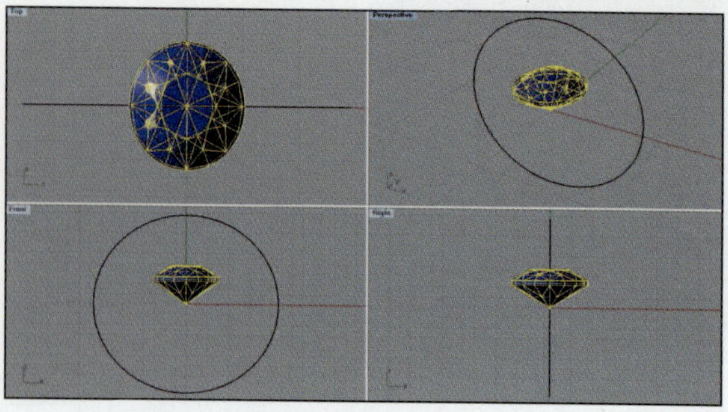

TIP ▸●▸ Insert 대화상자가 나타나면 파일을 경로를 통해 지정한 다음 'Insert as' 기능에서 Individual Objects' 기능을 체크해준다.

03 보석개체를 선택한 다음  Move 기능을 실행한다. 보석 개체 가장 하단 쪽을 기준으로 이미지와 같이 위쪽 방향으로 10.5mm 이동시킨다.

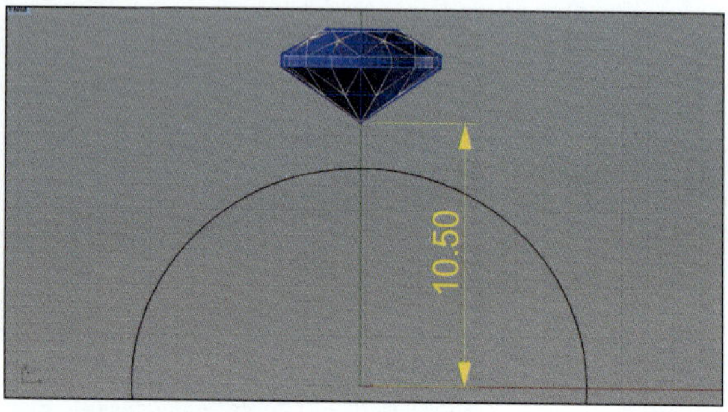

04  Duplicate edge 기능을 실행한다. 이미지와 같이 파란색 Layer 개체에서 거들형태 아래 가장자리 모두를 선택하여 커브개체를 추출시킨다. 추출된 커브개체들을 모두 선택하여  Join 기능으로 결합시킨다.

05 생성된 커브개체를 선택하여 Invert Selection and Hide Objects 기능을 실행한다. 선택한 커브개체만 제외하고 나머지 개체들은 모두 Hide시킨다.

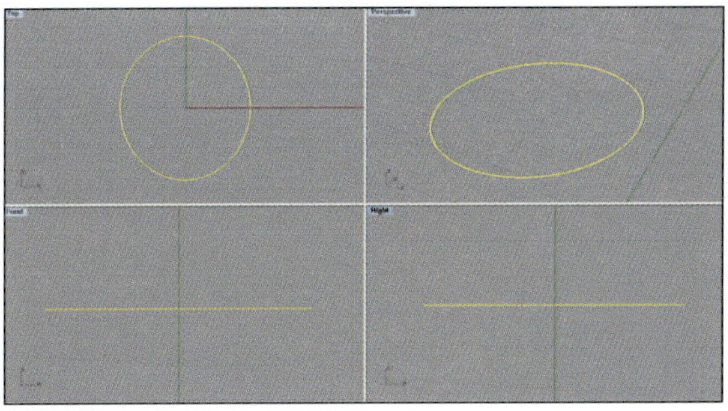

06 남아있는 커브개체를 선택한 다음 Offset curve 기능을 실행한다. 이미지와 같이 안쪽 방향으로 0.7mm Offset 시킨다.

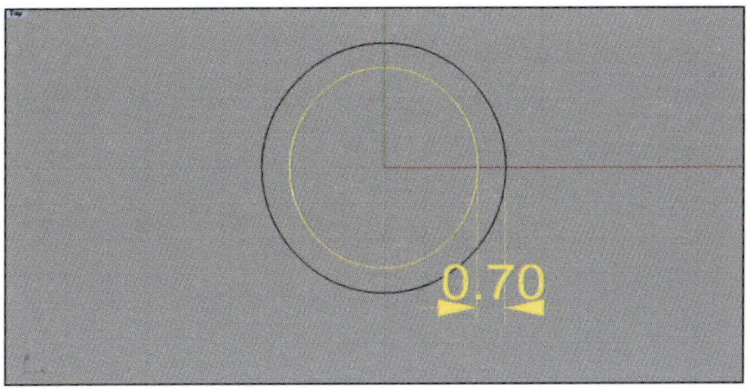

07 Extrude Curve To Point 기능을 사용하여 원점을 기준점으로 이미지와 같이 Solid개체를 생성한다. 명령표시줄에 있는 옵션기능 중 'Cap=Yes', 'DeleteInput=No'로 체크한다.

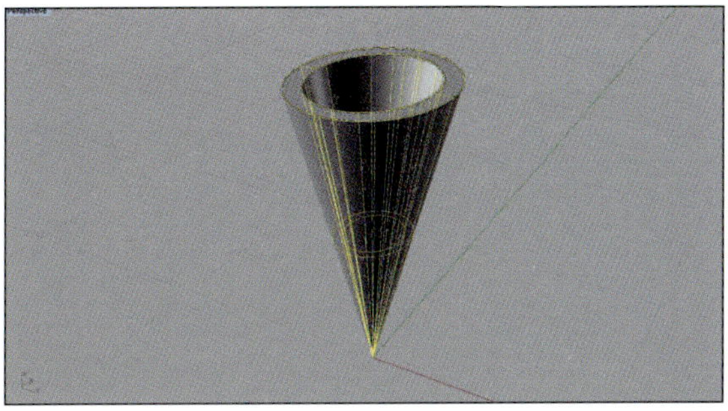

08 Extract Isocurve 기능을 실행한다. 생성된 Solid 개체에서 외각에 위치한 면 개체를 선택한다. Osnap에 Mid 기능을 체크한 상태에서 외각에 위치한 면 개체를 선택한 다음 명령표시줄에 있는 옵션 기능 중 'Direction=U 또는 V' 로 선택해준다. 이미지와 같은 위치에 직선개체를 추출시킨다

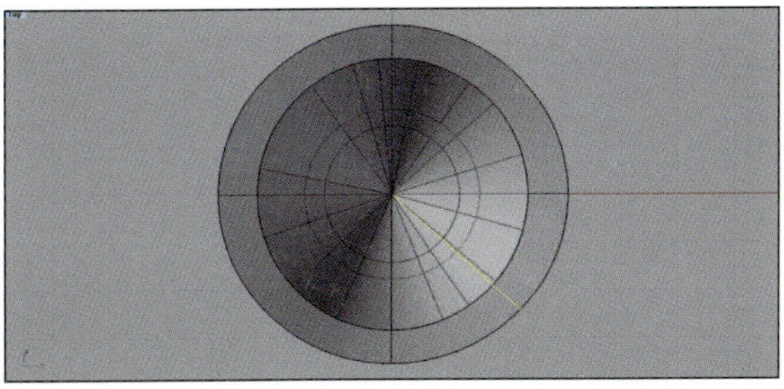

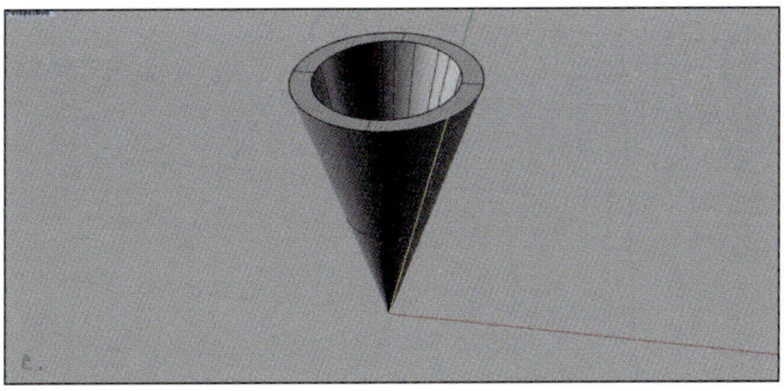

09 Extend Curve 기능을 실행한다. 추출된 직선개체 위쪽 부근을 선택하여 이미지와 같이 1mm 길이 값으로 연장시켜준다.

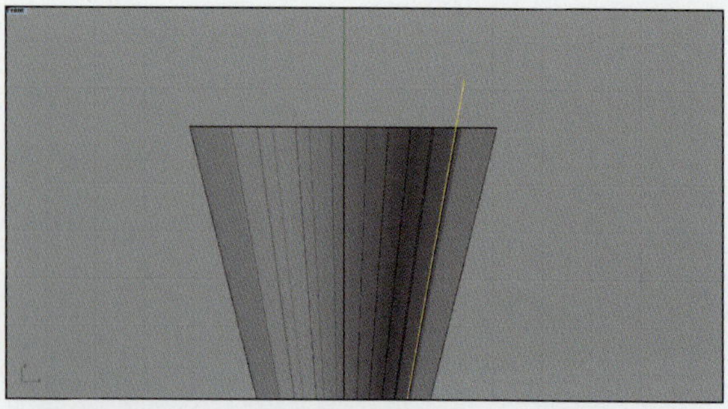

10 연장시킨 직선개체를 선택한 다음 Pipe, Round Caps 기능을 실행한다. 이미지와 같이 윗부분 지름 값은 1.2mm, 아랫부분 지름 값은 0mm로 입력하여 파이프 개체를 생성한다. 마지막으로 연장시킨 직선개체는 삭제한다.

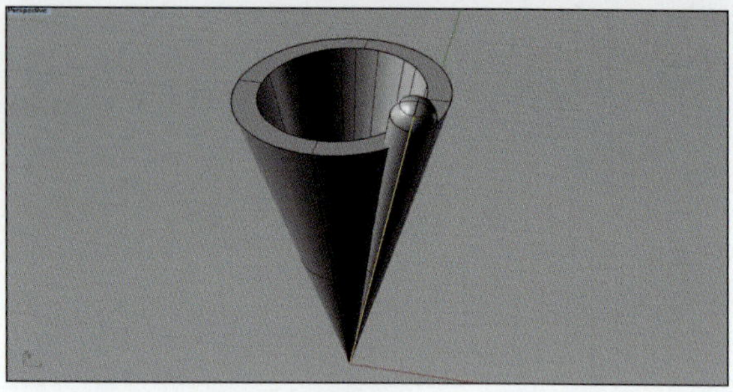

11 생성된 파이프 개체를 선택한 다음 Mirror 기능을 실행한다. 수직방향으로 대칭 복사 한다.

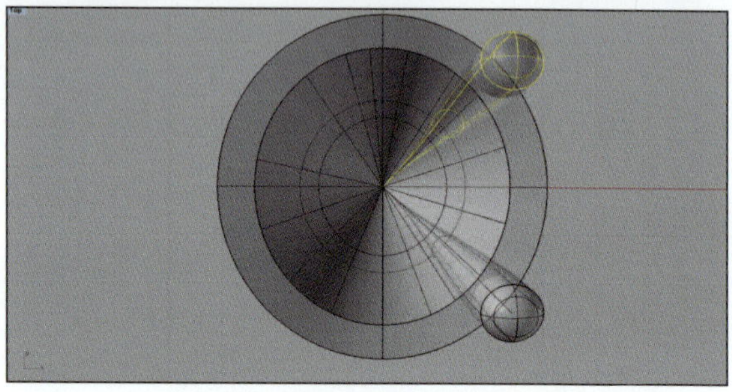

12 생성된 2개 파이프 개체를 선택한 다음 다시 Mirror 기능을 실행한다. 수평방향으로 대칭 복사 한다.

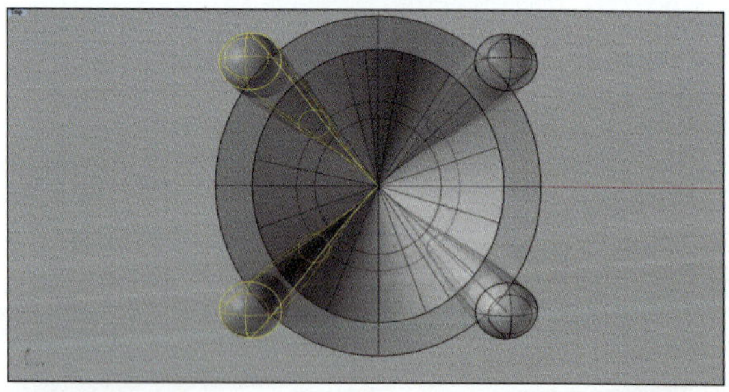

13 Show Objects 기능을 실행한다. 이미지와 같이 Hide 시킨 보석 개체를 불러온다.

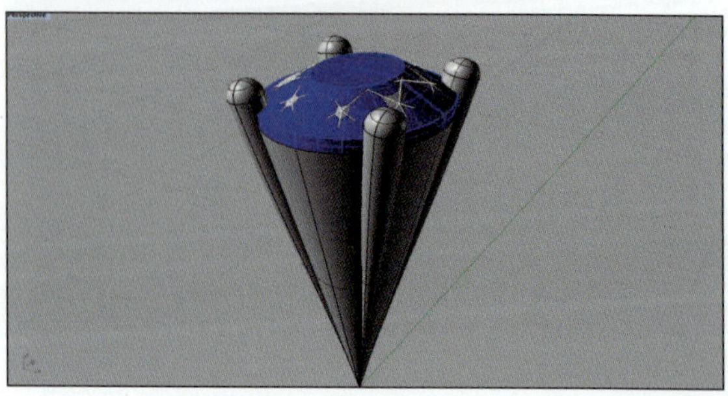

14 Front View에서 Move 기능을 실행한다. 오벌형태 보석개체를 위쪽 방향으로 0.2mm 이동 시킨다.

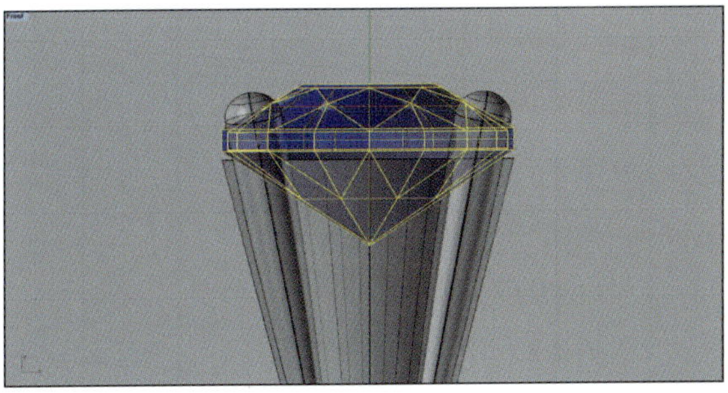

15 Hide Objects 기능을 실행하여 모든 개체를 Hide 시킨다.
다음 이미지와 같이 부록CD 〉 보석샘플 〉 2. 수요일 〉 Gem-005 File을 Insert기능으로 삽입시킨다.

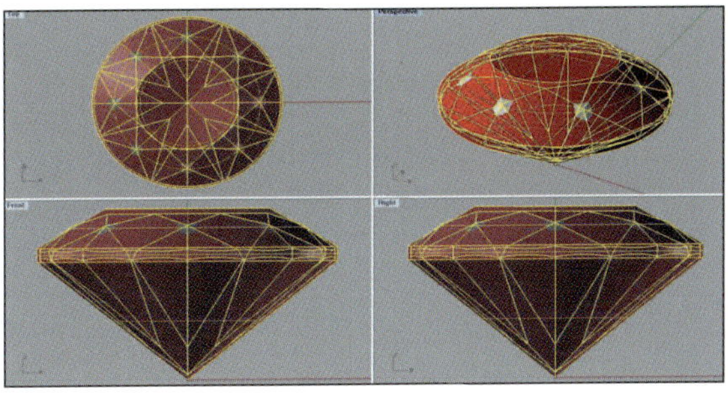

TIP ▸•• Insert 대화상자가 나타나면 파일을 경로를 통해 지정한 다음 'Insert as' 기능에서 'Individual Objects' 기능을 체크해준다.

16 삽입시킨 보석개체를 선택한 다음 Move 기능을 실행한다. 삽입시킨 보석 개체 가장 하단 부분을 기준점으로 이미지와 같이 위쪽 방향으로 11.5mm 이동 시킨다.

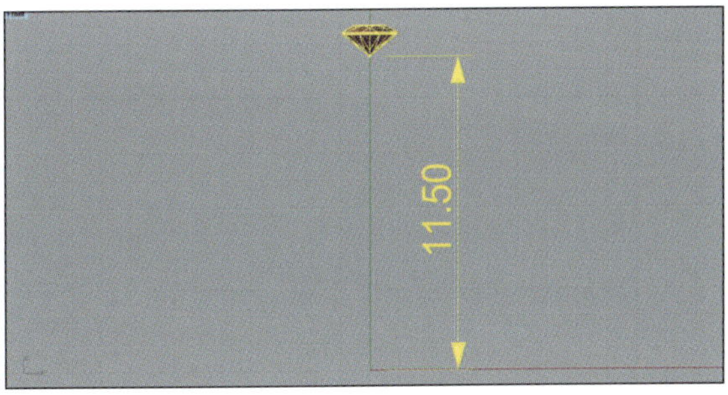

17 Duplicate edge 기능을 실행한다. 이미지와 같이 빨간색 Layer 개체에서 거들형태 아래 가장자리 모두를 선택하여 커브개체를 추출시킨다. 만약 추출된 커브개체들이 나뉘어 추출될 경우는 모두 선택하여 Join 기능으로 결합시킨다.

18 생성된 커브개체를 선택하여 Invert Selection and Hide Objects 기능을 실행한다. 선택한 커브개체만 제외하고 나머지 개체들은 모두 Hide시킨다.

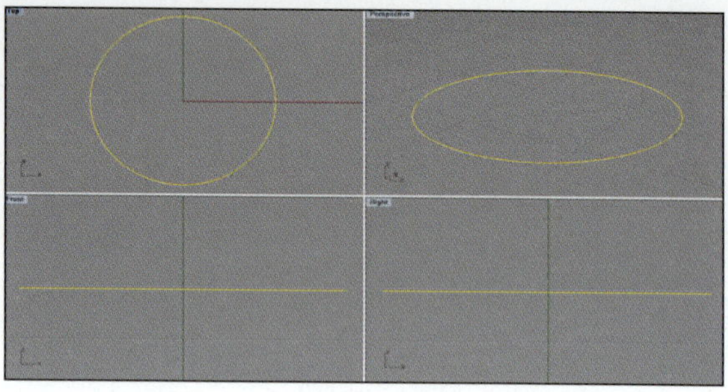

19 남아있는 커브개체를 선택한 다음 Offset curve 기능을 실행한다. 이미지와 같이 안쪽 방향으로 0.45mm Offset 시킨다.

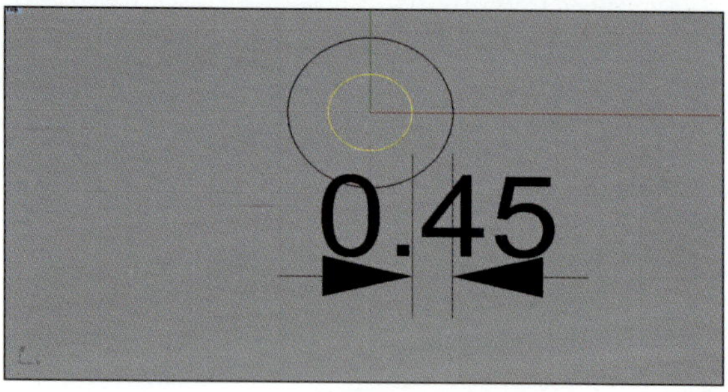

20 Extrude To Point 기능을 사용하여 원점을 기준점으로 이미지와 같이 Solid개체를 생성한다. 명령표시줄에 있는 옵션기능 중 'Cap=Yes'로 선택한다

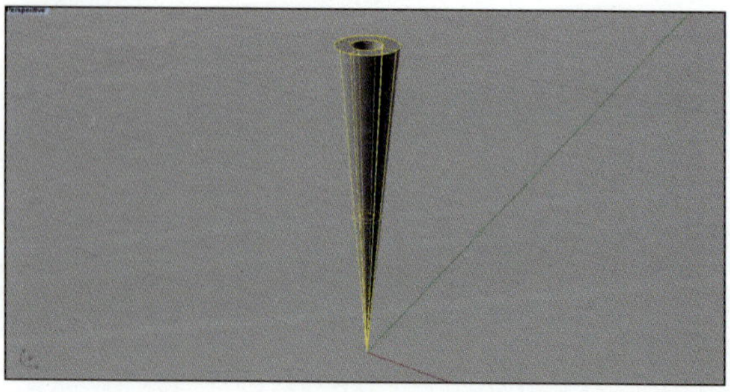

21 Extract Isocurve 기능을 실행한다. 생성된 Solid 개체에서 외각에 위치한 면 개체를 선택한다. Osnap에 Quad 기능을 체크한 상태에서 외각에 위치한 면 개체를 선택한 다음 명령표시줄에 있는 옵션 기능 중 'Direction=U 또는 V' 로 선택해준다. 이미지와 같이 직선개체 2개를 3시와 6시 방향에 맞춰 추출시킨다.

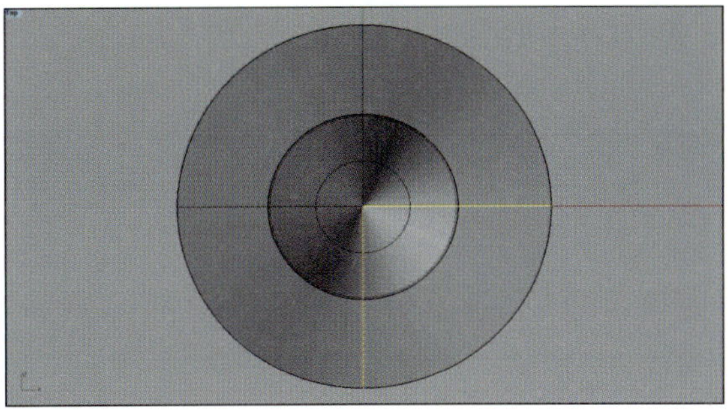

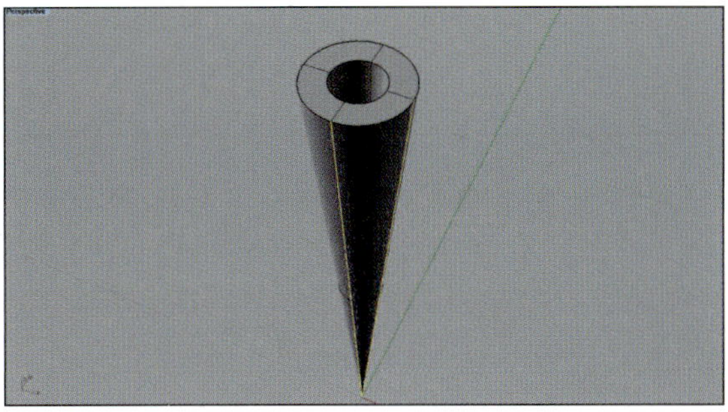

22 Extend Curve 기능을 실행한다. 추출된 직선개체 위쪽 부근을 선택하여 이미지와 같이 0.5mm 길이 값으로 연장시켜준다. 2개 직선개체 중 1개 직선개체를 선택하여 연장시켜준 다음 나머지 다른 직선개체를 선택해 연장시켜준다.

23 연장시킨 3시 방향 직선개체를 선택한 다음 Pipe, Round Caps 기능을 실행한다. 이미지와 같이 윗부분 지름 값은 1.1mm, 아랫부분 지름 값은 0mm로 입력하여 파이프 개체를 생성한다. 마지막으로 연장시킨 직선개체는 삭제한다.

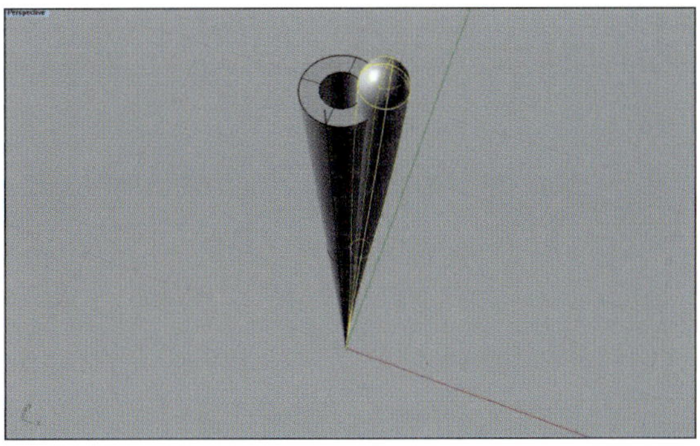

24 다시 연장시킨 직선개체를 선택한 다음 Pipe, Round Caps 기능을 실행한다. 이미지와 같이 윗부분 지름 값은 0.7mm, 아랫부분 지름 값은 0mm로 입력하여 파이프 개체를 생성한다. 마지막으로 연장시킨 직선개체는 삭제한다.

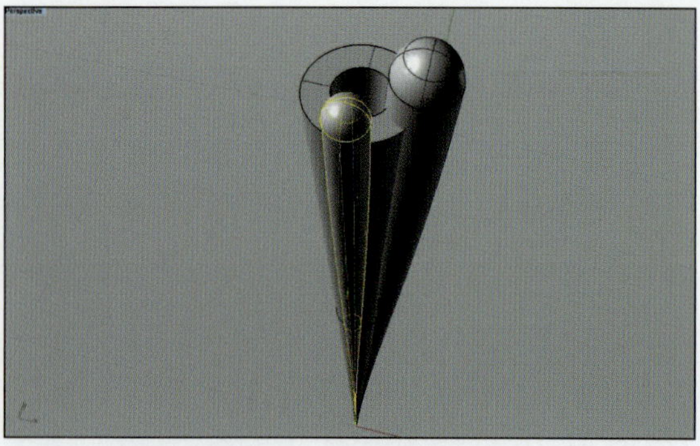

25 Show Objects 기능을 실행한다. Hide 시킨 원형보석 개체를 불러온다.

26 보석개체를 선택한 다음 Move 기능을 실행한다. 보석개체 가장 하단 쪽을 기준으로 이미지와 같이 위쪽 방향으로 0.1mm 이동시킨다.

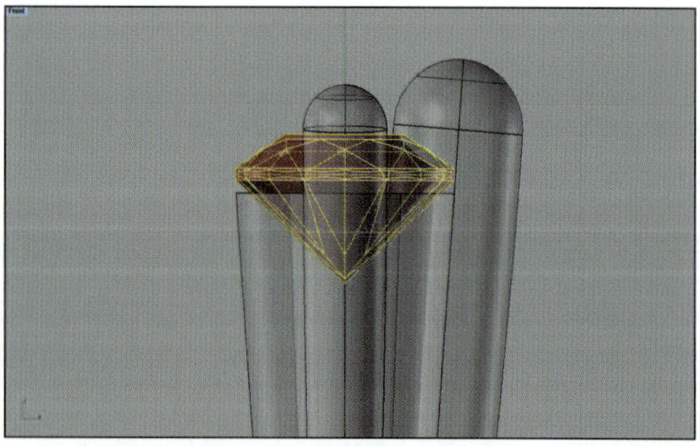

27 Right View에서 Rotate 2-D 기능을 실행한다. 이미지에 보이는 파이프 개체를 제외한 나머지 개체를 선택한 다음 회전 기준점은 개체 가장 하단 End점을 체크한다. 다음으로 난집 개체 Quad점을 선택한 다음 4.27도 값으로 회전시킨다.

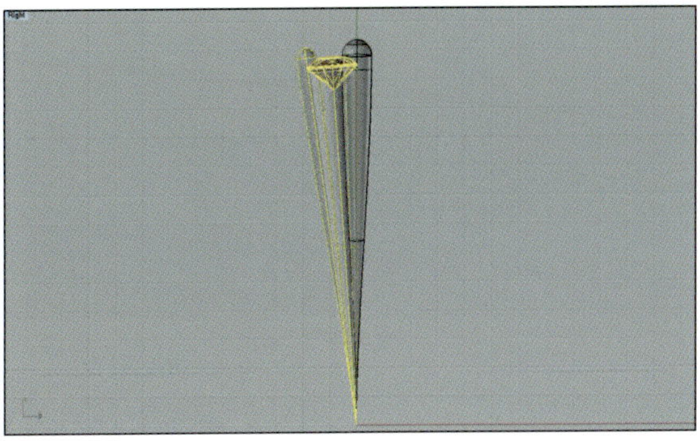

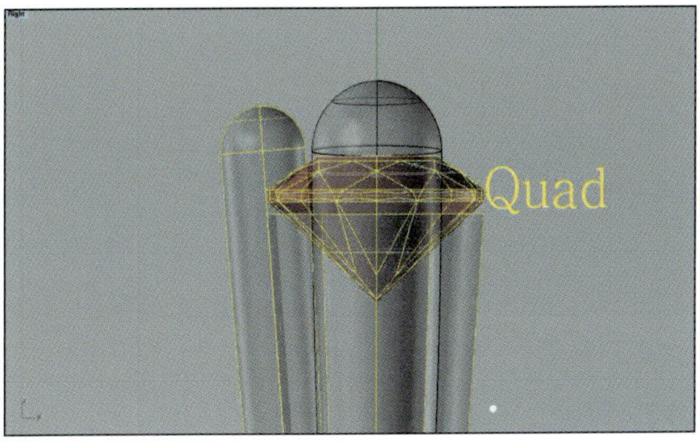

28 Top View에서 회전시킨 개체를 선택하여 Mirror 기능을 실행한다. 수직방향으로 대칭 복사 한다.

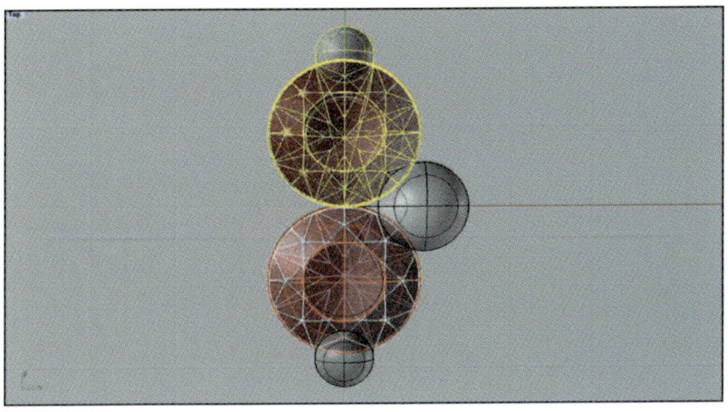

29 Front View를 기준으로 Osnap에 Quad와 End기능을 체크한다. Rotate 2-D 기능을 실행하여 명령표시줄의 'Copy'기능을 체크해준다. 이미지와 같이 개체를 선택하고, 난집 개체간의 Quad점과 Quad점이 접하도록 원점을 기준으로 회전시켜준다.

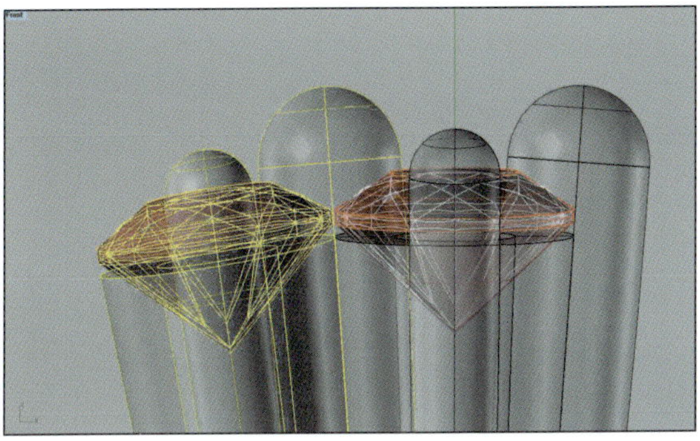

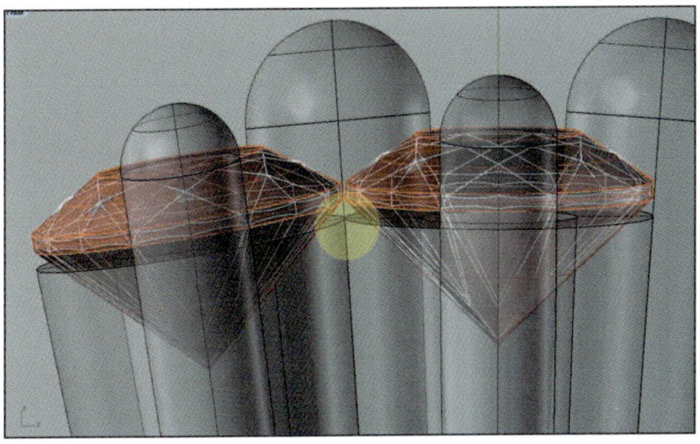

30 이와 같은 방법을 반복하여 이미지와 같이 8개의 보석난집 개체를 생성한다.

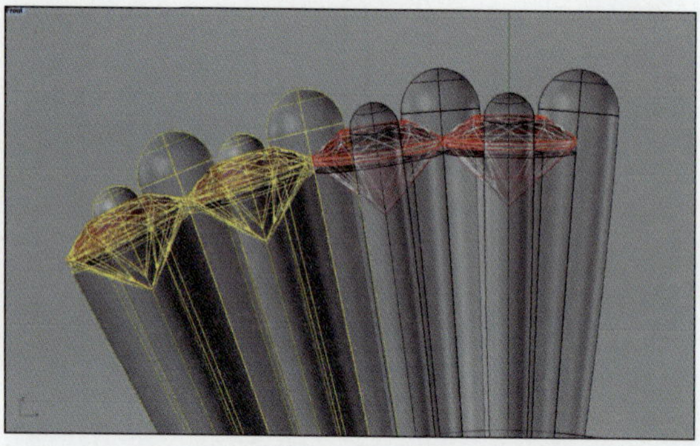

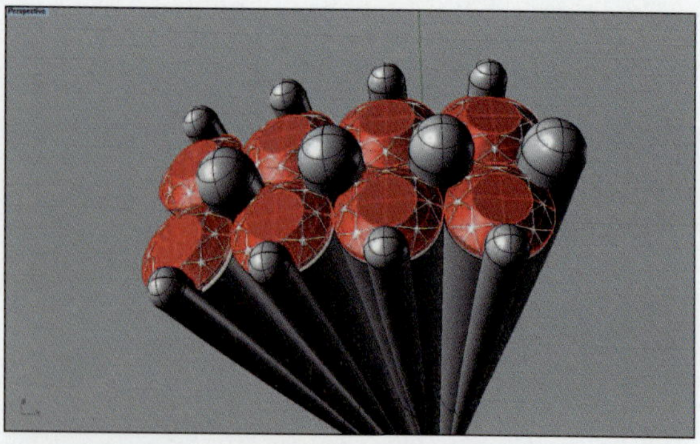

31 Front View에서 가장 좌측에 있는 2개 원형 보석개체와 난집개체들을 선택하여 삭제한다. 이미지와 같이 6개 원형 보석개체와 난집 개체들이 남아있는 것을 확인한다.

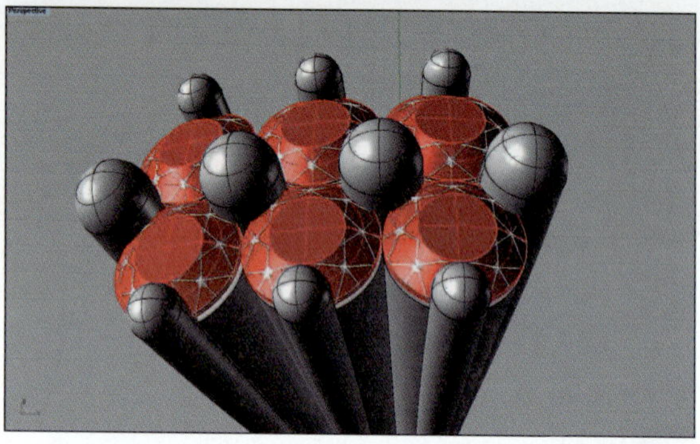

32 Front View에서 Rotate2-D 기능을 실행한다. 원점을 기준으로 모든 개체를 19.3 도 값으로 회전시킨다.

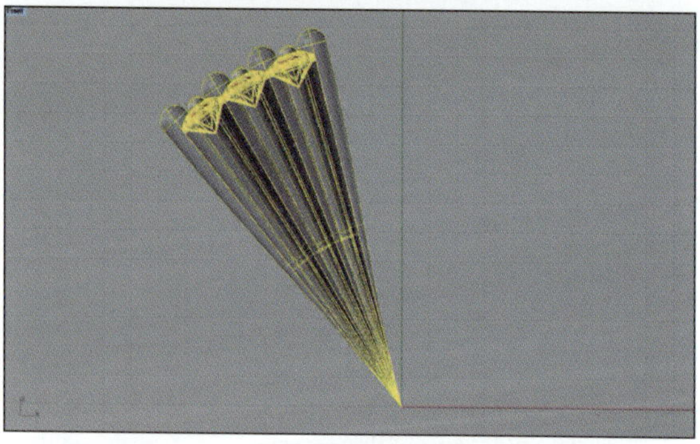

33 Front View에서 회전시킨 개체들을 선택하여 Mirror 기능을 실행한다. 수평방향으로 대칭 복사 한다.

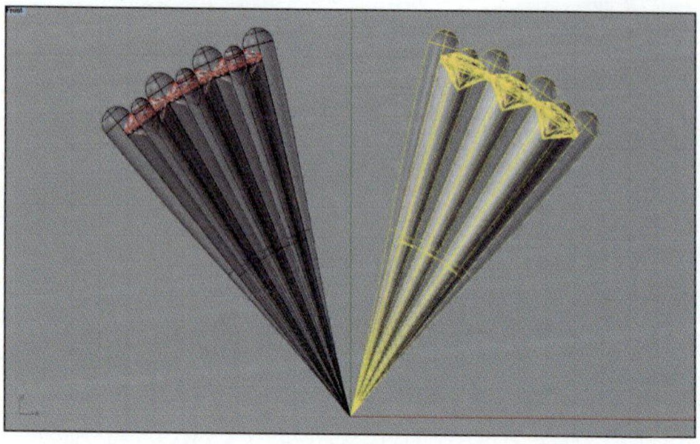

34 Show Objects 기능을 실행하여 Hide된 모든 개체를 불러온다.

35 지름이 17.37mm인 원형커브 개체를 선택한다. Extrude closed planar curve 기능을 실행하여 이미지와 같은 형태의 Solid개체를 생성한다. 명령을 진행할 때 명령표시줄에 있는 옵션기능 중 'Bothsides=Yes, Cap=Yes, DeleteInput=No'로 설정해준다.

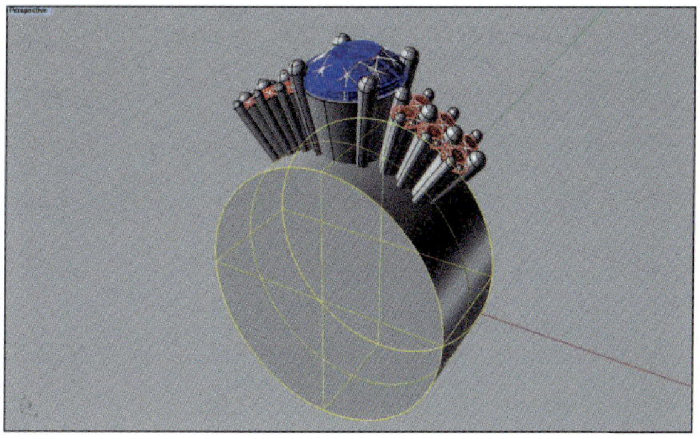

36 Boolean Difference 기능을 실행한다. 이미지와 같이 1번 난집과 난발개체들 모두 선택하고 Enter키를 누른다. 다음 2번 원형 Solid개체를 선택하고 Enter키를 누른다.

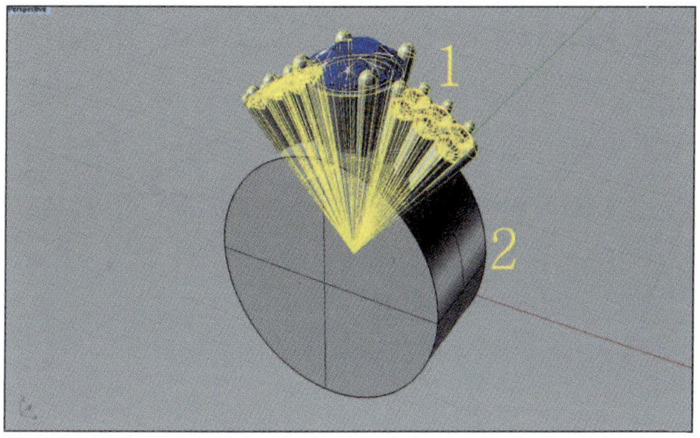

37 이미지와 같이 원형 Solid개체 크기에 맞춰 난발과 난집 개체들이 잘려나간 것을 확인할 수 있다.

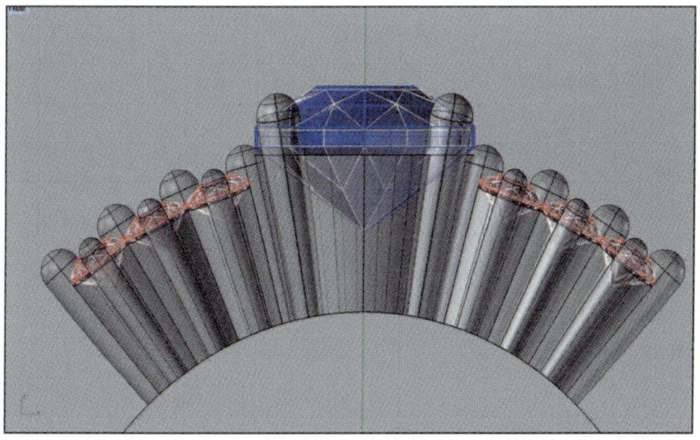

38 Front View를 기준으로 Circle:Center, Radius 기능을 실행한다. 원점을 기준으로 지름 값이 18.97mm, 22.97mm인 원형커브 2개를 생성한다.

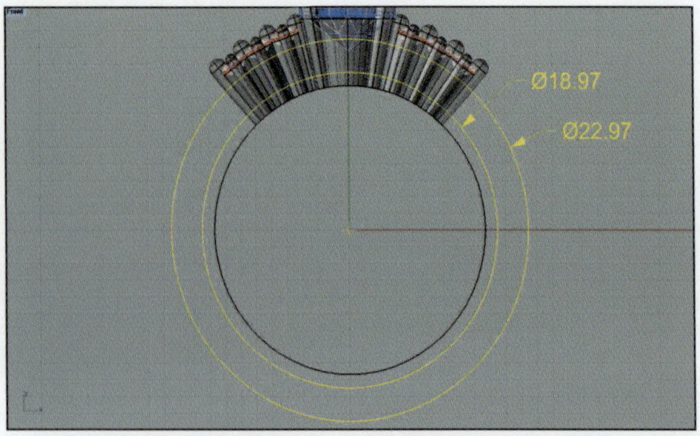

39 생성된 2개 원형커브를 선택한 다음 Extrude closed planar curve 기능을 실행한다. 이미지와 같은 형태의 Solid개체를 생성한다. 명령을 진행할 때 명령표시줄에 옵션기능 중 'Bothsides=Yes, Cap=Yes, DeleteInput=Yes'로 설정해준다.

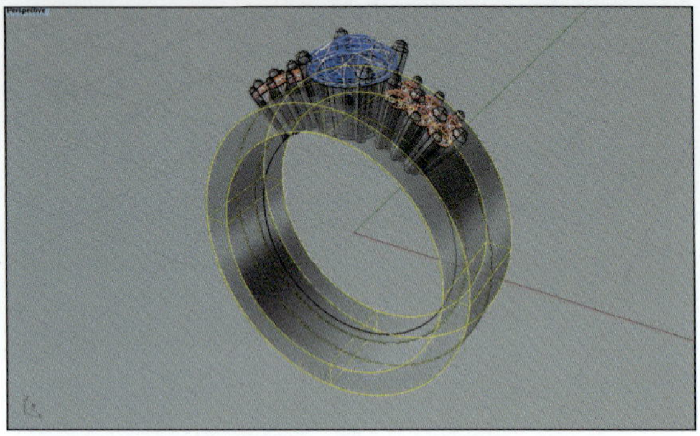

40 Boolean Difference 기능을 실행한다. 바깥쪽 난발 개체들을 제외하고 안쪽에 있는 난집개체들을 먼저 선택하고 Enter키를 누른다. 다음 2번 원형 Solid개체를 선택하고 Enter키를 누른다.

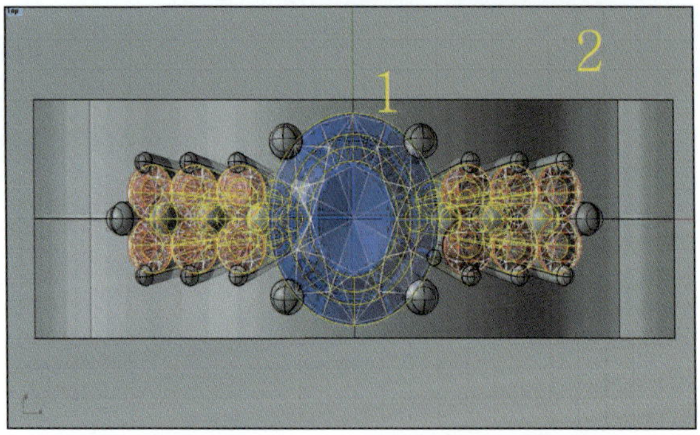

41 바깥쪽 난발 개체들을 제외하고 난집 개체들이 원형 Solid개체 크기에 맞춰 잘려나간 것을 확인할 수 있다.

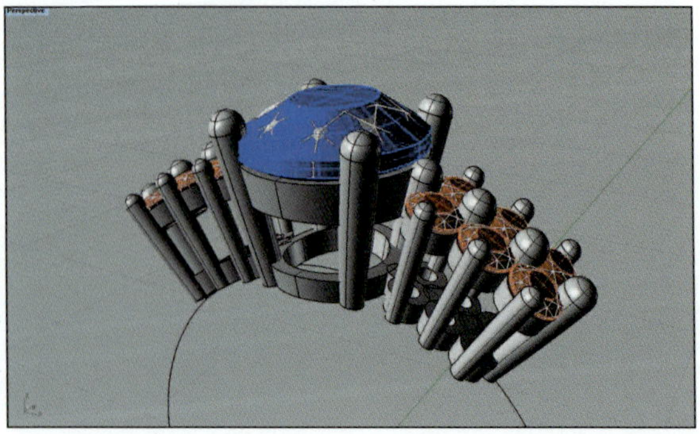

42 이미지와 같이 남아있는 난발과 난집개체 밑면을 Duplicate edge 기능으로 커브개체를 추출한다. 다음 커브개체를 추출시킨 하단 Solid개체는 삭제한다.

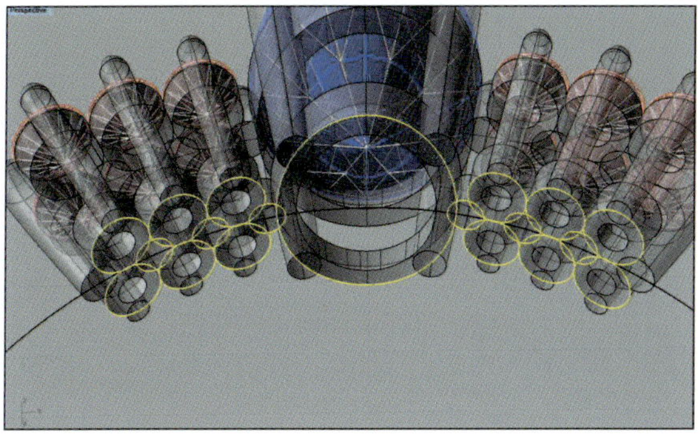

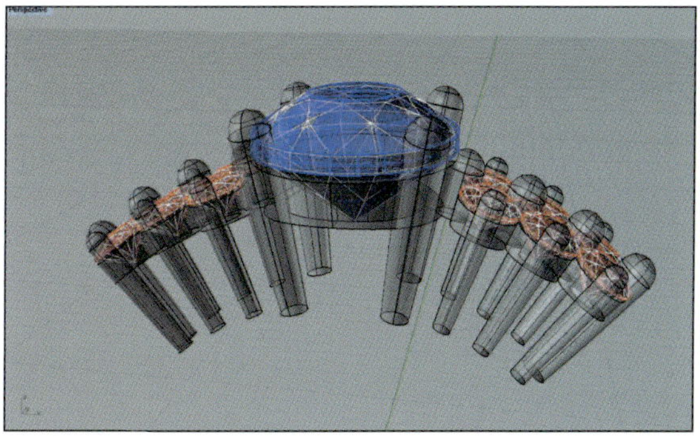

43 추출된 커브개체들을 모두 선택한 다음 Set XYZ Coordinates 기능을 실행한다. 대화상자가 나타나면 Z축 방향을 체크해준 다음 Front View를 기준으로 Z축 방향으로 같은 높이가 되게 생성한다.

44 Trim 기능을 실행하여 이미지와 같이 안쪽 커브개체들을 Trim 시킨다.

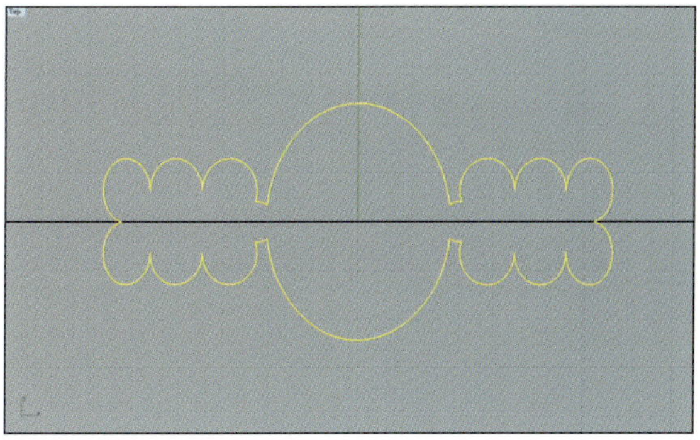

45 이미지와 같이 중앙에 위치한 큰 타원 개체 좌측과 우측에 있는 커브개체들을 제외한 나머지 커브 개체들만 선택한다. 다음 Fillet Curves를 실행한다. Radius값을 0.5로 지정하여 Fillet기능을 실행한 다음 모든 커브개체들을 선택한다. Join 기능을 실행하여 하나의 커브개체로 결합시켜 준다.

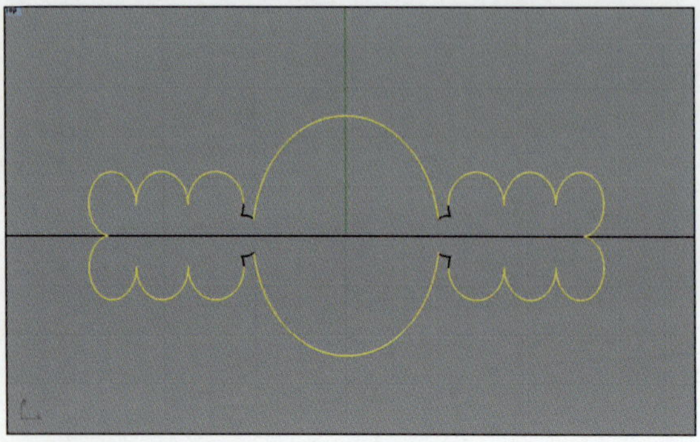

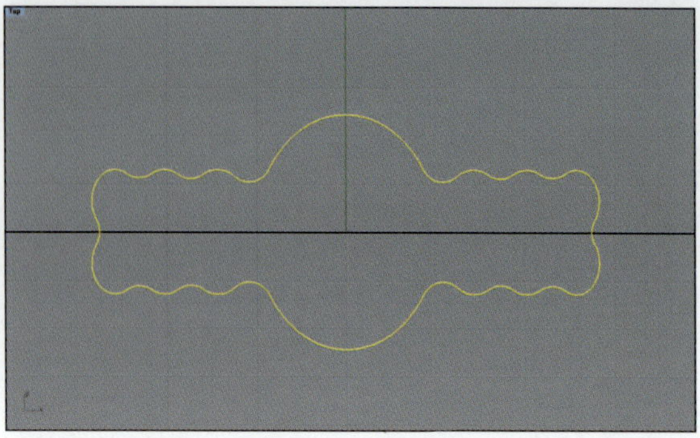

46 Offset Curve 기능을 실행한다. 이미지와 같이 안쪽방향으로 0.5mm Offset 시킨다.

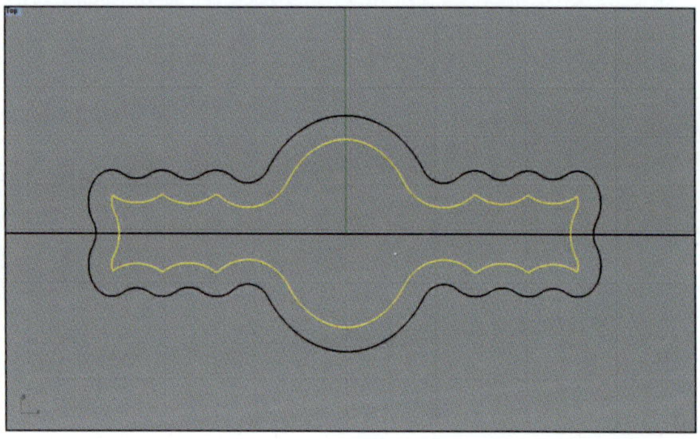

47 Extrude closed planar curve 기능을 실행한다. 이미지와 같은 지름이 17.37mm인 원형커브 개체를 돌출시켜 면 개체를 생성한다. 명령을 진행할 때 명령표시줄에 있는 옵션기능 중 'Bothsides=Yes, Cap=No, DeleteInput=Yes'로 설정해준다.

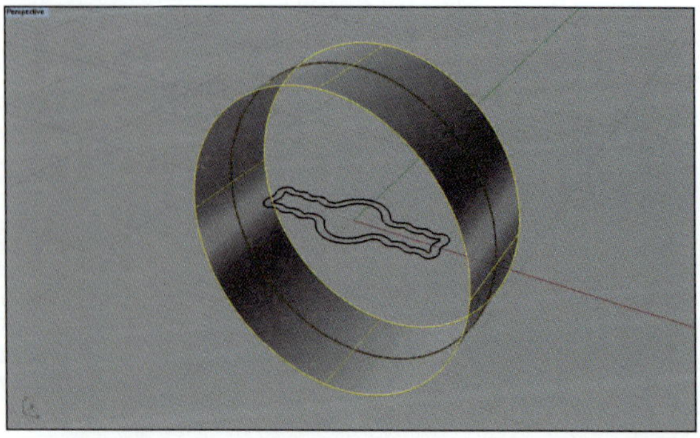

48 Project to Surface 기능을 실행한다. Top View에서 이미지와 같이 커브개체들을 먼저 선택한 다음 Enter키를 누르고, 다음 원형 면 개체를 선택하고 Enter키를 누른다.

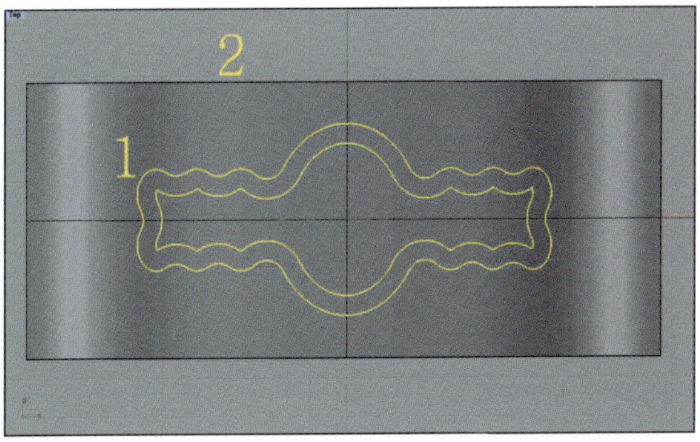

49 이미지와 같이 면 개체 상단과 하단 쪽에 커브개체들이 투영된 것을 확인할 수 있다.

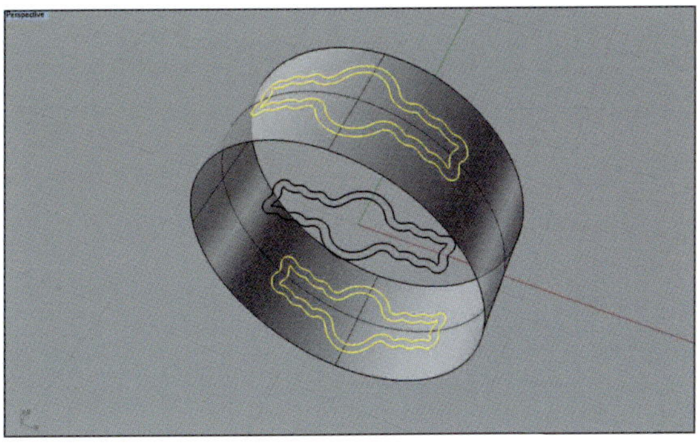

50 이미지와 같이 면 개체 상단에 투영된 커브개체들만 선택하고 나머지 커브개체들은 모두 삭제한다.

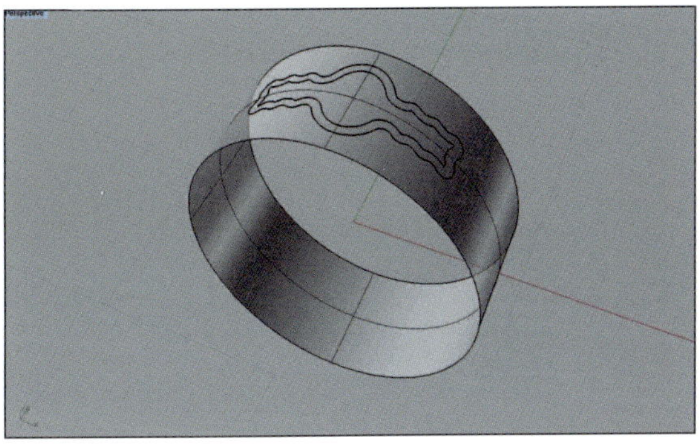

51 Split 기능을 실행한다. 원형 면 개체를 선택한 다음 Enter키를 누르고, 2번 커브개체들을 선택한 다음 Enter키를 누른다. 커브개체들은 삭제한다.

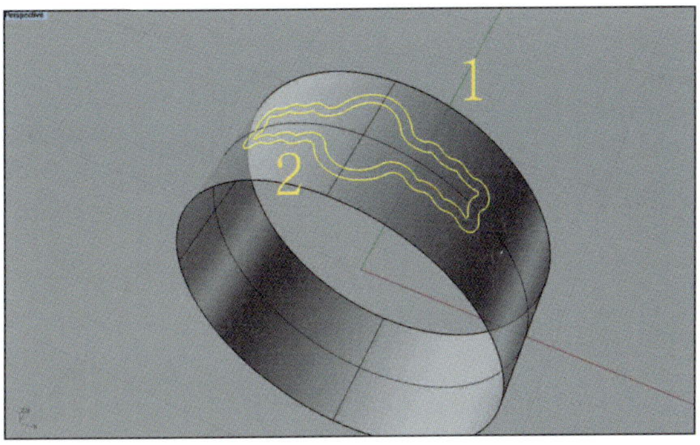

52 다음 이미지와 같이 커브 형태에 맞춰진 면 개체만 남겨놓고 모두 삭제한다.

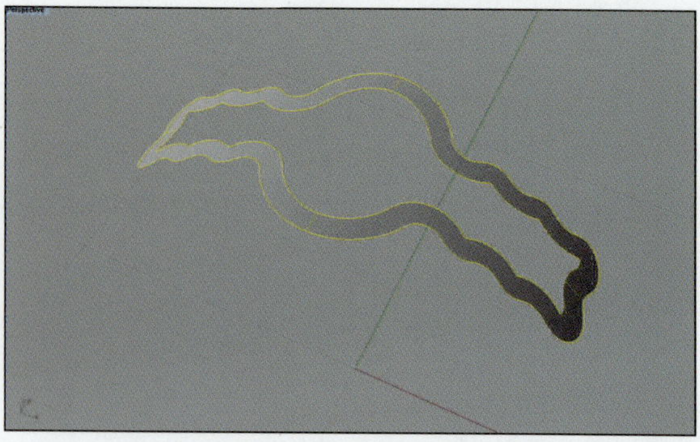

53 남겨놓은 면 개체를 선택한 다음 Offset Surface 기능을 실행한다. 위쪽 방향으로 0.8mm Offset 시킨다. 명령 진행 시 명령표시줄에 있는 옵션 기능 중 'Solid ' 를 체크하여 이미지와 같이 Solid 개체를 생성시킨다.

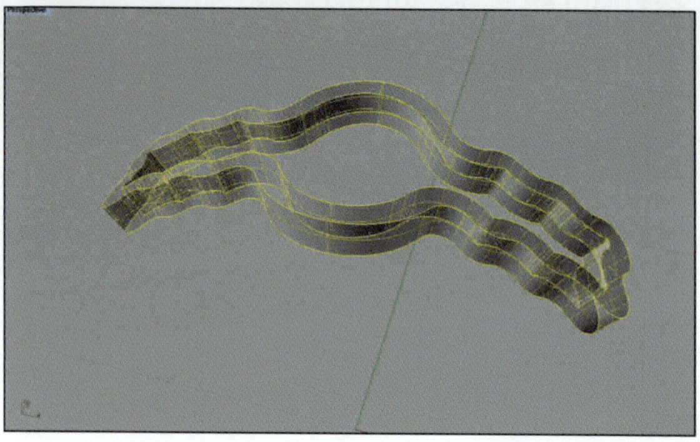

54 Show Objects 기능을 실행하여 Hide된 모든 개체를 불러온다

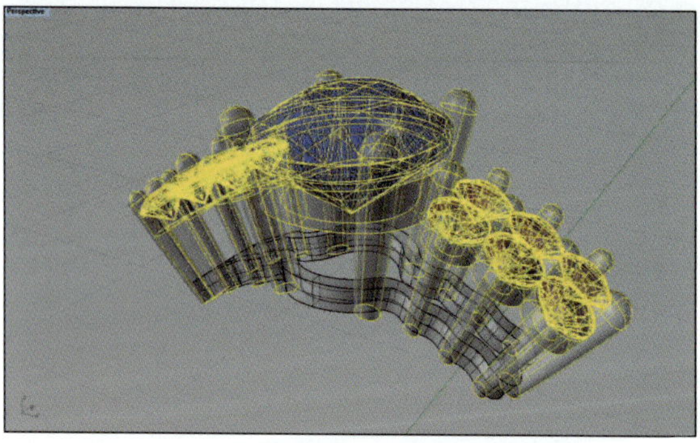

55 Front View를 최대화 시킨 다음 Extract Isocurve 기능을 실행한다.
가장 바깥쪽에 있는 난발개체 Quad 위치를 체크한 다음 이미지와 같이 맨 앞쪽 방향에 있는 Isocurve를 추출시킨다.

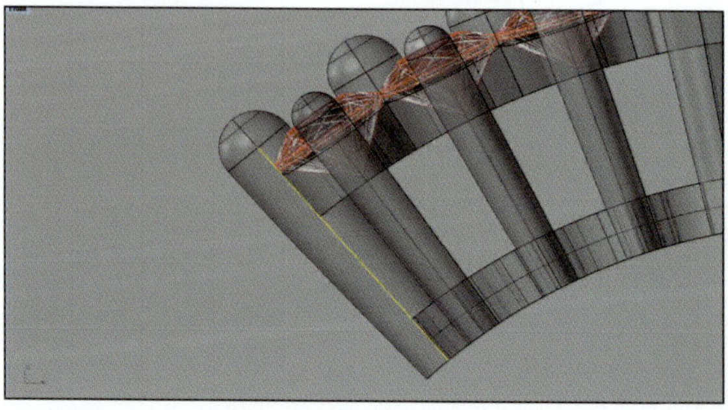

56 Extract Isocurve 기능을 다시 실행한다. 반대쪽 방향에 있는 난발개체 Quad 위치를 체크한 다음 이미지와 같이 맨 앞쪽 방향에 있는 Isocurve를 추출시킨다.

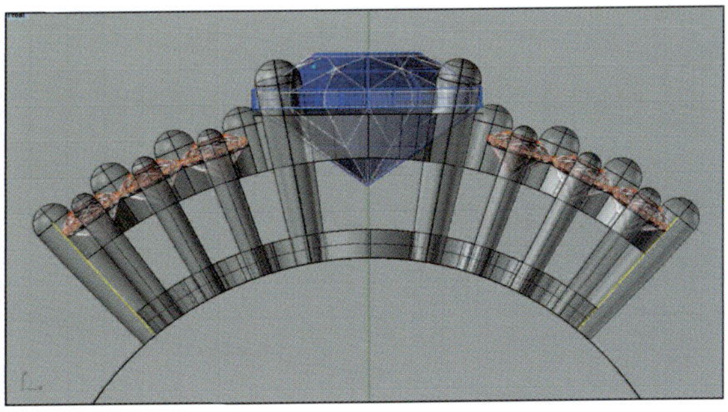

57 추출된 커브개체와 원형 커브개체를 제외하고 모든 개체들은 Hide 시킨다.

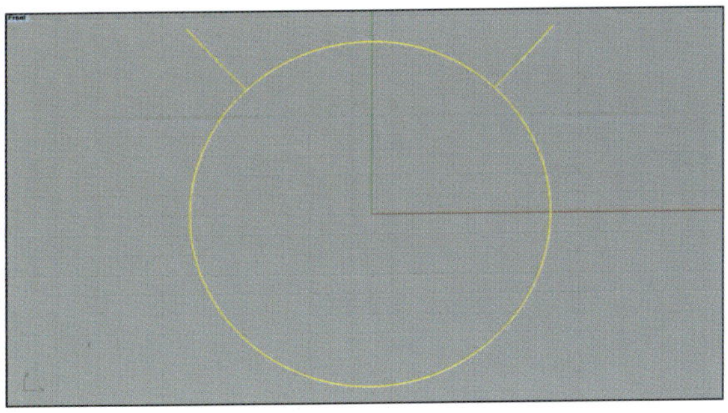

58 Top View에서 이미지와 같이 추출된 커브개체 기울기가 일정하지 않은 것을 확인할 수 있다. 이때, 보이는 이미지와 같이 추출된 커브개체 기울기가 다른 방향으로 일정치 않을 수도 있다.

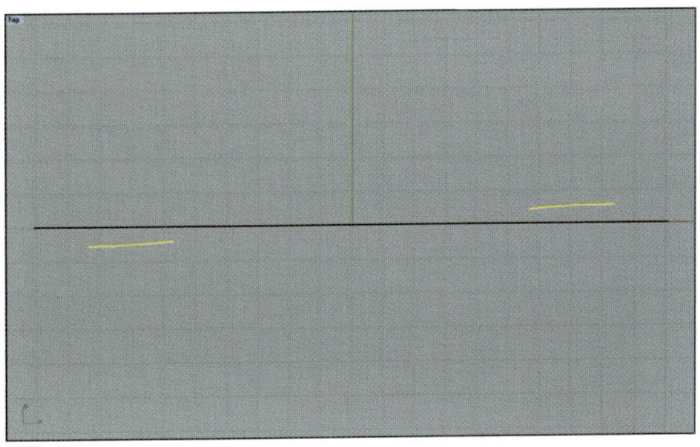

59 Top View를 최대화 시킨 다음 Set XYZ Coordinates 기능을 실행한다. 이미지와 같이 ' Set Y' 기능을 체크한 다음 원형 커브개체와 일직선상으로 일치가 되게 배치시킨다.

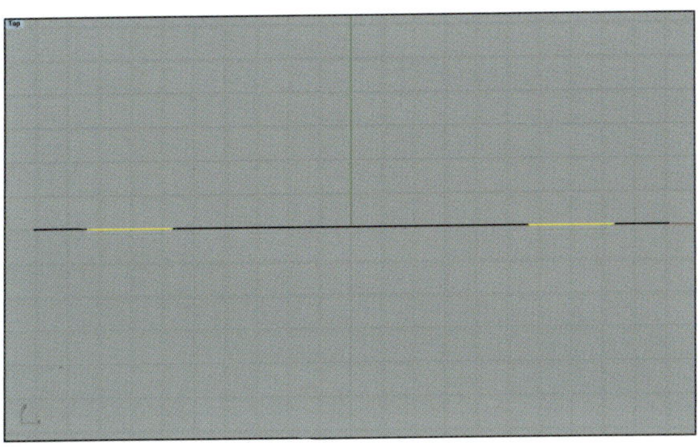

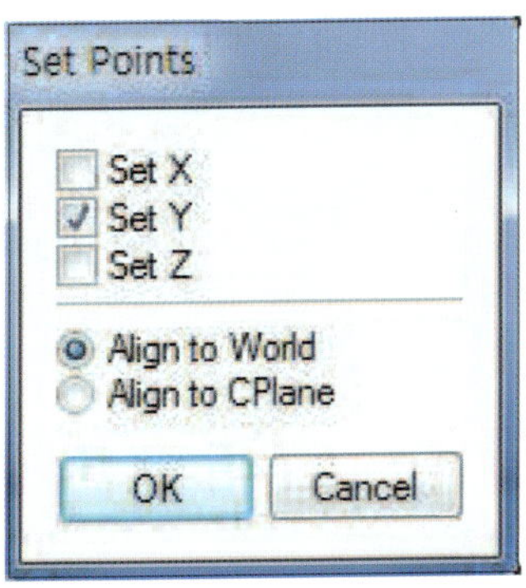

60 Front View를 기준으로 Circle: Center, Radius 기능을 실행한다. 이미지와 같이 원점을 기준으로 지름 값이 20.17mm인 원형 커브개체를 생성한다.

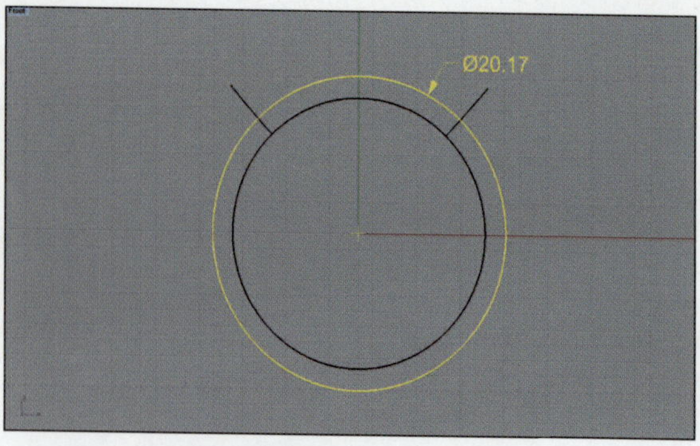

61 Front View를 기준으로 Control Point Curve 기능을 실행한다. 이미지와 같은 형태의 곡선개체를 생성한다.

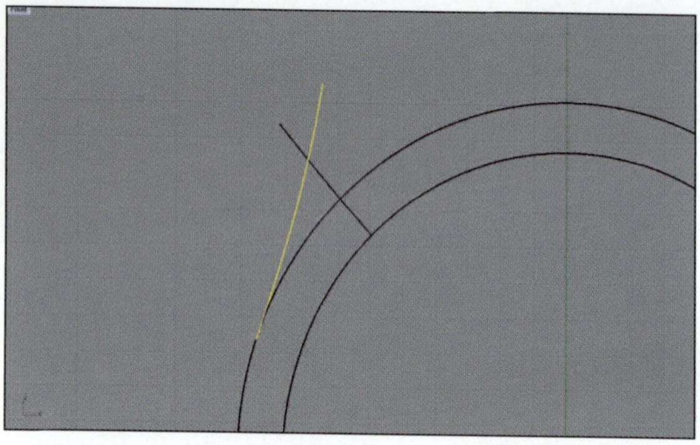

TIP ▸●▸ 곡선개체를 생성할 때 Osnap에 Tan기능을 체크한 다음 곡선개체가 원형 커브 Tangent 지점에 접하도록 한다.

62 Front view에서 Mirror 기능을 실행한다. 이미지와 같이 생성된 곡선개체를 대칭 복사한다.

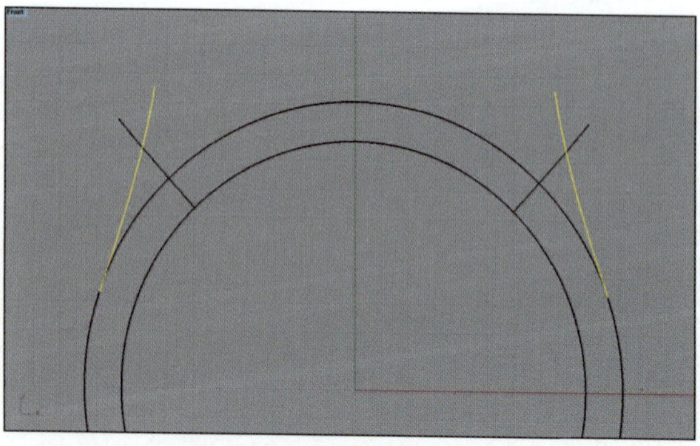

63 Trim 기능을 실행하여 이미지와 같이 커브개체들을 Trim 시킨다.

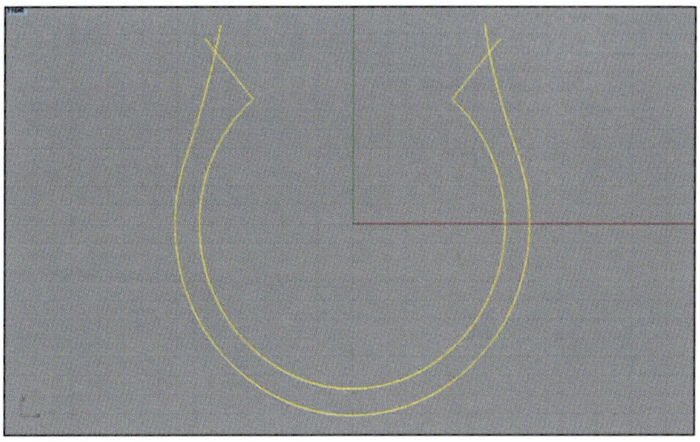

64 Match Curve 기능을 실행한다. 기능을 실행하면 먼저 1번 커브개체를 선택하고, 2번 커브개체를 선택한다. Match Curve의 옵션 대화상자가 나타나면 이미지와 같이 조정한다. 반대쪽 방향에 있는 커브개체들도 같은 방법으로 진행하여 자연스럽게 곡선들이 연결되도록 한다.

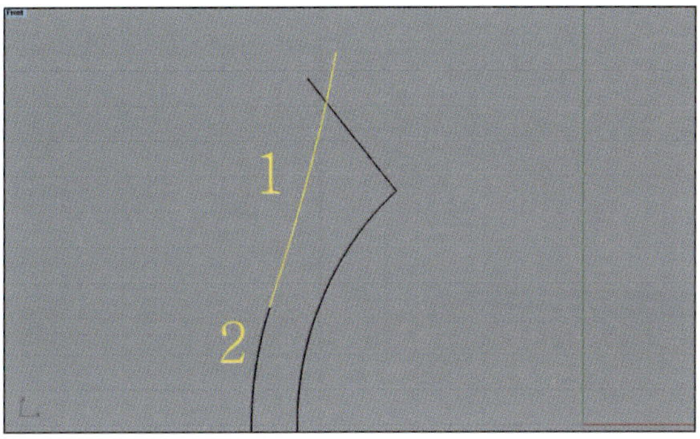

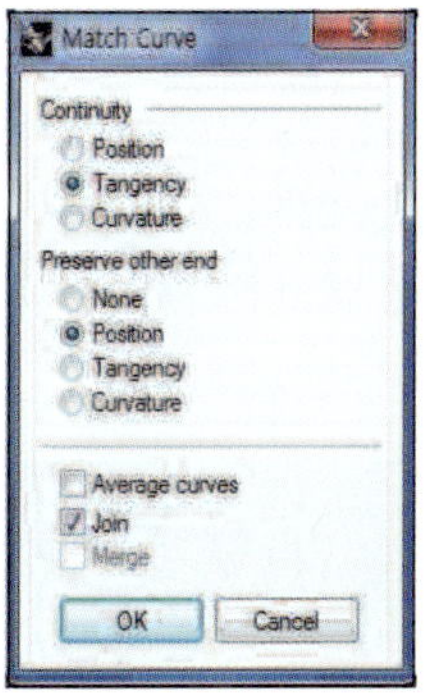

65 Right View에서 Move 기능을 실행한다. 이미지와 같이 커브개체들을 선택하여 원점을 기준으로 왼쪽방향으로 2mm이동 시킨다.

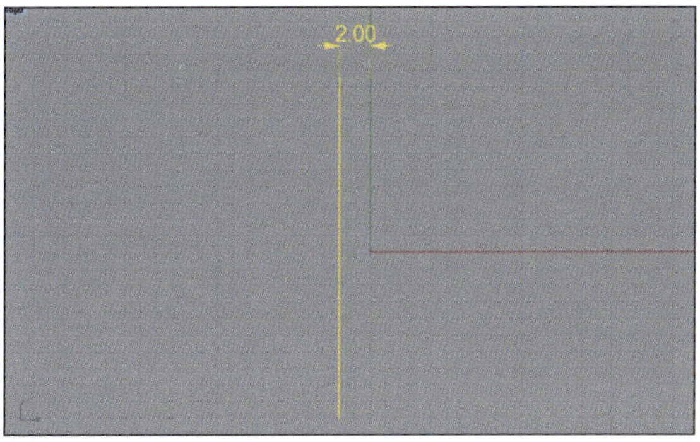

66 Right View에서 Mirror 기능을 실행한다. 커브개체들을 이미지와 같이 수평방향으로 대칭 복사 한다.

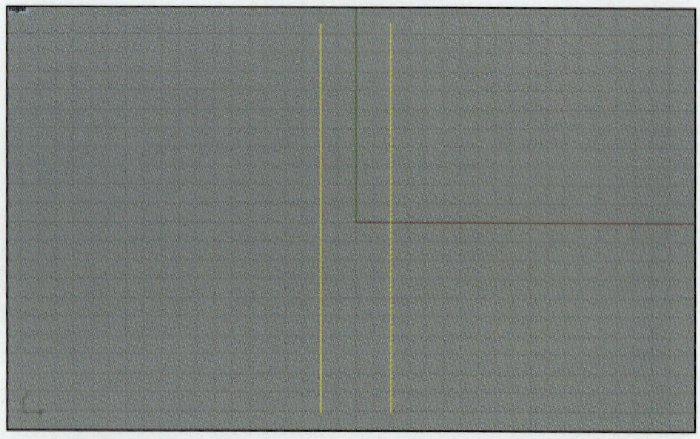

67 Arcs: Start, End, Point on Arc 기능을 실행하여 이미지와 같이 Quad와 Quad점을 연결하는 호 개체를 생성한다.

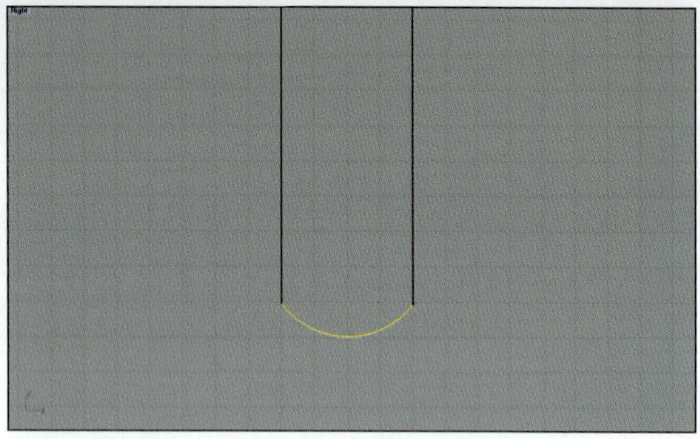

68 Perspective View에서 Sweep 2 Rails 기능을 실행한다. 이미지와 같은 순서대로 선택하여 면 개체를 생성한다. 명령 실행 중 나타나는 Sweep 2 Rail Options 대화상자가 나타나면 이미지와 같이 설정해준다.

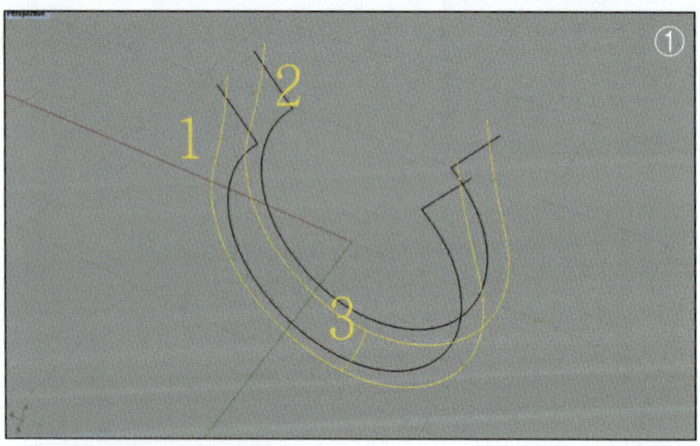

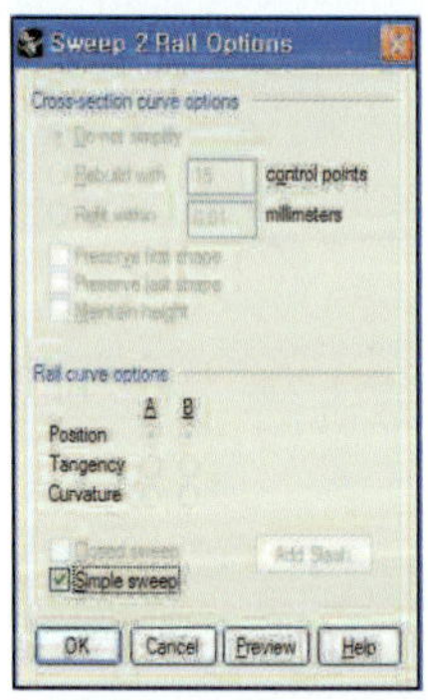

69 이미지와 같이 면 개체가 생성된 것을 확인할 수 있다

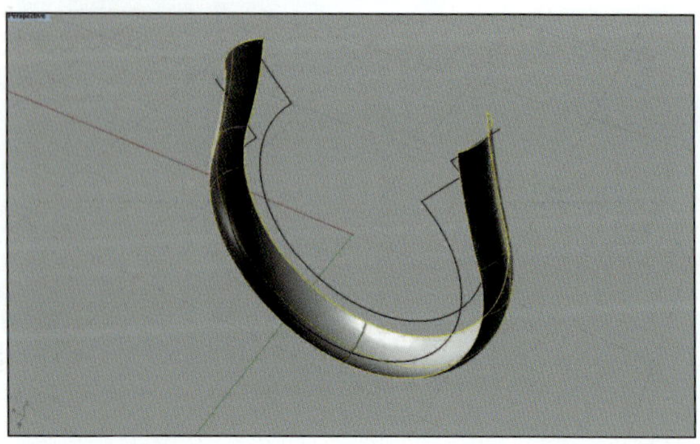

70 Front View에서 Split 기능을 실행한다.

1번 면 개체를 선택한 다음 Enter키를 누르고, 2번과 3번 직선커브 개체를 선택하여 Enter키를 누른다. 2번과 3번 직선커브 개체는 삭제해준다.

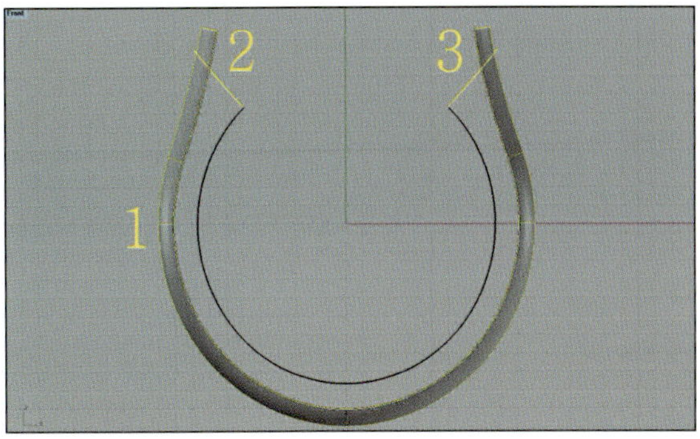

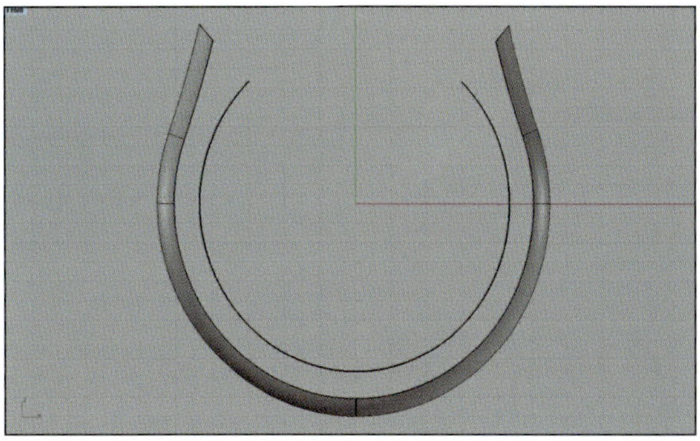

TIP ▸●▸ 만약 2번과 3번 직선커브 개체가 짧을 겨우 Extend Curve 기능을 실행하여 직선커브개체를 면 개체보다 길게 연장시켜준다.

71 Line 기능을 실행한다. 이미지와 같이 각 커브개체와 면 개체 End점을 만나는 4개 직선개체를 생성한다.

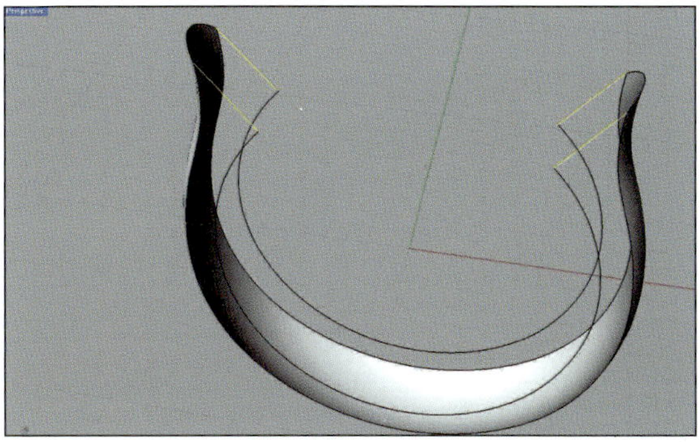

72 Perspective View에서 Sweep 2 Rails 기능을 실행한다. 이미지와 같은 순서대로 선택하여 옆면에 해당하는 면 개체를 생성한다.

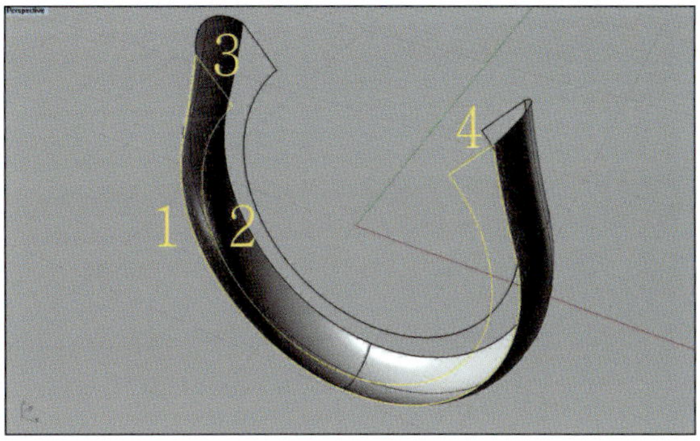

TIP ▸●▸ 만약 1번을 선택하는 커브개체가 없는 경우 Duplicate Edge 기능을 실행하여 해당 Edge부분에 커브개체들을 추출한다. 다음으로 Join기능으로 결합시켜 사용하도록 한다.

73 다시 Sweep 2 Rails 기능을 실행하여 반대방향에도 면 개체를 생성한다.

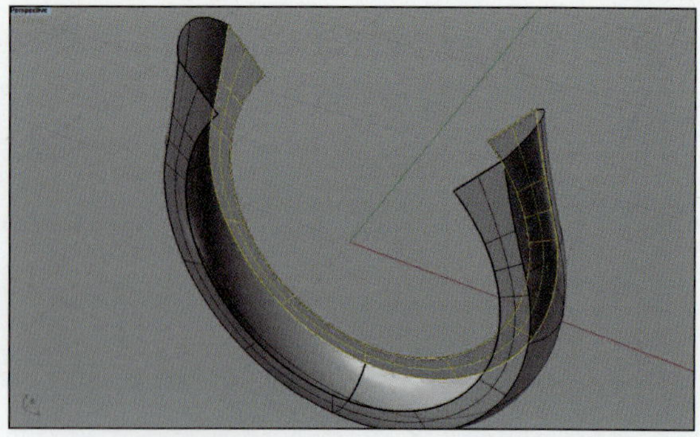

74 Loft 기능을 실행한다. 1번과 2번 커브 개체 또는 가장자리를 선택하여 반지 내경을 막아주는 면 개체를 생성한다.

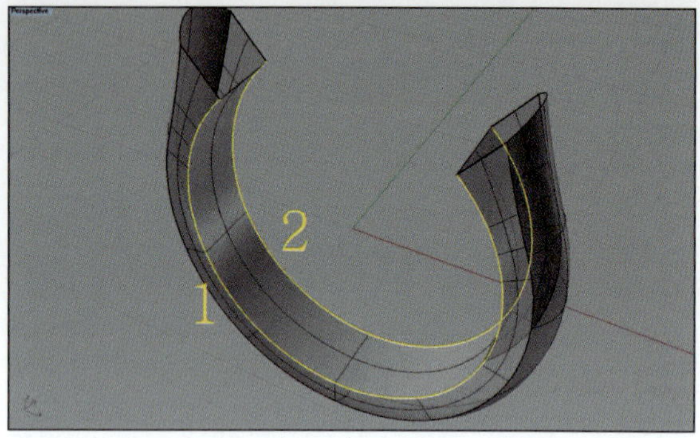

75 다음 이미지와 같이 Join 기능을 실행하여 생성시킨 모든 면 개체들을 결합시킨다.

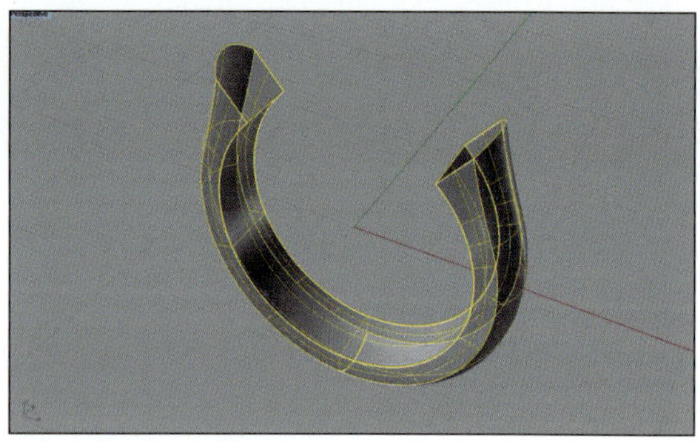

76 Cap Planar Holes 기능을 실행한다. 이미지와 같이 열린 부분을 막아주는 면 개체가 생성되는 것을 확인할 수 있다.

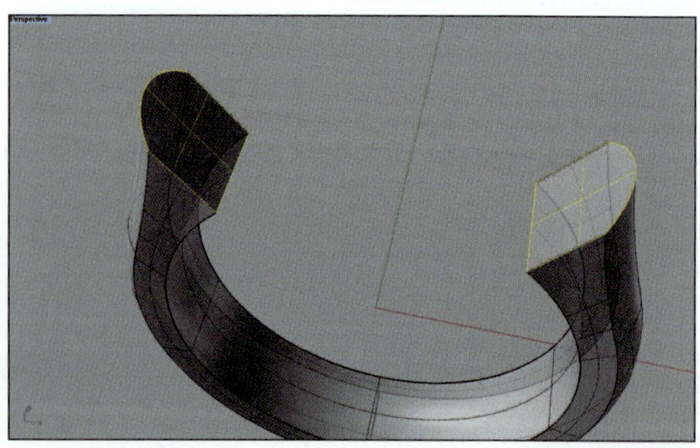

77 Right View에서 Taper 기능을 실행한다. 이미지와 같이 상단 부분 폭이 좁아지는 개체로 변형시킨다. 명령표시줄에 있는 옵션 기능 중 ' Flat=Yes ' 로 지정한다.

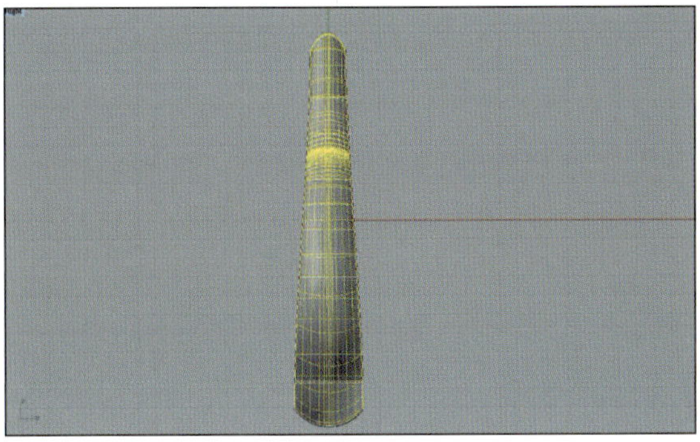

TIP ▸••▸ 상태표시줄에 있는 Project 기능을 활성화 시킨 상태에서 작업을 진행하면 좀 더 효율적인 작업을 진행할 수 있다.

78 Show Objects 기능을 실행하여 Hide된 모든 개체를 불러온다.

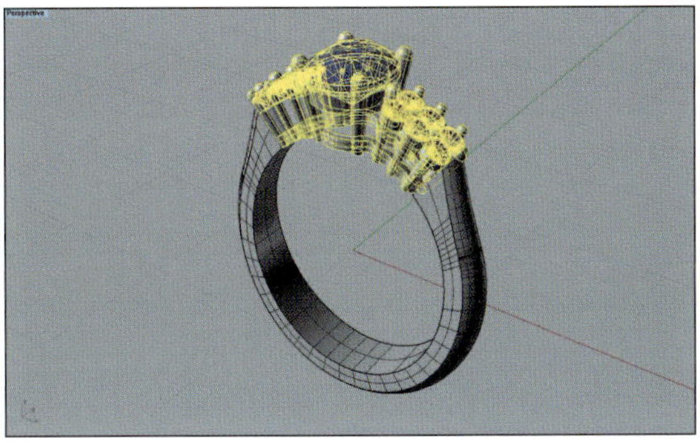

79 Boolean Difference 기능을 실행한다. 이미지와 같이 반지개체와 난집, 난발개체들을 모두 선택한 다음 Enter키를 누른다. 다음 보석개체와 겹쳐져 있는 파란색과 빨간색 Layer 개체를 선택한 다음 Enter키를 누른다. 보석개체들이 배치된 상태로 난발과 난집에 파란색과 빨간색 Layer개체 크기만큼 잘린 것을 확인할 수 있다.

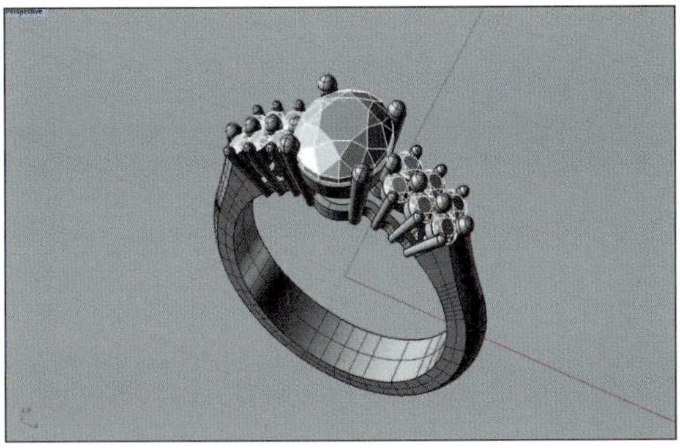

2. 예제 렌더링 따라하기

수요일 "스마트폰에 비춰진 그녀의 반지" 렌더링 과정에서는 Emissive(자체발광) 기능을 알아보도록 한다. 작업자가 원하는 이미지를 Photoshop 프로그램을 이용하여 HDRI로 변환하고 변환시킨 이미지 자체로 발광효과를 내는 과정을 알아본다. 또한 이 기능을 효과적으로 표현하기 위해 스마트폰 샘플을 이용하여 액정화면에 적용하는 과정을 같이 진행하도록 한다.

부록CD > 예제파일 > 3.수요일 > Wednesday-Rendering

01 다음 이미지와 같이 부록 CD 〉 예제파일 〉 3.수요일 〉 Wednesday-Rendering 경로를 통해 Insert기능으로 파일을 불러온다.

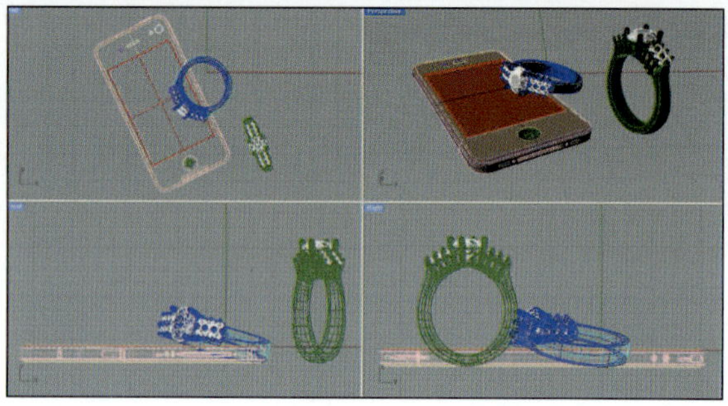

02 'Save As' 기능을 이용하여 바탕화면에 있는 'Keyshot Resources' 폴더에 저장한다. 이때 'Keyshot Resources' 폴더 안에 사용자가 원하는 폴더를 다시 생성하고, 생성한 폴더에 해당 파일을 저장하여도 무관하다.

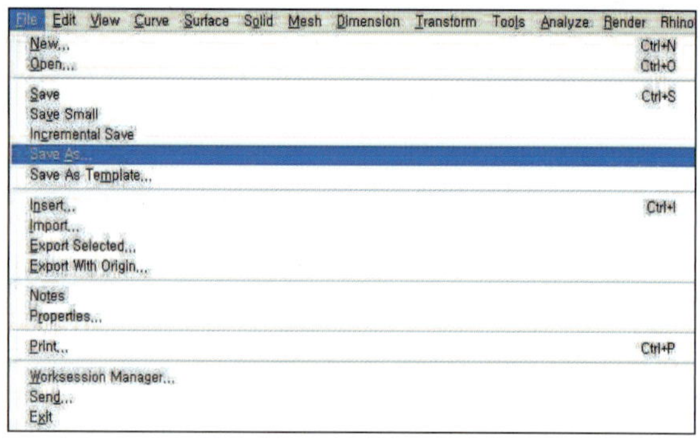

TIP ▸●▸ 'Keyshot Resources' 폴더에 저장을 할때는 반드시 파일명을 영문 또는 숫자로 저장하도록 한다. 한글로 저장할때는 데이터를 불러오는 과정에서 한글을 인식하지 못해 오류가 발생할 수 있기 때문이다.

03 Keyshot 렌더링 프로그램을 실행시킨다. 다음 화면 하단에 배치된 'Import' 기능을 실행하면 다음 이미지와 같이 'Keyshot Resources' 폴더 경로를 가진 대화상자가 나타난다. 저장시킨 라이노 파일을 선택한 다음 '열기' 버튼을 클릭한다.

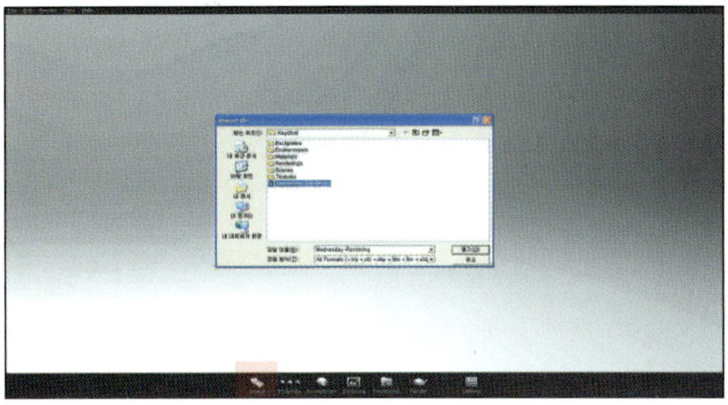

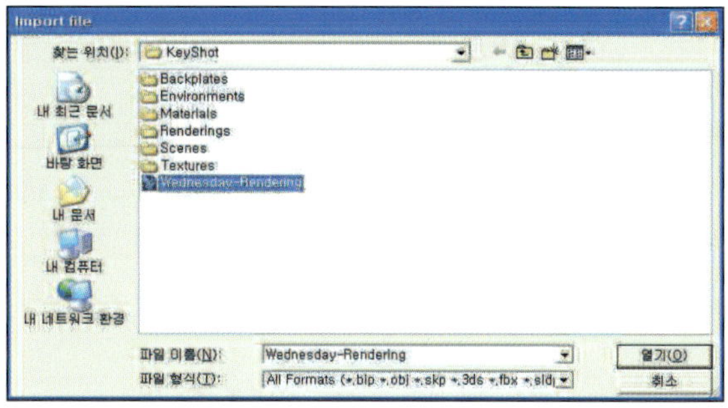

04 다음과 같은 대화상자가 나타나면 'OK' 버튼을 클릭한다. 이때 대화상자에 있는 각 옵션은 체크하지 않아도 된다.

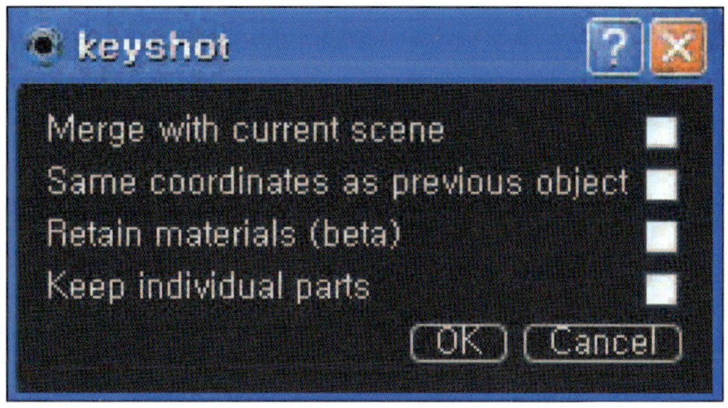

05 화면 제어 기능을 통해 다음 이미지와 같이 구도를 설정한다.

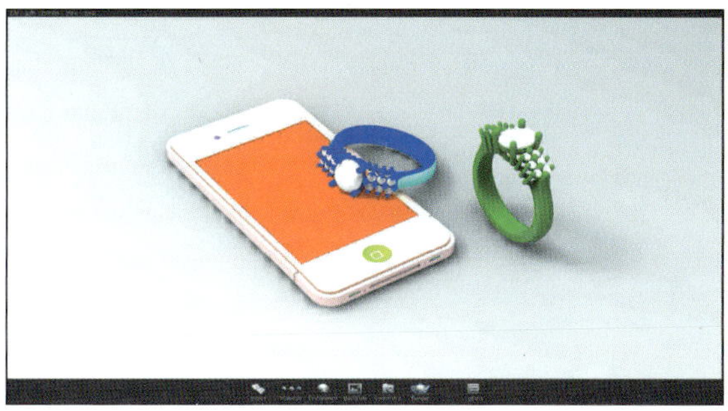

06 화면 하단에 위치한 메인메뉴에서 'Materials' 기능을 클릭한다. 다음 이미지와 같이 'Library' 대화상자가 나타난다.

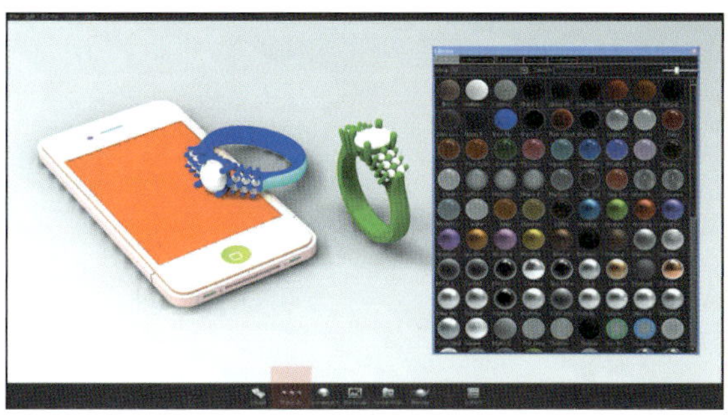

07 Shift 키를 누른 상태에서 마우스 왼쪽 버튼으로 'Rose Gold - 18K' 재질을 클릭한다.

08 Shift 키를 누른 상태에서 마우스 오른쪽 버튼으로 연두색상 레이어 반지개체를 클릭한다. 다음 이미지와 같이 지정한 재질이 적용되는 것을 확인할 수 있다.

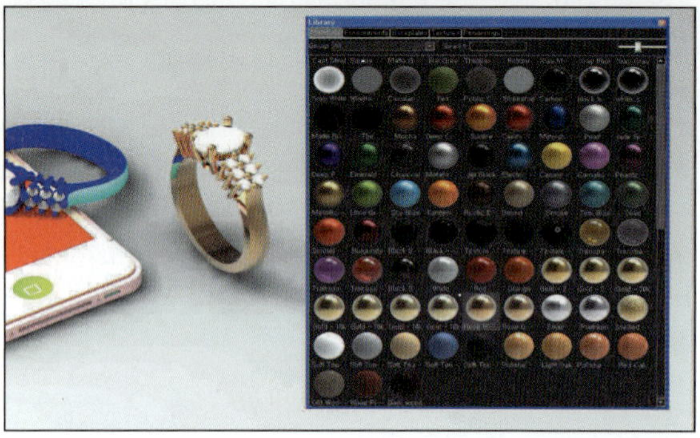

09 다음은 같은 방법으로 'Platinum' 재질을 선택한 다음 파란색상 레이어 반지개체를 클릭한다. 이미지와 같이 재질이 적용되는 것을 확인할 수 있다.

10 Cyan 색상 레이어 개체에 다음 이미지와 같이 'Steel Horizontal' 재질을 적용한다.

11 다음은 'Diamond' 재질을 선택하여 각 보석 개체에 적용한다.

12 다음은 'Black Smooth' 재질을 선택하여 이미지와 같이 스마트폰 상단 부분에 재질을 적용시킨다.

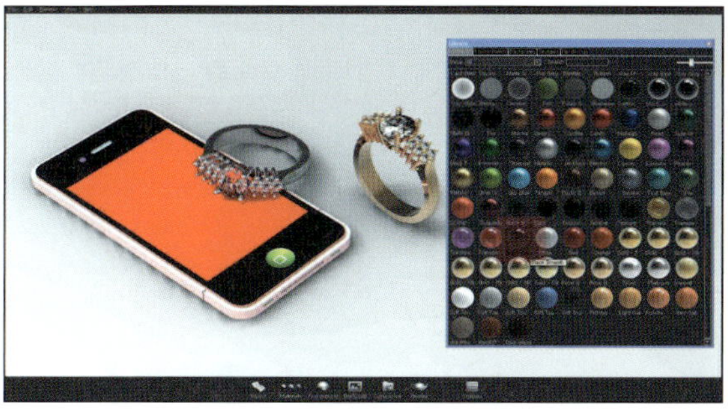

13 다음은 'Black Chrome' 재질을 선택하여 이미지와 같이 스마트폰 하단에 있는 원형 버튼에 재질을 적용한다.

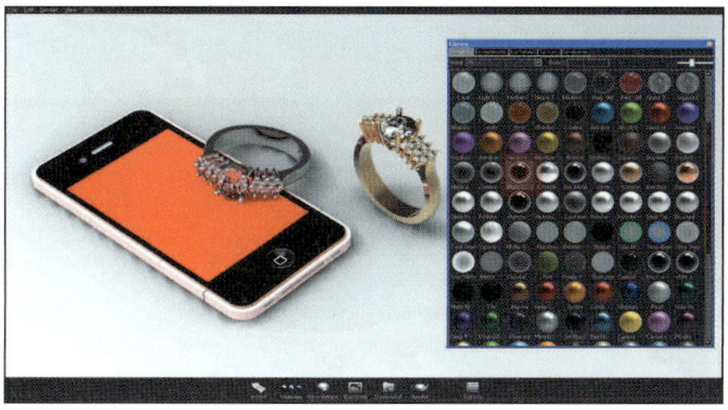

14 다음은 'Chrome' 재질을 선택하여 이미지와 같이 스마트폰 금속 테두리 부분에 재질을 적용시킨다.

15 다음은 'Distressed Bronze' 재질을 선택하여 스마트폰 개체에서 첫 번째로 재질을 적용한 상단과 금속테두리 중간에 있는 연한 갈색 레이어 개체에 적용시킨다.

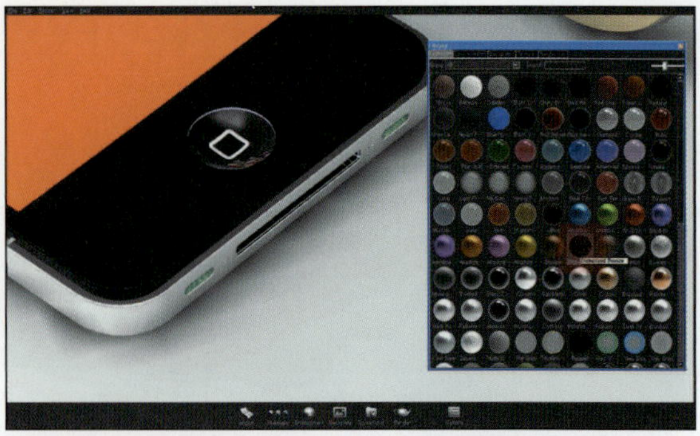

16 다음은 화면을 회전시켜 이미지와 같이 스마트폰의 윗부분을 확대시켜준다. 이미지와 같이 'Potato Sack' 재질을 선택하여 스마트폰 스피커 부분에 재질을 적용시킨다.

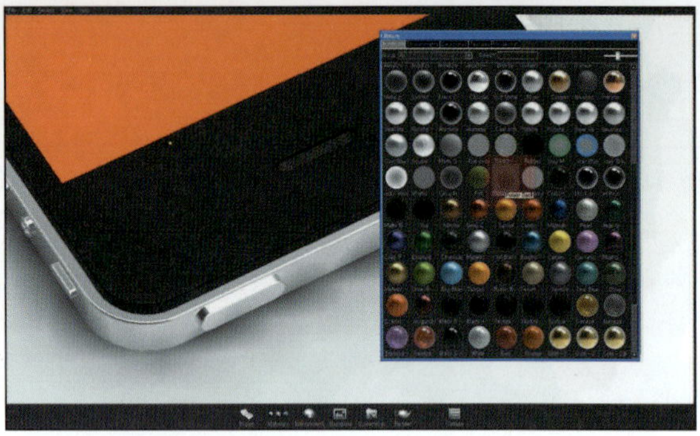

17 다음 이미지와 같이 적용된 스피커부분 재질 색상이 너무 어두워 보인다. 적용시킨 재질 개체 위에 마우스 커서를 가져간 다음 마우스 오른쪽 버튼을 클릭한다. 다음과 같이 옵션 기능 창이 나타나는 것을 확인할 수 있다. 'Edit material'을 체크한다.

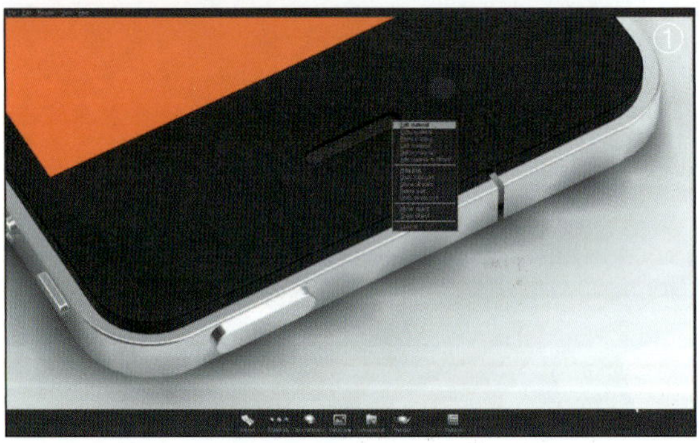

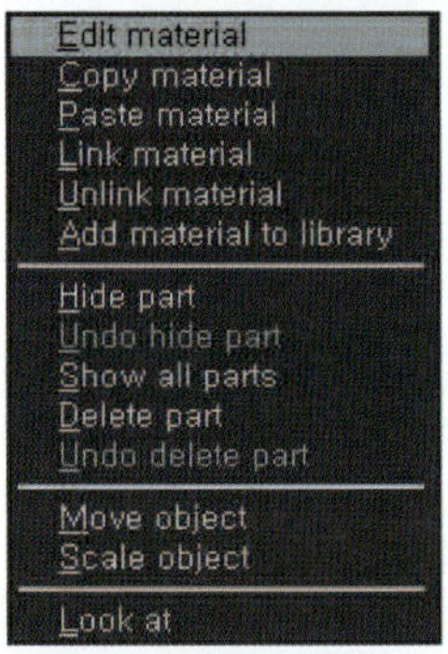

18 다음과 같은 옵션 대화상자가 나타나면 이미지와 같이 'Diffuse' 와 'Specular' 색상을 모두 'White'로 지정해준다.

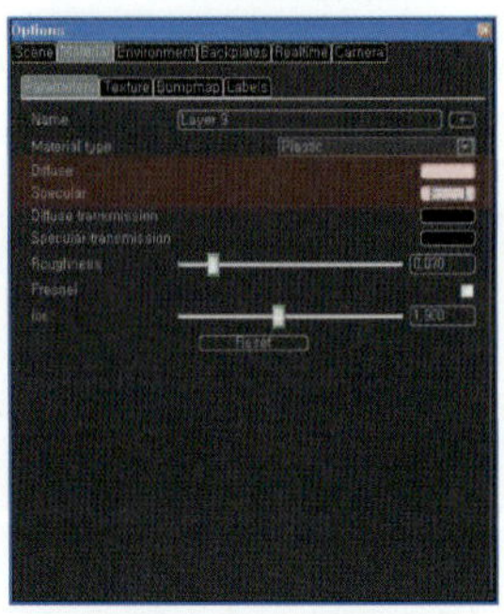

19 다음 이미지와 같이 적용된 재질 색상이 바뀐 것을 확인할 수 있다.

20 스마트폰 액정에 해당하는 빨간색 레이어 개체를 제외한 나머지 개체에 재질을 적용하도록 한다. 지금까지 작업 과정을 확인할 수 있다.

21 다음으로 'Environment' 기능을 클릭한 다음 'Library' 대화상자가 나타나면 'hdri_locations_factory4k' HDRI를 선택해 작업화면에 드래그시킨다.

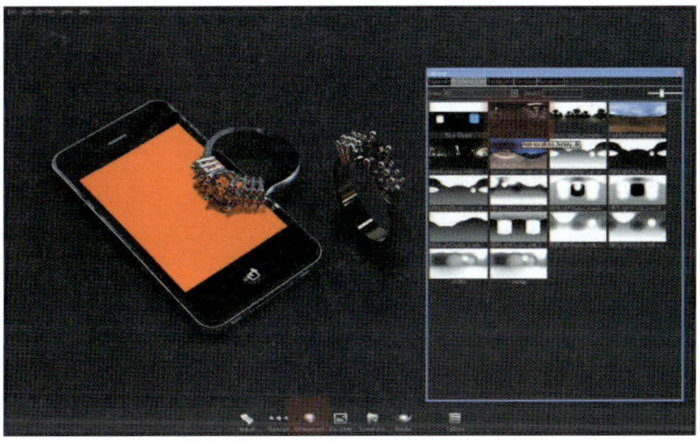

22 'Space bar'를 클릭하여 다음 이미지와 같이 옵션대화상자를 불러온다. 'Environment' 탭을 클릭한다.

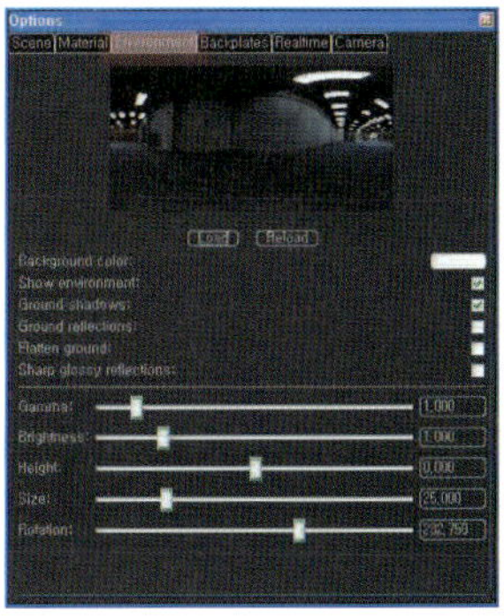

23 'Gamma' 값을 1.10으로 입력하고 'Brightness' 값을 0.2로 입력해준다. 이미지와 같이 주위가 어두워지는 것을 확인할 수 있다. 작업자는 경우에 따라 값을 조절해줘도 무관하다.

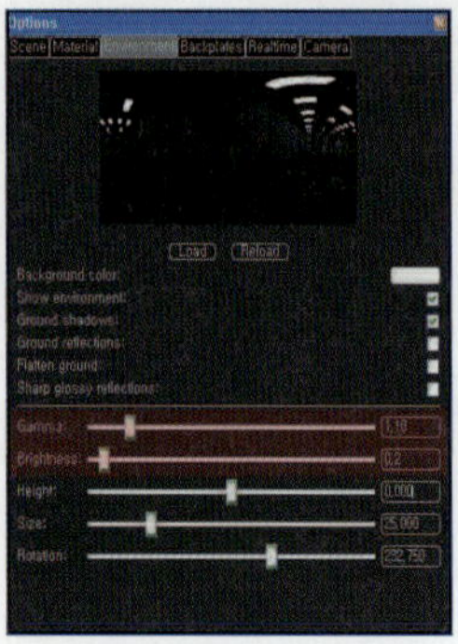

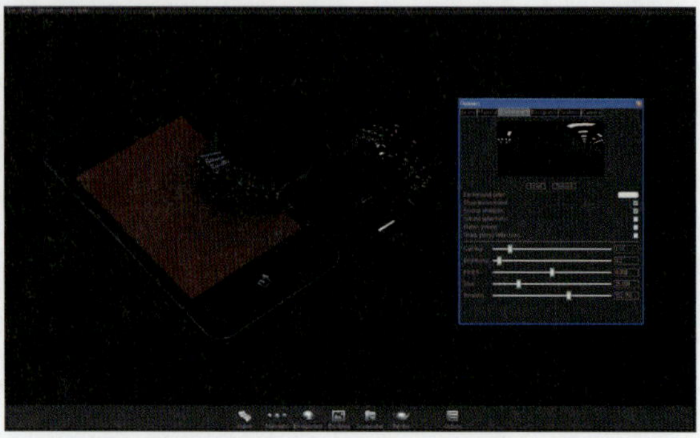

24 '액정화면인 빨간색 레이어 개체에 마우스 커서를 올려놓은 다음 마우스 오른쪽 버튼을 클릭한다. 'Edit material' 기능을 선택한다.

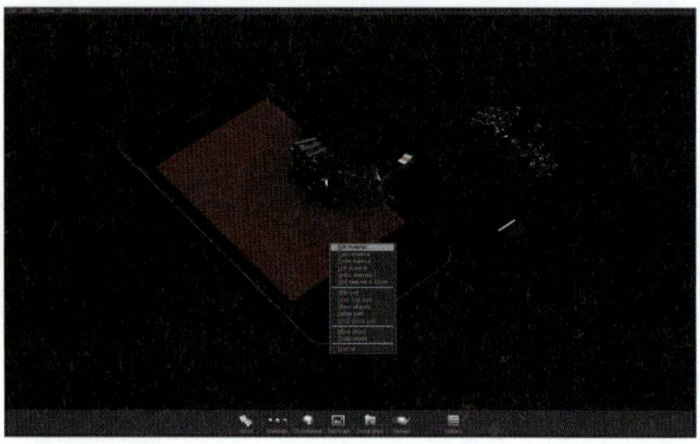

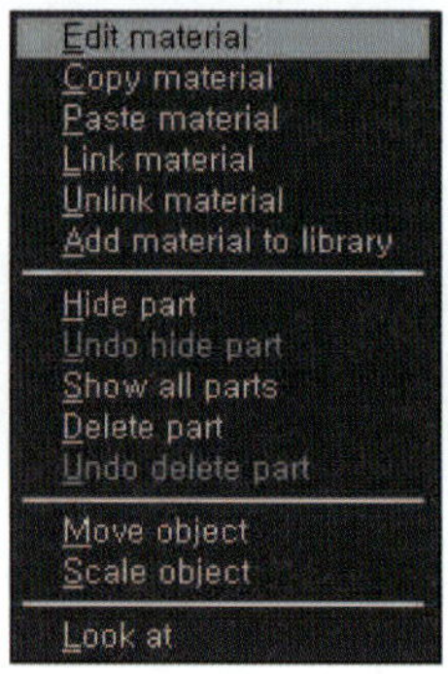

25 'Material type' 기능에서 'Emissive(자체발광)'기능을 선택해준다.

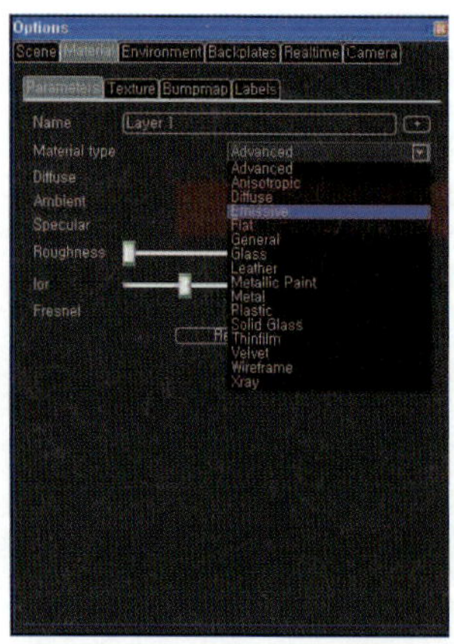

26 'Intensity' 기능 값을 최대값으로 설정해 본다. 이미지와 같이 빨간색 레이어 개체가 스스로 빛을 내면서 반지와 보석개체를 비춰지는 현상을 확인할 수 있다.

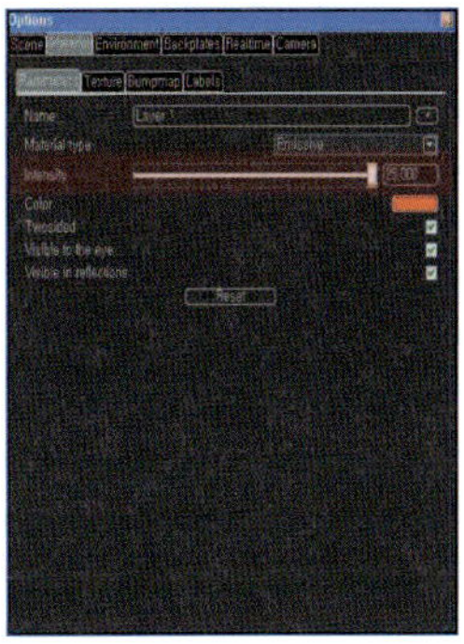

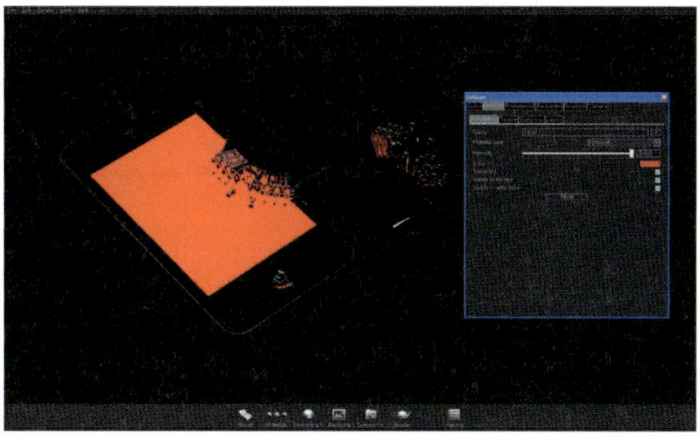

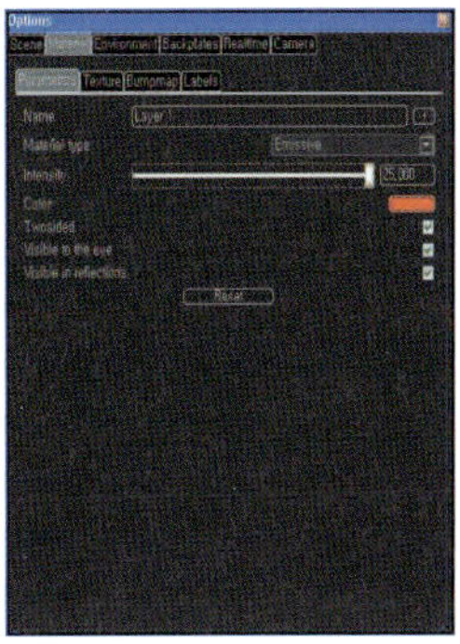

TIP ▸●▸ Keyshot 프로그램에서 사용하는 Emissive(자체발광) 기능은 다른 렌더링 프로그램과 비교했을 때 효과가 많이 떨어지는 편이다. 하지만 이 기능에 적용하는 이미지를 HDRI로 변환시켜 사용하면 조금은 효과를 낼 수 있다.

각 옵션 기능을 살펴보도록 한다.

- Intensity

이미지에 자체적으로 발광하는 밝기의 세기를 조절하는 기능이다.

- Color

개체 색상을 표현할 때 사용한다. 하지만 이 기능은 이미지를 직접 불러와 사용할 때는 적용되지 않는다.

- Two side

이 기능을 체크하게 되면 적용시키고자 하는 개체에 발산효과가 두 방향으로 발산하게 한다.

- Visible to the eye

이 기능은 시각적으로 보이거나 보이지 않게 하는 기능이다.

- Visible in reflections

이 기능을 체크해제 하게되면 화면상에는 빛을 발산하는 것처럼 보이지만 반사효과를 가진 재질에는 반사가 되지 않게 하는 기능이다.

▒ 부록CD > 예제파일 > 3.수요일 > Wednesday-Emissive

27 다음은 기존 이미지를 가져와 액정화면에 맵핑하는 과정을 알아보도록 한다. 작업자는 우선 이 과정을 숙지한 다음 원하는 이미지를 맵핑해보도록 한다. 'Options' 대화상자에서 'Texture' 탭을 클릭한다. 이미지와 같이 Texture기능에 대한 옵션기능들이 보이는 것을 확인할 수 있다.

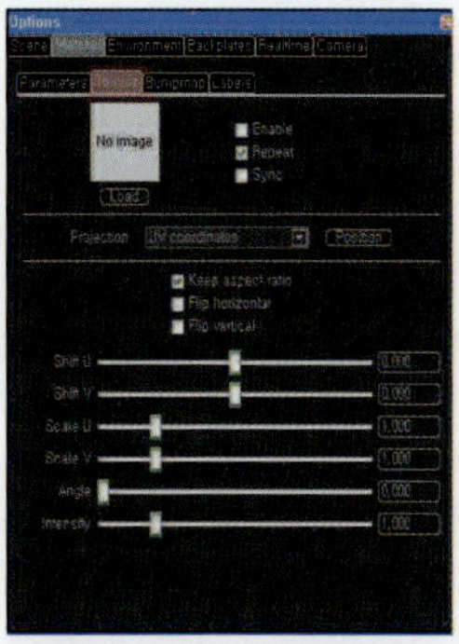

28 이미지에 나타난 것과 같이 'Load' 버튼을 클릭한다.

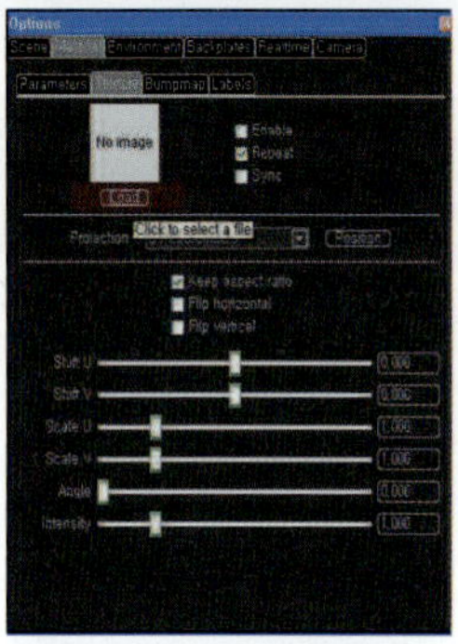

29 다음과 같이 '열기' 대화상자가 나타난다. Textures 폴더에 있는 각종 파일들이 있는 것을 확인할 수 있다.

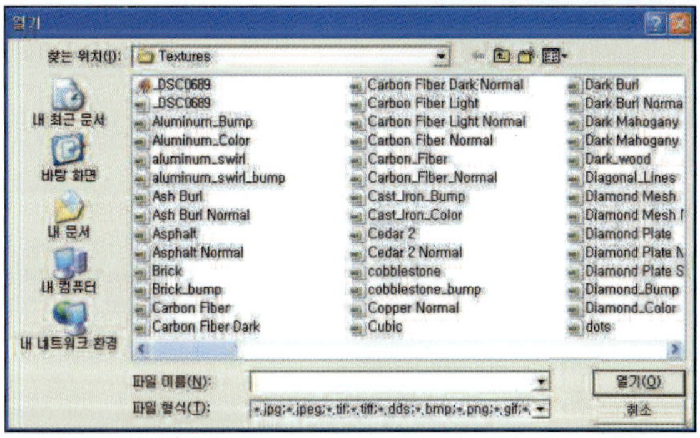

TIP ▸●▸ 이 작업을 진행하기 위해서는 먼저 작업자가 원하는 이미지를 '바탕화면 〉 KeyShot Resources 폴더 〉 Textures 폴더' 에 저장시켜야만 한다. 또는 프로그램을 설치하는 방법에 따라 '내 문서 폴더 〉 Keyshot 폴더 〉 Textures 폴더' 에 저장시켜야만 'Load' 기능을 사용할 수 있다. 그럼 원하는 이미지를 선택한 다음 포토샵 프로그램을 이용하여 기존 이미지를 HDR 이미지로 변환하여 사용하는 방법을 알아보도록 하겠다.

만약 포토샵 프로그램이 없는 작업자는 이 과정을 생략하고 부록CD에 있는 해당되는 HDR 이미지를 직접 불러와도 무관하다.

01 Photoshop CS3 프로그램을 실행하여 부록 CD 〉 이미지 〉 Wednesday-Emissive.jpeg 파일을 불러온다.

02 메뉴 바에 있는 'Image' 메뉴를 클릭한다. 'Mode 〉 32 Bits/Channel' 기능을 클릭한다.

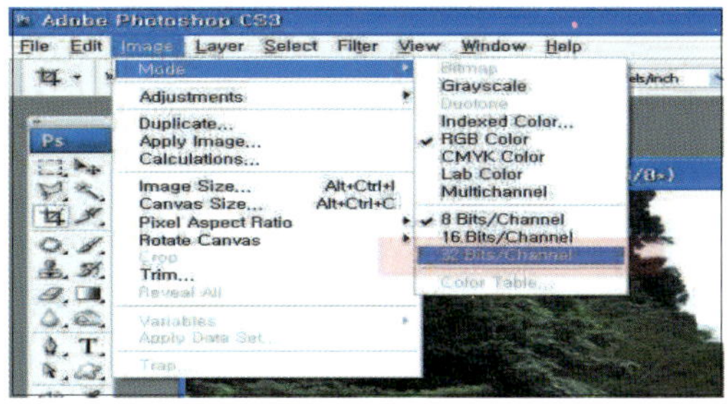

03 이미지와 같이 'File' 메뉴를 클릭한다. 'Save As'기능을 클릭한다.

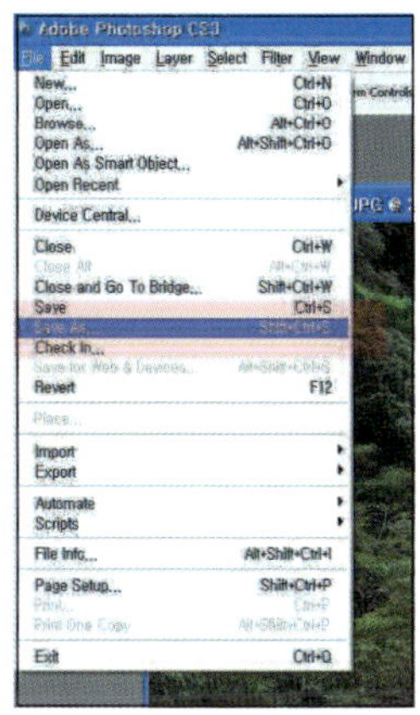

04 '바탕화면 〉 KeyShot Resources 폴더 〉 Textures 폴더' 또는 프로그램을 설치하는 방법에 따라 '내 문서 폴더 〉 Keyshot 폴더 〉 Textures 폴더' 로 경로를 지정한 다음

파일 형식에서 이미지와 같이 'Radiance (*.HDR;*.RGBE;*.XYZE)' 파일 형식을 선택한다. 파일 명은 'Wednesday-Emissive'로 지정한 다음 '저장' 버튼을 클릭한다. 기존 이미지를 HDRI로 변환시키는 것을 확인할 수 있다.

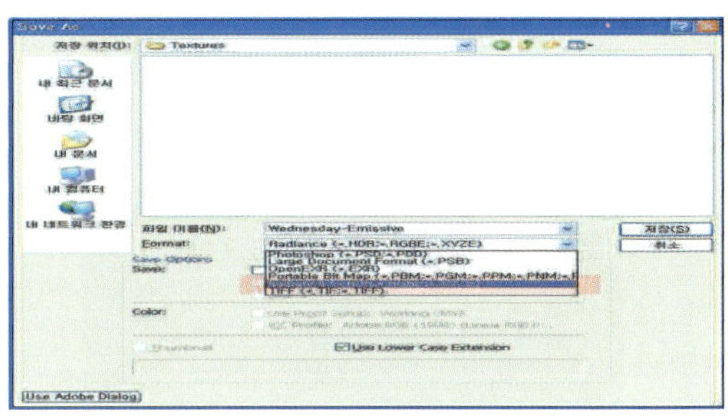

30 다음과 같이 'Wednesday-Emissive' 파일을 선택한 다음 '열기' 버튼을 클릭한다.

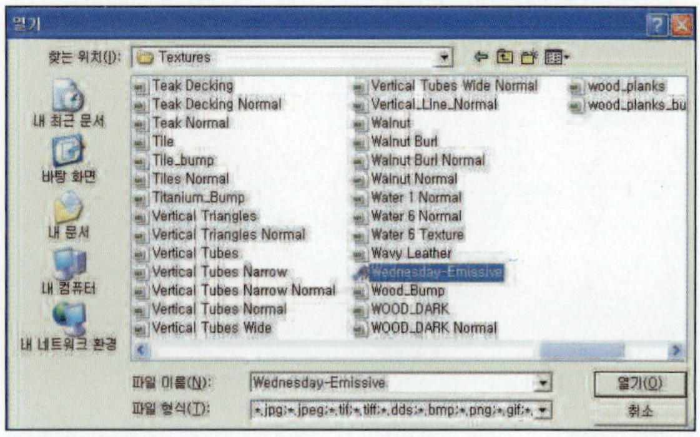

31 다음 이미지와 같이 선택한 HDR 이미지가 액정화면으로 보이는 것을 확인할 수 있다. 또한 이미지 자체가 발산을 하면서 주위에 있는 반지개체와 보석개체에 비춰지는 효과도 확인할 수 있다.

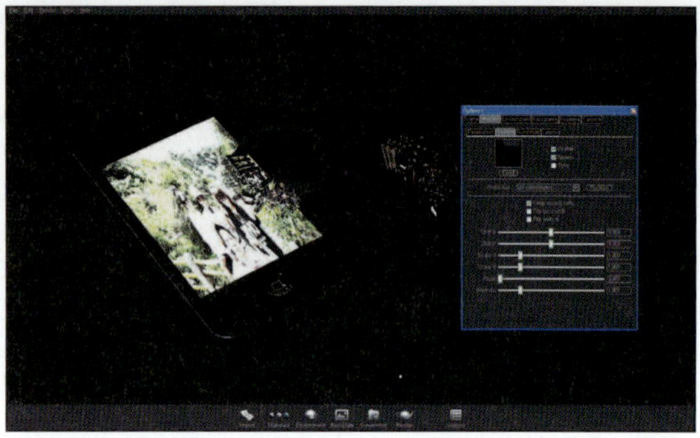

32 옵션 기능 중 'Angle' 값을 '90' 으로 입력한다. 이미지와 같이 이미지가 90도로 회전하면서 맵핑되는 것을 확인할 수 있다.

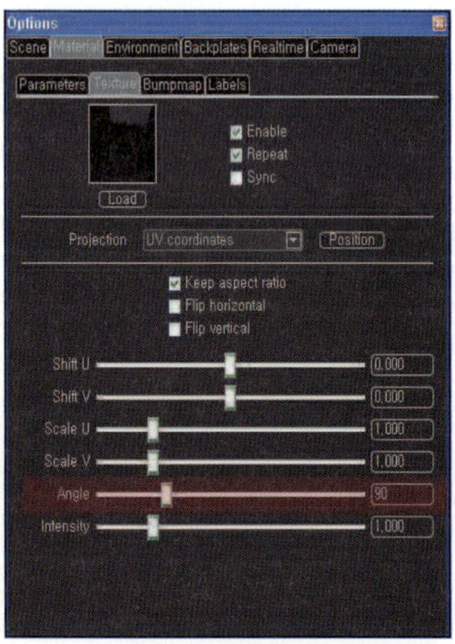

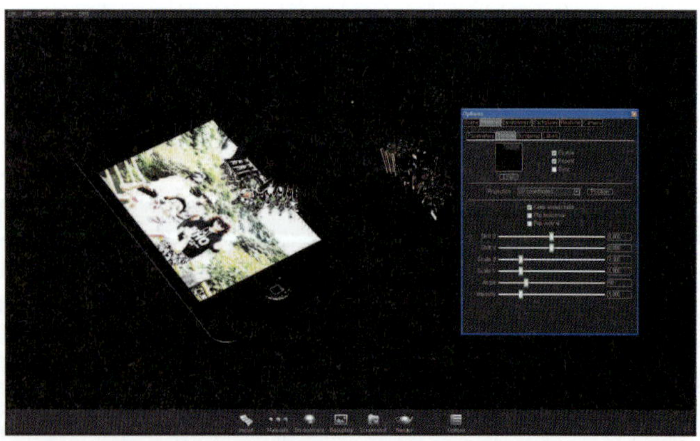

33 다음 이미지와 같이 'Shift U, V' 값을 각각 '0.04', '0.95'값으로 입력한다. 이미지가 상하좌우로 이동하는 것을 확인할 수 있다. 작업자는 이 기능을 통해 이동시키고 하는 위치에 맞춰 값을 입력하도록 한다.

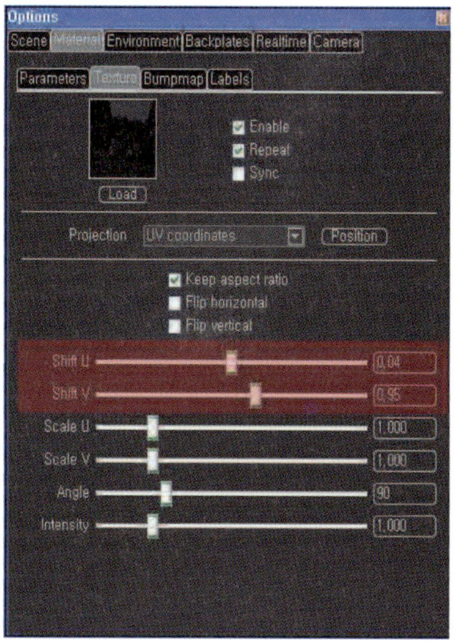

34 이미지를 원하는 위치로 조정한 다음 'Intensity' 기능을 통해 이미지의 밝고 어두움을 조절해 준다. 이 값이 클수록 이미지가 불타듯이 밝아지므로 여기에서는 기존 값을 낮게 설정해준다. 작업자가 원하는 값으로 조절해준다.

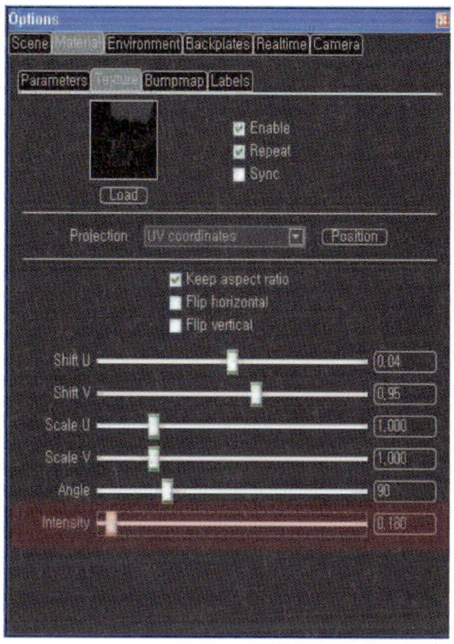

35 지금까지 과정을 통해 완성된 작업 상태이다. 마지막으로 환경 이미지 밝기 조절 등 미세한 작업을 진행시켜준다.

36 밝기 조절 등 미세작업을 완성한 다음 이미지와 같이 'Render' 기능을 클릭한다.

37 원하는 이미지 사이즈를 정한 다음 'Render' 버튼을 클릭한다.

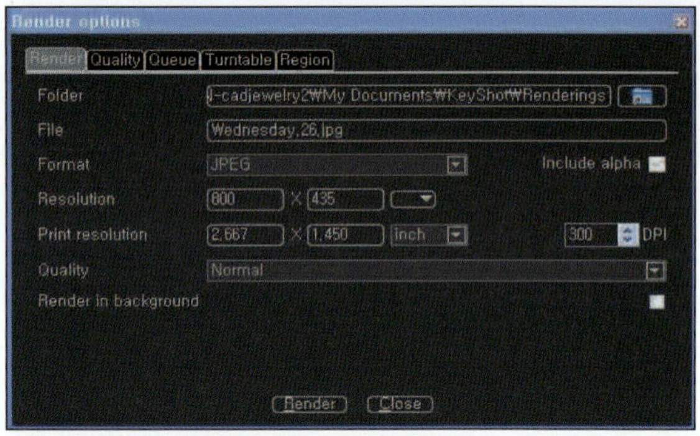

Day

04 목요일

V-Ray? 이게 Rhino에서도 사용할 수 있어요?

1. 반지 모델링 따라하기

01 Front View를 기준으로 Circle: Center, Radius 기능을 실행한다. 원점을 기준으로 지름 값이 내경 17.37mm, 외경이 22.57mm인 원형커브 2개를 생성한다.

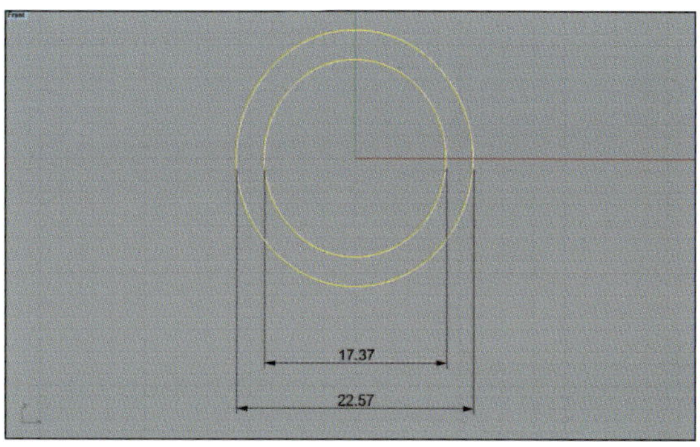

02 Front View를 기준으로 Move 기능을 실행한다. 외경이 22.57mm인 원형커브 개체를 위쪽 방향으로 0.9mm 이동시킨다. 이미지와 같이 하단 폭이 1.70mm, 상단 폭이 3.50mm가 된 것을 확인한다.

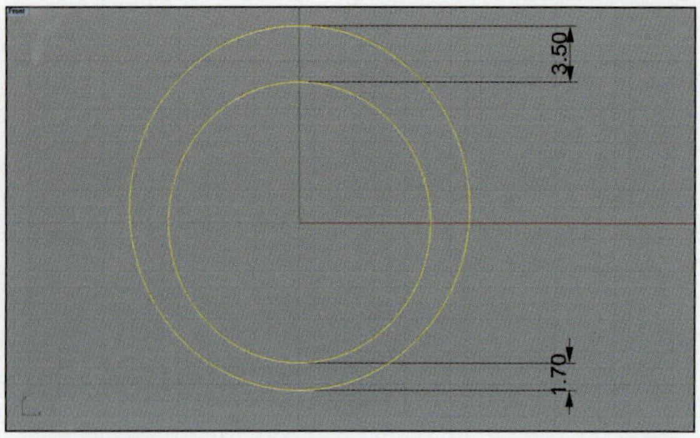

03 Right View를 기준으로 Line: from Midpoint 기능을 실행한다. 바깥쪽에 있는 원형커브 개체 Quad점을 기준으로 이미지와 같이 총 길이가 3mm인 직선커브 개체 2개를 생성한다.

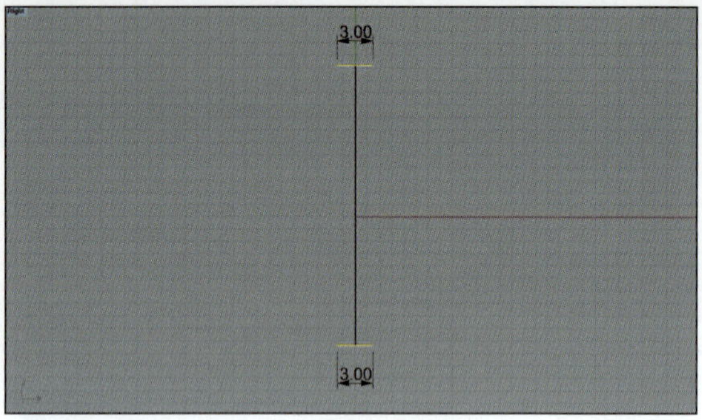

04 Right View를 기준으로 Line: from Midpoint 기능을 재실행한다. 안쪽에 있는 원형커브 개체 Quad점을 기준으로 이미지와 같이 위쪽 7mm, 아래쪽 3.5mm 직선커브 개체 2개를 생성한다.

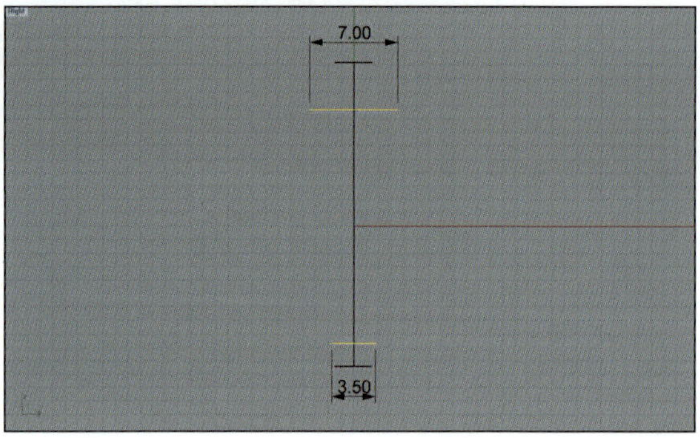

05 Right View에서 Line 기능을 실행한다. 이미지와 같이 수평방향으로 생성시킨 직선커브 개체의 End와 End점을 연결하는 직선커브 2개를 생성한다.

06 Copy 기능을 실행한다. 바깥쪽 원형커브 개체를 선택해 이미지와 같이 수평방향으로 생성된 직선커브 개체 End점에 각각 복사시킨다.

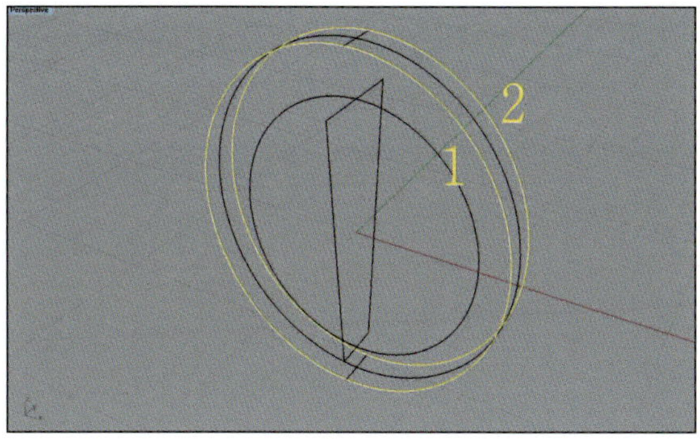

07 Curve from 2views 기능을 실행한다. 1번 직선커브 개체를 선택하고, 3번 원형커브 개체를 선택한다. 다시 Enter키를 눌러 명령을 재실행한 다음 2번 직선커브 개체를 선택하고 3번 원형커브 개체를 선택한다.

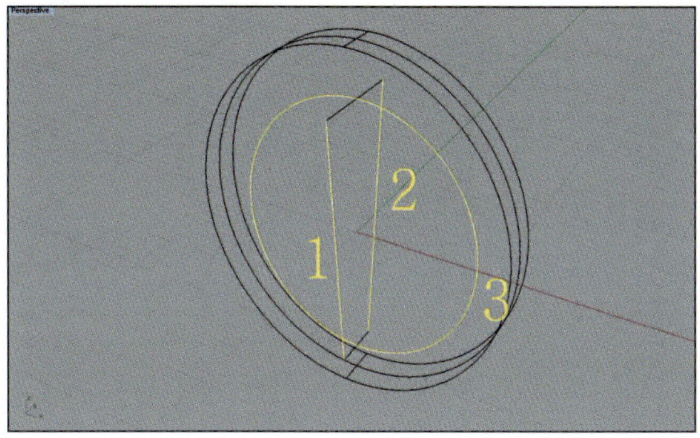

08 이미지와 같이 직선커브 개체 기울기에 맞춰 원형커브 개체가 생성된 것을 확인할 수 있다.

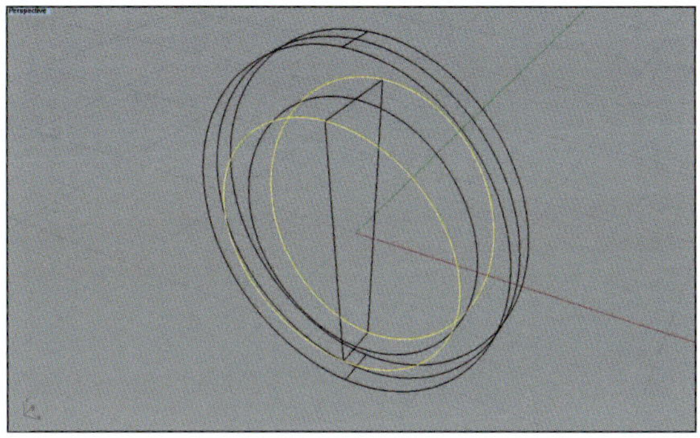

09 Loft 기능을 실행한다. 1번과 2번 원형커브 개체를 선택해 바깥쪽 면 개체를 생성한다. 명령을 진행할 때 나타나는 Loft Options 대화상자에서 옵션기능 설정은 이미지와 같이 설정한다.

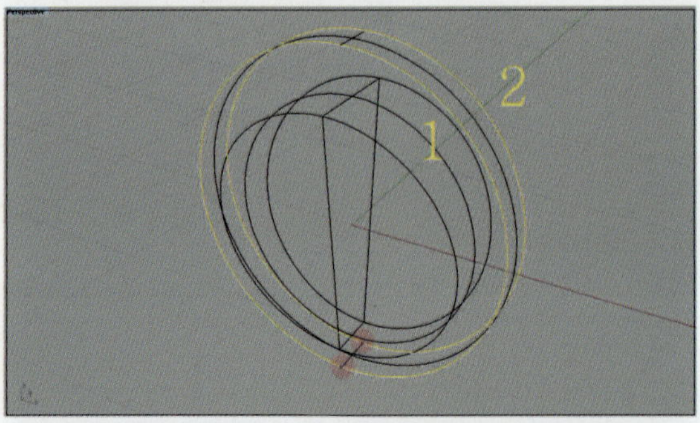

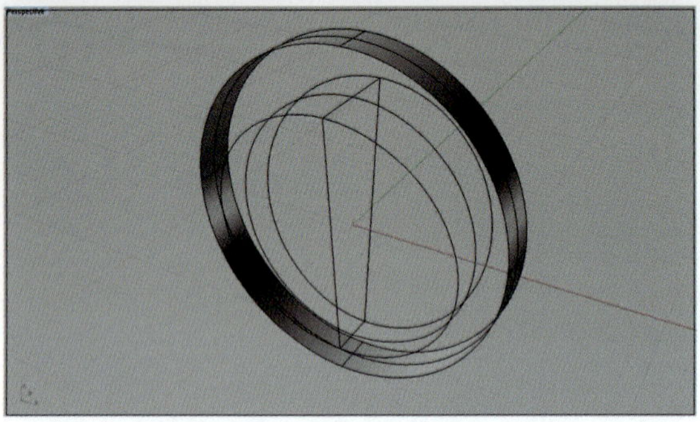

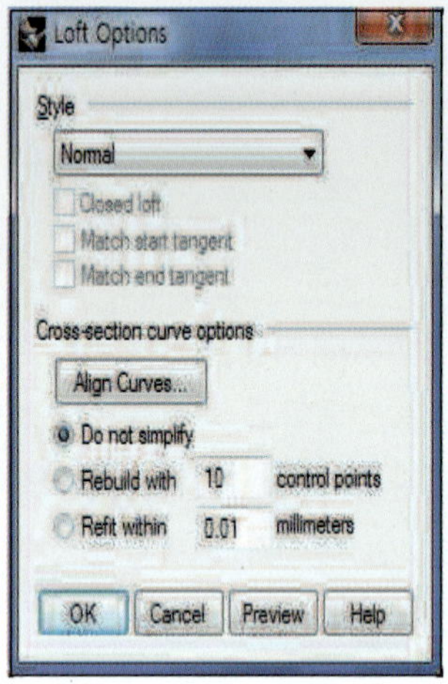

10 Perspective View에서 Sweep 2 Rails 기능을 실행한다. 이미지와 같은 순서대로 선택하여 면 개체를 생성한다. 명령을 진행할 때 나타나는 Sweep 2 Rail Options 대화상자에 있는 옵션기능 설정은 이미지와 같이 설정한다.

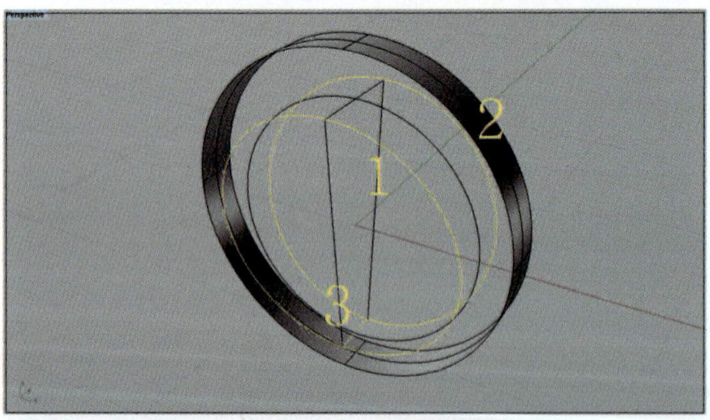

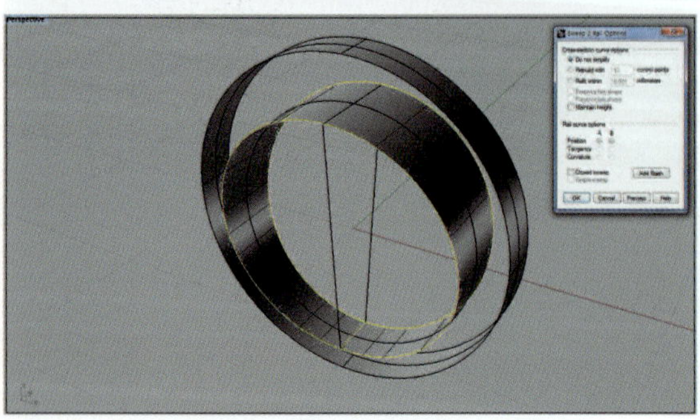

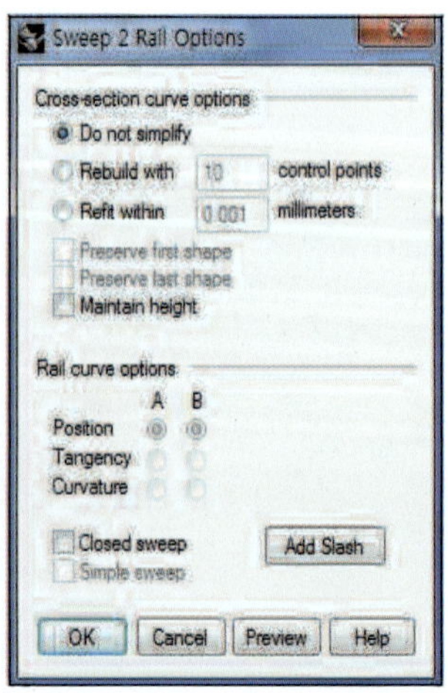

11 Line 기능을 실행한다. 이미지와 같이 생성시킨 면 개체 Quad와 Quad점을 연결하는 직선커브 개체 2개를 생성시킨다.

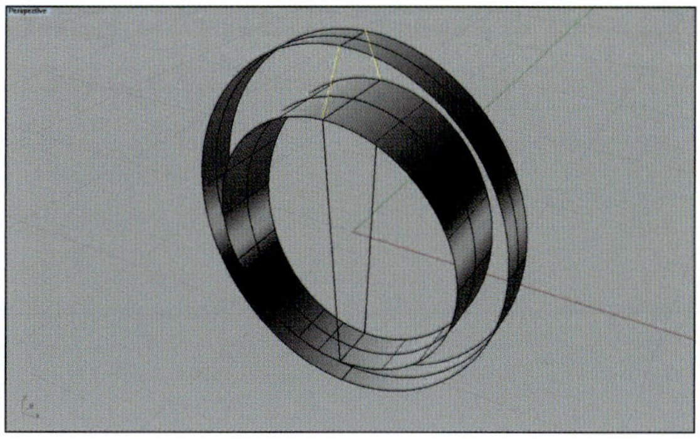

12 Sweep 2 Rails 기능을 실행한다. 이미지와 같은 순서대로 선택해 면 개체를 생성한다.

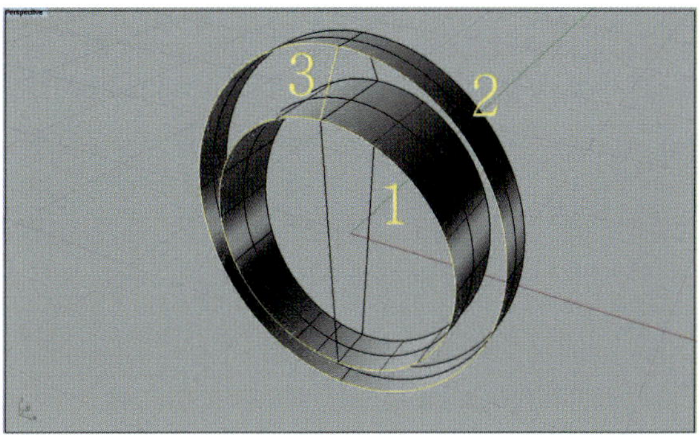

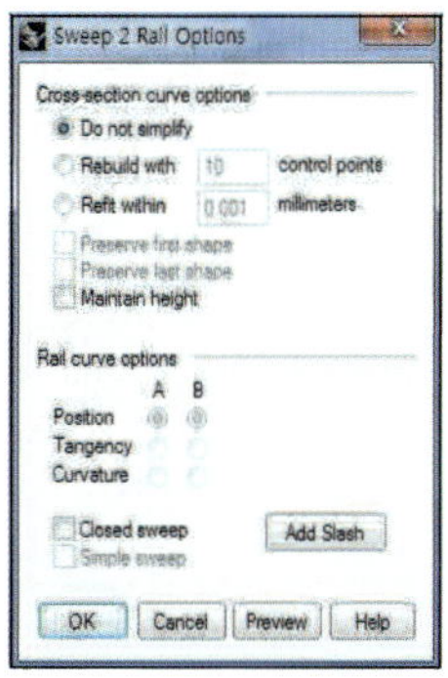

13 나머지 반대 방향에도 Sweep 2 Rails 기능을 실행하여 면 개체를 생성한다. 다음 Join 기능을 실행하여 생성된 모든 면 개체들을 결합시켜준다. Select Curves 기능을 실행하여 화면상에 남아있는 커브개체들은 모두 선택한 다음 삭제한다. 모든 개체를 선택해 숨겨둔다.

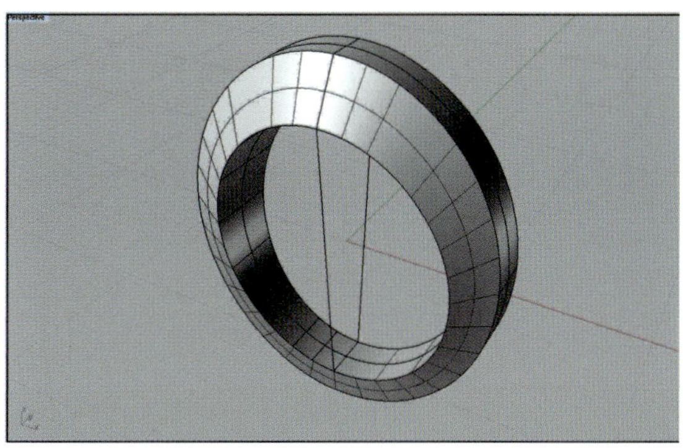

14 다음 이미지와 같이 부록CD 〉 보석샘플 〉 4. 목요일 〉 Gem-006 File을 Insert기능으로 삽입시킨다.

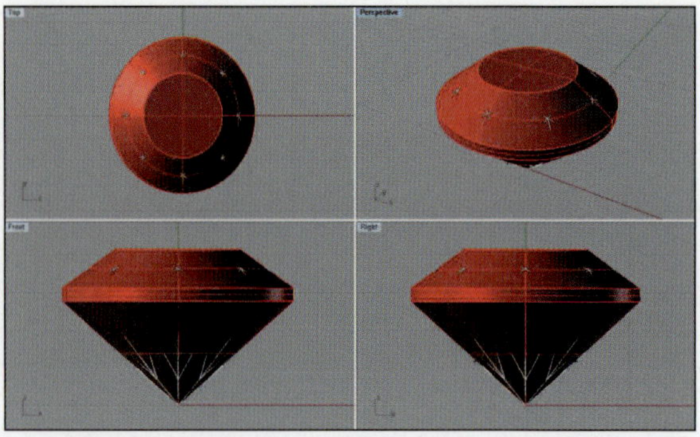

TIP ▸●▸ Insert 대화상자가 나타나면 파일을 경로를 통해 지정한 다음 'Insert as' 기능에서 'Individual Objects' 기능을 체크해준다.

15 Ellipse: Diameter 기능을 실행한다. 이미지와 같이 X축과 Y축 좌표지점이 '0, 1' 지점을 시작되는 기준점으로 폭이 1.5mm, 1mm인 타원형 커브개체를 생성한다. 다음 Front View를 기준으로 Move 기능을 실행하여 이미지와 같이 타원형 커브개체를 3mm 아래쪽 방향으로 이동시킨다.

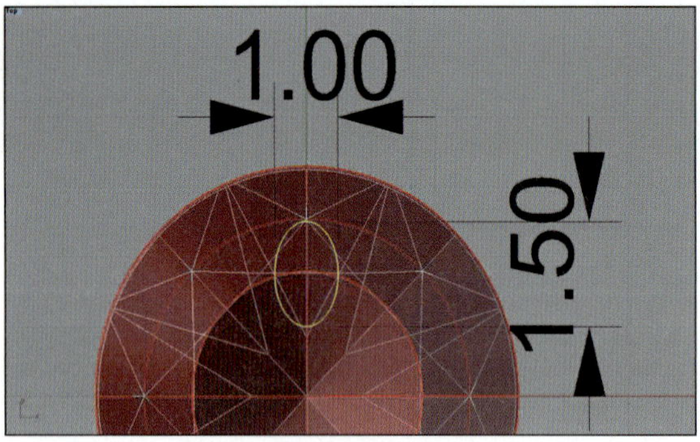

16 Extrude Closed Planar Curve 기능을 실행하여 타원형 커브개체를 9mm 길이로 돌출시킨다. 이때, 명령표시줄에 표시되는 옵션기능 값은 'BothSides=No, Cap=Yes, DeleteInput=Yes'로 설정해준다.

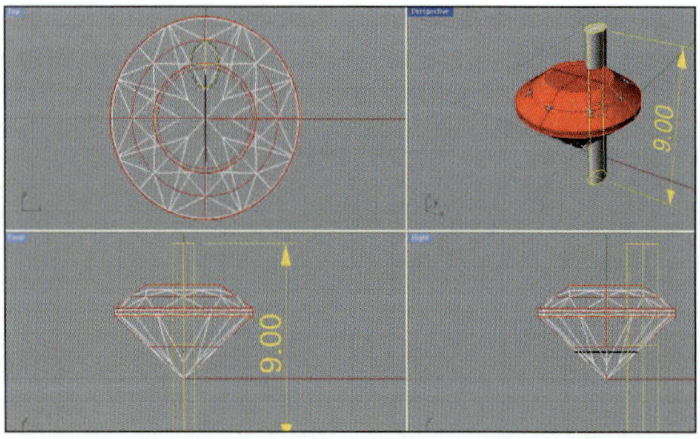

17 Right View를 기준으로 Shear 기능을 실행한다. 이미지와 같이 돌출시킨 개체를 좌측 Quad점 기준으로 -17 값으로 기울인다.

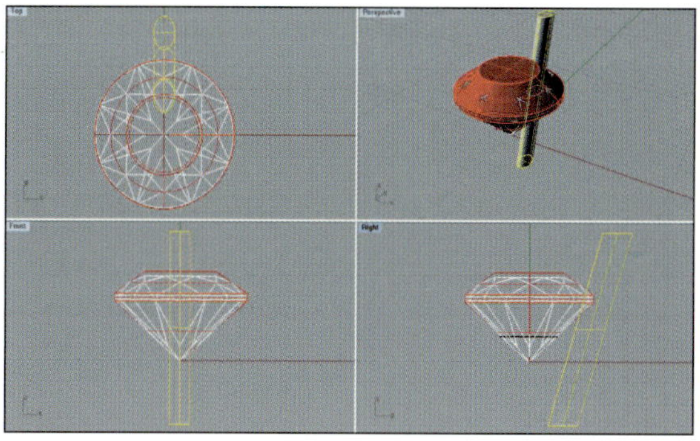

18 Polar Array 기능을 실행하여 이미지와 같이 기울인 Solid개체를 원점 중심으로 6개 원형 복사한다.

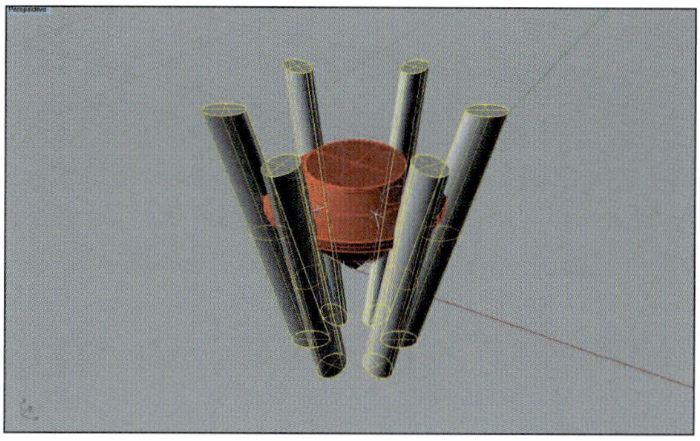

19 Top View를 기준으로 Circle: Center Radius 기능을 실행한다. 원점을 기준으로 지름 값이 6mm, 4mm 원형커브 2개를 생성한다.

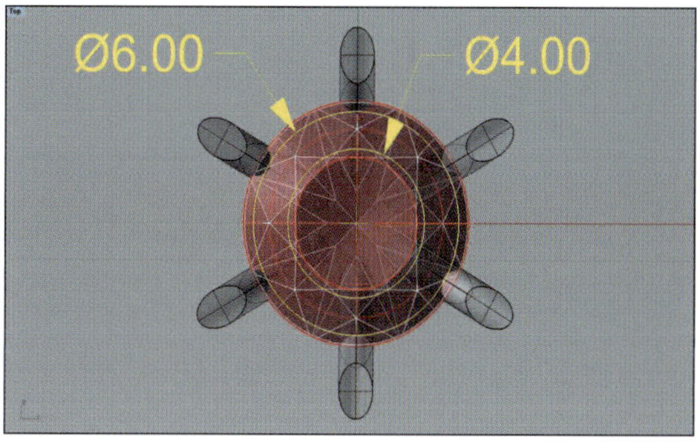

20 Extrude Closed Planar Curve 기능을 실행하여 2개 원형커브를 5mm만큼 돌출시킨다. 이때, 명령표시줄에 표시되는 옵션기능 값은 'BothSides=Yes, Cap=Yes, DeleteInput =Yes'로 설정해준다.

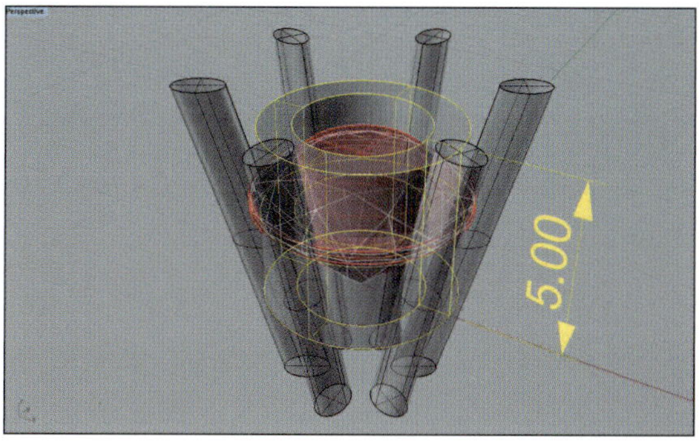

21 Move 기능을 실행한다. 돌출시킨 Solid 개체를 이미지와 같이 3mm 아래쪽 방향으로 이동시킨다.

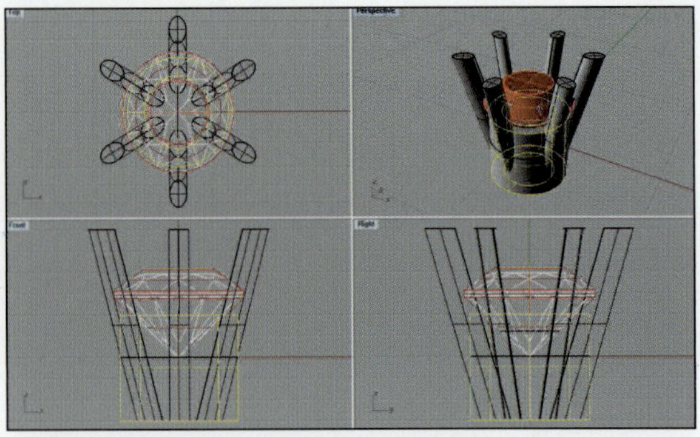

22 Front View를 기준으로 Rectangle: Center, Corner 기능을 실행하여 가로 길이가 10mm, 세로 길이가 1mm인 직사각형 커브개체를 생성한다.

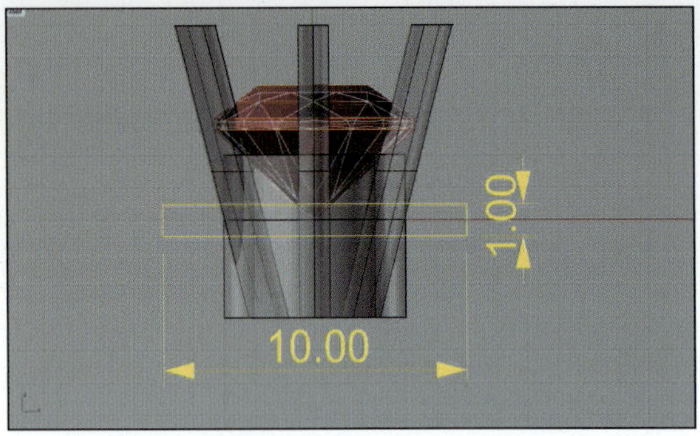

23 Extrude Closed Planar Curve 기능을 실행하여 생성된 직사각형 커브개체를 돌출시킨다. 이때, 명령표시줄에 표시되는 옵션기능 값은 'BothSides=Yes, Cap=Yes, DeleteInput =Yes'로 설정해준다.

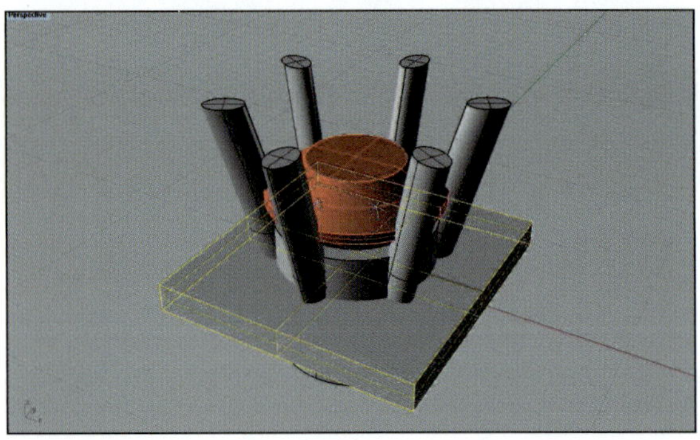

24 Boolean Difference 기능을 실행한다. 기능을 실행하면 먼저 원통형 Solid개체를 선택한 다음 Enter키를 누른다. 다음 돌출시킨 직육면체를 선택한 다음 Enter키를 누른다. 이미지와 같이 직육면체 크기만큼 잘려나간 것을 확인할 수 있다.

Select Curves 기능을 실행하여 혹시라도 화면상에 남아있는 커브개체들은 모두 삭제한다.

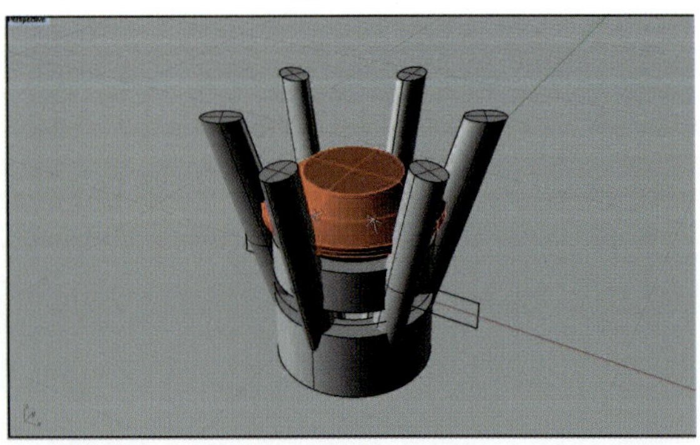

25 Show Objects 기능을 실행하여 이미지와 같이 Hide된 개체를 불러온다.

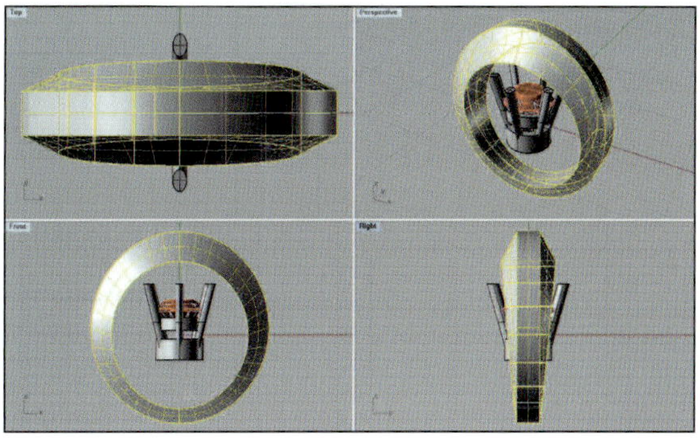

26 Move 기능을 실행하여 보석개체와 난발, 난집 개체들을 이미지와 같이 이동시킨다. 원점을 기준으로 11mm 이동시켜주도록 한다.

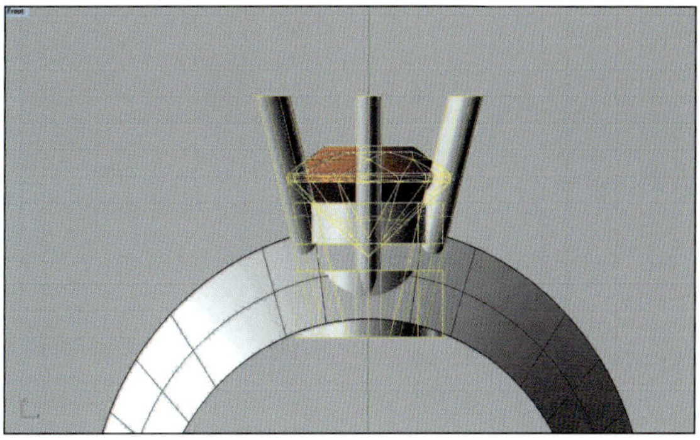

27 Front View를 기준으로 Extract Isocurve 기능을 실행한다. 6개 원형 복사시킨 난발 개체에서 화면상 좌측과 우측에 있는 난발개체를 선택한다. 명령을 진행할 때 명령표시줄에 나타나는 옵션기능 중 'Direction=U 또는 V'로 설정한다. 이미지와 같은 방향에 있는 Isocurve에서 직선커브 개체를 추출시킨다.

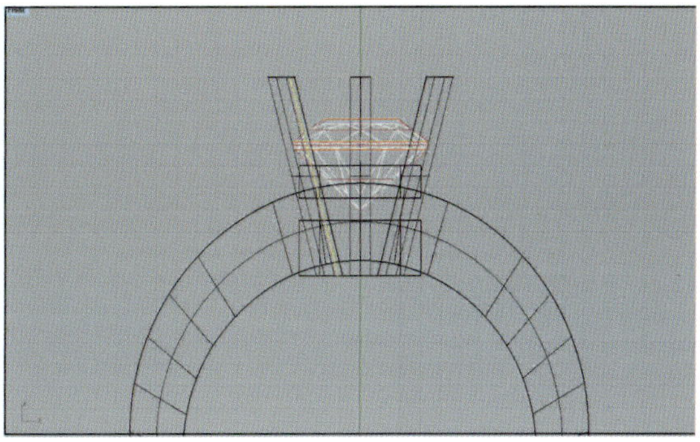

28 추출시킨 직선커브 개체를 선택한다. Mirror 기능을 실행하여 대칭 복사한다.

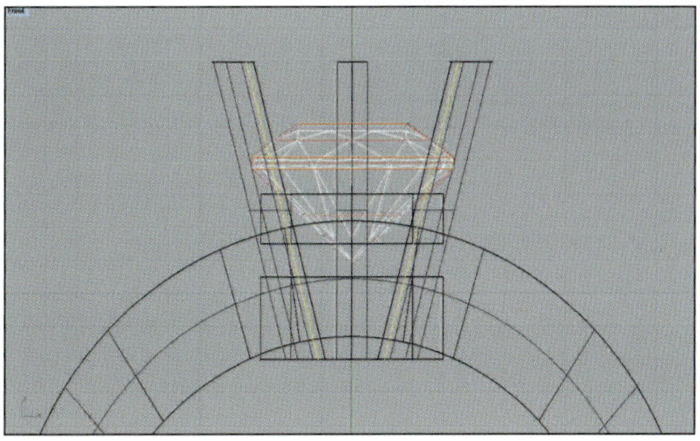

29 Split 기능을 실행한다. 1번 반지몸통 개체를 선택하고, Enter키를 누른다. 다음 2번과 3번으로 표시된 직선커브 개체를 선택한 다음 Enter키를 누른다.

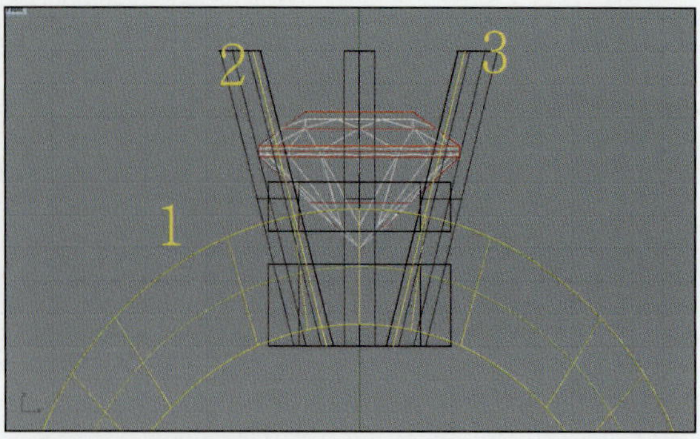

30 Split 기능으로 잘린 짧은 면 개체와 직선커브 개체는 삭제한다. 다음 Cap Planar Holes 기능을 실행하여 이미지와 같이 열린 면 개체를 막아줌으로써 Solid개체로 생성시킨다.

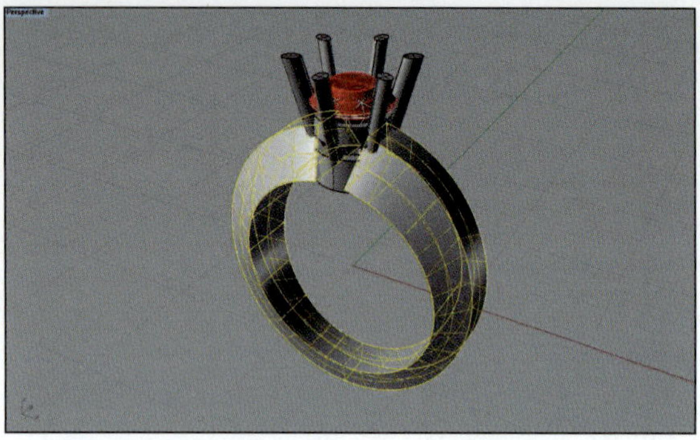

31 Front View를 기준으로 Circle: Center, Radius 기능을 실행한다. 원점을 기준으로 지름 값이 17.37mm인 원형커브 개체를 생성한다.

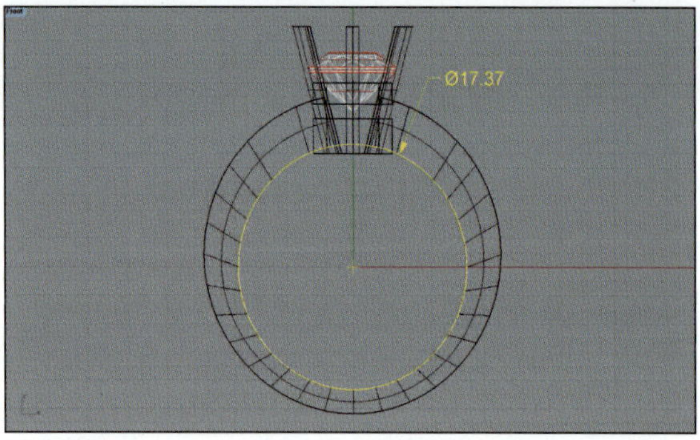

32 Extrude Closed Planar Curve 기능을 실행하여 이미지와 같이 생성된 원형커브 개체를 돌출시킨다. 이때, 명령표시줄에 표시되는 옵션기능 값은 'BothSides=Yes, Cap=Yes, DeleteInput=Yes'로 설정해준다.

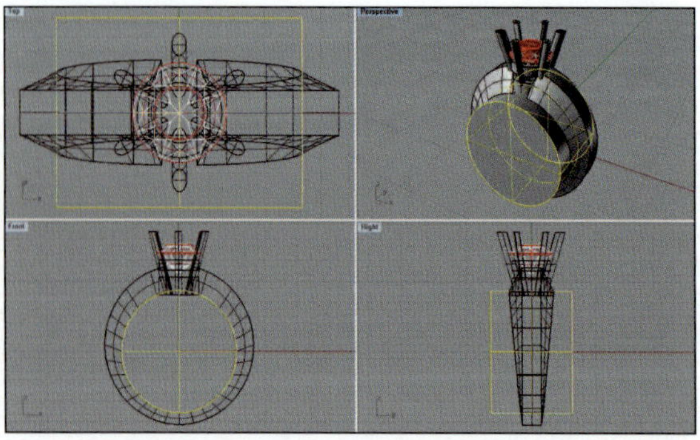

33 Boolean Difference 기능을 실행한다. 이미지와 같이 난집과 난발 개체들을 선택한 다음 Enter키를 누른다. 다음 돌출시킨 Solid 개체를 선택한 다음 Enter키를 누른다.

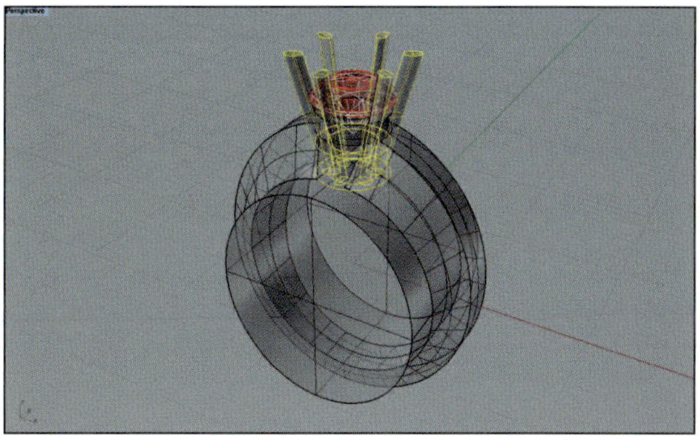

34 Front View를 기준으로 난집과 난발 개체가 돌출시킨 Solid개체 크기만큼 잘려나간 것을 확인할 수 있다.

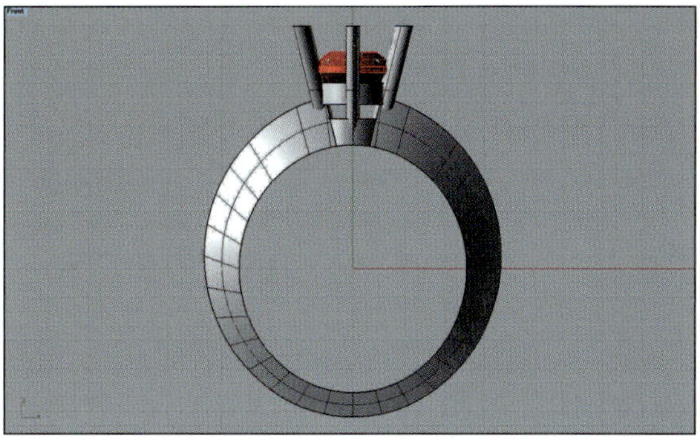

35 이미지와 같이 반지몸통 개체를 제외한 나머지 개체들은 모두 숨겨둔다.

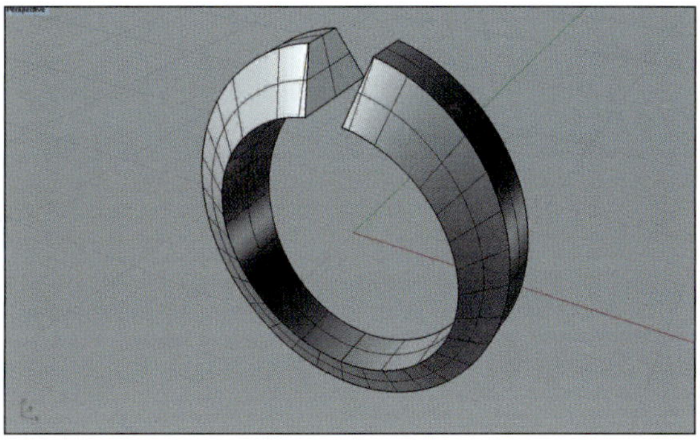

36 반지몸통 개체를 선택한 다음 Explode 기능을 실행해 모두 분해시킨다.

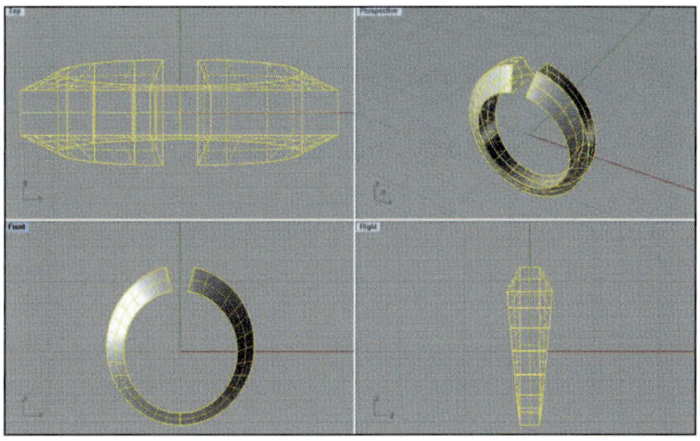

37 이미지와 같이 반지몸통 안쪽에 있는 면 개체 2개를 선택한다.

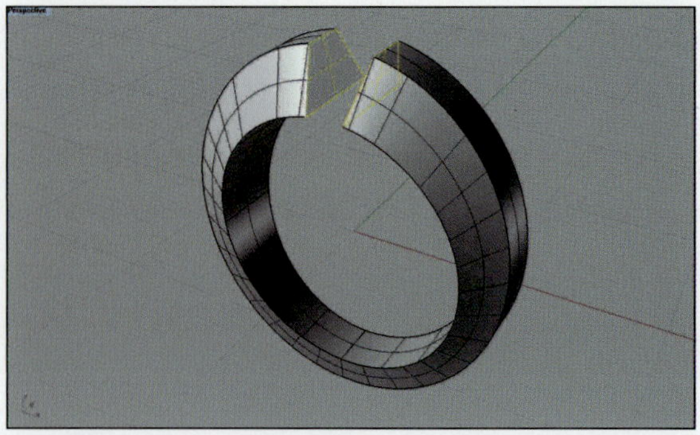

38 Offset Surface 기능을 실행하여 이미지와 같이 바깥쪽 방향으로 0.6mm Offset시킨다.

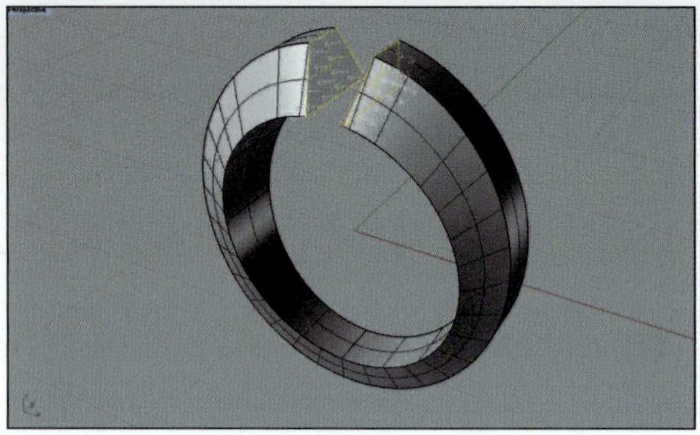

39 Extend Trimmed Surface 기능을 실행한다. Offset시킨 면 개체 하단 가장자리를 선택해 아래쪽 방향으로 1mm 연장시킨다.

40 다시 Extend Trimmed Surface 기능을 재실행한다. 반대쪽 Offset시킨 면 개체도 같은 방향으로 1mm 연장시킨다.

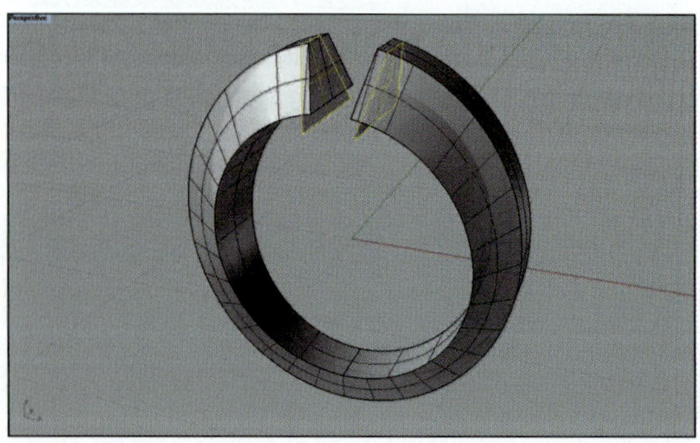

41 이미지와 같이 반지몸통 개체에서 가장 위쪽에 있는 면 개체를 선택한다.

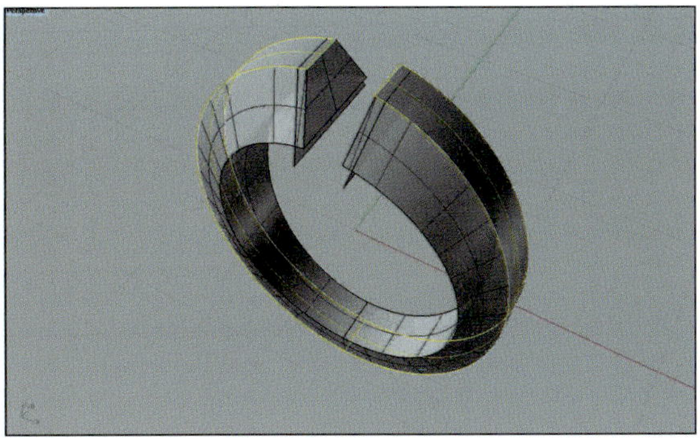

42 Offset Surface 기능을 실행하여 안쪽방향으로 1.5mm Offset시킨다.

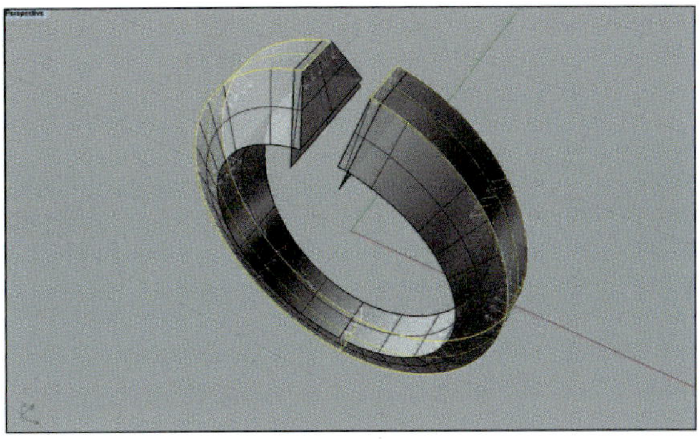

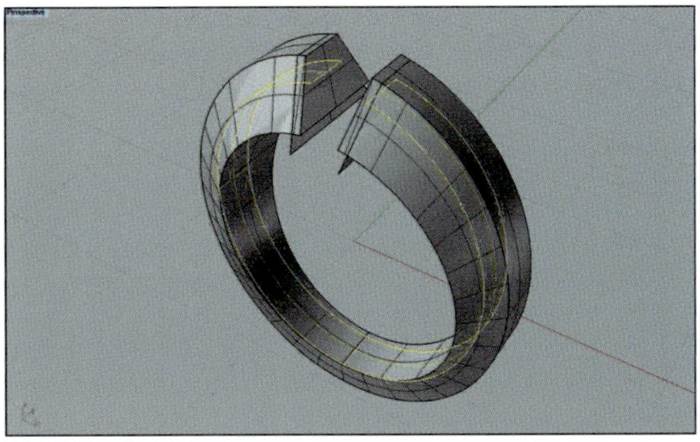

43 이미지와 같이 반지몸통 개체에서 옆면 개체들을 모두 선택한다.

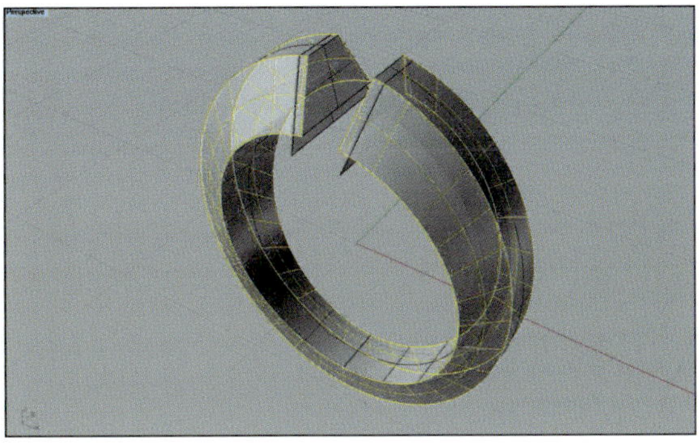

44 Offset Surface 기능을 실행하여 안쪽방향으로 1mm Offset시킨다.

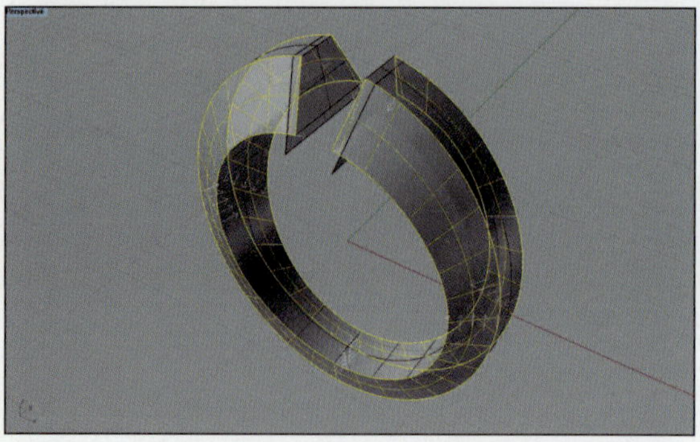

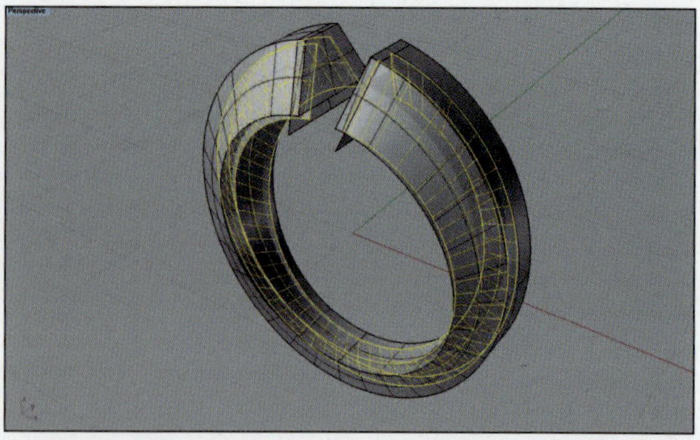

45 Top View를 기준으로 Rectangular Plane:Corner to Corner 기능을 실행하여 이미지와 같이 반지몸통 개체보다 큰 면 개체를 생성한다.

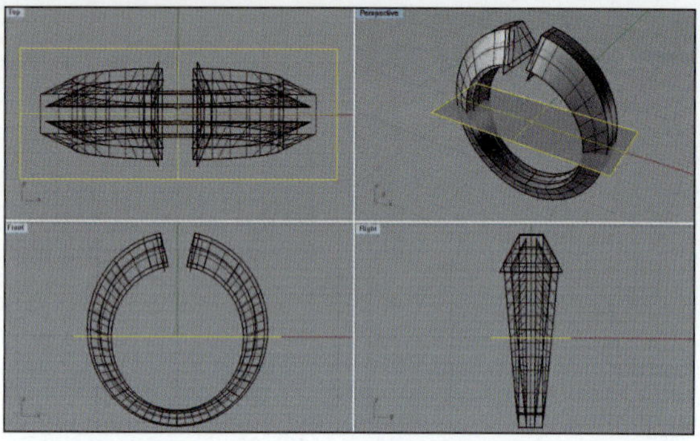

46 Front View를 기준으로 Circle:Center, Radius 기능을 실행한다. 원점을 기준으로 지름 값이 16.8mm인 원형커브 개체를 생성한다.

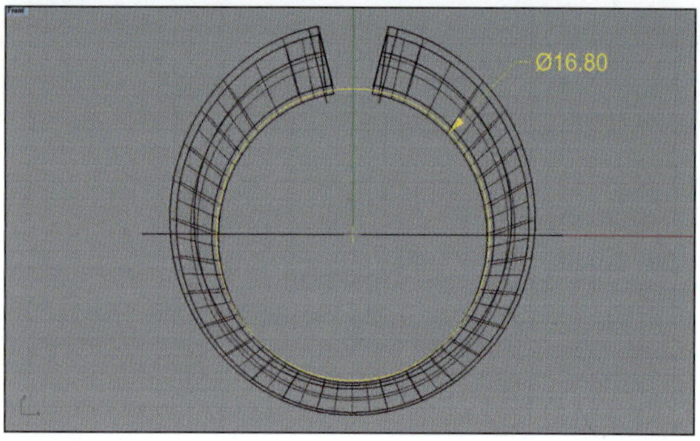

47 Extrude Straight 기능을 실행하여 이미지와 같이 생성된 원형커브 개체를 돌출시킨다.

이때, 명령표시줄에 표시되는 옵션기능 값은 'BothSides=Yes, Cap=No, DeleteInput=Yes'로 설정해준다.

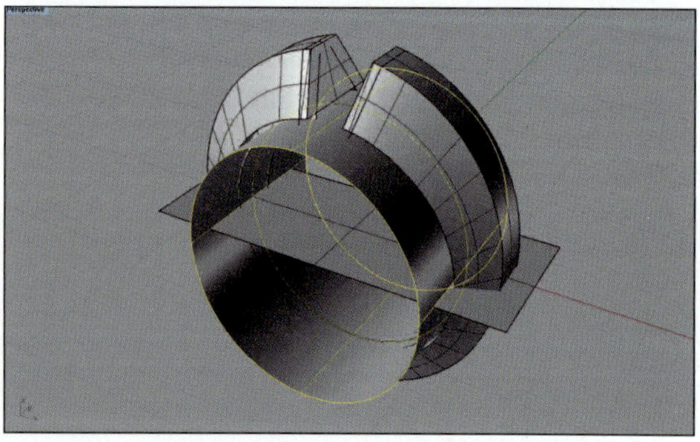

48 가장 처음에 생성한 반지몸통 즉, 가장 바깥쪽에 있는 면 개체들을 모두 선택한 다음 Join 기능으로 결합시킨다. 결합시킨 다음 숨겨둔다.

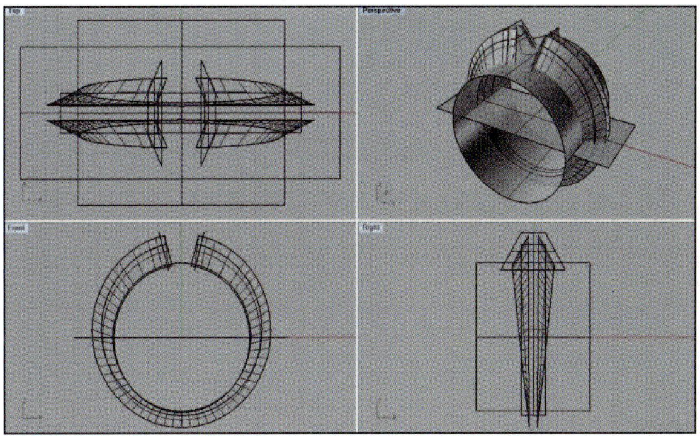

49 Create Solid 기능을 실행하여 이미지와 같이 모든 면 개체들을 선택한다.

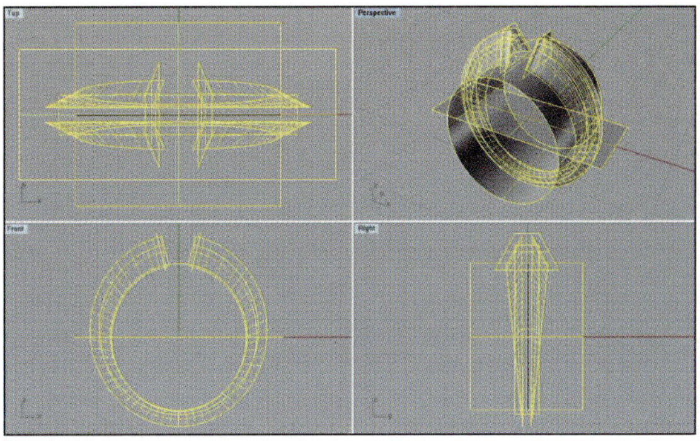

50 다음 이미지와 같이 2개 Solid개체가 생성된 것을 확인할 수 있다.

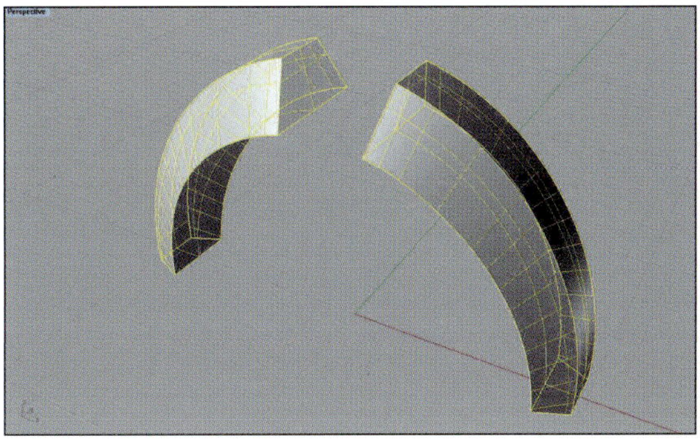

51 숨겨둔 바깥쪽 반지몸통 개체를 불러온다.

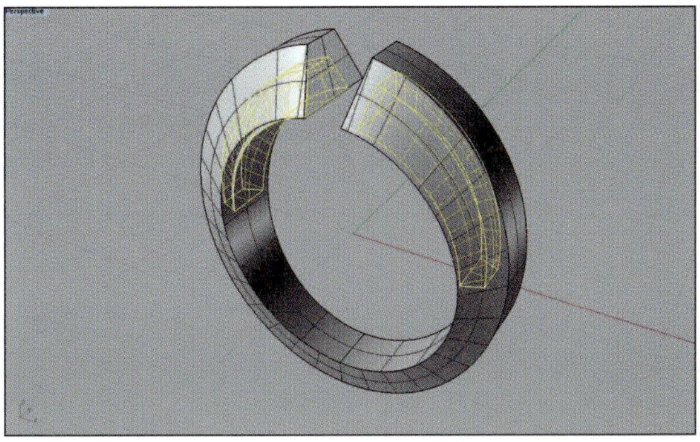

52 Boolean Difference 기능을 실행한다. 바깥쪽 반지몸통 개체를 선택한 다음 Enter키를 누른다. 다음 2개로 나누어진 Solid 개체를 선택한 다음 Enter키를 누른다. 이미지와 같이 바깥쪽 반지몸통 개체 안쪽에 속이 파여진 것을 확인할 수 있다.

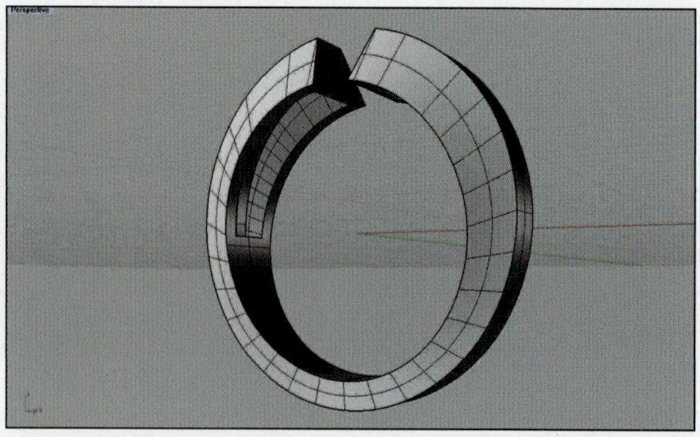

53 Show Objects 기능을 실행하여 이미지와 같이 Hide된 개체를 불러온다.

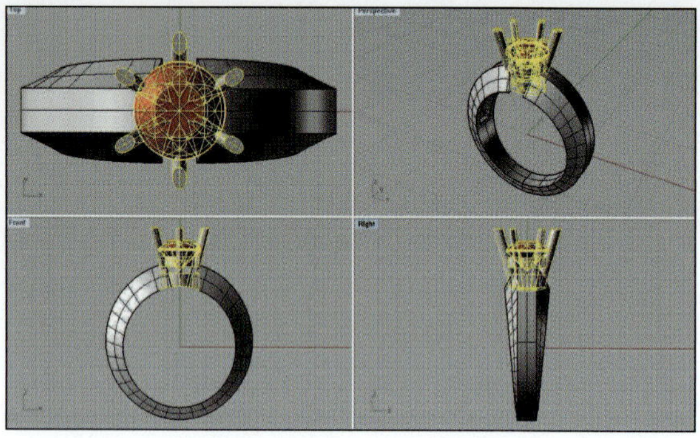

54 다음 이미지와 같이 보석개체를 숨겨둔다.

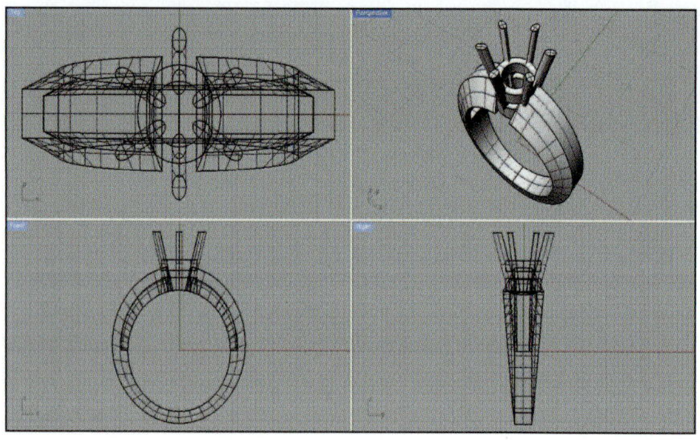

55 Top View를 기준으로 Circle: Center, Radius 기능을 실행한다. 원점을 기준으로 지름 값이 4mm인 원형커브 개체를 생성한다.

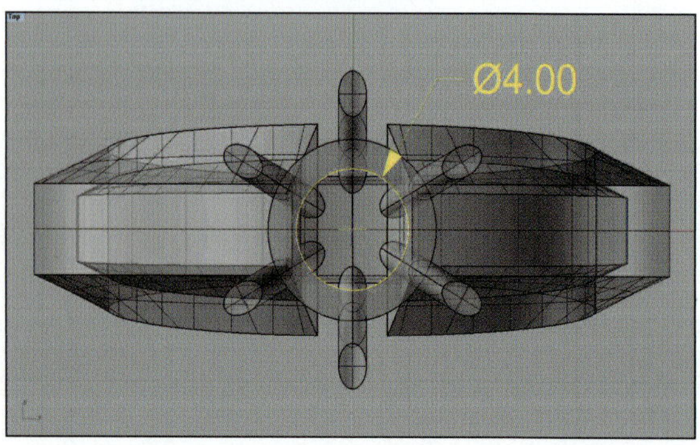

56 Extrude Closed Planar Curve 기능을 실행한다. 원형커브 개체를 선택한 다음 이미지와 같이 위쪽 방향으로 돌출시킨다. 이때, 명령표시줄에 표시되는 옵션기능 값은 'BothSides=No, Cap=Yes, DeleteInput =Yes'로 설정해준다.

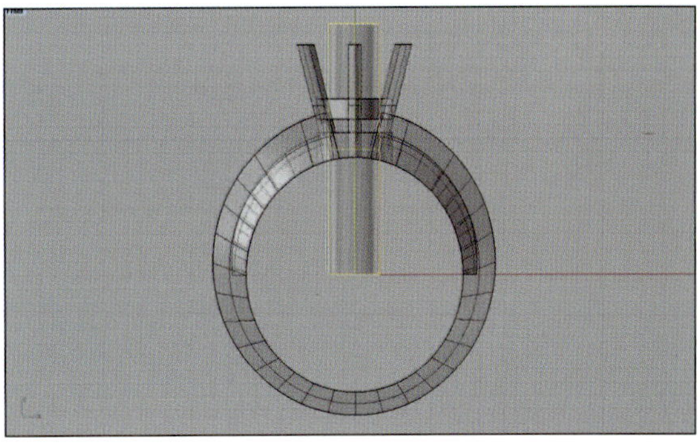

57 Boolean Difference 기능을 실행한다. 이미지와 같이 반지몸통 개체를 선택한 다음 Enter키를 누른다. 다음 돌출시킨 원통형 Solid개체를 선택한 다음 Enter키를 누른다.

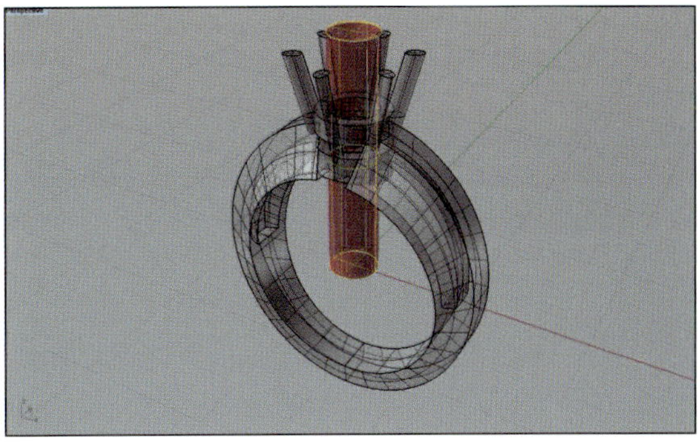

58 이미지와 같이 반지몸통 개체에서 돌출시킨 원통형 Solid개체 크기만큼 잘려나간 것을 확인할 수 있다

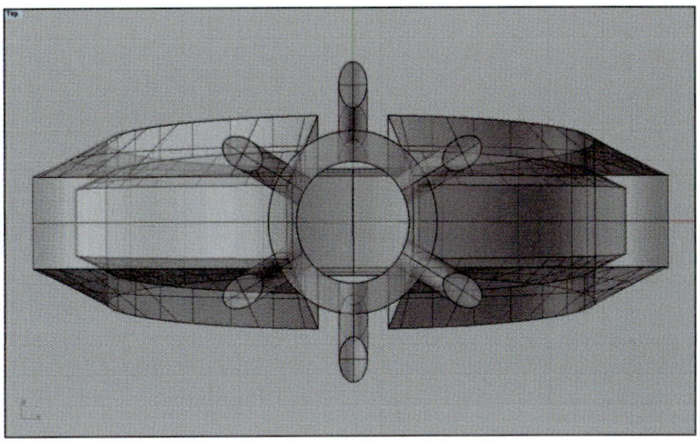

59 이미지와 같이 반지몸통 개체를 제외한 나머지 개체들은 숨겨둔다.

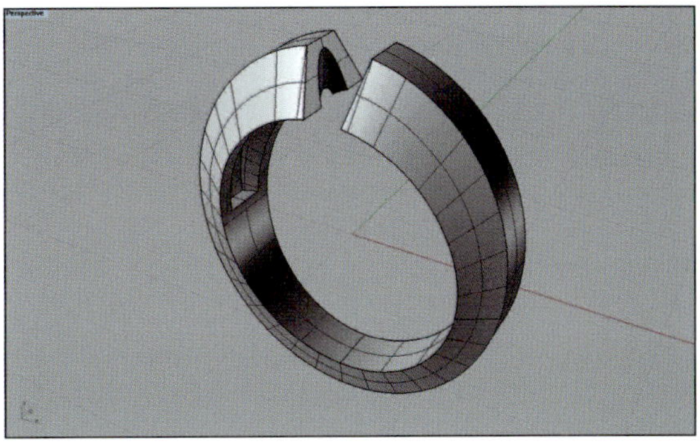

60 다음 이미지와 같이 부록CD 〉 보석샘플 〉 4. 목요일 〉 Gem-007 File을 Insert기능으로 삽입시킨다.

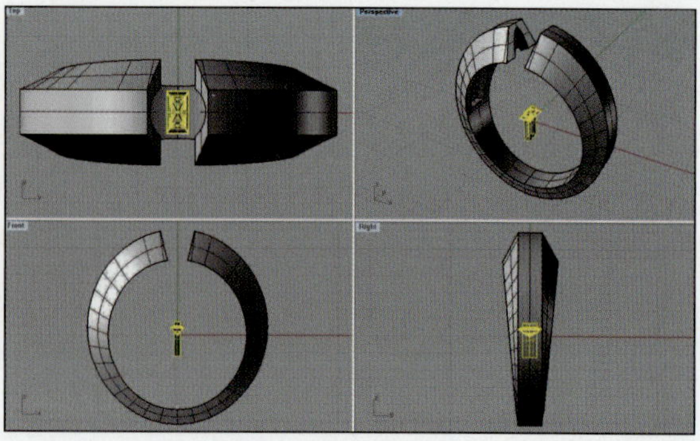

TIP ▸●▸ Insert 대화상자가 나타나면 파일을 경로를 통해 지정한 다음 'Insert as' 기능에서 'Individual Objects' 기능을 체크해준다.

61 Move 기능을 실행하여 원점을 기준으로 삽입시킨 보석개체를 이미지와 같이 위쪽 방향으로 10.8mm 이동시켜준다.

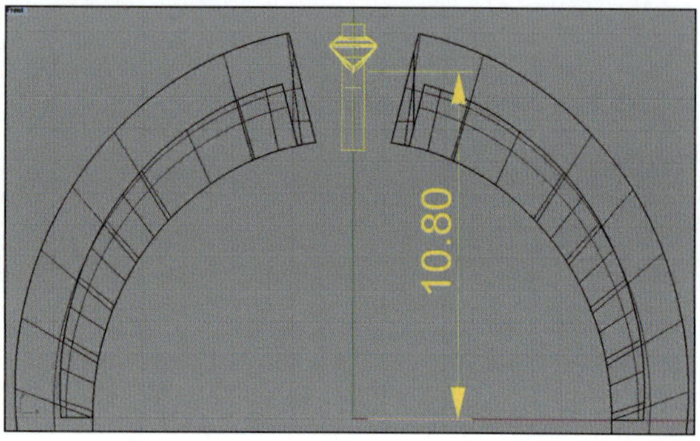

62 Front View를 기준으로 Single Point 기능을 실행한다. 원점을 기준으로 위쪽방향으로 0.9mm 위치에 점 개체를 생성한다.

63 Rotate 2-D 기능을 실행한다. 다음 이미지와 같이 삽입한 보석개체에 생성시킨 점개체를 중심으로 이미지와 같이 20도 회전시킨다.

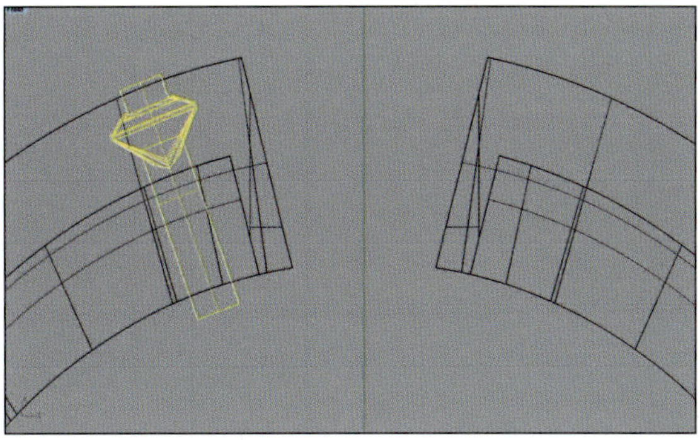

64 Rotate 2-D 기능을 다시 실행한다. 이미지와 같이 회전시킨 보석개체를 다시 8.6도 회전시킴과 동시에 복사한다.

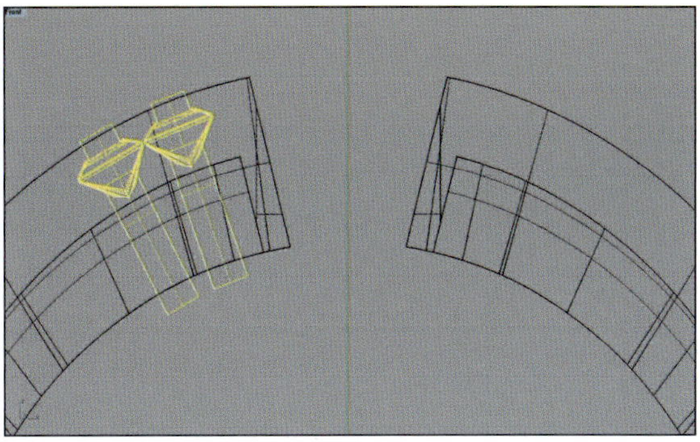

65 복사된 개체를 기준으로 다시 8.6도 회전시킴과 동시에 복사한다.

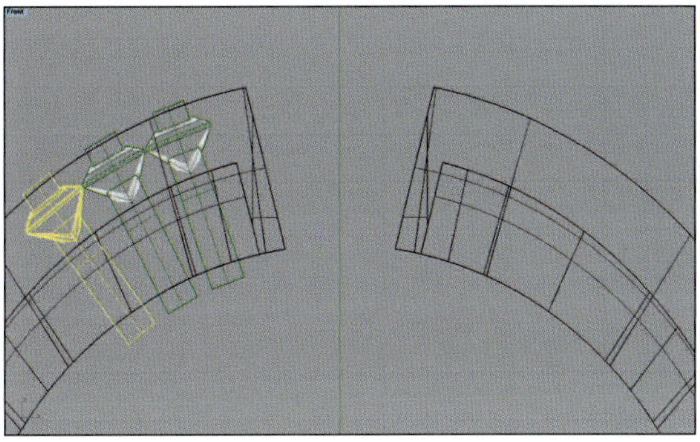

66 같은 방법으로 다음 이미지와 같이 7개 보석개체를 회전 복사한다.

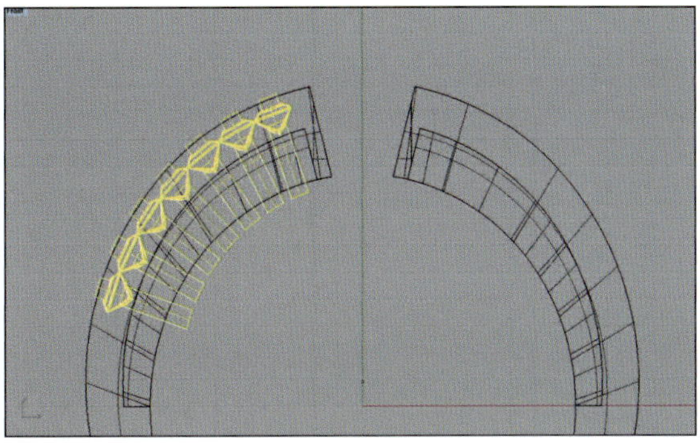

67 Mirror기능을 실행한다. 이미지와 같이 보석개체들을 수평방향으로 대칭복사 한다.

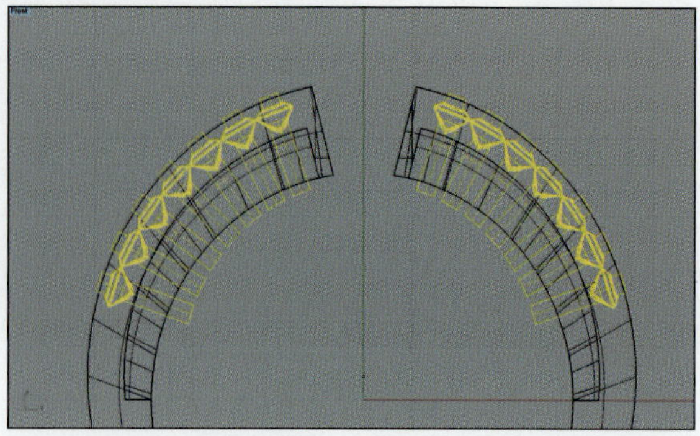

68 Line: from Midpoint 기능을 실행한다. 다음 이미지에 표시된 거들 아래 부분을 중심으로 점 개체와 만나는 직선커브 개체를 이미지와 같이 생성한다. 직선커브 개체를 생성할 때 상태표시줄에 있는 Project 기능을 활성화한다.

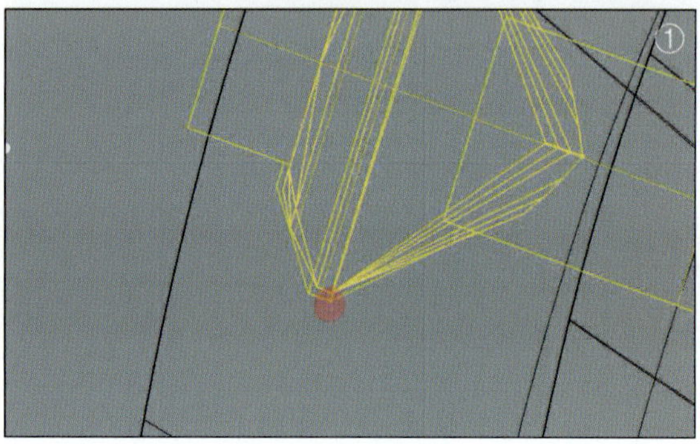

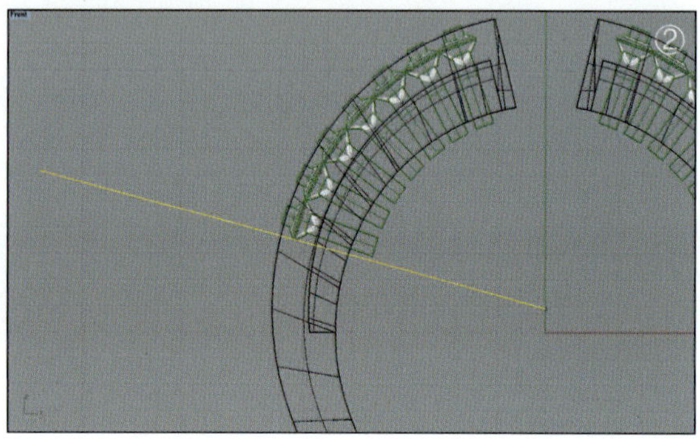

69 Mirror 기능을 실행한다. 이미지와 같이 직선커브 개체를 수직방향으로 대칭 복사한다.

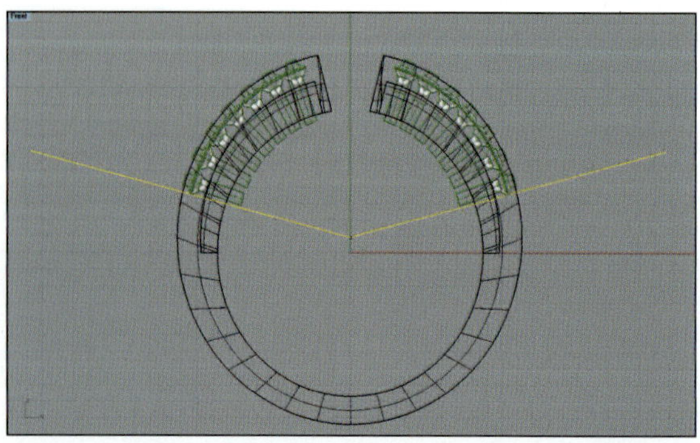

70 Hide Objects 기능을 실행해 생성된 직선커브 개체와 점 개체를 제외한 나머지 개체들을 숨겨둔다.

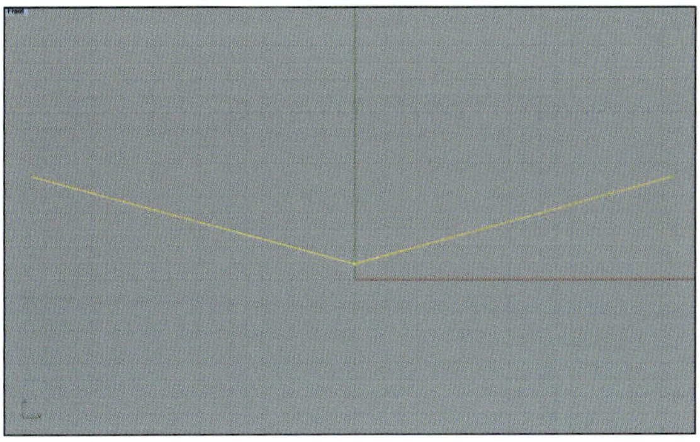

71 Front View를 기준으로 Circle:Center, Radius 기능을 실행한다. 점 개체를 기준으로 지금 값이 23mm, 21.17mm인 2개의 원형커브 개체를 생성한다.

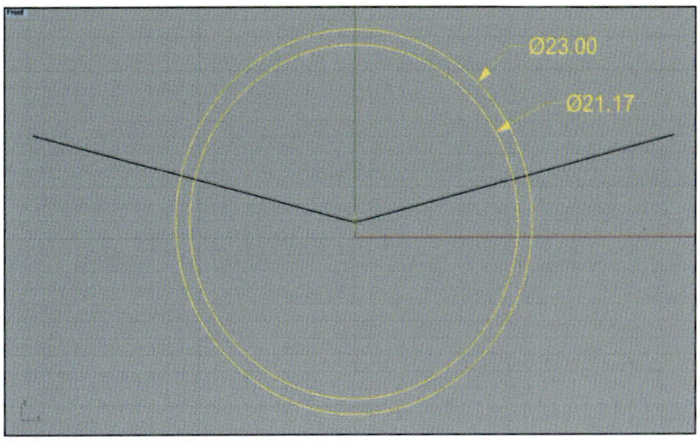

72 Trim 기능을 실행한다. Trim기능을 실행하기 전에 Set XYZ Coordinates 기능을 실행하여 직선커브개체들과 원형커브개체들을 일치시켜준다. 이미지와 같은 형태로 Trim시킨 다음 Join 기능으로 모두 결합시킨다.

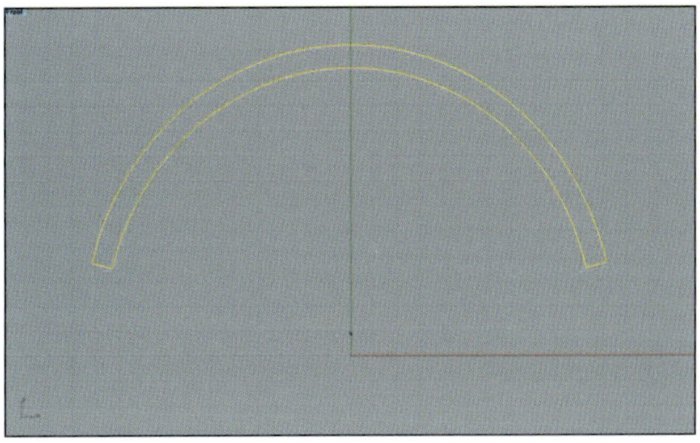

73 Extrude Closed Planar Curve 기능을 실행한다. 이미지와 같이 커브개체를 선택한 다음 1.8mm로 돌출시킨다. 이때, 명령표시줄에 표시되는 옵션기능 값은 'BothSides=Yes, Cap=Yes,DeleteInput=Yes'로 설정해준다.

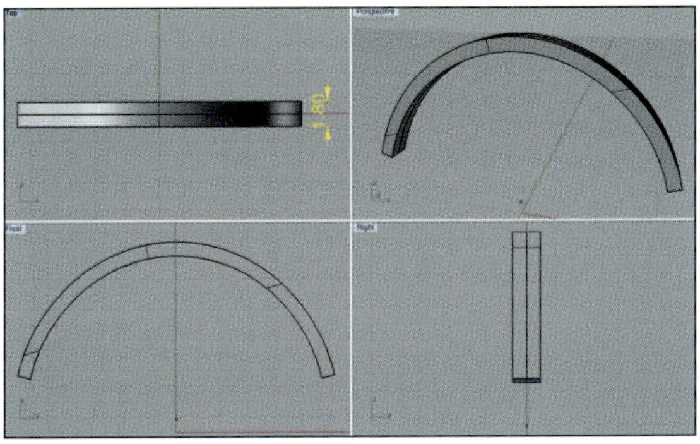

74 Show Objects 기능을 실행하여 숨겨둔 반지몸통 개체를 불러온다.

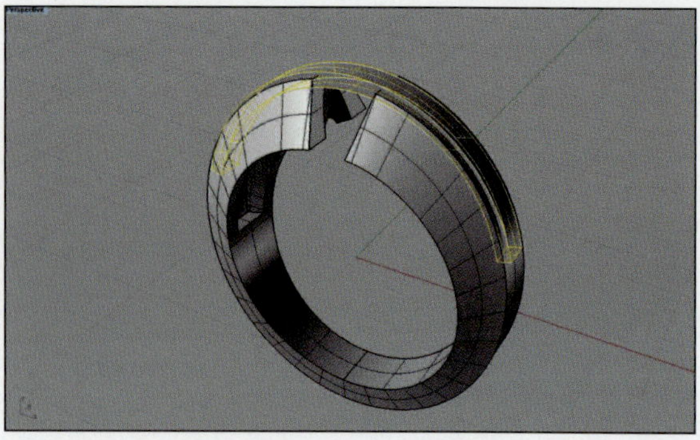

75 Boolean Difference 기능을 실행한다. 먼저 반지몸통 개체를 선택한 다음 Enter키를 누른다. 다음 돌출시킨 Solid개체를 선택한 다음 Enter키를 누른다. 이미지와 같이 반지몸통 바깥쪽으로 보석개체들을 물릴 수 있는 공간이 생긴 것을 확인할 수 있다.

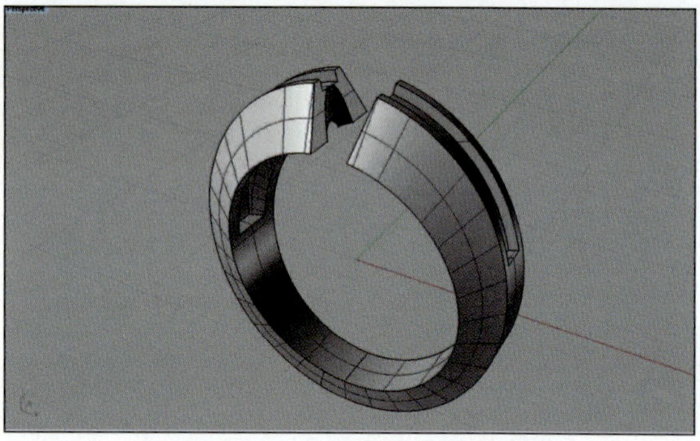

76 Show Objects 기능을 실행하여 이미지와 같이 Hide된 개체를 모두 불러온다.

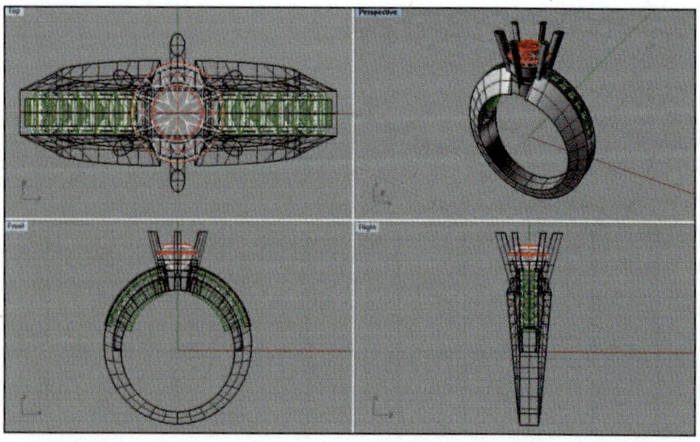

77 Boolean Difference 기능을 실행한다. 먼저 반지몸통 개체와 난집, 난발 개체들을 선택한 다음 Enter키를 누른다. 다음 보석 개체들과 같이 겹쳐 있는 빨간색, 초록색 Layer개체들만 선택한 다음 Enter키를 누른다. 이미지와 같이 보석개체들이 물린 상태로 반지몸통 개체에 빨간색, 초록색 Layer 개체들 크기만큼 잘려나간 것을 확인할 수 있다. 완성된 반지개체를 4면도로 확인할 수 있다. 이미지에 나타난 난발의 길이는 원본작업을 위해 길게 해주는 것이 효율적이며, 렌더링작업을 원하는 작업자는 적당한 길이로 짧게 자르도록 한다.

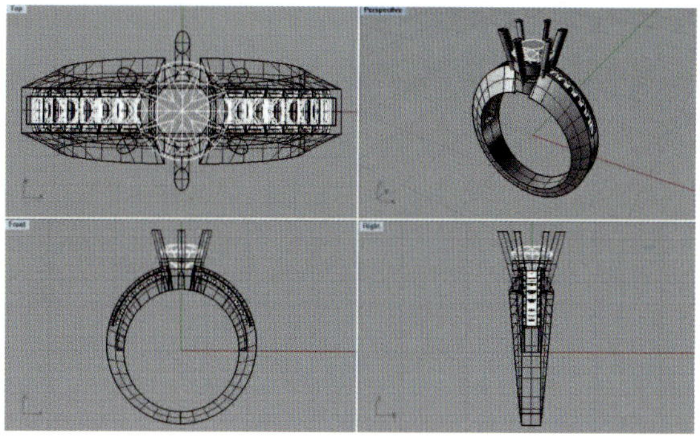

2. 예제 렌더링 따라하기

목요일 "V-Ray? 이게 Rhino에서도 사용할 수 있어요?" 렌더링 과정에서는 Rhino 프로그램으로 사용할 수 있는 V-Ray 렌더링 프로그램을 소개하도록 한다. 목요일부터 일요일까지 총 4일 과정에 맞춰 V-Ray 필수 메뉴를 중심으로 작업과정을 진행하도록 한다. 목요일 과정에서는 V-Ray 프로그램으로 주얼리 모델링 개체를 렌더링 하는 기본적이면서도 일반적인 방법을 알아본다.

부록CD > 예제파일 > 4.목요일 > Thursday-Rendering

01 Import 기능 또는 Open 기능을 실행하여 'Thursday-Rendering' 파일을 불러온다. 다음 이미지와 같이 목요일차 모델링 반지개체들이 바닥 개체와 조명개체가 설정된 상태로 불러와지는 것을 확인할 수 있다.

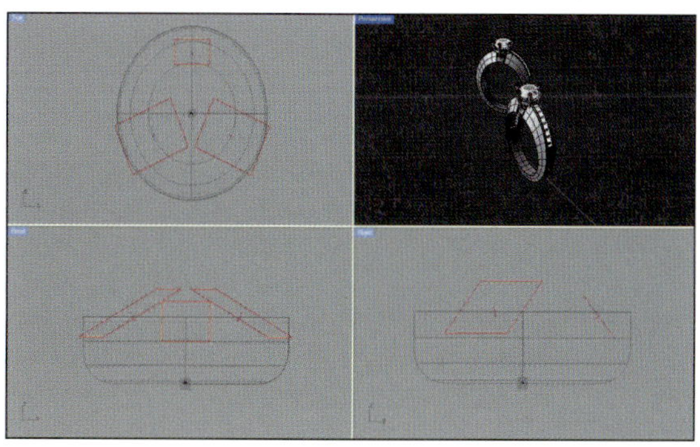

02 다음 이미지와 같이 Rhino 프로그램 Main Menu bar 〉 Render 〉 Current Renderer 〉 V-Ray for Rhino 경로로 V-Ray 렌더링 프로그램으로 전환시켜준다.

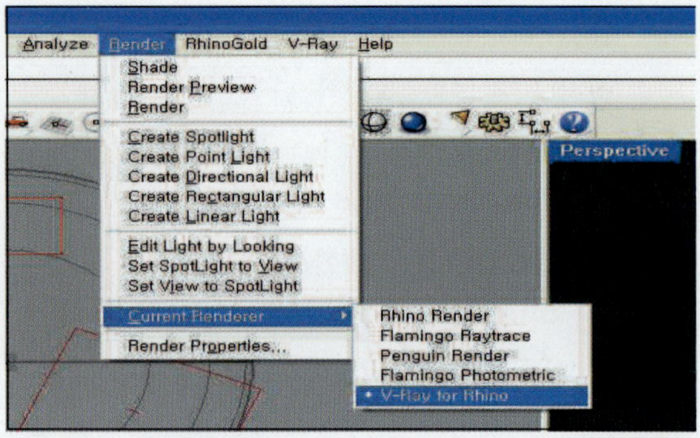

03 다음 이미지와 같이 'V-Ray for Rhino' Toolbox가 생성되는 것을 확인할 수 있다.

04 Rhino 프로그램에서 Perspective View를 활성화 시킨 다음 이미지와 같이 마우스 왼쪽 버튼을 눌러 'Render' 기능을 실행한다.

05 다음 이미지와 같이 Perspective View가 렌더링 된 것을 확인할 수 있다. 작업자는 이 과정을 통해 초기 렌더링 상태를 확인할 수 있도록 한다.

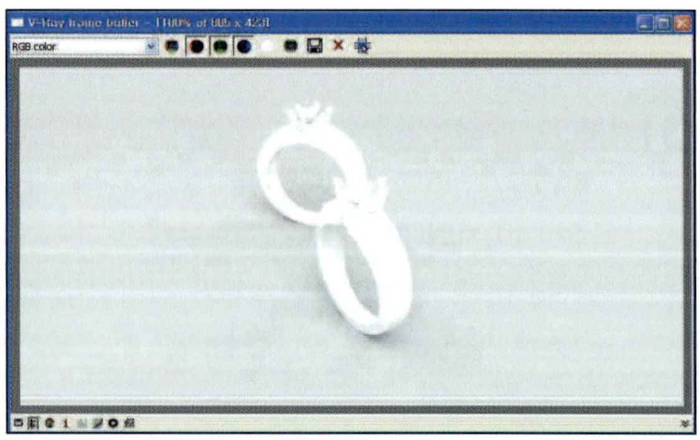

TIP ▸●▸ V-Ray 기본설정에 따라 화면이 어둡게 보이거나 검게 보이는 경우가 있을 수 있다. 검게 보이는 경우는 다음 V-Ray기본설정을 모두 진행하면 해결할 수 있으므로 넘어가도록 한다.

06 다음 이미지와 같이 'V-Ray for Rhino' Toolbox에서 마우스 왼쪽 버튼을 눌러 'V-Ray Option' 기능을 실행한다.

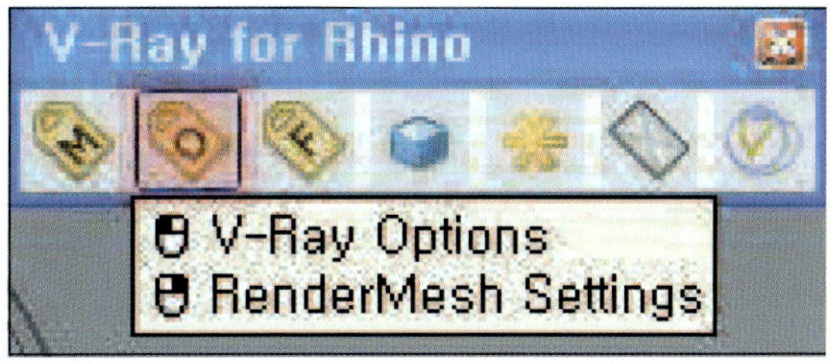

07 다음 이미지와 같이 V-Ray 옵션 대화상자가 나타나는 것을 확인할 수 있다.

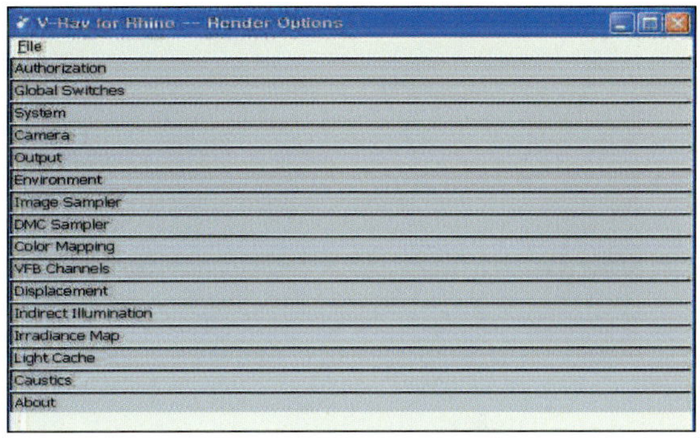

08 'Global Switches' 기능을 롤아웃 확장시켜 준다. 이미지와 같이 'Render', Lighting', 'Gamma Correction' 옵션 값들을 조절해준다. 나머지 옵션도 이미지와 같이 비교하여 설정할 수 있도록 한다.

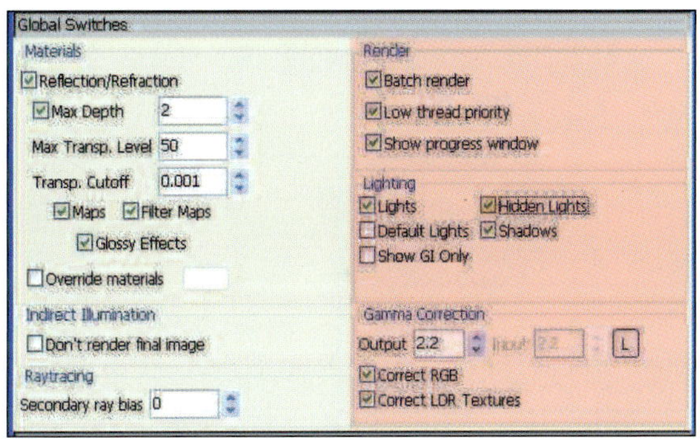

09 'Camera' 기능을 롤아웃 확장시켜준다. 처음 V-Ray를 사용하게 되면 기본적으로 'Physical Camera' 기능이 체크되어 있다. 이 기능을 체크 해제하여 기본 Camera 기능이 되게 설정한다. 'Physical Camera' 기능은 카메라의 조리개나 셔터스피드 기능 그리고 ISO 등을 설정하여 렌더링 할 수 있는 기능이다.

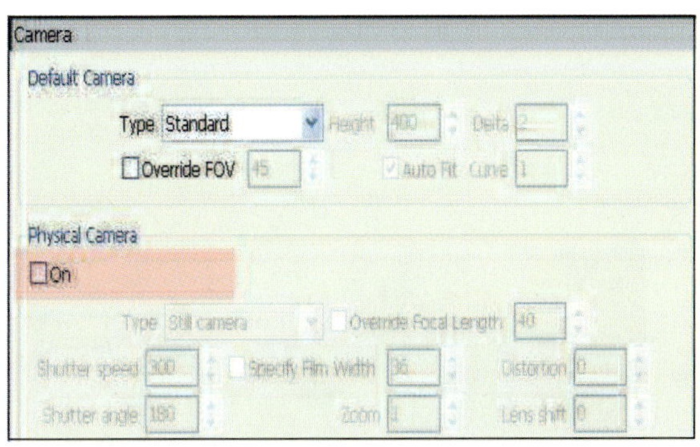

10 'Output' 기능을 롤아웃 확장시켜준다. 먼저 1번 'Override Viewport' 기능을 체크해준다. 다음 2번 렌더링 사이즈를 설정해준다. 다음으로 3번 'Get view aspect' 버튼을 클릭해준다. 'Get view aspect' 버튼을 클릭해주면 작업자 컴퓨터 모니터 비율에 맞춰 보이는 Rhino 프로그램 Viewport 사이즈에 맞춰 렌더링 결과물을 얻을 수 있다.

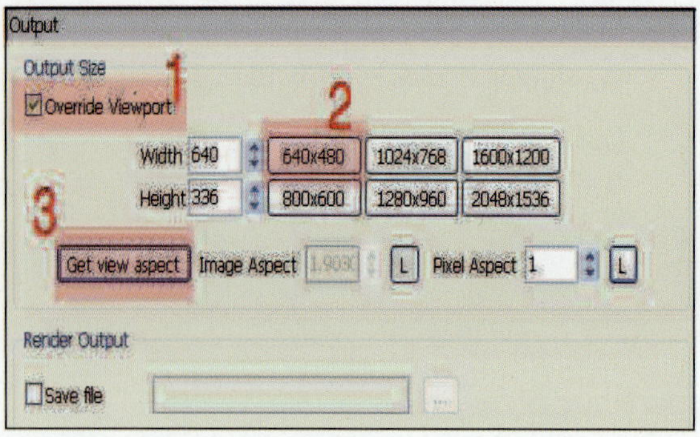

TIP ▸●▸ 렌더링 작업을 진행할 때 사이즈 설정은 최대한 작게 설정해 진행하는 것이 일반적이다. 렌더링 옵션을 설정하면서 상태를 확인할 때마다 렌더링 작업을 진행하면 많은 시간이 소요되므로 처음 진행시에는 작게 사이즈를 설정해 시간을 단축시키고 최종 렌더링 결과물을 얻고자 할 때 원하는 사이즈로 정해 진행하는 것이 효율적이다.

11 'Environment' 기능을 롤아웃 확장시켜준다. 'GI (Skylight)' 색상은 White 색상으로 지정하고 'Background' 색상은 Black으로 설정해준다.

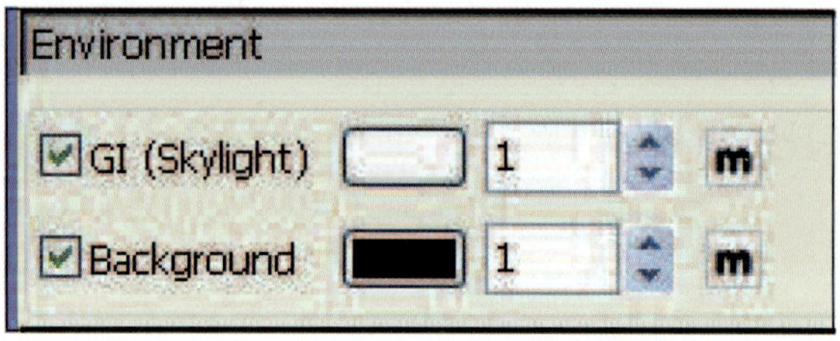

12 'Image Sampler' 기능을 롤아웃 확장시켜준다. 'Image Sampler' 기능에서 'Adaptive Subdivision' 기능으로 설정해주고 'Antialiasing filter' 기능은 'Catmull Rom' 기능으로 설정해준다.

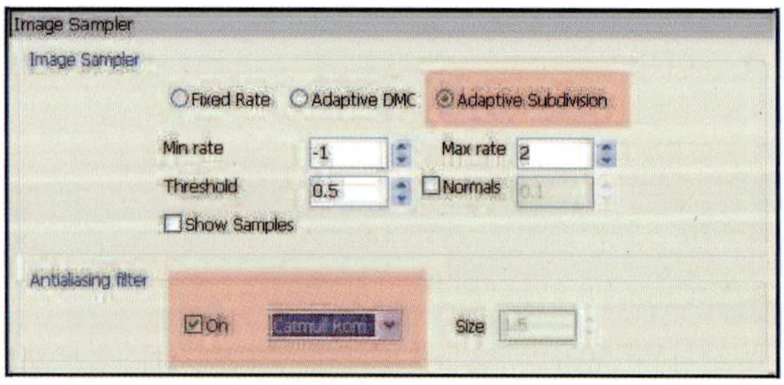

TIP ▸●▸ 선명한 이미지 결과물을 얻고자 할 때는 'Catmull Rom' 기능을 설정하며, 부드러운 이미지 결과물을 얻고자 할 때는 'Soft' 기능으로 설정하는 것이 효율적이다.

13 'DMC Sampler' 기능을 롤아웃 확장시켜준다. 다음 이미지와 같이 'Adaptive Amount' 기능 값을 '0.85'로 설정하고, 'Noise Threshold' 기능 값은 '0.01'로 설정해준다.

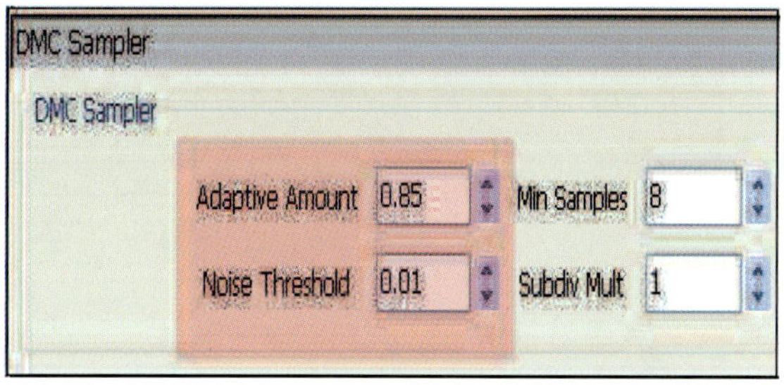

14 'Color Mapping' 기능을 롤아웃 확장시켜준다. 'Type' 기능에서 'Linear Multiply' 기능으로 설정해주고 'Bright Multiplier' 기능 값을 '1'로 설정해준다.

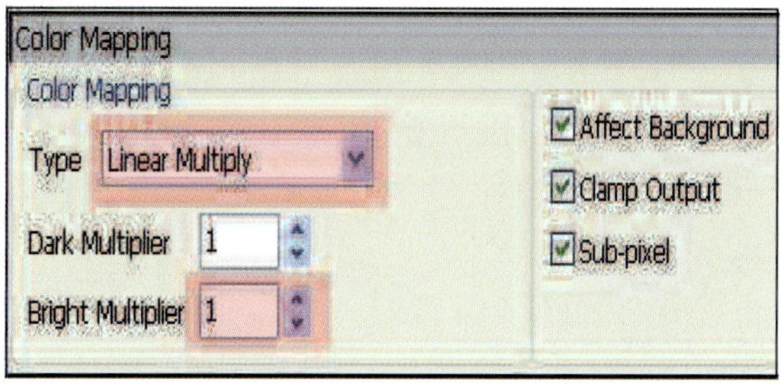

TIP ▸●▸ 'Linear Multiply' 기능으로 설정하게 되면 전체 이미지 결과물의 채도를 강하게 만들 수 있다.

15 'Indirect Illumination' 기능을 롤아웃 확장시켜준다. 'GI' 기능을 체크해준다.
'Primary Engine' 기능을 'Irradiance Map'으로 설정해주고, 'Secondary Engine'을 'Deterministic Monte-Carlo' 기능으로 설정해준다.

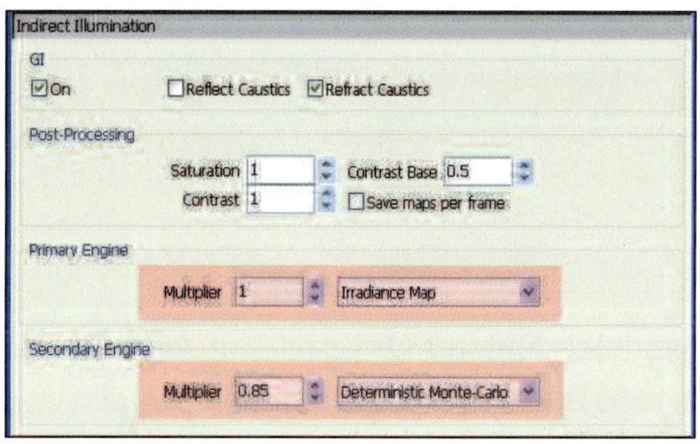

16 'Irradiance Map' 기능을 롤아웃 확장시켜준다. 'Basic Parameter' 항목에서 'Max Rate' 값을 '-2'로 설정해준다.

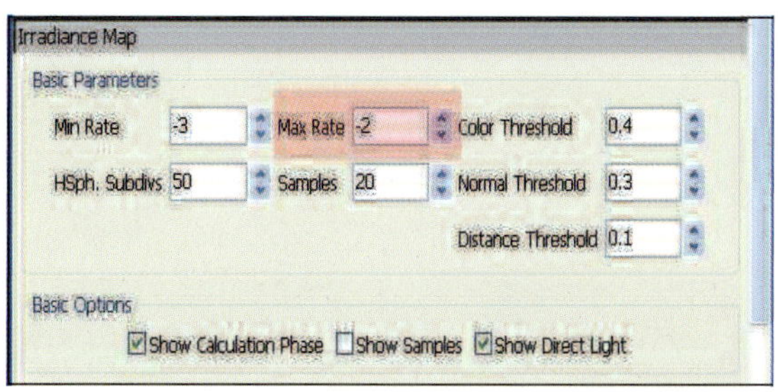

TIP ▸●▸ 이 기능은 렌더링 속도와 매우 밀접한 관계를 가진 기능이다. 작업자가 값을 설정한 다음 렌더링 작업을 진행할 때 너무 느리게 작업된다고 판단이 되면, 'Min Rate' 기능과 'Max Rate' 기능 값들을 조금씩 낮춰준다. 하지만 너무 낮추게 되면 렌더링 품질이 떨어지므로 한단계씩 조절하면서 낮출수 있도록 한다. 최종 렌더링 작업을 진행할 때는 이 기능 값들을 높게 설정하는것이 질 좋은 렌더링 결과물을 얻을 수 있다.

17 기본설정을 마치게 되면 다음 이미지와 같이 렌더링 작업을 진행시켜 중간 점검하도록 한다.

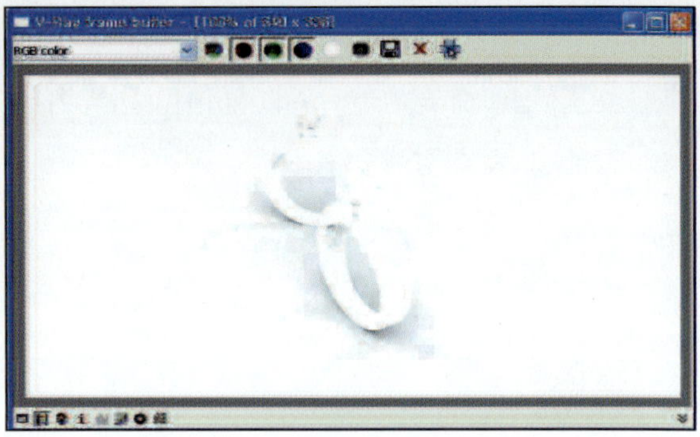

18 'V-Ray for Rhino' Toolbox에서 다음 이미지와 같이 마우스 왼쪽 버튼으로 'V-Ray Material Editor' 기능을 클릭한다.

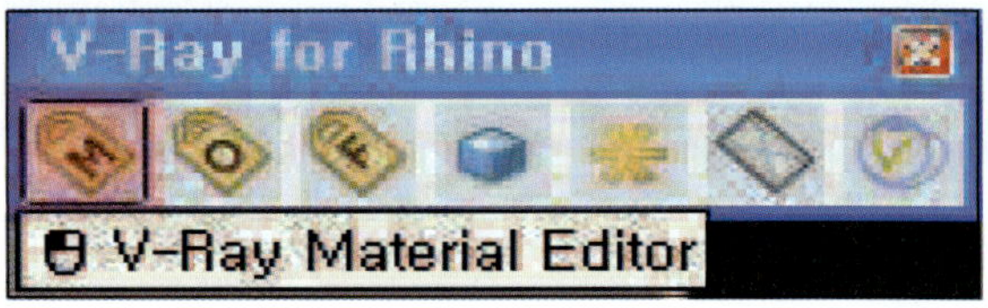

19 다음 이미지와 같이 'Material Editor' 대화상자가 나타나는 것을 확인할 수 있다.

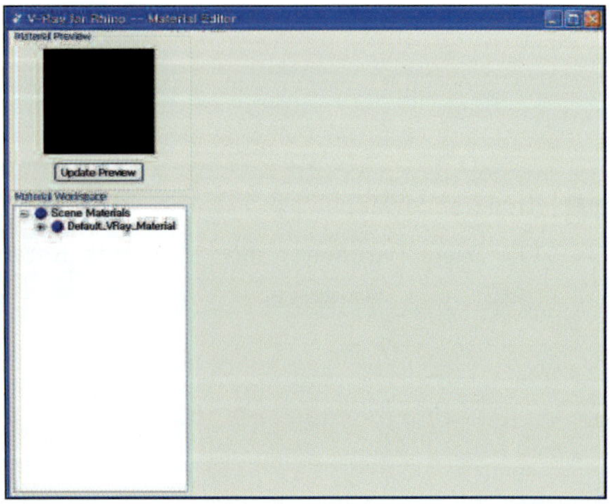

20 다음 이미지와 같이 마우스 왼쪽 버튼으로 'Scene Materials 〉 Add material 〉 Add VRayMtl' 경로에 맞춰 클릭한다.

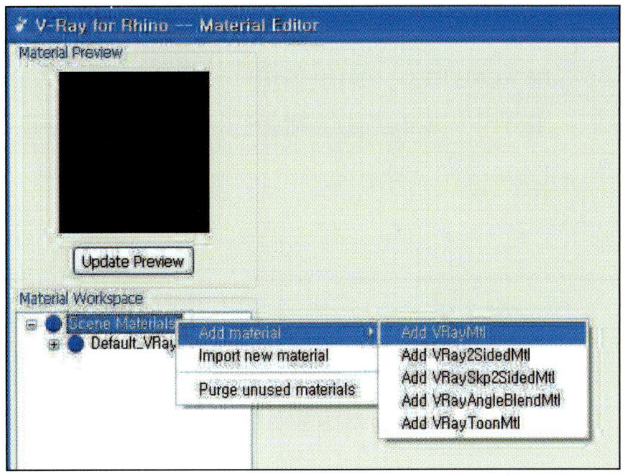

21 재질 Layer가 추가되는 것을 확인할 수 있다.
추가된 Layer에 마우스 우측 버튼을 눌러 'Rename' 기능을 선택한 다음 이미지와 같이 'Diamond' 라고 이름을 설정해준다.

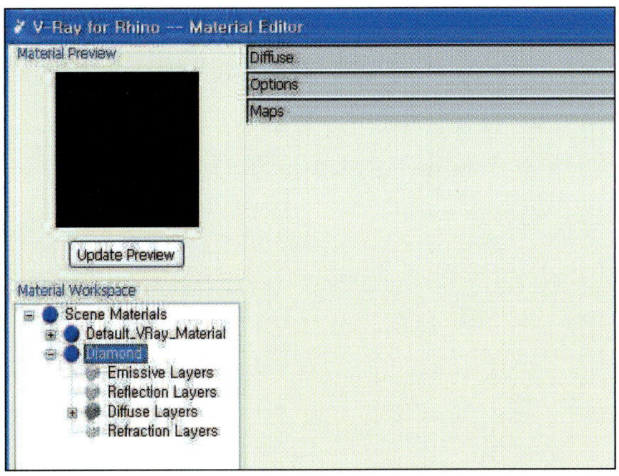

22 다음 이미지와 같이 'Reflection Layers 〉 Add new layer' 기능을 설정해준다. 'Reflection(반사)' 재질을 설정할 수 있는 Layer가 추가된다.

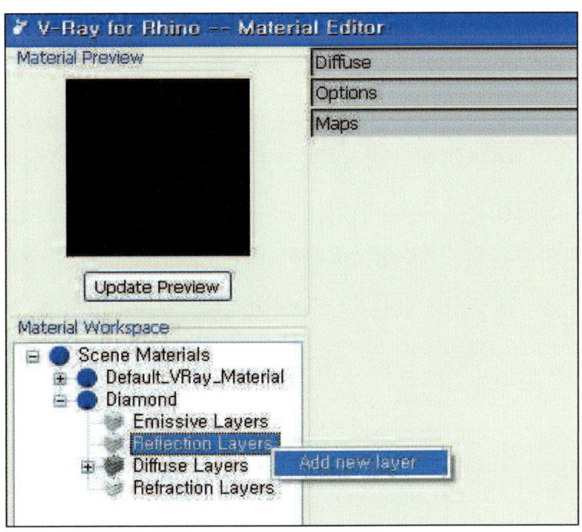

23 같은 방법으로 'Refraction Layers 〉 Add new layer' 기능을 설정해준다.
'Refraction(굴절)' 재질을 설정할 수 있는 Layer가 추가된다.

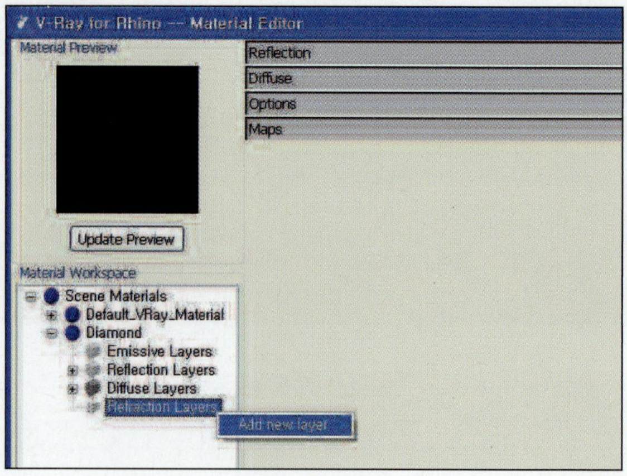

24 우측 옵션 기능에 있는 'Reflection' 롤아웃을 확장시켜준다. 이미지와 같이 'Reflection' 옵션 기능에 있는 'M' 버튼을 클릭한다.

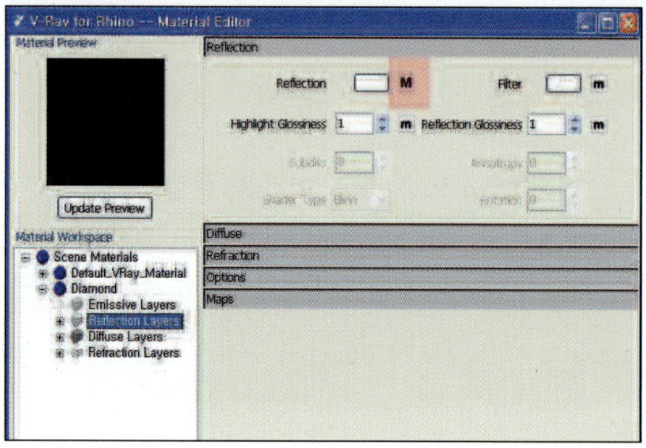

25 'Fresnel Color' 기능에서 색상버튼을 클릭한다. 다음 이미지와 같이 색상 대화상자가 나타나면 'White' 색상으로 지정해주고 'OK' 버튼을 클릭한다. 'Fresnel IOR' 기능 설정 값을 '2.4' 로 설정한 다음 'Refract IOR' 기능 설정 값을 '2'로 설정한다. 'Apply' 버튼을 누른다.

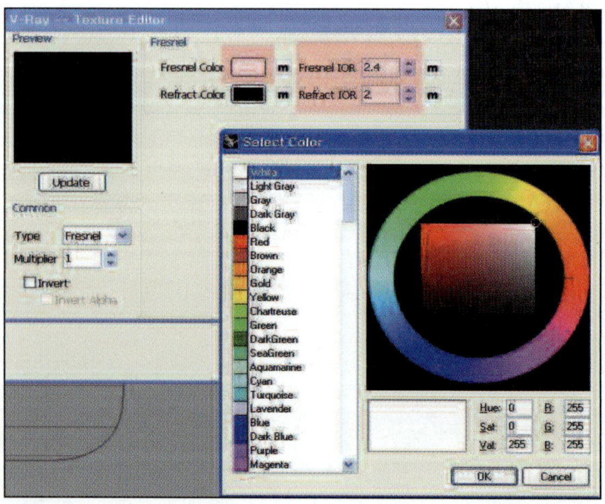

26 옵션 기능에 있는 'Diffuse' 롤아웃을 확장시켜준다.

다음 이미지와 같이 'Color' 색상을 Black으로 'Transparency' 색상을 White로 지정해준다.

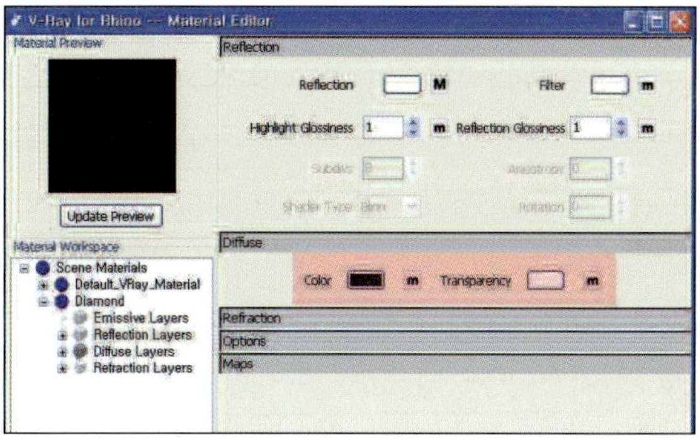

27 옵션 기능에 있는 'Refraction' 롤아웃을 확장시켜준다. 다음 이미지와 같이 'IOR' 값을 '2.4' 로 지정한 다음 'Fog Multiplier' 기능 값을 '0.01'값으로 지정한다. 마지막으로 'Affect Shadows' 기능을 체크해준다.

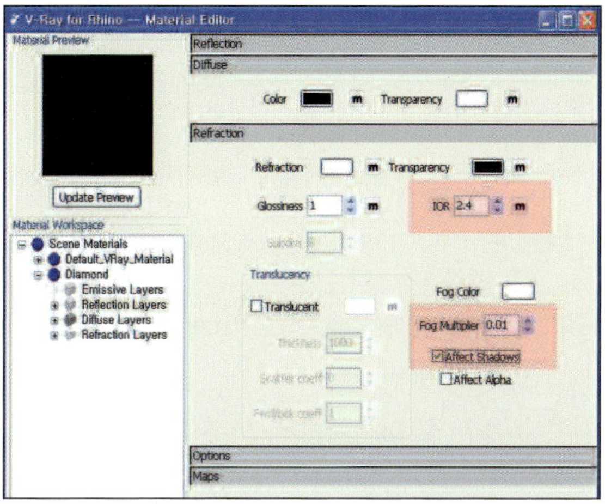

28 다음 이미지와 같이 Rhino 프로그램에 있는 보석개체들을 모두 선택한다.

다음으로 'Diamond Layer'를 클릭한 다음 'Apply material to object(s)' 기능을 체크해준다. 다이아몬드 재질로 설정된 값이 선택한 보석 개체에 적용된다.

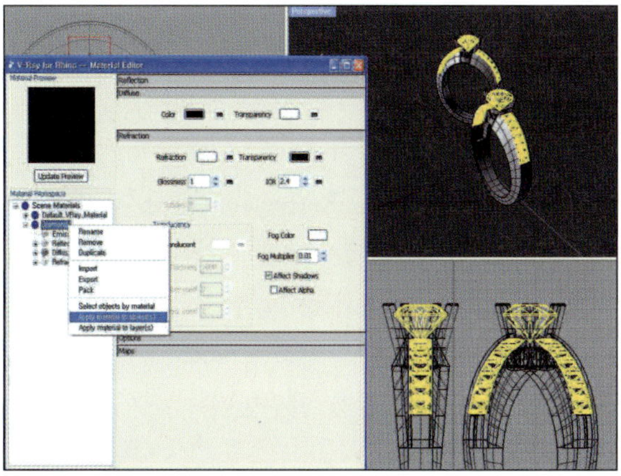

29 다음 이미지와 같이 렌더링 기능을 실행하여 적용된 다이아몬드 재질 상태를 확인해준다.

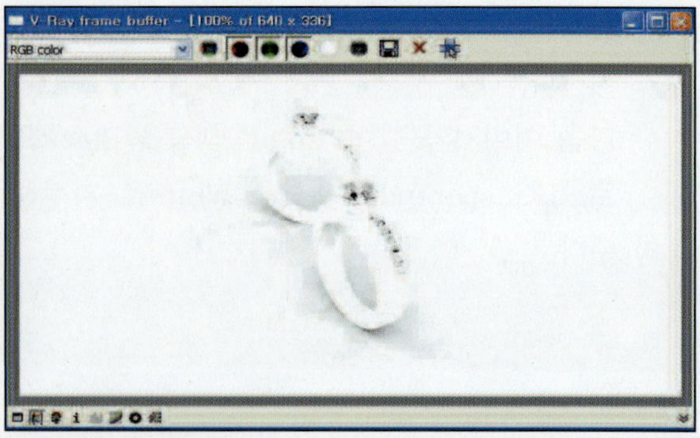

30 다음 이미지와 같이 마우스 왼쪽 버튼으로 'Scene Materials 〉 Add material 〉 Add VRayMtl' 경로에 맞춰 클릭한다.

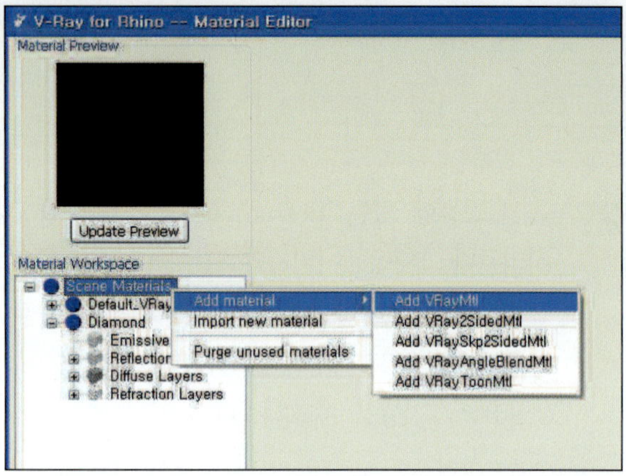

31 재질 Layer가 추가되는 것을 확인할 수 있다.
추가된 Layer에 마우스 우측 버튼을 눌러 'Rename' 기능을 선택한 다음 이미지와 같이 'Ring' 이라고 이름을 설정해준다.

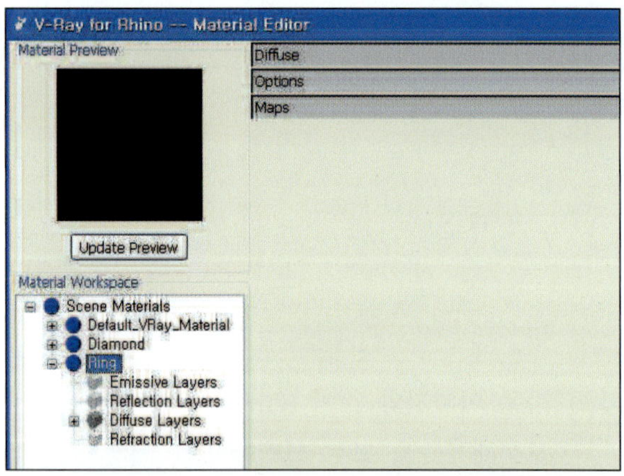

32 'Reflection Layers 〉 Add new layer' 기능을 설정해준다. 'Reflection(반사)' 재질을 설정할 수 있는 Layer가 추가되면 우측 옵션 기능에 있는 'Reflection' 롤아웃을 확장시켜 준다. 이미지와 같이 'Reflection' 옵션 기능에 있는 'M'버튼을 클릭한다.

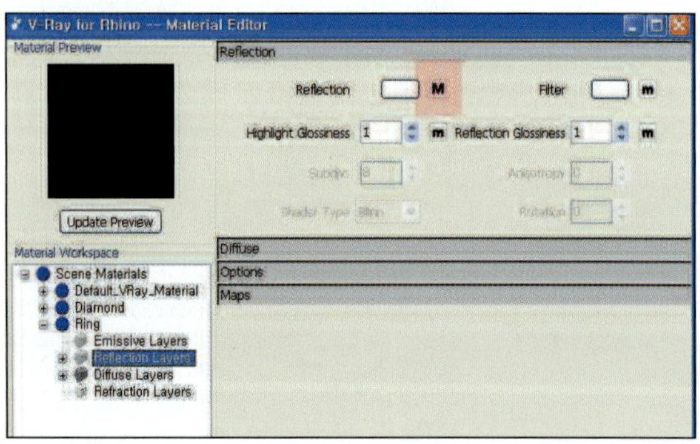

33 다음 이미지와 같이 'Fresnel Color' 색상을 White로 지정한 다음 'Fresnel IOR' 값을 '16'으로 지정해준다. 'Apply' 버튼을 클릭한다.

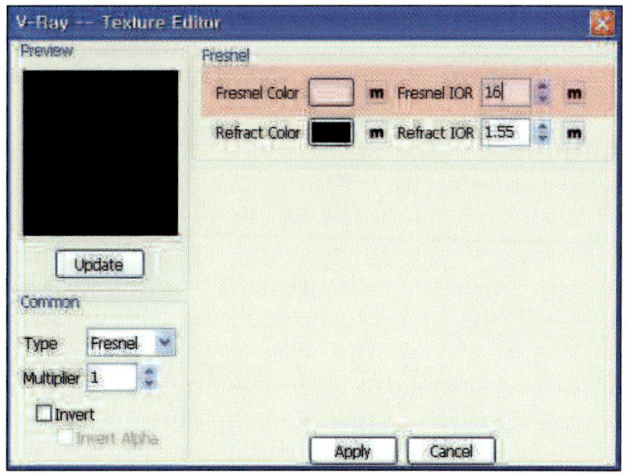

34 옵션 기능에 있는 'Diffuse' 롤아웃을 확장시켜준다.
다음 이미지와 같이 'Color' 색상을 Black으로 'Transparency' 색상도 Black으로 지정해준다.

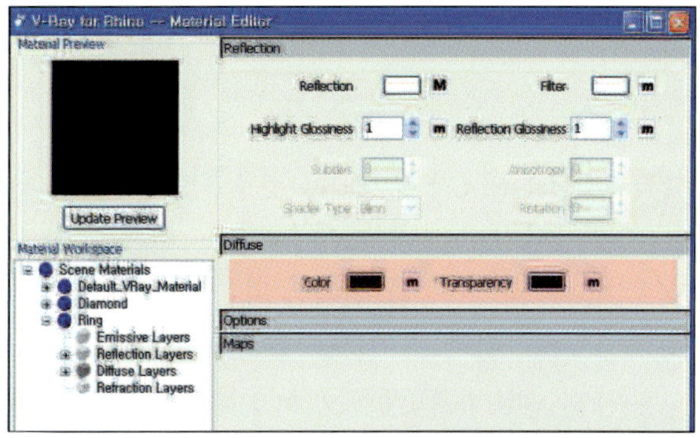

35 다음 이미지와 같이 Rhino 프로그램에 있는 반지개체들을 모두 선택한다.
다음으로 'Ring' Layer를 클릭한 다음 'Apply material to object(s)' 기능을 체크해준다. 크롬 재질로 설정된 값이 선택한 반지 개체에 적용된다.

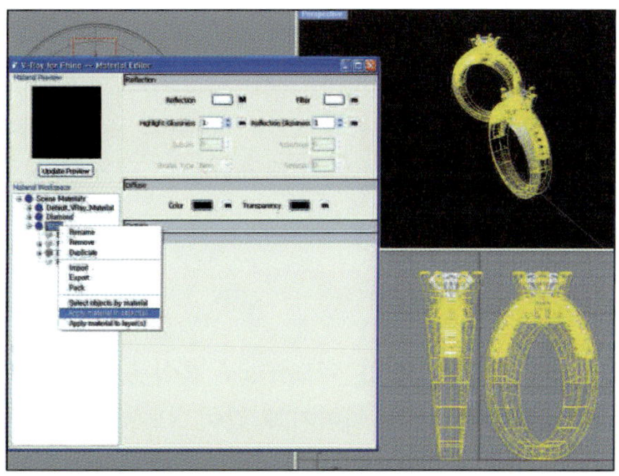

36 다음 이미지와 같이 렌더링 기능을 실행하여 적용된 크롬 재질 상태를 확인해준다.

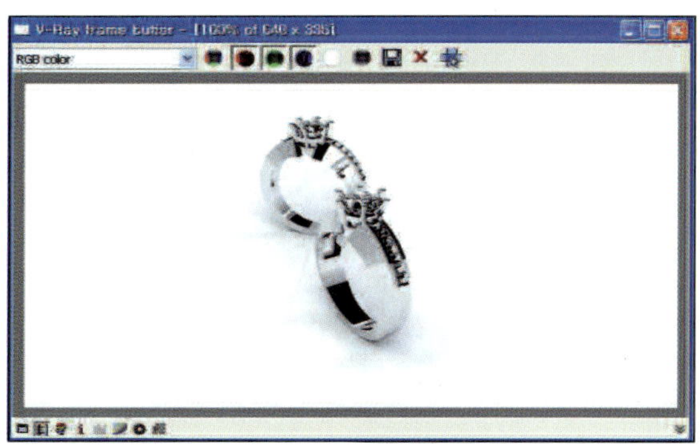

37 다음 이미지와 같이 마우스 왼쪽 버튼으로 'Scene Materials 〉 Add material 〉 Add VRayMtl' 경로에 맞춰 클릭한다.

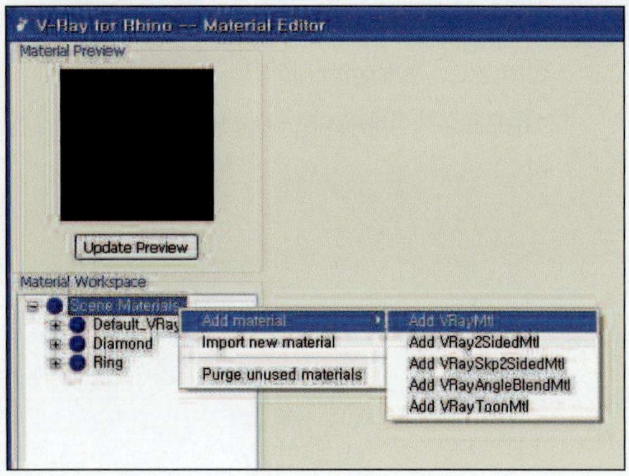

38 '재질 Layer가 추가되는 것을 확인할 수 있다. 추가된 Layer에 마우스 우측 버튼을 눌러 'Rename' 기능을 선택한 다음 이미지와 같이 'Plane' 이라고 이름을 설정해준다. 'Reflection Layers 〉 Add new layer' 기능을 설정해준다. 'Reflection(반사)' 재질을 설정할 수 있는 Layer가 추가되면 우측 옵션 기능에 있는 'Reflection' 롤아웃을 확장시켜 준다. 이미지와 같이 'Reflection' 옵션 기능에 있는 'Highlight Glossiness' 값을 '0.9'로 지정한다. 마지막으로 'Reflection Glossiness' 값도 '0.9'로 지정해준다.

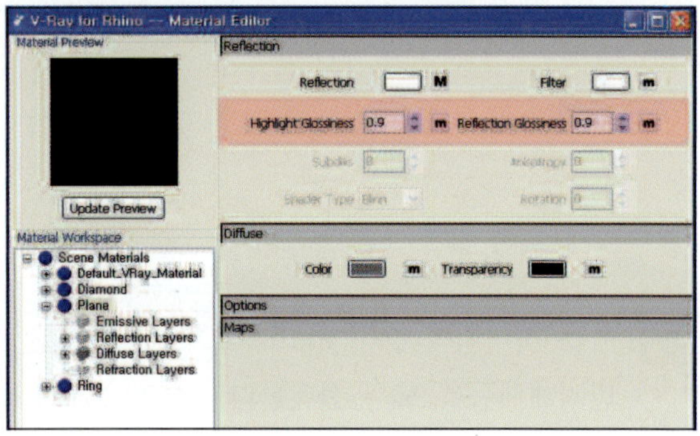

39 옵션 기능에 있는 'Diffuse' 롤아웃을 확장시켜준다. 다음 이미지와 같이 'Color' 색상을 색상 대화상자에서 'R:128, G:128, B:128'로 지정해 준다. Rhino 프로그램에 있는 바닥 개체를 선택한다. 다음으로 'Plane' Layer를 클릭한 다음 'Apply material to object(s)' 기능을 체크해준다. 바닥 재질로 설정된 값이 선택한 바닥 개체에 적용된다.

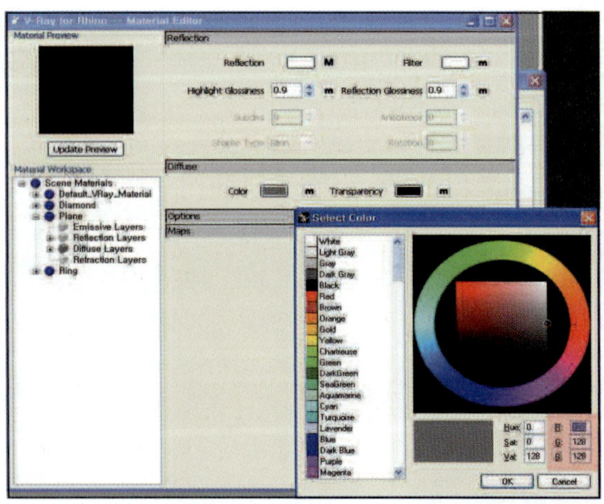

40 다음 이미지와 같이 렌더링 기능을 실행하여 적용된 바닥 재질 상태를 확인해준다.

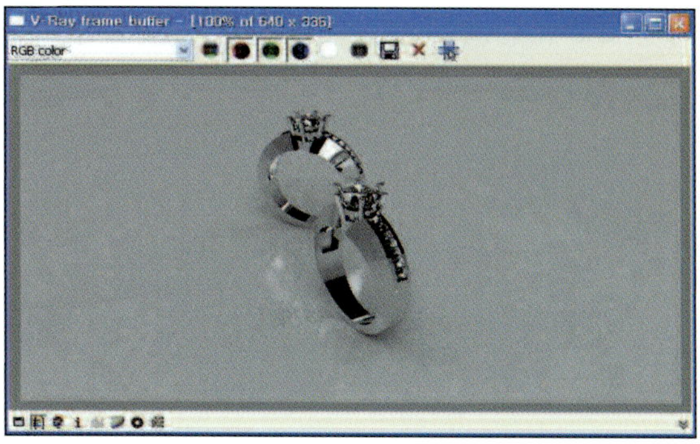

41 '각 개체에 해당하는 재질을 적용한 다음 Perspective View를 활성화시킨 상태에서 'F6' 버튼을 누른다. 다음 이미지와 같이 각 Viewport에 카메라가 생성되는 것을 확인할 수 있다. 지금부터 'Depth of Field' 기능을 이용하여 반지 개체들 사이 초점을 변화시키는 작업을 진행해보도록 한다.

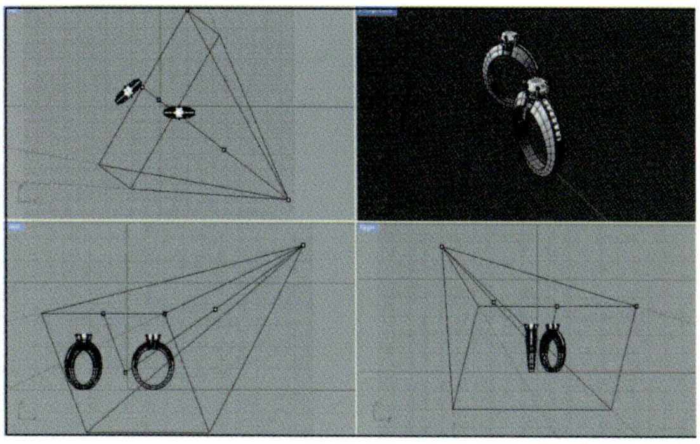

42 다음 이미지와 같이 Top View를 활성화시킨 다음 Osnap 기능에서 'Point' 기능 만을 체크한다. 직선 개체를 이용하여 다음 이미지와 같이 첫 번째, Camera 시작 Point를 클릭한 다음 화면에서 보이는 기준으로 가장 우측에 있는 반지 개체 몸통 부위에 두 번째로 클릭하여 직선개체를 생성한다.

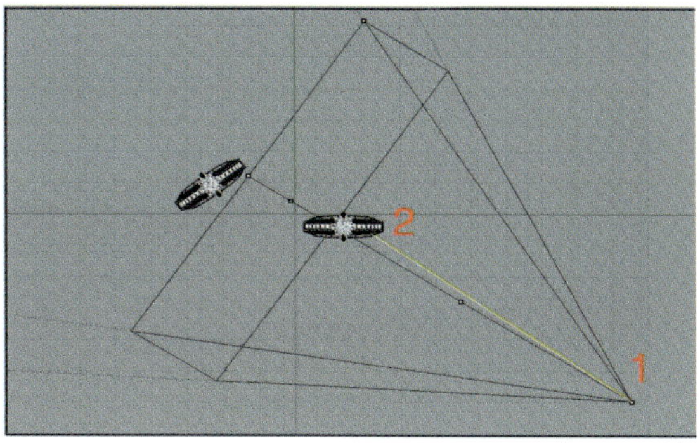

43 직선 개체를 활성화시킨 다음 'Control Points On' 기능을 실행하여 조절점을 보이게 한다.

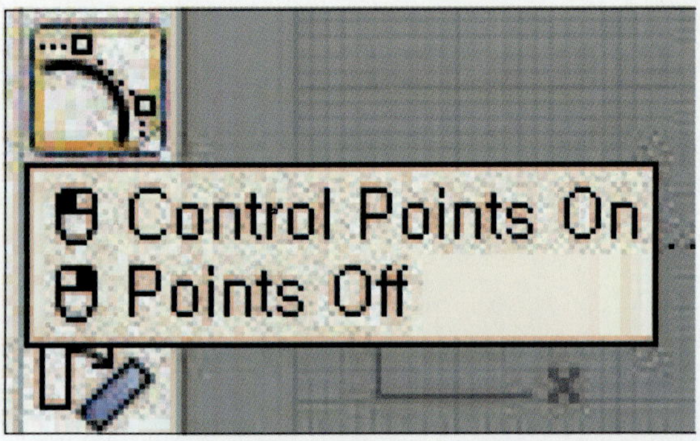

44 다음은 Front View를 최대화 시킨다. 반지 개체에 근접해 있는 직선개체의 조절점만을 선택한 다음 이미지와 같이 반지개체 몸통 부위에 가장 근접한 부위로 다시 이동시킨다.

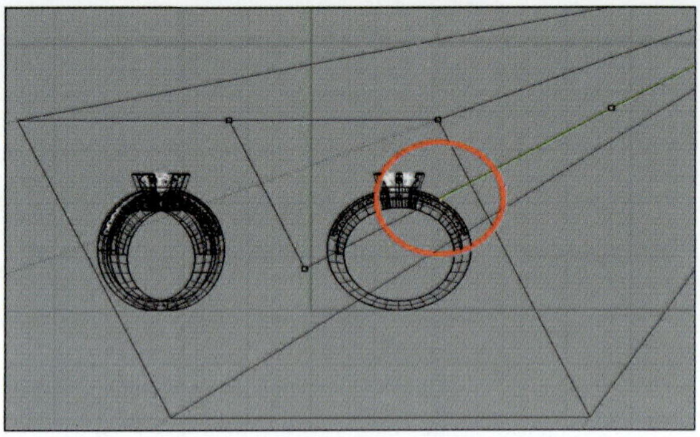

TIP ▸●▸ 생성된 직선 개체를 통해 초점을 주고자 하는 작업 과정이다. 최종 확정된 직선 개체 길이가 초점 거리가 되므로 작업자는 초점을 주고자 하는 위치와 Camera 사이에 있는 직선 개체를 정확히 조절하여 생성할 수 있도록 한다.

45 현재 켜진 직선 개체 조절점을 'Points Off' 기능으로 Off시킨다.

46 직선 개체를 활성화 시킨 상태에서 다음 이미지와 같이 'Analyze > Length' 기능을 실행한다.

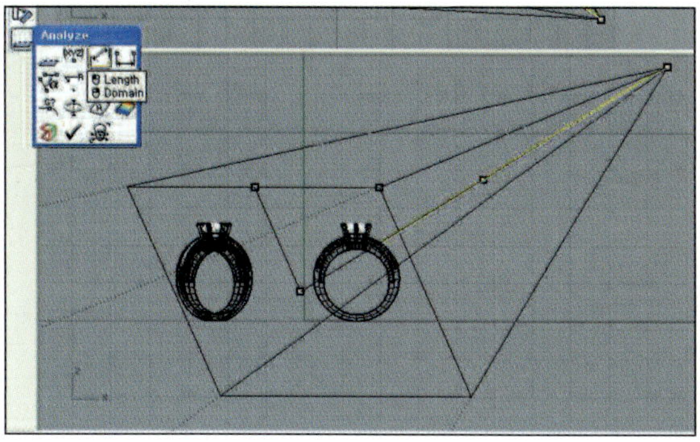

47 다음 이미지와 같이 Rhino 프로그램에 있는 Command Prompt에 선택한 직선 개체 길이 값이 나타나는 것을 확인할 수 있다. 이 수치 값을 기억하도록 한다.

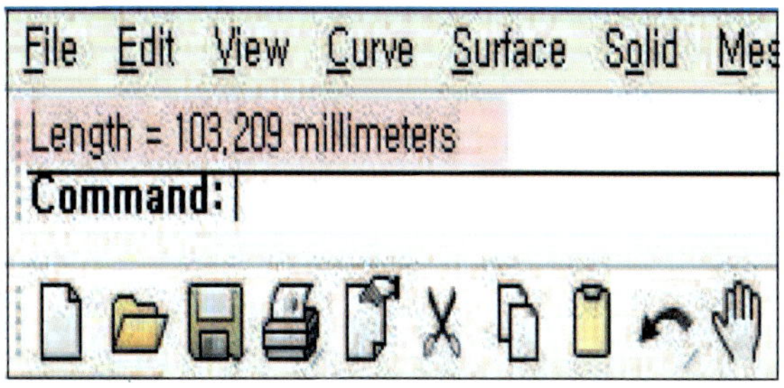

> **TIP ▸●▸**
> 이 수치 값은 작업자마다 모두 다를 수 있으므로 각자 생성된 수치 값을 기억해 진행할 수 있다..

48 옵션 기능에 있는 'Camera' 롤아웃을 확장시켜준다. 먼저 'Depth of Field' 기능을 체크해준다. 두 번째로 'Override Focal Dist' 기능을 체크한 다음 전 단계에서 생성된 직선 개체의 길이 값을 입력한다. 여기에서는 '103' 으로 입력한다.
다음 'Aperture' 기능을 '1'로 입력한다. 이 기능의 수치가 높아질수록 'Depth of Field' 효과가 높아지지만 그만큼 렌더링 속도는 느려진다. 마지막으로 'Subdivs' 기능 값을 '12'로 설정해준다.

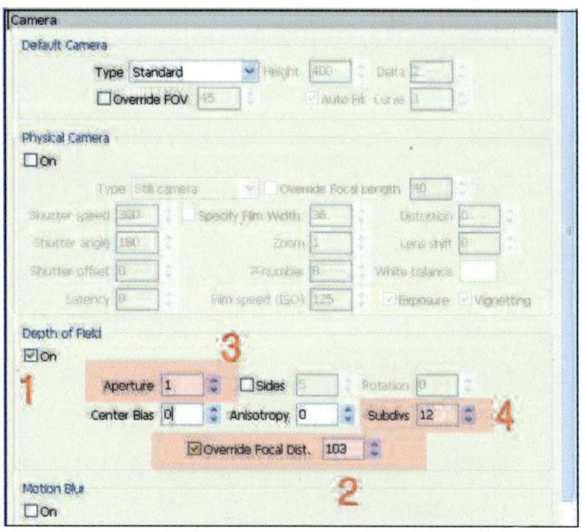

49 다음 이미지와 같이 렌더링 기능을 실행하여 적용된 'Depth of Field' 효과를 확인해준다. 앞에 있는 반지개체에 초점이 생기면서 거리감이 생겨나는 렌더링 결과물을 얻을 수 있다.

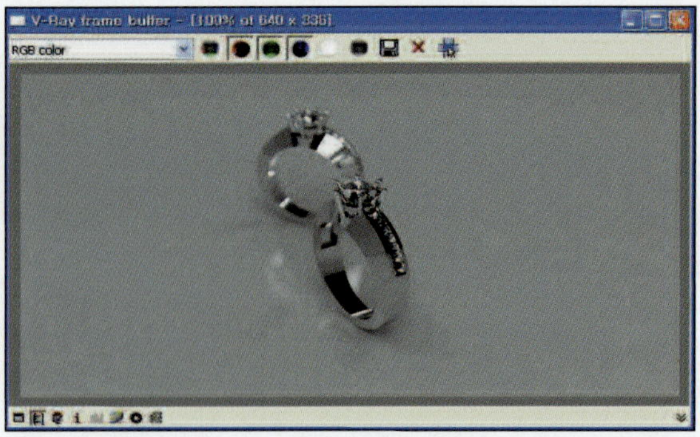

50 마지막으로 품질 좋은 렌더링 결과물을 얻기 위해 세부 기능을 조절하도록 한다.
'Global Switches' 기능을 다시 롤아웃 확장시켜준다. 이미지와 같이 'Max Depth' 기능값을 '10'으로 조절해준다. 이 기능은 전체 이미지에 일률적인 최대 심도를 주는 기능이다.

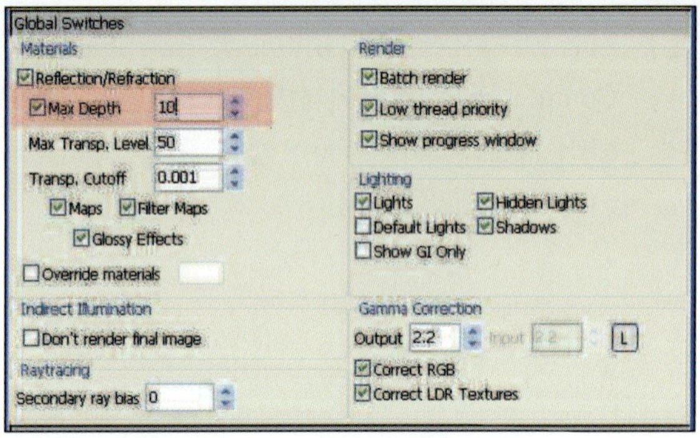

51 'Image Sampler' 기능을 다시 롤아웃 확장시켜준다.
'Image Sampler' 기능에 있는 'Threshold' 값을 '0.05'로 조절해준다. 이 기능은 서로 밀접해 있는 각 픽셀들을 비교하여 지정된 Threshold 값보다 높은 차이를 가지고 있는 픽셀들을 보다 좋은 샘플로 만들어 주는 기능이다. 값이 낮을수록 세밀한 작업을 진행하게 해준다.

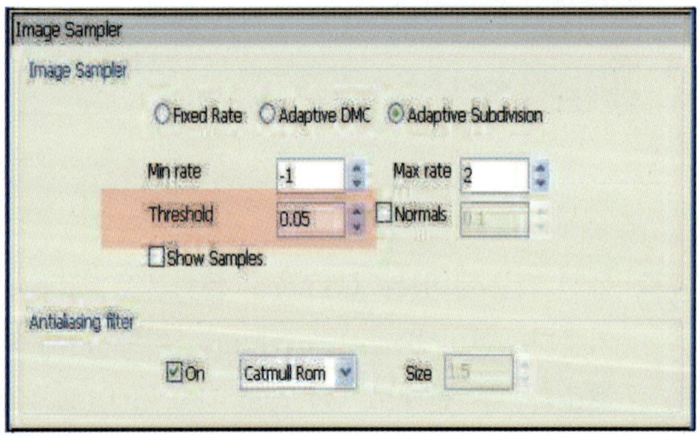

52 'DMC Sampler' 기능을 다시 롤아웃 확장시켜준다. 'Noise Threshold' 값을 '0.005' 값으로 설정해준다. 이 기능은 값이 작을수록 렌더링 화면 느낌이 부드럽고 얼룩 현상을 제거하게 된다. 하지만 렌더링 속도가 느려지는 단점이 있다.

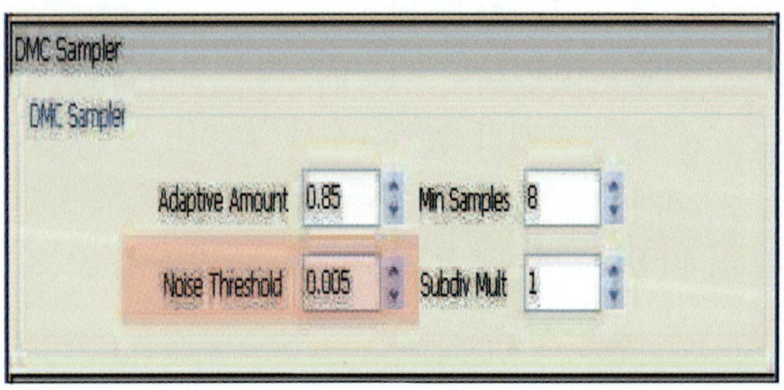

53 'Irradiance Map' 기능을 다시 롤아웃 확장시켜준다. 'Max Rate' 값을 '0'으로 지정해준다. 각 픽셀에 대한 최대의 G.I 샘플수를 결정하는 기능으로 최소비율 보다는 높아야 한다. 다음으로 'Color Threshold' 기능 값을 '0.3'으로 설정해준다. 이 기능 값이 적을수록 세밀한 표현이 가능해진다. 마지막으로 'Normal Threshold' 값을 '0.1'로 지정해준다. 이 기능도 값이 적을수록 세밀한 표현을 가능하게 해준다.

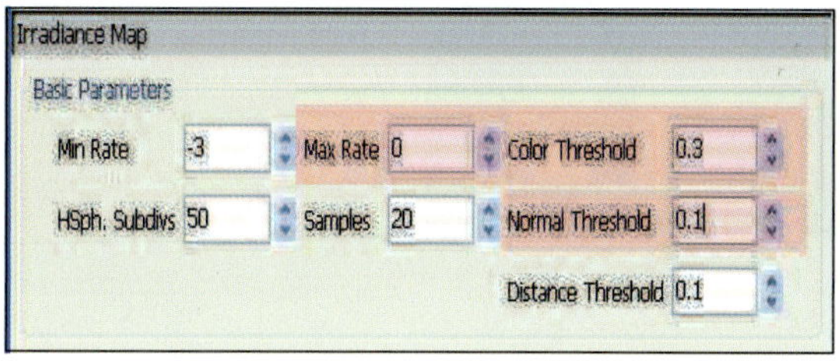

54 다음 이미지와 같이 상단에 위치한 Save 버튼을 누른 다음 원하는 경로에 저장할 수 있도록 한다.

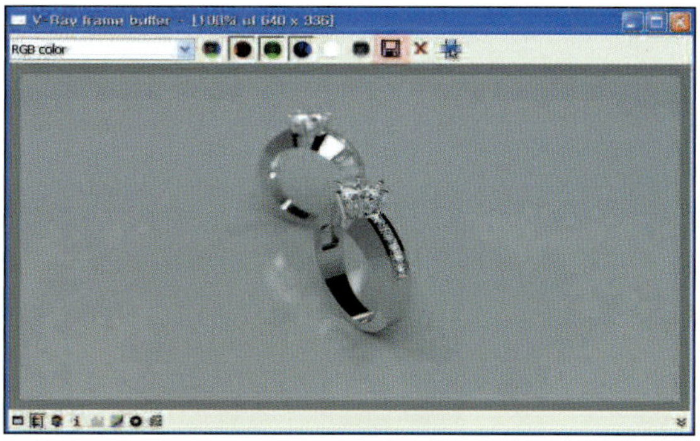

55 최종 완성된 이미지를 확인할 수 있다.

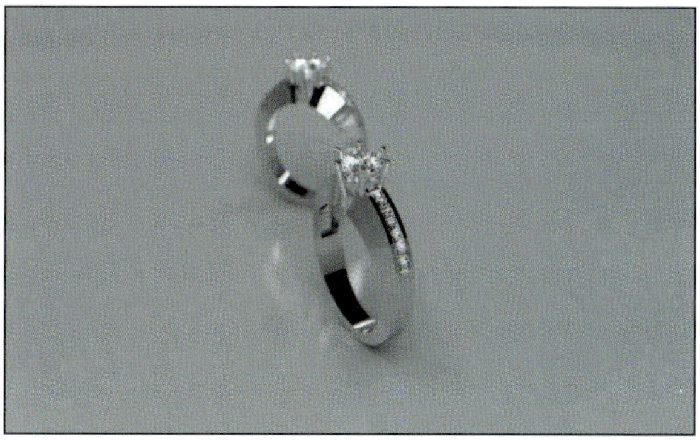

Day

05 금요일

이번 발렌타인 데이 선물은 반지로 해야지!

1. 반지 모델링 따라하기

01 Sphere: Center, Radius 기능을 실행한다. 원점을 중심으로 지름 값이 7mm인 구 개체를 생성한다.

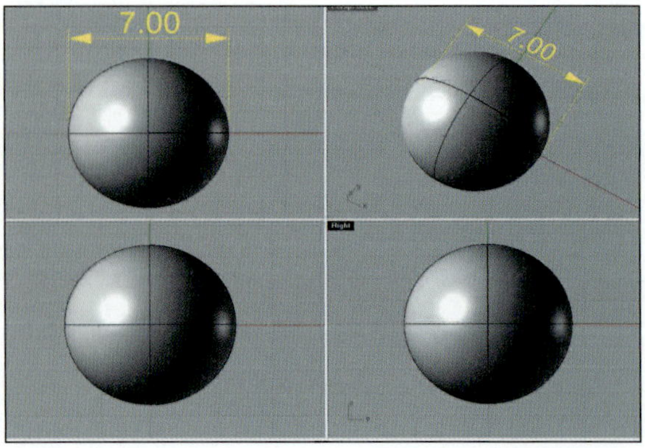

02 Top View를 기준으로 Circle: Center, Radius 기능을 실행한다. 원점을 기준으로 지름 값이 5.50mm, 3.50mm인 원형커브 2개를 생성한다.

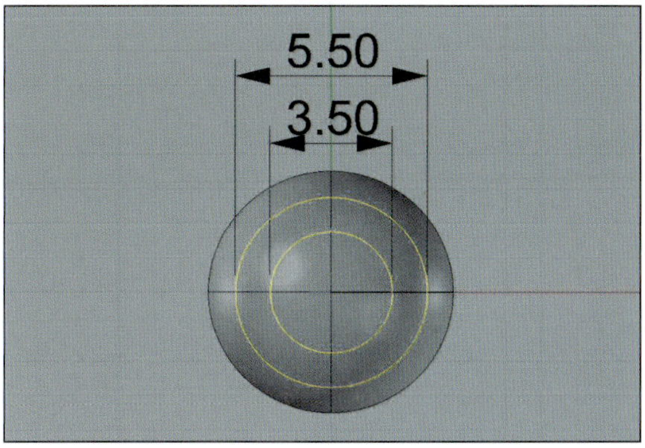

03 Offset Curve 기능을 실행한다. 이미지와 같이 1, 2번 원형커브 개체를 선택한 다음 이미지와 같이 안쪽방향으로 0.3mm Offset 시킨다.

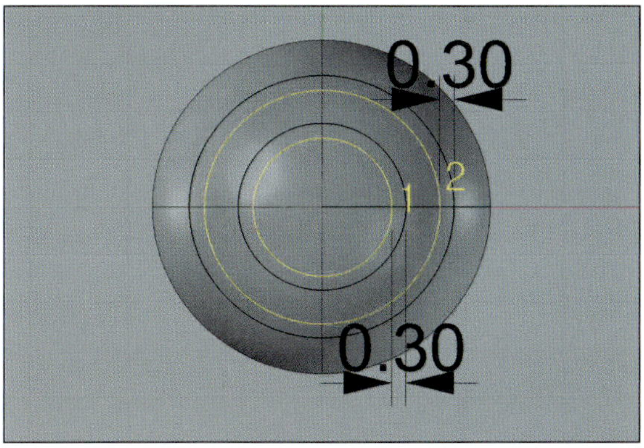

04 Move 기능을 실행한다. Offset 시킨 원형커브 2개를 선택해 이미지와 같이 아래쪽 방향으로 4.5mm 이동 시킨다.

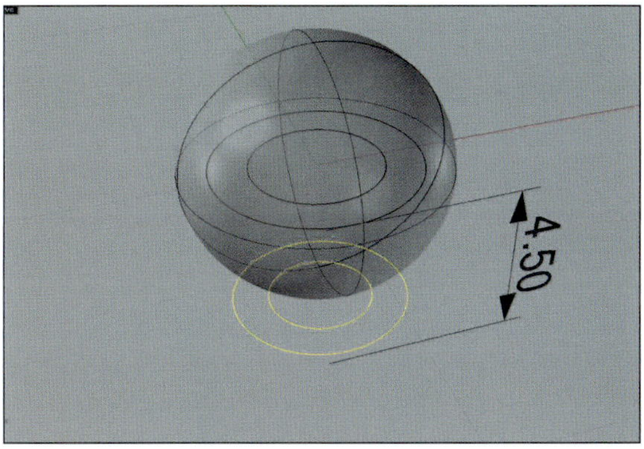

05 Invert Selection and Hide Objects 기능을 실행한다. 이미지와 같이 원형커브 개체만 제외하고 나머지는 Hide 시킨다.

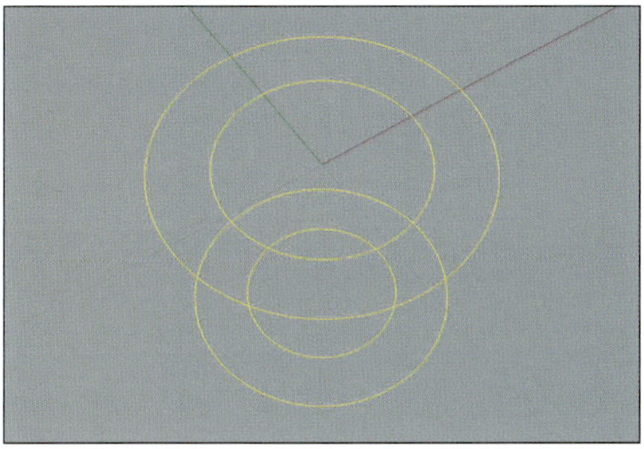

06 Surface from Planer Curves 기능을 실행한다. 이미지와 같이 1, 2번 커브를 선택하여 면 개체를 생성한다. 다시 Enter키를 눌러 명령을 재실행하고 3, 4번 커브를 선택하여 면 개체를 생성한다.

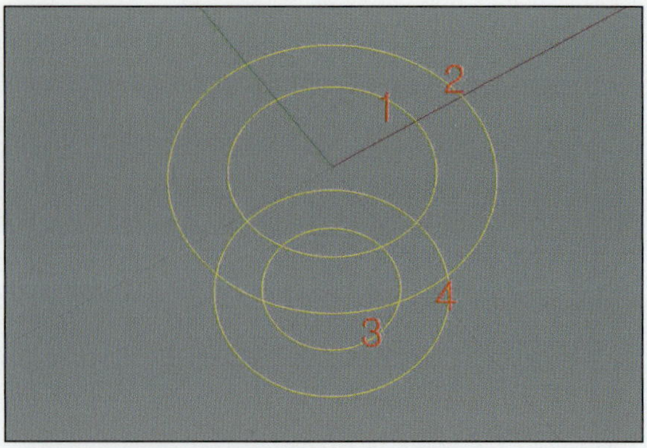

07 이미지와 같이 면 개체 2개가 생성된 것을 확인할 수 있다.

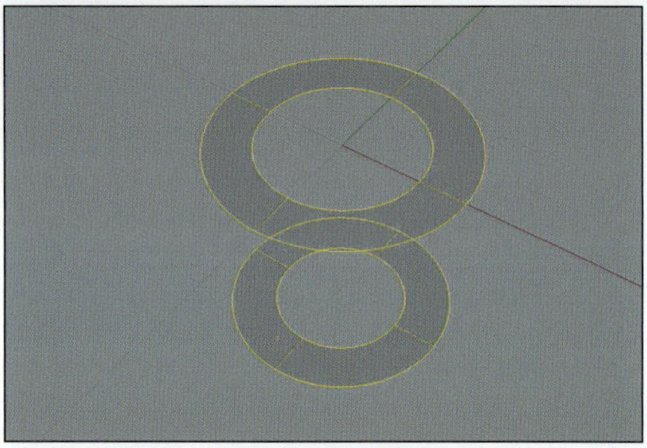

08 Loft 기능을 실행한다. 1번과 2번 커브 개체 또는 가장자리를 선택하여 이미지와 같이 면 개체를 생성한다.

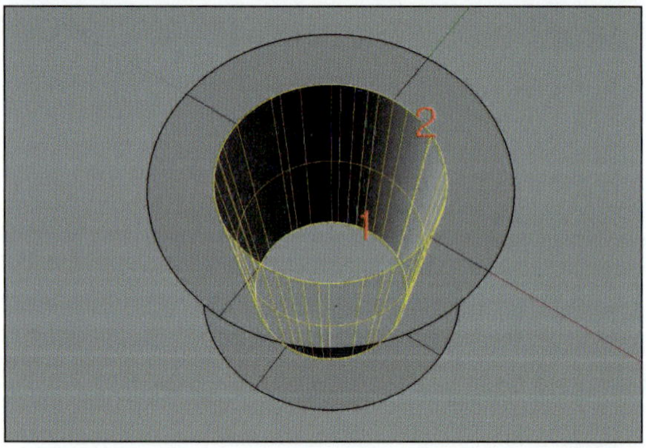

09 Loft 기능을 실행한다. 3번과 4번 커브 개체 또는 가장자리를 선택하여 이미지와 같이 면 개체를 생성한다.

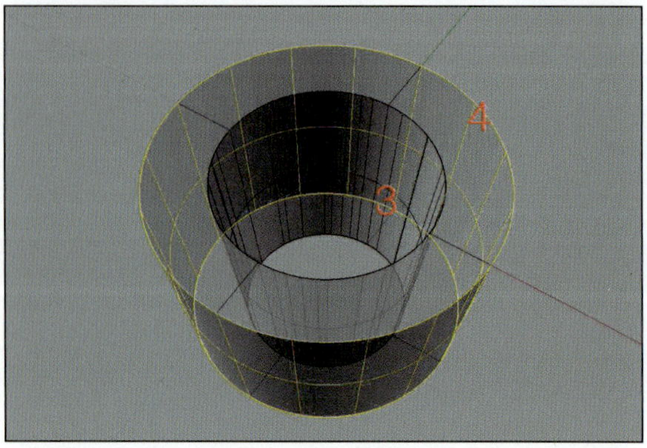

10 Ctrl+A 키를 눌러 모든 개체를 선택하고 Join 기능을 실행한다. 이미지와 같이 하나의 Solid 개체가 되게 생성한다. 이때, Select Curves 기능을 실행하여 화면상에 남아있는 커브개체들은 모두 삭제한다.

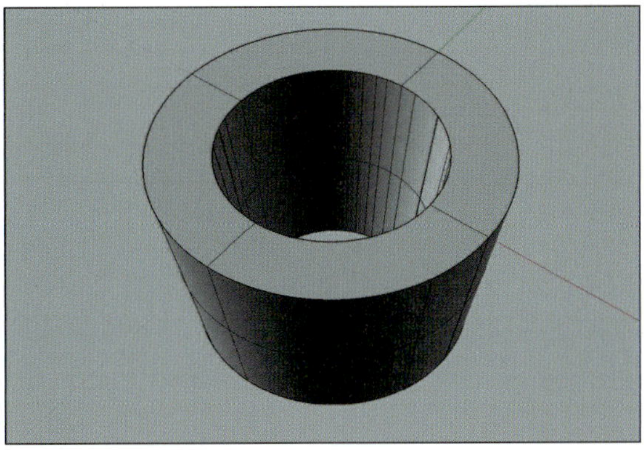

11 Show Objects 기능을 실행하여 이미지와 같이 Hide된 개체를 불러온다.

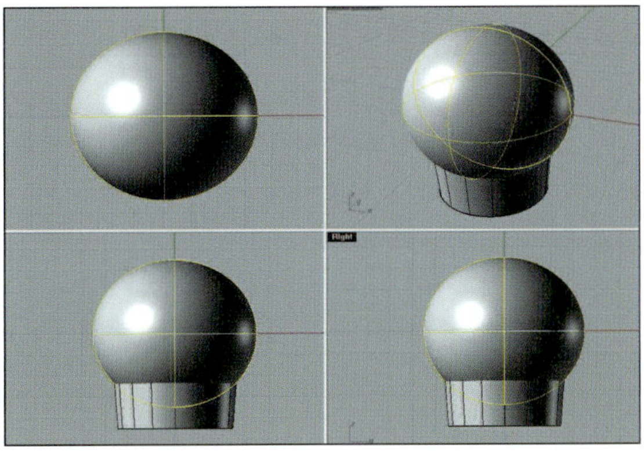

12 Front View를 기준으로 Move 기능을 실행한다. 7mm 구형 Solid개체를 선택하고 이미지와 같이 위쪽 방향으로 2.5mm 이동시킨다.

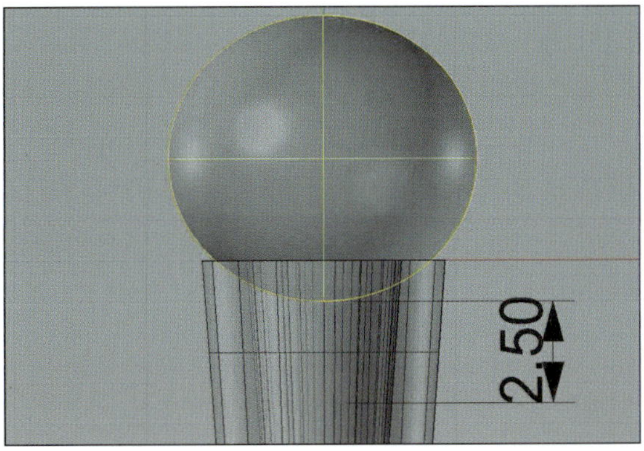

13 Variable Radius Chamfer 기능을 실행한다. 이미지와 같이 가장자리를 선택하고 0.8mm 값으로 Chamfer 시켜준다.

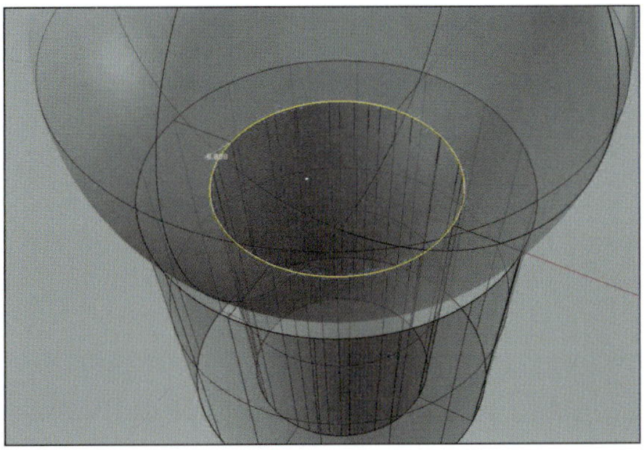

14 이미지와 같이 선택된 Solid개체 가장자리가 경사지게 꺾인 것을 확인할 수 있다.

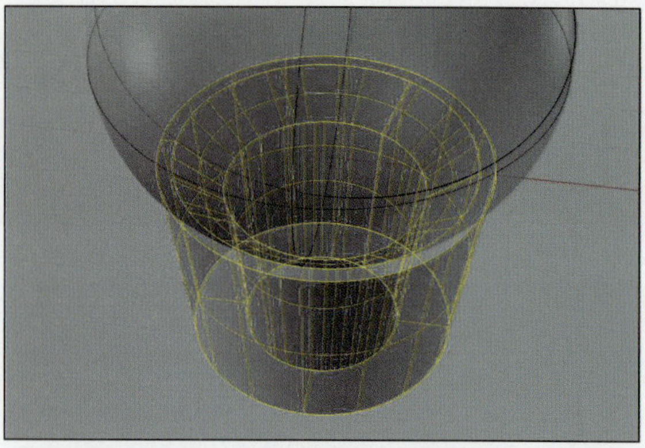

15 Front View를 기준으로 Rectangle: Center, Corner 기능을 실행한다. 가로 길이가 7mm, 세로 길이가 0.8mm인 직사각형태 커브개체를 생성한다.

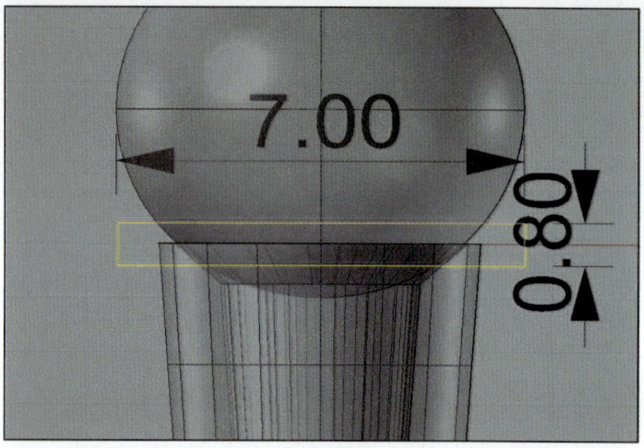

16 Extrude Closed Planar Curve 기능을 실행한다. 생성된 직사각형태 커브개체를 선택한 다음 이미지와 같이 Solid개체를 생성한다.

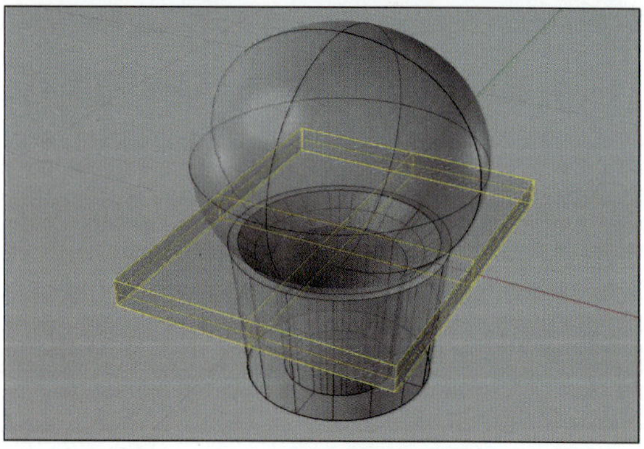

17 Move 기능을 실행한다. 생성된 Solid개체를 선택하고 이미지와 같이 아래쪽 방향으로 1.5mm 이동시킨다.

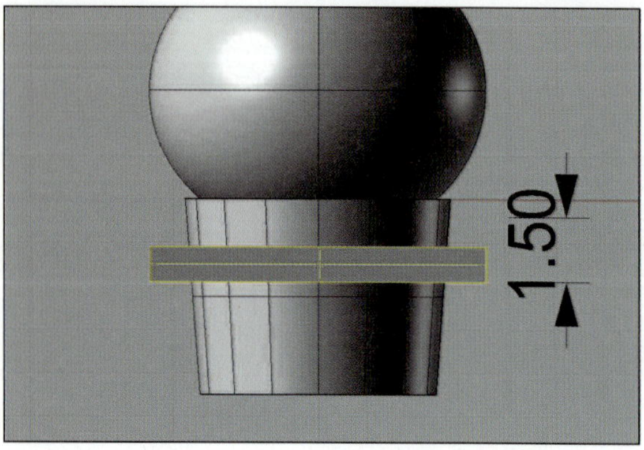

18 Move 기능을 실행한다. 모든 개체를 선택하고 원점을 기준으로 이미지와 같이 위쪽 방향으로 11.5mm 이동 시킨다.

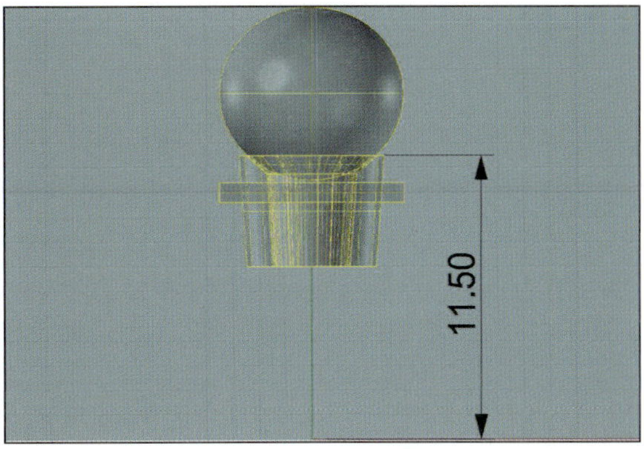

19 Boolean Difference 기능을 실행한다. 1번 난집 개체를 선택하고 Enter키를 누른다. 다음 2번 직사각형 Solid개체를 선택하고 Enter키를 누른다.

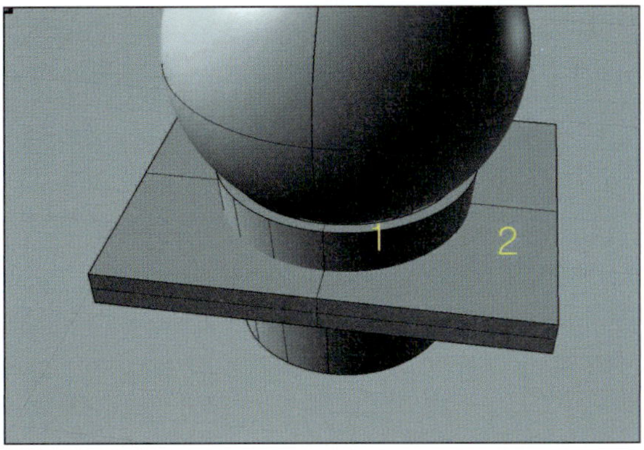

20 이미지와 같이 난집 개체가 직사각형 Solid 개체 크기만큼 잘려나간 것을 확인할 수 있다.

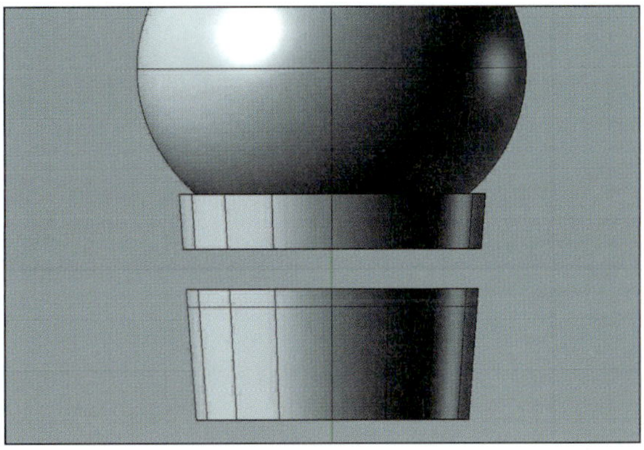

21 Top View를 기준으로 Rectangle: Center, Corner 기능을 실행한다. 이미지와 같이 원점을 중심으로 가로 길이가 0.85mm, 세로 길이가 4mm인 직사각형 커브개체를 생성한다.

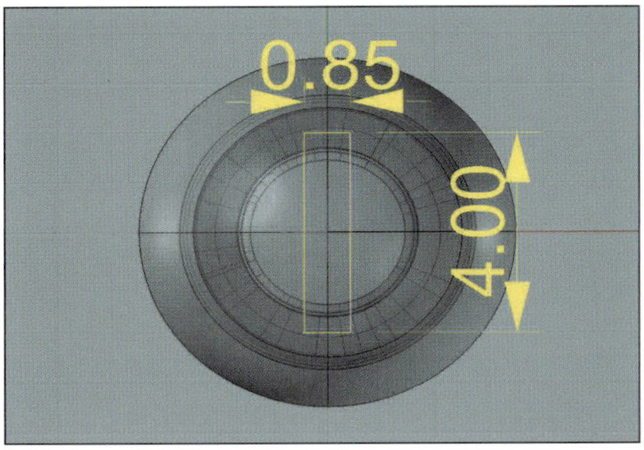

22 Extrude Closed Planar Curve 기능을 실행한다. 생성된 직사각형 커브개체를 선택한 다음 이미지와 같이 직사각형 Solid개체를 생성한다. 이때, 이미지와 같이 난집 개체 하단에 있는 원기둥 개체에서 위쪽 Quad점에 접하도록 Solid개체를 생성한다.

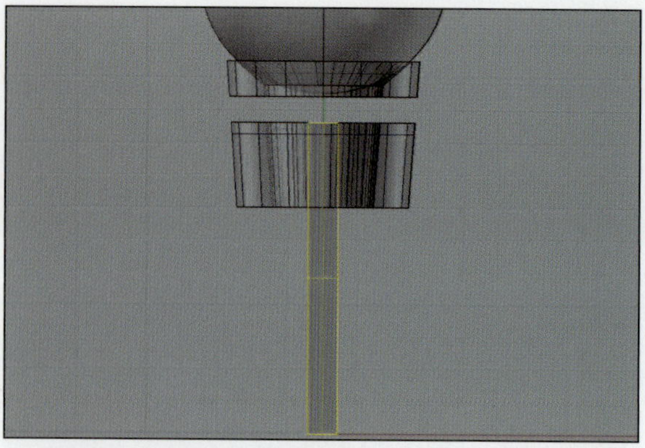

23 Front View를 기준으로 Circle: Center, Radius 기능을 실행한다. 원점을 기준으로 지름 값이 17.37mm 원형커브 개체를 생성한다.

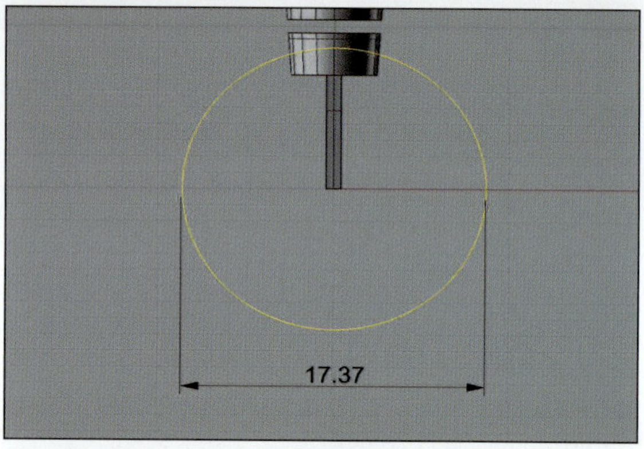

24 Extrude Closed Planar Curve 기능을 실행한다. 생성된 원형커브 개체를 선택한 다음 이미지와 같이 원기둥 Solid개체를 생성한다. 이때, 명령표시줄에 있는 옵션기능 중 Distance 값을 5로 입력하고, 'Bothsides=Yes, DeleteInput=Yes'로 설정해준다.

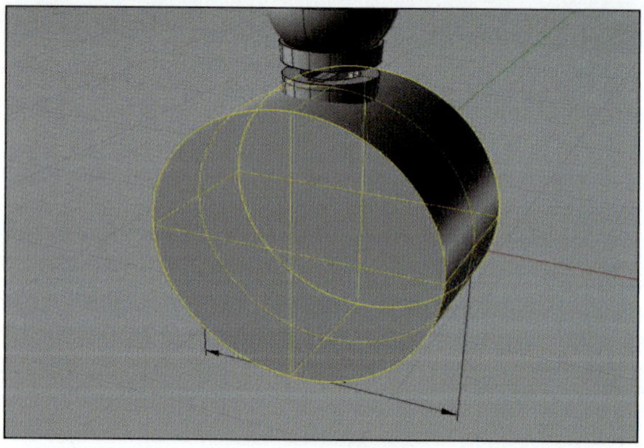

25 Boolean Difference 기능을 실행한다. 1번 난집 개체와 직사각형 Solid개체를 선택하고 Enter키를 누른다. 다음 2번 원기둥 Solid개체를 선택하고 Enter키를 누른다.

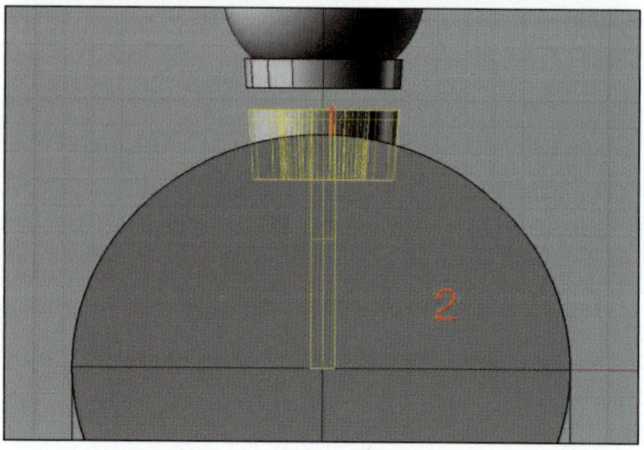

26 이미지와 같이 난집 개체와 직사각형 Solid 개체가 원기둥 Solid개체 크기에 맞춰 잘려 나간 것을 확인할 수 있다.

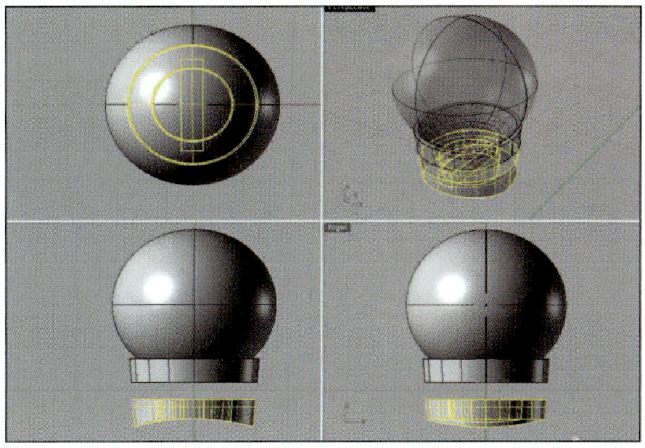

27 Top View를 기준으로 Rectangle: Center, Corner 기능을 실행한다. 이미지와 같이 원점을 중심으로 가로 길이가 0.7mm, 세로 길이가 0.7mm인 정사각형 커브개체를 생성한다.

28 Front View를 기준으로 Move 기능을 실행한다. 이미지와 같이 원점을 기준으로 생성시킨 정사각형 커브개체를 선택해 위쪽 방향으로 9.5mm 이동시킨다.

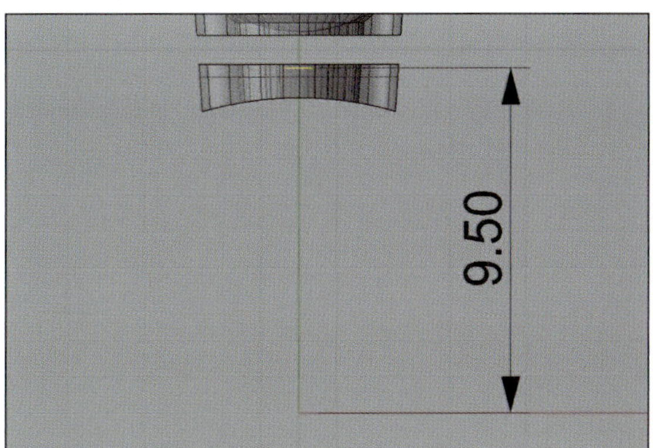

29 Extrude Closed Planar Curve 기능을 실행한다. 이동된 정사각형 커브개체를 선택한 다음 이미지와 같이 Solid개체를 생성한다. 이때, 명령표시줄에 있는 옵션기능 중 Distance 값을 4로 입력하고, 'Bothsides =No, DeleteInput=Yes'로 설정해준다.

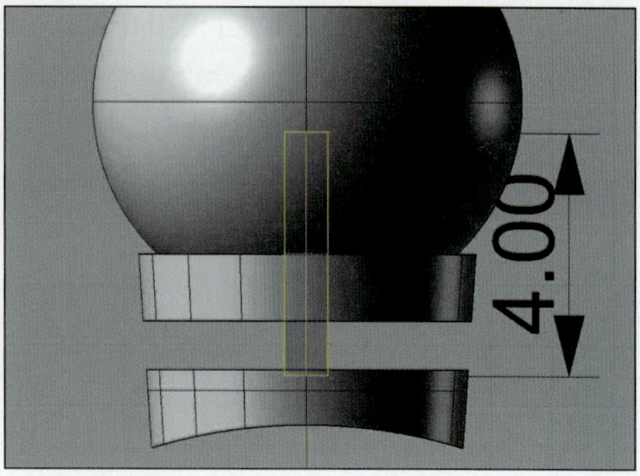

30 Front View를 기준으로 Twist 기능을 실행한다. 정사각형 Solid개체를 선택하고 이미지와 같이 'Start of twist axis' 지점을 1번 위치로 지정한다. 다음 'End of twist axis' 지점을 2번 위치로 지정한다. Top View에서 'Angle or Frist reference point' 값을 3번 수직방향으로 지정한다. 다음 시계방향으로 360도 한번 회전시킨다. 작업을 진행할 때 상태표시줄에 있는 Snap기능을 켜준다.

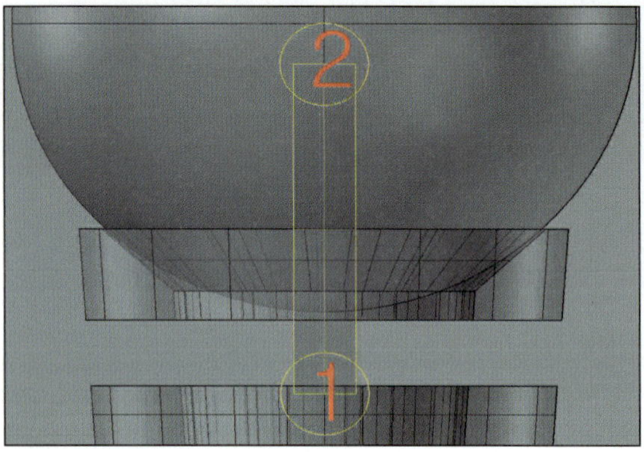

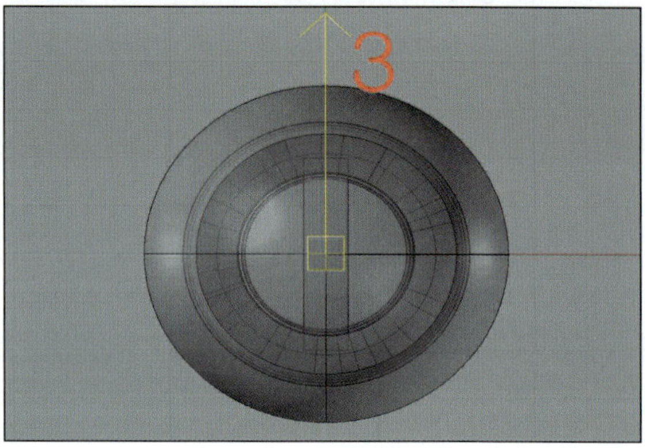

31 이미지와 같이 정사각형 Solid개체가 Twist 된 것을 확인할 수 있다. Twist된 개체는 진주 보석개체를 고정시켜주는 일종의 침 역할을 하는 것이다.

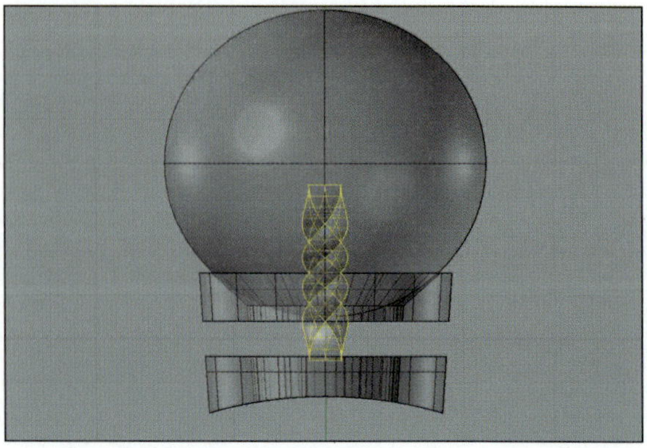

32 Ctrl+A키를 눌러 모든 개체를 선택하고 Hide Objects 기능을 실행하여 숨긴다. 다음 이미지와 같이 부록CD > 보석샘플 > 5. 금요일 > Gem-008 File을 Insert기능으로 삽입시킨다.

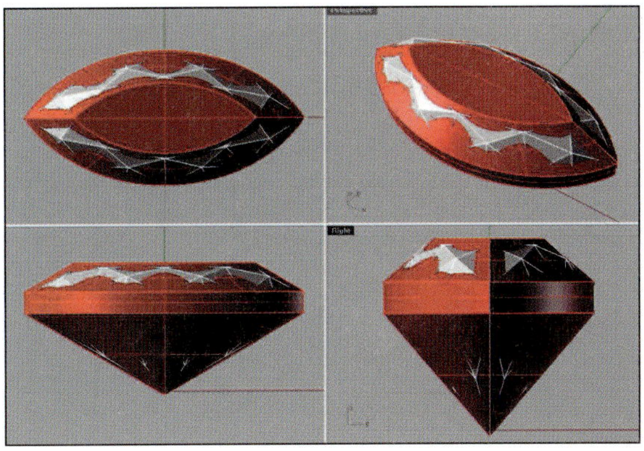

TIP ▸•▸ Insert 대화상자가 나타나면 파일을 경로를 통해 지정한 다음 'Insert as' 기능에서 'Individual Objects' 기능을 체크해준다.

33 Duplicate Edge 기능을 실행한다. 삽입시킨 빨간색 Layer 개체의 거들 아래 가장자리를 선택한다. 이미지와 같이 커브개체를 추출한 다음 Join 기능을 실행한다. 하나의 커브개체로 결합시킨다.

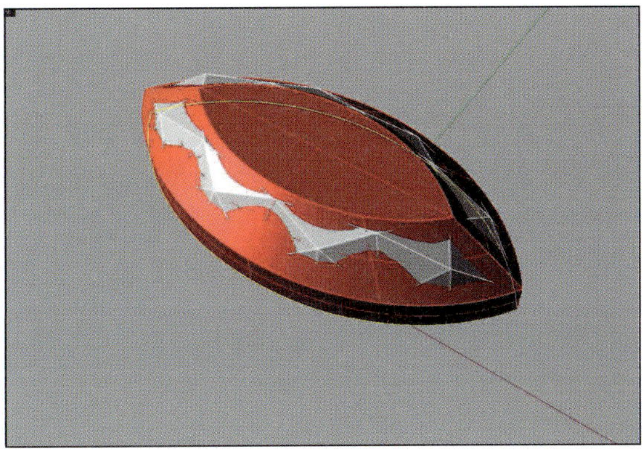

34 Invert Selection and Hide Objects 기능을 실행한다. 생성된 커브개체만 제외하고 나머지 개체는 Hide 시킨다.

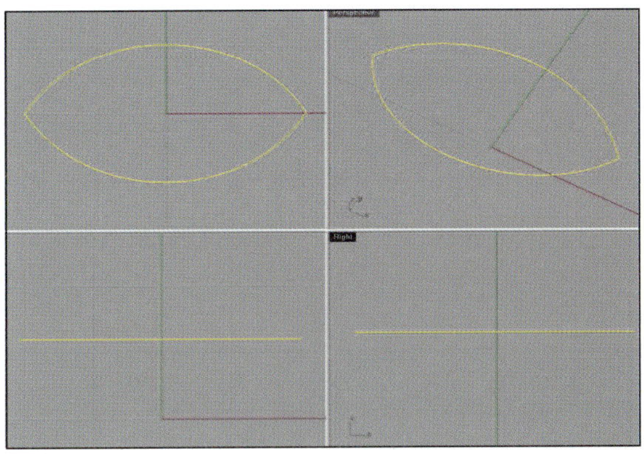

35 Offset Curve 기능을 실행한다. 생성된 커브개체를 선택한 다음 이미지와 같이 안쪽 방향으로 0.6mm Offset 시킨다.

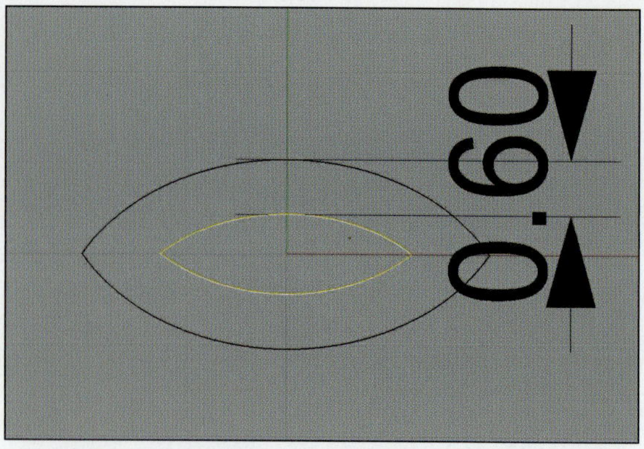

36 Offset curve 기능을 실행한다. 이미지와 같이 추출시킨 커브개체와 Offset시킨 1, 2번 커브개체들을 다시 안쪽방향으로 0.15mm 값으로 각각 Offset 시킨다.

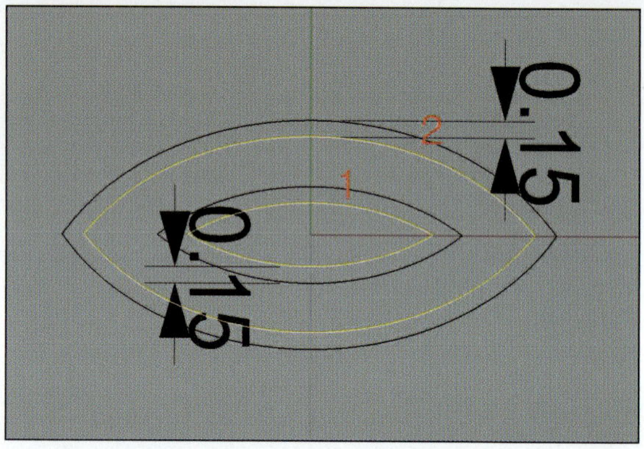

37 Move 기능을 실행한다. 생성된 2개의 커브를 선택한 다음 아래쪽 방향으로 1.5mm 이동 시킨다.

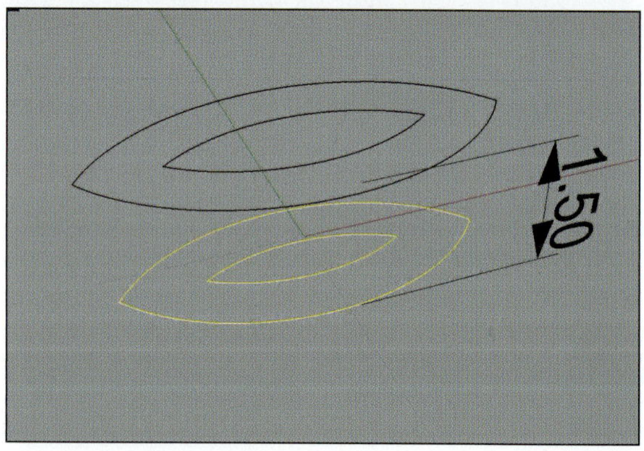

38 Surface from Planer Curves 기능을 실행한다. 이미지와 같이 1, 2번 커브개체들을 선택하여 면 개체를 생성한다. 다시 Enter키를 눌러 명령을 재실행하고 3, 4번 커브개체를 선택하여 면 개체를 생성한다.

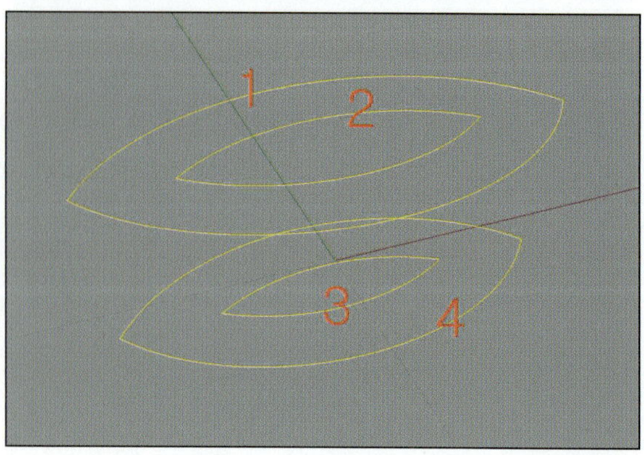

39 이미지와 같이 면 개체 2개가 생성된 것을 확인할 수 있다.

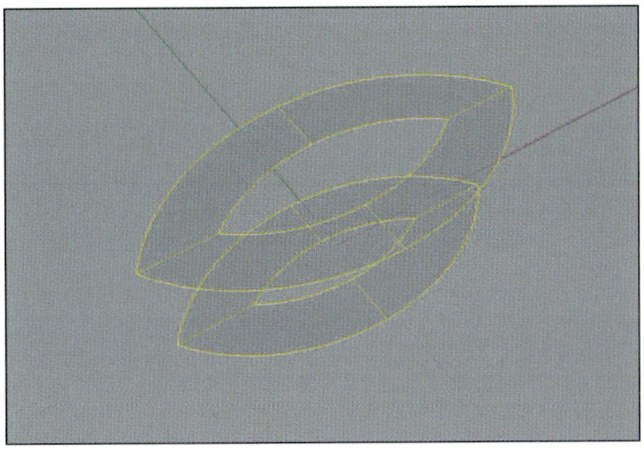

40 Loft 기능을 실행한다. 1번과 2번 커브개체 또는 가장자리를 선택해 이미지와 같이 면 개체를 생성한다.

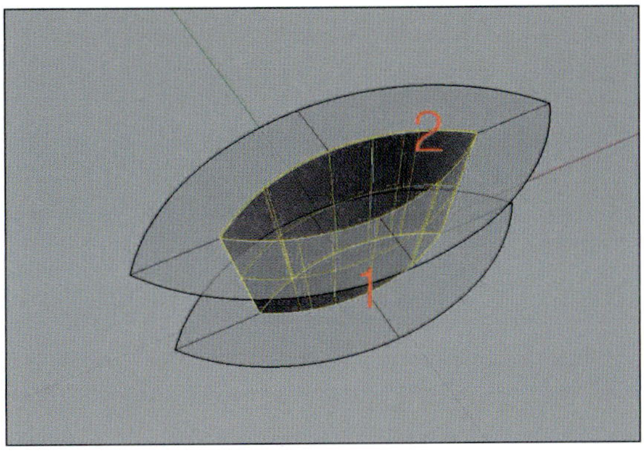

41 다시 Loft 기능을 실행한다. 다시 3번과 4번 커브개체 또는 가장자리를 선택해 이미지와 같이 면 개체를 생성한다.

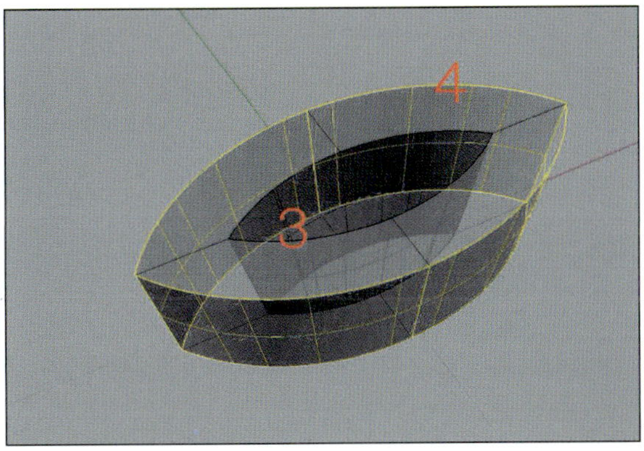

42 Ctrl+A키를 눌러 모든 개체를 선택한다. Join 기능을 실행하여 하나의 Solid개체로 생성시킨다. 이때, Select Curves 기능을 실행하여 화면상에 남아있는 커브개체들은 모두 삭제한다.

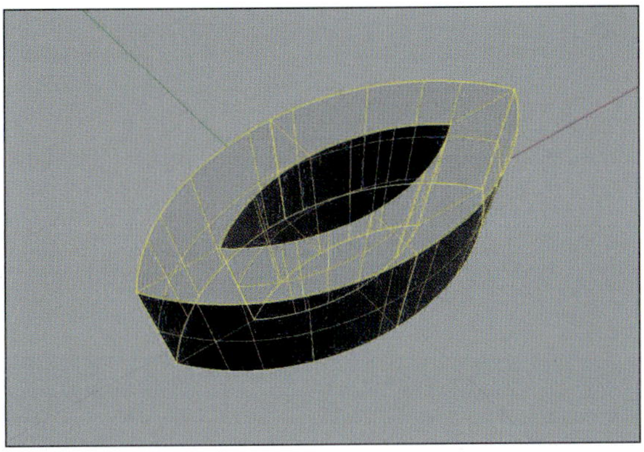

43 Show Objects 기능을 실행하여 이미지와 같이 Hide된 개체를 불러온다.

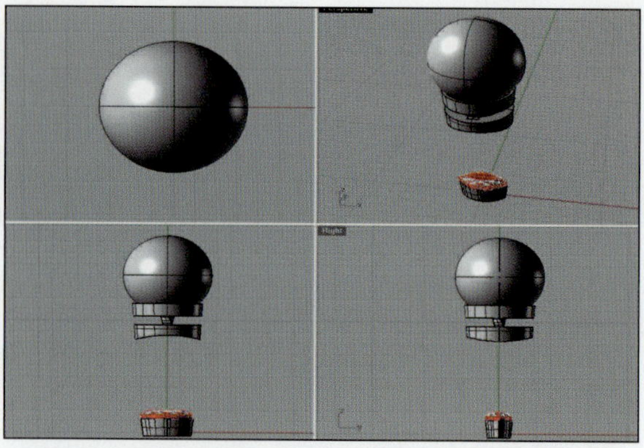

44 Invert Selection and Hide Objects 기능을 실행한다. 이미지와 같이 마퀴즈 보석 개체와 난집 개체를 제외한 나머지 개체는 모두 Hide 시킨다.

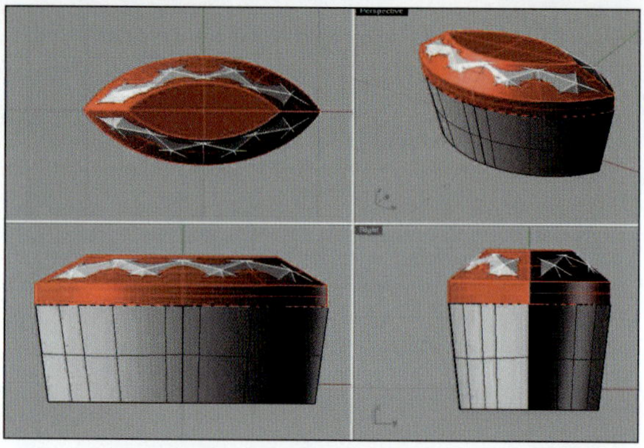

45 Move 기능을 실행한다. 난집 개체를 선택하고 이미지와 같이 아래쪽 방향으로 0.15mm 이동 시킨다.

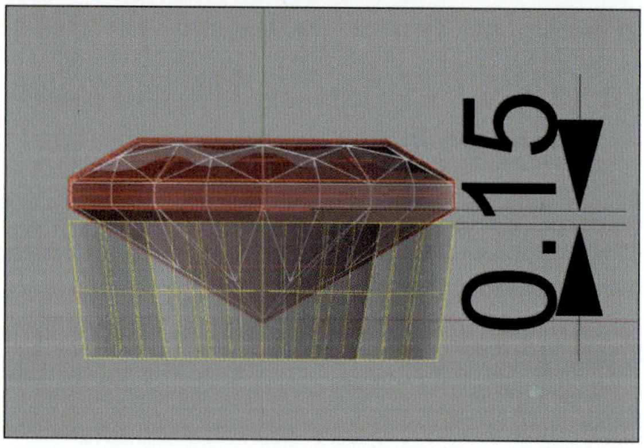

46 Front View를 기준으로 Rectangle: Center, Corner 기능을 실행한다. 가로 길이가 5mm, 세로 길이가 0.5mm인 직사각형 커브개체를 생성한다.

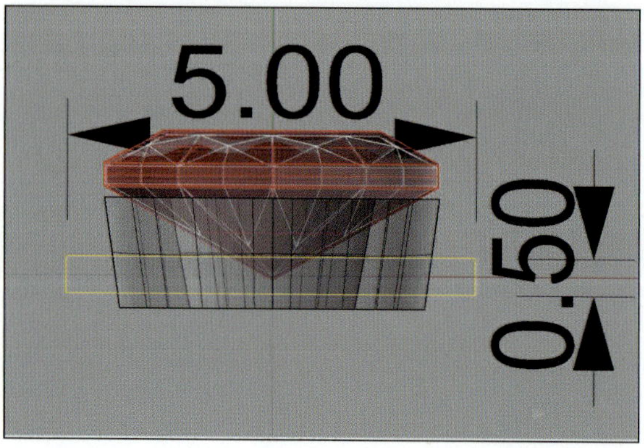

47 Extrude Closed Planar Curve 기능을 실행한다. 생성된 직사각형 커브개체를 선택한 다음 이미지와 같이 사각형 Solid개체를 생성한다. 이때, 명령표시줄에 있는 distance 값을 2로 입력하고, 'Bothsides=Yes, DeleteInput=Yes'로 설정해준다.

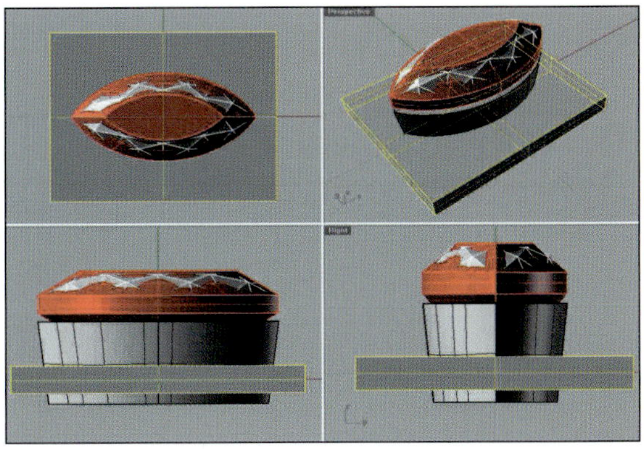

48 Move 기능을 실행한다. 생성된 사각형 Solid개체를 선택한 다음 이미지와 같이 위쪽 방향으로 0.31mm 이동시킨다.

49 Boolean Difference 기능을 실행한다. 1번 난집 개체를 선택한 다음 Enter키를 누른다. 다음 2번 사각형 Solid개체를 선택하고 Enter키를 누른다.

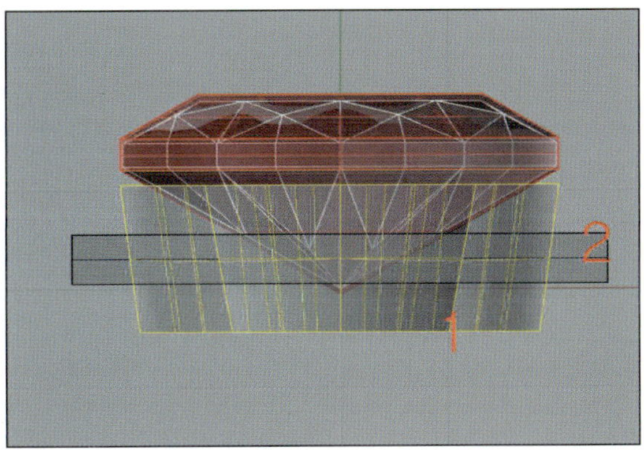

50 이미지와 같이 난집 개체에서 사각형 Solid 개체 크기만큼 잘려나간 것을 확인할 수 있다.

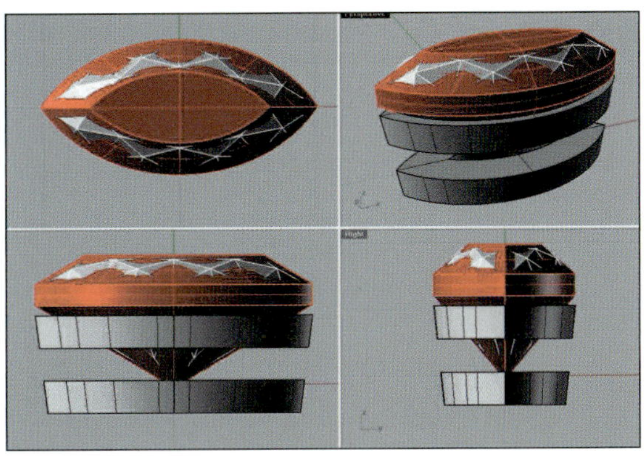

51 Line 기능을 실행한다. 이미지와 같이 원점을 기준으로 위쪽 방향으로 2.5mm 직선 커브 개체를 생성한다.

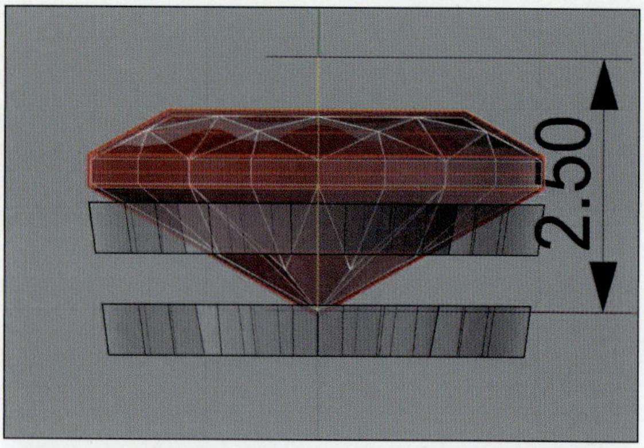

52 Pipe, Round Caps 기능을 실행한다. 생성된 직선커브 개체를 선택해 지름 값이 1mm인 파이프 개체를 생성한다.

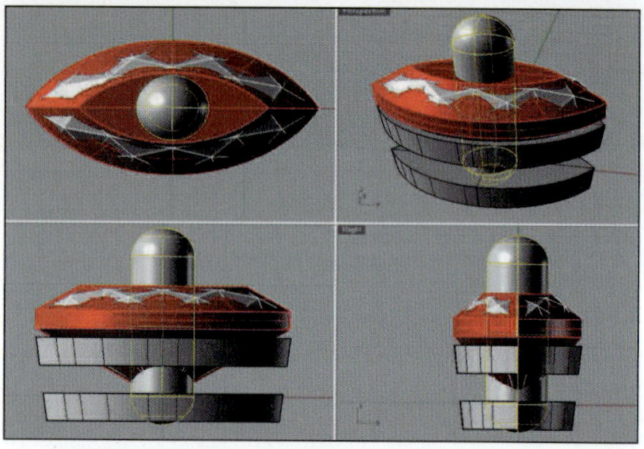

53 Top View를 기준으로 Move 기능을 실행한다. 마퀴즈 보석개체와 난집 개체를 선택해 이미지와 같이 원점을 기준으로 보석개체와 난집 개체 중심까지 왼쪽 방향으로 2.15mm 이동시킨다.

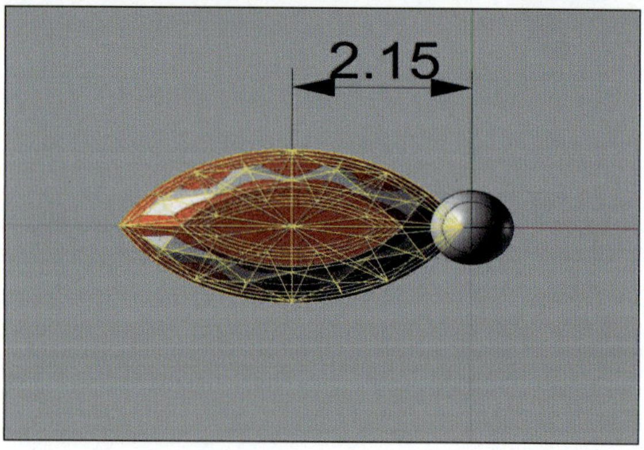

54 Extract Surface 기능을 실행한다. 이미지와 같이 파이프 아래쪽 면 개체를 선택하여 추출시킨다. 추출시킨 면 개체는 삭제한다.

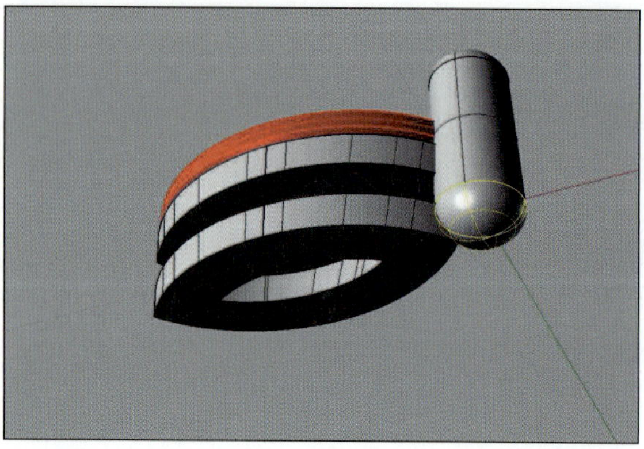

55 Cap Planar Holes 기능을 실행한다. 파이프 개체를 선택하고 이미지와 같이 열린 가장자리 부분에 면 개체를 생성시킨다.

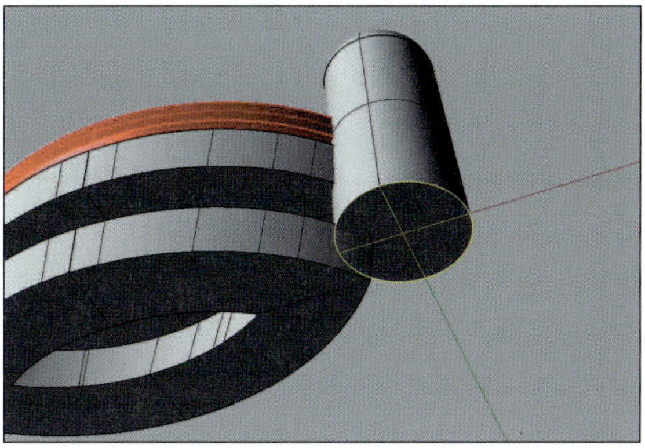

56 Move 기능을 실행한다. 이미지와 같이 난발(파이프)개체를 선택하고, 원점을 기준으로 아래쪽 방향으로 0.44mm 이동시킨다.

57 Front View를 기준으로 Rotate 2-D 기능을 실행한다. 이미지와 같은 방향으로 마퀴즈 보석과 난집 개체를 5도 회전시킨다.

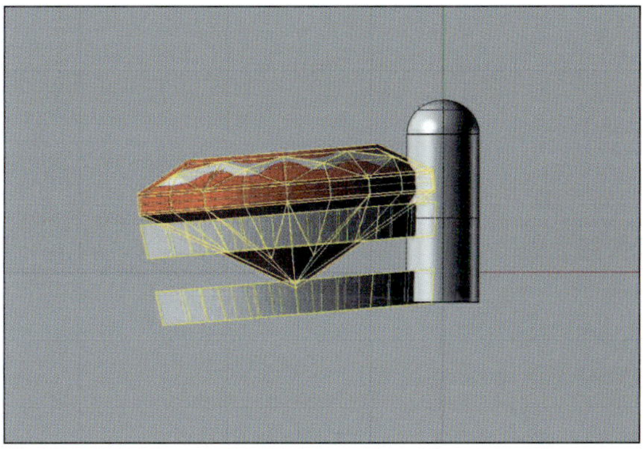

58 Front View에서 Control Point Curve 기능을 실행한다. 이미지와 같은 형태의 곡선 커브개체를 생성한다. 이미지와 같이 마퀴즈 보석개체 왼쪽 거들과 곡선 커브개체 간격이 0.15~0.16mm 정도 이격시켜 생성한다.

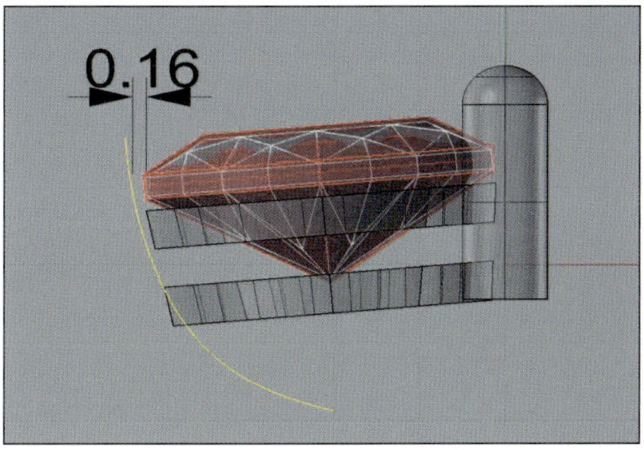

59 생성된 곡선 커브개체를 선택한 다음 Pipe, Round Caps 기능을 실행한다. 이미지와 같이 지름 값이 0.8mm인 파이프 난발개체를 생성한다.

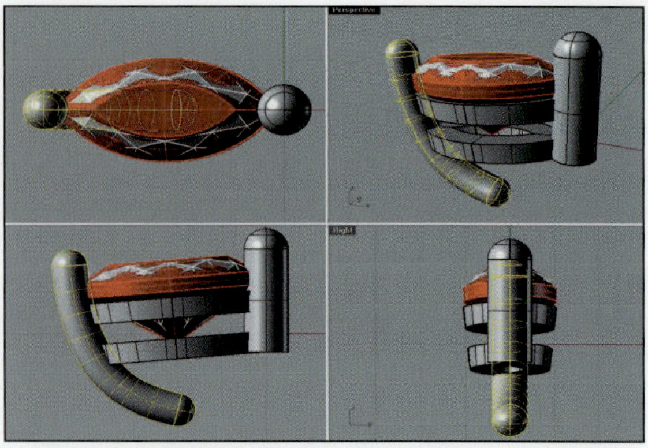

60 이미지와 같이 마퀴즈 보석개체, 난집과 난발개체를 동시에 선택한다. Polar Array 기능을 실행하여 4개를 원형 복사한다.

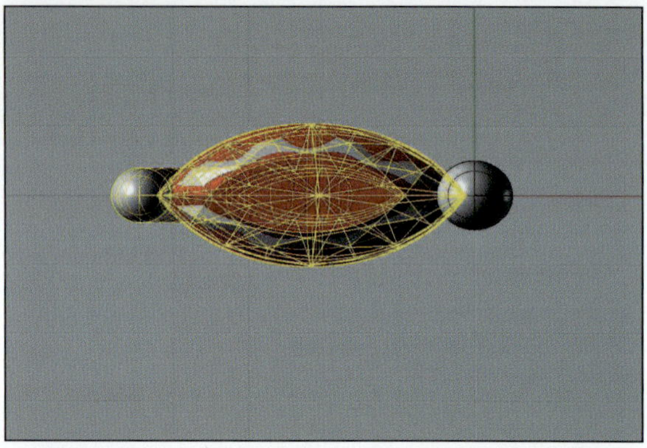

61 이미지와 같이 마퀴즈 보석개체, 난집과 난발개체들이 4개 원형 복사된 것을 확인 할 수 있다.

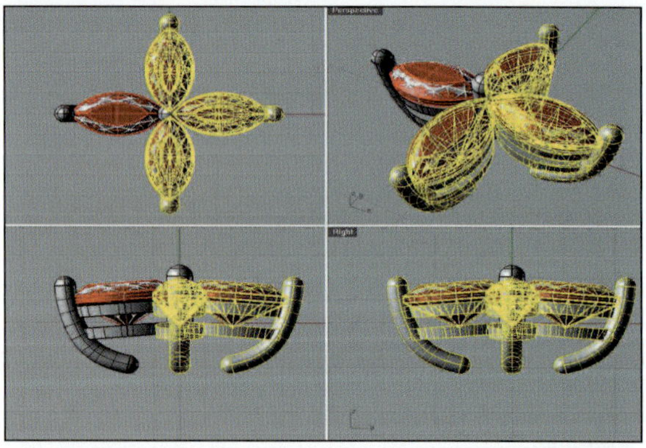

62 Ctrl+A 키를 눌러 모든 개체를 선택하고 Rotate 2-D 기능을 실행한다. 선택된 개체를 이미지와 같이 45도 회전 시켜준다

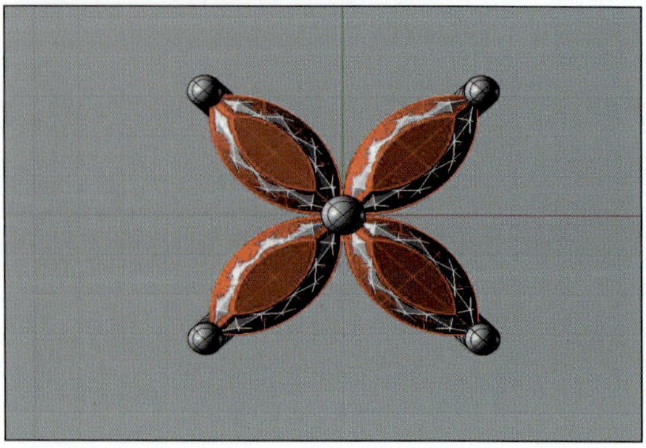

63 Front View를 기준으로 Move 기능을 실행한다. 다시 Ctrl+A 키를 눌러 모든 개체를 선택하고 이미지와 같이 원점을 기준으로 위쪽 방향으로 11mm 이동시킨다.

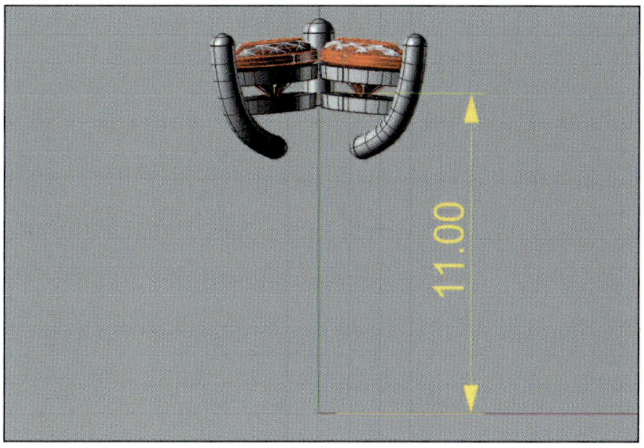

64 Default Layer(검정색) 개체들 즉, 난발과 난집 개체만 선택해 Group 기능을 실행한다. 이미지와 같이 Group으로 설정시켜 동시에 선택이 되게 한다.

65 다시 빨간색 Layer 개체들만 선택하여 Group 기능을 실행한다. 이미지와 같이 Group으로 설정시켜 동시에 선택이 되게 한다.

66 Boolean Difference 기능을 실행한다. 1번 검정색 Default Layer 개체들을 선택하고 Enter키를 누른다. 다음 2번 빨간색 Layer 개체들을 선택하고 Enter키를 누른다.

67 이미지와 같이 보석개체를 물릴 수 있게 난집, 난발개체에 파인 부분이 생성된 것을 확인할 수 있다.

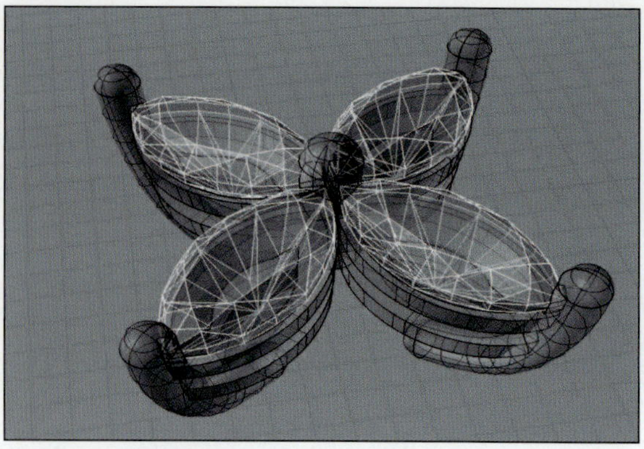

68 Ctrl+A 키를 눌러 모든 개체를 선택하고 Rotate 2-D 기능을 실행한다. 이미지와 같이 원점을 기준점으로 선택된 개체들을 -25도 값으로 회전시켜 준다.

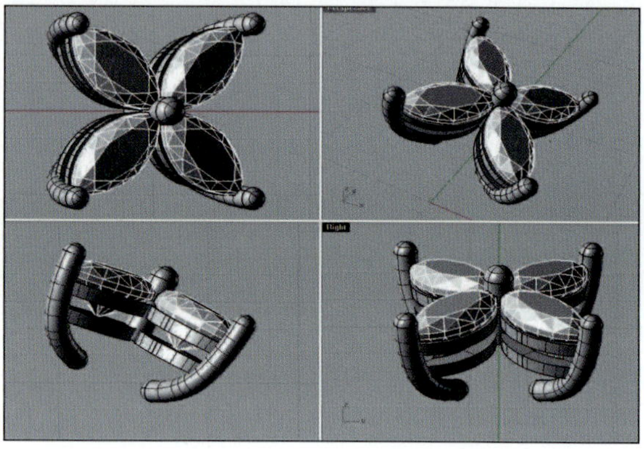

69 Show Objects 기능을 실행하여 구 Solid 개체와 난집 개체를 불러온다.

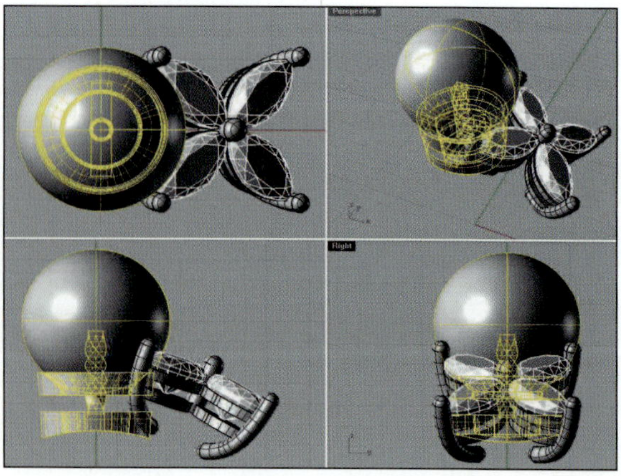

70 Mirror 기능을 실행한다. 마퀴즈 형태 난집개체와 보석개체를 선택하고 이미지와 같이 수직방향을 기준으로 대칭 복사 한다.

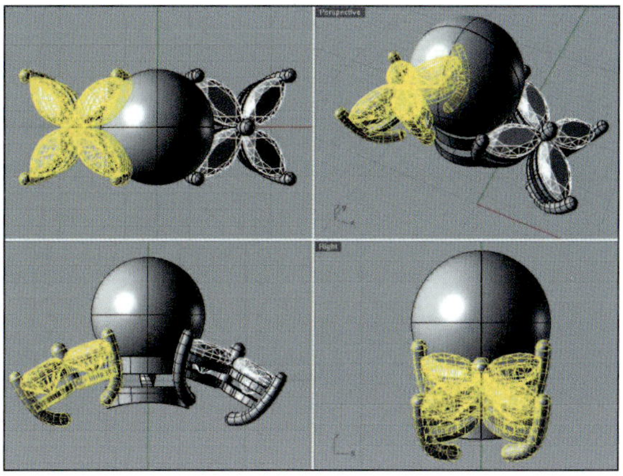

71 Front View를 기준으로 Circle:Center, Radius 기능을 실행한다. 원점을 기준으로 내경 17.37mm(15호), 외경이 19.38mm인 원형커브 2개를 생성한다.

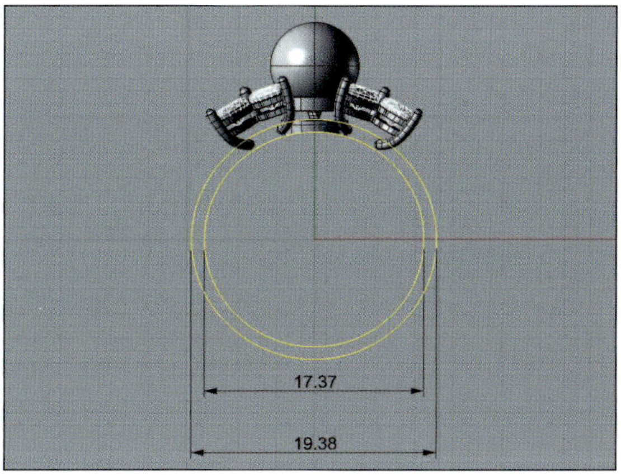

72 Invert Selection and Hide Objects 기능을 실행한다. 이미지와 같이 원형커브 개체들을 제외한 나머지는 개체들은 모두 Hide 시킨다.

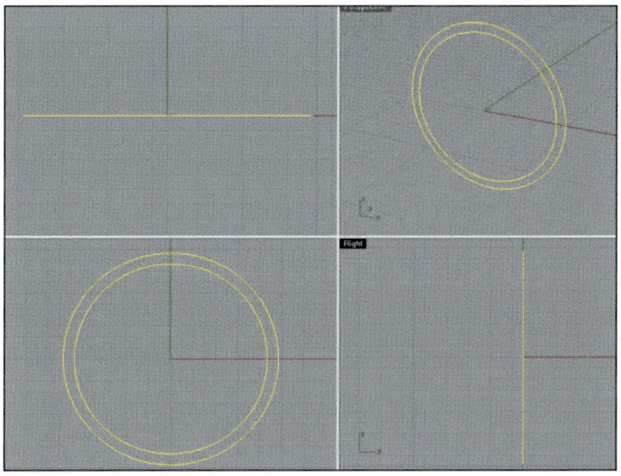

73 Front View를 기준으로 Move 기능을 실행한다. 지름 값이 19.38mm인 원형커브 개체를 선택하고 이미지와 같이 위쪽 방향으로 0.15mm 이동 시킨다.

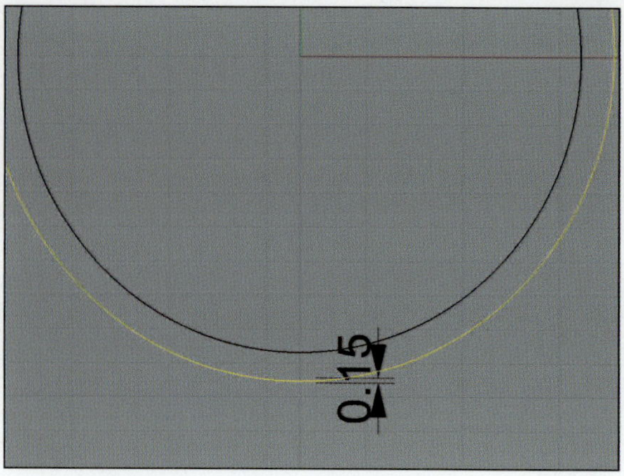

74 Front View에서 이동시킨 19.38mm인 원형커브 선택하고 Scale 1-D 기능을 실행한다. 아래 Quad점을 기준으로 지름이 19.38mm인 원형커브를 수직방향으로 늘려준다. 이때 명령을 실행하고 명령표시줄에 '20.57/19.38' 를 입력하고 Enter키를 누른다.

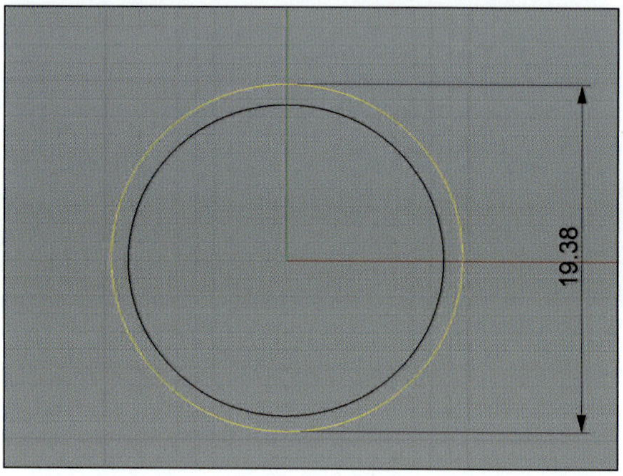

75 이미지와 같이 원형커브 개체가 19.38mm에서 20.57mm로 늘어난 것을 확인할 수 있다.

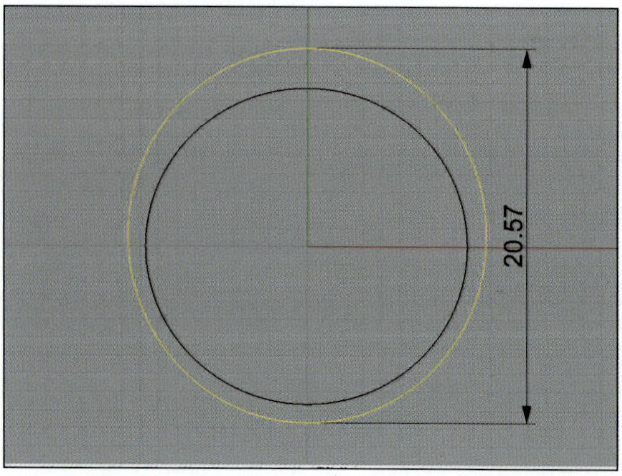

76 Right View에서 Line: from Midpoint 명령을 실행한다. 바깥쪽 원형커브 개체 Quad점을 기준으로 이미지와 같이 위쪽 2.9mm, 아래쪽 3.95mm인 직선커브 개체를 생성한다.

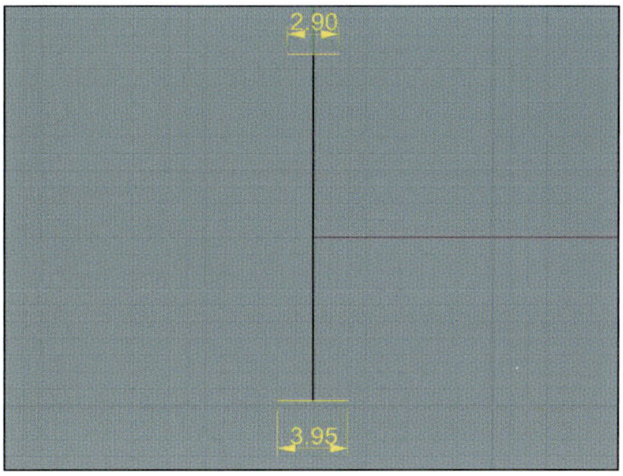

77 Right View에서 Line 기능을 실행한다. 이미지와 같이 수평 직선커브 개체들의 End와 End점을 연결하는 직선커브 개체를 생성한다.

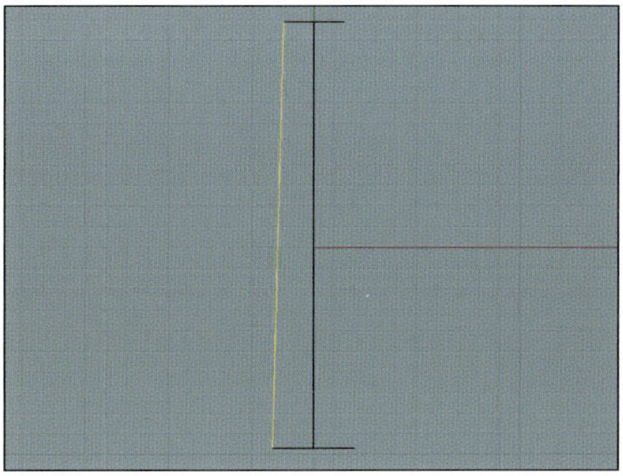

78 Perspective View를 기준으로 Curve from 2views 기능을 실행한다. 1번 직선커브 개체를 선택하고, 2번 원형커브 개체를 선택한다. 다시 Enter키를 눌러 명령을 재실행한 후 1번 직선커브 개체를 선택한 다음 3번 원형커브 개체를 선택한다.

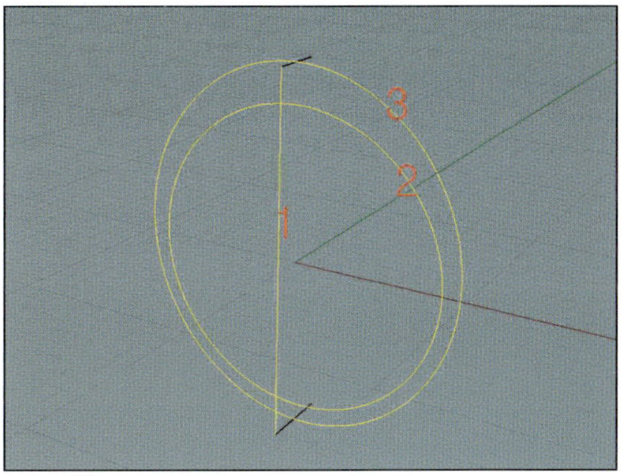

79 이미지와 같이 원형커브 개체들이 직선커브 개체 기울기에 맞춰 생성된 것을 확인할 수 있다.

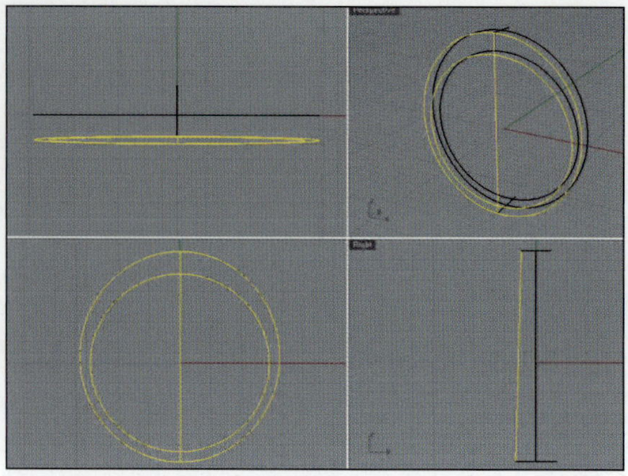

80 이미지와 같이 Curve from 2views 기능을 실행해 생성시킨 원형커브 개체 2개만 남겨 놓고 나머지는 커브들은 모두 삭제한다.

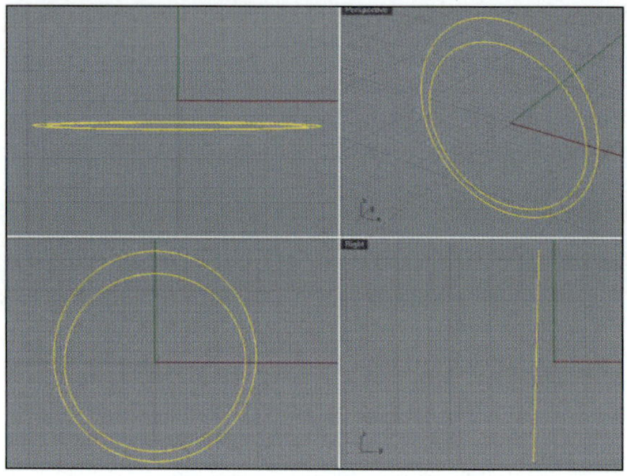

81 Right View를 기준으로 Mirror 기능을 실행한다. 남은 원형커브 개체 2개를 선택한다. 원점을 기준점으로 수직 방향으로 대칭 복사 한다.

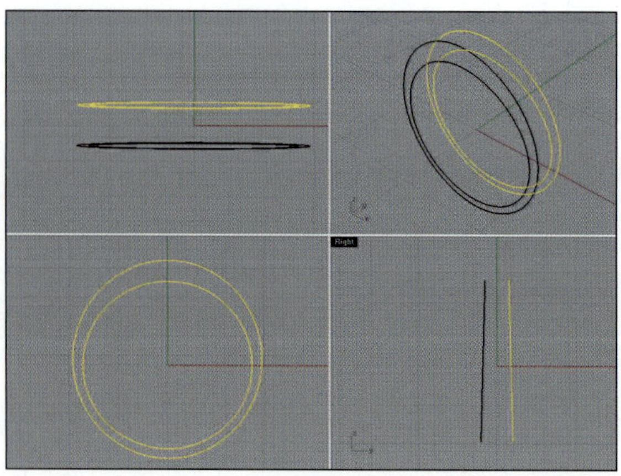

82 Right View에서 Arc:Start, End, Point on Arc 기능을 실행한다. 이미지와 같이 상부 높이가 0.8mm, 하부 높이가 0.7mm인 호 개체를 생성한다.

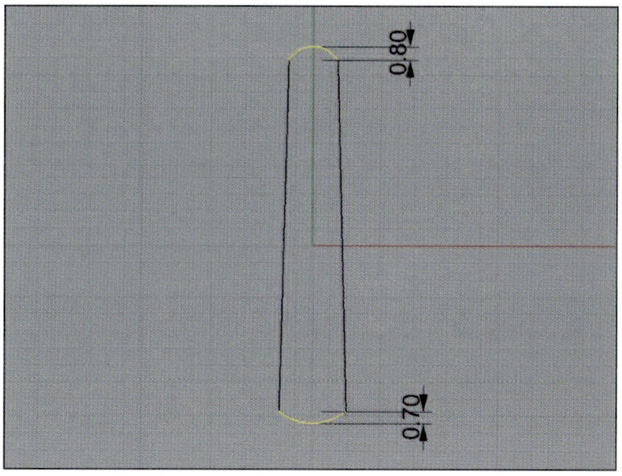

83 Perspective View에서 Sweep 2 Rails 기능을 실행한다. 이미지와 같은 순서대로 선택해 면 개체를 생성한다. 이때 명령을 실행 중에 나타나는 Sweep 2 Rail Options 대화상자가 나타나면 옵션 설정은 이미지와 같이 설정한다.

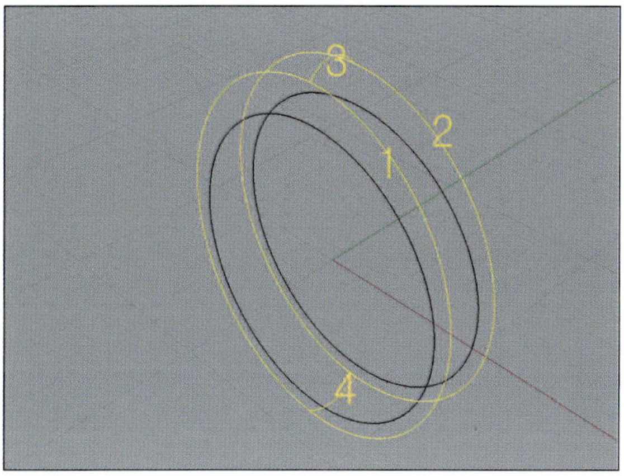

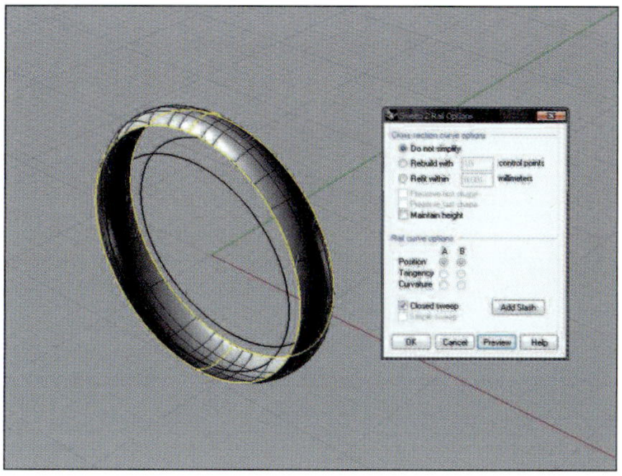

84 이미지와 같이 면 개체가 생성된 것을 확인할 수 있다.

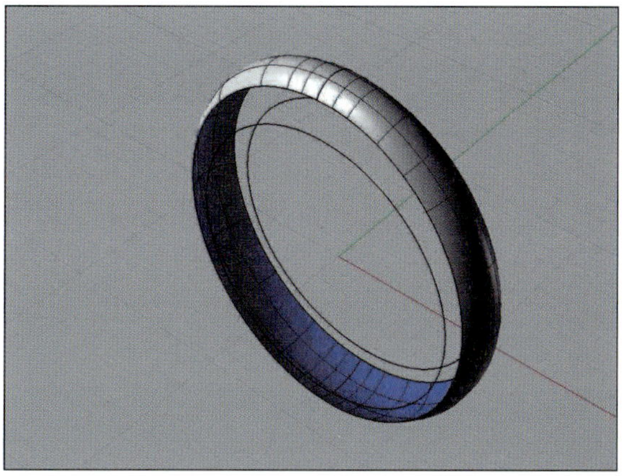

85 Surface from Planer Curves 기능을 실행한다. 이미지와 같이 커브개체들을 선택하여 반지 옆면 역할을 하는 면 개체를 생성한다.

86 이미지와 같이 옆면 역할을 하는 면 개체가 생성된 것을 확인할 수 있다.

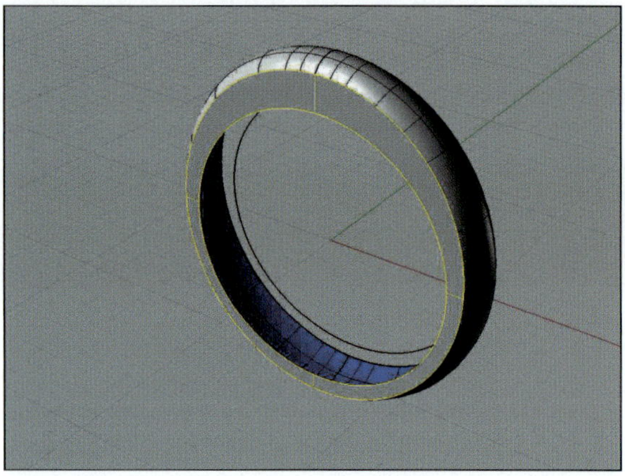

87 Surface from Planer Curves 기능을 다시 실행한다. 반대쪽 방향에도 면 개체를 생성시킨다.

88 Loft 기능을 실행한다. 1번과 2번 원형커브 개체 또는 가장자리를 선택한다. 명령을 진행할 때 나타나는 Loft Options 대화상자에서 옵션기능 설정은 이미지와 같이 설정해준다.

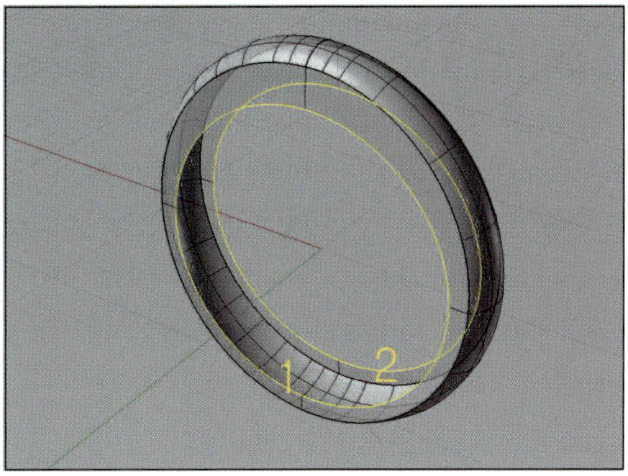

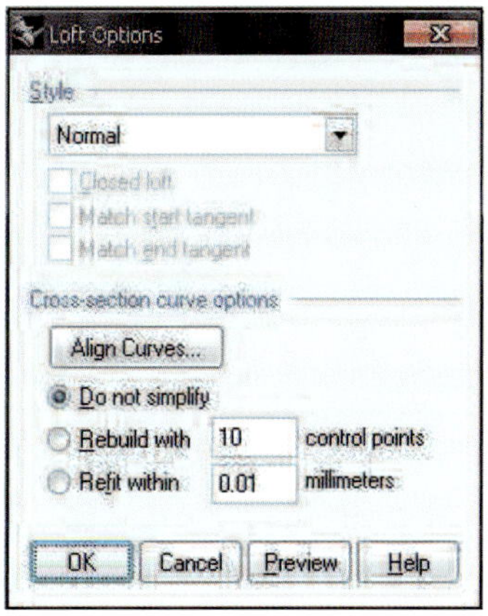

89 이미지와 같이 면 개체가 생성된 것을 확인할 수 있다.

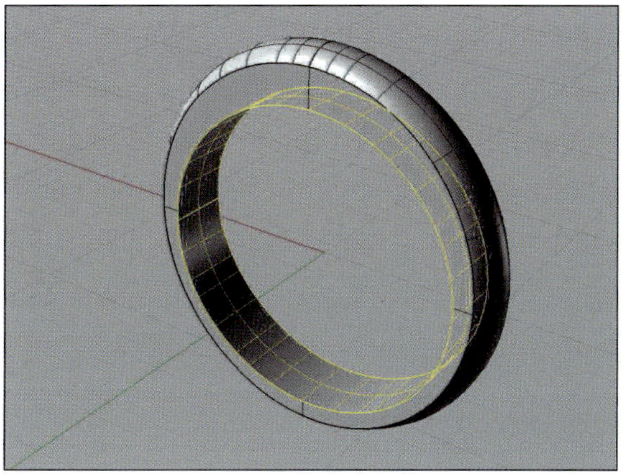

90 Join 기능을 실행하여 하나의 Solid개체로 생성한다. 다음 Select Curves 기능을 실행하여 화면상에 남아있는 커브개체들은 모두 삭제한다.

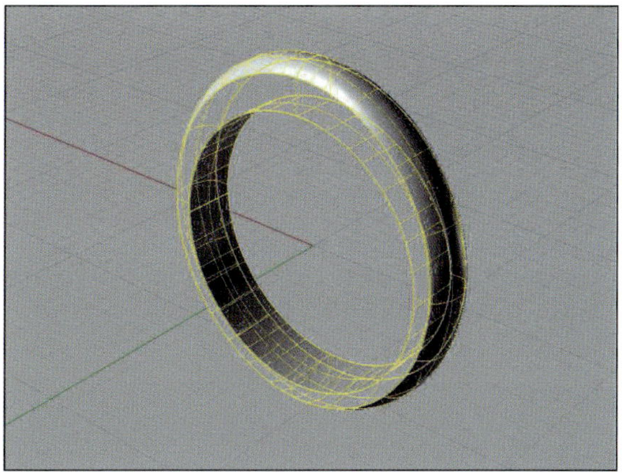

91 Show Objects 기능을 실행한다. 이미지와 같이 Hide된 개체를 불러온다.

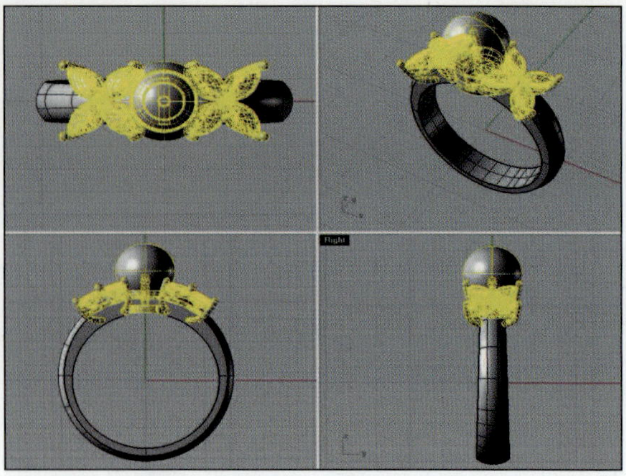

92 Front View를 기준으로 Circle:Center, Radius 기능을 실행한다. 원점을 기준으로 지름 값이 19mm, 25mm인 원형커브 개체 2개를 생성한다.

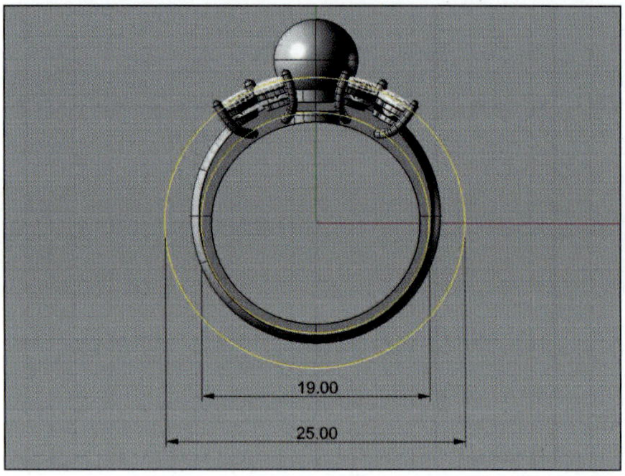

93 Front View에서 Line 기능을 실행한다. 이미지와 같이 원점에서 시작하는 20mm 직선커브 개체를 생성한다.

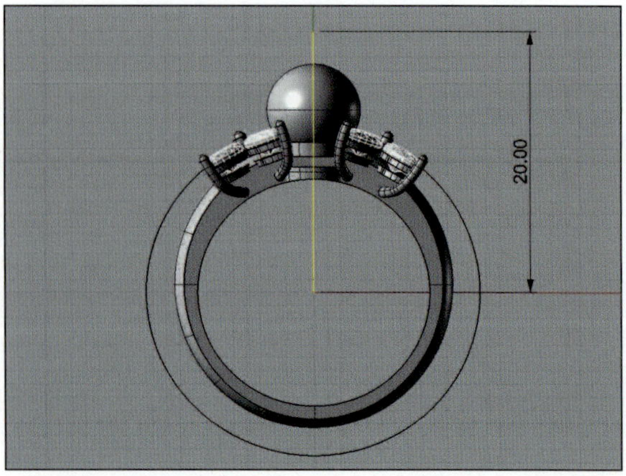

94 생성된 직선커브 개체를 선택한 다음 Rotate 2-D 기능을 실행한다. 이미지와 같이 35도 값으로 회전시켜준다.

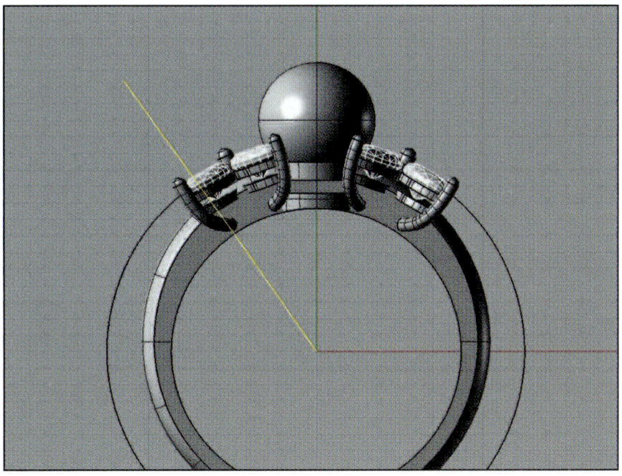

95 회전시킨 직선커브 개체를 선택한 다음 Mirror 기능을 실행한다. 이미지와 같이 수직방향으로 대칭 복사 한다.

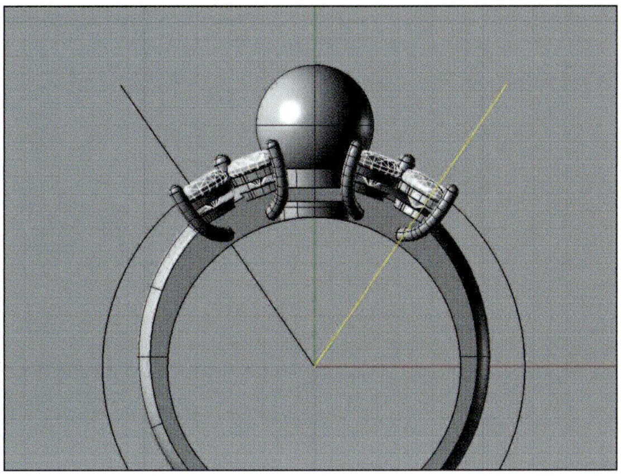

96 Invert Selection and Hide Objects 기능을 실행한다. 이미지와 같이 커브개체들만 남겨놓고 나머지 개체들은 Hide 시킨다.

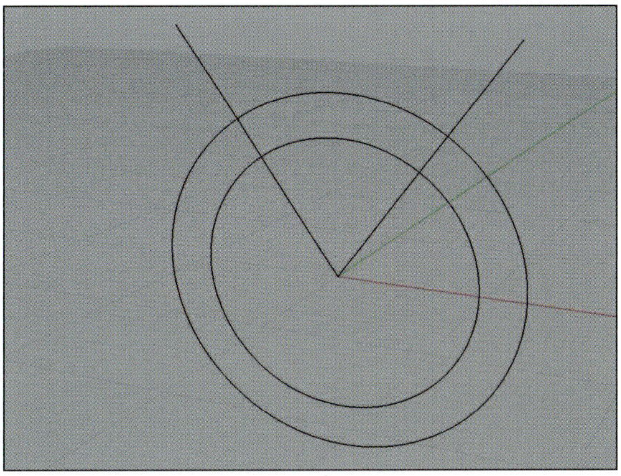

97 Trim 기능 실행한다. 남겨놓은 커브개체들은 이용하여 이미지와 같이 Trim 시킨다. Join 기능을 실행하여 커브개체들을 결합시킨다.

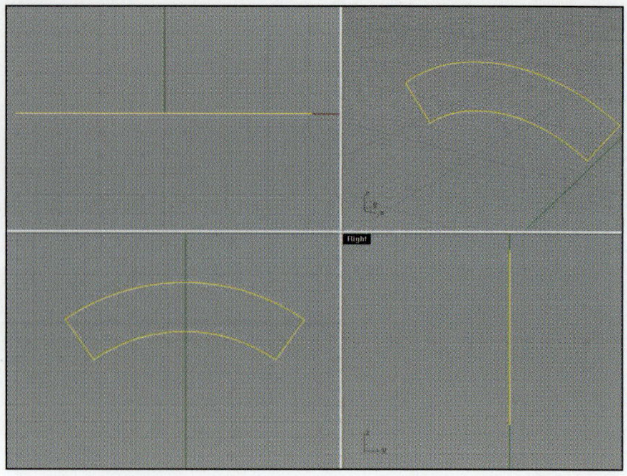

98 Trim 된 커브개체를 선택한 다음 Extrude Closed Planar Curve 기능을 실행한다. 이미지와 같이 Solid개체를 생성한다. 이때, 명령 표시줄에 distance 값을 3으로 입력하고, 'Bothsides=Yes, DeleteInput=Yes'로 설정해준다.

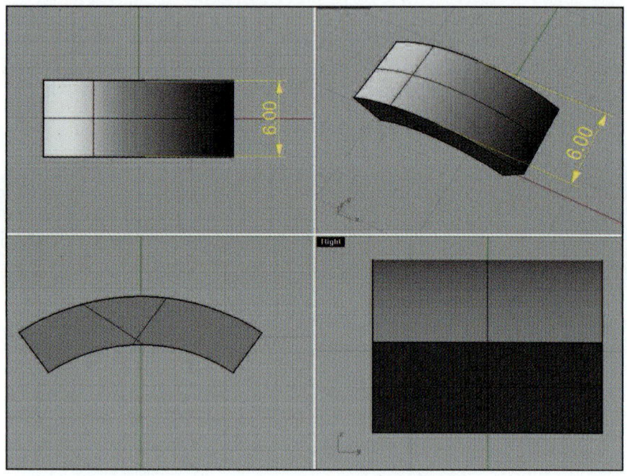

99 Top View를 기준으로 Rectangle:Center, Corner 기능을 실행한다. 가로 길이가 11mm, 세로 길이가 1.5mm인 직사각형 커브개체를 생성한다.

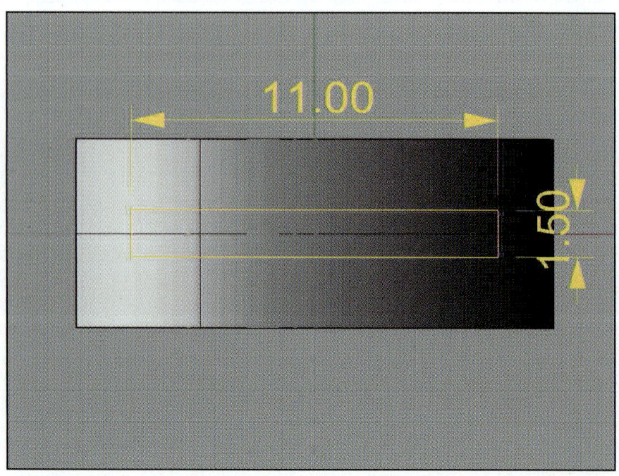

100 Extrude Closed Planar Curve 기능을 실행한다. 생성된 직사각형 커브개체를 선택한 다음 이미지와 같이 Solid개체로 생성시킨다. 이때, 명령표시줄에 있는 옵션기능 중 distance 값을 13으로 입력하고, 'Bothsides =No, DeleteInput=Yes'로 설정해준다.

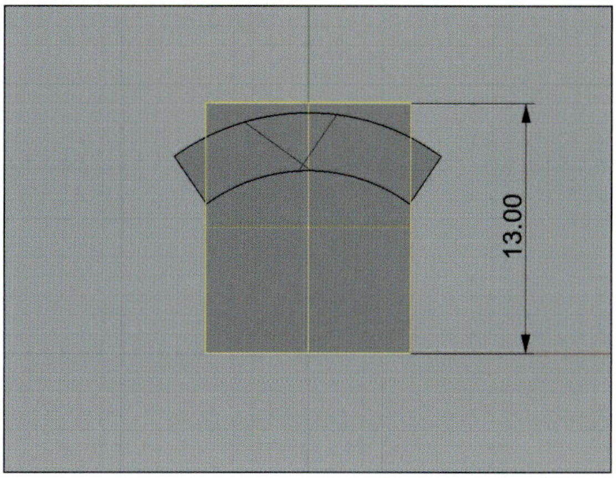

101 Show Objects 기능을 실행한다. 이미지와 같이 Hide된 개체를 모두 불러온다.

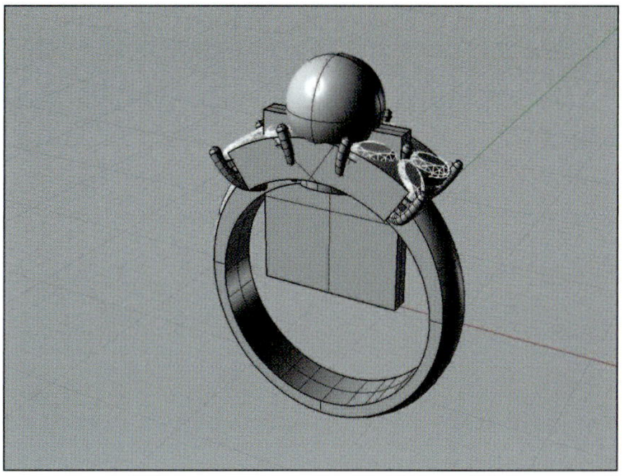

102 Boolean Difference 기능을 실행한다. 이미지와 같이 반지몸통 개체를 선택한 다음 Enter키를 누른다. 다음 구 Solid개체 난집 개체에서 가장 하단에 있는 개체를 선택하고 Enter키를 누른다.

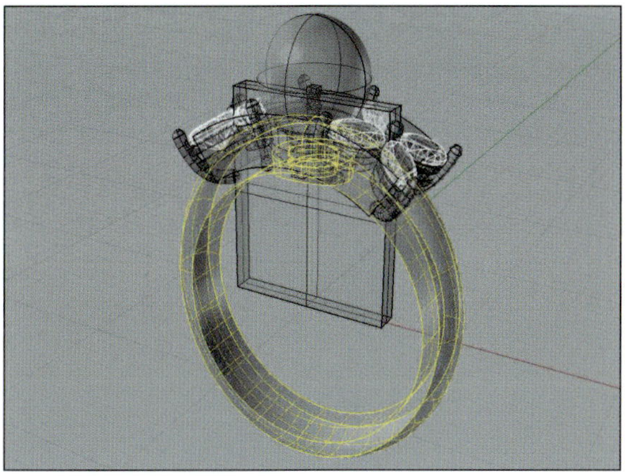

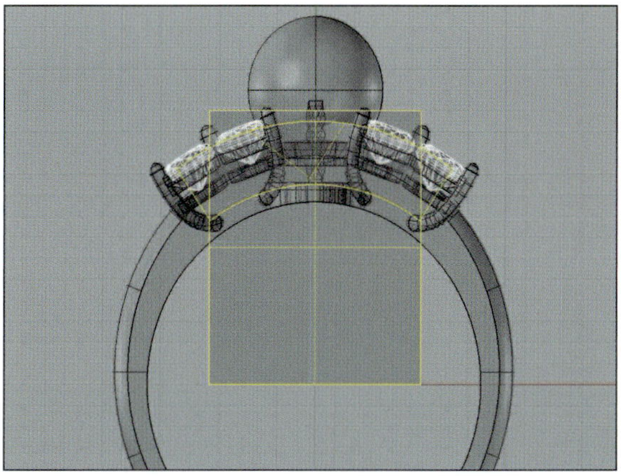

103 이미지와 같이 반지몸통 안쪽 부분이 잘려 나간 것을 확인할 수 있다.

104 Variable Radius Fillet 기능을 실행한다. 이미지와 같이 반지몸통 안쪽에 있는 가장자리를 선택해 0.5mm Fillet시킨다.

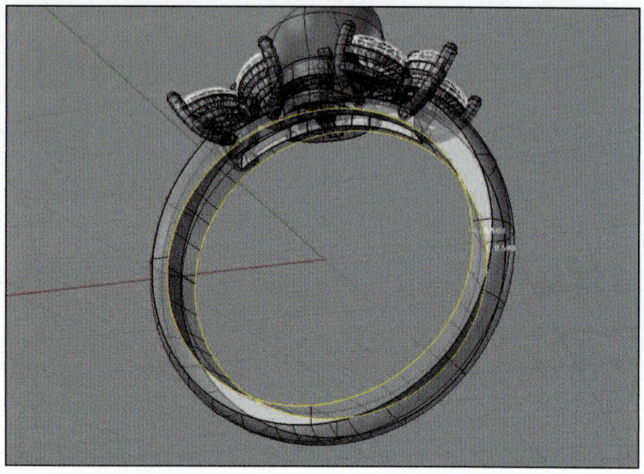

105 이미지와 같이 완성된 반지개체를 4면도로 확인할 수 있다.

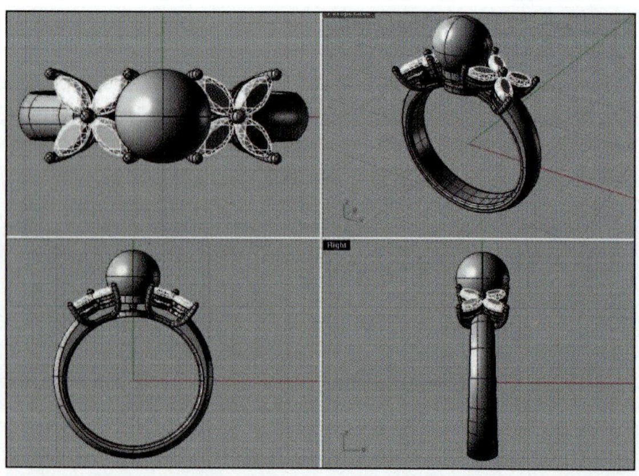

2. 예제 렌더링 따라하기

금요일 "이번 발렌타인 데이 선물은 반지로 해야지!" 렌더링 과정에서는 목요일 과정에 이어 V-Ray 렌더링 프로그램 기능을 알아보도록 한다. 금요일 과정에서는 V-Ray 프로그램으로 기존 이미지를 가지고 Bump Map기능과 Displacement Map 기능을 효율적으로 사용하는 과정을 소개한다.

부록CD > 예제파일 > 5.금요일 > Friday-Rendering

01 Import 기능 또는 Open 기능을 실행하여 'Friday-Rendering' 파일을 불러온다. 다음 이미지와 같이 금요일차 모델링 개체들이 바닥 개체와 구도가 설정된 상태로 불러와지는 것을 확인할 수 있다. 이 파일에서는 V-Ray 기본 옵션 환경설정이 되어 있다. 그러므로 작업자는 기본 환경설정 작업을 넘어가고 개체에 재질 설정하는 작업을 진행할 수 있도록 한다.

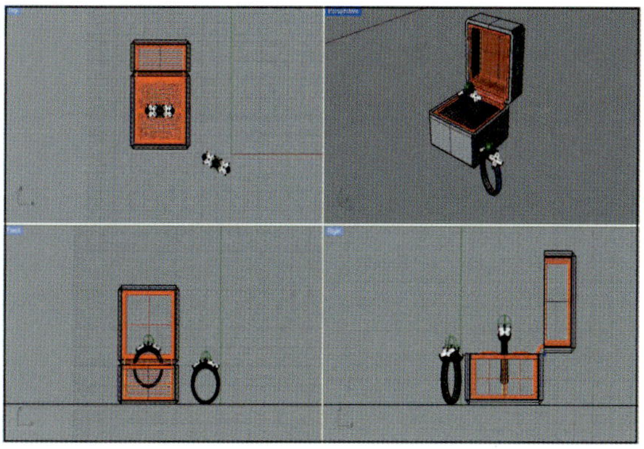

02 Rhino 프로그램에서 Perspective View를 활성화 시킨 다음 이미지와 같이 마우스 왼쪽 버튼을 눌러 'Render' 기능을 실행한다.

03 다음 이미지와 같이 Perspective View가 렌더링 된 것을 확인할 수 있다. 작업자는 이 과정을 통해 기본 환경 설정작업이 진행된 것을 확인할 수 있다.

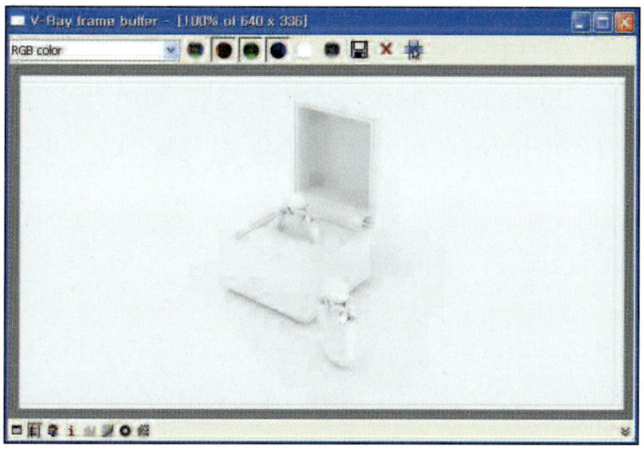

04 'V-Ray for Rhino' Toolbox에서 다음 이미지와 같이 마우스 왼쪽 버튼으로 'V-Ray Material Editor' 기능을 클릭한다.

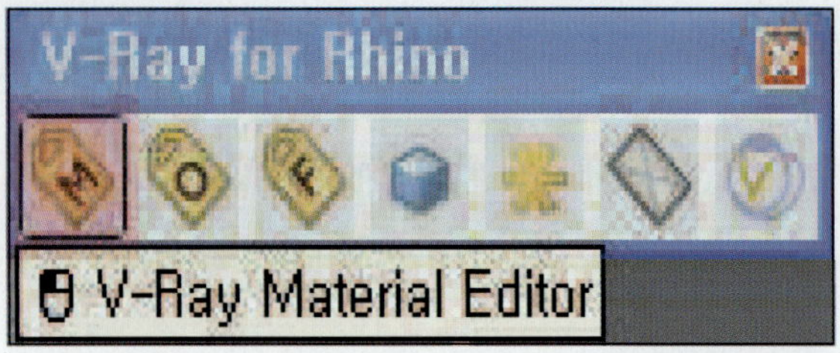

05 다음 이미지와 같이 'Material Editor' 대화상자가 나타나는 것을 확인할 수 있다.

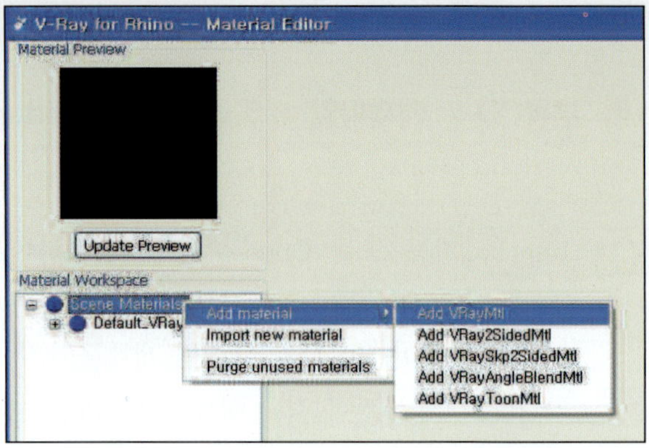

06 다음 이미지와 같이 마우스 왼쪽 버튼으로 'Scene Materials 〉 Add material 〉 Add VRayMtl' 경로에 맞춰 클릭한다.

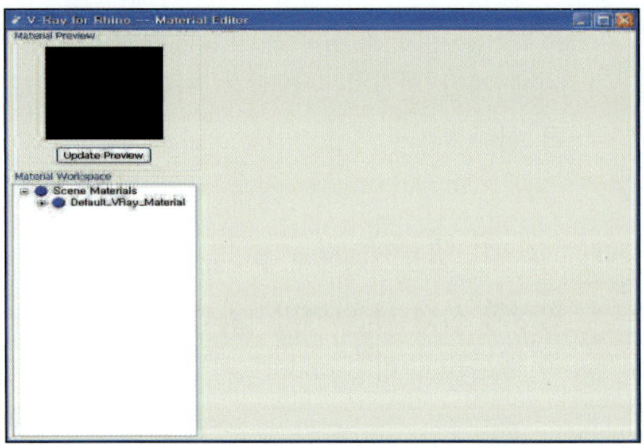

07 재질 Layer가 추가되는 것을 확인할 수 있다. 추가된 Layer에 마우스 우측 버튼을 눌러 'Rename' 기능을 선택한 다음 이미지와 같이 'Plane' 이라고 이름을 설정해준다.

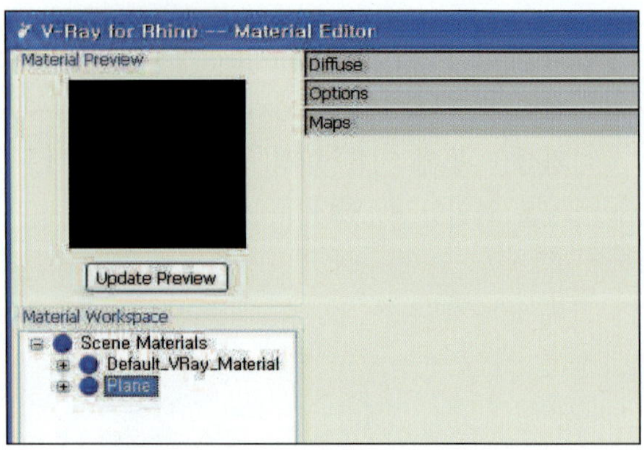

08 다음 이미지와 같이 'Reflection Layers 〉 Add new layer' 기능을 설정해준다. 'Reflection(반사)' 재질을 설정할 수 있는 Layer가 추가된다.

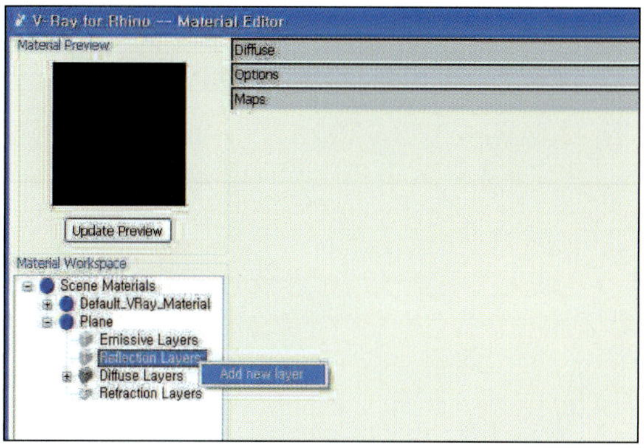

09 다음 이미지와 같이 'Highlight Glossiness' 값과 'Reflection Glossiness' 값을 각각 '0.9'로 입력한다.

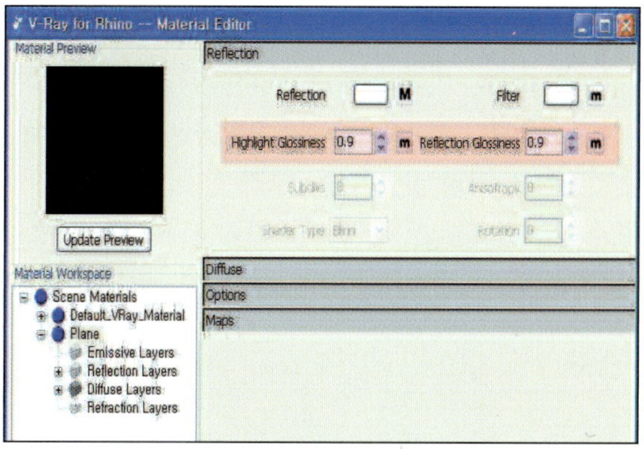

10 다음 이미지와 같이 Diffuse Layer기능에서 'Color' 기능 'm' 버튼을 클릭한다.

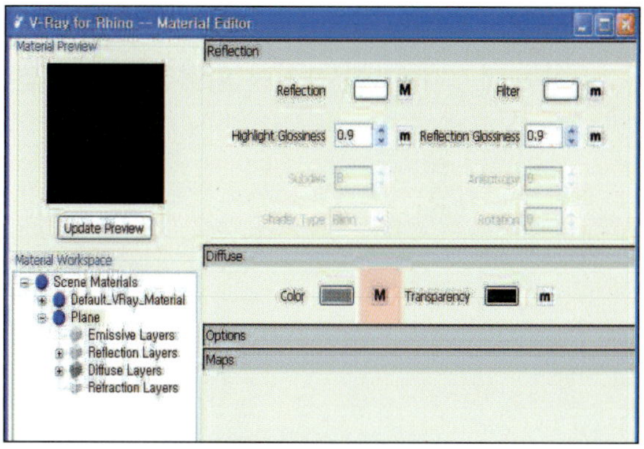

11 다음 이미지와 같이 각 옵션기능을 선택한 다음 'm' 버튼을 눌러 부록CD 〉 이미지 〉 5. 금요일 〉 Plane-Diffuse 파일을 불러온다.

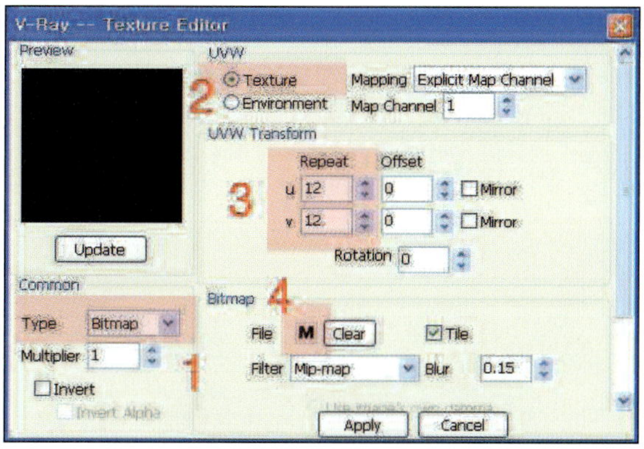

12 다음 이미지와 같이 Maps Layer기능에서 'Bump' 기능 'm' 버튼을 클릭한다.

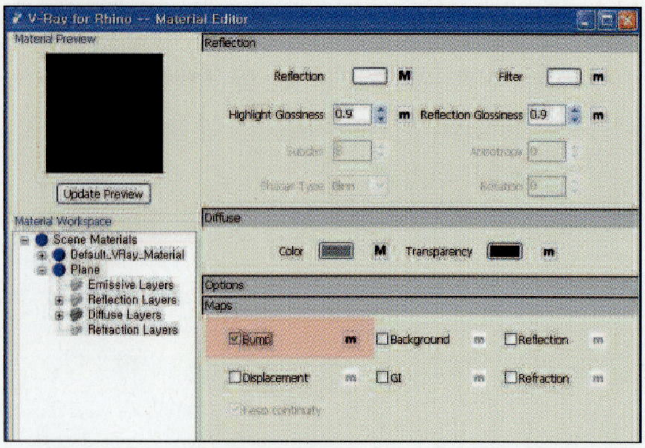

13 다음 이미지와 같이 각 옵션기능을 선택한 다음 'm' 버튼을 눌러 부록CD 〉 이미지 〉 5. 금요일 〉 Plane-Bump 이미지 파일을 불러온다. 'Apply' 버튼을 눌러준다.

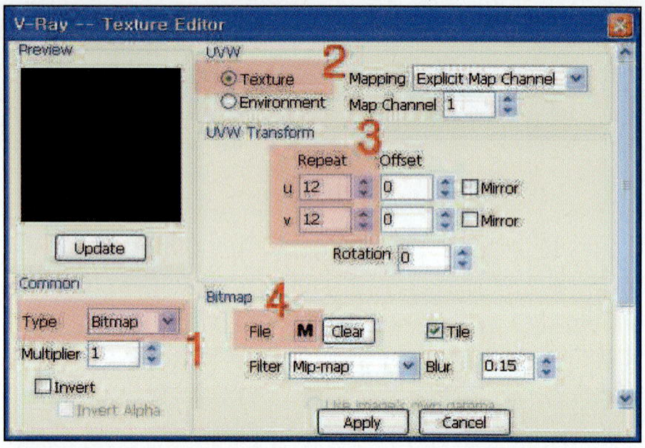

14 렌더링 기능을 실행한다. 다음 이미지와 같이 바닥개체에 나무재질이 입혀진 것을 확인할 수 있다.

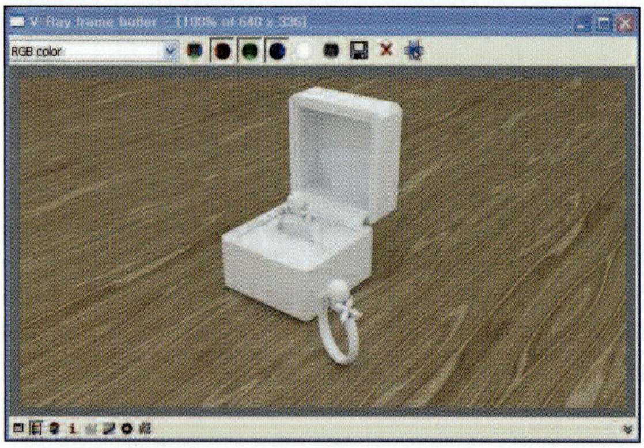

15 Layer를 추가한다. 마우스 우측 버튼을 눌러 'Rename' 기능을 선택한 다음 이미지와 같이 'Case' 라고 이름을 설정해준다.

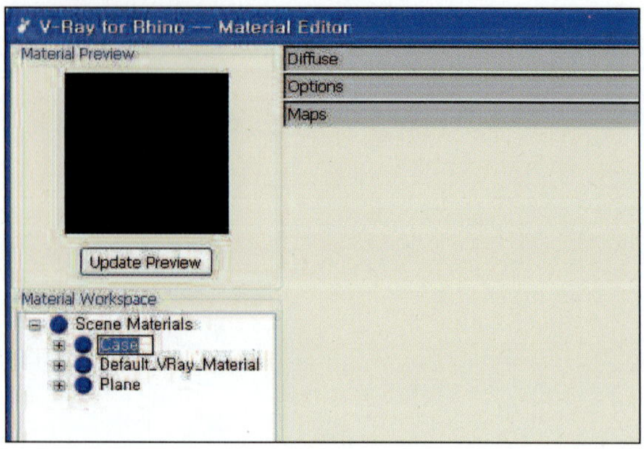

16 'Reflection Layers 〉 Add new layer' 기능을 설정해준다. 'Reflection(반사)' 재질을 설정할 수 있는 Layer가 추가된다. 다음 이미지와 같이 'Highlight Glossiness' 값과 'Reflection Glossiness' 값을 각각 '0.85'로 설정해준다.

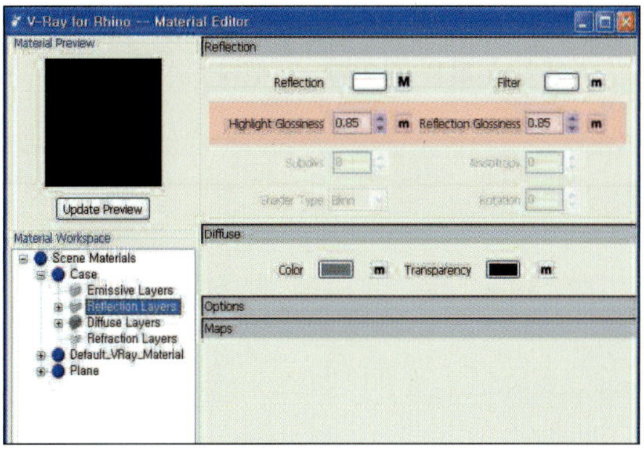

17 다음 이미지와 같이 Diffuse Layer기능에서 'Color' 기능 'm' 버튼을 클릭한다.
다음 Common 기능에서 Type을 'Bitmap'으로 설정한 다음 UVW 기능에 있는 'Texture' 기능을 체크해준다.

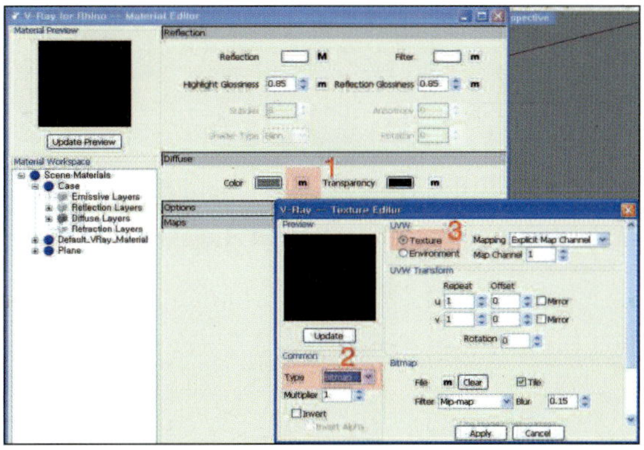

18 먼저 'm' 버튼을 눌러 부록CD 〉 이미지 〉 5. 금요일 〉 Case-Diffuse 파일을 불러온다. 다음 두 번째로 'UVW Transform' 기능 중 'Repeat' 값을 각각 '5'로 지정해준다. 마지막으로 'Apply' 버튼을 눌러준다.

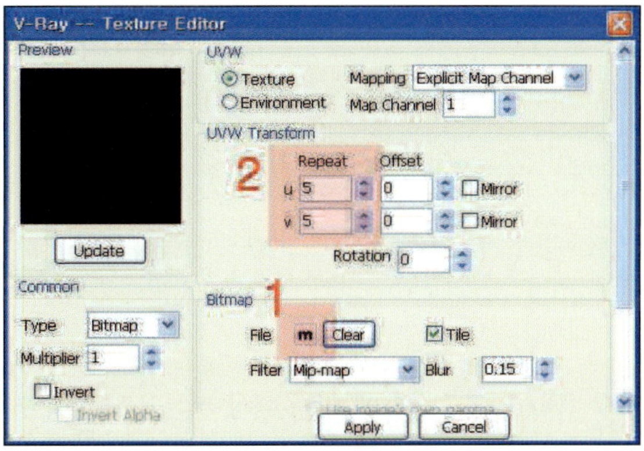

19 다음 이미지와 같이 케이스 가장 외관에 있는 개체들을 선택한 다음 재질을 적용시킨다.

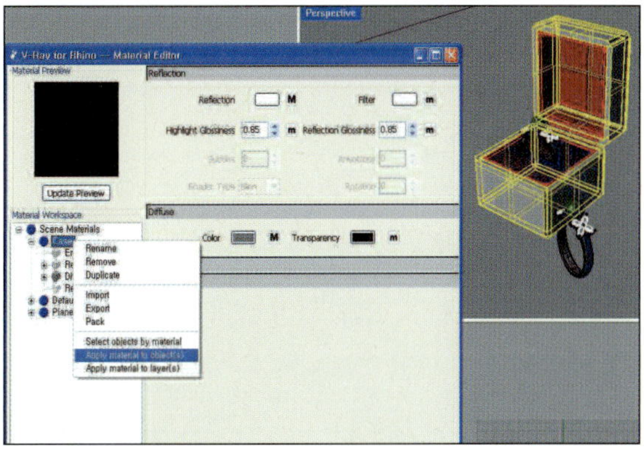

20 렌더링 작업을 통해 외관 케이스에 재질이 적용된 것을 확인할 수 있다.

21 다음 이미지와 같이 재질 Layer를 추가한 다음 'Leather'로 이름을 변경해준다.

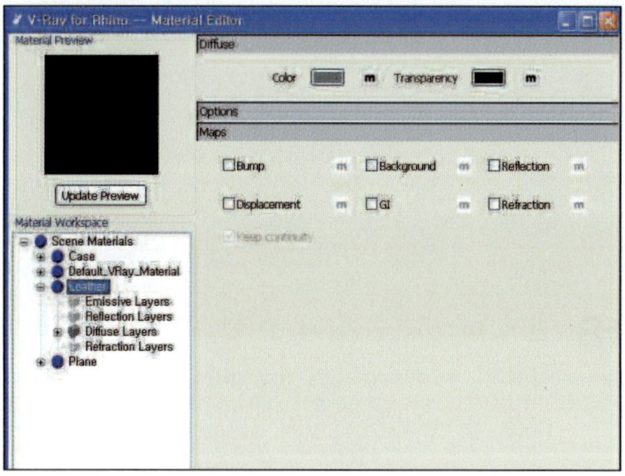

22 'Diffuse' Layer에 있는 색상 버튼을 클릭하여 다음 이미지와 같이 'R:249, G:246, B:227' 값을 입력한다.

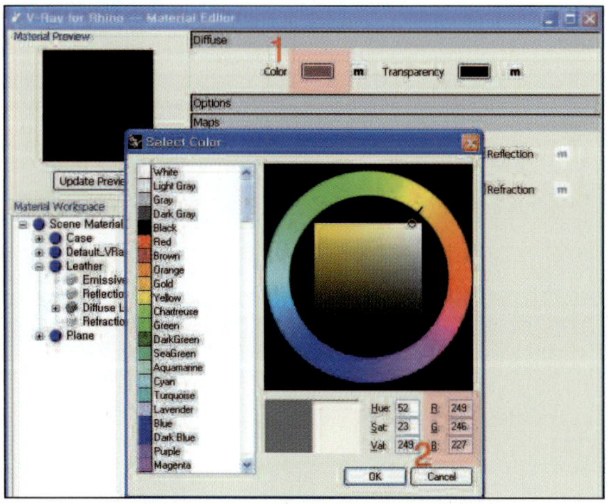

23 다음 이미지와 같이 'Maps' Layer에 있는 'Bump' 기능을 체크한다. 체크한 다음 'm'버튼을 클릭한다.

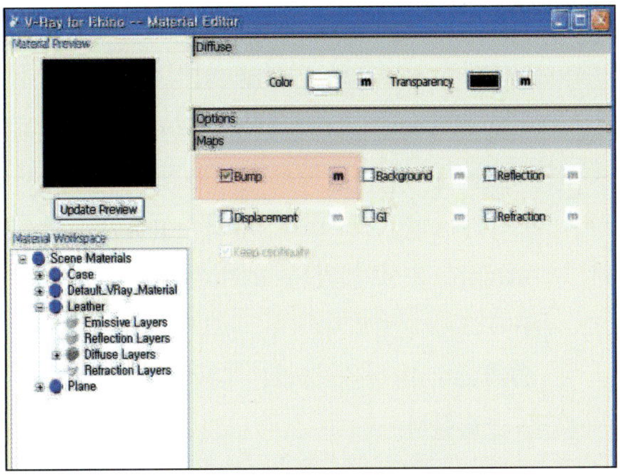

24 다음 이미지와 같이 Type을 'Bitmap'으로 설정한 다음 'm'버튼을 클릭한다. '부록CD 〉 이미지 〉 5.금요일 〉Leather-Bump' 파일을 불러온 다음 'Apply' 버튼을 클릭한다.

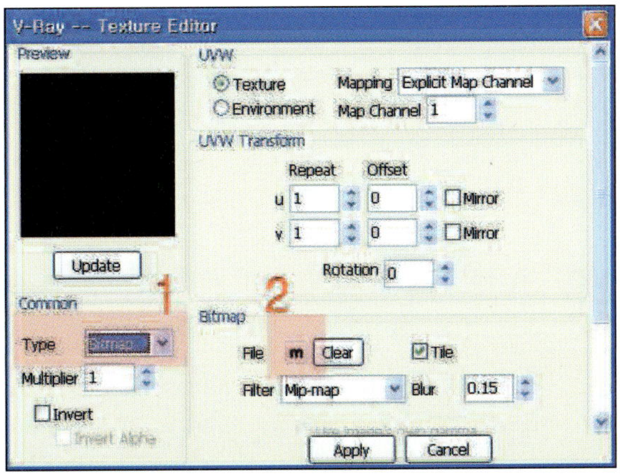

25 다음 이미지와 같이 안쪽에 있는 개체들을 선택한 다음 설정한 가죽재질을 적용시킨다.

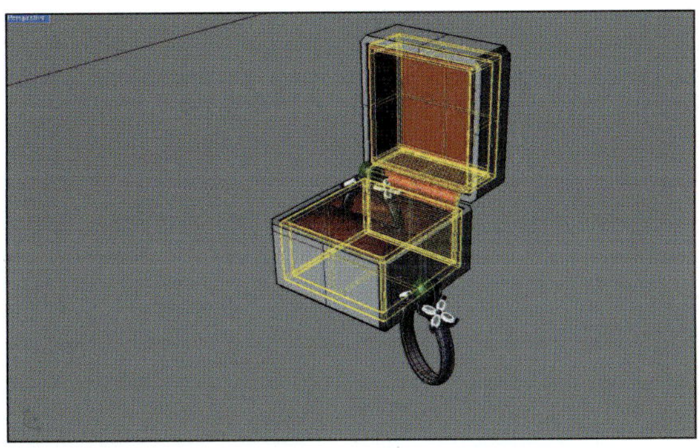

26 렌더링 작업을 통해 이미지와 같이 가죽재질이 케이스 안쪽개체에 적용된 것을 확인할 수 있다.

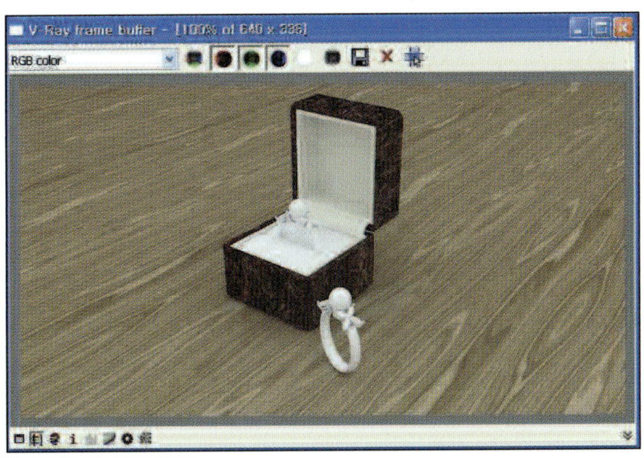

27 다음 이미지와 같이 재질 Layer를 추가한 다음 'Cushion' 으로 이름을 설정해준다. 다음 'Diffuse' Layer에서 'Color'에 있는 'm' 버튼을 클릭한다. Texture 편집기가 나타나면 Type을 'Bitmap'으로 설정한 다음 'Bitmap' 옵션에 있는 'm'버튼을 클릭한다. '부록CD 〉 이미지 〉 5.금요일 〉 Cushion-Diffuse' 파일을 불러온 다음 'Apply' 버튼을 클릭한다.

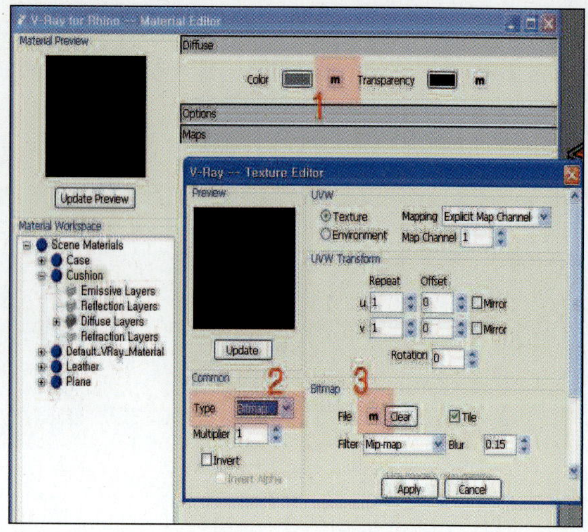

28 렌더링 과정을 통해 쿠션 개체에 재질이 적용된 것을 확인할 수 있다. 이제 Bump기능과 Displacement기능을 이용하여 보다 깊이가 있는 재질로 생성해보도록 한다.

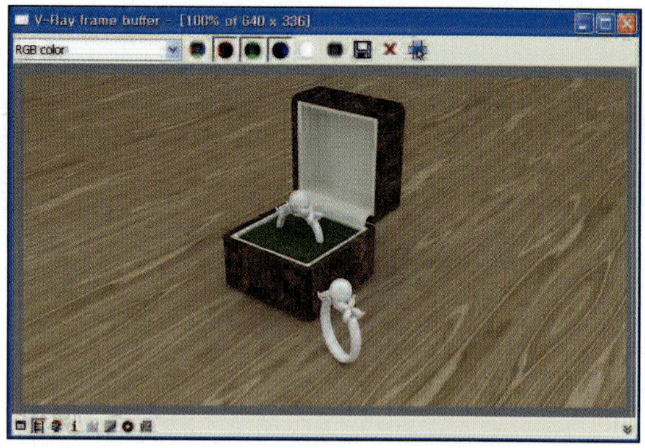

29 다음 이미지와 같이 'Maps' Layer에 있는 'Bump' 기능을 설정한 다음 'm' 버튼을 클릭한다.

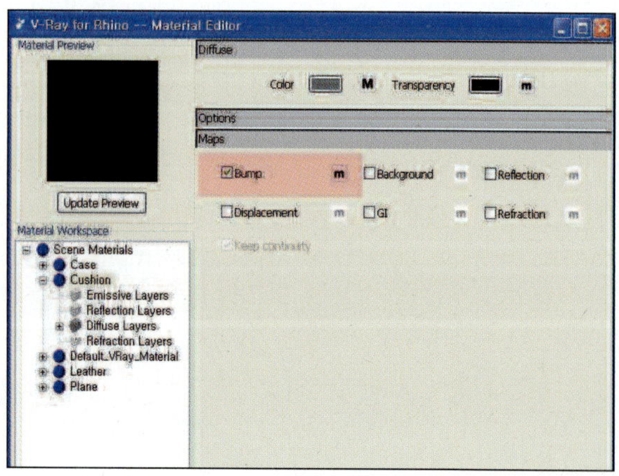

30 다음 이미지와 같이 Type을 'Bitmap'으로 설정한 다음 'm' 버튼을 클릭한다. '부록CD 〉 이미지 〉 5.금요일 〉 Cushion-Bump' 파일을 불러온 다음 'Apply' 버튼을 클릭한다.

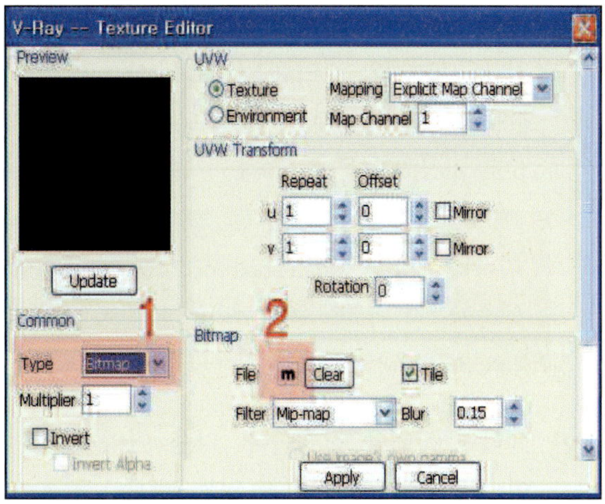

31 다음 이미지와 같이 Maps Layer에 있는 'Displacement'기능을 설정한 다음 'm' 버튼을 클릭한다.

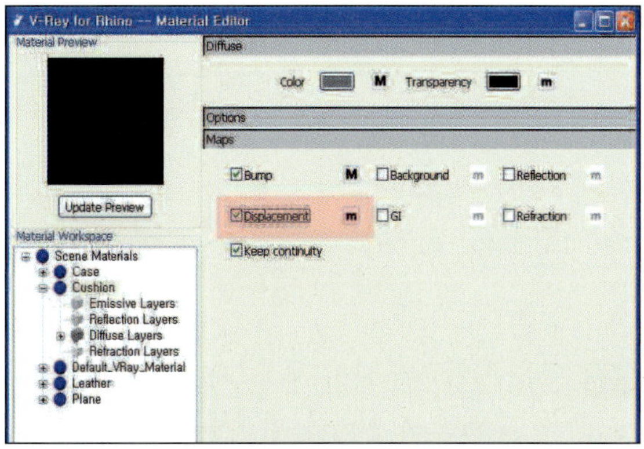

32 다음 이미지와 같이 Type을 'Bitmap'으로 설정한 다음 'm' 버튼을 클릭한다. '부록CD 〉 이미지 〉 5.금요일 〉 Cushion-Disp' 파일을 불러온 다음 'Apply' 버튼을 클릭한다.

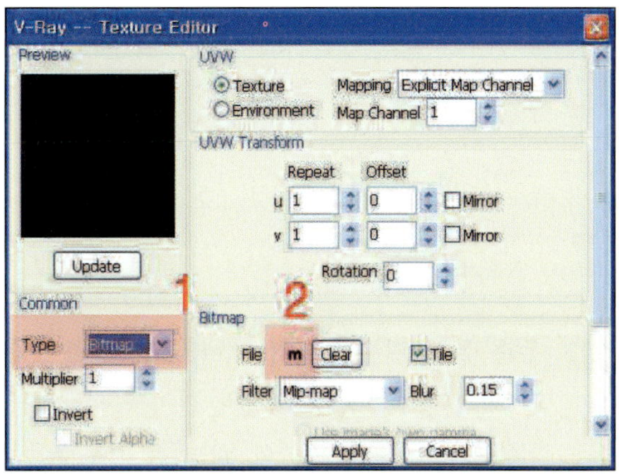

33 다음 이미지와 같이 옵션기능을 클릭한다.

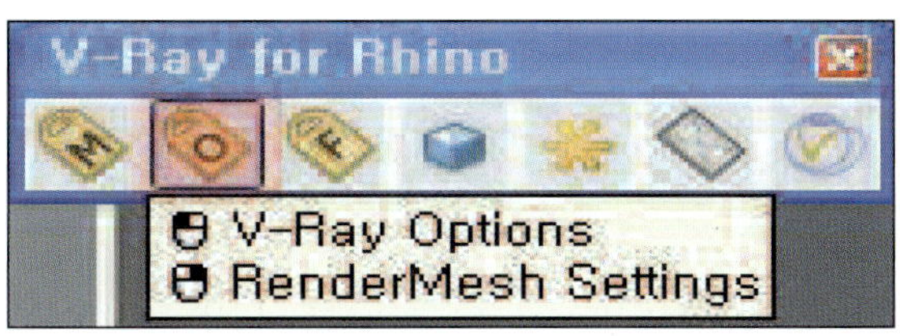

34 옵션기능 중 'Displacement' 롤아웃을 확장시킨다. 이미지와 같이 'Edge Length(pix)'기능 값을 '1'로 지정한다. 다음으로 'Amount' 값을 '5'로 지정해준다.

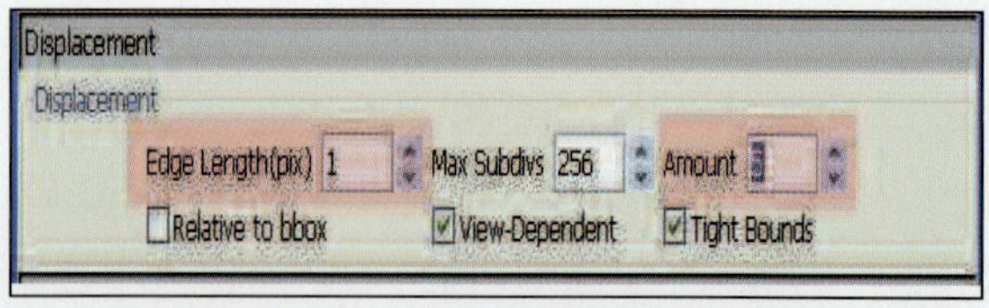

TIP ▶●▶ 'Edge Length(pix)'기능 값이 작을수록 밀도가 높아지고 부드러운 결과물을 가져오나 렌더링 시간이 상승하게 된다. 'Amount' 기능 값이 클수록 깊이가 깊어지며, 렌더링 시간 또한 상승하게 된다.

35 렌더링 작업을 진행한다. 다음 이미지와 같이 쿠션 개체에 깊이가 있는 재질로 적용된 것을 확인할 수 있다.

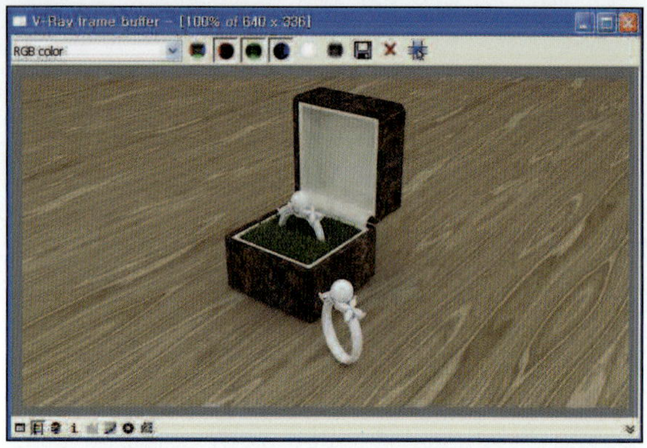

36 다음 이미지와 같이 재질 Layer를 추가한 다음 'Gem'으로 이름을 변경해준다.
'Reflection Layers'와 'Refraction Layers'를 추가해준다.

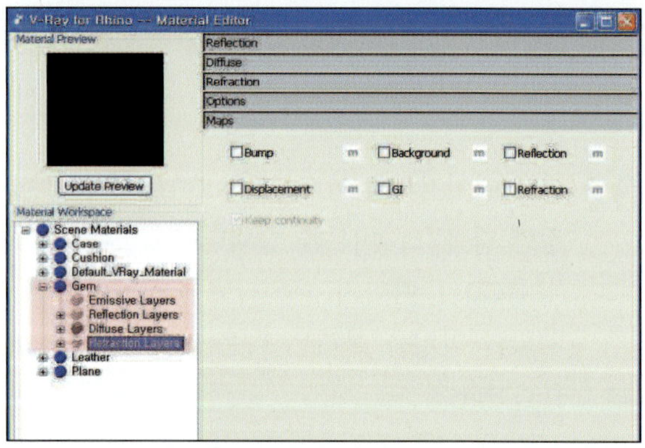

37 우측 옵션 기능에 있는 'Reflection' 롤아웃을 확장시켜준다. 이미지와 같이 'Reflection' 옵션 기능에 있는 'M' 버튼을 클릭한다.

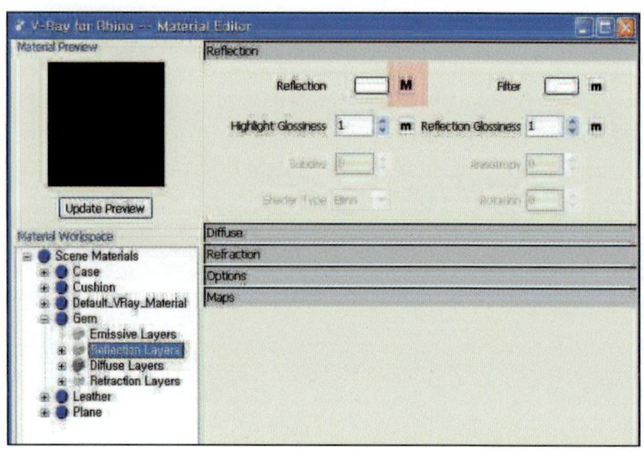

38 'Fresnel Color' 기능에서 색상버튼을 클릭한다. 다음 이미지와 같이 색상 대화상자가 나타나면 'White'색상으로 지정해주고 'OK' 버튼을 클릭한다. 'Fresnel IOR' 기능 설정 값을 '2.4' 로 설정한 다음 'Refract IOR' 기능 설정 값을 '2'로 설정한다. 'Apply'버 튼을 누른다.

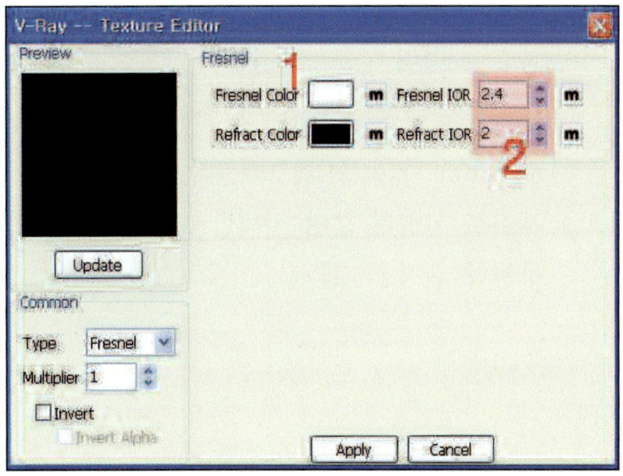

39 옵션 기능에 있는 'Diffuse' 롤아웃을 확장시켜준다.
다음 이미지와 같이 'Color' 색상을 Black으로 'Transparency' 색상을 White로 지정해준다.

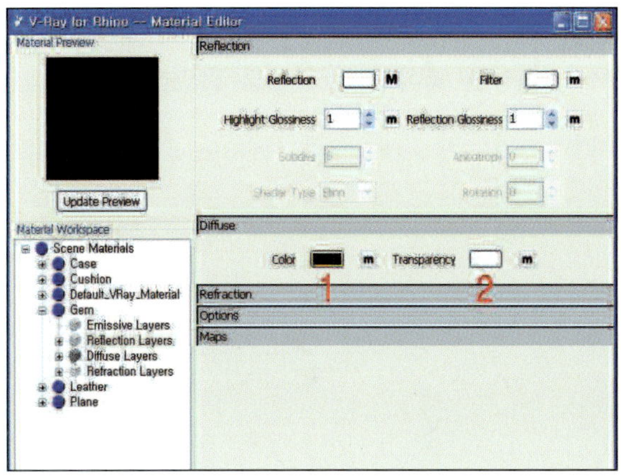

40 옵션 기능에 있는 'Refraction' 롤아웃을 확장시켜준다. 다음 이미지와 같이 먼저 'IOR' 값을 '2.4'로 지정한 다음 두 번째로 'Fog Color' 색상 버튼을 클릭해 'R:255, G:20, B:14'인 색상을 설정한다. 세 번째로 'Fog Multiplier' 기능 값을 '0.01'값으로 지정한 다음 마지막으로 'Affect Shadows' 기능을 체크해준다.

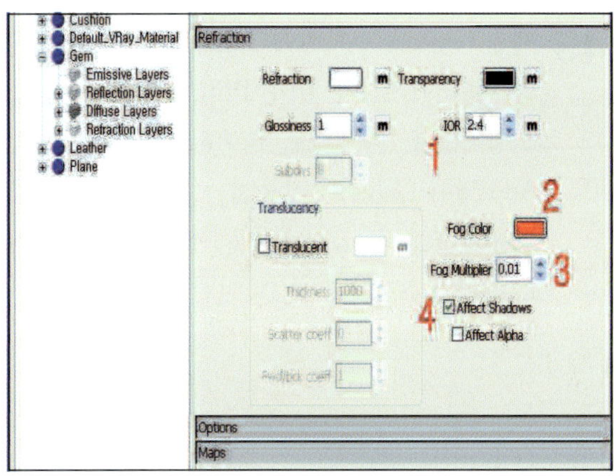

41 다음 이미지와 같이 Rhino 프로그램에 있는 보석개체들을 모두 선택한다. 다음으로 'Gem' Layer를 클릭한 다음 'Apply material to object(s)' 기능을 체크해준다. 색상이 있는 재질로 설정된 값이 선택한 보석 개체에 적용된다.

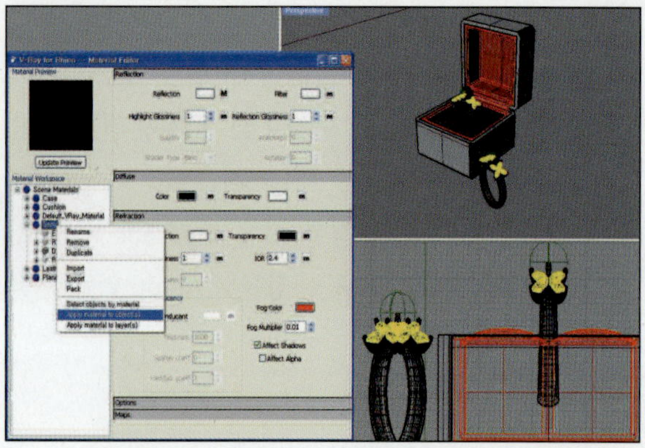

42 다음 이미지와 같이 렌더링 기능을 실행하여 적용된 보석 재질 상태를 확인해준다.

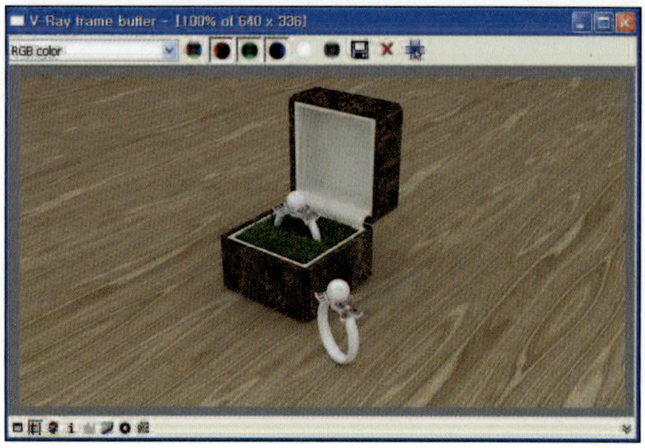

43 재질 Layer를 추가하여 'Rename' 기능을 선택한 다음 이미지와 같이 'Ring' 이라고 이름을 설정해준다. 다음으로 'Reflection Layers > Add new layer' 기능을 설정해 준 다음 'Reflection(반사)' 재질을 설정할 수 있는 Layer가 추가된 것을 확인한다.

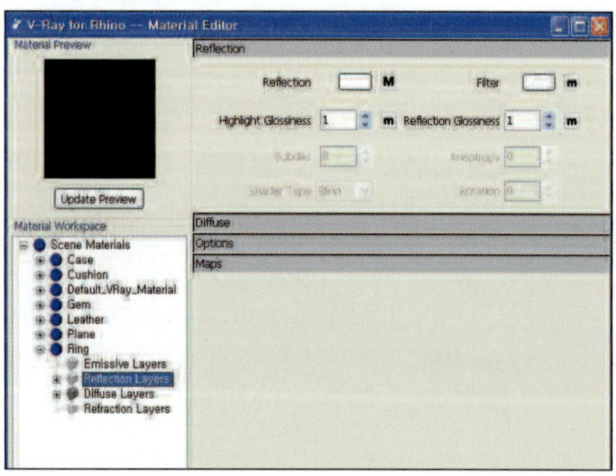

44 'Reflection' 색상 버튼을 클릭한 다음 이미지와 같이 'R:203, G:170, B:56'으로 색상을 설정한다.

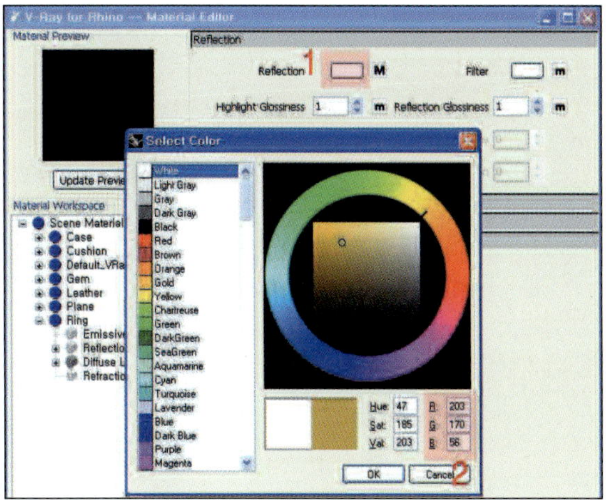

45 다음 'M' 버튼을 클릭한다.

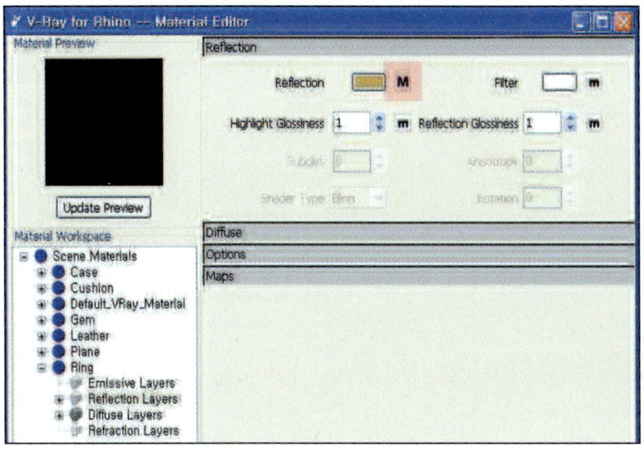

46 이미지와 같이 'Fresnel Color' 색상을 White로 지정한 다음 'Fresnel IOR' 값을 '16'으로 지정해준다. 'Apply' 버튼을 클릭한다.

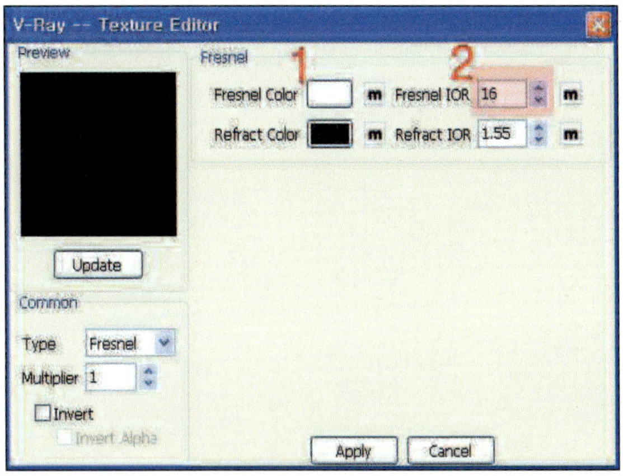

47 옵션 기능에 있는 'Diffuse' 롤아웃을 확장시켜준다.
다음 이미지와 같이 'Color' 색상을 'R:203, G:170, B:56'으로 설정한 다음 'Transparency' 색상은 Black으로 지정해준다.

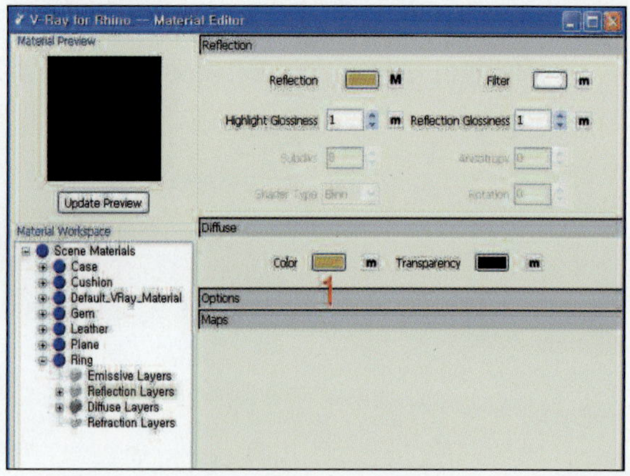

48 다음 이미지와 같이 Rhino 프로그램에 있는 반지개체들을 모두 선택한다. 다음으로 'Ring' Layer를 클릭한 다음 'Apply material to object(s)' 기능을 체크해준다. 설정된 재질이 선택한 반지 개체에 적용된다.

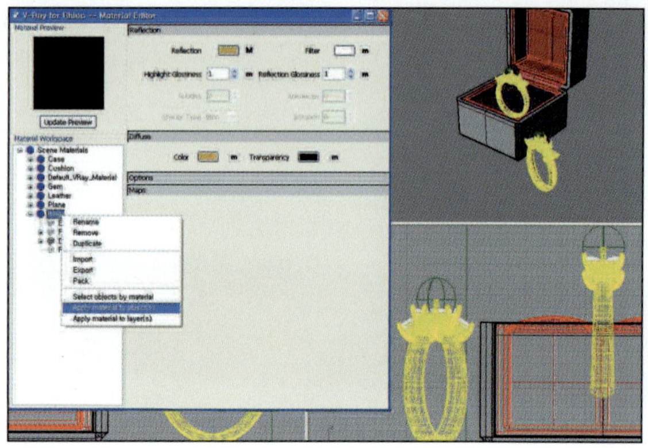

49 다음 이미지와 같이 반지개체에 재질이 적용된 것을 확인할 수 있다.

50 재질 Layer를 추가하여 'Rename' 기능을 선택한 다음 이미지와 같이 'Pearl' 이라고 이름을 설정해준다. 다음으로 'Reflection Layers 〉 Add new layer' 기능을 2번 설정해 Reflection Layer가 2개 생성되도록 한다. 다음으로 'Diffuse' Layer도 1개 더 추가해준다.

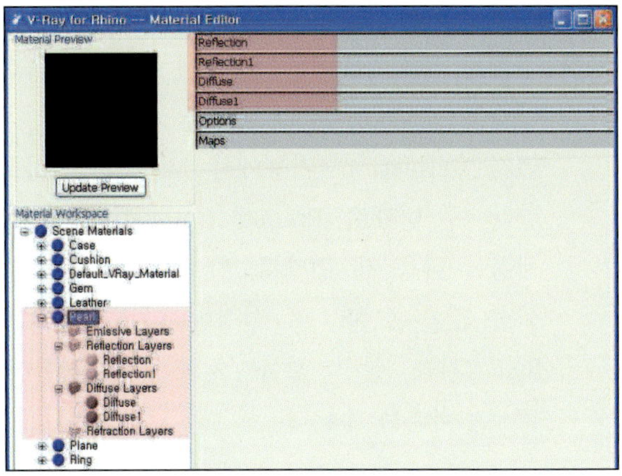

51 다음 이미지와 같이 먼저 'Reflection' 기능에서 'M' 버튼을 클릭한다. 두 번째로 'Fresnel Color'를 White로 지정한 다음 세 번째로 'Fresnel IOR' 기능 설정 값을 '2.55' 로 설정한 다음 'Refract IOR' 기능 설정 값을 '2.55' 로 설정한다. 'Apply' 버튼을 누른다.

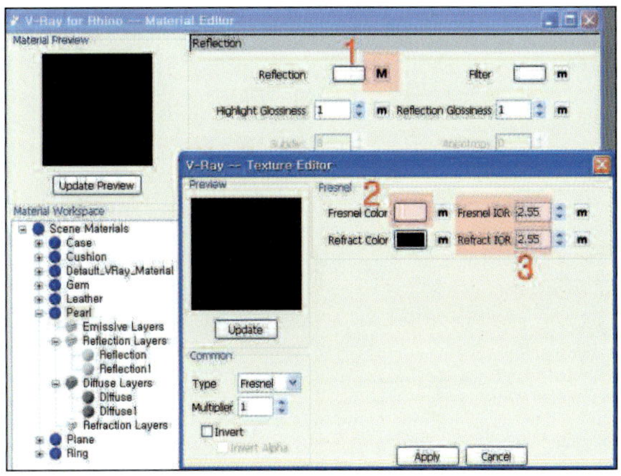

52 다음 이미지와 같이 'Highlight Glossiness' 기능과 'Reflection Glossiness' 기능 값을 각각 '0.9'로 지정한다. 다음으로 'Subdivs' 값을 '12'로 지정해 준다.

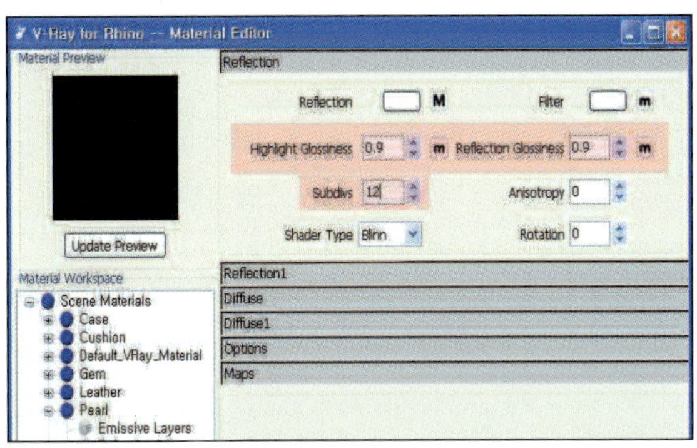

53 다음은 'Reflection1' Layer에 있는 각 옵션 값들을 설정한다.
먼저 'Reflection' 기능에서 'M' 버튼을 클릭한다. 두 번째로 'Fresnel Color'를 White로 지정한 다음 세 번째로 'Fresnel IOR' 기능 설정 값을 '2.55' 로 설정한 다음 'Refract IOR' 기능 설정 값을 '2.55'로 설정한다. 'Apply'버튼을 누른다.

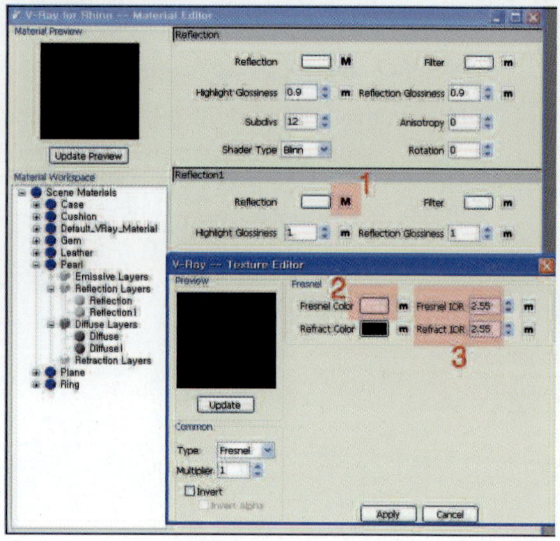

54 다음은 'Reflection1' Layer에 있는 'Filter' 색상 버튼을 클릭한 다음 이미지와 같이 'R:45, G:51, B:105'로 설정한 다음 'OK' 버튼을 클릭한다.

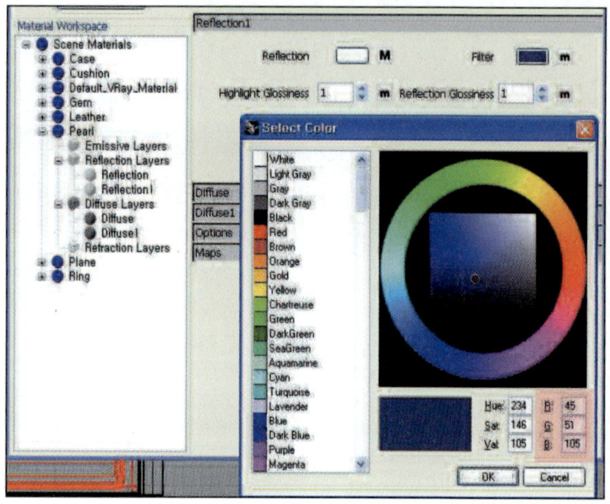

55 다음 이미지와 같이 'Highlight Glossiness' 기능 값을 '0.7'로 지정한 다음 'Reflection Glossiness' 기능 값을 '0.65'로 지정한다. 다음으로 'Subdivs' 값을 '12'로 지정해 준다.

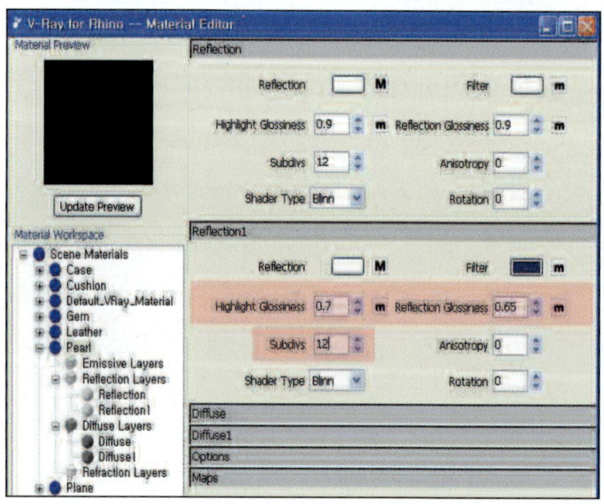

56 다음은 'Diffuse' 색상 버튼을 클릭한 다음 'R:29, G:30, B:32'로 설정해준다.

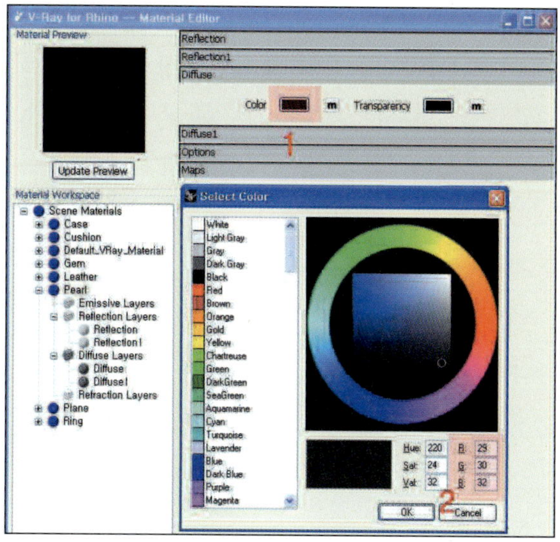

57 다음 이미지와 같이 'Diffuse' Layer에 있는 'Transparency' 색상을 Black으로 지정되게 하고 'm'버튼을 클릭한다. 다음 편집 대화상자가 나타나면 Type을 'Fresnel'로 지정한 다음 'Invert'기능을 체크해준다. 마지막으로 'Fresnel Color'를 White로 지정해주고, 'Refract Color' 색상을 Black으로 지정해준다. .

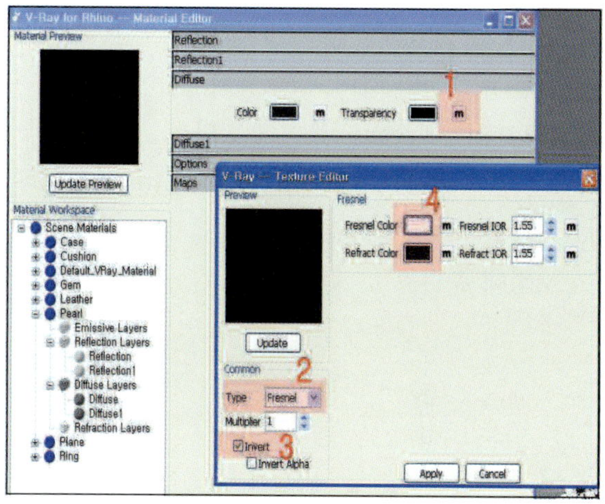

58 다음은 'Diffuse1' 색상 버튼을 클릭한 다음 'R:11, G:11, B:24'로 설정해준다.

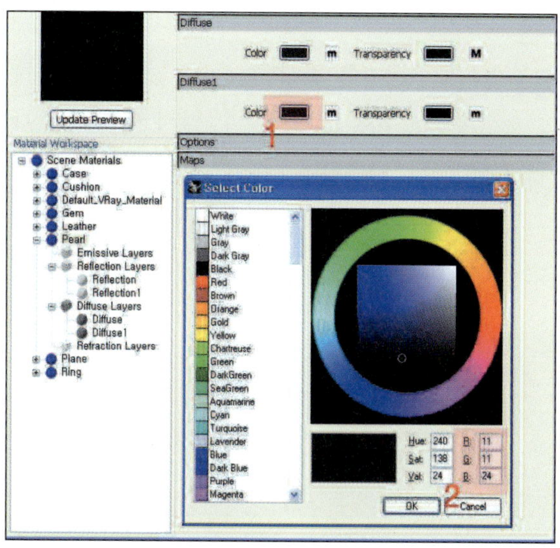

59 다시 'Reflection' 기능 롤아웃을 확장시킨다. 이미지와 같이 'Filter' 색상 버튼을 클릭하여 'R:235, G:248, B:255'로 설정해준다.

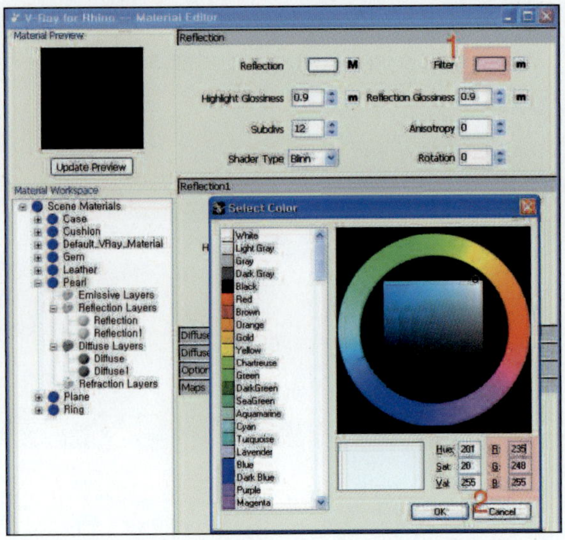

60 'Filter' 기능에 있는 'm'버튼을 클릭한다. 다음 이미지와 같이 편집 대화상자가 나타나면 Type을 'Fresnel'로 지정한다.
다음으로 'Fresnel Color'를 White로 지정해 주고, 'Refract Color' 색상을 Black으로 지정해 준다.

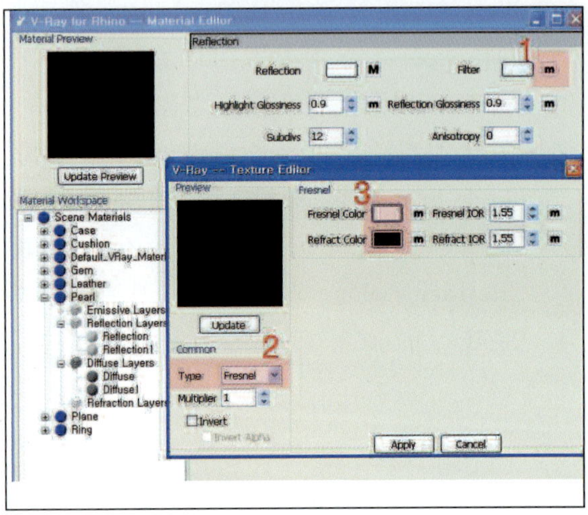

61 다음 이미지와 같이 'Fresnel Color' 기능에 있는 'm' 버튼을 클릭한다. 다시 세부 편집 대화상자가 나타나면 Type을 'Bitmap'으로 지정한다. 다음으로 'UVW'기능에서 'Texture'로 지정한다. 다음 'Bitmap' 기능에 있는 'File'의 'm' 버튼을 클릭한다.
'부록CD 〉 이미지 〉 5.금요일 〉 Gradient_pearl' 파일을 불러온다.

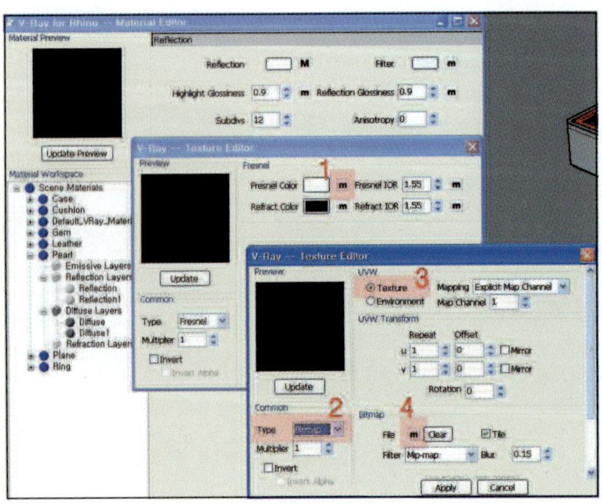

62 다음 이미지와 같이 구 개체들을 모두 선택한 다음 'Pearl' 재질을 적용시킨다.

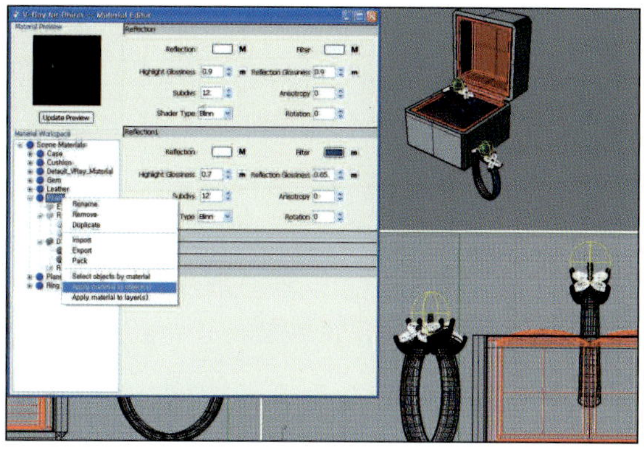

63 렌더링 작업을 진행한다. 이미지와 같이 블랙 진주 재질이 적용된 것을 확인할 수 있다.

64 옵션기능에서 'Environment' 기능 롤아웃을 확장시킨다.
'GI (Skylight)' 기능과 'Background' 기능에 있는 'm' 버튼을 클릭한다. 이미지와 같이 편집대화상자가 나타나면 Type을 'Bitmap'으로 지정한 다음 UVW 기능에 있는 'Environment' 기능을 체크한다.
마지막으로 Bitmap 옵션기능에 있는 'File'의 'm' 버튼을 클릭해 '부록CD > 이미지 > 5. 금요일 > BuildingEnv' HDRI파일을 불러온다. .

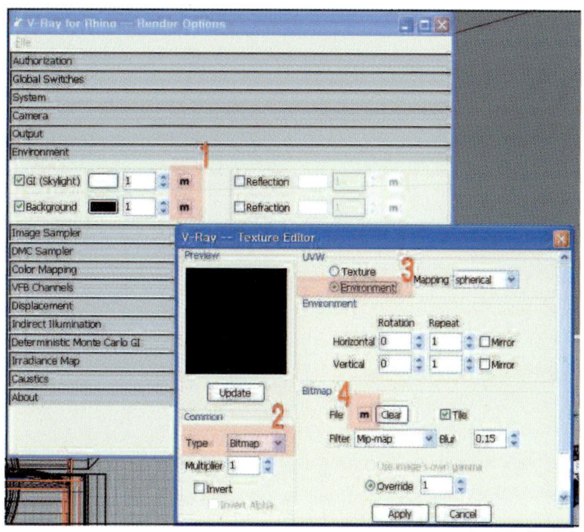

TIP ▸●▸ 먼저 'GI (Skylight)' 기능에 있는 'm'버튼을 클릭해 작업을 진행하고 다시 'Background' 기능에 있는 'm'버튼을 클릭해 반복 작업을 진행하는 것이다.

65 렌더링 작업을 진행한다. 지금까지 작업한 이미지보다 더 품질이 좋은 이미지가 생성되는 것을 확인할 수 있다.

66 최종 렌더링 된 이미지이다.

Day 06

토요일

조명에 비춰진 그녀의 반지 •••

1. 반지 모델링 따라하기

01 Top View를 기준으로 Circle: Center, Radius 기능을 실행한다. 원점을 기준으로 지름 값이 7.5mm인 원형커브를 생성한다.

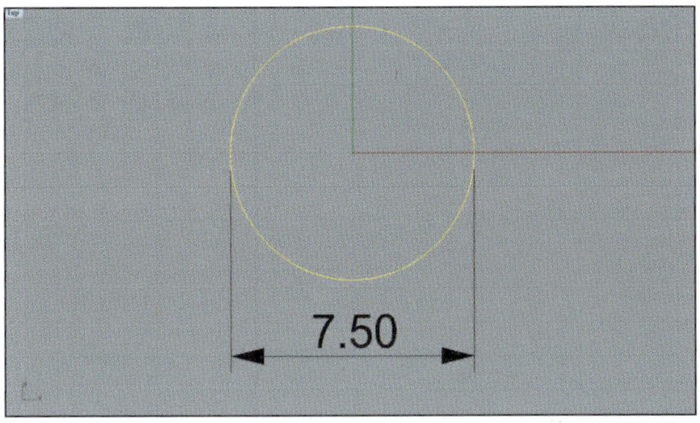

02 Divide Curve by Number of Segments 기능을 실행한다. 원형커브 개체를 이미지와 같이 6등분한다.

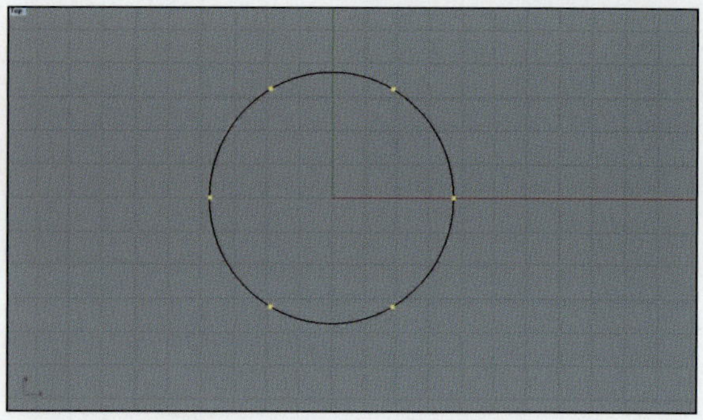

03 Arcs: Start, End, Point on Arc 기능을 실행한다. 이미지와 같이 Point와 Point를 End점으로 하여 원점에서부터 5mm위에 있는 위치에 호 개체를 생성한다.

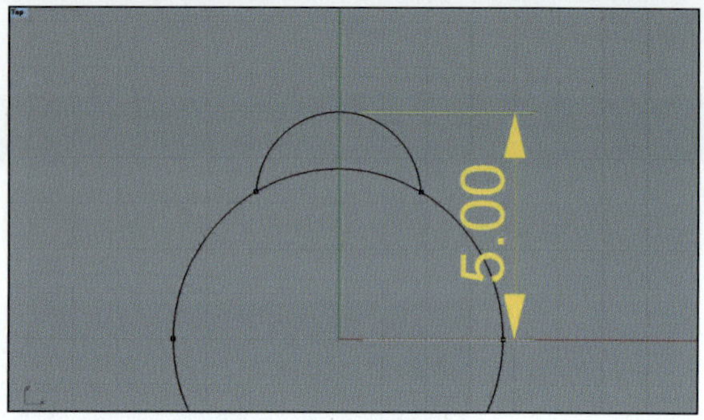

04 이미지와 같이 호 개체를 선택하여 Polar Array 기능을 실행한다. 이미지와 같이 호 개체를 6개 원형 복사한다.

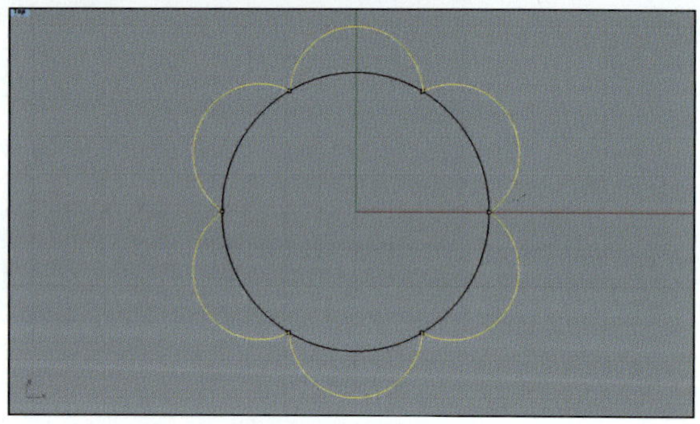

05 원형커브 개체를 삭제한다. 다음 호 개체들을 Join 기능을 실행하여 하나의 커브개체로 결합시켜준다.

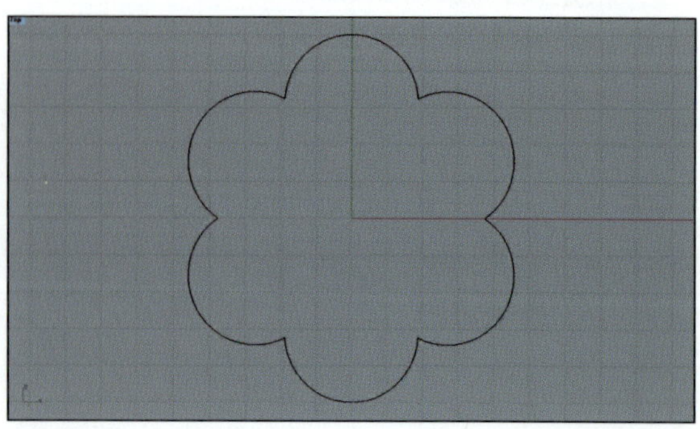

06 Fillet corners 기능을 실행한다. 이미지와 같이 호와 호 개체 사이를 0.3mm Fillet 시킨다.

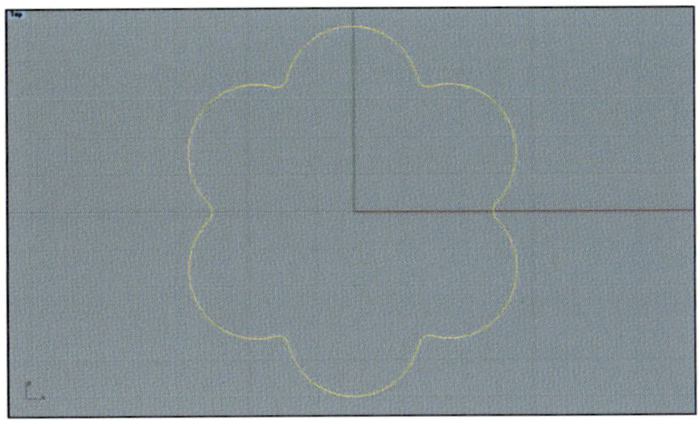

07 Offset Curve 기능을 실행한다. 커브개체를 안쪽방향으로 0.5mm Offset 시킨다.

08 Move 기능을 실행한다. Offset된 커브 개체를 아래쪽 방향으로 9mm 이동시킨다.

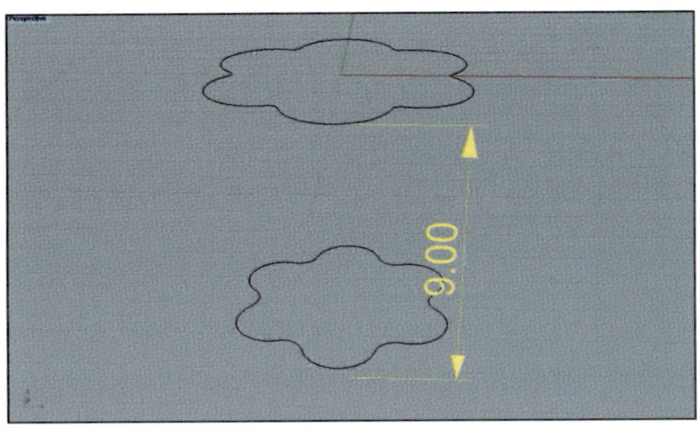

09 Offset Curve 기능을 실행한다. 2개 커브개체 안쪽방향으로 각 0.8mm로 Offset 시킨다.

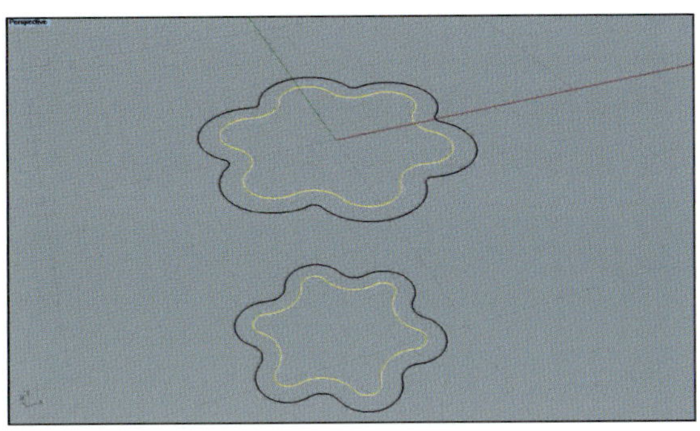

10 Line 기능을 실행한다. 이미지와 같이 생성된 커브개체 Quad점에 직선커브 개체를 생성한다.

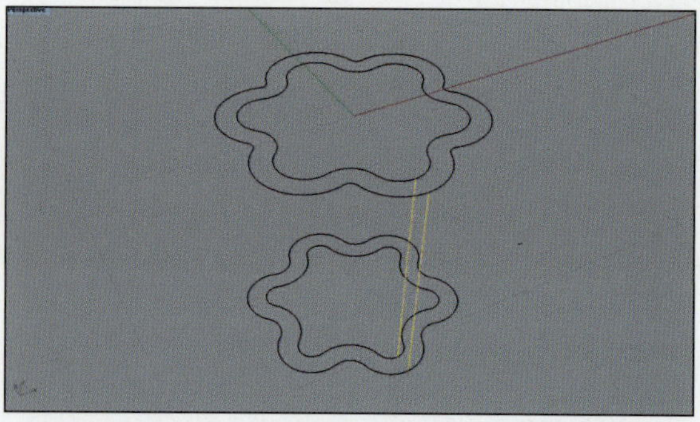

11 Perspective View에서 Sweep 2 Rails 기능을 실행한다. 이미지와 같이 면 개체를 생성한다.

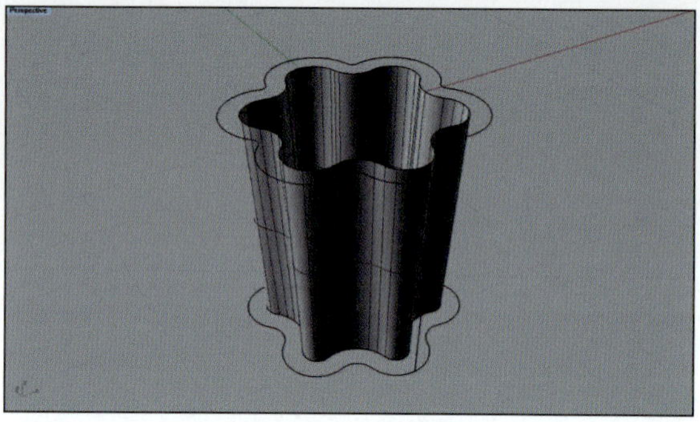

12 Cap Planar Holes 기능을 실행한다. 이미지와 같이 생성된 면 개체를 막아줌으로써 Solid 개체로 생성시킨다.

13 Hide Objects 기능을 실행하여 이미지와 같이 생성된 Solid 개체를 숨긴다.

14 같은 방법으로 바깥쪽 커브개체를 이용하여 이미지와 같이 Solid 개체를 생성한다.

15 Cylinder 기능을 실행한다. 원점을 기준으로 지름 값이 4.2mm인 Cylinder개체를 생성한다. 이때, Cylinder개체 높이는 생성된 Solid개체보다 길게 해준다.

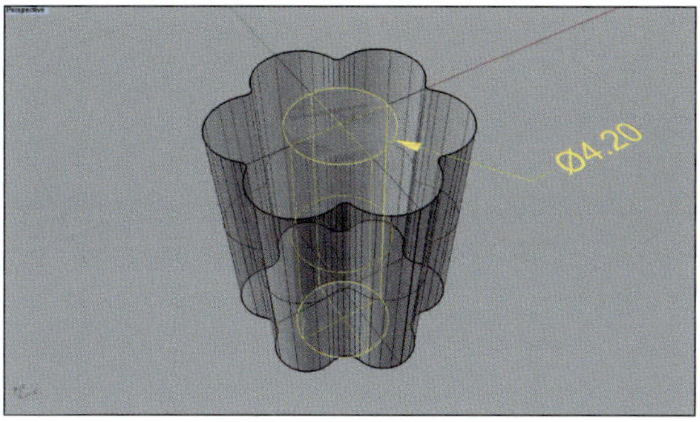

16 Boolean Difference 기능을 실행한다. 이미지와 같이 Solid개체 중심에 원통형 크기만큼 빠진 Solid개체를 생성한다. Hide Objects 기능을 실행하여 생성된 Solid 개체를 숨긴다.

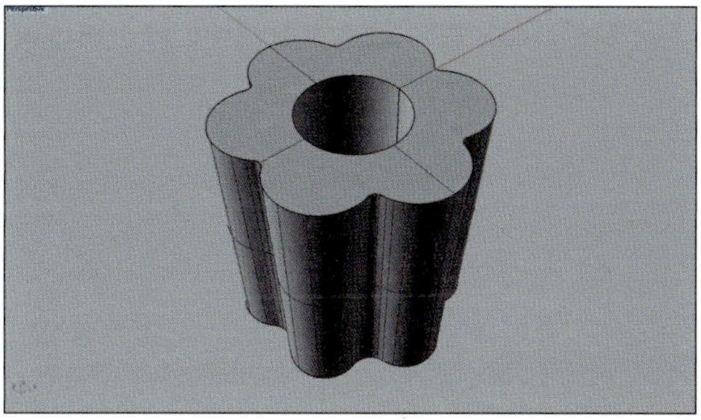

17 Top View를 기준으로 Line: From Midpoint 기능을 실행한다. 이미지와 같이 원점을 기준으로 아래쪽 방향으로 1mm 이격된 위치에 총 1mm인 직선개체를 생성한다. 다시 기능을 실행하여 원점을 기준으로 6mm 이격된 위치에 총 4mm 길이 값을 가진 직선 커브 개체를 생성한다.

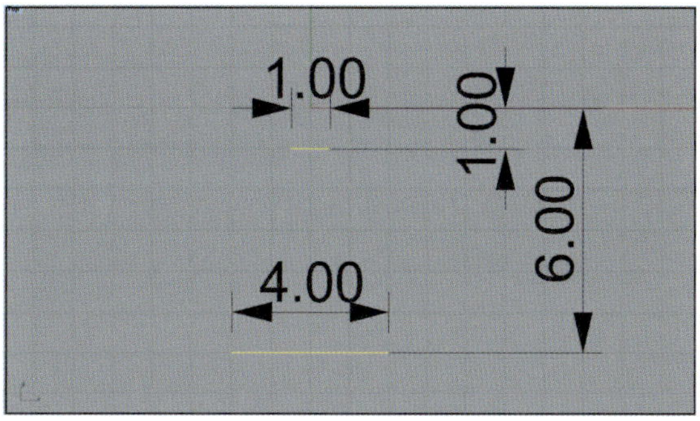

18 Line 기능을 실행한다. 생성시킨 1mm, 4mm 직선커브 개체에 각각 1.5mm 4.5mm 직선커브 개체를 수직방향으로 내려가게 생성한다. 이때, Osnap에 Mid기능을 체크해준다.

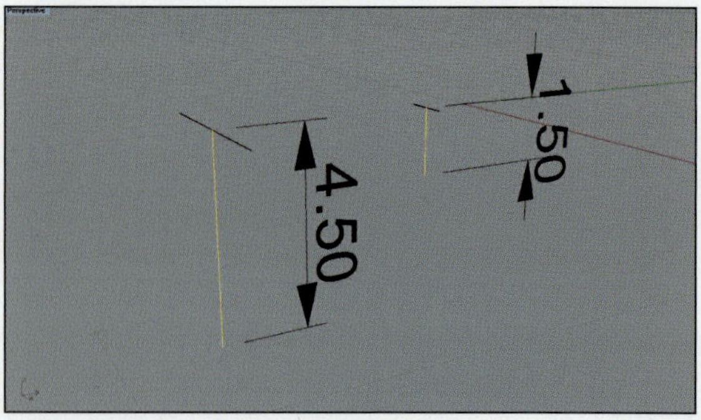

19 Arcs: Start, End, Point on Arc 기능을 실행한다. 이미지와 같이 Point와 Point를 위치를 직선커브 개체 End점으로 지정하며, 지름이 1mm, 4mm인 호 개체를 생성한다.

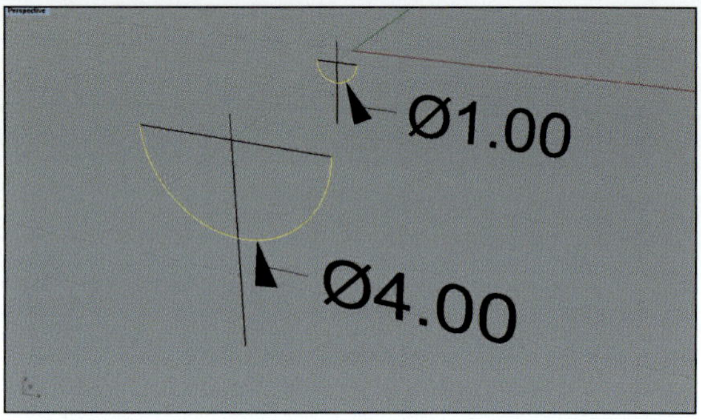

20 Control Point On을 실행한다. 호 개체의 조절점을 보이게 한다.

21 Move 기능을 실행한다. 이미지와 같이 호 개체의 조절점을 이동시킨다. 호 개체 가장 하단에 위치한 조절점을 직선개체 End점으로 이동시키도록 한다. 이동시킨 다음 호 개체를 제외한 나머지 커브개체는 모두 삭제한다.

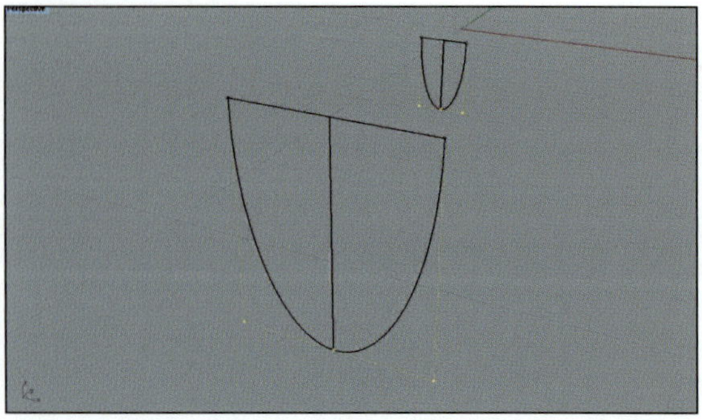

22 Loft 기능을 실행한다. 이미지와 같은 형태의 면 개체를 생성한다.

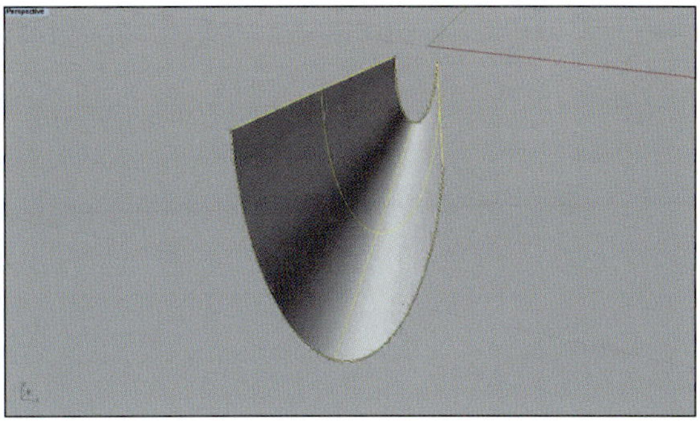

23 Top View를 기준으로 Polar Array 기능을 실행한다. 생성된 면 개체를 6개로 원형 복사한다.

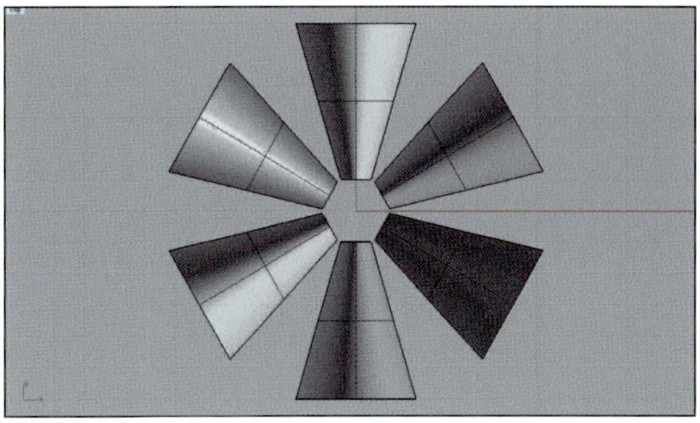

24 Move 기능을 실행한다. 모든 면 개체를 0.1mm 위로 이동시킨다.

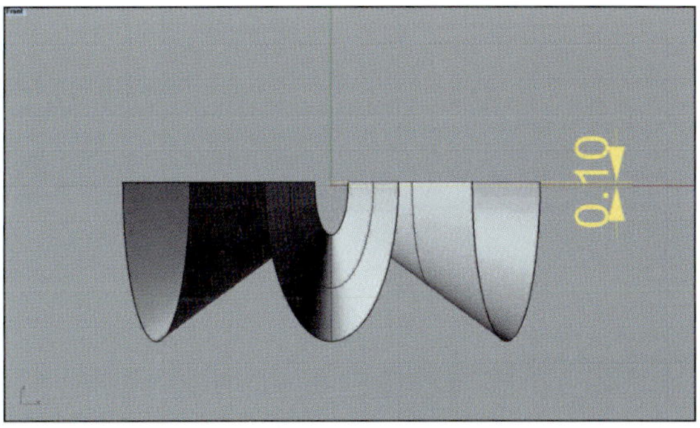

25 Show Selected Objects 기능을 실행한다. 이미지와 같이 숨겨둔 바깥쪽 Solid개체를 불러온다.

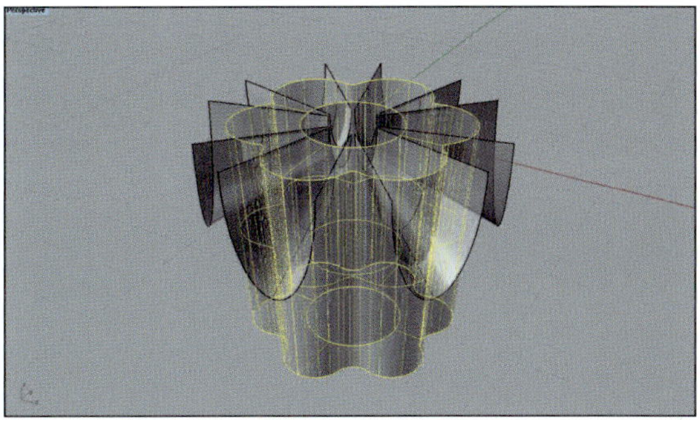

26 Boolean Difference 기능을 실행한다. 기능을 실행하면 먼저 보이게 한 Solid개체를 선택한 Enter키를 누른다. 다음 6개 면 개체를 모두 선택한 다음 Enter키를 누른다.

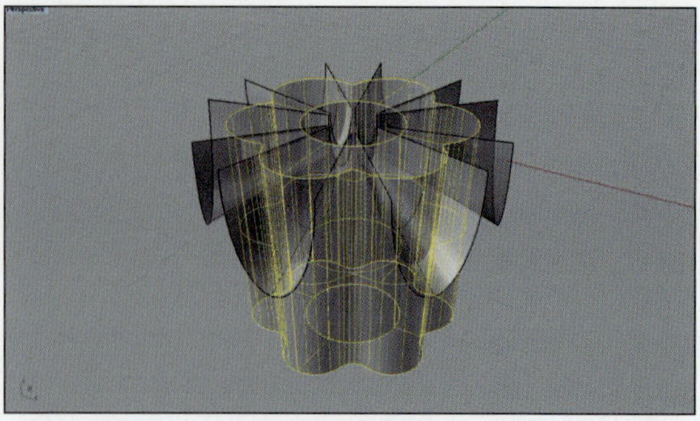

27 이미지와 같은 Solid개체가 생성된 것을 확인 할 수 있다.

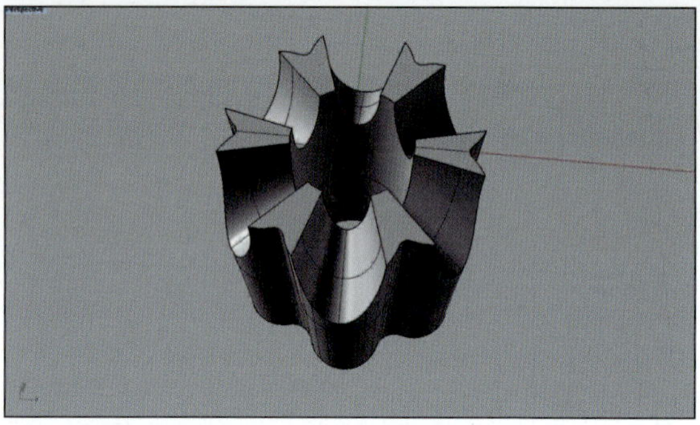

TIP 만약 생성된 Solid개체가 이미지와 다르게 나올 때는 6개 면 개체 Normal 방향을 Flip 시켜주도록 한다.

28 Variable Radius Fillet 기능을 실행한다. 이미지와 같은 부분 가장자리만 선택하여 0.4mm 값으로 Fillet시킨다.

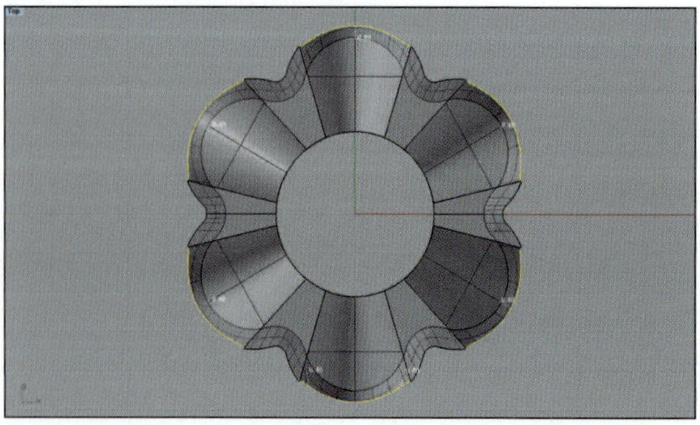

29 이미지와 같이 선택한 가장자리가 Fillet된 것을 확인할 수 있다.

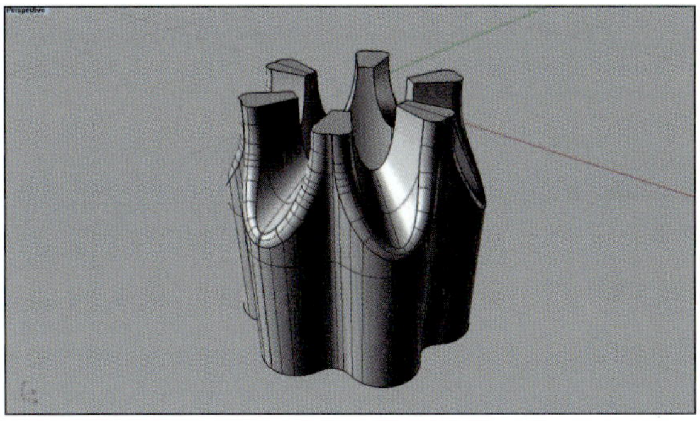

30 Show Objects 기능을 실행한다. Hide된 안쪽 Solid개체를 불러온다.

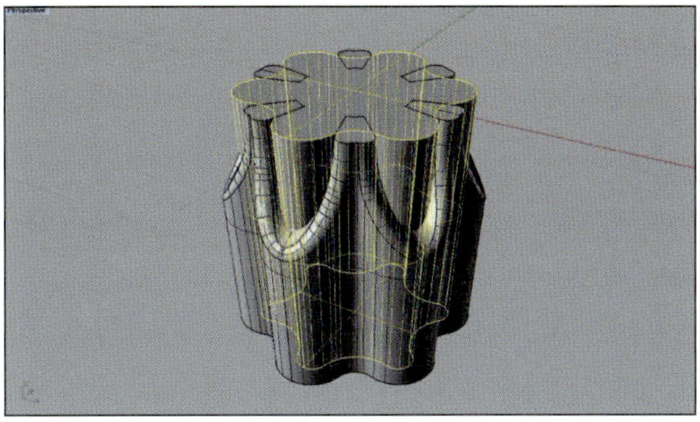

31 Move 기능을 실행하여 보여진 Solid 개체를 아래쪽 방향으로 0.1mm 이동시킨다.

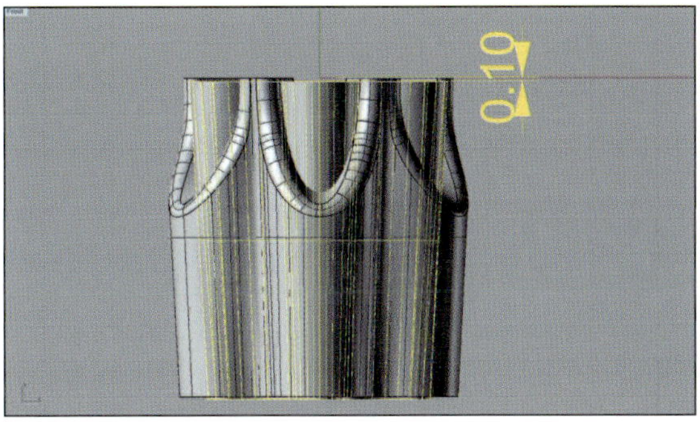

32 Front View를 기준으로 Line: from Midpoint 기능을 실행한다. 이미지와 같이 Solid개체 End점 또는 Quad점에 직선커브 개체를 생성한다.

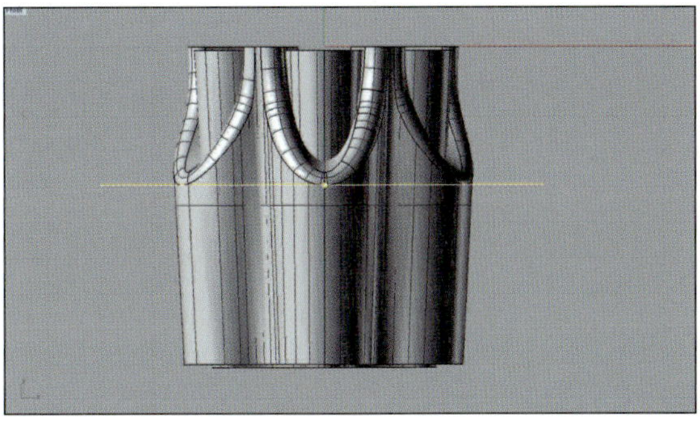

33 Split 기능을 실행하여 이미지와 같이 안쪽에 있는 Solid개체를 잘라준다. 아래쪽 면 개체는 남겨놓고 위쪽 면 개체는 삭제한다.

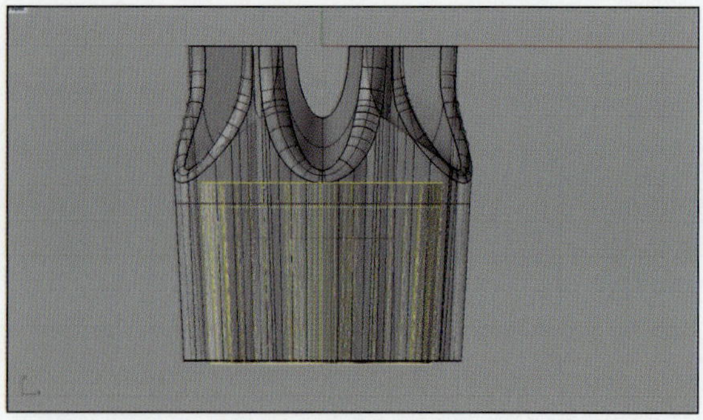

34 Cap Planar Holes 기능을 실행한다. 열린 부분에 면을 생성해 막아줌으로써 잘린 면 개체를 다시 Solid개체로 생성한다.

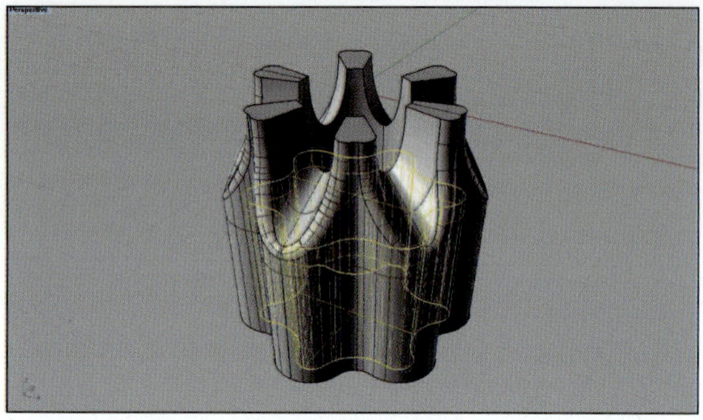

35 Boolean Difference 기능을 실행한다. 바깥쪽에 있는 Solid개체를 선택한 다음 Enter키를 누른다. 다음 안쪽에 있는 Solid개체를 선택한 다음 Enter키를 누른다. 속이 파여진 Solid개체가 생성된 것을 확인할 수 있다.

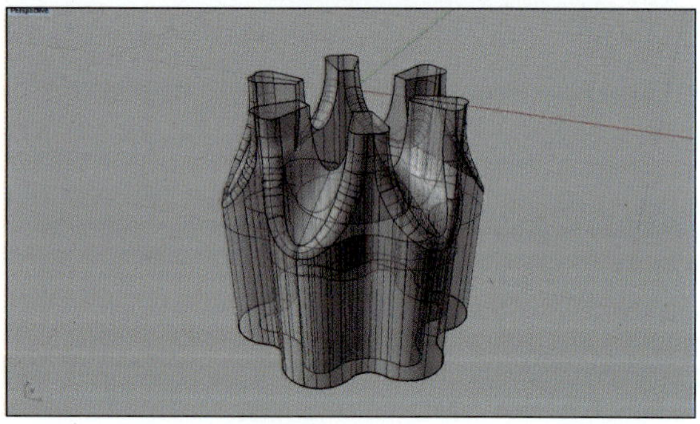

36 Move 기능을 실행한다. 이미지와 같이 Solid개체를 원점을 기준으로 15mm 위쪽 방향으로 이동 시킨다. Hide Objects 기능을 실행하여 이동시킨 Solid개체를 숨긴다.

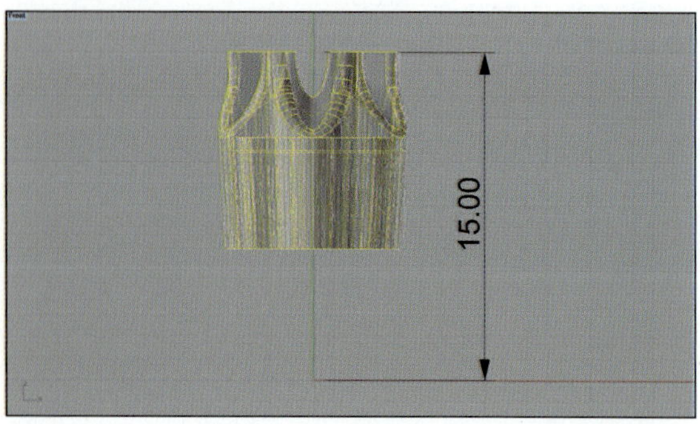

37 다음 이미지와 같이 부록CD 〉 보석샘플 〉 6. 토요일 〉 Gem-009 File을 Insert기능으로 삽입시킨다.

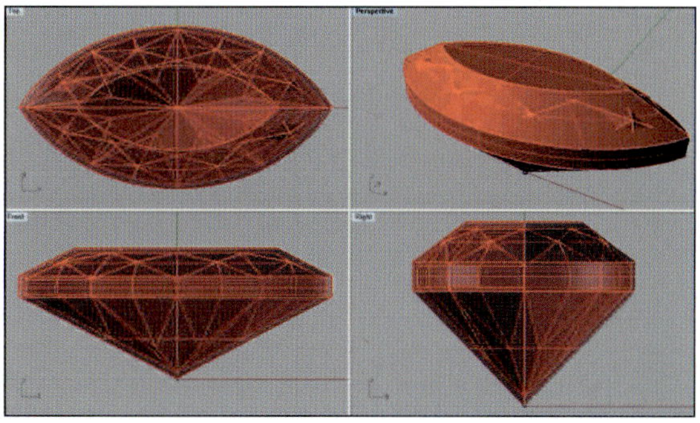

TIP ▸●▸ Insert 대화상자가 나타나면 파일을 경로를 통해 지정한 다음 'Insert as' 기능에서 'Individual Objects' 기능을 체크해준다.

38 Duplicate Edge 기능을 실행한다. 이미지와 같이 삽입시킨 보석개체 중 빨간색 Layer개체 거들 아래 가장자리를 이용하여 커브개체를 생성시킨다. 생성시킨 커브개체들은 Join 기능을 실행하여 하나의 커브 개체로 결합시킨다.

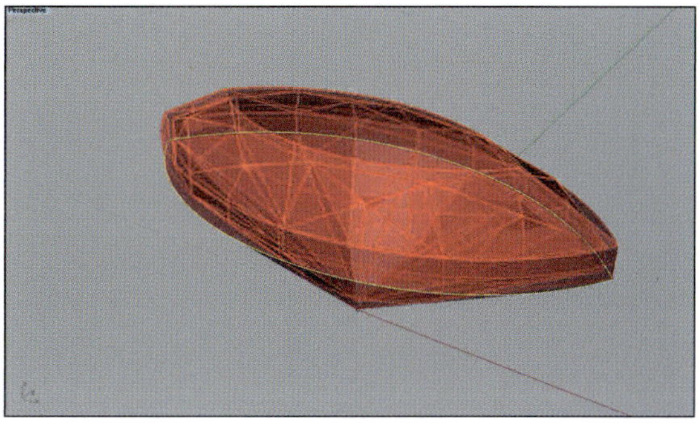

39 Hide objects 기능을 실행하여 보석 개체를 숨긴다.

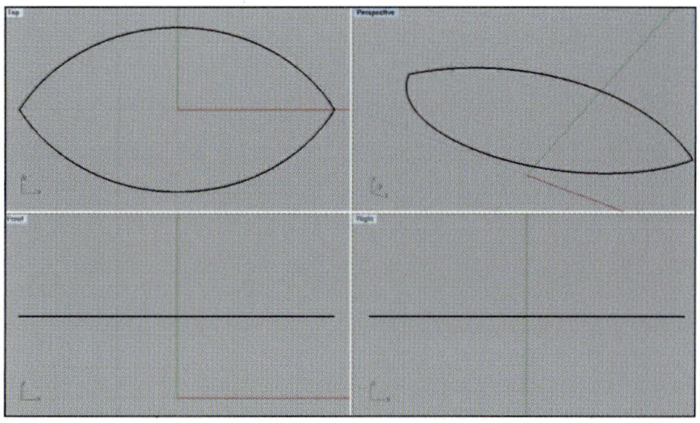

40 Offset Curve 기능을 실행한다. 기능을 실행하면서 명령표시줄에 있는 옵션기능 중 'Corner=Sharp'로 지정해준다. 먼저 결합된 커브개체를 선택하여 안쪽방향으로 0.2mm, 0.6mm 간격으로 2번 Offset 시킨다. 다음 결합된 커브개체를 다시 선택하여 바깥쪽 방향으로 0.8mm 간격으로 Offset 시킨다. 다음 안쪽방향으로 0.6mm Offset된 커브 개체를 선택하여 다시 안쪽방향으로 0.2mm Offset시킨다.

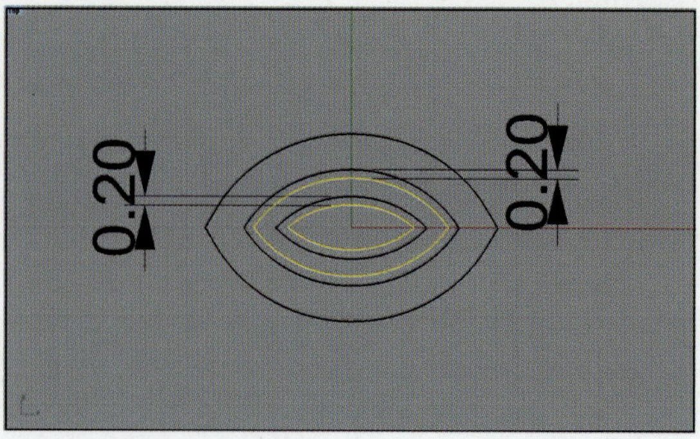

41 이미지와 같이 커브개체들을 선택하여 Hide Objects 기능으로 숨겨둔다.

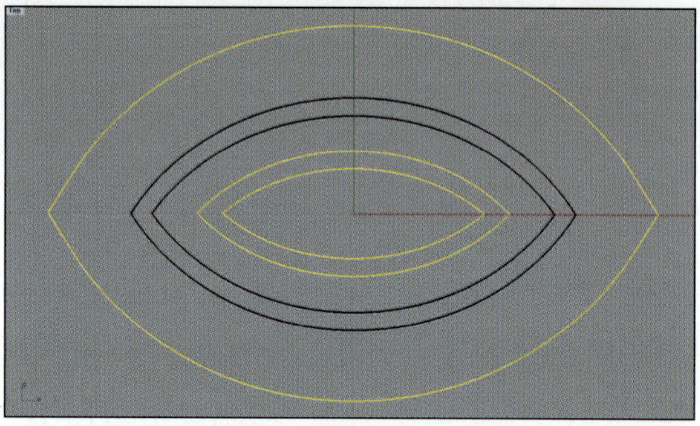

42 다음 이미지에서 보이는 커브개체만 남겨진 것을 확인할 수 있다.

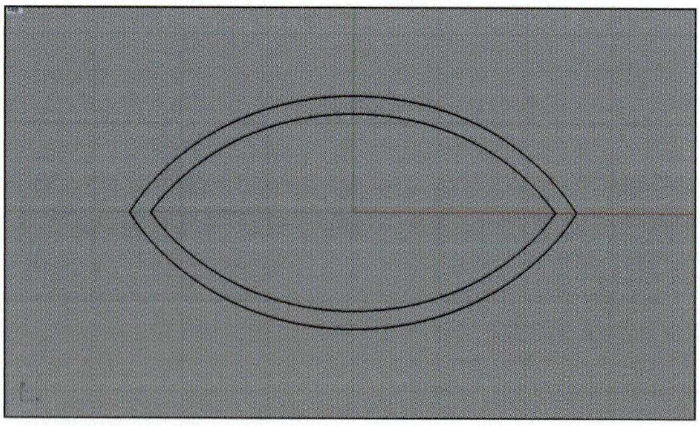

43 Front View를 기준으로 Move 기능을 실행한다. 가장 안쪽에 있는 커브개체를 선택하여 아래쪽 방향으로 1.5mm 이동시킨다.

44 Line 기능을 실행하여 이미지와 같이 직선커브 개체를 생성한다.

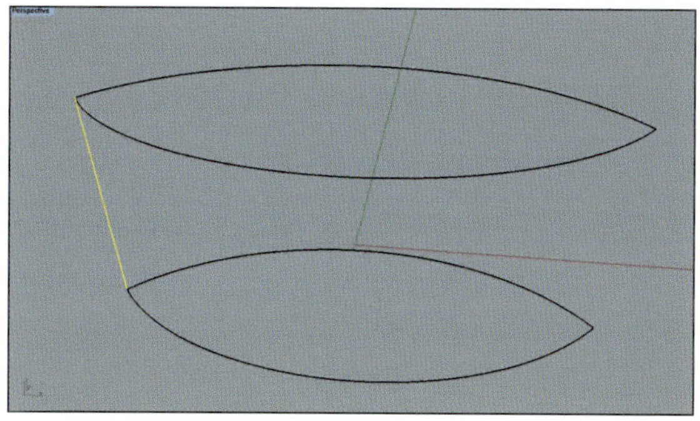

45 Surface from planer curves 기능을 실행한다. 이미지와 같이 상단과 하단에 배치된 커브개체들을 면 개체로 생성한다.

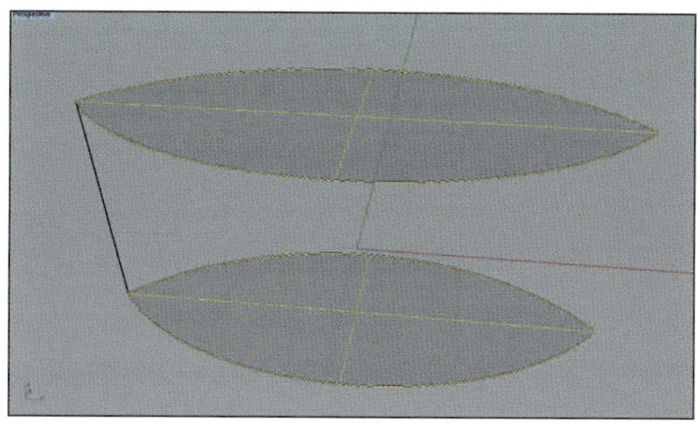

46 Perspective View에서 Sweep 2 Rails 기능을 실행한다. 이미지와 같은 순서대로 선택하여 옆면 역할을 하는 면 개체를 생성한다.

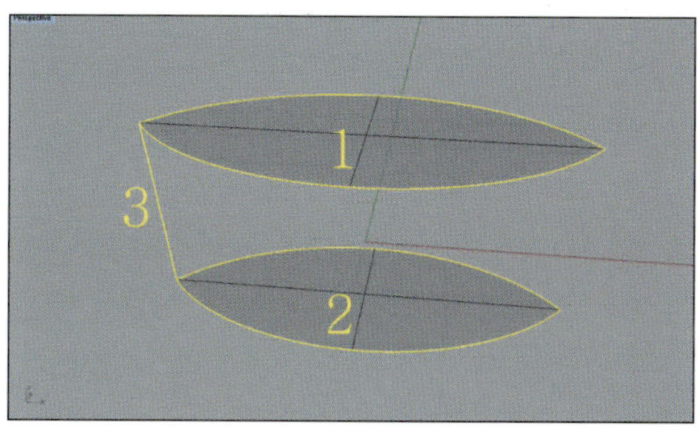

47 Join 기능을 실행하여 모든 면 개체들을 결합시킨다. 하나의 Solid개체로 생성한다.

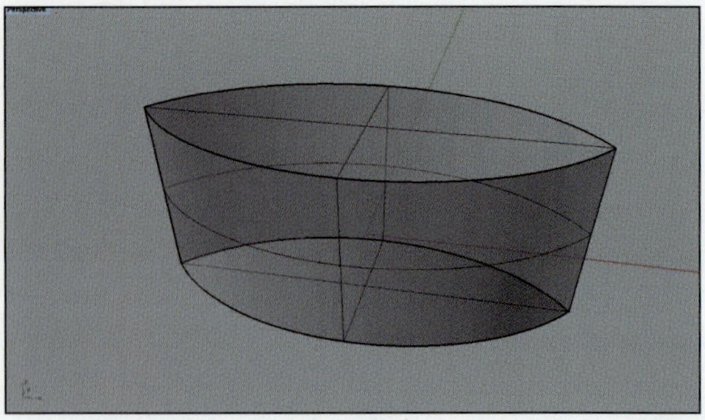

48 Show Selected Objects 기능을 실행한다. 바깥쪽 방향으로 0.8mm Offset된 커브 개체를 불러온다.

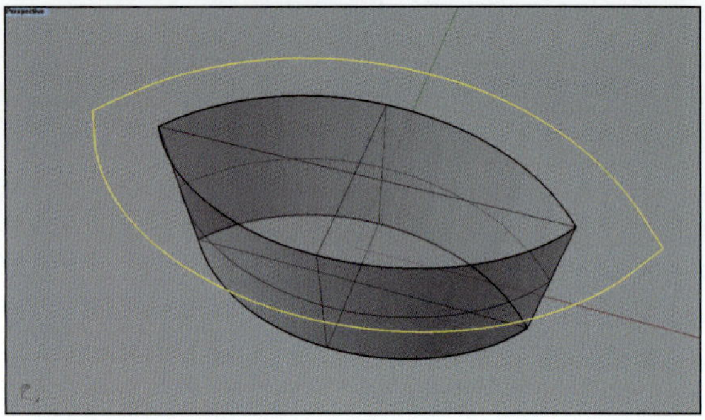

49 Front View를 기준으로 Move 기능을 실행한다. 커브개체를 선택하여 1mm 아래로 이동시킨다.

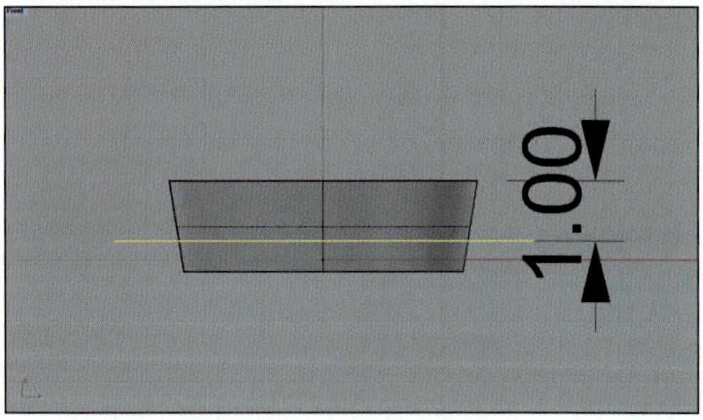

50 Hide Objects 기능을 실행하여 생성된 Solid개체를 숨긴다.

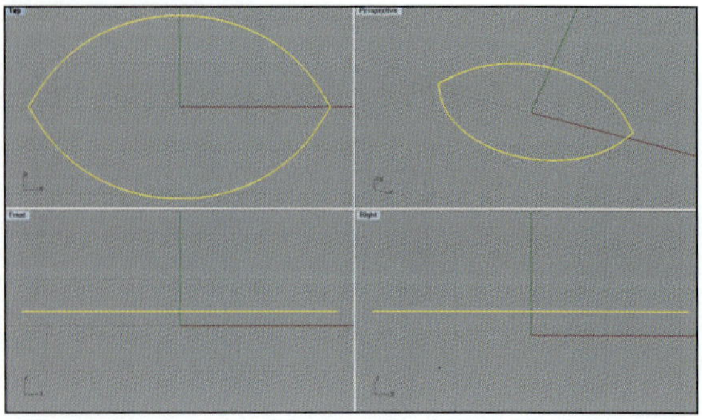

51 Surface from planer curves 기능을 실행한다. 이미지와 같이 면 개체를 생성한다.

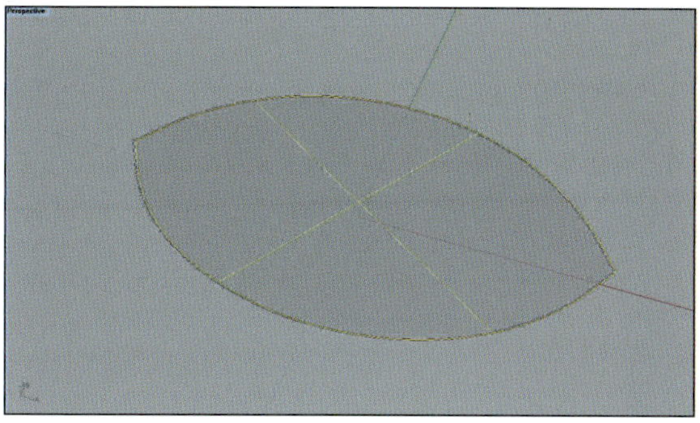

52 Cage Edit 기능을 실행한다. 생성시킨 면 개체를 선택한 다음 Bounding box를 생성한다. 이때, 명령표시줄에 있는 옵션기능 중 'XPonitCount=4, YPonitCount=4, ZPonitCount=4, XDegree=3, YDegree=3, ZDegree=3'으로 설정한다. Move 기능을 실행한다. 이미지와 같이 안쪽에 있는 조절점을 모두 선택하여 위쪽방향으로 0.5mm 이동시킨다.

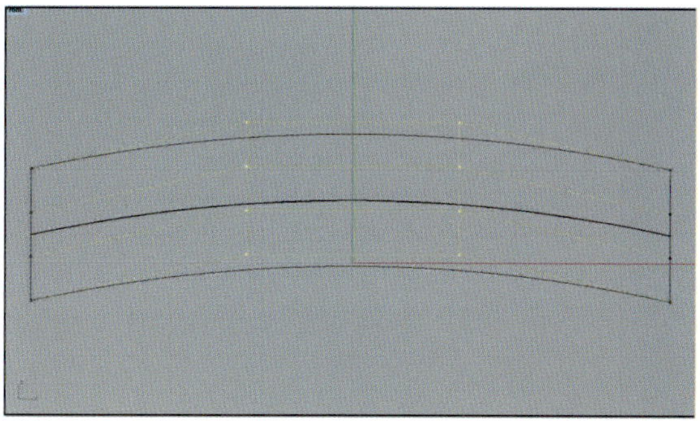

53 Offset Surface 기능을 실행한다. 옵션기능 중 'Solid' 기능을 체크한 다음 아래쪽 방향으로 5mm 두께를 가진 Solid개체를 생성시킨다. 다음 Explode 기능을 실행하여 분해시킨다.

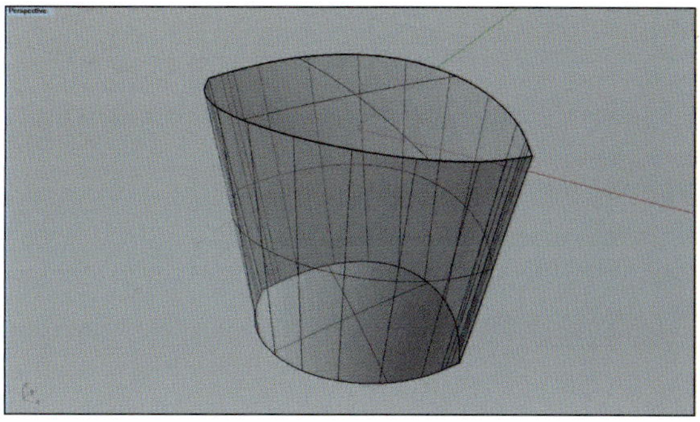

54 분해시킨 면 개체들 중 밑에 있는 면 개체를 제외한 모든 면 개체를 선택한 다음 Offset Surface 기능을 실행한다. 안쪽방향으로 1mm Offset시킨다.

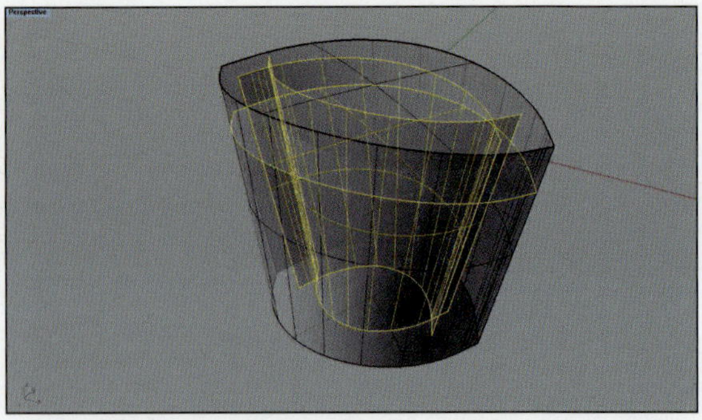

55 Offset 시킨 면 개체들을 제외한 나머지 면 개체들을 선택한다. Join 기능을 실행하여 다시 Solid개체로 생성시킨다. 다음 생성시킨 Solid개체를 선택한 다음 Hide Objects 기능으로 숨긴다. 이미지와 같이 Offset 시킨 면 개체들만 화면상에 남아있는 것을 확인할 수 있다.

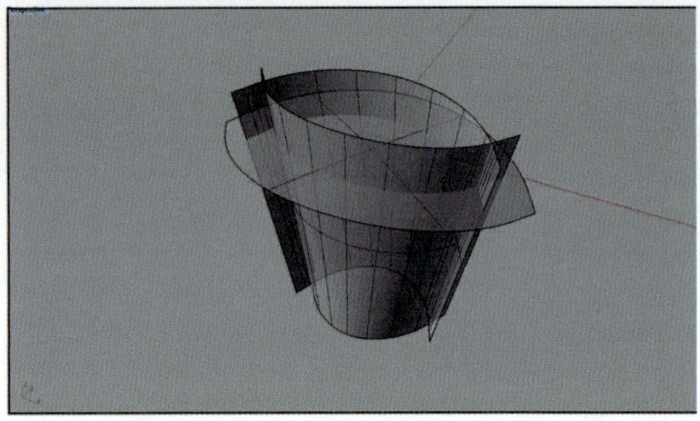

56 이미지와 같이 면 개체 하단 가장자리를 선택한 다음 Extend Untrimmed Surface 기능을 실행하여 아래쪽 방향으로 1mm 연장시킨다.

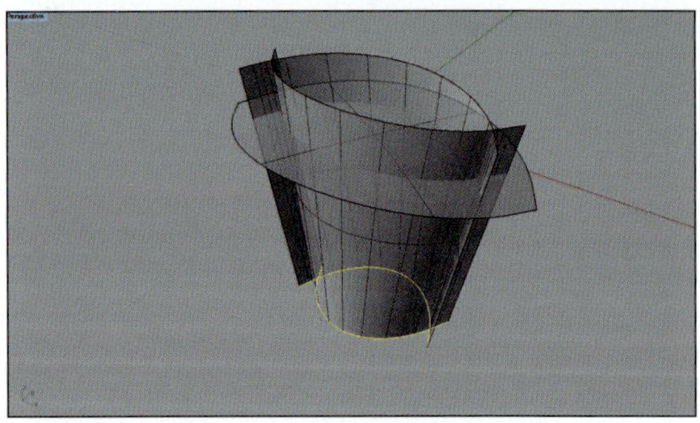

57 Front View에서 Line: from Midpoint 기능을 실행한다. 이미지와 같은 위치에 직선개체를 생성해준다.

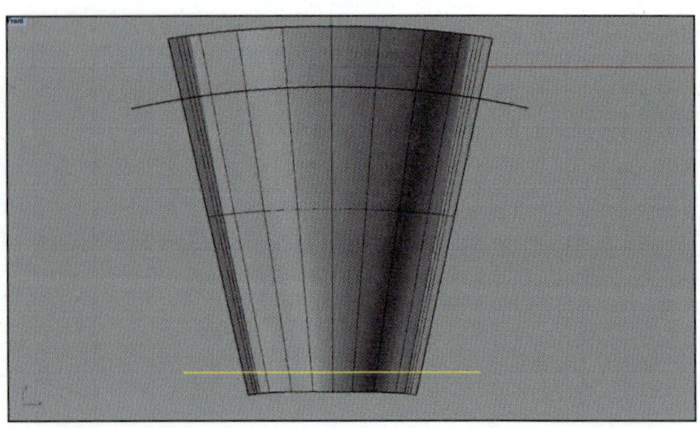

58 생성된 직선커브 개체를 선택한 다음 Extrude Straight 기능을 실행한다. 이미지와 같이 직선커브 개체가 직선방향으로 돌출되면서 면 개체가 생성된 것을 확인할 수 있다.

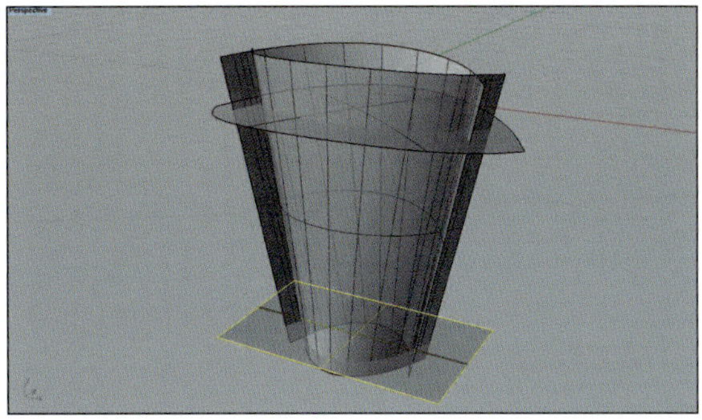

59 화면의 모든 면 개체 개체들을 선택하여 Create Solid 기능을 실행한다.
이미지와 같이 자동으로 Trim되고 결합되면서 Solid개체가 생성된 것을 확인할 수 있다.

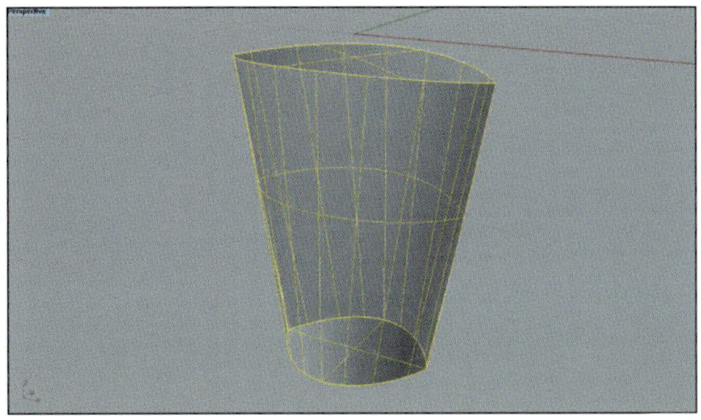

60 Show Selected Objects 기능을 실행한다. 안쪽방향으로 0.6mm Offset된 커브개체와 0.2mm Offset된 커브개체를 불러온다.

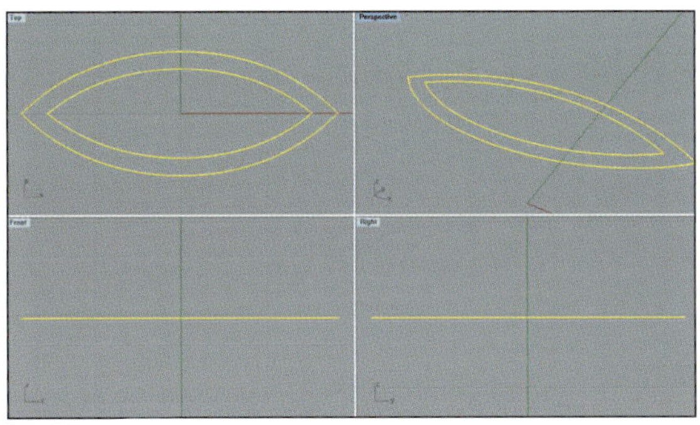

61 Front View를 기준으로 Move 기능을 실행한다. 안쪽에 작은 커브개체를 선택하여 아래쪽 방향으로 2mm 이동시킨다.

62 Line 기능을 실행하여 이미지와 같이 직선커브 개체를 생성한다.

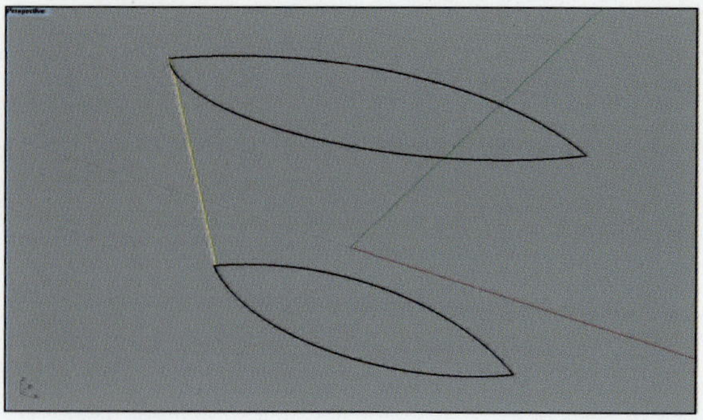

63 Perspective View를 기준으로 Sweep 2 Rails 기능을 실행한다. 이미지와 같이 옆면에 해당하는 면 개체를 생성한다.

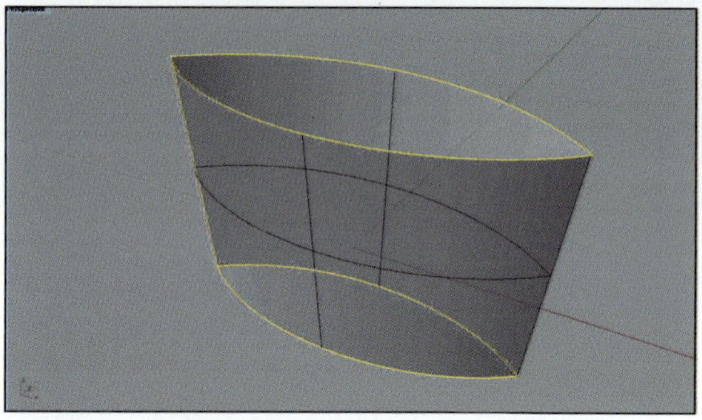

64 Cap Planar Holes 기능을 실행하여 생성된 개체를 이미지와 같이 Solid개체로 생성한다.

65 Move 기능을 실행하여 이미지와 같이 면 개체를 0.1mm 위로 이동시킨다.

66 Show Selected Objects 기능을 실행한다. 4개의 Solid개체를 불러온다.

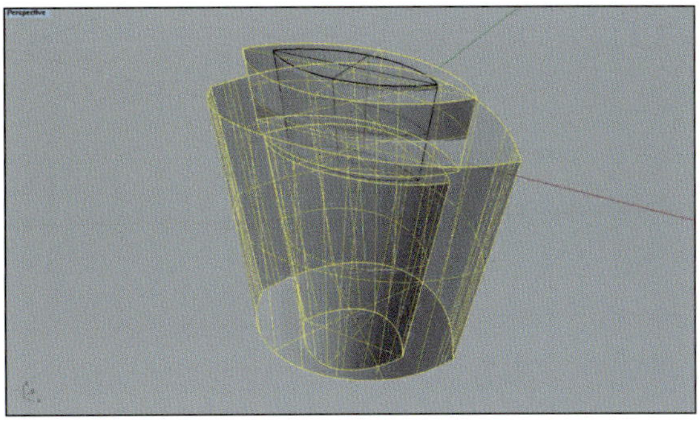

67 Boolean Union 기능을 실행한다. 이미지와 같이 바깥쪽에 있는 Solid개체를 합쳐준다.

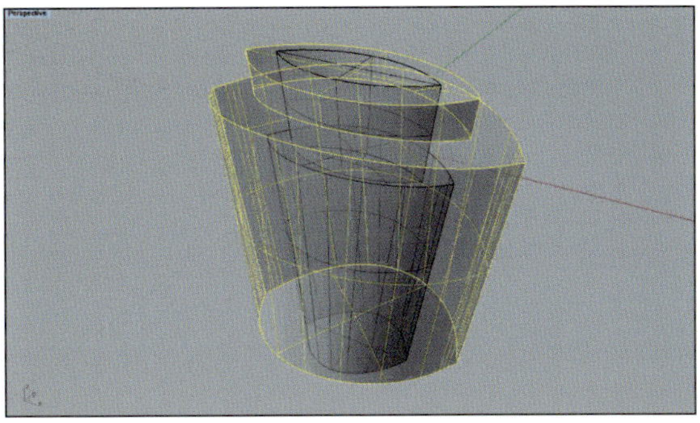

68 다시 Boolean Union 기능을 실행한다. 이미지와 같이 안쪽에 위치한 Solid개체들을 합쳐준다.

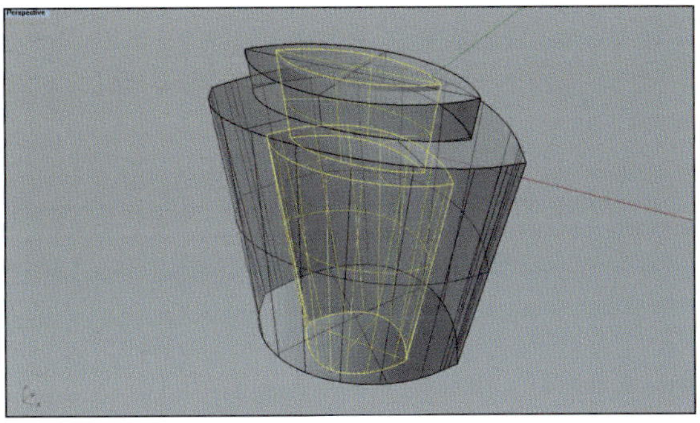

69 Boolean Difference 기능을 실행한다. 바깥쪽 Solid개체를 선택한 다음 Enter키를 누른다. 다음 안쪽의 Solid개체를 선택한 다음 Enter키를 누른다. 이미지와 같이 안쪽에 속이 파여진 상태로 Solid개체가 생성된 것을 확인할 수 있다.

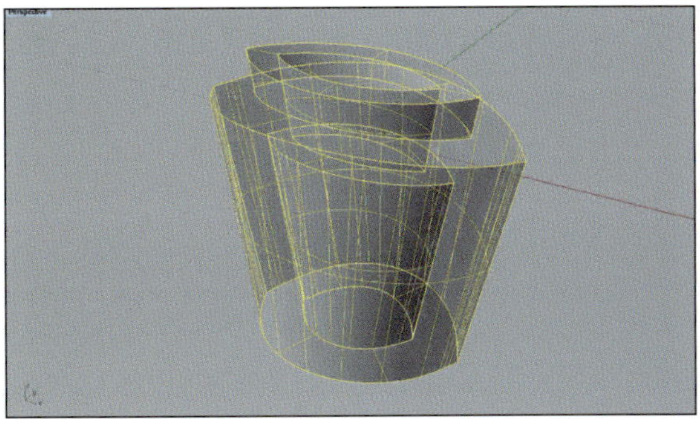

70 Show Selected Objects 기능을 실행한다. 이미지와 같이 보석개체를 불러온다.

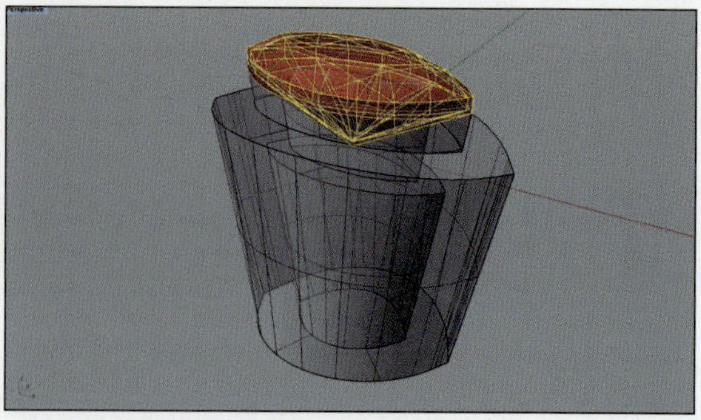

71 Move 기능을 실행한다. 불러온 보석개체를 선택한 다음 0.15mm 위로 이동시킨다.

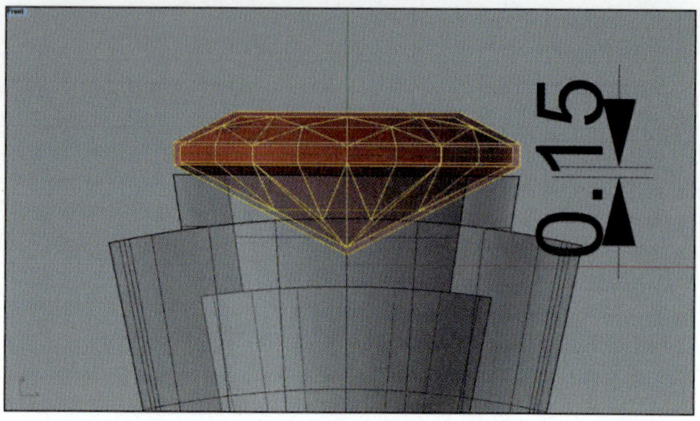

72 Front View를 기준으로 Control Point Curve 기능을 실행한다. 이미지와 같은 형태의 곡선커브 개체를 생성한다. 이때, 마퀴즈 보석개체의 왼쪽 거들위치와 곡선커브 개체 간격이 0.15~0.16mm정도 떨어지게 생성한다.

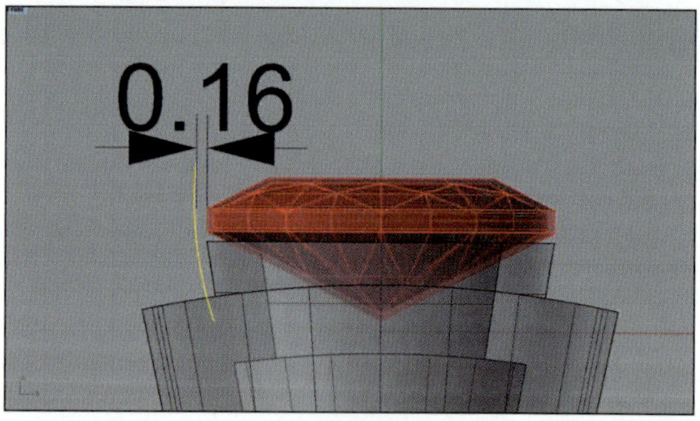

73 생성된 곡선커브 개체를 선택한 다음 Pipe Round Caps 기능을 실행한다. 지름 값이 0.8mm인 파이프 개체를 생성한다.

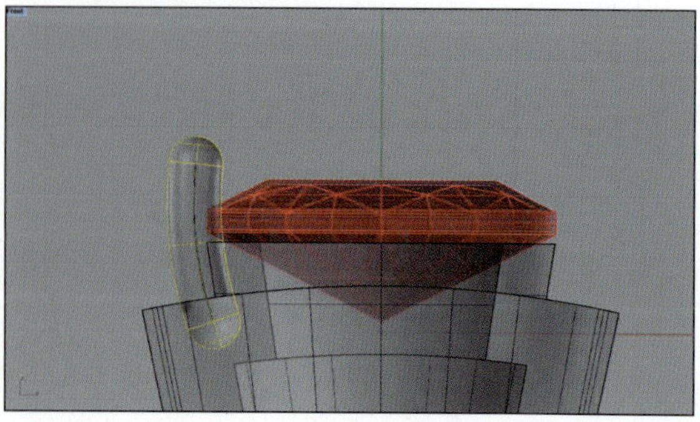

74 Mirror 기능을 실행한다. 이미지와 같이 파이프개체를 수평방향으로 대칭복사 한다.

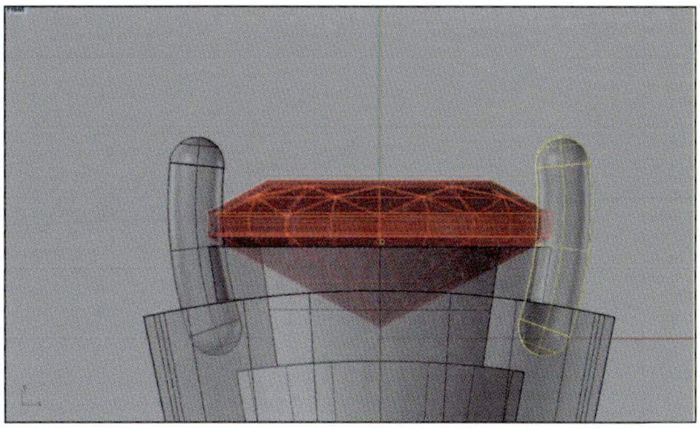

75 Front View를 기준으로 Rotate 2-D 기능을 실행한다. 이미지와 같이 보석개체와 난발, 난집 개체들을 모두 선택한 다음 원점을 기준점으로 개체들을 -13.5도 회전시켜 준다.

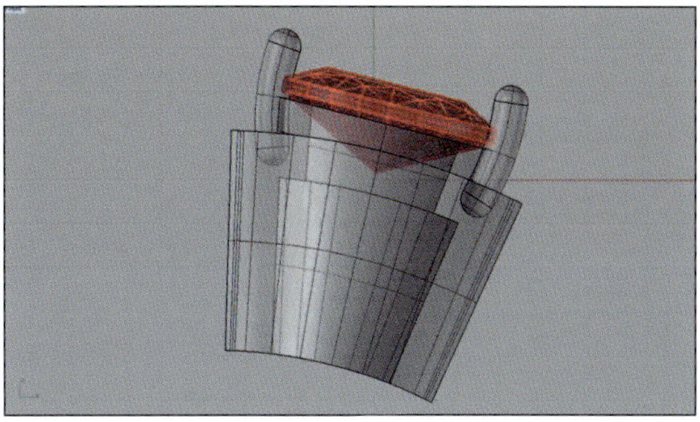

76 Move 기능을 실행한다. 이미지와 같이 원점을 기준으로 개체를 11.5mm 위로 이동시킨다.

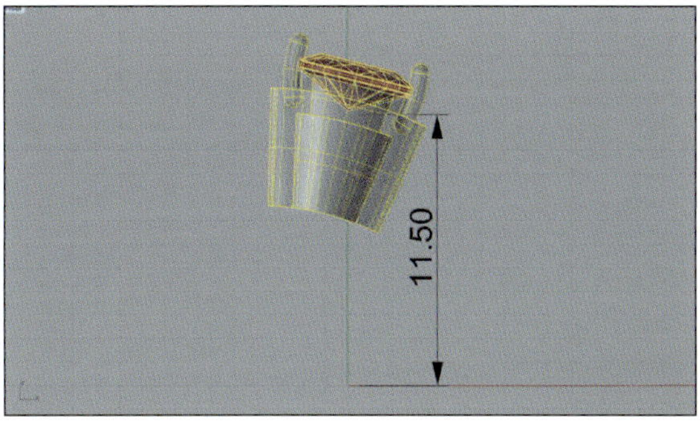

77 Rotate2-D 기능을 실행한다. 원점을 기준점으로 개체를 이미지와 같이 34도 기울려 준다.

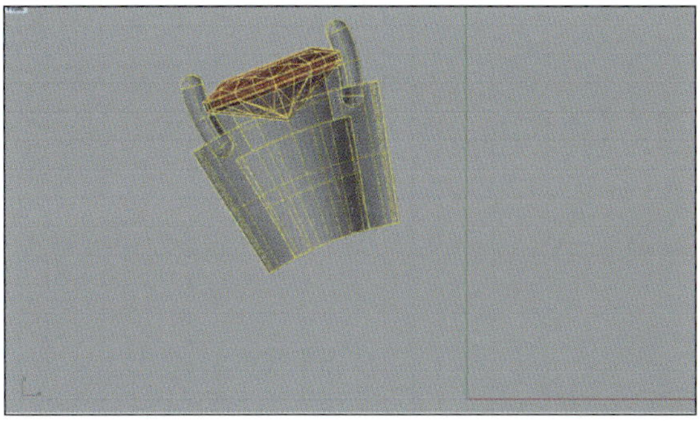

78 Mirror 기능을 실행한다. 이미지와 같이 수평방향으로 대칭복사 한다.

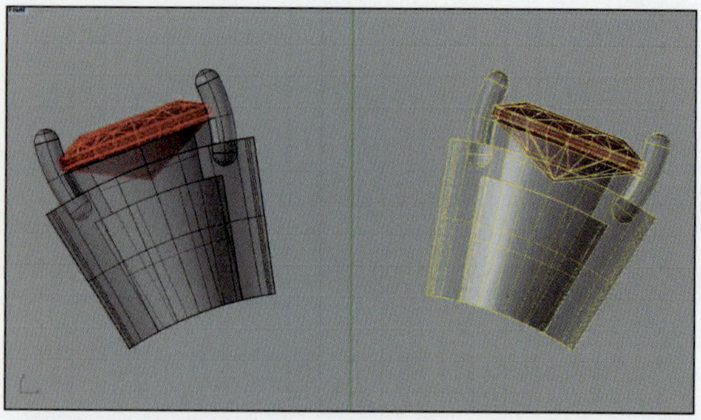

79 Show Objects 기능을 실행하여 이미지와 같이 Hide된 개체를 불러온다.

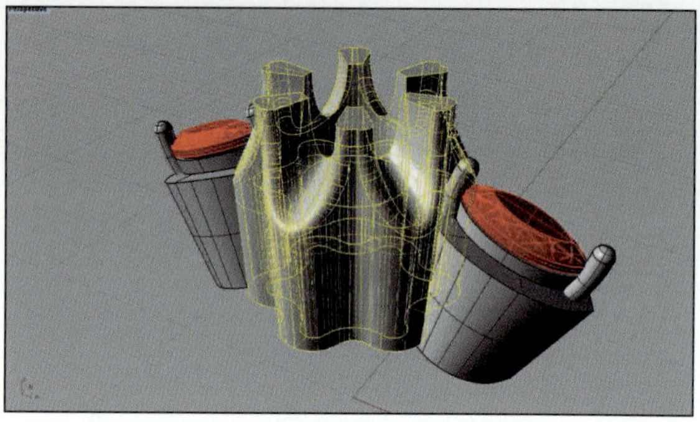

80 Front View를 기준으로 Circle:Center, Radius 기능을 실행한다. 원점을 기준으로 지름 값이 17.37mm 인 원형커브 개체를 생성한다.

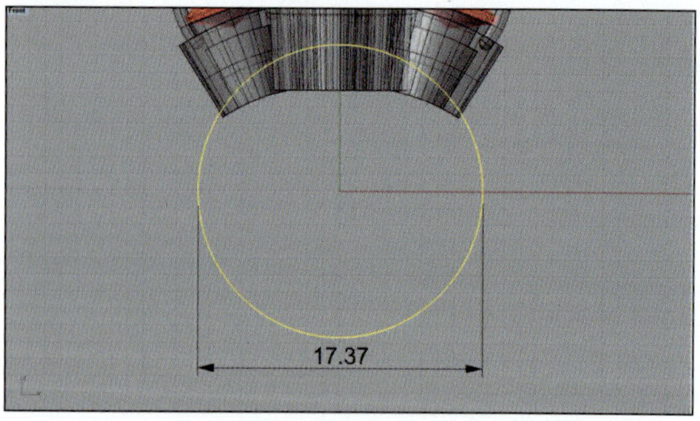

81 Extrude Closed Planar Curve 기능을 실행한다. 생성된 원형커브 개체를 선택한 다음 이미지와 같이 Solid개체를 생성한다. 이때, 명령표시줄에 있는 옵션기능들 중 'BothSides=Yes, Cap=Yes, DeleteInput=Yes'로 설정해준다.

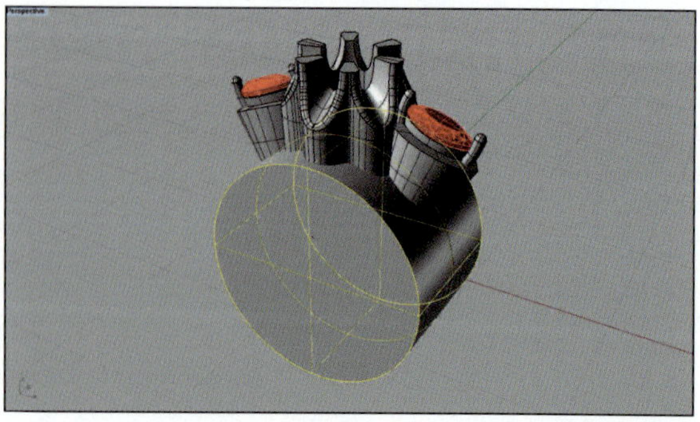

82 Boolean Difference 기능을 실행한다. 먼저 난집 개체들을 선택한 다음 Enter키를 누른다. 다음 생성시킨 원형 Solid개체를 선택한 다음 Enter키를 누른다. 이미지와 같이 난집개체들이 원형 Solid개체 크기만큼 빠진 것을 확인할 수 있다. 다음 모든 개체들을 선택한 다음 Hide Objects 기능으로 숨긴다.

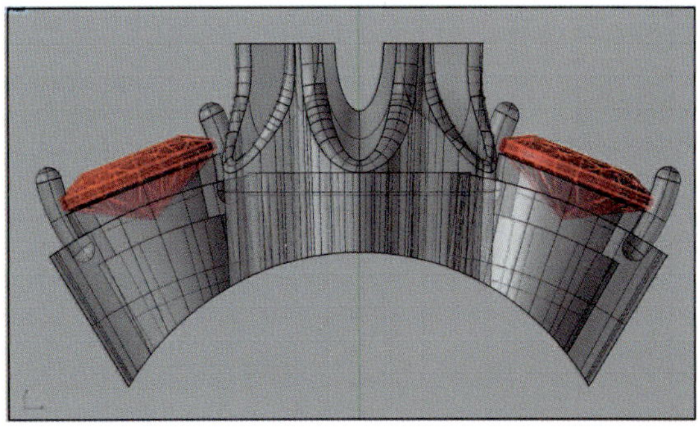

83 Front view를 기준으로 Circle: Center, Radius 기능을 실행한다. 원점을 기준으로 하는 지름 값이 19.37mm, 21.37mm인 원형 커브 2개를 생성한다.

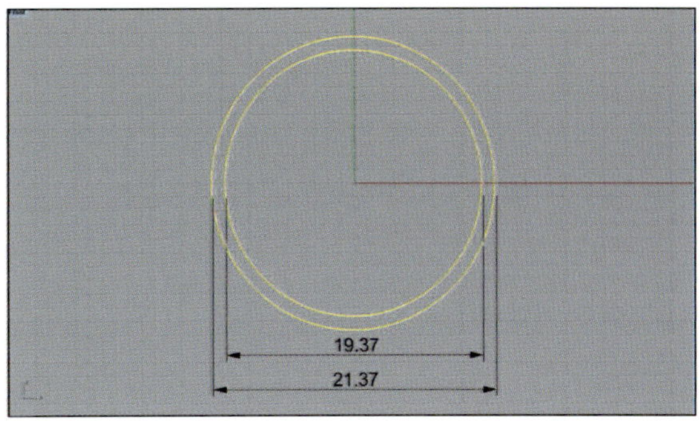

84 Line 기능을 실행한다. 원점을 기준으로 위쪽 방향으로 향하는 16mm 직선커브 개체를 생성한다.

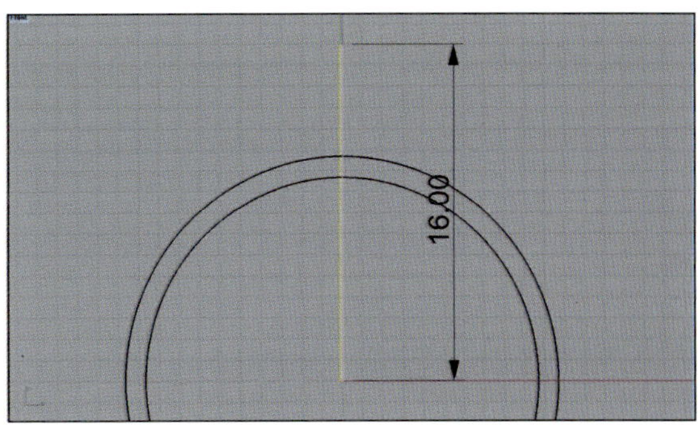

85 Rotate 2-D 기능을 실행한다. 명령표시줄에 있는 옵션기능 중 'Copy ' 기능을 선택한다. 원점을 중심으로 4도, 15도, 19도, 30도, 34도, 45도 기울인 직선커브 개체를 회전시키며 복사한다.

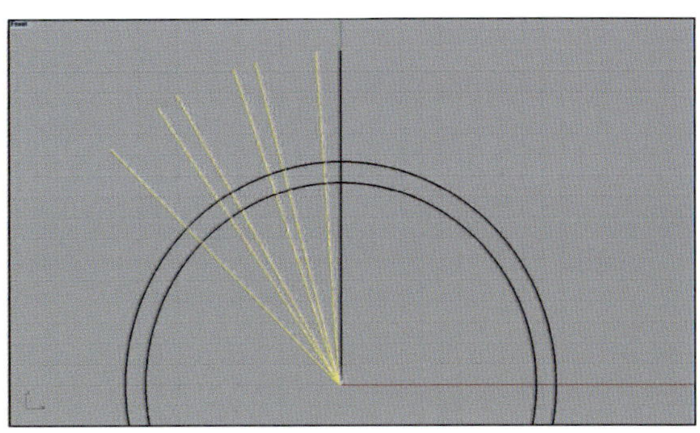

86 Mirror 기능을 실행한다. 이미지와 같이 수평방향으로 대칭복사를 한다. 처음 원점을 중심으로 수직방향으로 향한 직선커브 개체는 삭제한다.

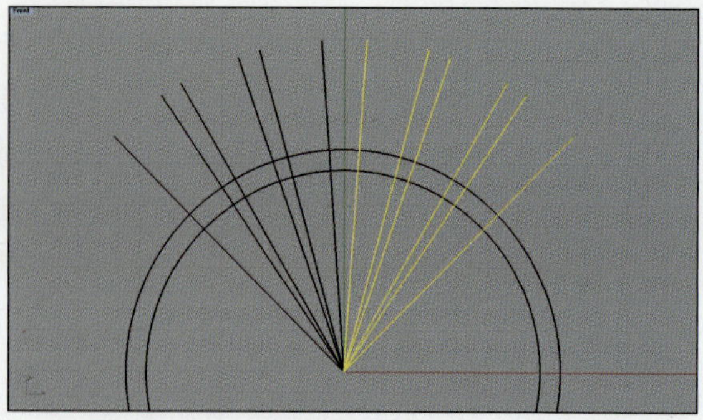

87 Trim기능을 실행한다. 직선커브 개체와 원형커브 개체를 선택해 이미지와 같이 Trim시킨다. 커브개체들을 모두 Trim시킨 다음 Join 기능으로 결합시킨다.

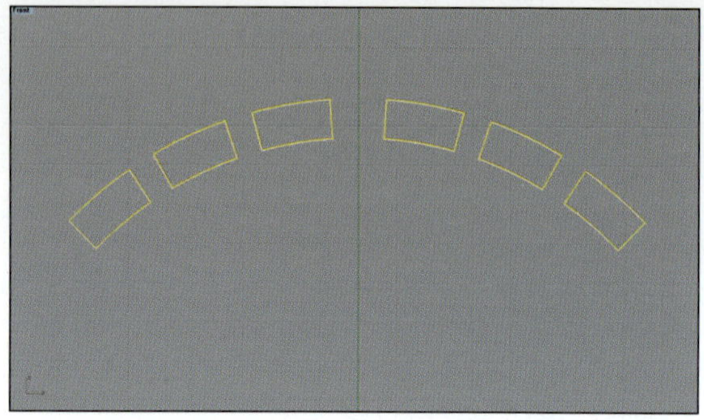

88 Extrude Closed Planar Curve 기능을 실행한다. 이미지와 같이 길이가 10mm 인 Solid개체로 생성시킨다. 이때, 명령표시줄에 있는 옵션기능들 중 'BothSides=Yes, Cap=Yes, DeleteInput=Yes'로 설정해준다.

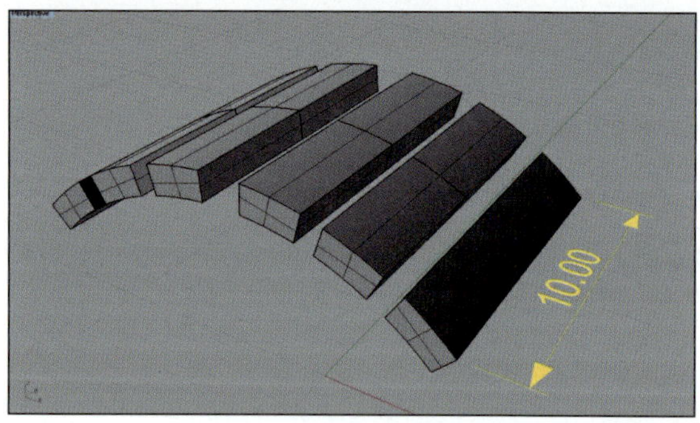

89 Show Objects 기능을 실행한다. 이미지와 같이 Hide된 개체를 불러온다.

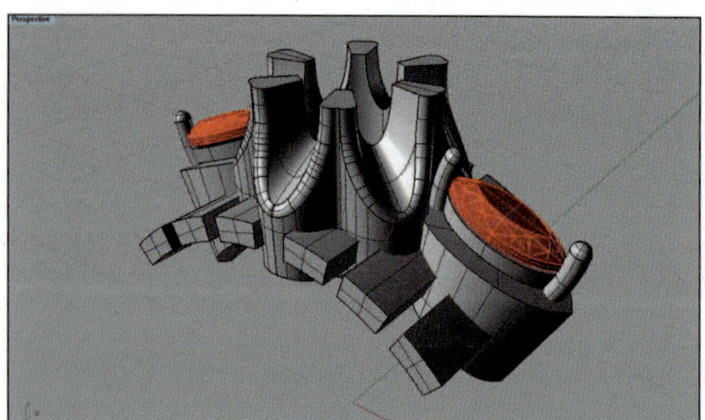

90 Boolean Difference 기능을 실행한다. 먼저 불러온 난집 개체들을 선택한 다음 Enter키를 누른다. 다음 돌출시킨 Solid개체들을 선택한 다음 Enter키를 누른다.
이미지와 같이 돌출시킨 Solid개체 크기만큼 빠진 것을 확인할 수 있다.

Hide Objects 기능을 실행하여 모든 개체들을 숨긴다.

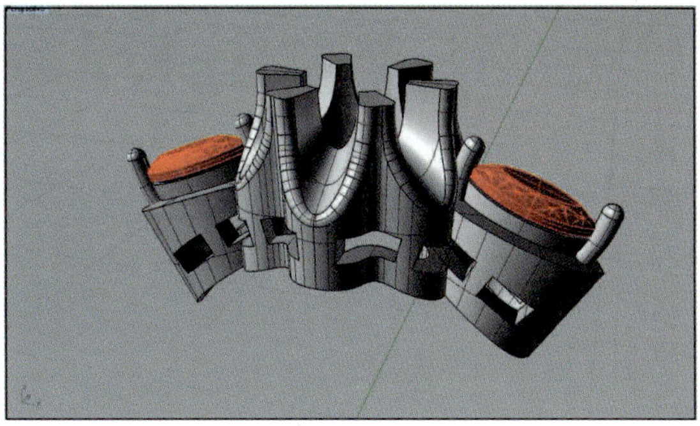

91 Front View를 기준으로 Circle:Center, Radius 기능을 실행한다. 원점을 기준으로 하는 내경17.37mm(15호), 외경이 19.38mm인 원형커브를 2개를 생성한다.

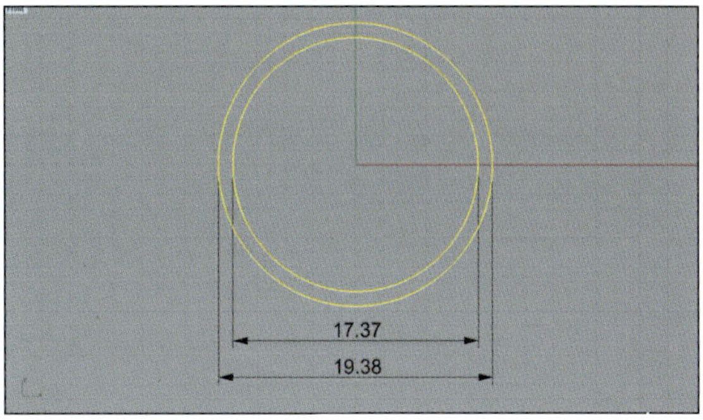

92 Front View에서 19.38mm인 원형커브를 선택하고 Move 기능을 실행한다. 이미지와 같이 위쪽 방향으로 0.15mm 이동 시킨다.

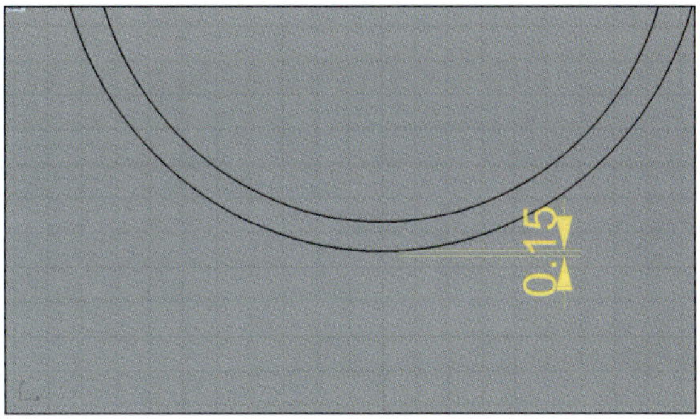

93 Front View에서 이동된 19.38mm인 원형커브 개체를 선택한 다음 Sale 1-D 기능을 실행한다. 아래 Quad점을 기준점으로 지름이 19.38mm인 원형커브를 수직방향으로 늘려준다. 이때, 명령을 실행하고 명령표시줄에 '20.57/19.38'를 입력하고 Enter키를 누른다.

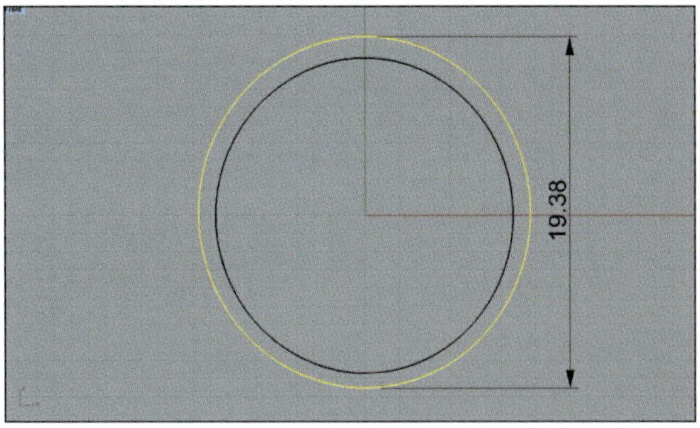

94 이미지와 같이 원형커브 개체가 19.38mm에서 20.57mm로 늘어난 것을 확인할 수 있다.

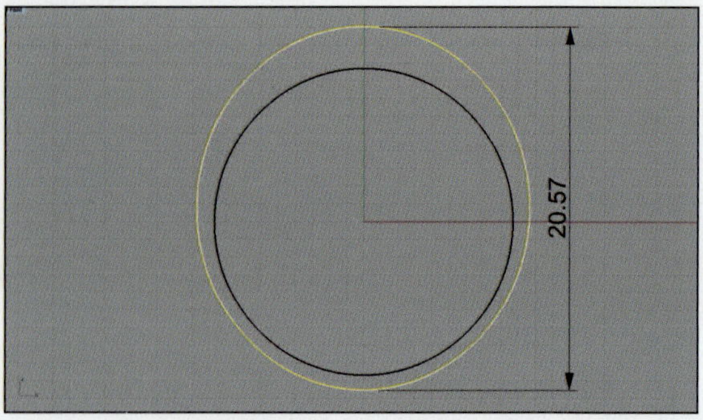

95 Right View에서 Line: from Midpoint 기능을 실행한다. 바깥쪽 원형커브 개체 Quad점을 기준점으로 이미지와 같이 위쪽은 2.9mm, 아래쪽은 3.95mm인 직선 2개를 생성한다.

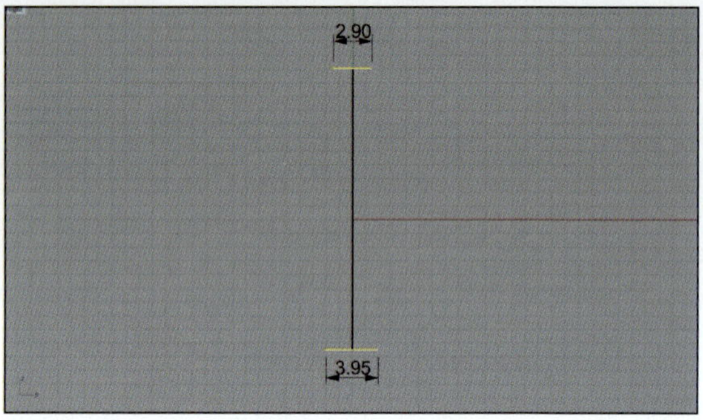

96 Right View에서 Line 기능을 실행하여 이미지와 같이 직선커브 개체들 End점을 연결하는 직선커브 개체를 생성한다.

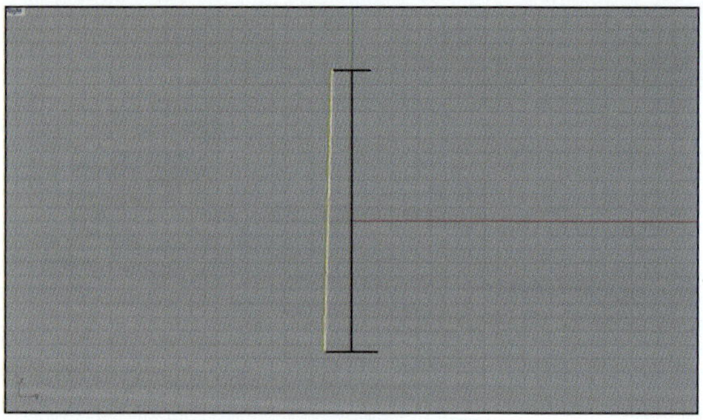

97 Perspective View를 기준으로 Curve from 2views 기능을 실행한다. 1번 직선커브 개체를 선택한 다음 2번 원형커브 개체를 선택한다. 다시 기능을 재실행 한 다음 1번 직선커브 개체를 선택하고, 3번 원형커브 개체를 선택한다.

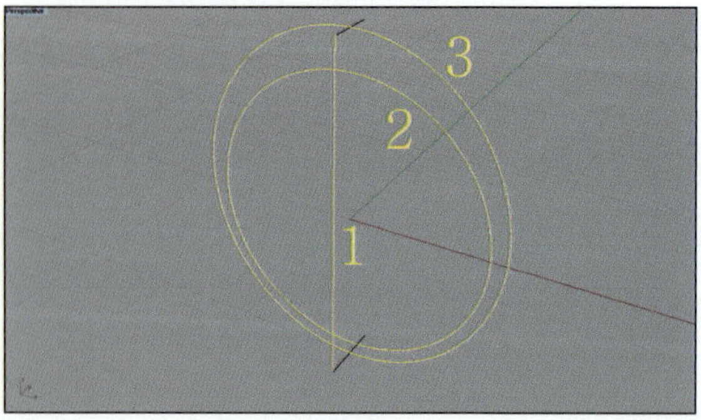

98 다음 이미지와 같이 원형커브 개체들이 직선 커브 개체 기울기에 맞춰 생성된 것을 확인할 수 있다.

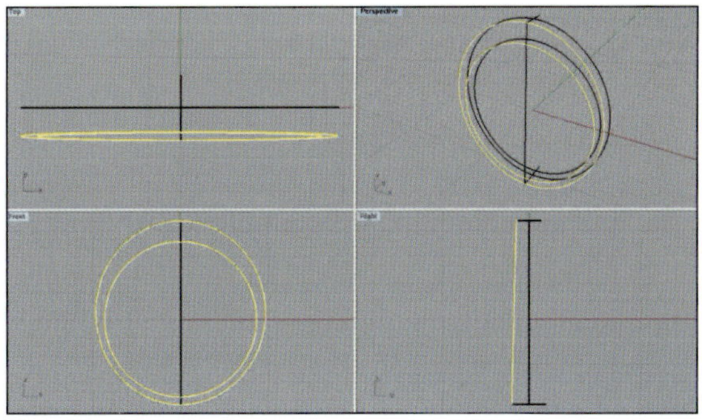

99 이미지와 같이 Curve from 2views 기능이 적용된 원형커브 개체 2개만 남겨놓고 나머지는 커브개체들은 삭제한다.

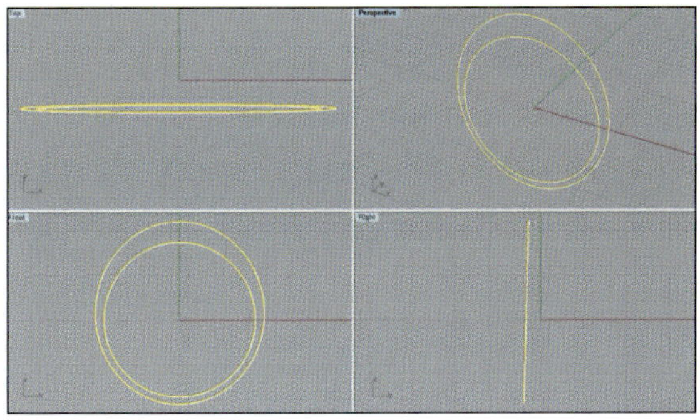

100 Right View에서 Mirror 기능을 실행한다. 남겨놓은 원형커브 개체 2개를 선택한 다음 수평방향으로 대칭 복사 한다.

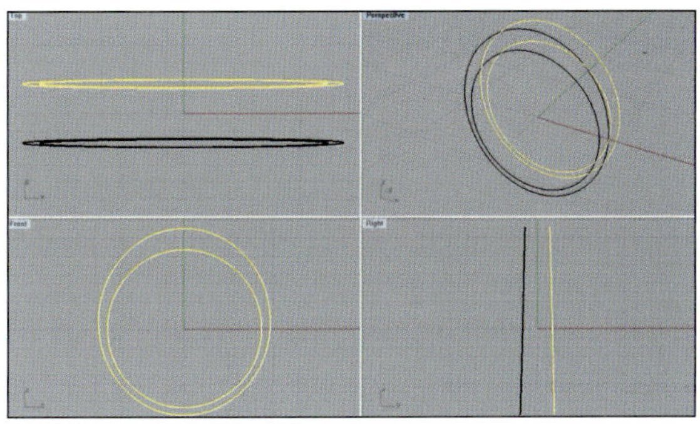

101 Right View에서 Arc: Start, End, Point on Arc 기능을 실행한다. 이미지와 같이 상부높이 0.8mm, 하부높이 0.7mm 인 호 개체를 생성한다.

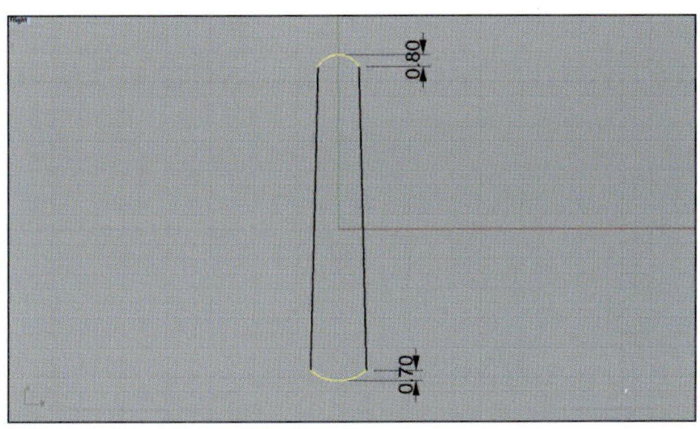

102 Perspective View에서 Sweep 2 Rails 기능을 실행한다. 이미지와 같은 순서대로 선택해 면 개체를 생성한다. 이때, 명령 실행 중 나타나는 Sweep 2 Rail Options 대화상자에 있는 옵션기능 설정은 이미지와 같이 설정해준다.

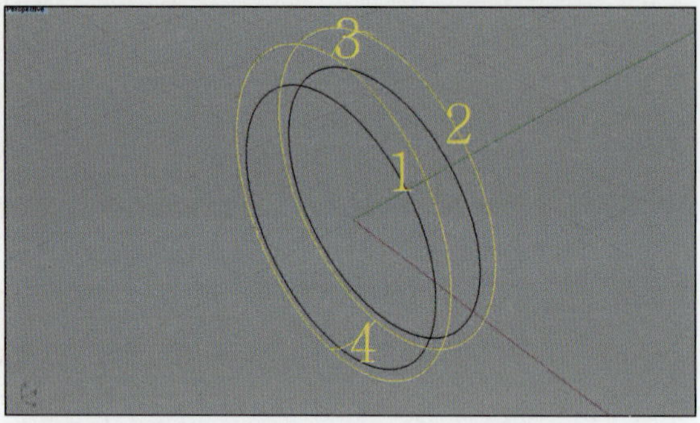

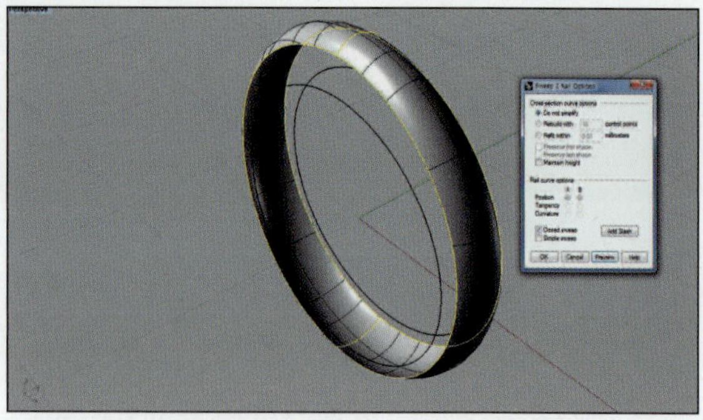

103 이미지와 같이 면 개체가 생성된 것을 확인할 수 있다.

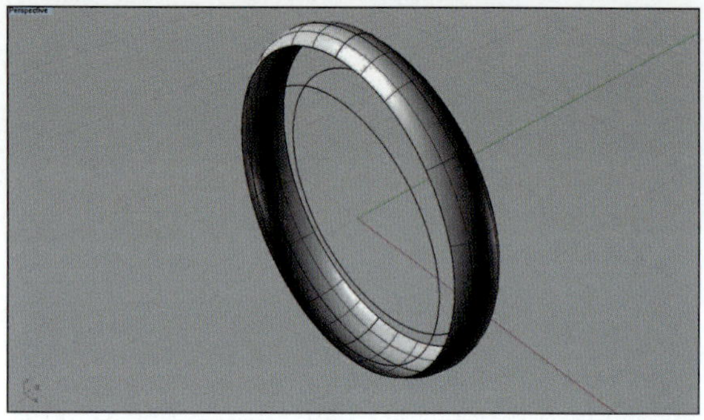

104 Surface from planer curves 기능을 실행한다. 이미지와 같이 커브개체들을 선택해 반지 옆면에 해당하는 면 개체를 생성한다.

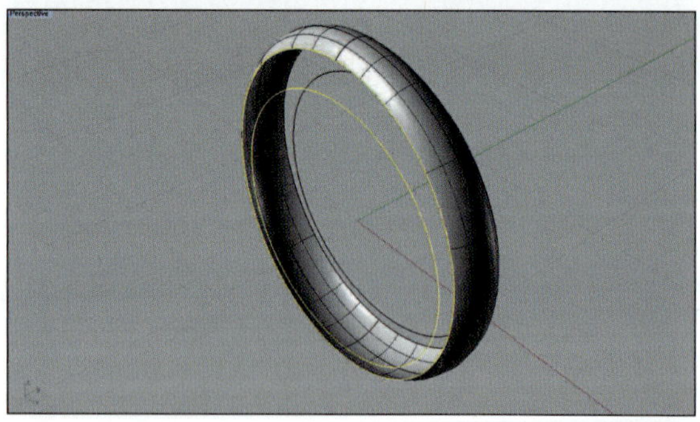

105 이미지와 같이 반지 옆면이 생성된 것을 확인할 수 있다.

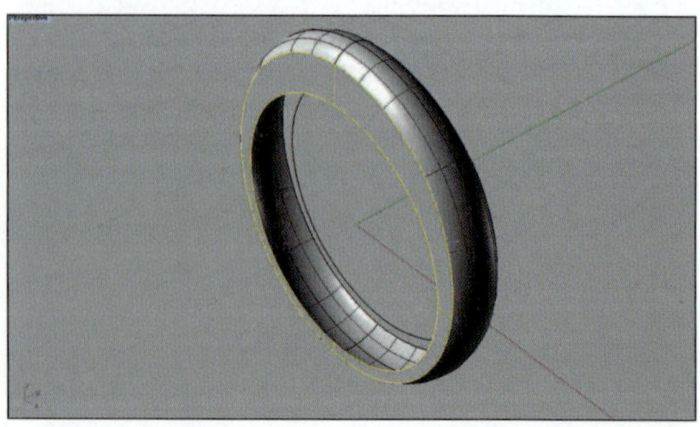

106 Surface from planer curves 기능을 실행한다. 반대쪽 방향도 옆면을 생성시킨다.

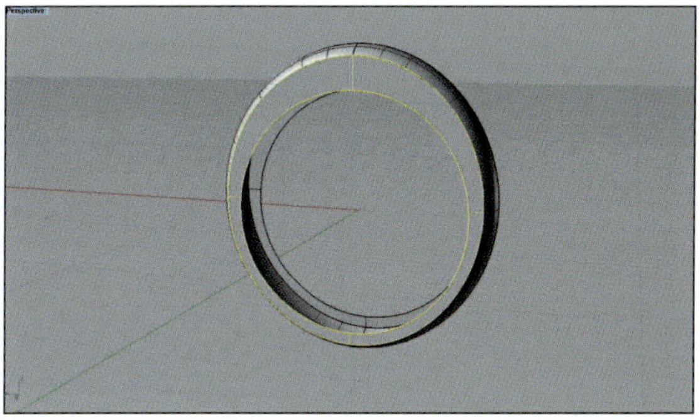

107 Loft 기능을 실행한다. 1번과 2번 커브개체 또는 가장자리를 선택하여 반지 내경을 막아주는 면 개체를 생성한다. 이때, 명령 실행 중 나타나는 Loft Options 대화상자에 있는 옵션 기능들은 이미지와 같이 설정한다.

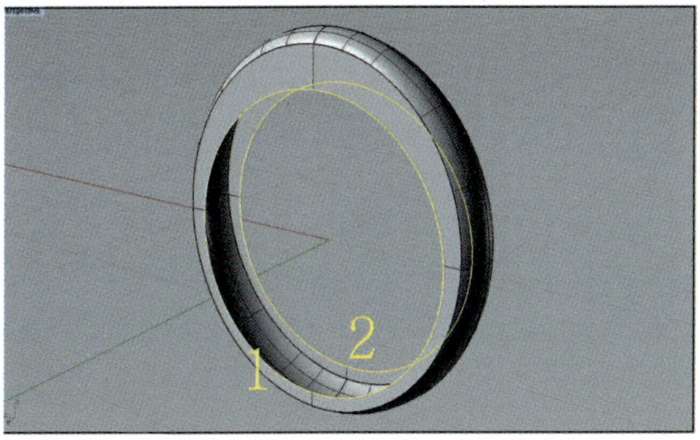

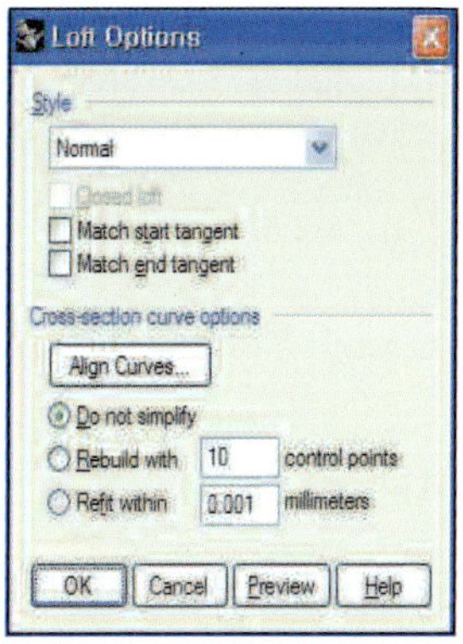

108 이미지와 같이 반지 내경을 막아주는 면 개체가 생성된 것을 확인할 수 있다.

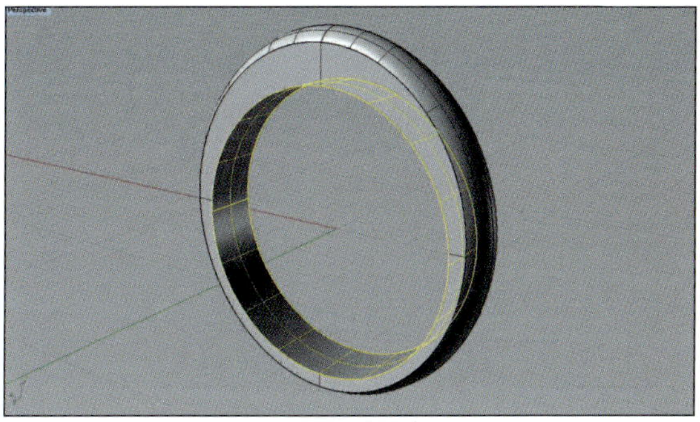

109 Join 기능을 실행하여 모든 면 개체들을 결합시켜준다. 다음 Select Curves 기능을 실행하여 화면상에 남아있는 커브 개체들은 모두 삭제한다.

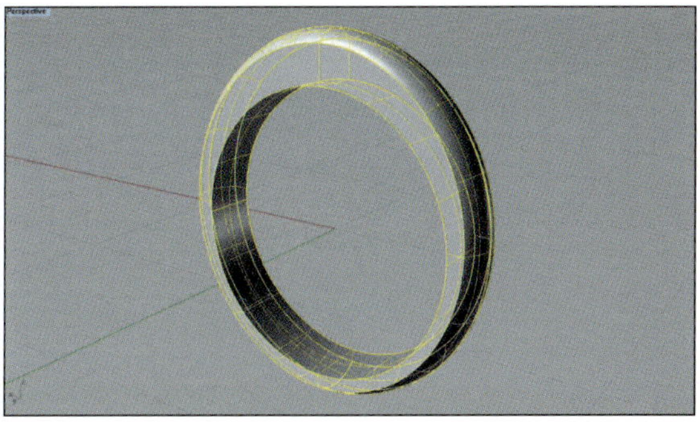

110 Show Objects 기능을 실행한다. 이미지와 같이 Hide된 개체를 불러온다.

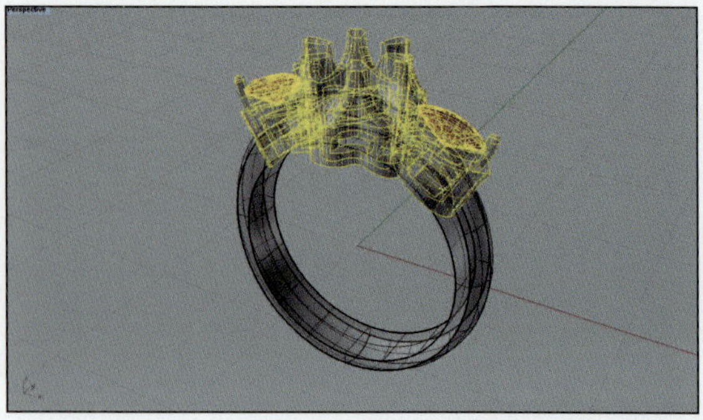

111 Front View에서 Line 기능을 실행한다. 이미지와 같이 직선커브 개체를 생성한다.

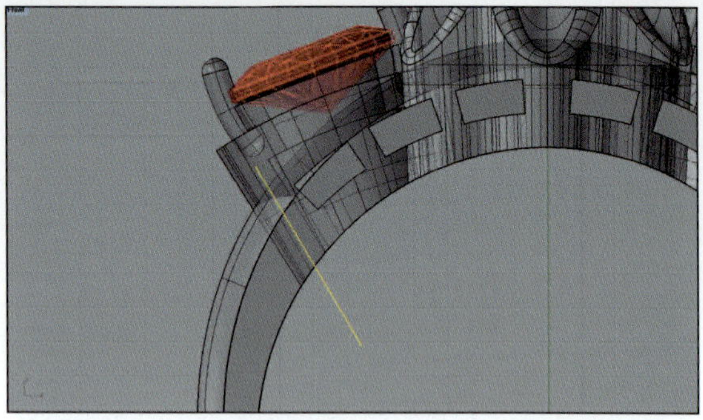

112 이미지와 같이 생성된 직선커브 개체를 선택한 다음 Mirror 기능을 실행하여 수직방향으로 대칭 복사 한다.

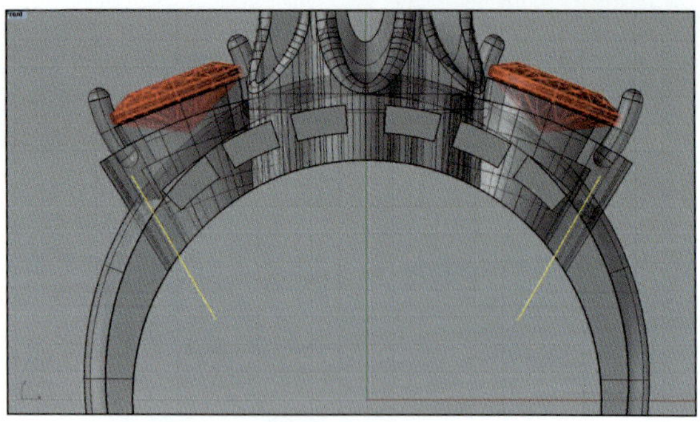

113 Split 기능을 실행한다. 1번 반지개체를 선택하고 Enter키를 누른다. 다음 2번과 3번 직선커브 개체를 선택하여 Enter키를 누른다.

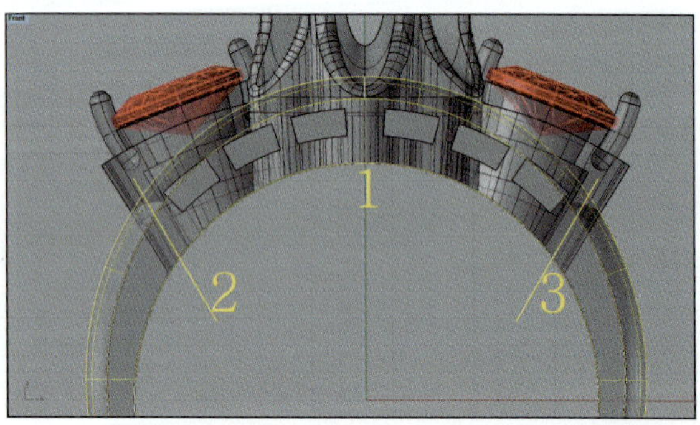

114 이미지와 같이 Split으로 잘린 상단 가운데 있는 면 개체는 직선커브 개체와 삭제한다. 다음 Cap Planar Holes 기능을 실행하여 이미지와 같이 열려있는 반지몸통 면 개체를 닫아줌으로써 Solid개체로 생성시킨다.

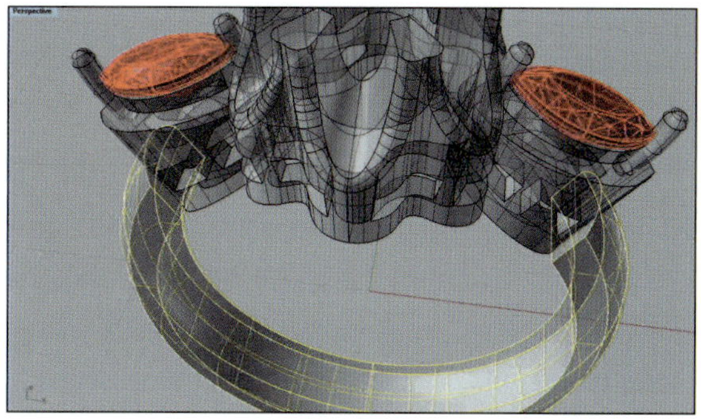

115 다음 이미지와 같이 부록CD 〉 보석샘플 〉 6.토요일 〉 Gem-010 File을 Insert기능으로 삽입시킨다.

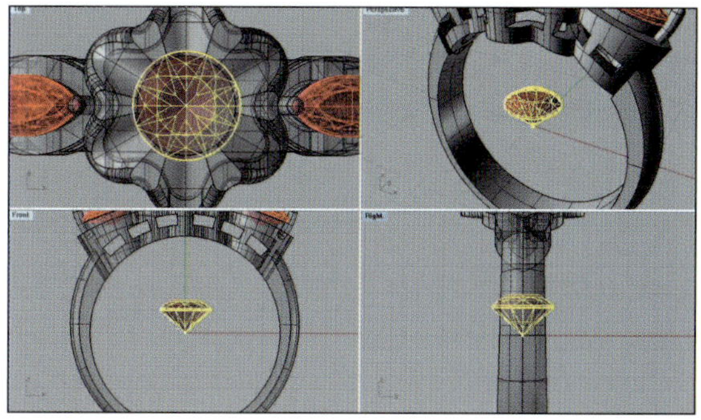

TIP ▸●▸ Insert 대화상자가 나타나면 파일을 경로를 통해 지정한 다음 'Insert as' 기능에서 'Individual Objects' 기능을 체크해준다.

116 Move 기능을 실행한다. 이미지와 같이 보석개체를 원점을 기준으로 위쪽 방향으로 12mm 이동시킨다.

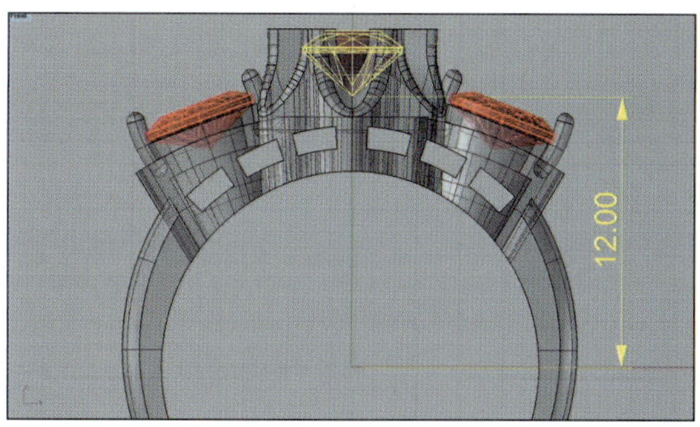

117 Boolean Difference 기능을 실행한다. 기능을 실행한 다음 난집개체들을 모두 선택한 Enter키를 누른다. 다음 보석개체와 같이 겹쳐져 있는 빨간색 Layer개체들을 선택한 다음 Enter키를 누른다. 빨간색 Layer 개체 크기에 맞게 빠진 것을 확인할 수 있다.

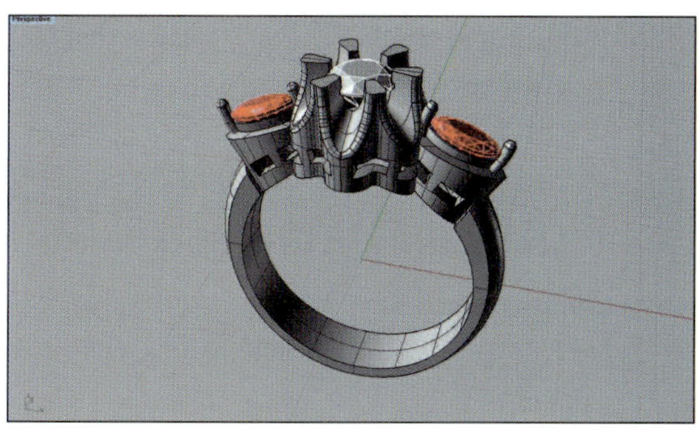

2. 예제 렌더링 따라하기

토요일 「조명에 비춰진 그녀의 반지...」 렌더링 과정에서는 금요일 과정에 이어 V-Ray 렌더링 프로그램 기능을 알아보도록 한다. 토요일 과정은 V-Ray 프로그램으로 자체 발광 효과를 표현하는 방법을 알아보도록 한다. Emissive(자체 발광) 기능은 개체를 Light개체로 대신 사용할 수 있는데, 주로 네온이나 액정, 조명 표현에 사용한다.

부록CD > 예제파일 > 5.토요일 > Saturday-Rendering

01 Import 기능 또는 Open 기능을 실행하여 'Saturday-Rendering' 파일을 불러온다. 다음 이미지와 같이 토요일차 모델링 개체들이 바닥과 조명 개체, 그리고 구도가 설정된 상태로 불러와지는 것을 확인할 수 있다.
불러오는 예제는 V-Ray Option 기능을 설정시킨 상태이므로 작업자는 세부 옵션 기능 설정 작업과 재질 적용 작업과정만을 진행하도록 하겠다.

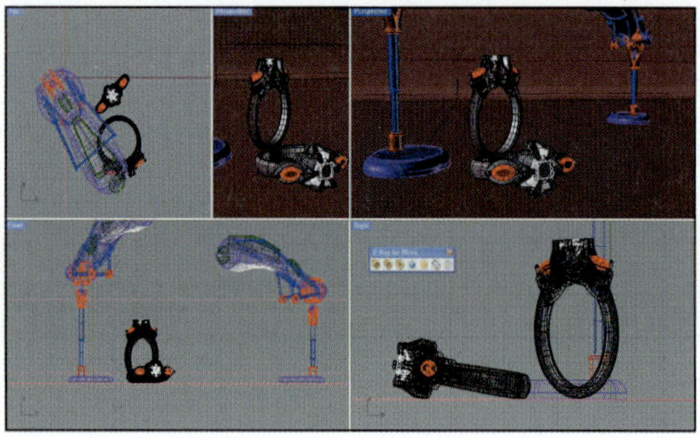

02 다음 이미지와 같이 'Global Switches' 기능 롤아웃을 확장시킨다. 'Max Depth'값을 '12'로 지정한다.

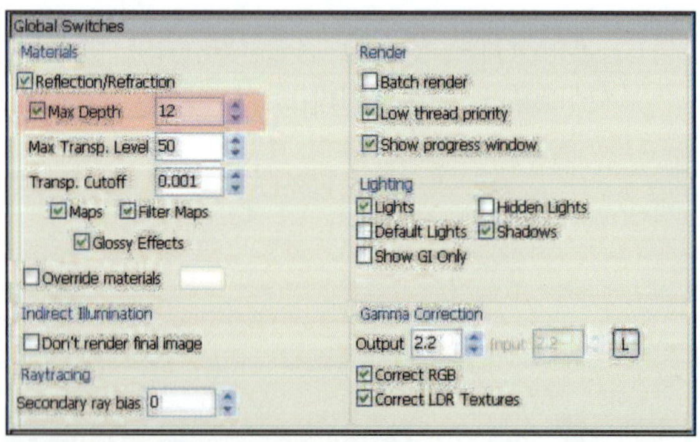

03 'Environment' 기능을 롤아웃 확장시켜준다. 'GI (Skylight)' 색상은 White 색상으로 지정하고 'Background' 색상은 Black으로 설정해준다. 다음 'GI'와 'Background'에 있는 각 수치 값을 '0.1'로 지정해준다. 마지막으로 'GI' 기능에 있는 'm' 버튼을 클릭한다.

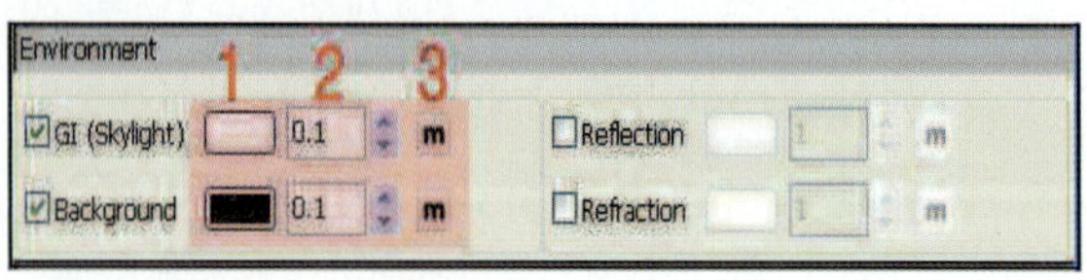

04 다음 편집기가 나타나면 먼저 'Type' 기능에서 'Bitmap'기능으로 설정해 준 다음 'Multiplier' 값을 '0.05'로 지정해준다.
다음으로 'UVW' 기능에서 'Environment' 기능을 체크해 준 다음 'Bitmap'기능에 있는 'm' 버튼을 클릭한다. '부록CD > 이미지 > 6. 토요일 > living room' 파일을 불러온다. 마지막으로 'Apply' 버튼을 클릭한다.

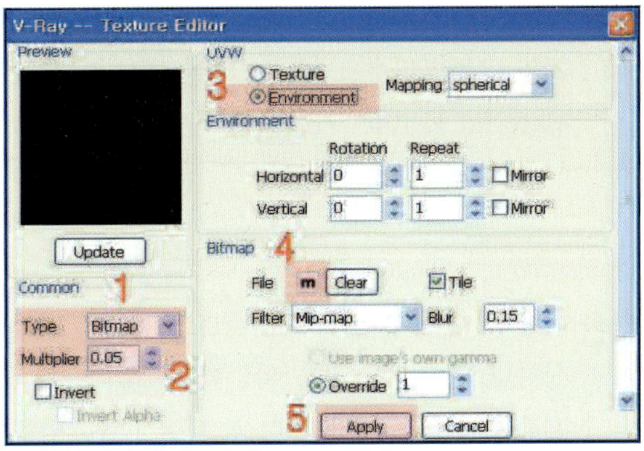

TIP ▸•▸ 이 작업과정을 진행하고 나서 렌더링 작업을 진행하면, 화면이 전체적으로 어둡게 보이게 된다. Emissive 기능을 효과적으로 표현하기 위한 작업과정이다. 또한 이 작업과정은 마치고 나서 'Background' 기능에 있는 'm'버튼도 클릭하여 반복 작업을 진행시켜 준다.

05 'Output' 기능을 롤아웃 확장시켜준다. 이미지와 같이 1번 'Override Viewport' 기능을 체크한 다음 2번 '640×480'버튼을 클릭한다. 마지막으로 3번 'Get view aspect' 버튼을 클릭한다. 작업자 모니터 해상도에 맞춰지게 된다.

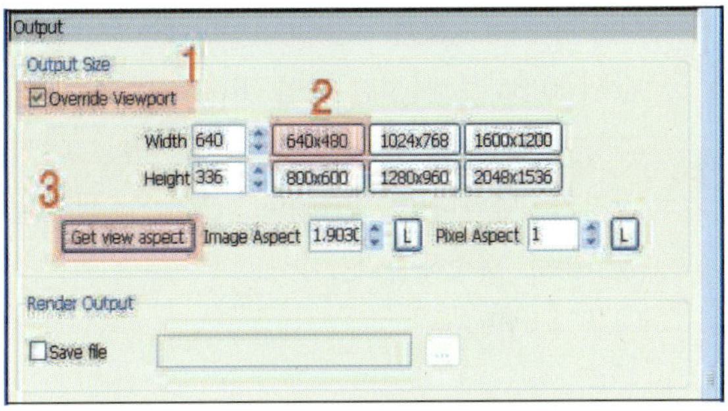

06 Perspective View를 활성화 시킨 상태에서 렌더링 작업을 진행한다. 다음 이미지와 같이 어둡게 렌더링 된 것을 확인할 수 있다.

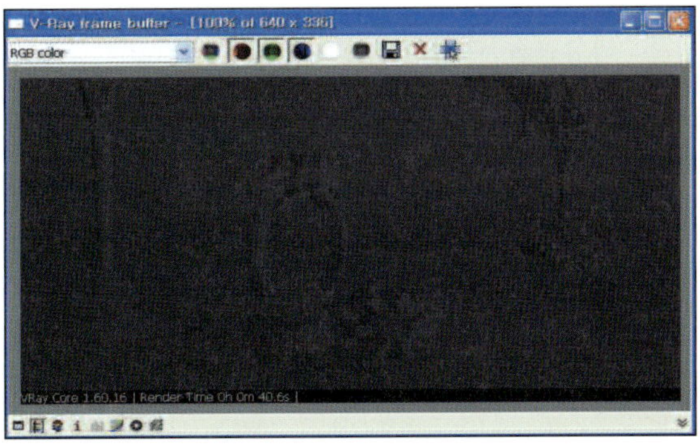

07 'V-Ray for Rhino' Toolbox에서 다음 이미지와 같이 마우스 왼쪽 버튼으로 'V-Ray Material Editor' 기능을 클릭한다.

08 다음 이미지와 같이 'Material Editor' 대화상자가 나타나는 것을 확인할 수 있다.
재질 Layer를 추가한 다음 재질 Layer명을 'Plane'으로 지정해준다.
다음 'Reflection Layers 〉 Add new layer' 기능을 설정해주면, Layer가 추가된 것을 확인할 수 있다.

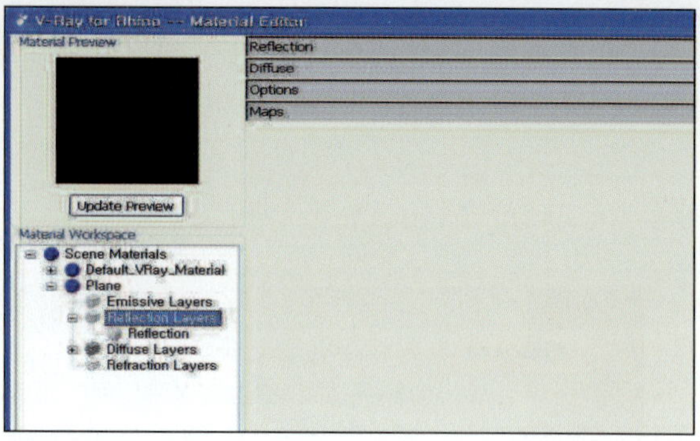

09 우측 옵션 기능에 있는 'Reflection' 롤아웃을 확장시켜준다. 이미지와 같이 'Highlight Glossiness' 값과 'Reflection Glossiness' 값이 '0.85'로 지정한 다음 'Reflection' 옵션 기능에 있는 'M'버튼을 클릭한다. 편집 대화상자가 나타나면 'Fresnel Color' 색상을 White로 지정해준다.

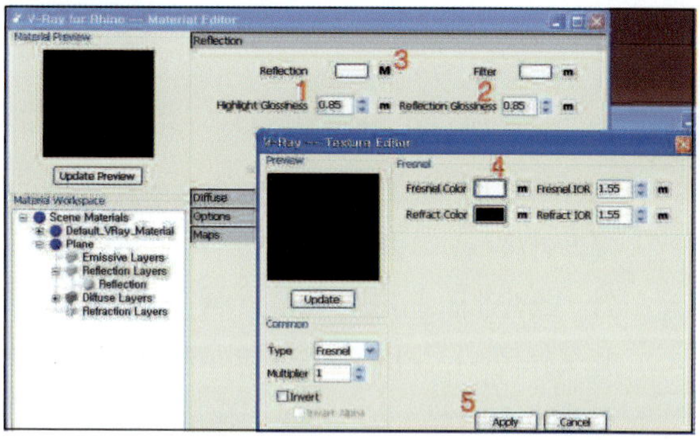

10 다음 'Diffuse' 롤아웃을 확장시켜준다. 다음 이미지와 같이 'Color'색상 버튼을 클릭한다. 색상편집 대화상자가 나타나면 'Light Gray' 색상을 정한 다음 'OK' 버튼을 클릭한다.

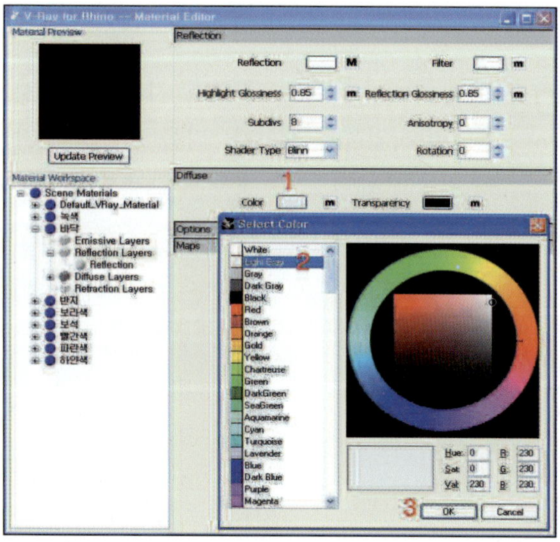

11 다음 이미지와 같이 바닥 개체를 선택한 다음 설정한 재질을 적용시킨다.

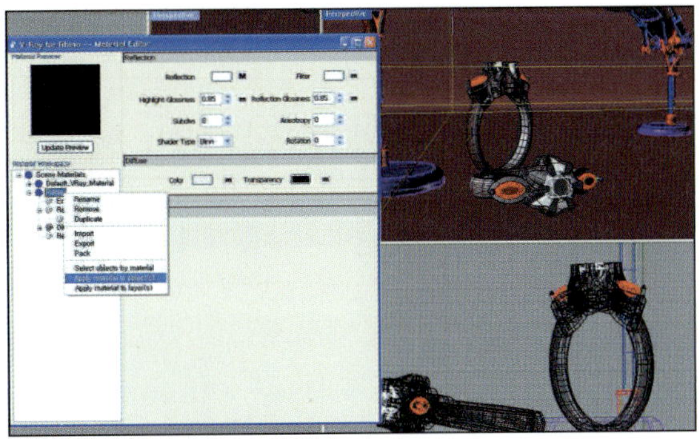

12 렌더링 작업을 진행한다. 다음 이미지와 같이 바닥 개체에 재질이 적용된 것을 확인할 수 있다.

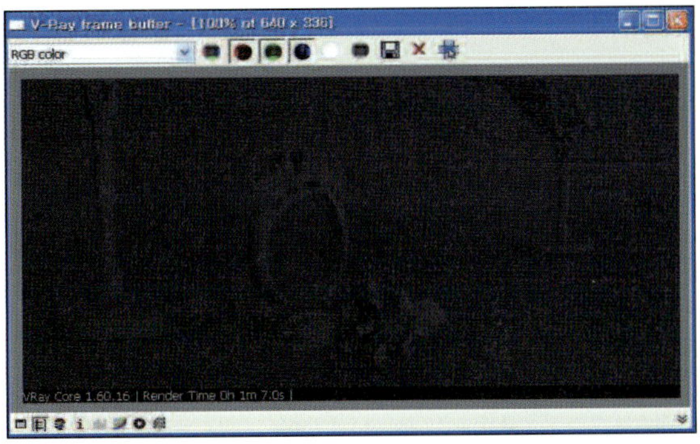

13 다음 이미지와 같이 'Material Editor' 대화상자에서 다시 재질 Layer를 추가한 다음 재질 Layer명을 'Diamond'으로 지정해준다. 다음 'Reflection Layers 〉 Add new layer' 기능을 설정해주고, 같은 방법으로 'Refraction Layers 〉 Add new layer' 기능을 설정해준다. 각 Layer가 추가된 것을 확인할 수 있다.

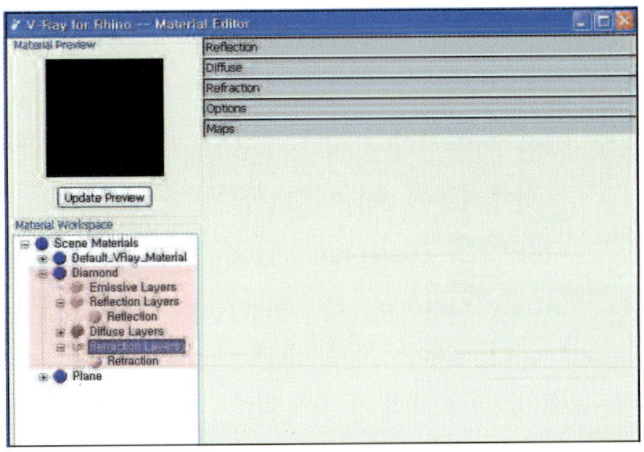

14 우측 옵션 기능에 있는 'Reflection' 롤아웃을 확장시켜준다.
이미지와 같이 'Reflection' 옵션 기능에 있는 'M' 버튼을 클릭한다. 'Fresnel Color' 기능에서 색상버튼을 클릭한다. 다음 이미지와 같이 색상 대화상자가 나타나면 'White'색상으로 지정해주고 'O'K' 버튼을 클릭한다. 'Fresnel IOR' 기능 설정 값을 '2.4' 로 설정한 다음 'Refract IOR' 기능 설정 값을 '2'로 설정한다. 'Apply' 버튼을 누른다

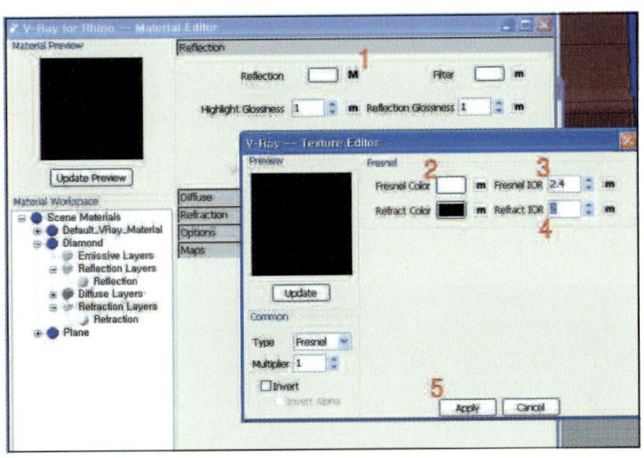

15 옵션 기능에 있는 'Diffuse' 롤아웃을 확장시켜준다.

다음 이미지와 같이 'Color' 색상을 Black으로 'Transparency' 색상을 White로 지정해준다.

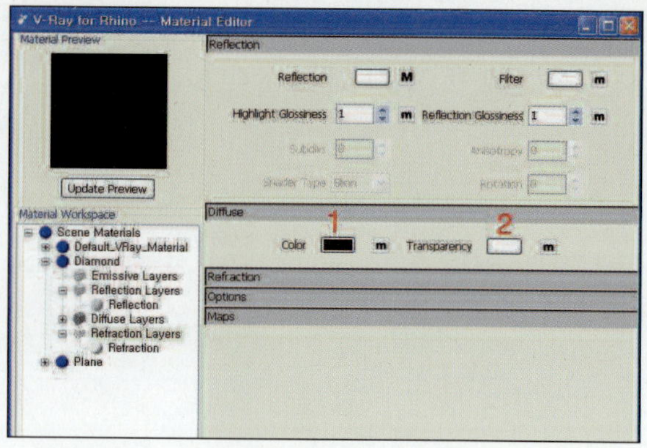

16 옵션 기능에 있는 'Refraction' 롤아웃을 확장시켜준다. 다음 이미지와 같이 'IOR' 값을 '2.4'로 지정한 다음 'Fog Multiplier' 기능 값을 '0.01'값으로 지정한다. 마지막으로 'Affect Shadows' 기능을 체크해준다.

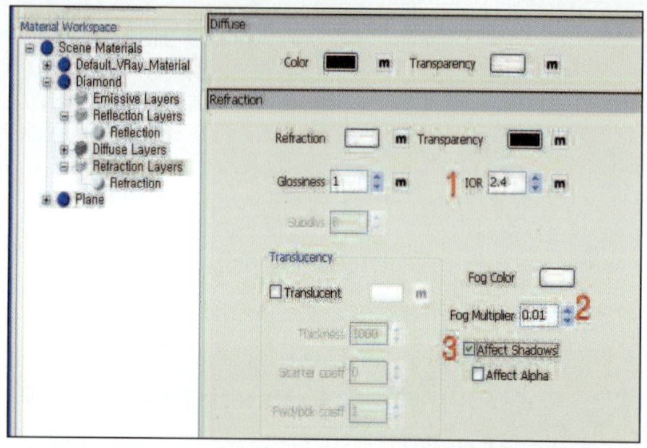

17 다음 이미지와 같이 Rhino 프로그램에 있는 보석개체들을 모두 선택한다.

다음으로 'Diamond Layer'를 클릭한 다음 'Apply material to object(s)' 기능을 체크해준다. 다이아몬드 재질로 설정된 값이 선택한 보석 개체에 적용된다.

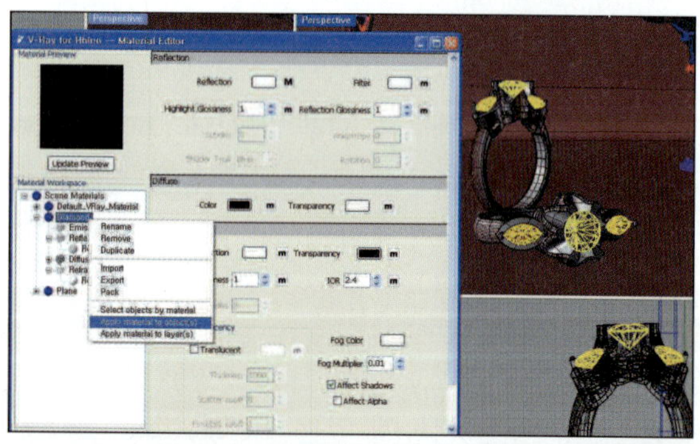

18 렌더링 작업을 진행한다. 다음 이미지와 같이 보석 개체에 다이아몬드 재질이 적용된 것을 확인할 수 있다.

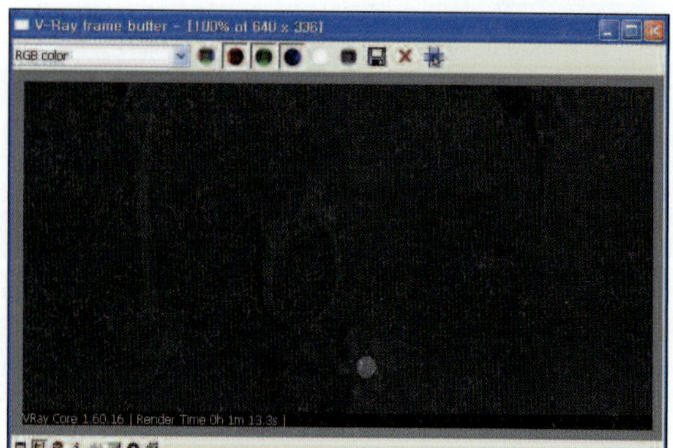

19 다음 이미지와 같이 'Material Editor' 대화상자에서 재질 Layer를 추가한 다음 재질 Layer명을 'Ring'으로 지정해준다.
다음 'Reflection Layers 〉 Add new layer' 기능을 설정해준다. Reflection Layer가 추가된 것을 확인할 수 있다.

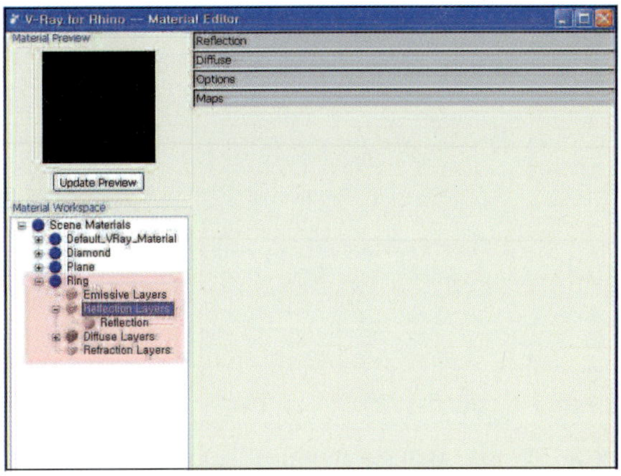

20 'Reflection' 기능에 있는 'Reflection'에 있는 'M' 버튼을 클릭한다.

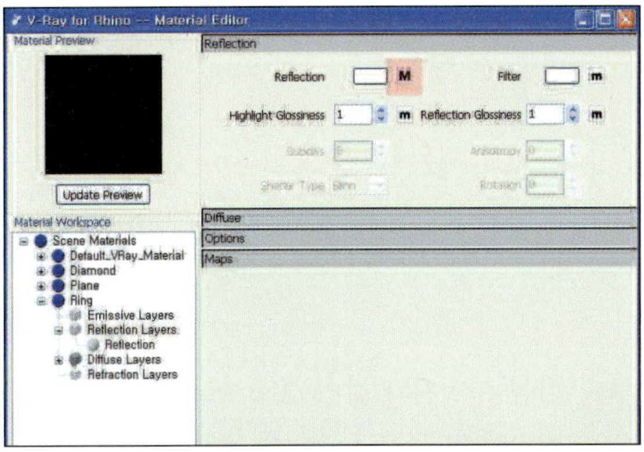

21 다음 이미지와 같이 편집 대화상자가 나타나면 'Fresnel Color' 색상을 White로 지정해준다. 마지막으로 'Fresnel IOR' 값을 '16'으로 지정해 준 다음 'Apply' 버튼을 누른다.

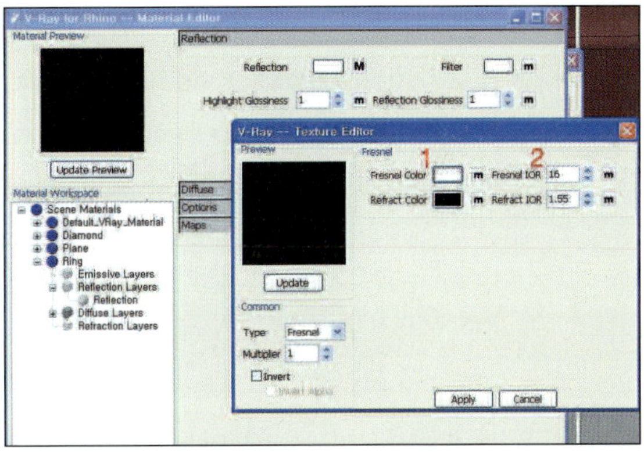

22 다음 'Diffuse' 롤아웃을 확장시켜준다. 다음 이미지와 같이 'Color' 색상을 Black으로 지정해준다.

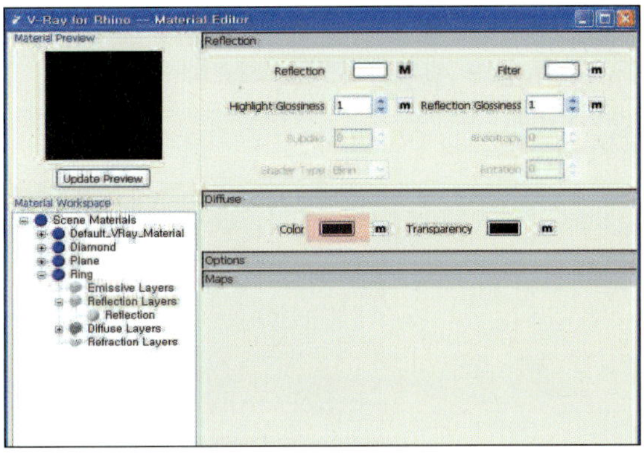

23 다음 이미지와 같이 반지 개체를 선택한다. 이미지와 같이 설정된 재질을 적용시킨다.

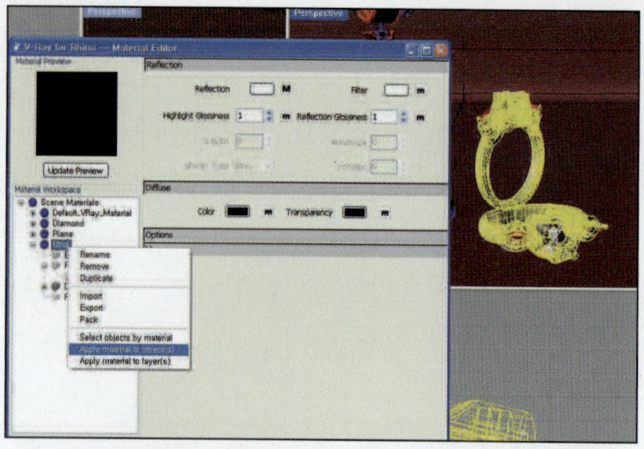

24 렌더링 작업을 진행한다. 다음 이미지와 같이 반지 개체에 크롬 재질로 적용된 것을 확인할 수 있다.

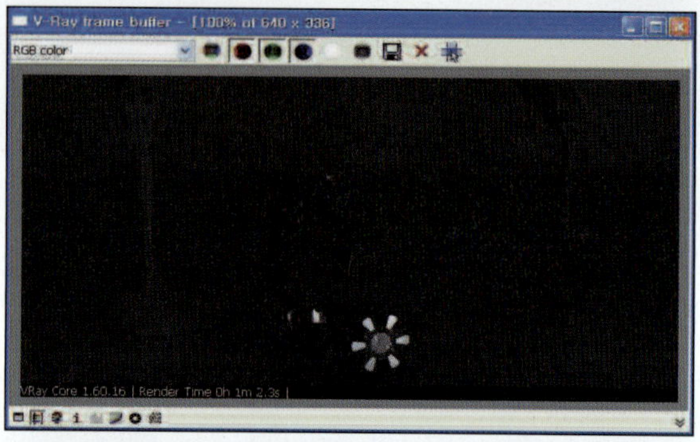

25 다음 이미지와 같이 'Material Editor' 대화상자에서 재질 Layer를 추가한 다음 재질 Layer명을 'Lamp-1'로 지정해준다.
다음 'Reflection Layers 〉 Add new layer' 기능을 2번 설정해준다. Reflection Layer가 2개로 추가된 것을 확인할 수 있다.

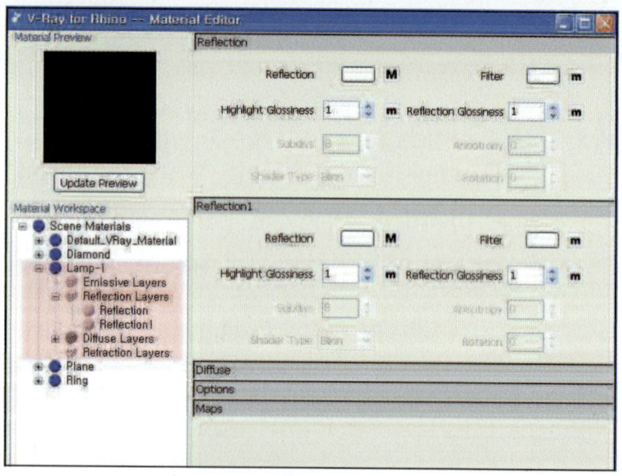

26 다음 Reflection Layer에 있는 'Reflection' 기능에서 'M'을 클릭한다. 'Fresnel Color'를 White로 설정한다.

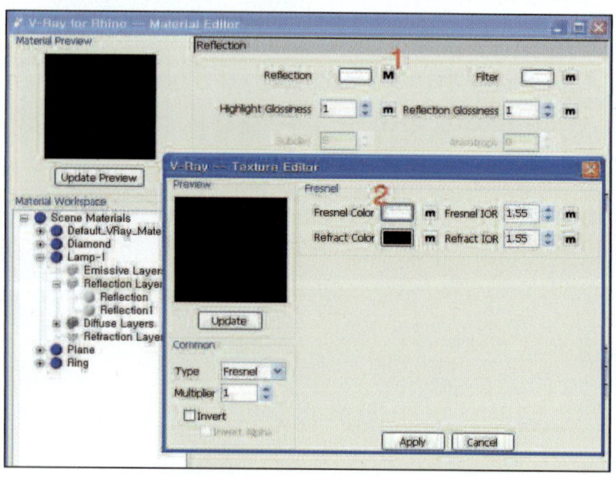

27 다음 이미지와 같이 Reflection 1 Layer에 있는 'Reflection' 기능에서 'M'을 클릭한다. 'Type'을 'None'으로 설정한 다음 'Filter' 색상을 Black으로 설정해준다. 'Highlight Glossiness' 값과 'Reflection Glossiness' 값이 '0.5'로 지정한다.

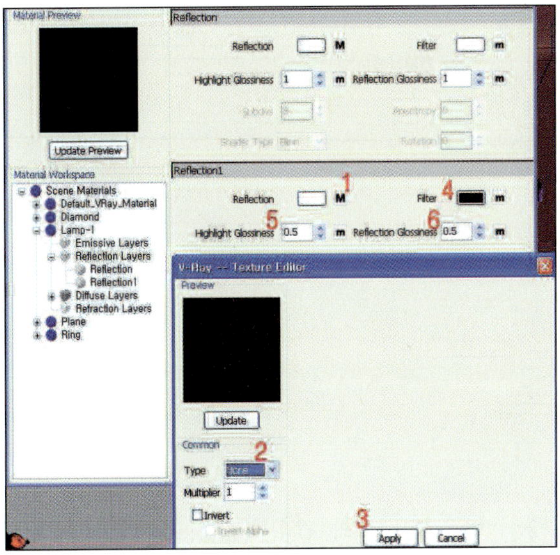

28 다음 'Diffuse' Layer 기능에 있는 'Color'와 'Transparency' 색상을 모두 Black으로 설정해준다.

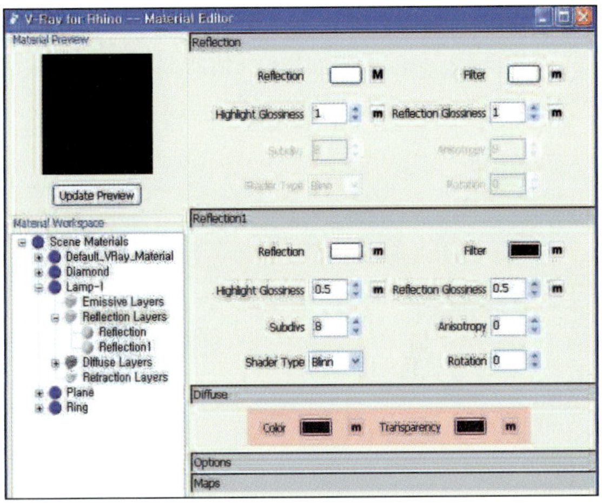

29 다음 이미지와 같이 Rhino 프로그램에 있는 보라색 계열 개체를 선택한다. 보라색 Layer를 그룹화 시켜놓았기 때문에 같이 선택이 되는 것을 확인할 수 있다. 'Apply material to object(s)' 기능을 체크해 설정된 재질로 적용시킨다.

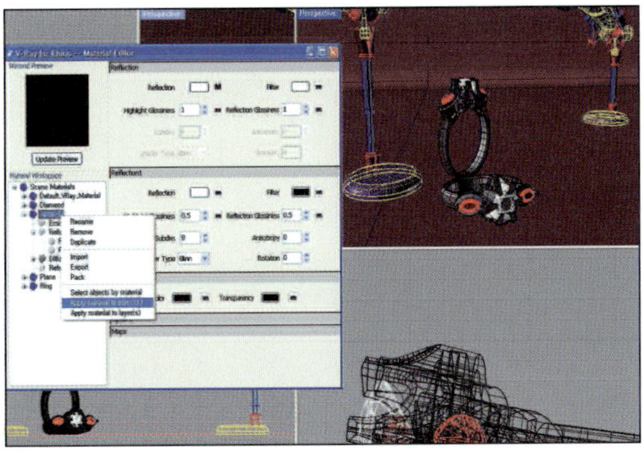

30 렌더링 작업을 진행하여 재질이 적용된 것을 확인한다.

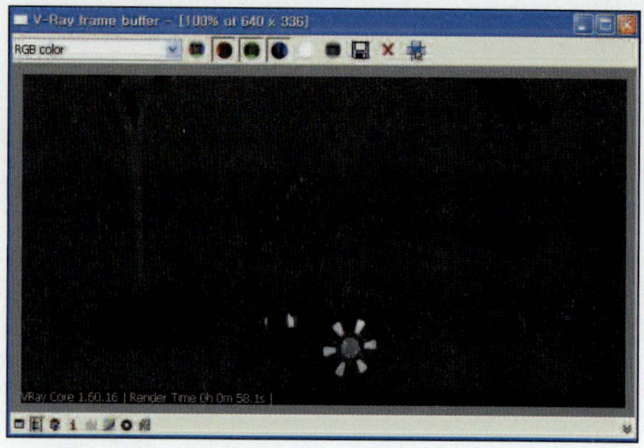

31 다음 이미지와 같이 'Material Editor' 대화상자에서 재질 Layer를 추가한 다음 재질 Layer명을 'Lamp-2'로 지정해준다.
다음 'Reflection Layers 〉 Add new layer' 기능을 2번 설정해준다. Reflection Layer가 2개 추가된 것을 확인할 수 있다.

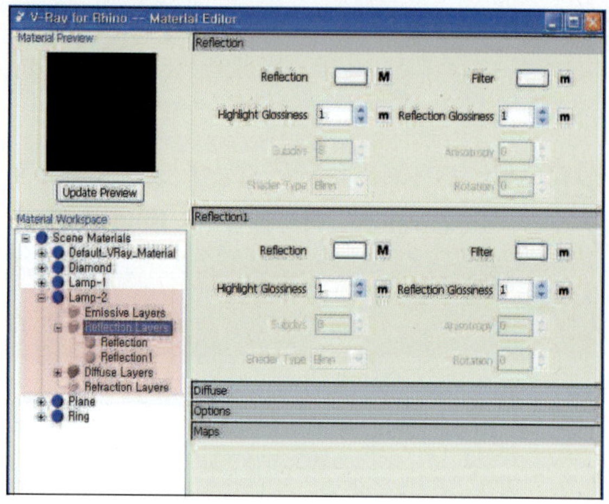

32 다음 Reflection Layer에 있는 'Reflection' 기능에서 'M'을 클릭한다. 'Fresnel Color'를 White로 설정한다.

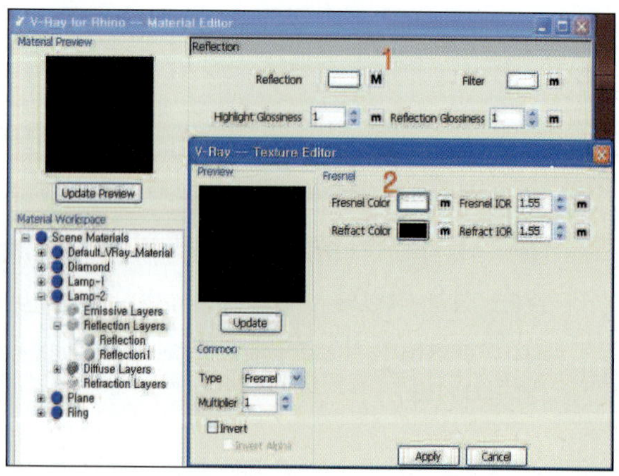

33 다음 이미지와 같이 Reflection 1 Layer에 있는 'Reflection' 기능에서 'M'을 클릭한다. 'Type' 을 'None'으로 설정한 다음 'Highlight Glossiness' 값과 'Reflection Glossiness' 값이 '0.5'로 지정한다. 마지막으로 'Filter 색상 버튼을 누른 다음 'R:106, G:106, B:106'으로 설정해준다. 'OK'버튼을 누른다

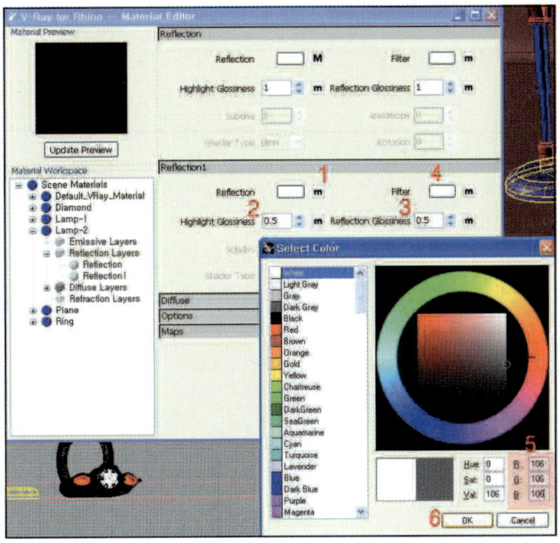

34 다음 'Diffuse' 롤아웃을 확장시켜준다. 'Color'와 'Transparency' 색상을 모두 Black으로 설정해준다.

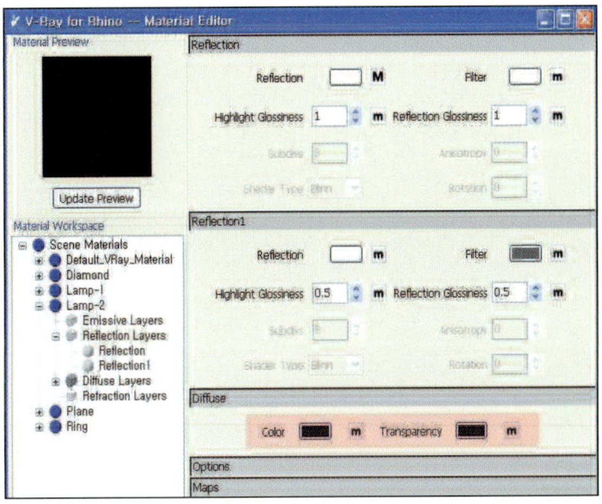

35 다음 이미지와 같이 Rhino 프로그램에 있는 빨간색 계열 개체를 선택한다. 빨간색 Layer를 그룹화 시켜놓았기 때문에 같이 선택이 되는 것을 확인할 수 있다. 'Apply material to object(s)' 기능을 체크해 설정된 재질로 적용시킨다.

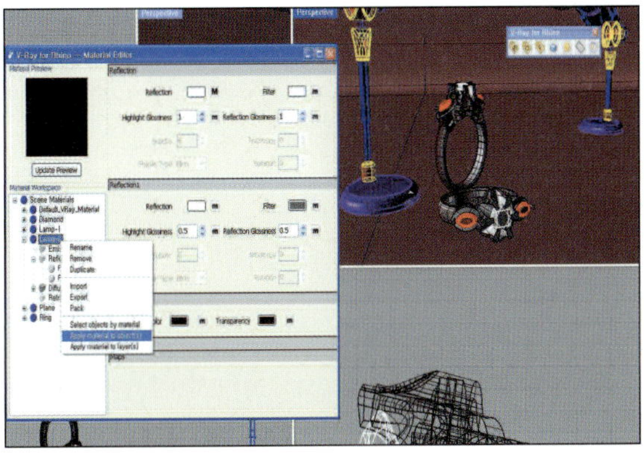

36 렌더링 작업을 진행하여 재질이 적용된 것을 확인한다.

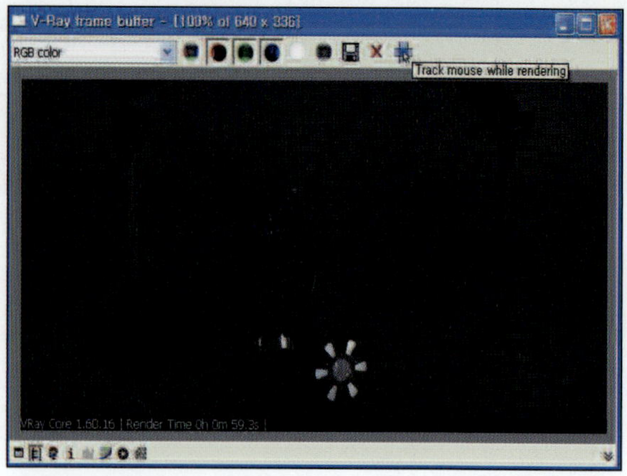

37 다음 이미지와 같이 'Material Editor' 대화상자에서 재질 Layer를 추가한 다음 재질 Layer명을 'Lamp-3'으로 지정해준다.
다음 'Reflection Layers 〉 Add new layer' 기능을 2번 설정해준다. Reflection Layer가 2개 추가된 것을 확인할 수 있다.

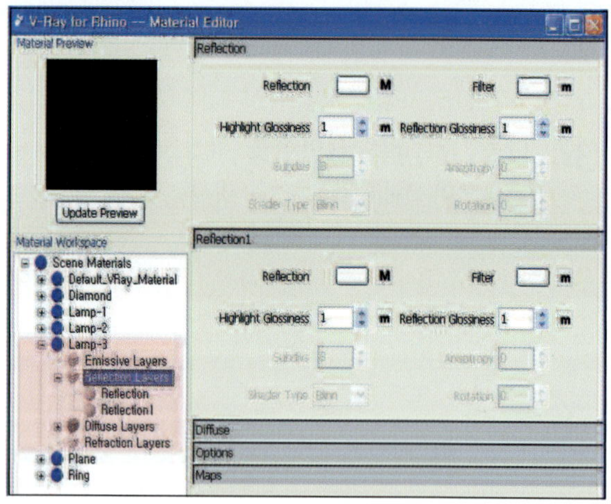

38 다음 Reflection Layer에 있는 'Reflection' 기능에서 'M'을 클릭한다. 'Fresnel Color'를 White로 설정한다.

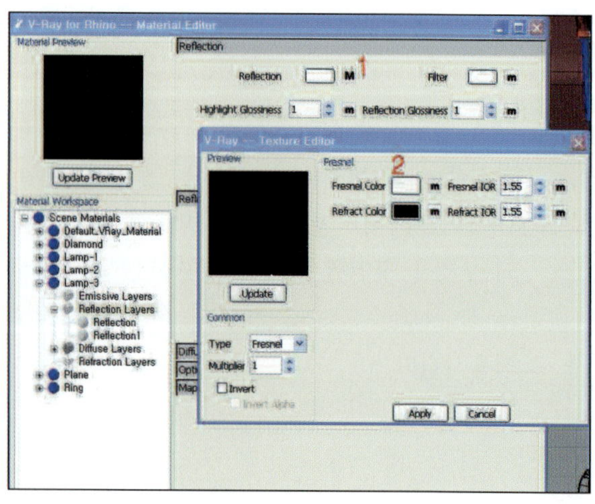

39 다음 이미지와 같이 Reflection 1 Layer에 있는 'Reflection' 기능에서 'M'을 클릭한다. 'Type'을 'None'으로 설정한 다음 'Filter' 색상을 White로 설정해준다.
마지막으로 'Highlight Glossiness' 값과 'Reflection Glossiness' 값이 '0.5'로 지정한다.

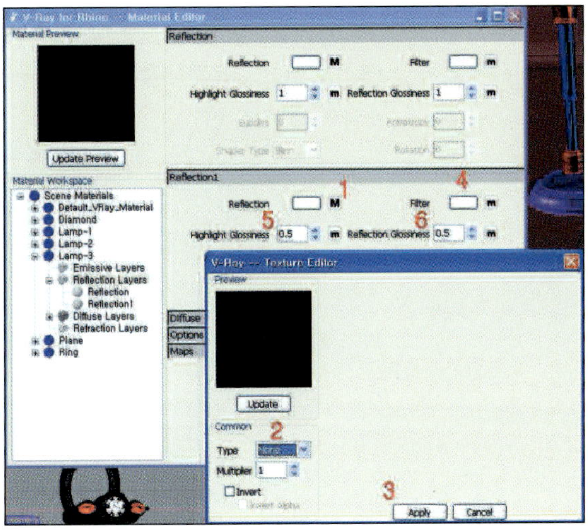

40 다음 'Diffuse' 롤아웃을 확장시켜준다.
'Color'와 'Transparency' 색상을 모두 Black으로 설정해준다.

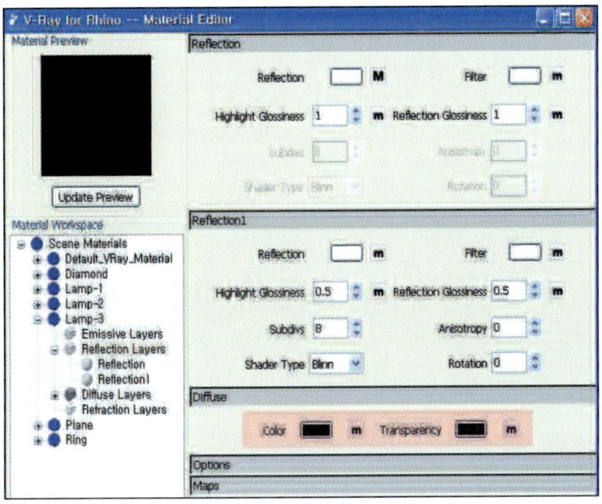

41 다음 이미지와 같이 Rhino 프로그램에 있는 녹색 계열 개체를 선택한다. 녹색 Layer를 그룹화 시켜놓았기 때문에 같이 선택이 되는 것을 확인할 수 있다. 'Apply material to object(s)' 기능을 체크해 설정된 재질로 적용시킨다.

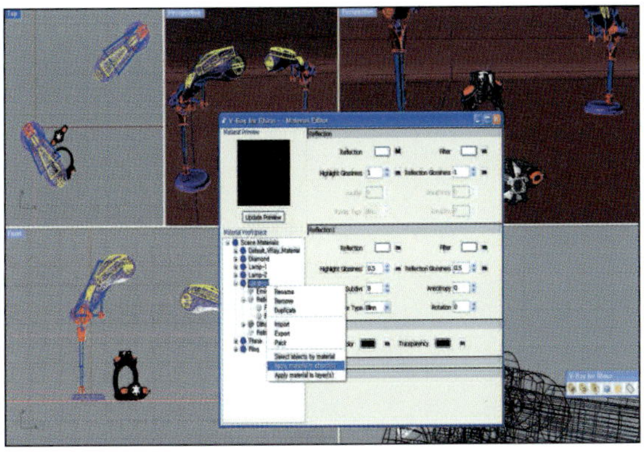

42 렌더링 작업을 진행하여 재질이 적용된 것을 확인한다. 여기에서는 다른 Viewport에서 적용된 것을 확인하도록 한다.

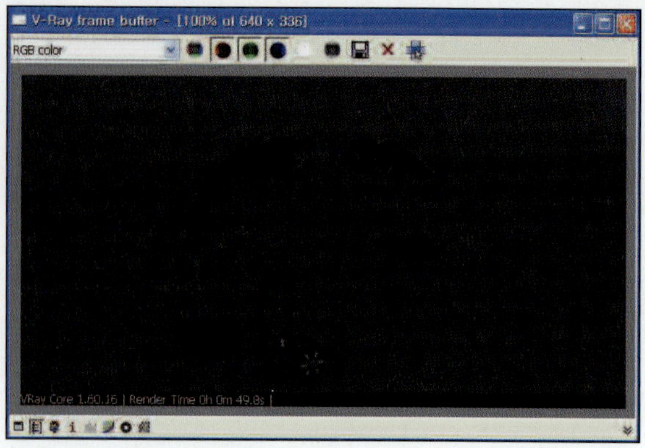

43 다음 이미지와 같이 'Material Editor' 대화상자에서 재질 Layer를 추가한 다음 재질 Layer명을 'Lamp-4'로 지정해준다.
다음 'Reflection Layers 〉 Add new layer' 기능을 설정해준다. Reflection Layer가 추가된 것을 확인할 수 있다.

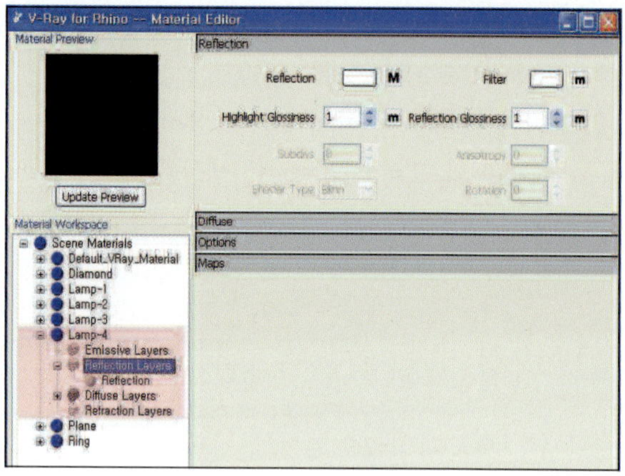

44 다음 Reflection Layer에 있는 'Reflection' 기능에서 'M'을 클릭한다. 'Fresnel Color'를 White로 설정한 다음 'Fresnel IOR'값을 '10'으로 설정해준다.

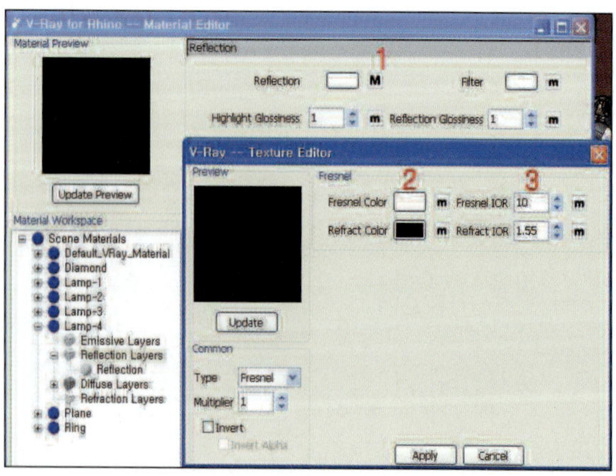

45 다음 Reflection Layer에 있는 'Reflection' 색상버튼을 클릭하여 'R:128, G:128, B:128'로 색상을 조절해준다. 다음으로 'Highlight Glossiness' 값과 'Reflection Glossiness' 값을 '0.8'로 지정한 다음 'Subdivs' 값을 '20'으로 지정해준다.

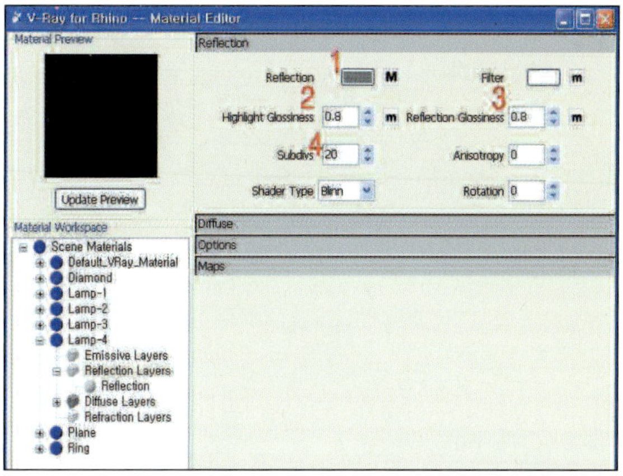

TIP ▸▸ 만약 이 작업을 진행중에 'Subdivs'기능이 비활성화가 되어 값을 입력하지 못할때는 'Reflection' 기능에 있는 'M'버튼을 누른 다음 'Apply'버튼을 클릭하면 모든 기능이 활성화되어 값을 입력할 수 있다.

46 다음 'Diffuse' 롤아웃을 확장시켜준다. 'Color' 색상버튼을 클릭하여 'R:165, G:170, B:175'로 지정한 다음 'Transparency' 색상을 Black으로 설정해준다.

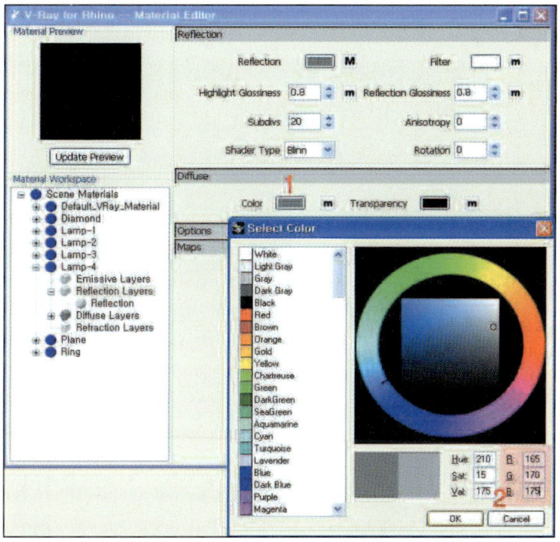

47 다음 이미지와 같이 Rhino 프로그램에 있는 파란색 계열 개체를 선택한다. 파란색 Layer를 그룹화 시켜놓았기 때문에 같이 선택이 되는 것을 확인할 수 있다. 'Apply material to object(s)' 기능을 체크해 설정된 재질로 적용시킨다.

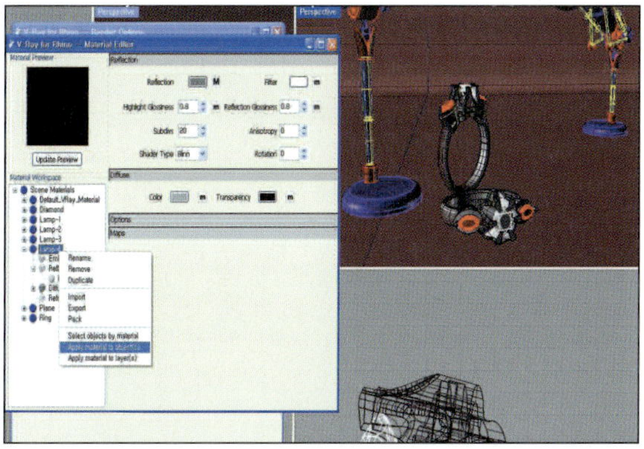

48 렌더링 작업을 진행하여 재질이 적용된 것을 확인한다.

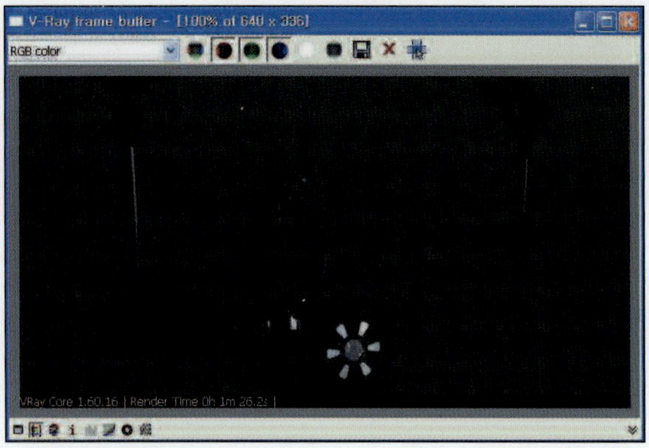

49 다음 이미지와 같이 'Material Editor' 대화상자에서 재질 Layer를 추가한 다음 재질 Layer명을 'Lighting'으로 지정해준다.
다음 'Emissive Layers 〉 Add new layer' 기능을 설정해준다. Emissive Layer가 추가된 것을 확인할 수 있다.

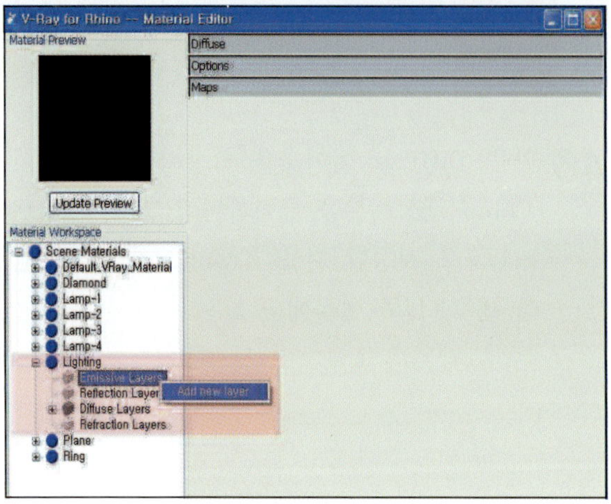

50 'Emissive' Layer기능 롤아웃을 확장시킨다. 'Color' 색상버튼을 클릭한 다음 'R:255, G:145, B:0'으로 지정한다. 'Transparency' 색상은 Black으로 지정해준다.
마지막으로 'Intensity' 값을 '6'으로 지정해준다.

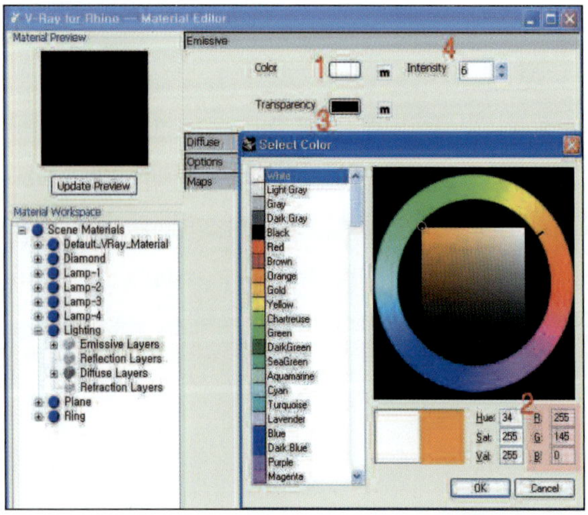

TIP ▸●▸ - Color : 자체 발광체의 색상을 지정하는 기능이다. 작업자가 원하는 색상을 이 기능을 통해 지정하게 되면 'Diffuse' Color 기능은 무시된다.

- Intensity : 자체 발광체의 세기를 설정하는 기능이다. 값이 클수록 발광세기가 커지게 된다.
- Transparency : 'Emissive' Color에 사용된 색상의 밝기나 진함을 조절하는 기능이다. 검은색에 가까울수록 'Emissive' Color의 밝기는 강해지면서 발광 효과가 극대화된다. 거꾸로 하얀색에 가까울수록 'Emissive' Color의 밝기는 약해진다.

TIP ▸●▸ 'Emissive' Color 효과를 극대화시키기 위해서는 일반적으로 2가지 방법이 있다.

1. V-Ray Option에서 Environment 기능을 이용하면 된다. 'GI(Skylight)'과 'Background' 값을 낮추고, 'm'버튼을 클릭하여 생성되는 편집 대화상자에 있는 'Multiplier'값을 낮추는 방법이 있다.
2. 만약 작업자가 렌더링 작업을 위해 Light 개체를 사용하였을때, Light 기능을 체크아웃하던가, Multiplier값을 최대한 낮추는 방법이 있다.

51 다음 'Diffuse' 롤아웃을 확장시켜준다. 'Color' 색상버튼을 클릭하여 White로 지정한 다음 'Transparency' 색상을 Black으로 설정해준다.

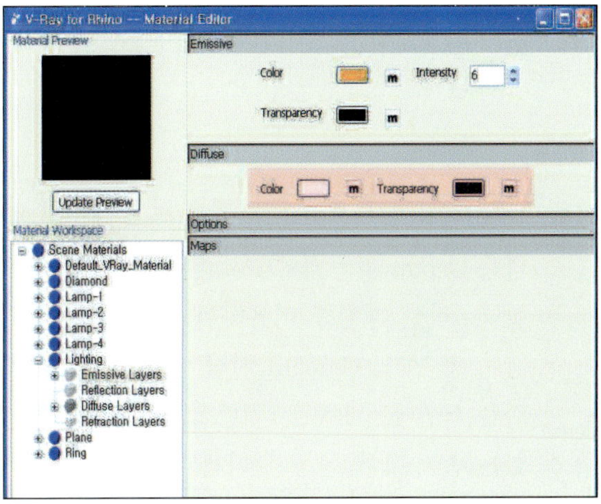

52 다음 이미지와 같이 Rhino 프로그램에 있는 하얀색 계열 개체를 선택한다. 하얀색 Layer를 그룹화 시켜놓았기 때문에 같이 선택이 되는 것을 확인할 수 있다. 'Apply material to object(s)' 기능을 체크해 설정된 재질로 적용시킨다.

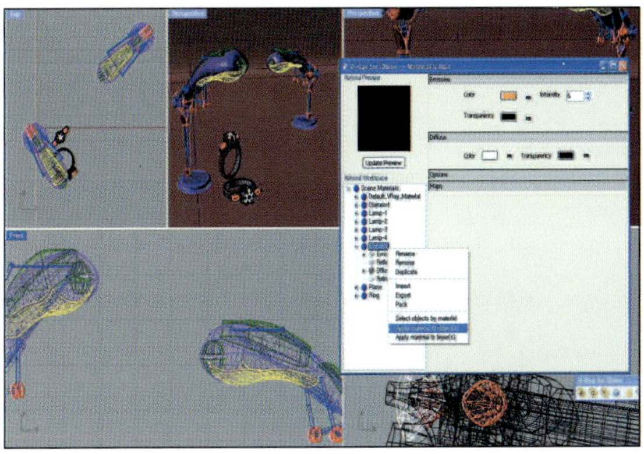

53 렌더링 작업을 진행하여 재질이 적용된 것을 확인한다.

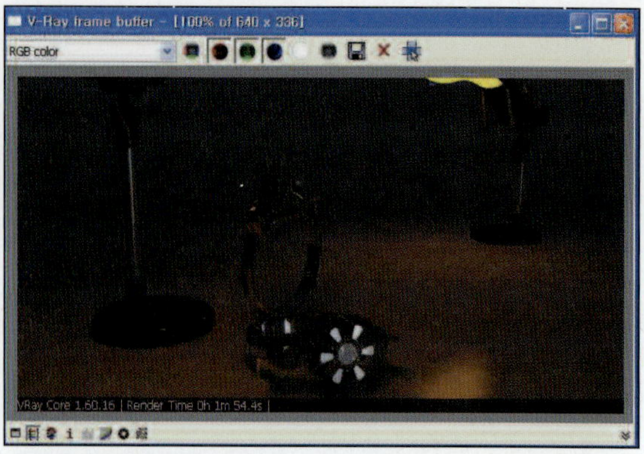

54 각 개체에 해당하는 재질을 적용한 다음 Perspective View를 활성화시킨 상태에서 'F6' 버튼을 누른다. 다음 이미지와 같이 각 Viewport에 카메라가 생성되는 것을 확인할 수 있다. 앞 과정에서 소개한 'Depth of Field' 기능을 이용하여 초점을 변화시키는 작업을 다시 진행해보도록 한다.

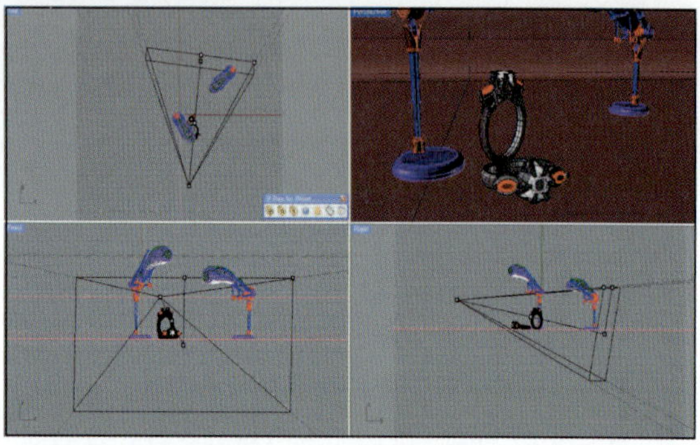

55 다음 이미지와 같이 Top View를 최대화시킨 다음 Osnap 기능에서 'Point' 기능만을 체크한다. 직선 개체를 이용하여 다음 이미지와 같이 첫 번째, Camera 시작 Point를 클릭한 다음 화면에서 보이는 기준으로 가장 앞쪽에 있는 반지 개체 몸통 부위에 두 번째로 클릭하여 직선개체를 생성한다.

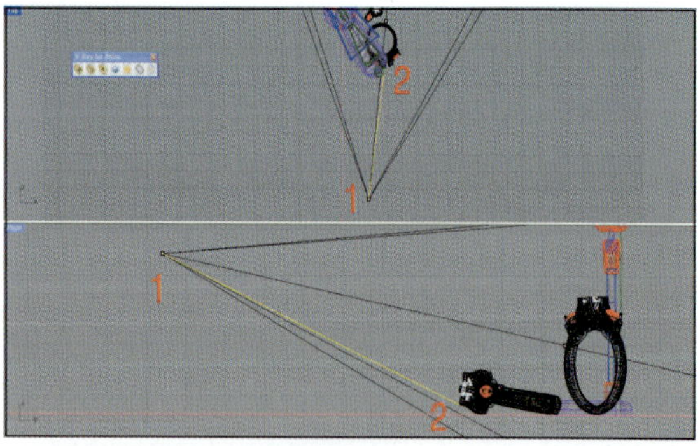

56 직선 개체를 활성화시킨 다음 'Control Points On' 기능을 실행하여 조절점을 보이게 한다.

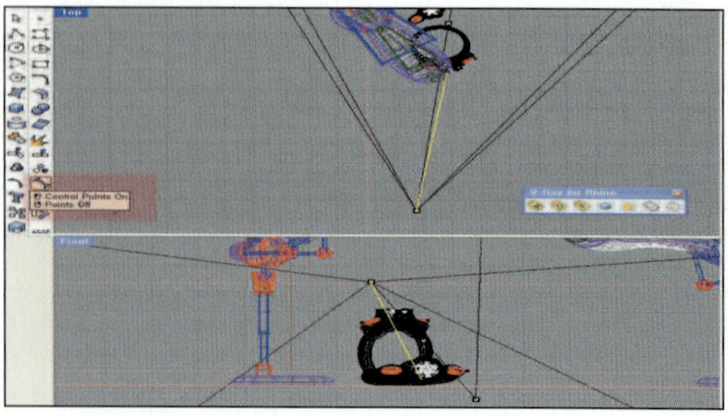

57 다음은 Front와 Right View를 최대화 시킨다. 반지 개체에 근접해 있는 직선개체의 조절점만을 선택한 다음 이미지와 같이 가장 앞쪽으로 배치된 보석개체로 다시 이동시킨다.

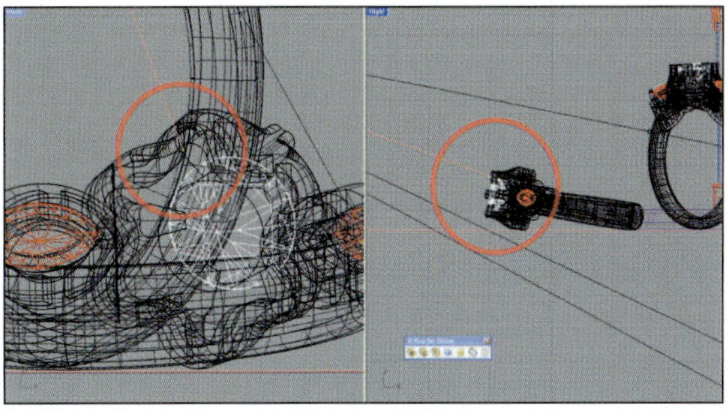

58 현재 켜진 직선 개체 조절점을 'Points Off' 기능으로 Off시킨다.

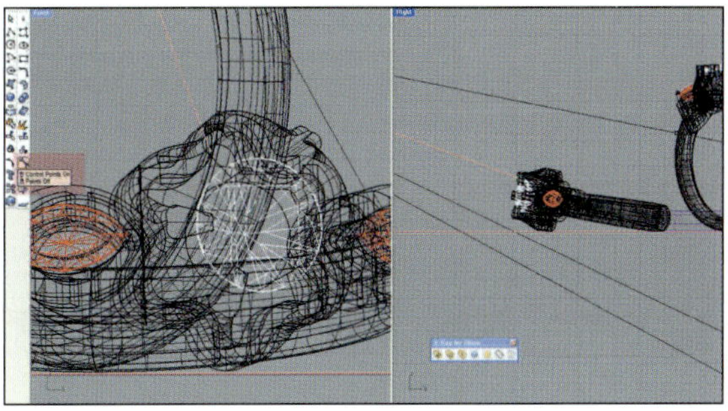

59 직선 개체를 활성화 시킨 상태에서 다음 이미지와 같이 'Analyze 〉 Length' 기능을 실행한다.

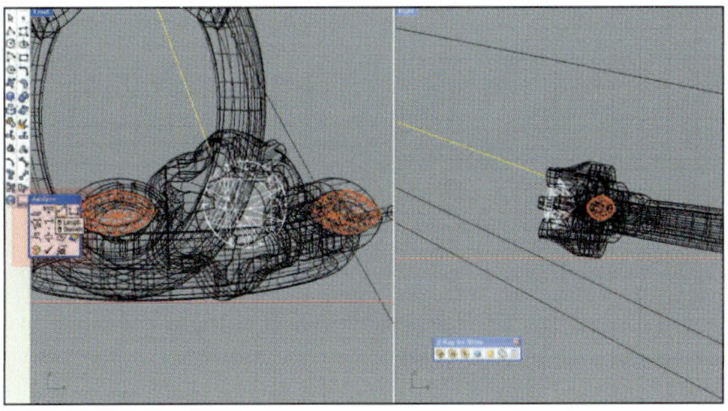

60 다음 이미지와 같이 Rhino 프로그램에 있는 Command Prompt에 선택한 직선 개체 길이 값이 나타나는 것을 확인할 수 있다. 이 수치 값을 기억하도록 한다.

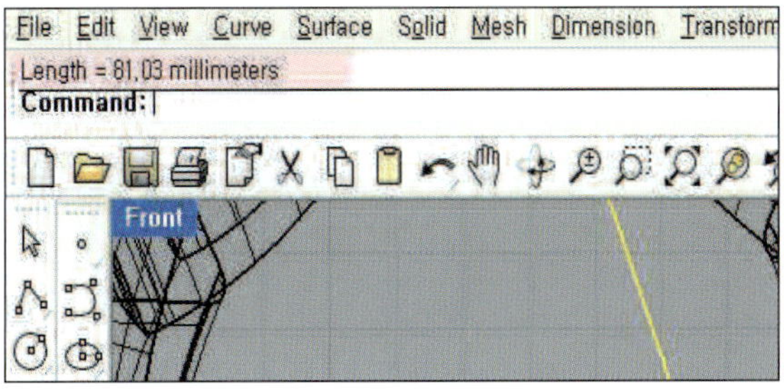

TIP ▸●▸ 대화상자에 있는 수치는 작업자마다 모두 틀리게 나오게 된다. 각자 명령줄에 나타난 수치 값을 참고하도록 한다.

61 옵션 기능에 있는 'Camera' 롤아웃을 확장시켜준다. 먼저 'Depth of Field' 기능을 체크해준다. 두 번째로 'Override Focal Dist' 기능을 체크한 다음 전 단계에서 생성된 직선개체의 길이 값을 입력한다. 여기에서는 '81.03'으로 입력한다.

다음 'Aperture' 기능을 '1'로 입력한다. 이 기능의 수치가 높아질수록 'Depth of Field' 효과가 높아지지만 그만큼 렌더링 속도는 느려진다. 마지막으로 'Subdivs' 기능 값을 '12'로 설정해준다.

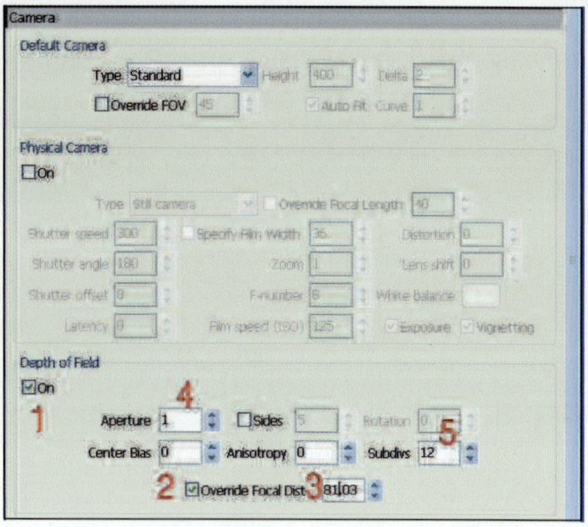

62 렌더링 작업을 진행하여 초점의 변화가 있는 것을 확인한다.

63 최종 완성된 렌더링 이미지이다.

Day

07 일요일

영경아! 컵 밑에 있는 목걸이 좀 줄래?

1. 반지 모델링 따라하기

01 일요일 모델링 과정에서는 모델링 작업의 효율성을 위해 'Squish'란 플러그 인 프로그램을 설치하도록 한다. 작업자는 이 과정에 맞춰 부록CD 〉 Squish 폴더를 복사하여 바탕화면에 붙여넣기 한다. 다음 이미지와 같이 Rhino 프로그램에 Menu 〉 Tools 〉 Toolbar Layout 기능을 체크한다.

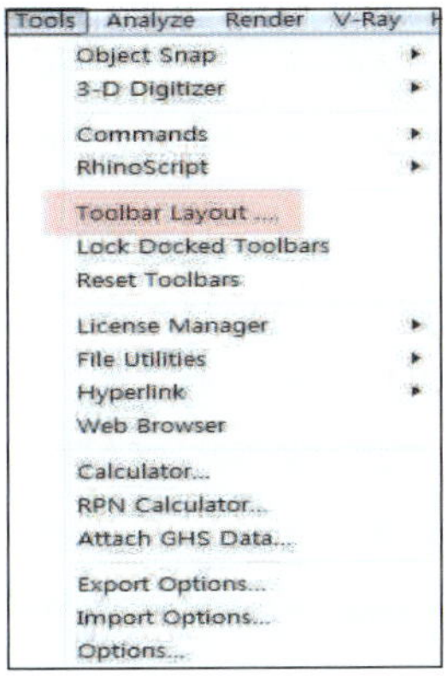

TIP ▸●▸ 또는 http://www.rhino3d.com/labs.htm 주소를 통해 플러그 인 프로그램을 다운로드 할 수 있다. 여러 가지 도움이 되는 플러그 인들이 많이 있으므로 참고할 수 있도록 한다.

02 다음 이미지와 같이 Toolbars 대화상자가 나타나는 것을 확인할 수 있다.

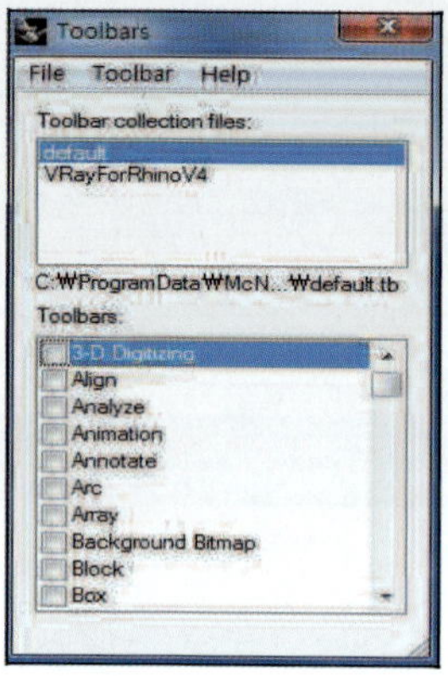

03 Toolbars 대화상자에 있는 File Menu에서 Open 기능을 체크한다.

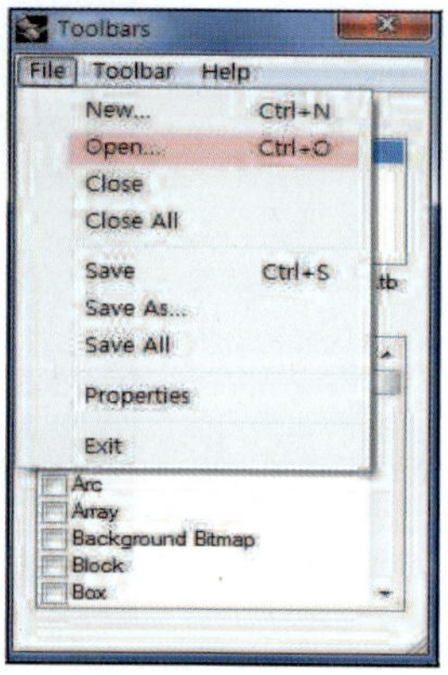

04 바탕화면 또는 부록 CD에 있는 Squish 폴더 〉 Expand 폴더 〉 Expand.tb 파일을 선택한다. 열기 버튼을 클릭한다.

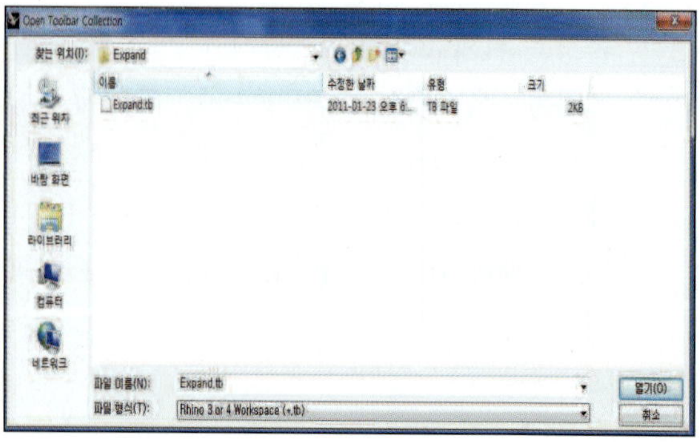

05 다음 이미지와 같이 대화상자 안에 'Toolbar collection files' 창에 'Expand'를 체크한다. 다음 'Toolbars' 창에서 'Expand Surface' 가 체크된 것을 확인한 다음 대화상자를 닫는다. 닫는 동시에 Rhino 프로그램 Main Toolbar에 아이콘이 나타난 것을 확인할 수 있다.

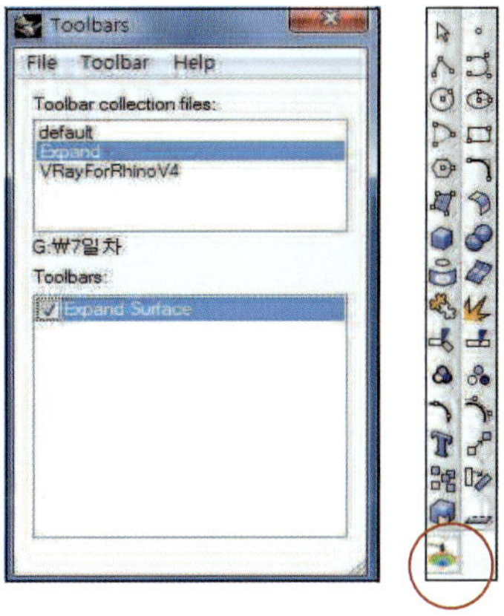

06 다음 Menu 〉 Tool 〉 Options 기능을 체크한다.

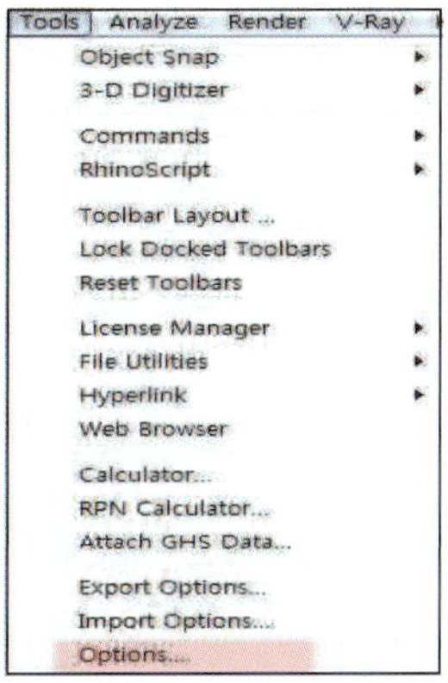

07 다음 대화상자가 나타나면 왼쪽에 있는 Plug-ins 기능을 체크한다. 이미지와 같이 오른쪽에 각 플러그 인 목록들이 보여지는 것을 확인할 수 있다. 여기에서 'Install' 버튼을 누른다.

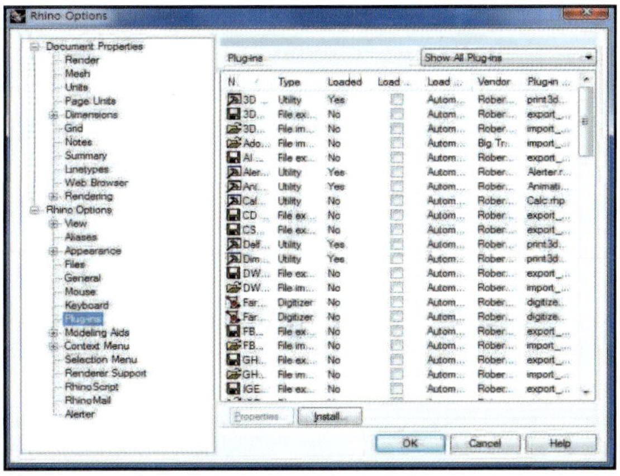

08 바탕화면 또는 부록 CD에 있는 Squish 폴더 〉 Squish-P 폴더 〉 Squish.rhp 파일을 선택한 다음 열기 버튼을 누른다. 마지막으로 옵션대화상자에 있는 'OK' 버튼을 누른다. 이제부터 정상적으로 Squish기능을 실행할 수 있다.

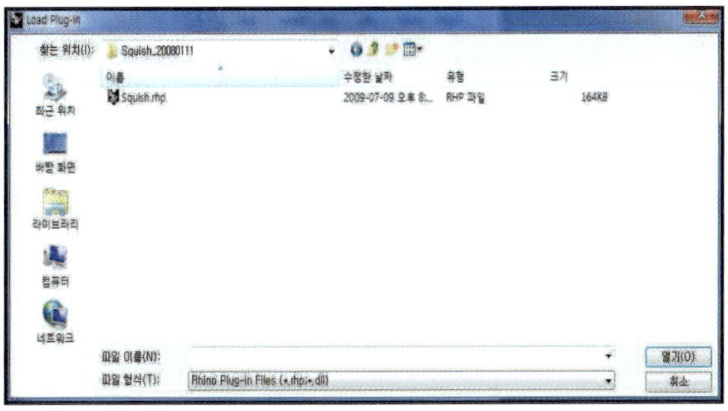

TIP ▸●▸ 만약, 이 기능이 정상대로 사용되지 않는다면 2가지로 나누어 수정작업을 진행해준다.
첫 번째, 다음 이미지와 같이 Squish.rhp 파일을 열고나서 플러그인 하위 대화상자에서 Squish 옆에 'Load Protect' 체크박스에 체크한 뒤에 OK버튼 누르면 정상적으로 사용할 수 있다.
두 번째, 라이노프로그램의 업데이트 문제일수 있으므로, 최신 버전으로 업데이트 해주도록 한다.

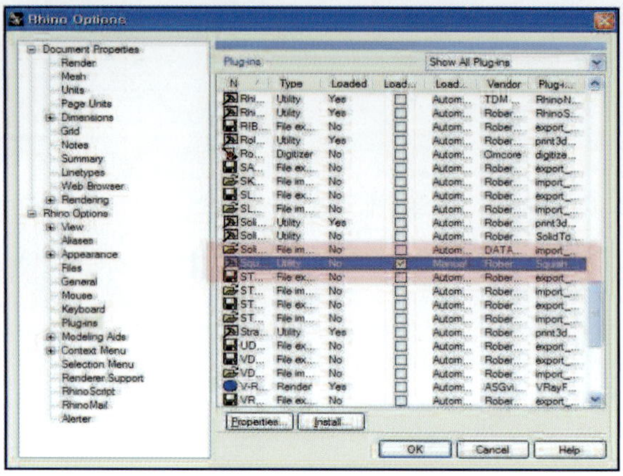

09 Top View에서 Control Point Curve 기능을 실행한다. 총 가로 길이가 24mm, 세로 길이가 8.5mm 범위에서 이미지와 같은 날개 모양을 생성한다

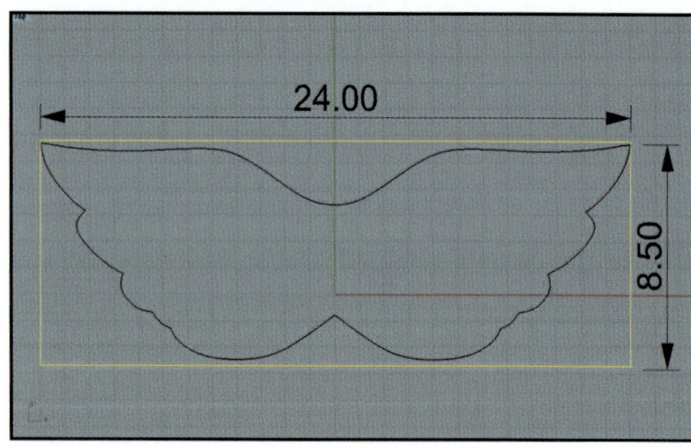

10 Surface from Planer Curves 기능을 실행한다. 이미지와 같이 면 개체를 생성한 다음 커브개체는 삭제한다.

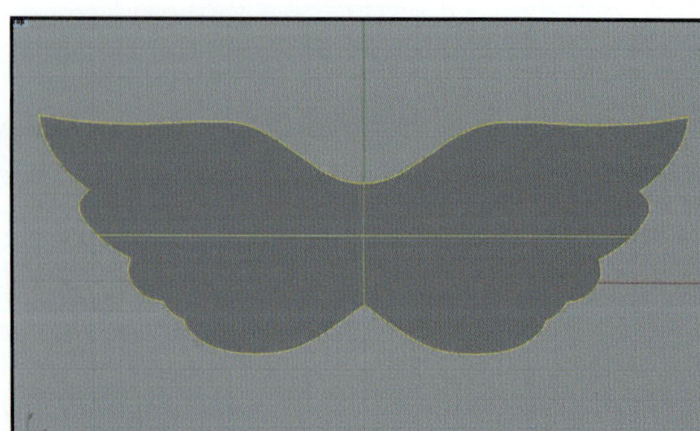

11 Cage Edit 기능을 실행한다. 면 개체에 Bounding box 기능을 적용시킨다. 이때, 명령표시줄에 있는 옵션기능 중 'Coordinate system=World', 'XPonitCount=4, YPonitCount=4, ZPonitCount=4, XDegree=3, YDegree=3, ZDegree=3', 'Region to edit=Global'로 설정한다.

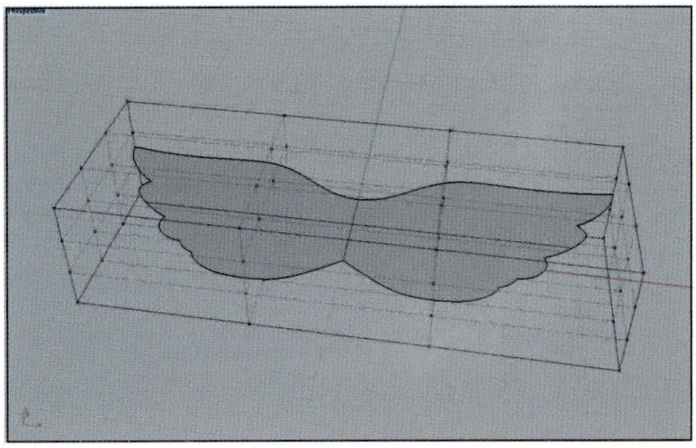

12 Front View에서 이미지와 같이 안쪽 가운데 있는 조절점들을 선택한다.

다음 Move 기능을 실행한다. 선택된 조절점들을 위쪽 방향으로 3mm 이동시킨다.

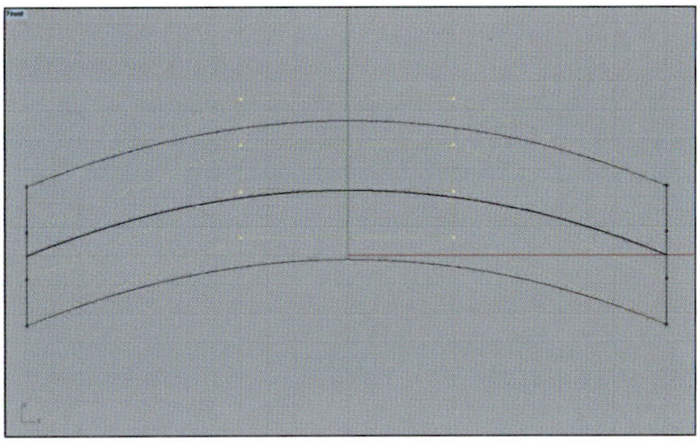

13 이미지와 같이 면 개체가 곡면을 이루며 변형된 것을 확인할 수 있다.

14 Perspective View에서 Offset Surface 기능을 실행한다. 명령표시줄에 있는 옵션기능 중 'Loose', 'Solid' 기능을 체크한다. 이미지와 같이 아래쪽 방향으로 1.5mm Offset 시킨다.

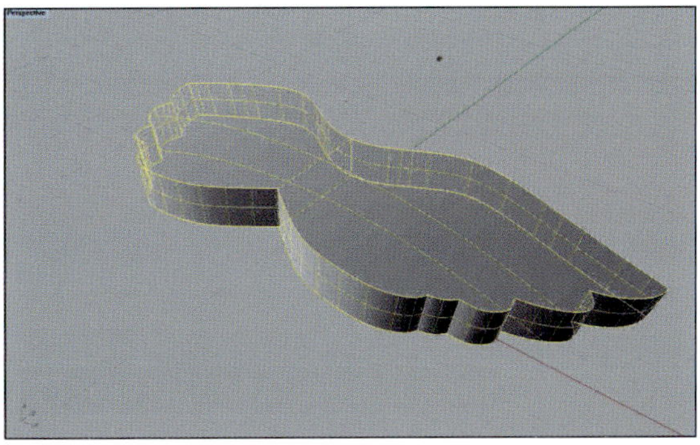

15 Extract Surface 기능을 실행한다. 이미지와 같이 상단에 있는 면 개체를 추출시킨다.

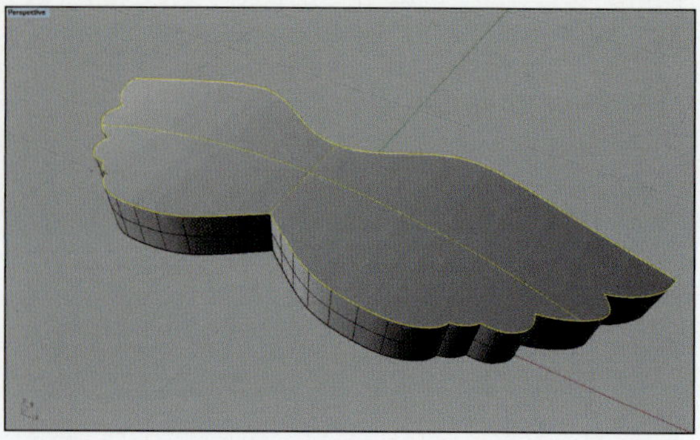

16 Duplicate Border 기능을 실행한다. 추출시킨 면 개체 가장자리에 맞춰 커브개체를 추출시킨다.

17 Offset curve on surface 기능을 실행한다. 다음 이미지와 같이 면 개체 안쪽방향으로 0.4mm 커브개체를 Offset 시킨다.

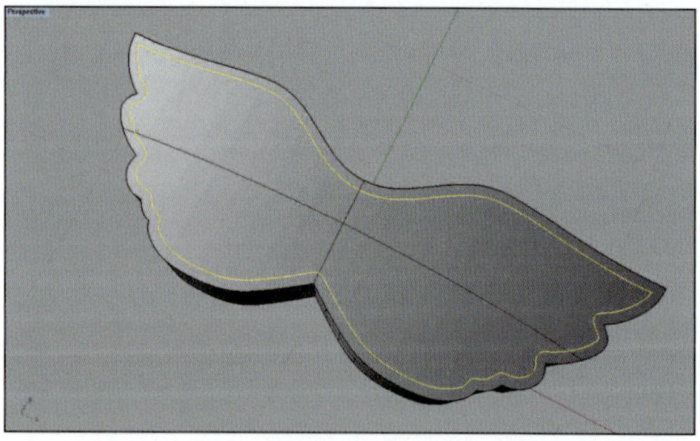

18 Perspective View에서 Split 기능을 실행한다. 이미지와 같이 추출시킨 면 개체를 선택한 다음 Enter키를 누른다. 다음 Offset 시킨 커브개체를 선택한 다음 Enter키를 누른다.

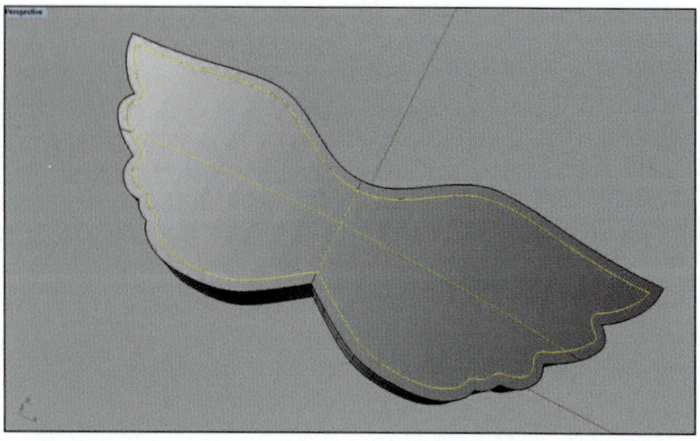

19 Offset Surface 기능을 실행하여 Split 한 안쪽 개체를 선택한다. 명령표시줄에 있는 옵션기능 중 'Loose', 'Solid' 기능을 체크한다. 이미지와 같이 아래쪽 방향으로 0.45mm Offset시킨다.

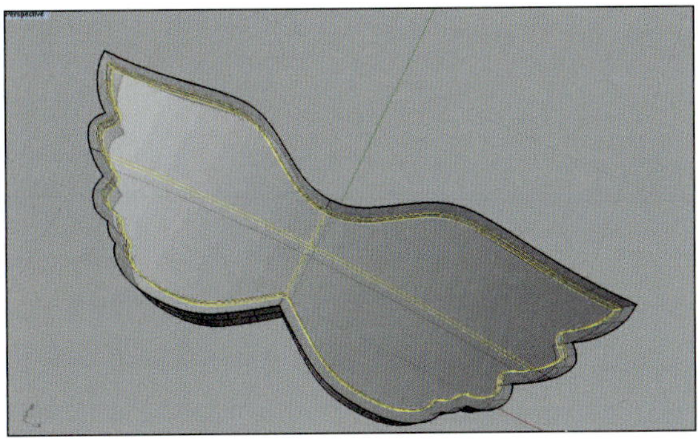

20 Extract Surface 기능을 실행한다. 이미지와 같이 상단에 있는 면 개체를 추출시킨다.

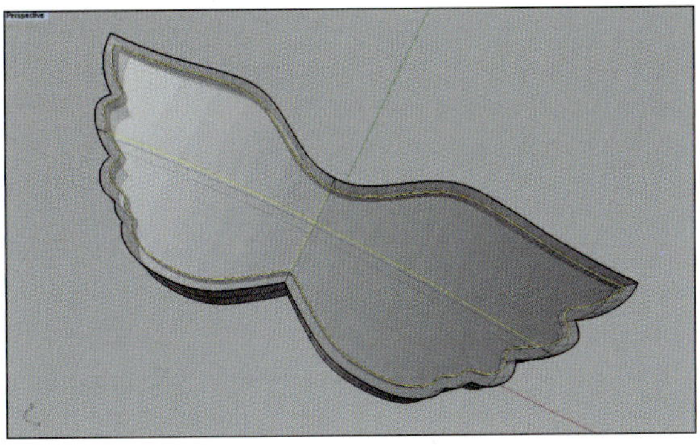

21 추출 시킨 면 개체를 선택해 삭제한다.

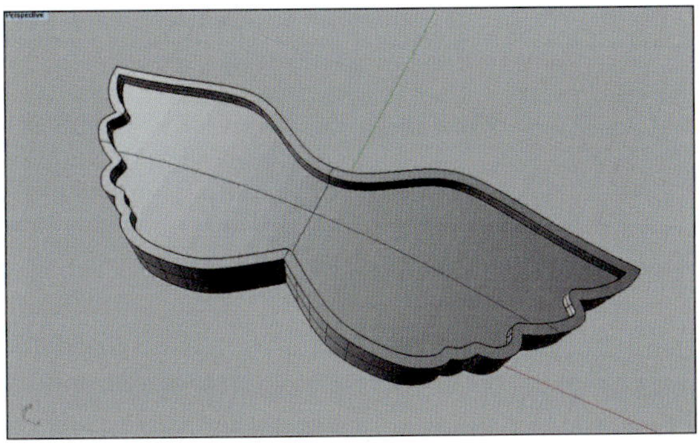

22 Expand Surface 기능을 실행한다. 기능을 실행하면 음각된 날개 모양 상단 면 개체를 선택한다. 다음 이미지와 같이 면 개체가 생성된 것을 확인할 수 있다.

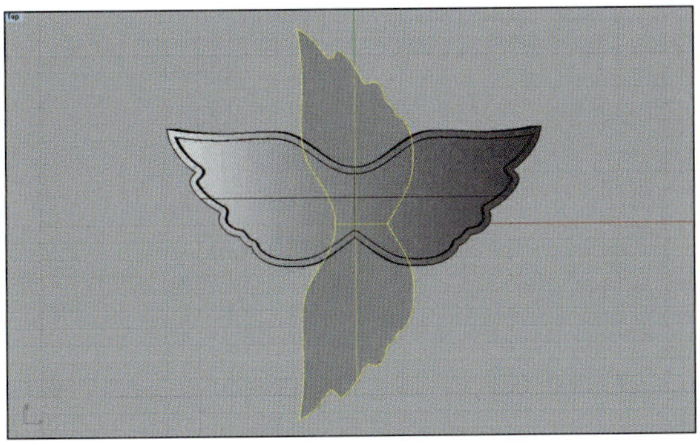

23 생성된 면 개체를 제외한 나머지 모든 개체를 숨겨둔다.

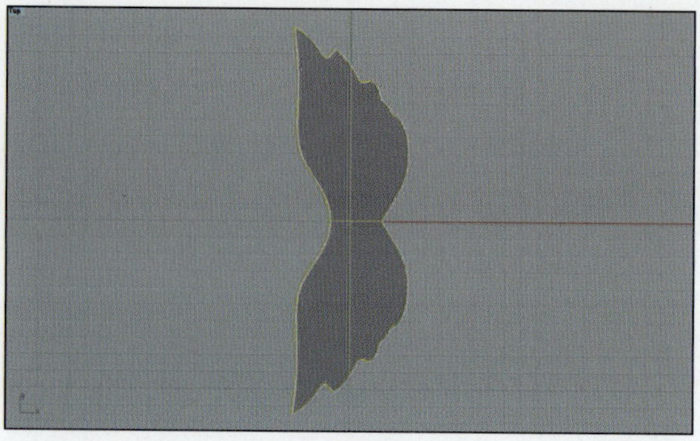

24 다음 이미지와 같이 부록CD > 보석샘플 > 7. 일요일 > Gem-011 File을 Insert기능으로 삽입시킨다.

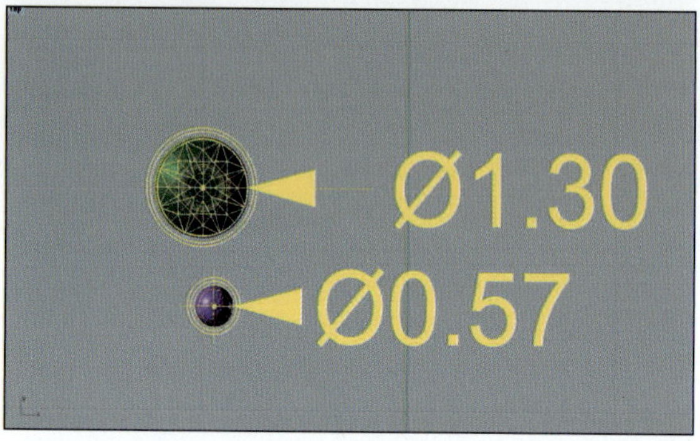

TIP ▶●▶ Insert 대화상자가 나타나면 파일을 경로를 통해 지정한 다음 'Insert as' 기능에서 'Individual Objects' 기능을 체크해준다.

25 Rotate 2-D 기능을 실행한다. 작업 효율성을 위해 날개 모양 면 개체를 이미지와 같이 90도 기울여 준다.

26 Orient on Surface 기능을 실행한다. 기능을 실행하면 명령표시줄에 'Select objects to orient' 문구가 나타난다. 이때 이미지와 같이 Top View에서 1번 초록색 Layer로 지정된 보석개체에 있는 커브개체들을 선택한다. 다음 'Reference point 1' 문구가 나타나면 커브개체 중심에 있는 점 개체를 선택한다. 다음 'Reference point 2' 문구가 나타나면 Shift키를 누른 채 위쪽방향으로 드래그 하면서 적당한 위치에 마우스 왼쪽 버튼을 클릭한다. 다음 'Surface to orient on' 문구가 나타나면 날개 모양 면 개체를 선택한다. 대화상자가 나타나면 각 옵션기능을 이미지와 같이 설정해준다.

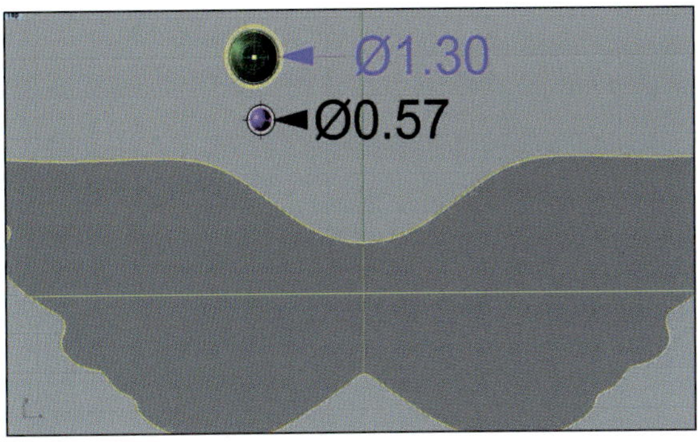

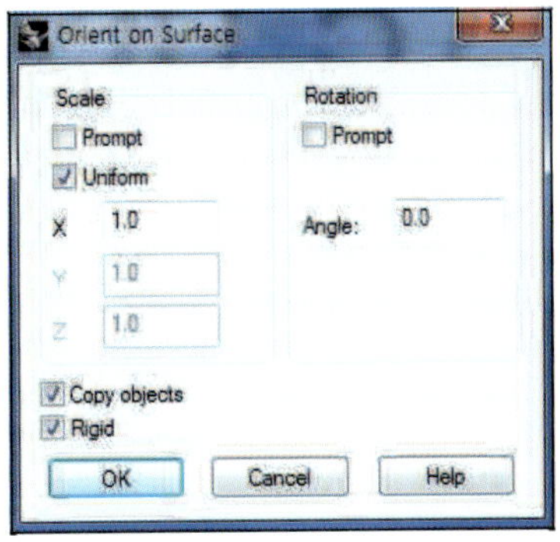

27 이미지와 같이 면 개체의 가운데 부분을 먼저 배열해준다. 이미지와 같이 보석개체를 지정해주는 빨간색 원형커브 개체가 하얀색 원형커브 개체에 최대한 정확히 겹칠 수 있게 배열하도록 한다. Copy 기능을 사용해도 무관하다.

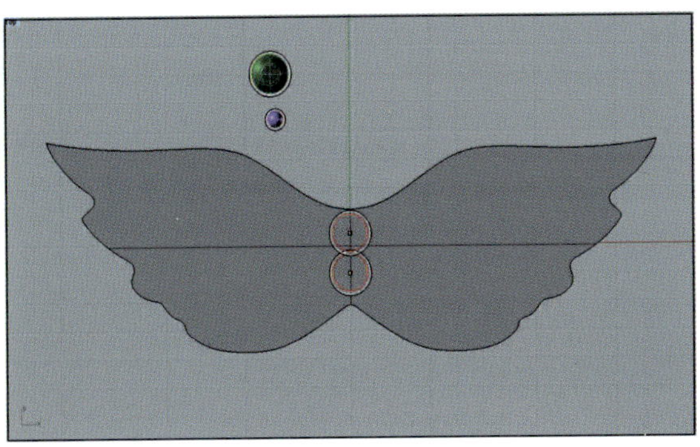

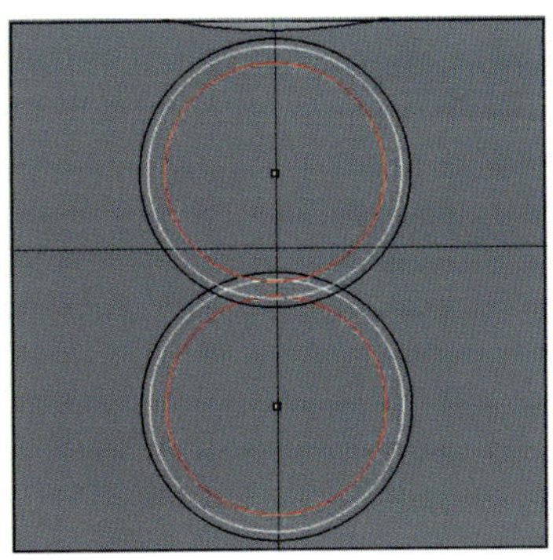

28 Copy기능을 사용해 이미지와 같이 바깥쪽 방향으로 복사한다.

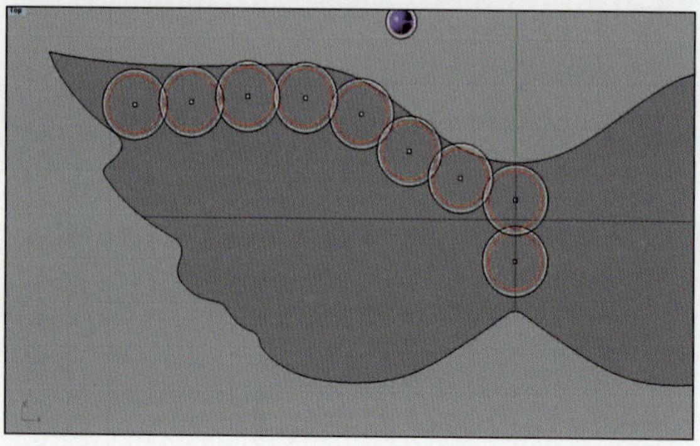

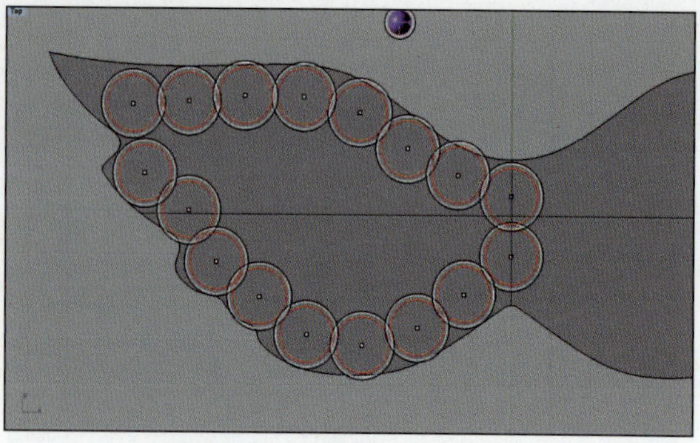

29 계속해서 이미지와 같이 안쪽방향에도 복사해 준다.

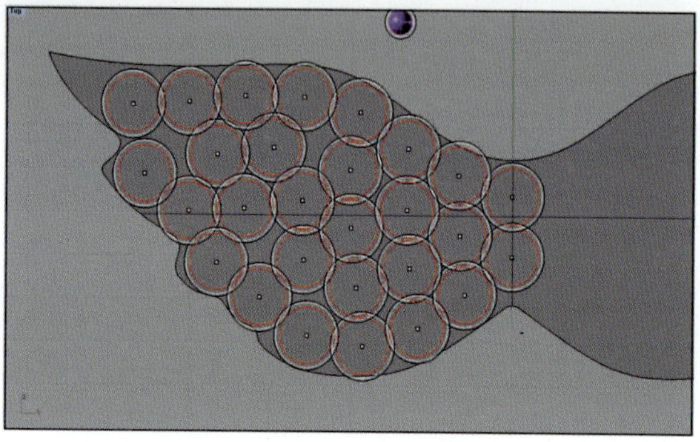

30 Orient on Surface 기능을 실행한다. 기능을 실행하면 명령표시줄에 'Select objects to orient' 문구가 나타난다. 이때 이미지와 같이 Top View에서 1번 보라색 Layer로 지정된 난발개체에 있는 커브개체들을 선택한다. 다음 'Reference point 1' 문구가 나타나면 커브개체 중심에 있는 점 개체를 선택한다. 다음 'Reference point 2' 문구가 나타나면 Shift키를 누른 채 위쪽방향으로 드래그 하면서 적당한 위치에 마우스 왼쪽 버튼을 클릭한다. 다음 'Surface to orient on' 문구가 나타나면 날개 모양 면 개체를 선택한다. 대화상자가 나타나면 각 옵션기능을 이미지와 같이 설정해준다.

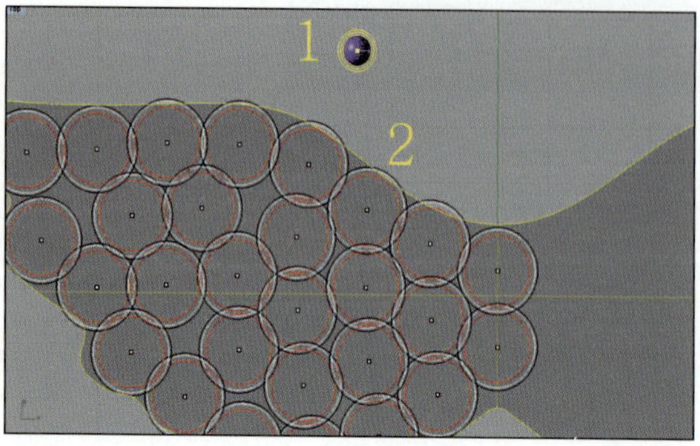

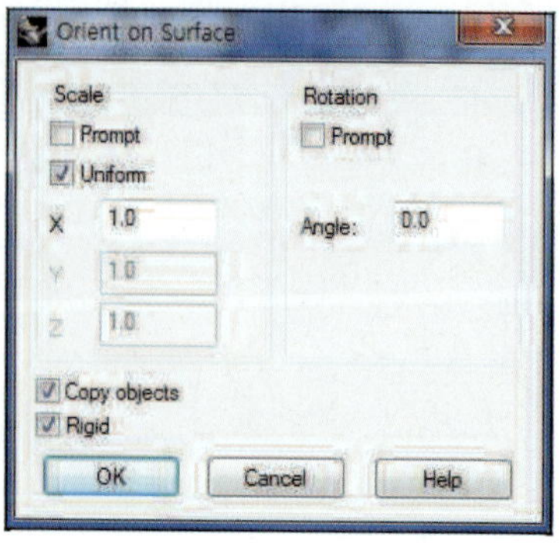

31 이미지와 같이 난발위치를 지정하는 커브개체를 배열해준다. 보석위치를 지정하는 커브개체의 빨간색 원형커브 개체 안쪽에 난발위치를 지정하는 커브개체 빨간색 원형커브 개체가 들어가야 한다. 이때, 난발위치를 지정하는 커브개체들 중 가장 안쪽에 있는 빨간색 원형커브 개체는 다른 난발위치를 지정하는 커브개체 안에 있는 빨간색 원형커브와는 만나지 않게 한다. 빨간색 원형커브 개체들 사이 간격은 빨간색 원형커브 개체와 하얀색 원형커브 개체 사이 거리보다는 멀게 지정한다.

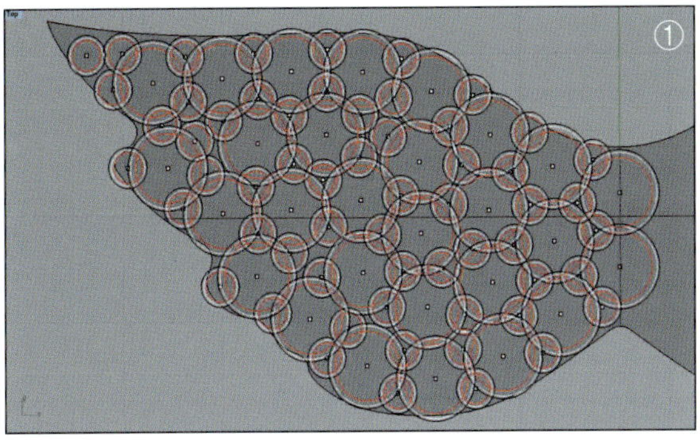

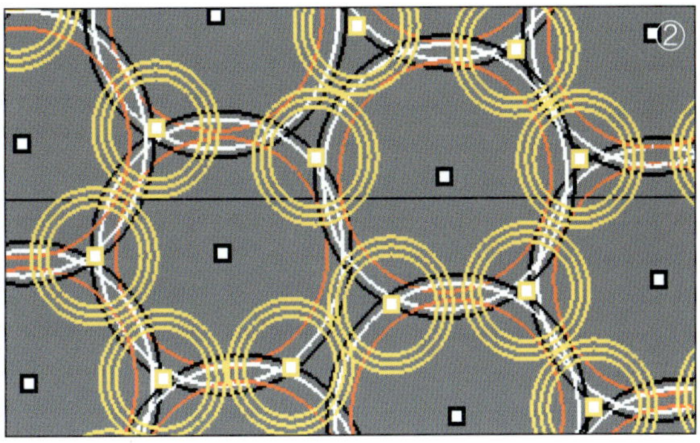

32 Mirror 기능을 실행한다. 생성된 모든 원형커브 개체들을 선택해 대칭 복사한다.

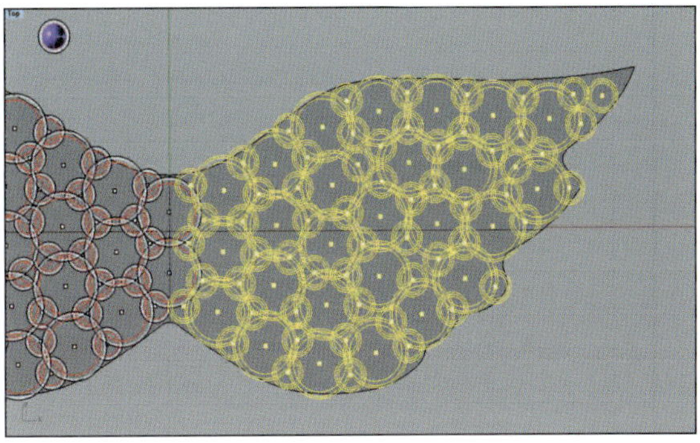

33 Show Objects 기능을 실행한다. 이미지와 같이 Hide된 개체를 불러온다. 작업의 효율성을 위해 생성된 커브개체들과 면 개체를 선택한 다음 Move 기능을 실행한다. 이미지와 같이 불러온 개체들과 겹치지 않게 이동시킨다.

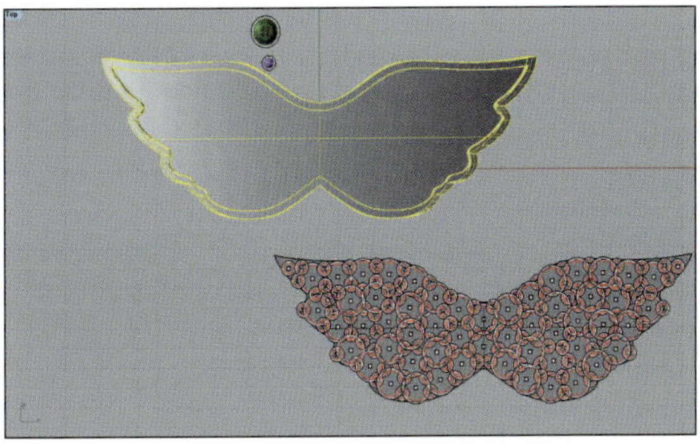

34 이미지와 같이 명령표시줄에 'SquishBack' 명령어를 입력한다. 명령표시줄에 'Select 2-D pattern surface or mesh'가 나타나면 커브개체들이 올라가 있는 날개모양 면 개체를 선택한다. 다음 'Select curves and points on 2-D pattern' 문구가 나타나면 원형커브 개체들을 모두 선택한다. 선택을 한 다음 Enter키를 누른다.

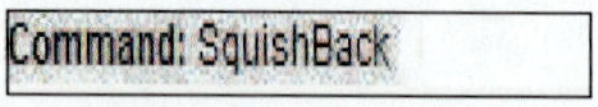

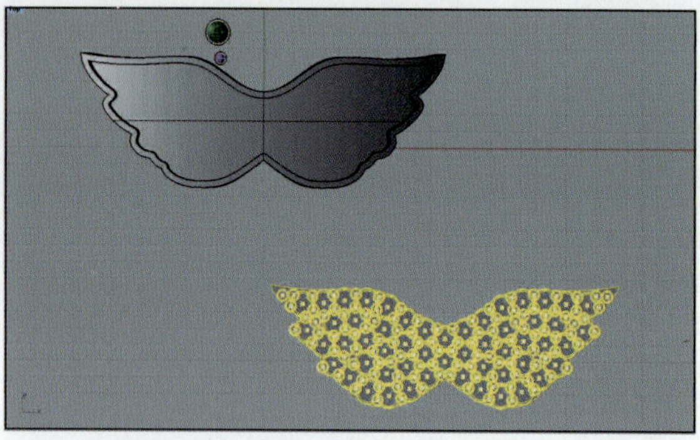

35 이미지와 같이 날개 모양 Solid개체에 원형 커브 개체들이 정확히 배치되는 것을 확인할 수 있다. Expand 시킨 면 개체와 그 면 개체 위에 있던 원형커브 개체들은 모두 삭제한다.

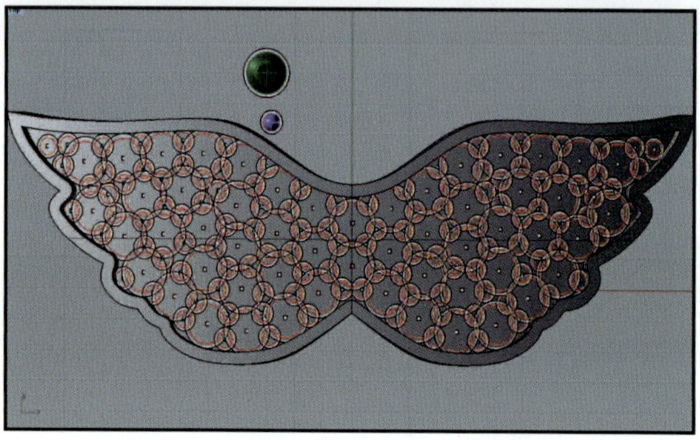

36 Orient on Surface 기능을 실행한다. 기능을 실행하면 명령표시줄에 'Select objects to orient' 문구가 나타난다. 이때 이미지와 같이 Top View에서 1번 초록색 Layer로 지정된 보석형태를 선택한다. 다음 'Reference point 1' 문구가 나타나면 보석형태 중심에 있는 점 개체를 선택한다. 다음 'Reference point 2' 문구가 나타나면 Shift키를 누른 채 위쪽방향으로 드래그 하면서 적당한 위치에 마우스 왼쪽 버튼을 클릭한다. 다음 'Surface to orient on' 문구가 나타나면 날개 모양 면 개체를 선택한다. 대화상자가 나타나면 각 옵션기능을 이미지와 같이 설정해준다. 작업을 진행할 때 Osnap에 Point 기능을 체크한다.

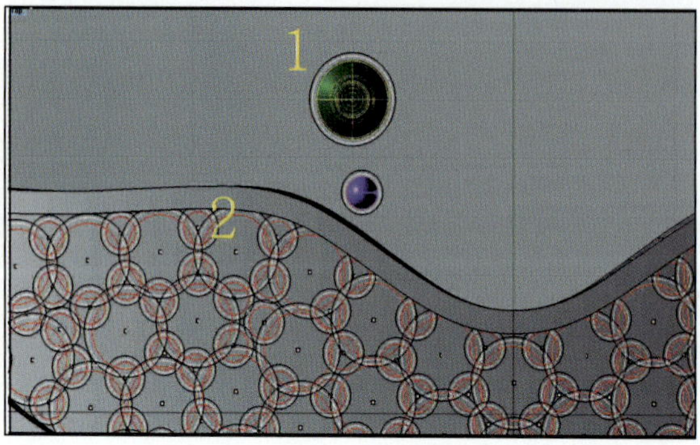

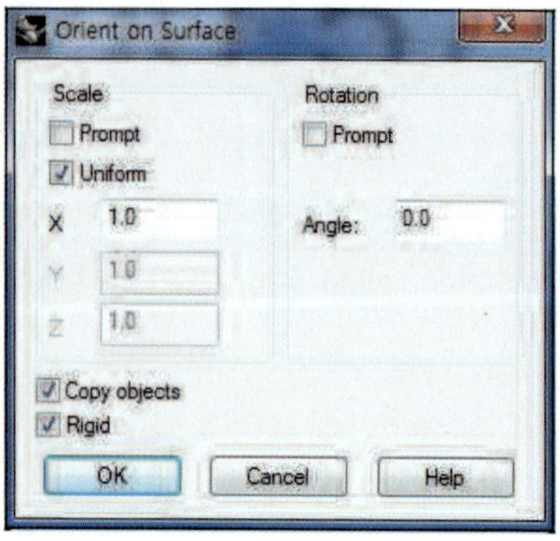

37 이미지와 같이 보석형태들을 날개모양 면 개체에 배열한다.

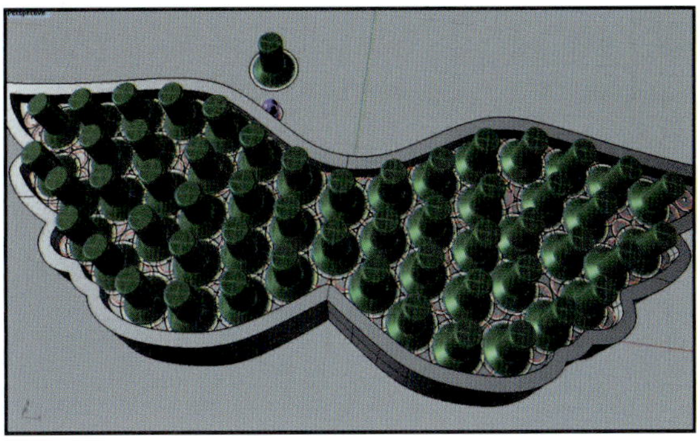

38 Orient on Surface 기능을 실행한다. 기능을 실행하면 명령표시줄에 'Select objects to orient' 문구가 나타난다. 이때 이미지와 같이 Top View에서 1번 보라색 Layer로 지정된 난발형태를 선택한다. 다음 'Reference point 1' 문구가 나타나면 난발형태 중심에 있는 점 개체를 선택한다. 다음 'Reference point 2' 문구가 나타나면 Shift키를 누른 채 위쪽방향으로 드래그 하면서 적당한 위치에 마우스 왼쪽 버튼을 클릭한다. 다음 'Surface to orient on' 문구가 나타나면 날개 모양 면 개체를 선택한다. 대화상자가 나타나면 각 옵션기능을 이미지와 같이 설정해준다. 작업을 진행할 때 Osnap에 Point 기능을 체크한다.

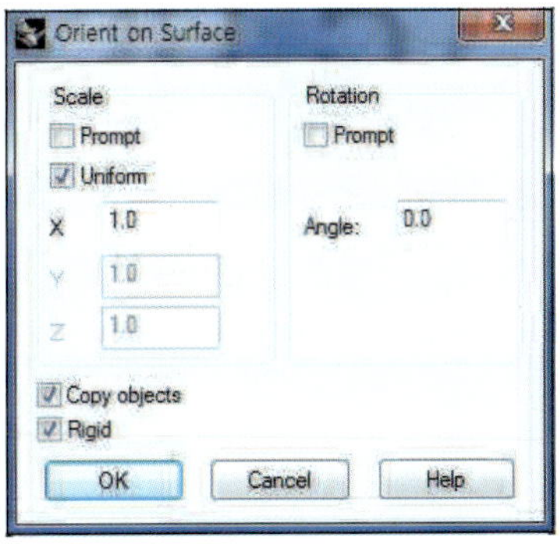

39 이미지와 같이 난발개체들을 날개모양 면 개체에 배열한다.

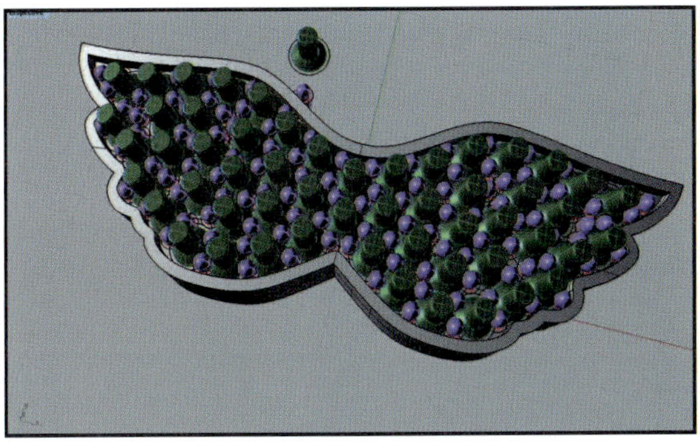

40 Boolean Difference 기능을 실행한다. 기능을 실행하면 먼저 보라색 난발개체와 날개모양 Solid개체를 선택한 다음 Enter키를 누른다. 다음 초록색 Layer로 지정된 보석형태 개체를 선택한 다음 Enter키를 누른다. 이미지와 같이 초록색 Layer로 지정된 보석형태 개체가 빠진 것을 확인할 수 있다.

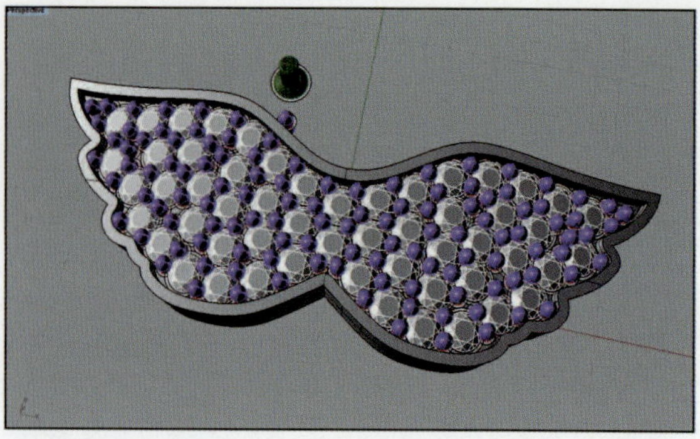

41 이미지와 같이 삽입시킨 보석개체와 난발개체, 그리고 모든 커브개체들을 선택한 다음 삭제한다. 다음 남아있는 모든 개체들을 선택한 다음 숨겨둔다.

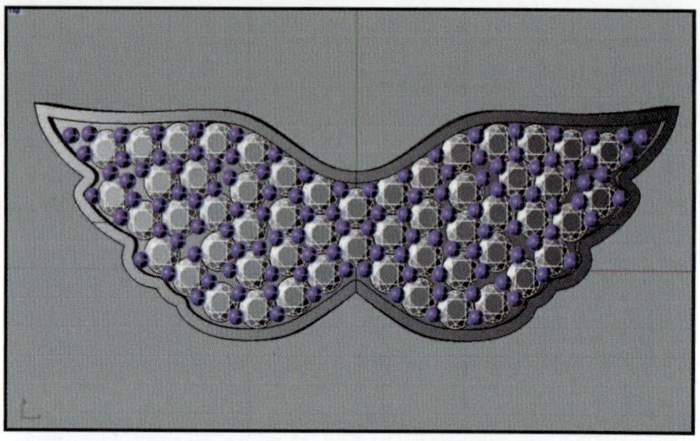

42 Front View를 기준으로 Circle:Center, Radius 기능을 실행한다. 원점을 기준으로 지름 값이 5.5mm, 4.5mm, 3.5mm인 원형커브 3개를 순서대로 생성한다.

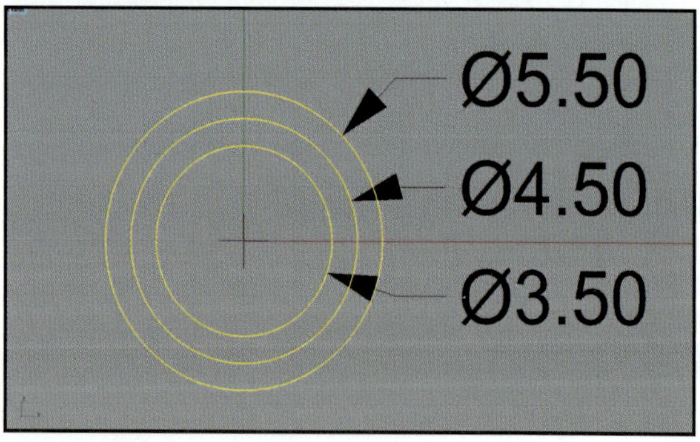

43 Top View에서 지름이 5.5mm인 원형커브는 위쪽 방향으로 11mm 이동시킨다. 다음 4.5mm인 원형 커브는 아래쪽 방향으로 10mm 이동시킨다.

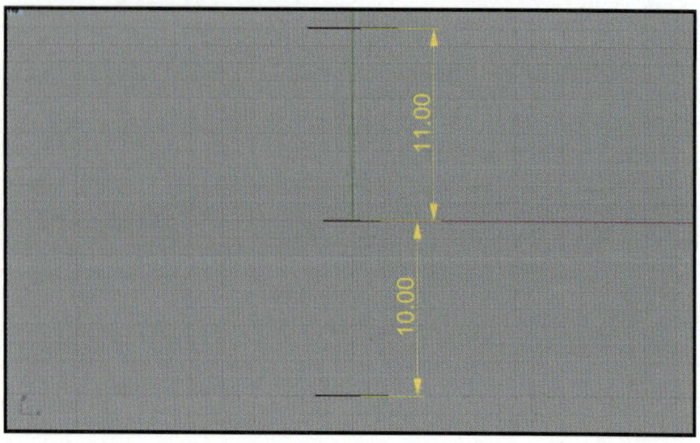

44 Loft 기능을 실행한다. 1번과 2번, 3번 원형커브 개체를 선택한다. 이미지와 같이 파이프 형태를 가진 면 개체를 생성한다. 명령을 진행할 때 나타나는 Loft Options 대화상자는 이미지와 같이 설정한다. 남아있는 커브개체들은 모두 삭제해준다.

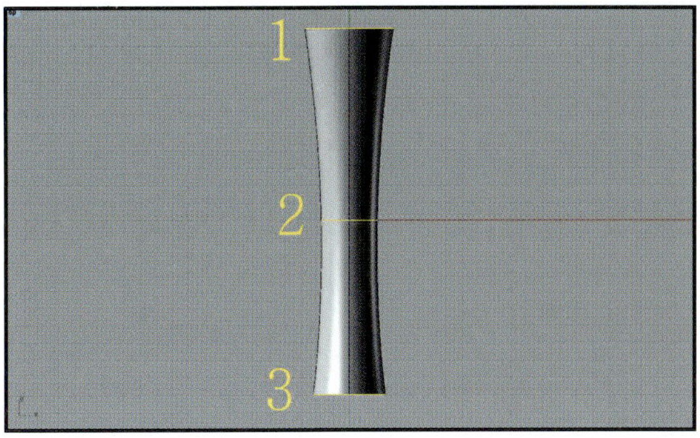

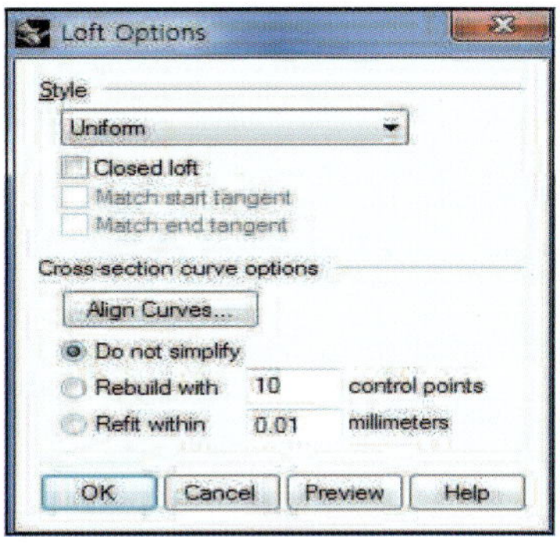

45 Offset Surface 기능을 실행한다. 명령 표시줄에 있는 옵션기능 중 'Loose', 'Solid' 기능을 체크한다. 이미지와 같이 안쪽 방향으로 0.6mm Offset시킨다.

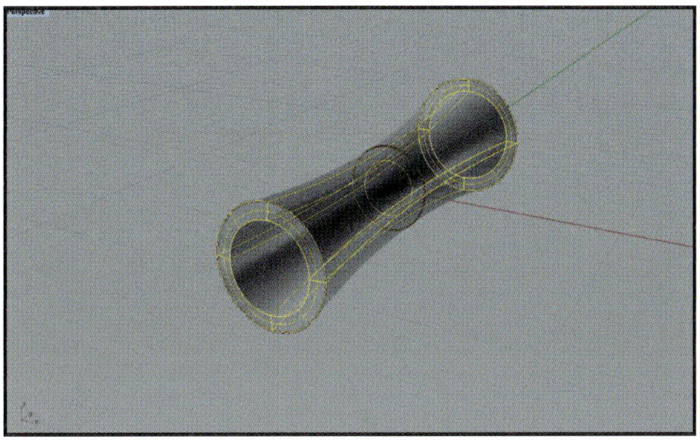

46 Variable Radius Fillet 기능을 실행한다. 이미지와 같이 가장자리를 선택하여 0.3mm 값으로 Fillet 시킨다.

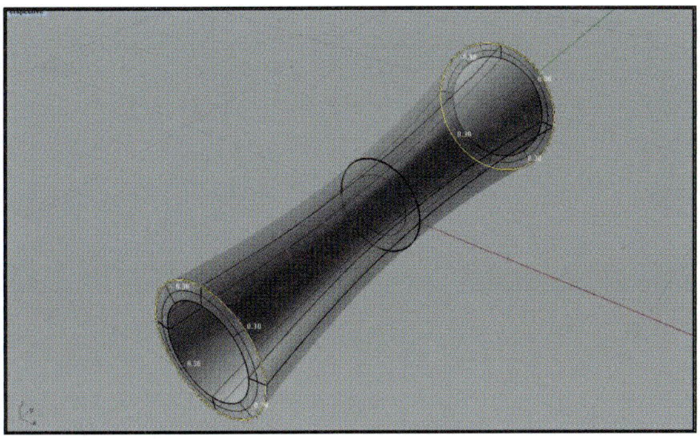

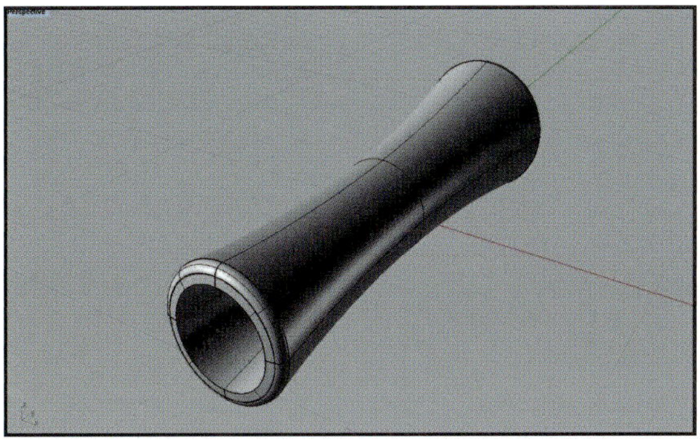

47 Right View에서 Circle:Center, Radius 기능을 실행한다. 이미지와 같이 2mm인 원형커브 개체를 생성한다.

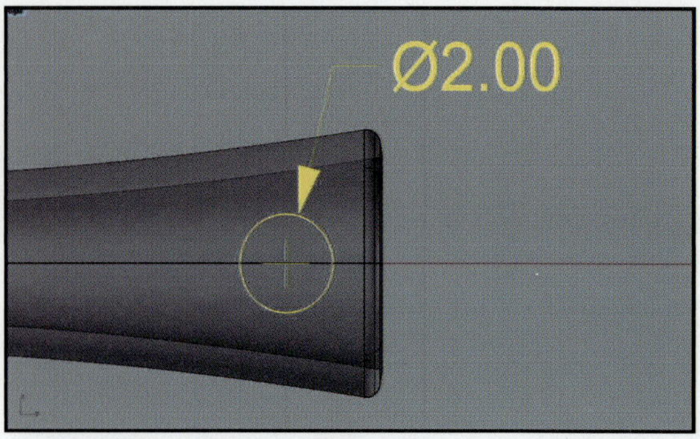

48 Extrude Straight 기능을 실행하여 이미지와 같이 원형커브 개체를 돌출시킨다. 이때, 명령표시줄에 있는 옵션기능들 중 'BothSides=Yes, Cap=Yes, DeleteInput =Yes'로 설정해준다.

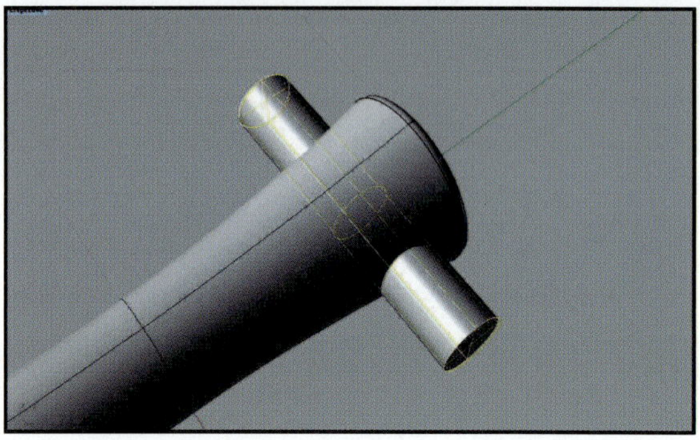

49 Boolean Difference 기능을 실행하여 1번 Solid개체를 선택한 다음 Enter키를 누른다. 다음 2번 파이프 개체를 선택하고 Enter키를 누른다. 이미지와 같이 파이프 개체 크기만큼 잘려나간 것을 확인할 수 있다.

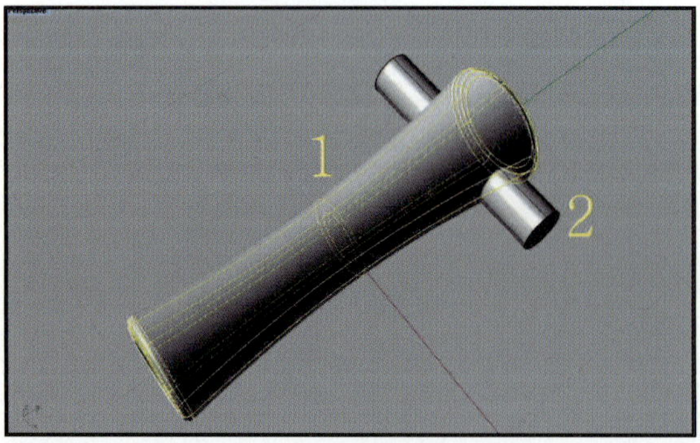

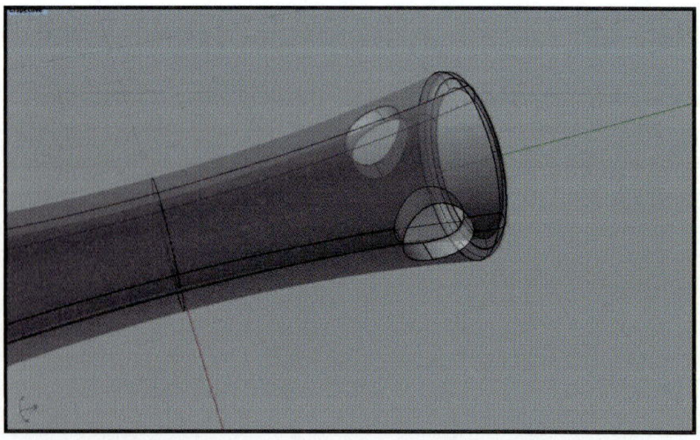

50 Variable Radius Fillet 기능을 실행한다. 이미지와 같이 가장자리를 선택하여 0.3mm 값으로 Fillet 시킨다.

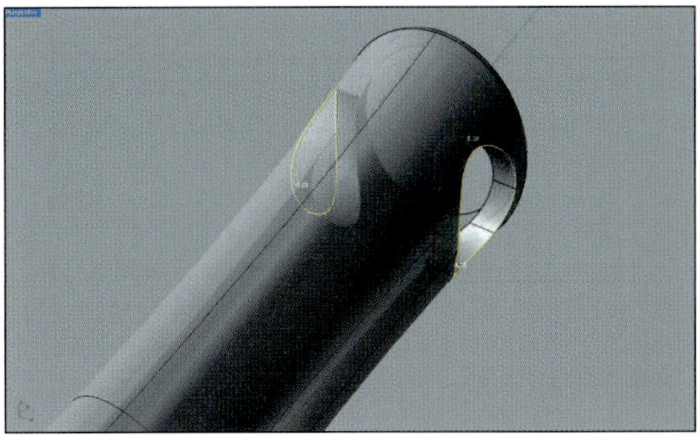

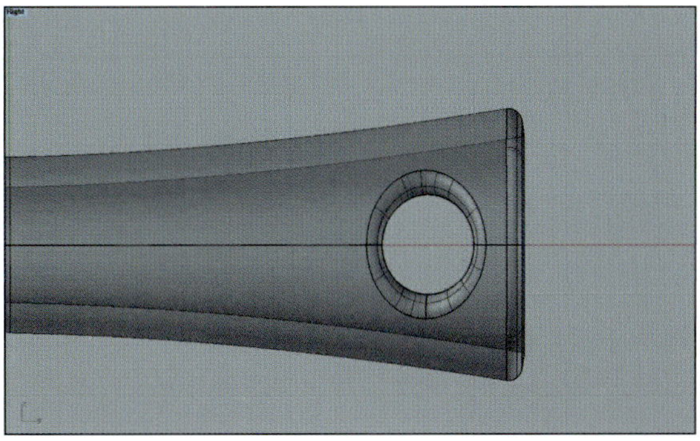

51 Front View에서 Move 기능을 실행한다. 생성된 Solid개체를 아래쪽 방향으로 0.5mm 이동시킨다.

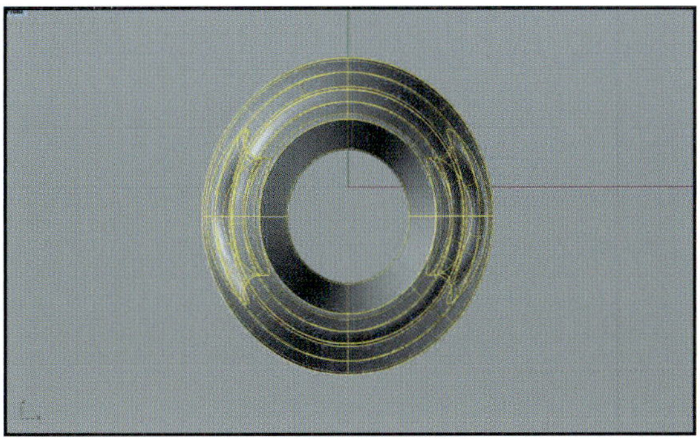

52 Show Objects 기능을 실행한다. 이미지와 같이 Hide된 개체를 불러온다.
완성된 팬던트 개체를 4면도로 확인할 수 있다.

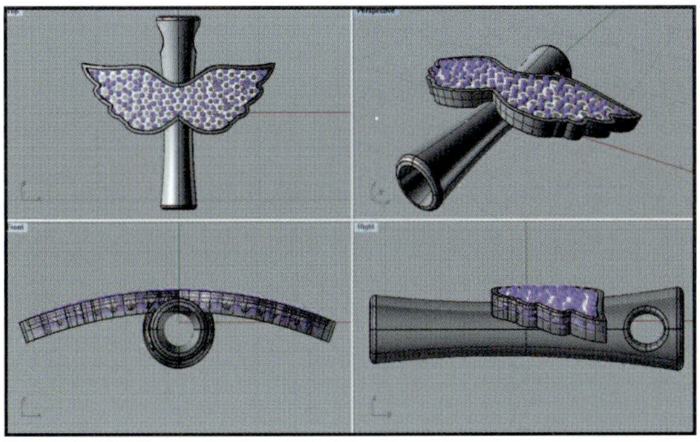

2. 예제 렌더링 따라하기

일요일 "영경아! 컵 밑에 있는 목걸이 좀 줄래?" 렌더링 과정에서는 토요일 과정에 이어 V-Ray 렌더링 프로그램 기능을 알아보도록 한다. 일요일 과정은 이 책의 마지막 과정으로 V-Ray 프로그램으로 플라스틱 재질과 유리 재질 적용 방법을 알아보며, Caustics 기능을 통해 어떤 개체에 빛이 통과할 때 나타나는 굴절이나 반사, 특정 표면에 생겨나는 빛의 산란효과를 표현하는 방법을 알아보도록 하겠다.

부록CD > 예제파일 > 7.일요일 > Sunday-Rendering

01 Import 기능 또는 Open 기능을 실행하여 'Sunday-Rendering' 파일을 불러온다. 다음 이미지와 같이 일요일차 모델링 개체들이 바닥 개체와 구도가 설정된 상태로 불러와지는 것을 확인할 수 있다.

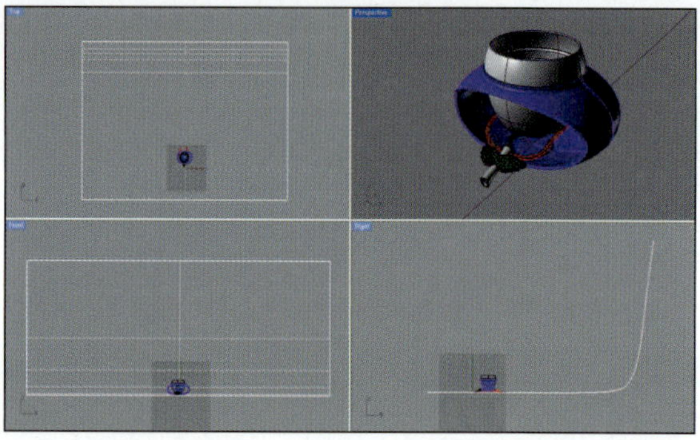

02 다음 이미지와 같이 V-Ray Option기능을 실행한다.

03 'Global Switches' 기능을 롤아웃 확장시켜준다. 이미지와 같이 'Render', Lighting', 'Gamma Correction' 옵션 값들을 조절해준다. 'Materials' 옵션에 있는 'Max Depth' 값을 '10'으로 조정하고 'Lighting' 기능에 있는 'Default Lights'기능을 체크 해제한다. 마지막으로 'Raytracing'기능에 있는 'Secondary ray bias' 값을 '0.001' 로 지정해준다. 나머지 옵션도 이미지와 같이 비교하여 설정할 수 있도록 한다.

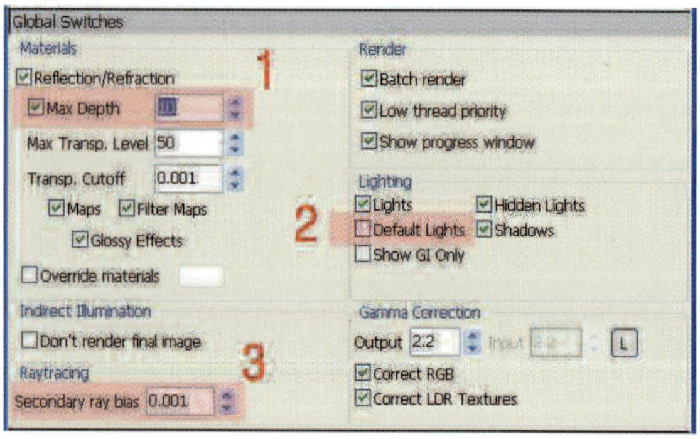

04 'Camera' 기능을 롤아웃 확장시켜준다. 처음 V-Ray를 사용하게 되면 기본적으로 'Physical Camera' 기능이 체크되어 있다. 이 기능을 체크 해제하여 기본 Camera 기능이 되게 설정한다.

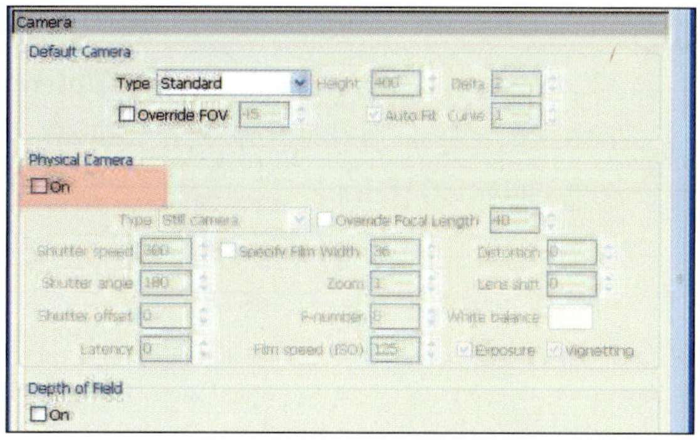

05 'Output' 기능을 롤아웃 확장시켜준다. 먼저 원하는 이미지 크기를 설정해준다. 2번 'Get view aspect' 버튼을 클릭해준다.

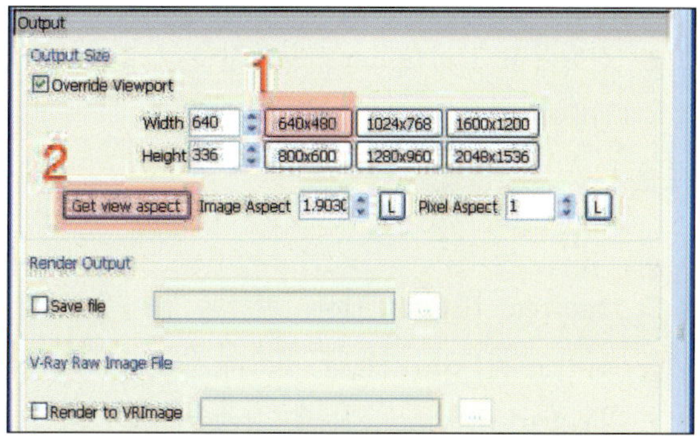

06 'Environment' 기능을 롤아웃 확장시켜준다. 'GI (Skylight)' 색상은 White 색상으로 지정하고 'Background' 색상은 Black으로 설정해준다. 다음 'GI'기능에 있는 'm'버튼을 클릭한다.

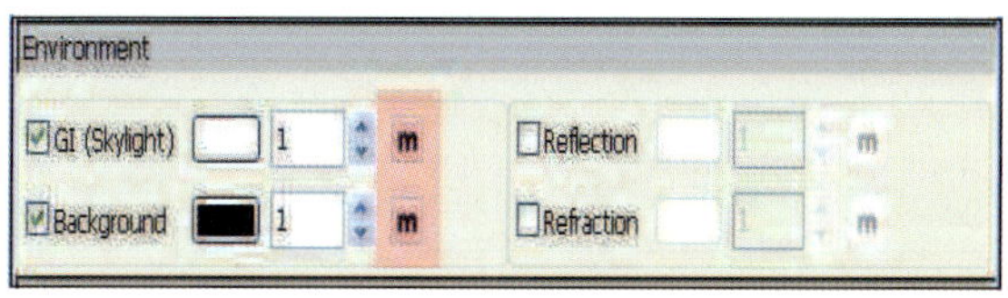

07 다음 편집기가 나타나면 먼저 'Type'기능에서 'Bitmap' 기능으로 설정해준다. 다음으로 'UVW' 기능에서 'Environment' 기능을 체크해 준 다음 'Bitmap' 기능에 있는 'm' 버튼을 클릭한다. '부록CD > 이미지 > 7. 일요일 > living room' 파일을 불러온다. 마지막으로 'Apply' 버튼을 클릭한다. 이와 같은 방법으로 'Background'에 있는 'm' 버튼도 클릭해 같은 작업을 진행해주도록 한다.

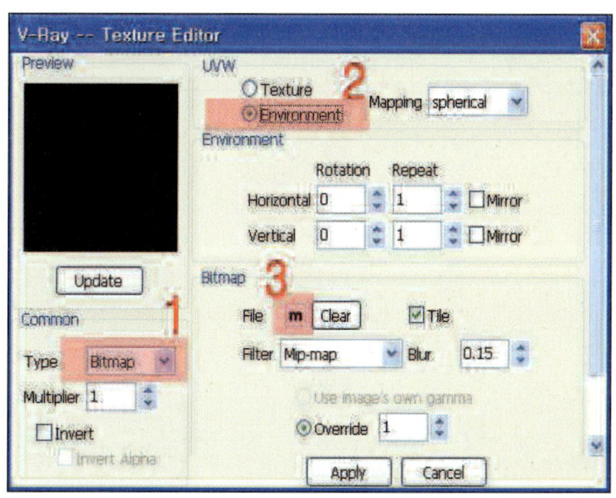

08 'Image Sampler' 기능을 롤아웃 확장시켜준다. 'Image Sampler' 기능에서 'Adaptive DMC' 기능으로 설정해주고 'Max Subdins' 값을 '32'로 지정한다.

마지막으로 'Antialiasing filter' 기능은 'Area' 기능으로 설정해주며, 'Size'는 '1.1'로 지정해 준다.

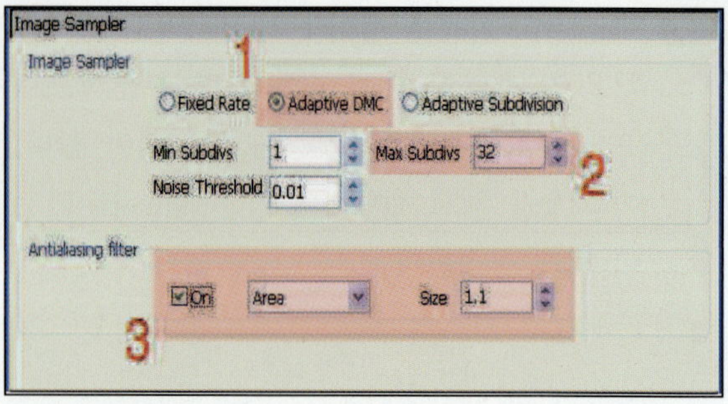

09 'Color Mapping' 기능을 롤아웃 확장시켜준다. 'Type' 기능에서 'Reinhard' 기능으로 설정해주고 'Multiplier' 기능 값을 '1'로, 'Burn Value' 값은 '0.8'로 설정해준다.

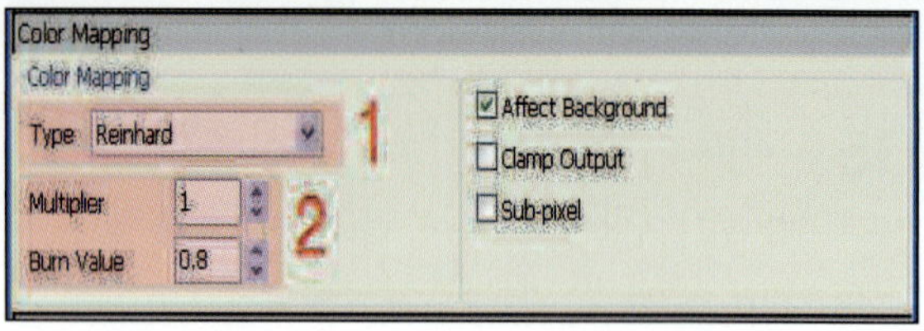

10 'Indirect Illumination' 기능을 롤아웃 확장시켜준다. 'GI' 기능을 체크해준다.

'Primary Engine' 기능을 'Irradiance Map'으로 설정해주고, 'Secondary Engine'을 'Light Cache' 기능으로 설정해 준 다음 'Multiplier' 값을 '0.8'로 입력한다.

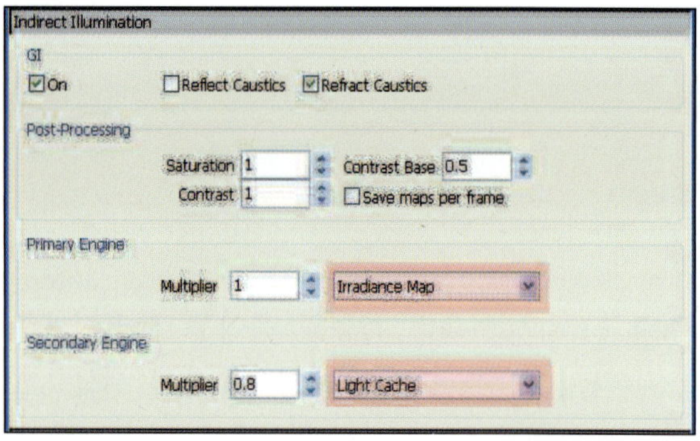

11 'Irradiance Map' 기능을 롤아웃 확장시켜준다. 'Basic Parameter' 항목에서 'Max Rate' 값을 '0'으로 설정해준다.

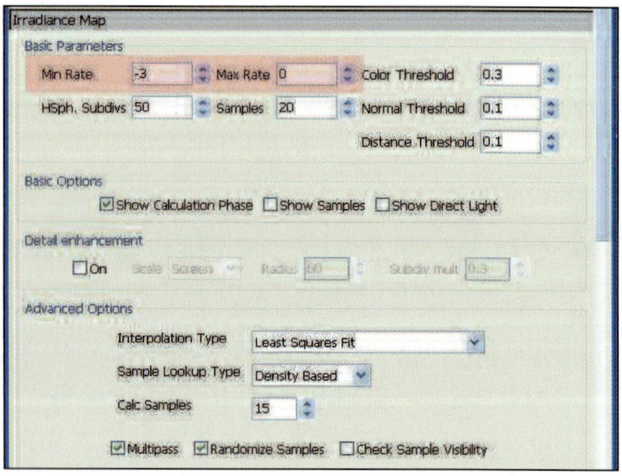

12 'Light Cache' 기능을 롤아웃 확장시킨다. 'Calculation Parameters'기능에서 'Subdivs' 값을 '1200'으로, 'Sample Size'값을 '0.01'로 지정해준다.

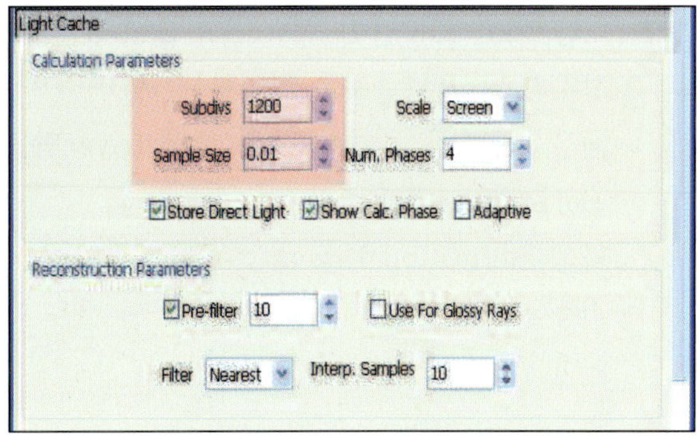

13 'DMC Sampler' 기능을 롤아웃 확장시켜준다. 다음 이미지와 같이 'Adaptive Amount' 기능 값을 '0.85'로 설정하고, 'Noise Threshold' 기능 값은 '0.005'로 설정해준다.

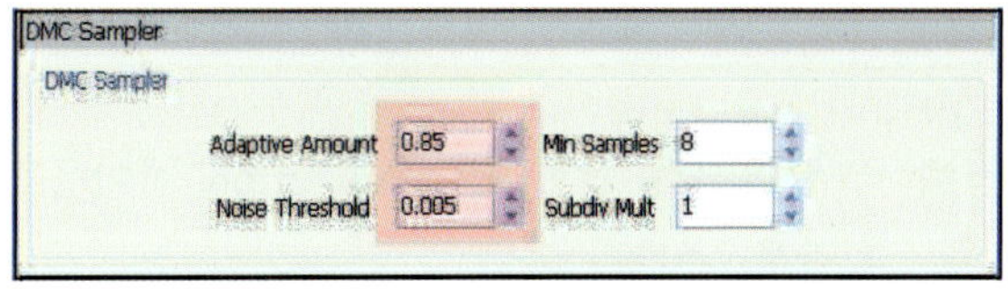

14 Rhino 프로그램에서 Perspective View를 활성화 시킨 다음 이미지와 같이 마우스 왼쪽 버튼을 눌러 'Render' 기능을 실행한다.

15 다음 이미지와 같이 Perspective View가 렌더링 된 것을 확인할 수 있다.

16 'V-Ray for Rhino' Toolbox에서 다음 이미지와 같이 마우스 왼쪽 버튼으로 'V-Ray Material Editor' 기능을 클릭한다.

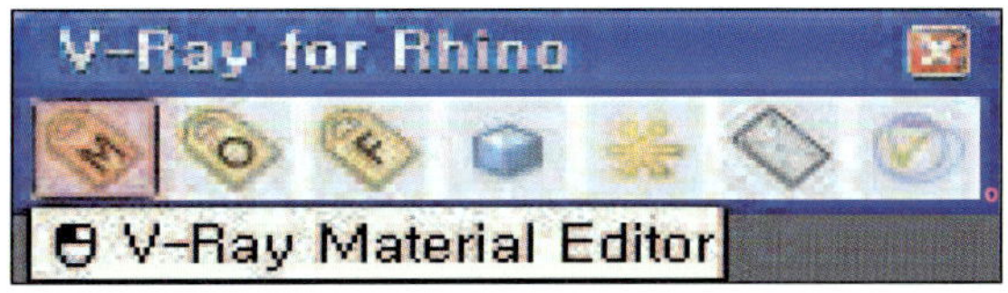

17 다음 이미지와 같이 'Material Editor' 대화상자가 나타나는 것을 확인할 수 있다.
재질 Layer를 추가한 다음 재질 Layer명을 'Holder'로 지정해준다.
다음 'Reflection Layers 〉 Add new layer' 기능을 설정해주면, Layer가 추가된 것을 확인할 수 있다.

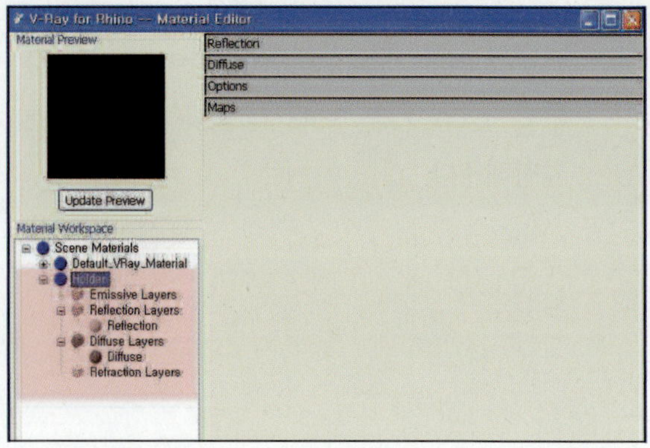

18 우측 옵션 기능에 있는 'Reflection' 롤아웃을 확장시켜준다.
이미지와 같이 'Highlight Glossiness' 값과 'Reflection Glossiness' 값이 '1'로 지정된 것을 확인한 다음 'Reflection' 옵션 기능에 있는 'M'버튼을 클릭한다. 편집 대화상자가 나타나면 'Fresnel Color' 색상을 White로 지정해준다.

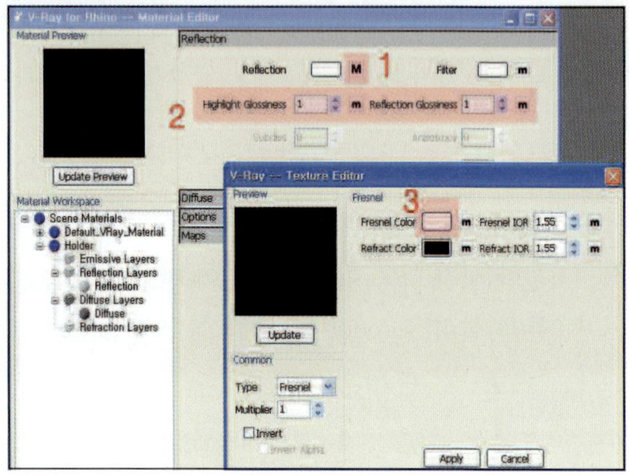

19 다음 'Diffuse' 롤아웃을 확장시켜준다. 다음 이미지와 같이 'Color' 색상을 White로 지정해준다.

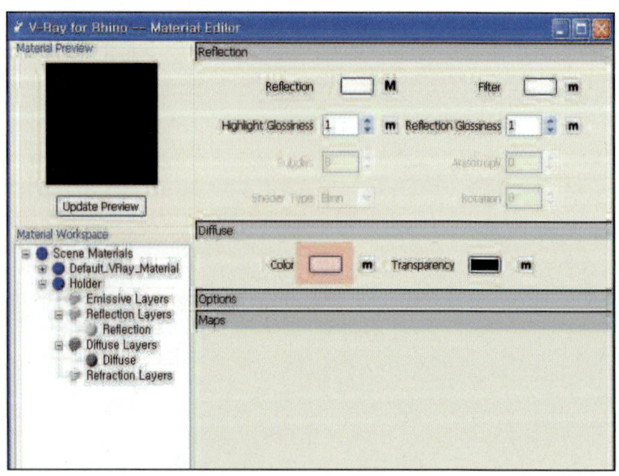

20 다음 이미지와 같이 컵 홀더 개체를 선택한 다음 설정한 재질을 적용시킨다.

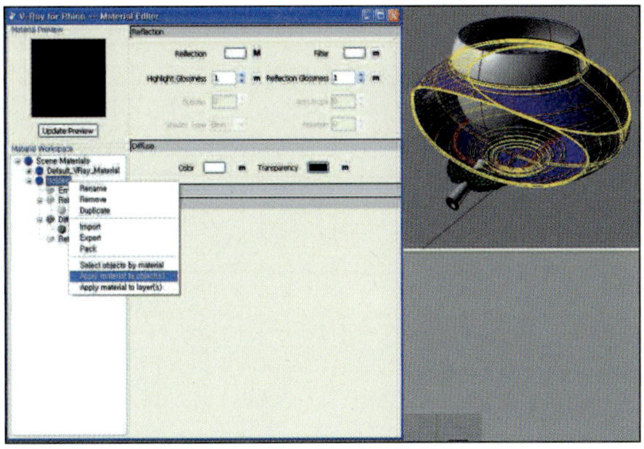

21 렌더링 작업을 진행한다. 다음 이미지와 같이 컵 홀더 개체에 재질이 적용된 것을 확인할 수 있다.

22 다음 이미지와 같이 'Material Editor' 대화상자에서 다시 재질 Layer를 추가한 다음 재질 Layer명을 'Cup'으로 지정해준다.
다음 'Reflection Layers 〉 Add new layer' 기능을 설정해주고, 같은 방법으로 'Refraction Layers 〉 Add new layer' 기능을 설정해준다. 각 Layer가 추가된 것을 확인할 수 있다.

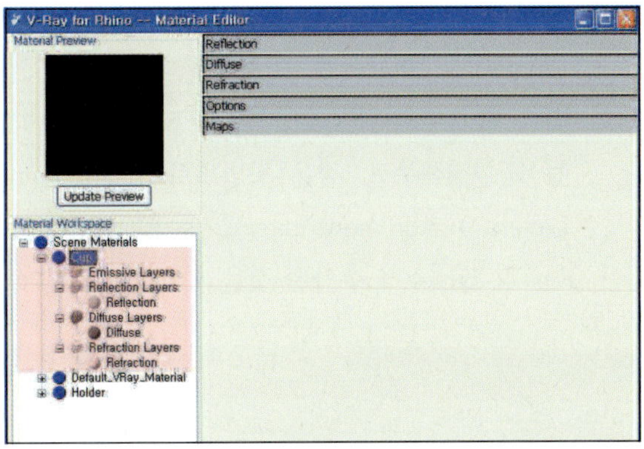

23 다음 'Diffuse' 롤아웃을 확장시켜준다. 다음 이미지와 같이 'Color' 색상을 Black으로 지정해 준 다음 'Transparency' 색상을 White로 지정해준다. 컵 개체는 Diffuse Color 기능에 있는 색상만을 바꿔준다.

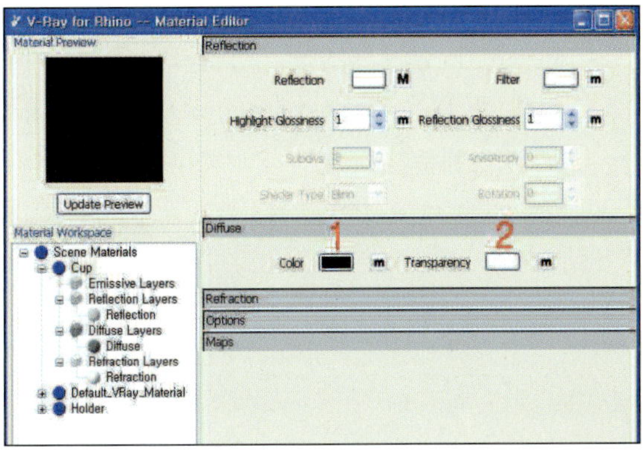

24 다음 이미지와 같이 컵 개체를 선택한 다음 설정한 재질을 적용시킨다.

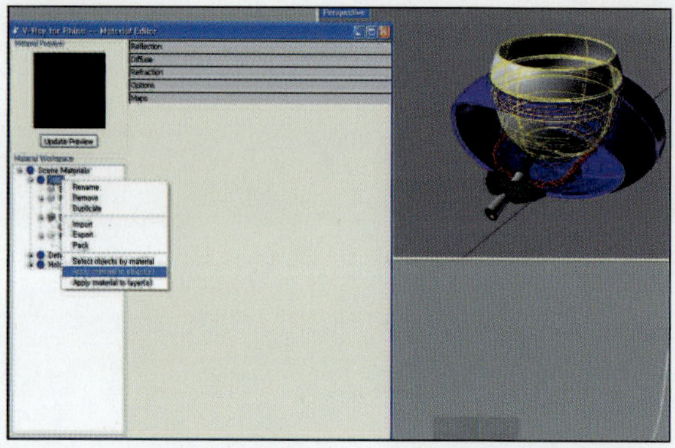

25 렌더링 작업을 진행한다. 다음 이미지와 같이 컵 개체에 유리 재질이 적용된 것을 확인할 수 있다.

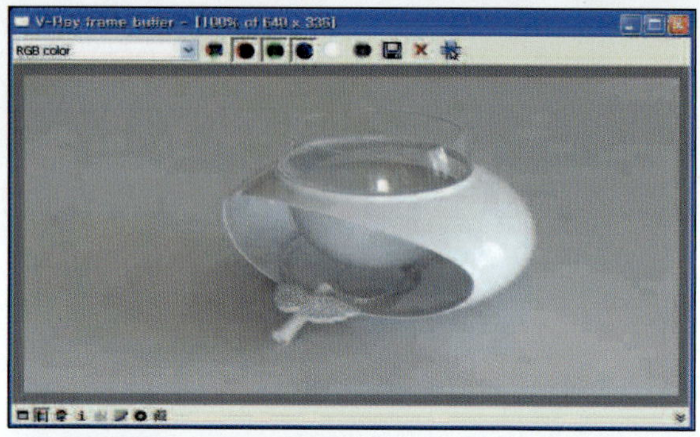

26 다음 이미지와 같이 'Material Editor' 대화상자에서 재질 Layer를 추가한 다음 재질 Layer명을 'Water'로 지정해준다.
다음 'Reflection Layers 〉 Add new layer' 기능을 설정해주고, 같은 방법으로 'Refraction Layers 〉 Add new layer' 기능을 설정해준다. 각 Layer가 추가된 것을 확인할 수 있다.

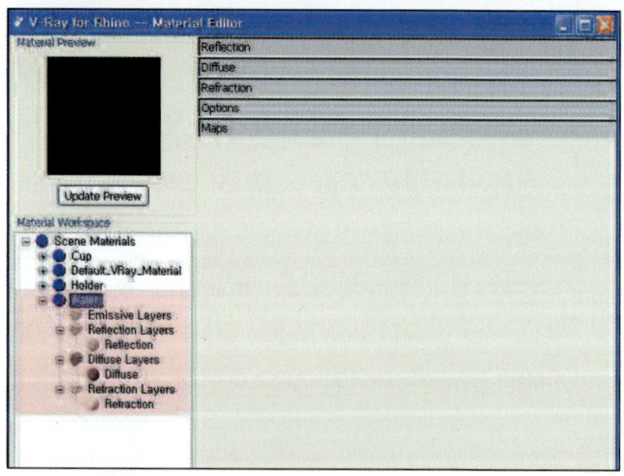

27 다음 'Diffuse' 롤아웃을 확장시켜준다. 다음 이미지와 같이 'Color'색상을 Black으로 지정해 준 다음 'Transparency' 색상을 White로 지정해준다.

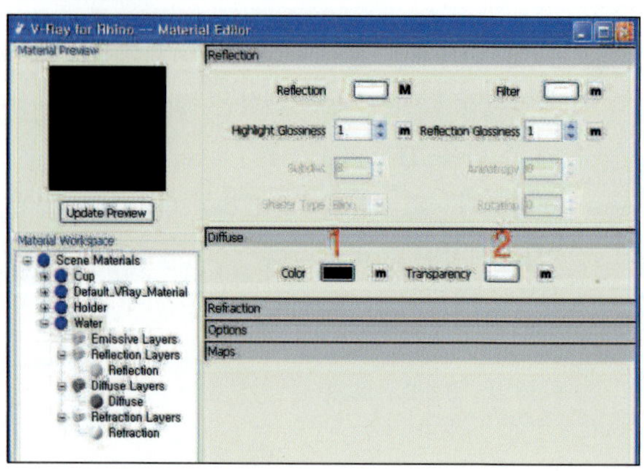

28 다음 'Refraction' 롤아웃을 확장시켜준다. 1번 'IOR' 값을 '1.35'로 지정한다. 2번 'Fog Color' 색상 버튼을 클릭한 다음 색상 편집기가 나타나면 'R:255, G:182, B;0'으로 지정해준다. 마지막으로 'Fog Multiplier' 값을 '0.02'로 지정해 준 다음 4번 'Update Preview' 버튼을 클릭해 준다. 설정된 재질이 미리보기가 가능해진다.

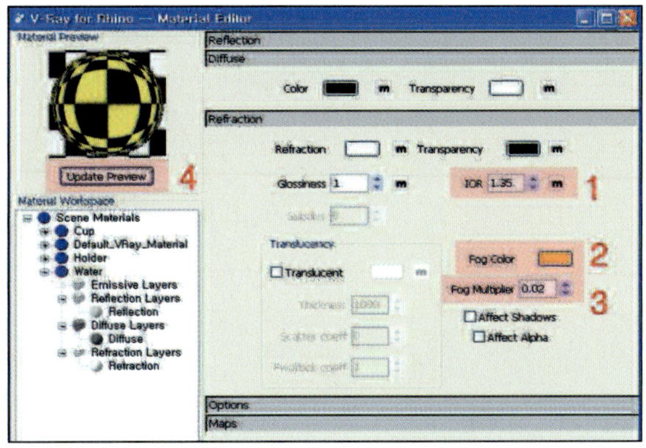

29 다음 이미지와 같이 컵 개체 안에 있는 개체를 선택한 다음 설정한 재질을 적용시킨다.

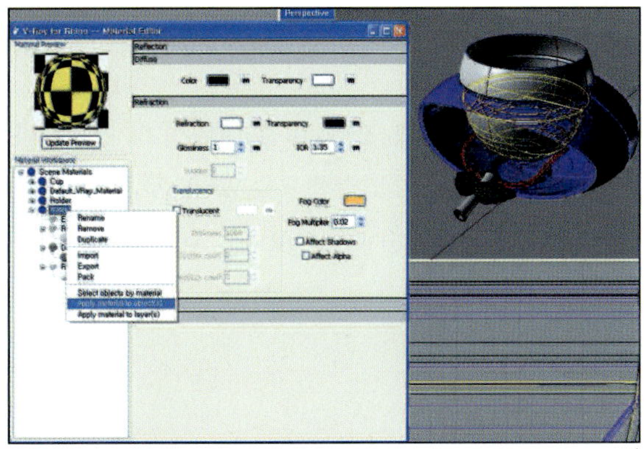

30 렌더링 작업을 진행한다. 다음 이미지와 같이 색상이 적용된 액체 재질이 적용된 것을 확인할 수 있다.

31 다음 이미지와 같이 'Material Editor' 대화상자에서 재질 Layer를 추가한 다음 재질 Layer명을 'Metal'로 지정해준다.
다음 'Reflection Layers 〉 Add new layer' 기능을 설정해준다. Reflection Layer가 추가된 것을 확인할 수 있다.

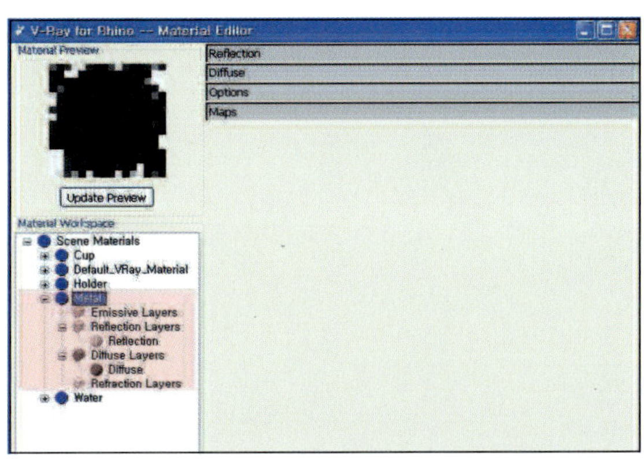

32 'Reflection' 기능에 있는 'Reflection'에 있는 'M' 버튼을 클릭한다.

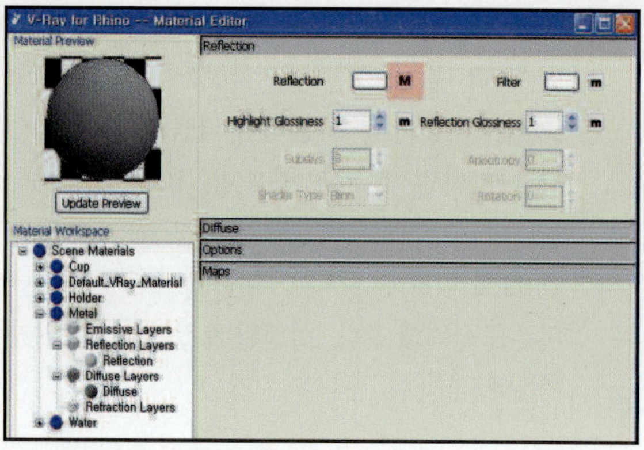

33 다음 이미지와 같이 편집 대화상자가 나타나면 'Fresnel Color' 색상을 White로 지정해'16'으로 지정해 준 다음 'Apply' 버튼을 누른다.

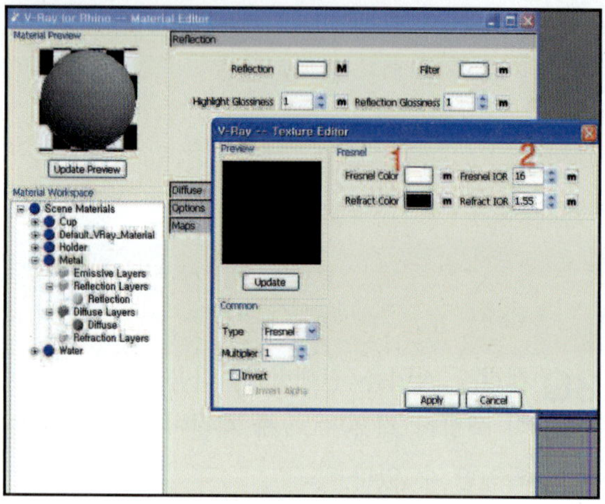

34 다음 'Diffuse' 롤아웃을 확장시켜준다. 다음 이미지와 같이 'Color' 색상을 Black으로 지정해준다.

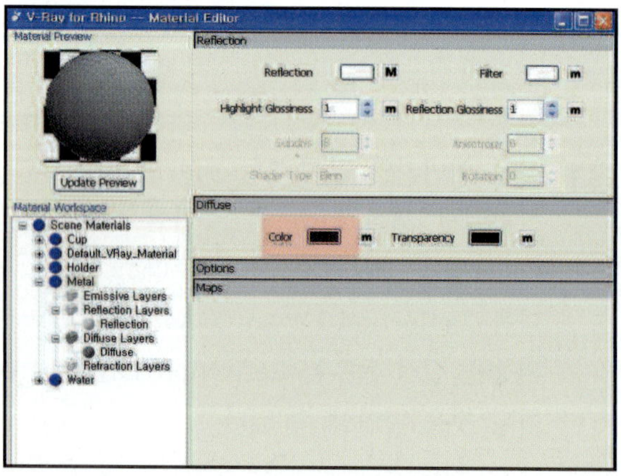

35 다음 이미지와 같이 목걸이 개체에서 보석개체를 제외한 펜던트와 체인개체를 선택한다. 이미지와 같이 설정된 재질을 적용시킨다.

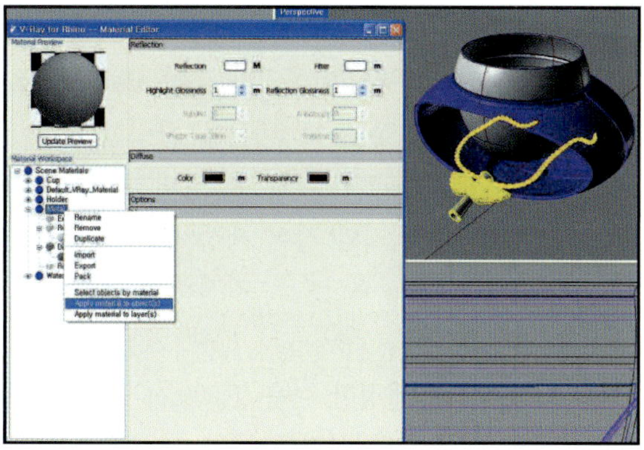

36 렌더링 작업을 진행한다. 다음 이미지와 같이 금속 개체 재질로 적용된 것을 확인할 수 있다.

37 다시 'Material Editor' 대화상자에서 재질 Layer를 추가한 다음 재질 Layer명을 'Gem'으로 지정해준다.

다음 'Reflection Layers 〉 Add new layer' 기능을 설정해주고, 같은 방법으로 'Refraction Layers 〉 Add new layer' 기능을 설정해준다. 각 Layer가 추가된 것을 확인할 수 있다.

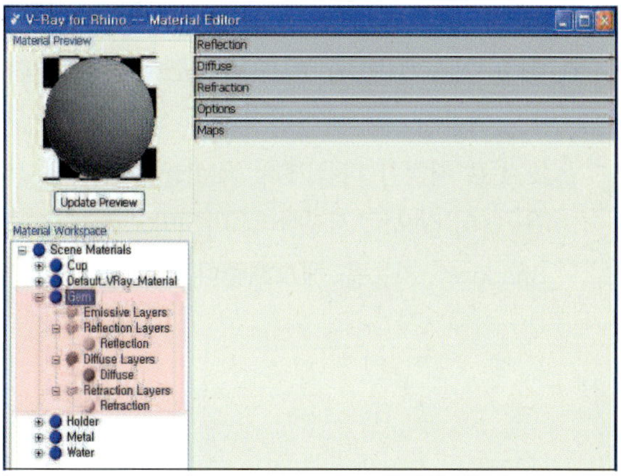

38 우측 옵션 기능에 있는 'Reflection' 롤아웃을 확장시켜준다. 이미지와 같이 'Reflection' 옵션 기능에 있는 'M' 버튼을 클릭한다.
'Fresnel Color' 기능에서 색상버튼을 클릭한다. 다음 이미지와 같이 색상 대화상자가 나타나면 'White'색상으로 지정해주고 'OK' 버튼을 클릭한다. 'Fresnel IOR' 기능 설정 값을 '2.4' 로 설정한 다음 'Refract IOR' 기능 설정 값을 '2'로 설정한다. 'Apply'버튼을 누른다.

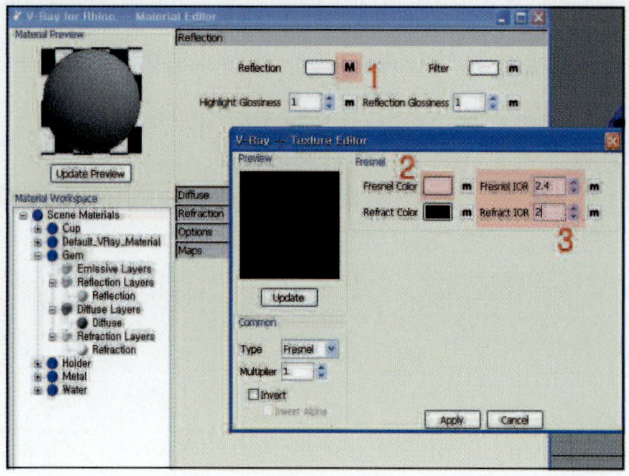

39 옵션 기능에 있는 'Diffuse' 롤아웃을 확장시켜준다.
다음 이미지와 같이 'Color' 색상을 Black으로 'Transparency' 색상을 White로 지정해준다.

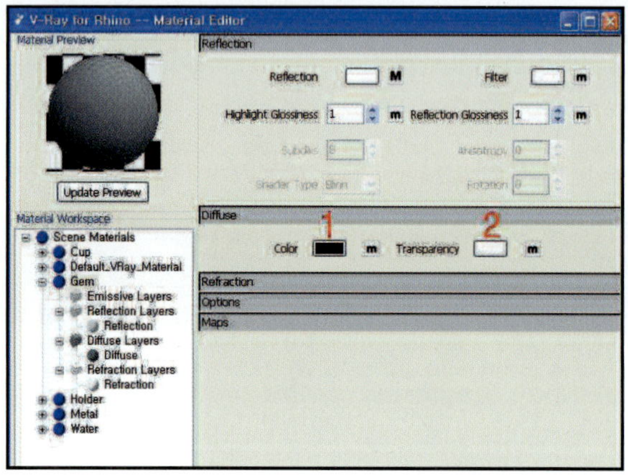

40 옵션 기능에 있는 'Refraction' 롤아웃을 확장시켜준다. 다음 이미지와 같이 'IOR' 값을 '2.4'로 지정한 다음 'Fog Multiplier' 기능 값을 '0.01'값으로 지정한다. 마지막으로 'Affect Shadows' 기능을 체크해준다.

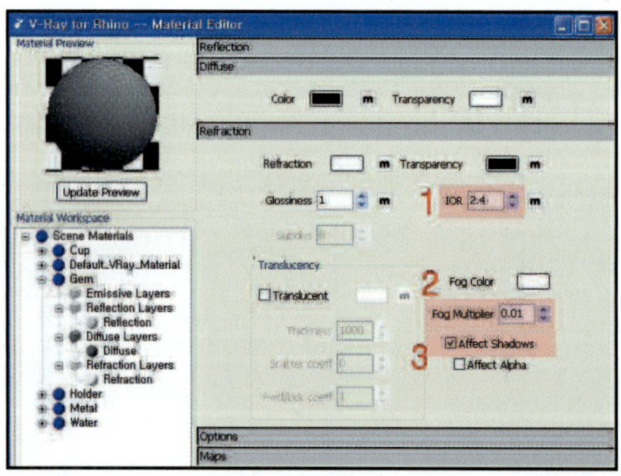

41 다음 이미지와 같이 Rhino 프로그램에 있는 보석개체들을 모두 선택한다.
다음으로 'Gem Layer'를 클릭한 다음 'Apply material to object(s)' 기능을 체크해준다. 다이아몬드 재질로 설정된 값이 선택한 보석 개체에 적용된다.

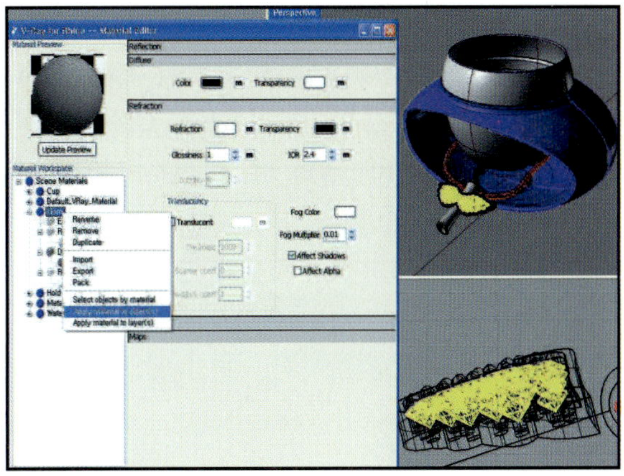

42 렌더링 작업을 진행한다. 다음 이미지와 같이 보석 개체에 투명 보석 재질이 적용된 것을 확인할 수 있다.

43 다음 이미지와 같이 'Material Editor' 대화상자에서 재질 Layer를 추가한 다음 재질 Layer명을 'Plane'으로 지정해준다.
다음 'Reflection Layers 〉 Add new layer' 기능을 설정해준다. Layer가 추가된 것을 확인할 수 있다.

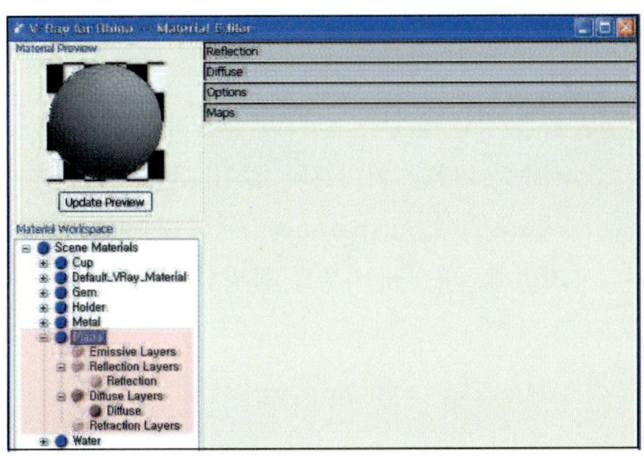

44 우측 옵션 기능에 있는 'Reflection' 롤아웃을 확장시켜준다. 이미지와 같이 'Highlight Glossiness' 값과 'Reflection Glossiness' 값이 '0.9'로 지정한다. 'Reflection' 옵션 기능에 있는 'M'버튼을 클릭한다.

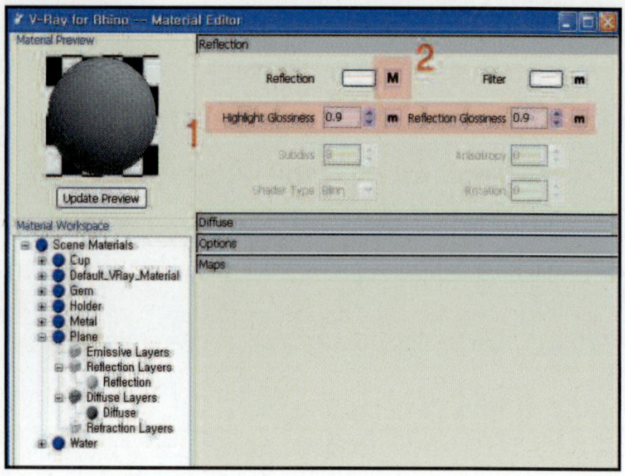

45 'Fresnel Color' 기능에서 'm'버튼을 클릭한다. 다음 편집기가 나타나면 먼저 'Type'기능에서 'Bitmap'기능으로 설정해준다.

다음으로 'UVW' 기능에서 'Texture'기능을 체크해 준 다음 'UVW Transform' 기능에 있는 'Repeat'에 있는 'u, v'값을 각각 '10' 으로 지정해준다. 'Bitmap'기능에 있는 'm'버튼을 클릭한다. '부록CD > 이미지 > 7.일요일 > Plane-Reflection' 파일을 불러온다. 마지막으로 'Apply'버튼을 클릭한다.

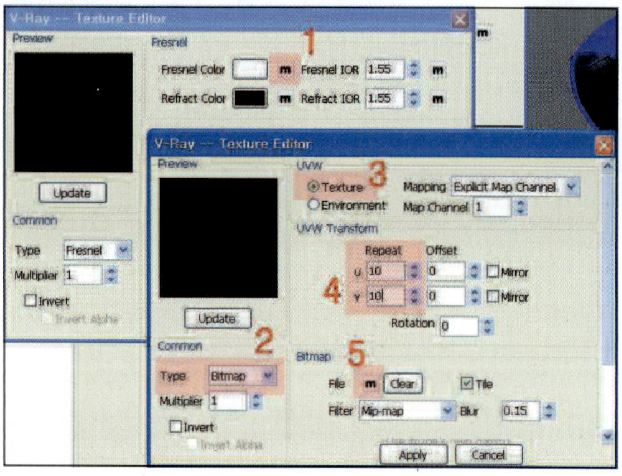

46 옵션 기능에 있는 'Diffuse' 롤아웃을 확장시켜준다. 다음 이미지와 같이 'Color' 색상을 White로 'Transparency' 색상을 Black으로 지정해준다. 'm'버튼을 클릭한다.

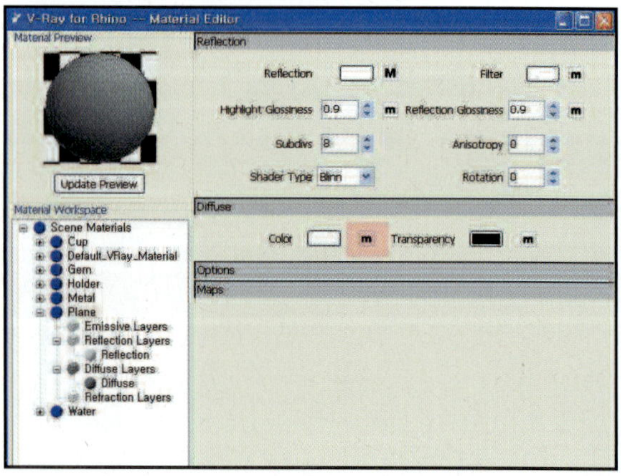

47 다음 편집기가 나타나면 먼저 'Type' 기능에서 'Bitmap'기능으로 설정해준다. 다음으로 'UVW' 기능에서 'Texture'기능을 체크해 준 다음 'UVW Transform' 기능에 있는 'Repeat'에 있는 'u, v'값을 각각 '10'으로 지정해준다. 'Bitmap'기능에 있는 'm'버튼을 클릭한다. '부록CD 〉 이미지 〉 7.일요일 〉 Plane-Diffuse' 파일을 불러온다. 마지막으로 'Apply' 버튼을 클릭한다.

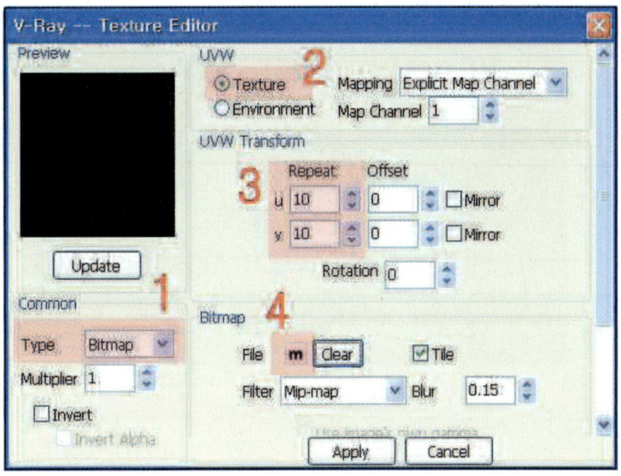

TIP ▸•• 이 방법으로 바닥에 재질을 적용하게 되면 바닥에 선명하게 반사가 이뤄지지 않고 은은한 효과로 반사가 이뤄지게 표현할 수 있다. 만약 표현된 값보다 조금 더 선명한 반사효과를 표현하고 싶다면, 'Reflection' 롤아웃을 확장시켜 준 다음 'Highlight Glossiness' 값과 'Reflection Glossiness'기능 값을 조금씩 올려주면 된다.

48 렌더링 작업을 진행한다. 다음 이미지와 같이 바닥개체에 맵핑된 것을 확인할 수 있다.

49 다음 이미지와 같이 V-Ray Option기능을 실행하여 'Caustics' 기능을 롤아웃 확장시킨다. 1번 'On' 기능을 체크해 준 다음 2번 각 기능 값을 이미지와 같이 설정해준다.

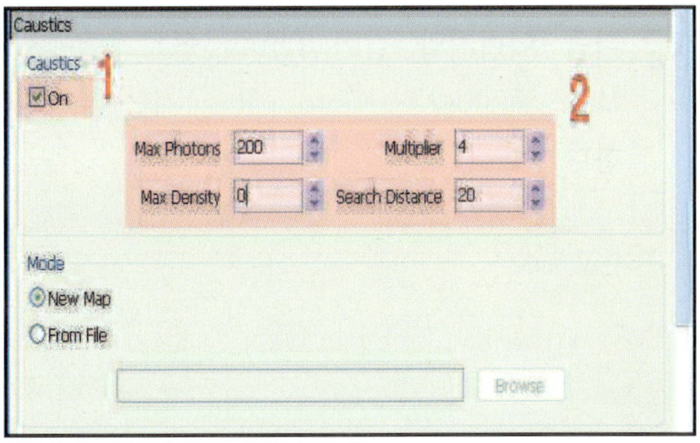

TIP ▶●▶

Multiplier : Caustics 효과 세기를 조정하는 기능이다.
Max Photons : 빛에서 생성되는 Photon 입자가 개체에 부딪히면서 나오는 것을 추적해 Photon 양을 계산하게 된다. 이 계산하는 값의 양을 조절하는 기능이다.
Max Density : Photon과 Photon 사이 최소 거리를 설정하고 Photon Map 해상도에 대해 제한할 수 있으며 부드러운 이미지를 생성시킬 수 있는 기능이다.
Search Distance : 이 기능의 값이 커질수록 Blur 효과 같은 부드러운 Caustics가 나온다. 하지만 렌더링 작업시간이 늘어나게 된다.

50 이 'Caustics' 기능을 효과적으로 사용하기 위해서는 조명개체가 있어야만 한다.
다음 이미지와 같이 Rhino 프로그램에 있는 조명기능 중 'Create Rectangular Light' 조명기능을 실행한다.

51 Rhino 프로그램에서 Top View를 최대화시킨다. 다음 이미지와 같은 순서와 방향에 맞춰 조명개체를 생성한다.

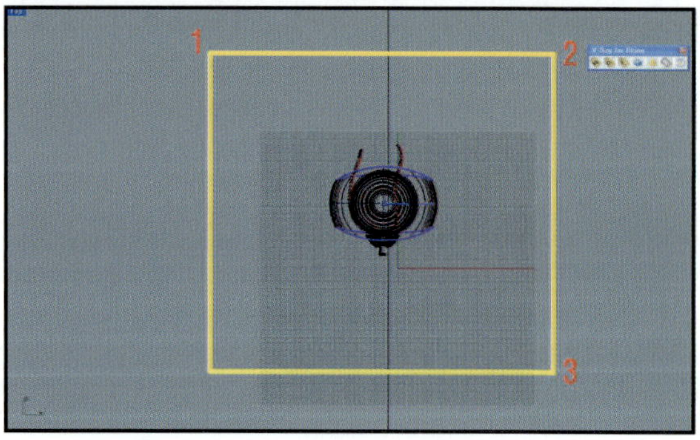

52 다음 이미지와 같이 Rhino 프로그램에서 Main Toolbar2 〉 Rotate 2-D 기능을 실행한다.

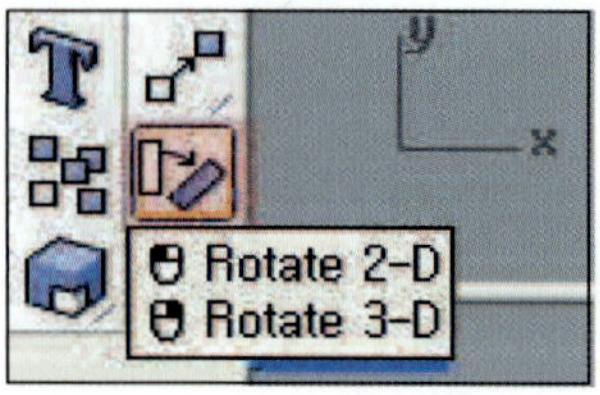

53 Front View를 최대화화시킨다. Rhino 프로그램에서 Main Toolbar2 〉 Rotate 2-D 기능과 Move 기능을 이용하여 다음 이미지와 같이 조명개체를 위치시킨다.

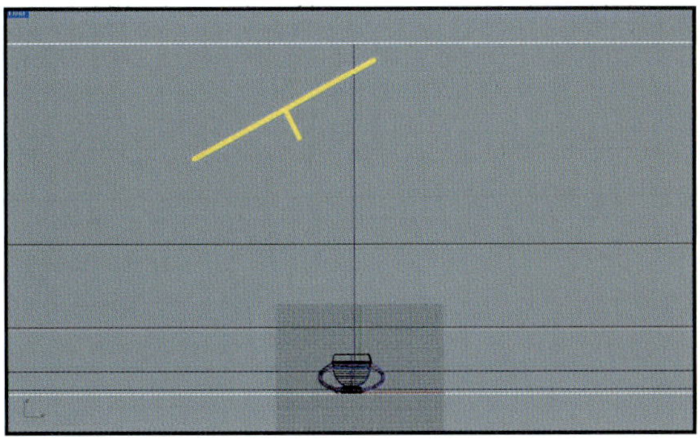

54 Rhino 프로그램에서 다시 Top View를 최대화시킨다. Main Toolbar 2 〉 Rotate 2-D 기능을 이용하여 이미지와 같이 조명개체를 회전시킨다.

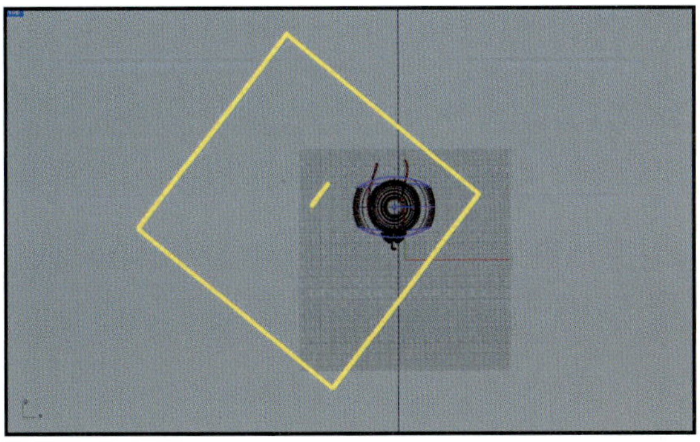

55 생성된 조명개체를 선택한 다음 'F3' 버튼을 클릭한다. 다음 이미지와 같이 조명개체에 대한 편집 대화상자가 나타난다. Option기능에서 'Ignore Light Normals' 기능을 체크해제하고 'Store with Irradiance Map' 기능을 체크해준다.

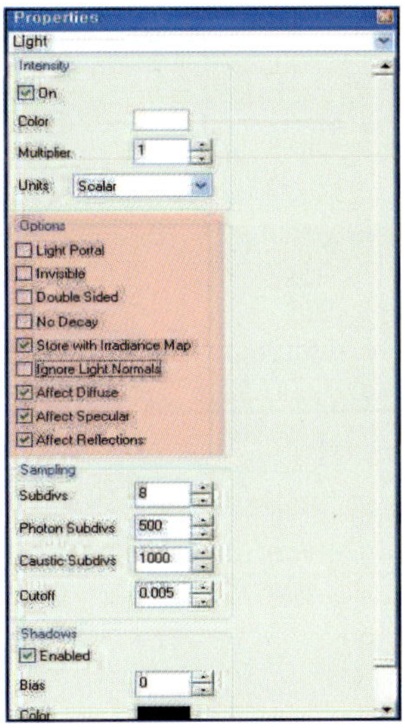

56 렌더링 작업을 진행한다. 다음 이미지와 같이 유리 재질로 된 컵 개체 하단부근에 빛이 산란하고 보석개체들이 보다 더 반짝되는 효과를 확인할 수 있다.

57 최종 렌더링 된 이미지이다.

III.

참고문헌

주얼리디자인 현장실무를 위한 Keyshot & V-Ray & Rhino 3D 7일 완성

01. Rhinoceros NURBS modeling for Window Version 4.0 User's Guide
Robert Mcneel & Associates, By Robert Mcneel, 2007

02. Rhinoceros NURBS modeling for Window Version 3.0 User's Guide
Robert Mcneel & Associates, By Robert Mcneel, 2003]

03. Rhinoceros NURBS modeling for Window Version 4.0 Training Manual Level 1
Robert Mcneel & Associates, By Robert Mcneel, 2007

04. Rhinoceros NURBS modeling for Window Version 4.0 Training Manual Level 2
Robert Mcneel & Associates, By Robert Mcneel, 2007

05. V-Ray for Rhino
ASGVIS, By Chia Fu Chiang and Damien Alomar, 2007

06. V-Ray for Rhino
www.asgvis.com, 2010

07. Keyshot for Rhino
www.keyshot.com, 2009

08. 유비쿼터스 디지털 기법 쥬얼 캐드 응용편 Advanced JewelCAD 5.1
국민대학교 출판부, 정용진 지음, 2005

09. 모델웍스와 모델제작과정 Modelworks & Process
국민대학교 출판부, 정용진 지음, 2005

10. 조형분야의 RP 기법과 활용 Rapid Prototyping Machine & Technique
국민대학교 출판부, 정용진•김태완 공저, 2005

11. Optimizing Surface Modeling 서페이스 최적화 모델링
ungroup design, 2004

12. 귀금속 공예 실기
한국 산업인력공단, 전미하, 2004

13. Rhinoceros 3D Bible 4.0 for Jewelry Modeling
도서출판 태학원, 정용진•남상원 공저, 2007

14. Flamingo Bible 1.1 for Jewelry Rendering
도서출판 태학원, 정용진•남상원 공저, 2007

15. 주얼리디자이너를 위한 Rhinoceros 3D Bible 16일완성
도서출판 태학원, 남상원, 2009